Weltgeschichte kompakt für Dummies
Schummelseite

FRÜHGESCHICHTE

- ✔ **Ereignisse:** Etwa um 3500 v. Chr. bilden sich in Mesopotamien und Ägypten die ersten Hochkulturen. Über Handelskontakte entsteht ein vernetzter Großraum, der von Europa bis Nordindien reicht. In Peru (ab etwa 3500 v. Chr.) und China (ab etwa 2000 v. Chr.) entwickeln sich unabhängige Reiche. Um 1200 v. Chr. kommt es in Eurasien zu einem kulturellen Zusammenbruch.

- ✔ **Meilensteine:** Keilschrift und Hieroglyphen (ab etwa 3200 v. Chr.), Bronzehandel (ab etwa 3000 v. Chr.), Cheops-Pyramide (um 2600 v. Chr.), Paläste auf Kreta (ab 2000 v. Chr.), Phönizisches Konsonantenalphabet (um 1000 v. Chr.)

- ✔ **Persönlichkeiten:** Hammurapi (reg. um 1792–1750 v. Chr.), Echnaton (reg. um 1351–1334 v. Chr.), Ramses II. (reg. 1279–1213 v. Chr.)

ANTIKE

- ✔ **Geschehen:** Im 8. Jahrhundert v. Chr. bildet sich die klassische griechische Kultur, wird Rom gegründet, beginnt in Mitteleuropa mit der keltischen Hallstattkultur die Eisenzeit. In den asiatischen Steppengebieten breiten sich die skythischen Reitervölker aus, die einen Kontakt nach China herstellen. Ab 333 v. Chr. erobert Alexander der Große das Perserreich. Im 3. und 2. Jahrhundert v. Chr. beginnt der Aufstieg Roms, 375 n. Chr. löst der Einfall der Hunnen die Völkerwanderung aus, 476 n. Chr. endet das Weströmische Reich. In Mittelamerika erleben die Maya-Städte ihre Blüte.

- ✔ **Meilensteine:** Olympische Spiele (776 v. Chr.), Homers Epen (um 750 v. Chr.), Schriften des Konfuzius, Buddhismus, Attische Demokratie (alles 5. Jahrhundert v. Chr.), Eröffnung der Seidenstraße (115 v. Chr.), Mailänder Toleranzedikt (313 n. Chr.)

- ✔ **Persönlichkeiten:** Nebukadnezar II. (reg. 605–562 v. Chr.), Dareios I. (reg. 522–486 v. Chr.), Alexander der Große (reg. 336–323 v. Chr.), Caesar (wirkt 73–44 v. Chr), Augustus (reg. 31 v. Chr.–14. n. Chr.)

Weltgeschichte kompakt für Dummies
Schummelseite

MITTELALTER

- **Geschehen:** Ende des 5. Jahrhunderts bildet sich das Frankenreich, das unter Karl dem Großen seine größte Ausdehnung hat. Ab 630 kommt es zur islamischen Expansion. Die größten Katastrophen sind die Eroberungszüge der Mongolen (1206–1241) und Timur Lengs (1370–1405) sowie die Pest (1330–1353). In Peru kommen im 12. Jahrhundert die Inkas an die Macht, in Mexiko im 14. Jahrhundert die Azteken.

- **Meilensteine:** Beginn der Islamischen Zeitrechnung (622), Magna Charta (1215), Marco Polos Reise (1271–1295), Dantes *Göttliche Komödie* (1321), Buchdruck (1450)

- **Persönlichkeiten:** Justinian I. (reg. 527–565), Karl der Große (reg. 768–814), Papst Gregor VII. (reg. 1073–1085), Kublai Khan (reg. 1260–1294)

FRÜHE NEUZEIT

- **Geschehen:** 1453 erobern die Osmanen Konstantinopel. Rund 100 Jahre später hat ihr Reich seine größte Ausdehnung. Die Entdeckung Amerikas (1492), des Seewegs nach Indien und Indonesien (1498) sowie Ozeaniens (ab 1606) durch die Europäer führt zur Gründung von Kolonialreichen, vor allem in Amerika auch zur Zerstörung der dortigen Kulturen und zum groß angelegten Handel mit afrikanischen Sklaven (ab 1510). Auch Kriege in Europa haben nun in der Regel Auswirkungen auf die Kolonien in Übersee. In China werden 1644 die Ming-Herrscher durch die Mandschu gestürzt.

- **Meilensteine:** Reformation (ab 1517), Watts Dampfmaschine (1776), Amerikanische Unabhängigkeitserklärung (4. Juni 1776), Kants Kritik der reinen Vernunft (1781)

- **Herrscher:** Süleyman der Prächtige (reg. 1520-1566), Elisabeth I. von England (reg. 1558–1603), Ludwig XIV. von Frankreich (reg. 1643–1715), Kangxi von China (reg. 1661–1722), Peter der Große von Russland (reg. 1682–1725), Maria Theresia von Österreich (reg. 1740–1780), Friedrich der Große von Preußen (reg. 1740–1786)

Weltgeschichte kompakt für Dummies
Schummelseite

19. JAHRHUNDERT

- ✔ **Geschehen:** Mit dem Sturm auf die Bastille (14. Juli 1789) beginnt die Französische Revolution. Am 9. November 1799 übernimmt Napoleon Bonaparte die Macht. In der Schlacht von Waterloo (1815) wird er besiegt, auf dem Wiener Kongress eine neue Ordnung für Europa ausgehandelt. Im März 1848 kommt es europaweit zu Aufständen. In den USA führt der Bürgerkrieg (1861–1865) zur Abschaffung der Sklaverei. China und Japan werden zur Öffnung ihrer Märkte gezwungen. Die Kolonialisierung geht weiter, insbesondere auch in Afrika.

- ✔ **Meilensteine:** Eisenbahn (1829), Kommunistisches Manifest (1848), Haager Friedenskonferenz (1899)

- ✔ **Persönlichkeiten:** Napoleon Bonaparte (reg. 1799–1815), Abraham Lincoln (reg. 1861–1865), Otto von Bismarck (reg. 1862–1890)

20. JAHRHUNDERT BIS HEUTE

- ✔ **Geschehen:** Die erste Hälfte ist geprägt von den beiden Weltkriegen (1. August 1914 bis 11. November 1918 und 1. September 1939 bis 8. Mai 1945). Mit dem durch Hitler ausgelösten Krieg verbunden ist der Pazifikkrieg (ab 7. Juli 1937). Er wird durch die Atombombenabwürfe auf Hiroshima und Nagasaki (6. und 9. August 1945) beendet. Danach kommt es zum Kalten Krieg (1962, Kubakrise), aber auch zur Entkolonialisierung (ab 1951). Mit dem Regierungsantritt Michail Gorbatschows (11. März 1985) beginnt die Aufweichung der Blöcke. Zu den bekanntesten Katastrophen zählen der Atomunfall von Tschernobyl (26. April 1986), der Terroranschlag in den USA vom 11. September 2001, die Coronapandemie (März 2020 bis Mai 2023) und der russische Angriff auf die Ukraine (24. Februar 2022).

- ✔ **Meilensteine:** Gründung der UNO (26. Juni 1945), Allgemeine Erklärung der Menschenrechte (10. Dezember 1948), Marsch auf Washington (28. August 1963), bemannte Mondlandung (21. Juli 1969), Ende der Teilung Europas (1989)

- ✔ **Machthaber:** Stalin (reg. 1922–1953), Adolf Hitler (reg. 1933–1945), Mao Zedong (wirkt 1934–1976)

Weltgeschichte kompakt für Dummies

Christa Pöppelmann

Weltgeschichte kompakt

WILEY

WILEY-VCH GmbH

Weltgeschichte kompakt für Dummies

Bibliografische Information der Deutschen Nationalbibliothek
Die Deutsche Nationalbibliothek verzeichnet diese Publikation
in der Deutschen Nationalbibliografie; detaillierte bibliografische
Daten sind im Internet über http://dnb.d-nb.de abrufbar.

1. Auflage 2025

© 2025 Wiley-VCH GmbH, Boschstraße 12, 69469 Weinheim, Germany

Wiley, the Wiley logo, Für Dummies, the Dummies Man logo, and related trademarks and trade dress are trademarks or registered trademarks of John Wiley & Sons, Inc. and/or its affiliates, in the United States and other countries. Used by permission.

Wiley, die Bezeichnung »Für Dummies«, das Dummies-Mann-Logo und darauf bezogene Gestaltungen sind Marken oder eingetragene Marken von John Wiley & Sons, Inc., USA, Deutschland und in anderen Ländern.

Das vorliegende Werk wurde sorgfältig erarbeitet. Dennoch übernehmen Autoren und Verlag für die Richtigkeit von Angaben, Hinweisen und Ratschlägen sowie eventuelle Druckfehler keine Haftung.

Coverfoto Vertigo Signs - stock.adobe.com
Projektmanagement und Lektorat boos for books, Evelyn Boos-Körner, Schondorf am Ammersee
Satz: Straive, Chennai, India
Druck und Bindung:

Print ISBN: 978-3-527-72260-0
ePub ISBN: 978-3-527-85016-7

Auf einen Blick

Über die Autorin **21**
Einführung **23**

Teil I: Gestatten, die Weltgeschichte! Eine Vorstellung 27
- **Kapitel 1:** Was Weltgeschichte eigentlich ist 29
- **Kapitel 2:** Wie Weltgeschichte gegliedert wird 37
- **Kapitel 3:** Wie Weltgeschichte dargestellt wird 43

Teil II: Die Zeit der alten Reiche – Frühgeschichte und Antike 49
- **Kapitel 4:** Jungsteinzeit: Das Ende des Nomadenlebens 51
- **Kapitel 5:** Bronzezeit: Die Blüte der alten Hochkulturen 59
- **Kapitel 6:** Die »dunklen Jahrhunderte« 77
- **Kapitel 7:** Griechenland & Co.: Das klassische Altertum 91
- **Kapitel 8:** Rom und sonst nicht viel 115

Teil III: Die Zeit der Kaiser und Könige – Mittelalter und frühe Neuzeit 137
- **Kapitel 9:** Das turbulente Frühmittelalter 139
- **Kapitel 10:** Das glänzende Hochmittelalter 165
- **Kapitel 11:** Das vielschichtige Spätmittelalter 189
- **Kapitel 12:** Die neue Welt der Renaissance 211
- **Kapitel 13:** Die Machtentfaltung des Barocks 235

Teil IV: Die Zeit der Nationalstaaten: Neuere und neueste Geschichte 253
- **Kapitel 14:** Der Beginn der Moderne: Revolution in Europa 255
- **Kapitel 15:** Globale Verflechtungen: Die industrialisierte Welt 271
- **Kapitel 16:** Gefährliche Großmachtpolitik: Der Weg in den Ersten Weltkrieg 299
- **Kapitel 17:** Gesteigertes Grauen und Zweiter Weltkrieg 321
- **Kapitel 18:** Kalter Krieg: Die Dominanz der zwei Blöcke 341
- **Kapitel 19:** Globalisiert: Die moderne Welt 367

Teil V: Der Top-Ten-Teil 383
- **Kapitel 20:** Die zehn fähigsten Herrscherinnen 385
- **Kapitel 21:** Die zehn tödlichsten Ereignisse 391
- **Kapitel 22:** Die zehn größten Reiche 395
- **Kapitel 23:** Die zehn wichtigsten politischen Systeme 399
- **Kapitel 24:** Die zehn markantesten Daten 403

Stichwortverzeichnis **409**

Inhaltsverzeichnis

Über die Autorin 21
Einführung 23
    Über dieses Buch 23
    Konventionen in diesem Buch 24
    Was Sie nicht lesen müssen 24
    Törichte Annahmen über den Leser 24
    Wie dieses Buch aufgebaut ist 24
    Symbole, die in diesem Buch verwendet werden 26
    Wie es weitergeht 26

TEIL I
GESTATTEN, DIE WELTGESCHICHTE! EINE VORSTELLUNG 27

Kapitel 1
Was Weltgeschichte eigentlich ist 29
    Was Weltgeschichte von Erd- und Naturgeschichte unterscheidet 29
    Was Weltgeschichte von der Vorgeschichte unterscheidet 30
    Was Weltgeschichte von Universalgeschichte unterscheidet 32
    Was Weltgeschichte vom Schulfach Geschichte unterscheidet 34

Kapitel 2
Wie Weltgeschichte gegliedert wird 37
    Von der Entdeckung der Frühgeschichte 37
    Von der nicht ganz so klassischen Antike 38
    Vom westeuropäischen und anderen Mittelaltern 39
    Von der immer länger werdenden Neuzeit 40

Kapitel 3
Wie Weltgeschichte dargestellt wird 43
    Die erdrückende Dominanz großer Männer 44
    Der schwere Blick über den Tellerrand 45
    Der Wettstreit der Narrative 46
    Die Instrumentalisierung der Geschichte 47

TEIL II
DIE ZEIT DER ALTEN REICHE – FRÜHGESCHICHTE UND ANTIKE 49

Kapitel 4
Jungsteinzeit: Das Ende des Nomadenlebens 51
    Sesshaftigkeit: Ein Trend setzt sich durch 51
        Warum aus Jägern Bauern wurden 52
        Was der Bau der ersten Städte bedeutete 53
        Wie sich das agrarische Know-how verbreitete 53

Komplexes Miteinander: Die Wasserbaukulturen 54
An Euphrat und Tigris 54
Am Nil.. 55
An Huang He und Jangtsekiang 56

Kapitel 5
Bronzezeit: Die Blüte der alten Hochkulturen 59
Vorreiter Mesopotamien 60
In den sumerischen Stadtstaaten 60
Im Reich von Akkad 62
Im alten Babylon 63
Konstante am Nil: Ägypten... 63
Das Geheimnis der Pyramiden 64
Reiche und Zwischenzeiten 66
Das Neue Reich: Die Wagnisse von Thutmosis, Echnaton & Co.......... 68
Im Schatten der Großmächte 70
Geheimnisvoll: Der chinesische Held Yu und seine Erben............... 70
Fortschrittlich: Die Kultur am Indus................................... 71
Siegreich: Die Erfolgsgeheimnisse der Hethiter 73
Kunstsinnig: Die erste europäische Hochkultur auf Kreta................ 74
Kriegerisch: Die mykenische Kultur................................... 75

Kapitel 6
Die »dunklen Jahrhunderte« 77
Geheimnisvolle Indoeuropäer... 77
Umstrittene Urheimat... 78
Ungeklärte Ausbreitung 78
Kulturelle Blüte im Indien der Veden 80
Rätselhafte Kriege 81
Mykene gegen Troja... 81
Die Angriffe der Seevölker 82
David gegen Goliath.. 83
Umkämpfte Levante 84
Die Herrschaft der Assyrer 85
Die Abenteuer der Phönizier 86
Der Triumph der Babylonier....................................... 88

Kapitel 7
Griechenland & Co.: Das klassische Altertum................... 91
Weltreich und Stadtstaaten:
Perser gegen Griechen 91
Die Kultur von Ilias, Odyssee und Olympia 91
Der Glanz des Perserreichs.. 93
Krieg bei Marathon und Salamis 95
Bruderkampf: Athen gegen Sparta...................................... 97
Demokratie in Athen 97
Krieg auf dem Peloponnes 100
Der lachende Dritte: Makedonien 101

Inhaltsverzeichnis 13

Neuordnung der Welt.. 101
　Gigantisch: Das Reich Alexanders des Großen........................ 102
　Zerstritten: Die Diadochen.. 103
　Buddhistisch: Das Mauryareich in Indien............................. 104
　Philosophisch: Konfuzius und die streitenden Reiche................. 106
　Übersehen: Die Skythen... 107
　Eisenzeitgewinner: Die Kelten...................................... 108
Aufstieg einer Weltmacht: Rom... 109
　Erste Schritte im Schatten der Etrusker............................. 109
　Bewährungsprobe gegen Hannibal...................................... 111
　Die Eroberung der griechischen Kultur............................... 112

Kapitel 8
Rom und sonst nicht viel **115**
　Machtkämpfe im Weltreich.. 115
　　Der Bürgerkrieg zwischen Marius und Sulla......................... 116
　　Die Siege Caesars.. 117
　　Der Triumph des Augustus... 118
　Die Herrschaft der Cäsaren... 120
　　Sex & Crime: Die Ära der Skandalkaiser........................... 121
　　Auf der Höhe der Macht: Die Epoche der Adoptivkaiser............. 122
　　Das Reich in der Krise: Die Zeit der Soldatenkaiser.............. 124
　Jenseits von Rom... 126
　　Parther und Sassaniden... 126
　　Die skythisch-hellenistische Welt................................ 127
　　Das chinesische Kaiserreich...................................... 128
　　Das Reich von Aksum... 130
　Der Zerfall des Imperiums.. 130
　　Konstantin und das Christentum................................... 131
　　Germanen und Hunnen.. 132
　　Westrom und Ostrom... 134

TEIL III
DIE ZEIT DER KAISER UND KÖNIGE – MITTELALTER
UND FRÜHE NEUZEIT 137

Kapitel 9
Das turbulente Frühmittelalter **139**
　Umbruch am Rhein: Das Frankenreich................................. 139
　　Die Eroberungen Chlodwigs.. 140
　　Die Bruderkriege der Merowinger.................................. 142
　　Das Werk der Missionare.. 143
　Kontinuität in Konstantinopel...................................... 145
　　Byzanz unter Justinian... 145
　　Byzanz gegen die Goten... 146
　　Byzanz und Osteuropa... 147

Revolution in Arabien 148
   Das Wirken Mohammeds 149
   Die Schia 150
   Die arabische Expansion 151
Eine neue Großmacht:
Das karolingische Imperium 154
   Was der Pakt mit den Päpsten bedeutete 154
   Was Kaiser Karl zum »Großen« machte 155
   Was sich aus seinem Erbe entwickelte 158
Gefährliche Weltenbummler: Die Wikinger 159
   Der Überfall auf Lindisfarne 159
   Die Erforschung des Atlantiks 162
   Die Gründung des russischen Reichs 163

Kapitel 10
Das glänzende Hochmittelalter 165

Kaiser und Päpste 166
   Erneuerung des Kaiserreichs: Otto der Große 166
   Universaler Machtanspruch für die Kirche: Gregor VII. 168
   Strahlende Verlierer: Die Staufer 170
Islam und Christenheit 173
   Die Eroberung Spaniens 174
   Kämpfe in Sizilien 177
   Blutige Kreuzzüge 178
England und Frankreich 180
   Der Coup Wilhelms des Eroberers 180
   Die Verdienste Ludwigs des Dicken 182
   Die Heirat der Eleonore von Aquitanien 183
Mongolen und Chinesen 184
   Der Zug des Dschingis Khan 185
   Das Schicksal der Khanate 185
   Die Ming-Kaiser und ihre Nachbarn 187

Kapitel 11
Das vielschichtige Spätmittelalter 189

Die neuen Mächte in Europa 189
   Die osteuropäischen Königreiche 190
   Das Haus Habsburg 192
   Die Spanier 194
   Die oberitalienischen Stadtstaaten 195
Die großen Katastrophen 197
   Der Schwarze Tod 197
   Der Hundertjährige Krieg 199
   Die Eroberungen des Timur Leng 201
Die Hochkulturen in Amerika und Afrika 203
   Peru und die Inka 203
   Mittelamerika und die Maya 205
   Die Azteken 207
   Die Reiche von Mali 208

Kapitel 12
Die neue Welt der Renaissance … 211
Die großen Entdeckungen … 211
Wagemutig: Die Expeditionen der Portugiesen … 211
Überraschend: Die Entdeckung Amerikas … 213
Grausam und profitabel: Der Sklavenhandel … 216
Glänzend: Die Geschäfte der Niederländer … 217
Die asiatischen Reiche … 220
Türkei: Das Sultanat der Osmanen … 223
Indien: Die Pracht der Großmogule … 223
Japan: Die Ära der Shogune … 224
China: Die Machtübernahme der Mandschu … 226
Das Europa der Glaubenskriege … 227
Die Reformation … 228
Philipp, Elisabeth und die aufständischen Niederländer … 231
Der Dreißigjährige Krieg … 233

Kapitel 13
Die Machtentfaltung des Barocks … 235
Die Zeit der absolutistischen Fürsten … 235
Das Vorbild des Sonnenkönigs … 236
Die Abenteuer der Schweden … 237
Die merkwürdigen Anfänge Brandenburg-Preußens … 239
Die Taten Peters des Großen … 240
Aufbruch zu neuen Kontinenten … 241
Pionierzeit in Nordamerika … 242
Tea Party und Unabhängigkeit … 244
Die Entdeckung der Südsee … 245
Das Europa der Aufklärung … 247
Das England des John Locke und der Glorious Revolution … 248
Das Deutschland Immanuel Kants und Friedrichs des Großen … 249
»Weltkrieg« um Schlesien … 251

TEIL IV
DIE ZEIT DER NATIONALSTAATEN: NEUERE UND
NEUESTE GESCHICHTE … 253

Kapitel 14
Der Beginn der Moderne: Revolution in Europa … 255
Freiheit, Gleichheit … Terror: Die Französische Revolution … 255
Umsturz in Paris … 256
Ein Direktorium im Krieg gegen Europa … 259
Heilsbringer und Ungeheuer: Napoleon … 261
Der junge Held … 261
Der Herr Europas … 262
Alte Prinzipien, neue Machtgefüge: Die Welt des Wiener Kongresses … 264
Die Neuordnung Europas … 264
Die vielen Revolutionen von 1848 … 266

Kapitel 15
Globale Verflechtungen: Die industrialisierte Welt............ 271
Die Industrielle Revolution... 272
    Englisches Tuch erobert die Welt.................................... 272
    Dampfmaschinen überall.. 273
    Aufstand der Arbeiter.. 275
Europa und seine Kolonien... 278
    Die Siege des Simón Bolívar.. 278
    Die Macht des British Empire....................................... 279
    China in Bedrängnis.. 281
    Der Wettlauf um Afrika... 282
Das Werden der USA... 284
    Die Eroberung des Wilden Westens................................. 284
    Auswanderung aus Europa... 287
    Bürgerkrieg und Sklavenbefreiung.................................. 288
Machtverschiebungen in Europa... 290
    Florence Nightingale und der Krimkrieg............................. 290
    Die Einigung Italiens.. 293
    Das deutsche Kaiserreich... 295

Kapitel 16
Gefährliche Großmachtpolitik: Der Weg in den Ersten Weltkrieg.. 299
Neue Mächte in Asien... 300
    Restauration in Japan.. 300
    Revolution in China.. 301
Viele Krisen und ein Krieg.. 303
    Der kranke Mann am Bosporus..................................... 303
    Säbelgerassel und Konferenzen.................................... 304
    Der Ausbruch des Ersten Weltkriegs................................ 307
Ein Krieg ergreift die Welt.. 309
    Von der Ausbreitung des Ersten Weltkriegs......................... 310
    Vom Problem, einen Krieg zu beenden............................. 312
    Von den Folgen für Russland....................................... 314
    Von den Folgen für Europa... 316
    Von den Folgen für die arabische Welt.............................. 318

Kapitel 17
Gesteigertes Grauen und Zweiter Weltkrieg.................... 321
Wenig goldene Jahre.. 321
    Die überdrehten Zwanziger.. 322
    Faschismus & Co... 324
    Krieg am Pazifik... 325
Hakenkreuze über Deutschland... 327
    Die Machtergreifung... 327
    Das Terrorregime.. 329
    Der Beginn der rassischen Verfolgungen........................... 331
    Die Herausforderung Europas..................................... 332

Inhaltsverzeichnis 17

Zweiter Weltkrieg und Holocaust 334
 Hitlers »Blitzkriege« 334
 Die globale Ausweitung.. 335
 Der Völkermord an den Juden 336
 Der Zusammenbruch 338

Kapitel 18
Kalter Krieg: Die Dominanz der zwei Blöcke 341
Neuordnung nach 1945 341
 Zerstrittene Machthaber: Das Quartett der großen Vier 341
 Der Coup von Jerusalem: Die Gründung des israelischen Staats 344
 Auf den Spuren Gandhis und der Mau-Mau: Die Entkolonialisierung..... 345
 Versöhnung in Europa: Der Beginn der Europäischen Gemeinschaft..... 348
Die Welt der zwei Blöcke 349
 NATO und Warschauer Pakt... 350
 Stellvertreterkriege und Kubakrise 352
 Vietnamkrieg und Studentenproteste................................. 353
 Die Welt im Zeichen des Wettrüstens................................. 355
Neue Mächte, neue Konflikte.. 357
 Roter Riese China.. 357
 Verwerfungen in Lateinamerika..................................... 359
 Afrika und sein schweres Erbe....................................... 361
 Der Coup des Ayatollah Chomeini.................................... 362
 Die Suche nach der arabischen Einheit 364

Kapitel 19
Globalisiert: Die moderne Welt................................... 367
Die Welt nach dem Kalten Krieg 367
 Die Wiedervereinigung Europas 367
 Die Auflösung der Sowjetunion 369
 Die Rückkehr des Kriegs 369
Die Welt im Zeitalter neuer Bedrohungen................................ 371
 Der Schock, der alles veränderte: Nine Eleven 372
 Kein Frühling: Die große Krise der arabischen Welt.................... 373
 Gespenst aus der Vergangenheit:
 Die Rückkehr von Nationalismus und Geopolitik 375
 Nicht gelöst: Die Verwerfungen der globalisierten Wirtschaft 376
 Die lautlose Gefahr: Digitale Bedrohungen 378
 Horrorszenario im Hintergrund: Der Klimawandel..................... 379

TEIL V
DER TOP-TEN-TEIL 383

Kapitel 20
Die zehn fähigsten Herrscherinnen............................... 385
Hatschepsut, Königin von Ägypten....................................... 385
Zenobia, Königin von Palmyra... 386
Suiko, Kaiserin von Japan 386
Olga, Regentin von Kiew 386

Blanka von Kastilien, Regentin von Frankreich 387
Margarethe I., Königin von Skandinavien................................ 387
Maria von Ungarn, Statthalterin der Niederlande 388
Elisabeth I., Königin von England....................................... 388
Maria Theresia, Erzherzogin von Österreich 388
Katharina die Große, Zarin von Russland 389

Kapitel 21
Die zehn tödlichsten Ereignisse 391
Der Schwarze Tod 391
Die Spanische Grippe 391
Der Zweite Weltkrieg... 392
Die mongolischen Eroberungen 392
Die Herrschaft von Mao 392
Die Kolonialisierung Lateinamerikas 393
Die Taiping-Rebellion 393
Die Kriege der drei Königreiche... 393
Die Justinianische Pest 394
Die Eroberung des Mingreichs 394

Kapitel 22
Die zehn größten Reiche.. 395
Das British Empire... 395
Das russische Kaiserreich... 395
Das Mongolenreich 396
Das chinesische Kaiserreich... 396
Das spanische Kolonialreich 396
Das französische Kolonialreich 396
Das Kalifat der Abbasiden 396
Das portugiesische Empire.. 397
Das Kök-Türken-Reich.. 397
Das altpersische Achämenidenreich..................................... 397

Kapitel 23
Die zehn wichtigsten politischen Systeme 399
Theokratie... 399
Erbmonarchie.. 399
Wahlmonarchie 400
Konstitutionelle Monarchie 400
Autoritäre/autokratische Herrschaft 400
Oligarchie 400
Räterepublik... 400
Einparteiensystem... 400
Parlamentarische Demokratie.. 401
Präsidialdemokratie 401

Kapitel 24
Die zehn markantesten Daten ... **403**
333 v. Chr. – Die Schlacht bei Issos ... 403
0 – Zeitenwende. ... 403
800 – Die Kaiserkrönung Karls des Großen ... 404
1250 – Der Tod Kaiser Friedrichs II. ... 404
1500 – Die Geburt Karls V. ... 404
1717 – Die Geburt von Erzherzogin Maria Theresia ... 405
1799 – Der Staatsstreich Napoleons. ... 405
1888 – Das Dreikaiserjahr in Deutschland. ... 406
xx48 ... 406
9. November. ... 407

Stichwortverzeichnis ... **409**

Über die Autorin

Christa Pöppelmann (Jahrgang 1967) hat in Bamberg und München Geschichte, Kommunikationswissenschaft und Politologie studiert und eine Ausbildung an der Deutschen Journalistenschule absolviert. Seit 2000 schreibt sie Bücher zur Allgemeinbildung, am liebsten über geschichtliche Themen.

Ihre Veröffentlichungen umfassen Überblickswerke über die Frühen Hochkulturen, die Antike, das Mittelalter, das Dritte Reich, die deutsche Geschichte und Wendepunkte der Weltgeschichte. Für den Wiley-Verlag verfasste sie auch *Allgemeinbildung Personen der Weltgeschichte für Dummies*, *Allgemeinbildung Kultur für Dummies* und *Allgemeinbildung Deutschland für Dummies*. Daneben hat sie Bücher zu den Kreuzzügen, dem Leben der einfachen Menschen im Mittelalter, den Musketieren, den europäischen Königshäusern und dem Ausbruch des Ersten Weltkriegs verfasst. Auch mit der Architekturgeschichte, der Geschichte der Philosophie, der Bedeutung von Persönlichkeit im Mittelalter und den Weltreligionen hat sie sich schon befasst.

Christa Pöppelmann sagt über sich und dieses Buch:

»Meine Leidenschaft für Geschichte hat begonnen, seit ich mit etwa 10 Jahren Rosemary Sutcliffs *Der Adler der Neunten Legion* und andere historische Kinderbuch-Klassiker verschlungen habe. Irgendwann wurde aus einer Begeisterung für spannende Geschichten eine für spannende Fakten. Aber ich wusste immer, dass ich nicht zur Wissenschaftlerin geboren bin, die akribisch nach neuen Details forscht, sondern mein Talent eher darin liegt, die Ergebnisse der Wissenschaft zielgruppengenau zu einem Bild zusammenzusetzen.

Jedes Format ist dabei eine Herausforderung. An manchen Passagen von *Weltgeschichte kompakt für Dummies* habe ich damit gekämpft, den Stoff, über den ich schon ganze Bücher geschrieben habe, auf zwei Seiten zusammenzufassen, und an anderen Stellen taten sich plötzlich offene Fragen auf, die für gerade dieses Buch unbedingt beantwortet werden mussten, um die Darstellung ›rund‹ zu machen.«

Einführung

Weltgeschichte – das ist ein großes Wort. Es geht um nicht weniger als die Geschichte aller Völker und Kulturen von den Anfängen unserer Zivilisation bis heute.

Vieles davon ist Ihnen bestimmt bekannt: Von den Griechen und den Römern, von Karl dem Großen und Friedrich Barbarossa, dem Dreißigjährigen Krieg oder dem amerikanischen Bürgerkrieg haben die meisten zumindest schon einmal gehört. Oft aber stehen einzelne Wissensbrocken recht unverbunden nebeneinander, bei anderem fehlt der Hintergrund.

Über dieses Buch

Als Autorin sehe ich meine zentrale Aufgabe darin, die Weltgeschichte für Sie verständlich aufzubereiten. Ich möchte möglichst viele bekannte und unbekannte Fakten und Ereignisse aufführen, unterfüttern, ergänzen und in die großen Zusammenhänge einbinden. Dabei will ich nicht werten und interpretieren, Ihnen aber zeigen, welche Entwicklung wohin führte, wie sich der Übergang von einer Epoche zur anderen gestaltete und wie die verschiedenen Völker und Kulturen weltweit in Zusammenhang standen.

Natürlich ist es unmöglich, alles Interessante und Wissenswerte, was in über 5000 Jahren Weltgeschichte passiert ist, zwischen diese beiden Buchdeckel zu pressen. Die Auswahl der Fakten zielt einerseits darauf ab, Ihnen all das zu bieten, was hierzulande zur Allgemeinbildung in Sachen Weltgeschichte gehört. Andererseits soll *Weltgeschichte kompakt für Dummies* auch da Lücken füllen, wo Geschichte anderswo oft zu europazentriert, zu sehr auf die Taten großer Männer schielend oder unter Vernachlässigung nicht so populärer Themen erzählt wird. Es ist mir ein Anliegen, Ihnen nicht nur zusätzliche Informationen zu bereits bekannten Geschehnissen zu liefern, sondern auch mit viel Neuem aufzuwarten und – so hoffe ich – ein tieferes Verständnis dafür zu wecken, wie die Welt zu dem geworden ist, was sie heute ist.

Weltgeschichte kompakt für Dummies bietet

- ✔ eine **Darstellung aller wichtigen politischen Entwicklungen** von der Neolithischen Revolution bis heute – kompakt und gut verständlich;

- ✔ die **Einbettung der politischen Ereignisse in die verschiedensten Kontexte**, etwa den sozialen, geistesgeschichtlichen, kulturellen, ökonomischen oder technischen Zusammenhang;

- ✔ einen **globalen Blick,** der viele spannende Ereignisse und Entwicklungen enthält, die im Schulunterricht nie thematisiert wurden;

- ✔ einen **Spagat zwischen Weltgeschichte und Allgemeinbildung,** der sowohl das historisch besonders Wichtige umfasst als auch das, worüber mit Vorliebe gesprochen wird;

- ✔ ein **spezielles Augenmerk auf Entwicklungen, Dynamiken und Verflechtungen,** damit Sie eine bessere Vorstellung davon bekommen, welches historische »Karma« die einzelnen Nationen mit sich herumtragen.

Konventionen in diesem Buch

Sie müssen *Weltgeschichte kompakt für Dummies* nicht von vorne nach hinten durcharbeiten. Wenn die Römer und Griechen Sie wenig interessieren, können Sie auch gerne bei den Kaisern des Mittelalters, den japanischen Shogunen oder mit dem Kalten Krieg beginnen. Aber ich hoffe natürlich, dass Sie danach auch noch Lust auf die anderen Kapitel bekommen! Denn zu verfolgen, wie sich ein Ereignis aus dem anderen ergibt – manchmal scheinbar fast zwangsläufig, manchmal völlig unerwartet –, gehört zu den faszinierendsten Aspekten, wenn man sich mit Weltgeschichte beschäftigt.

Damit Sie das Wichtigste sofort erfassen können, sind Schlüsselbegriffe, die neu eingeführt werden, *kursiv* geschrieben.

In den Kästen stehen Dinge, die nicht so recht in den Fließtext passen, wie etwa ein Datenüberblick oder interessante Ergänzungen. Das können Informationen sein, wie die breite Masse der Menschen in der geschilderten Epoche lebte. Oder welche Neuerungen es in Kunst, Naturgeschichte oder Technik gab. Oder biografische Zusatzinformationen zu bedeutenden Persönlichkeiten.

Was Sie nicht lesen müssen

Alles, was Sie nicht interessiert! Das Buch ist weitestgehend modular aufgebaut, sodass Sie jederzeit an interessanten Stellen einsteigen können. Auch die Kästen sind für das Verständnis nicht zwingend, sodass Sie die (erst einmal) überspringen können.

Törichte Annahmen über den Leser

Leider konnte ich Sie vor dem Schreiben nicht persönlich fragen, warum Sie zu einem Buch über Weltgeschichte greifen. Also habe ich mir selbst ein paar Gedanken dazu gemacht:

- ✔ Sie sind geschichtsinteressiert, möchten aber mehr Struktur in Ihr Wissen bringen.
- ✔ Sie kennen sich auf bestimmten Gebieten der Geschichte gut aus, möchten aber Ihren Blick für die großen weltgeschichtlichen Zusammenhänge erweitern.
- ✔ Sie haben sich bisher nicht viel mit Weltgeschichte beschäftigt, sind aber aus irgendeinem Grund neugierig geworden.
- ✔ Sie legen Wert auf eine gute Allgemeinbildung und arbeiten systematisch daran, diese zu erweitern. Jetzt ist Weltgeschichte dran.
- ✔ In Ihrem Umfeld ist Weltgeschichte ein wichtiges Thema und Sie möchten mitreden können.

Wie dieses Buch aufgebaut ist

Ziel dieses ... *für Dummies*-Buchs ist es, Ihnen einen möglichst guten Überblick über die Weltgeschichte zu geben.

Teil I: Gestatten, die Weltgeschichte! Eine Einführung

Im ersten Teil geht darum, welche Ereignisse der Weltgeschichte zur Allgemeinbildung gehören, wie man sie einteilt und auf welch verschiedene Arten man sie darstellen kann.

Teil II: Die Zeit der alten Reiche – Frühgeschichte und Antike

Der zweite Teil umfasst die vor- und frühgeschichtlichen sowie die antiken Epochen von der Neolithischen Revolution um 10 000 v. Chr. bis zum Ende des Weströmischen Reichs um 476 n. Chr. Zu den vorgestellten Reichen gehören das alte China, die Indus-Kultur, das Reich von Akkad, das Assyrerreich, das Babylonische Reich, das Hethiterreich, das Alte, Mittlere und Neue Ägyptische Reich, das Perserreich und das Römische Reich. Des Weiteren geht es auch um die sumerischen, phönizischen und griechischen Stadtstaaten sowie halbnomadisch lebende Völker, beispielsweise die Indoeuropäer oder die Skythen.

Teil III: Die Zeit der Kaiser und Könige – Mittelalter und frühe Neuzeit

Der dritte Teil beginnt um 470 n. Chr. mit dem Aufstieg der fränkischen Könige aus dem Geschlecht der Merowinger und schließt mit dem Ende der Bourbonenherrschaft durch die Französische Revolution. Sie lernen darin neben den europäischen Herrscherdynastien auch die türkischen Sultane, die Kaiser von China und Japan, die Großmogul von Indien und die indianischen Inka-, Maya- und Aztekenherrscher kennen.

Teil IV: Die Zeit der Nationalstaaten – Neuere und neueste Geschichte

Der vierte Teil umfasst die neuere Geschichte seit dem Beginn der Französischen Revolution im Jahr 1789 bis heute. Sie erfahren darin, wie die heutigen Staaten zu dem wurden, was sie sind – samt ihren historischen Eigenheiten und Belastungen. In dieser Epoche ist endgültig die ganze Erde Schauplatz der Weltgeschichte. Sie werden sehen, wie regionale Ereignisse durch weltweite Verflechtungen immer größere globale Auswirkungen haben.

Teil V: Der Top-Ten-Teil

Dieser Teil kann als kleiner Bonus dafür verstanden werden, dass Sie bis hierher durchgehalten haben. Oder er dient als Appetitmacher, wenn Sie einen besonders schnellen und lockeren Einstieg ins Thema haben möchten. In jedem Fall werden in den Top-Ten-Listen wichtige und spannende Fakten auf den Punkt gebracht: Hier erfahren Sie Wissenswertes über die zehn fähigsten Herrscherinnen, die zehn tödlichsten Ereignisse, die zehn größten Reiche, die zehn wichtigsten politischen Systeme und die zehn markantesten Daten der Weltgeschichte.

Symbole, die in diesem Buch verwendet werden

Auch in der Weltgeschichte gibt es FAQs, häufig gestellte Fragen. Hier werden sie beantwortet.

Dieses Symbol verweist auf harte Fakten: Hier werden neu eingeführte Begriffe definiert oder Wichtiges kompakt zusammengefasst.

Auflockerung tut immer gut. Dieses Symbol macht Sie auf Anekdoten, Kuriositäten oder andere Elemente der Geschichte aufmerksam, die sich gut zum Weitererzählen eignen.

Achtung, heißt es hier! Das Lämpchen taucht immer dann auf, wenn Mitdenken gefragt ist. Manchmal warnt es Sie vor weitverbreiteten Irrtümern oder davor, dass Dinge nicht so sind, wie sie auf den ersten Blick scheinen. Ein andermal appelliert es an Ihre Vorstellungskraft oder fordert Sie auf, bei der weiteren Lektüre auf bestimmte Details zu achten.

Wie es weitergeht

Das entscheiden Sie! Fangen Sie einfach dort an, wo es Ihnen persönlich beliebt. Wenn Sie nicht systematisch vom Anfang bis zum Ende lesen wollen, dann hilft Ihnen das umfangreiche Inhaltsverzeichnis, die interessantesten Themen aufzuspüren.

Teil I
Gestatten, die Weltgeschichte! Eine Vorstellung

IN DIESEM TEIL ...

- ✔ Hier erhalten Sie einen ersten Überblick – jedoch nicht über die wichtigsten Ereignisse und Persönlichkeiten der Weltgeschichte (das kommt später!), stattdessen möchte ich Ihnen das grundlegende Thema im wahrsten Sinne des Wortes vorstellen.

- ✔ Sie erfahren, was Weltgeschichte ausmacht und wo sie in der Gesamtheit des historischen Geschehens verortet ist.

- ✔ Ich zeige Ihnen auch, wie Weltgeschichte gegliedert wird, wie sie erzählt wird und durch welche verschiedenen Brillen – manchmal auch Zerrspiegel – man historische Geschehnisse betrachten kann.

IN DIESEM KAPITEL

Geschehenes und Geschichte

Politik und der Rest des Lebens

Relevantes und Populäres

Kapitel 1
Was Weltgeschichte eigentlich ist

Und jetzt lassen Sie mich mit dem Urknall beginnen ... Nein, natürlich nicht! Mit der Entstehung der Galaxien, der Bildung von Sauerstoff und den Anfängen der Einzeller wird sich dieses Buch nicht aufhalten. Und vieles andere, was seit dem Urknall passiert ist, kommt genauso wenig zur Sprache. Weltgeschichte – das ist Ihnen natürlich bewusst – ist keineswegs die Gesamtheit all dessen, was je geschehen ist. Aber was ist sie dann? Dieses erste Kapitel zeigt Ihnen den Rahmen, in dem sich Weltgeschichte abspielt.

Was Weltgeschichte von Erd- und Naturgeschichte unterscheidet

Wenn von »Geschichte« die Rede ist, dann geht es in der Regel nur um die Geschichte der Menschheit. Was sich seit dem Urknall im Universum abgespielt hat, bezeichnet man als *Geschichte des Weltraums* oder *historische Kosmologie*. Wie sich unsere Erde entwickelt hat, erforscht die *Erdgeschichte* oder *historische Geologie*. Die Evolution von Tieren und Pflanzen dagegen ist Inhalt der *Naturgeschichte*.

Das Wichtigste aus der Weltraum-, Erd- und Naturgeschichte

Vor etwa 13,8 Milliarden Jahren	Urknall
Vor etwa 4,7 Milliarden Jahren	Entstehung der Erde
Vor etwa 4,0 Milliarden Jahren	Entstehung der ersten Bakterien
Vor etwa 3,0 Milliarden Jahren	Beginn der Sauerstoffbildung durch Cyano-Bakterien
Vor etwa 2,5 Milliarden Jahren	Erste Pflanzen (Grünalgen) und Tiere (Einzeller)
Vor etwa 1,2 Milliarden Jahren	Beginn der Bildung von Kontinenten
Vor etwa 416 Millionen Jahren	Erste Landwirbeltiere
Vor etwa 225 Millionen Jahren	Erste Säugetiere
Vor etwa 65,5 Millionen Jahren	Erste Primaten (Menschenaffen)
Vor etwa 6 Millionen Jahren	Erste aufrecht gehende Primaten

Daraus ergibt sich natürlich ein Problem: Seit Charles Darwin ist bekannt, dass die Menschen vom Affen abstammen, ja rein biologisch gesehen eigentlich Affen sind, wenn auch eine ziemlich besondere Spezies. Wo genau aber ist die Scheidelinie zwischen Menschen und Menschenaffen? Oder anders gefragt: Wann hört die Menschheit auf, Gegenstand der Naturgeschichte zu sein und wird das Objekt der eigentlichen Geschichte?

Die Forscher sind sich da ziemlich einig: Sie definieren den Zeitpunkt, an dem unsere Vorfahren Werkzeuge nicht nur benutzten, sondern begannen, diese selbst herzustellen, als die Scheidelinie zwischen Mensch und Tier. Das war vor etwa 2,5 Millionen Jahren der Fall. Da es sich bei diesen ersten Werkzeugen um Hackwerkzeuge (*Chopper*) aus Stein handelt, markiert dieser Zeitpunkt auch den Beginn der *Steinzeit*. Der Schauplatz war Ostafrika. Die ältesten Chopper wurden in Äthiopien und Tansania gefunden. Die Urmenschen, die sie herstellten, werden der Art *Homo rudolfensis* zugerechnet, benannt nach dem Rudolf- beziehungsweise Turkanasee in Kenia.

 Chopper sind Steinbrocken, die durch einseitiges Bearbeiten eine scharfe Schneidekante erhalten haben. Bei den etwas jüngeren *Chopping-Tools* wurde die Kante von beiden Seiten bearbeitet. Die ersten zugespitzten und von mehreren Seiten behauenen *Faustkeile* entstanden erst vor etwa 1,6 Millionen Jahren.

Was Weltgeschichte von der Vorgeschichte unterscheidet

Sollten Sie sich jetzt auf ausführliche Informationen über Neandertaler und Mammutjagden gefreut haben, muss ich Sie leider enttäuschen. Denn vor 2,5 Millionen Jahren begann zwar die *Menschheitsgeschichte*, doch noch nicht jene Epoche, die man im engeren Sinn als Geschichte oder Weltgeschichte bezeichnet. Alles, was zwischen der ersten Verwendung

KAPITEL 1 Was Weltgeschichte eigentlich ist   31

von Werkzeugen und dem Aufkommen der Schrift passierte, bezeichnen die Wissenschaftler als *Ur-* oder *Vorgeschichte* beziehungsweise *Prähistorie*.

Das Wichtigste aus der Vorgeschichte

Vor etwa 2,5 Millionen Jahren	Erste Steinwerkzeuge/Beginn der Altsteinzeit
Vor etwa 1,8 Millionen Jahren	Ausbreitung des Menschen nach Asien und Europa (älteste Funde in Georgien)
Vor etwa 800 000 Jahren	Entwicklung des Homo heidelbergensis mit größerem Gehirn
Vor etwa 230 000 Jahren	Weiterentwicklung des Homo heidelbergensis zum Neandertaler
Vor etwa 160 000 Jahren	Entwicklung des Homo sapiens in Afrika
Vor etwa 100 000 Jahren	Verbreitung des Homo sapiens in Asien
Vor etwa 50 000 Jahren	Verbreitung des Homo sapiens in Australien
Vor etwa 40 000 Jahren	Verbreitung des Homo sapiens in Europa (Cro-Magnon-Mensch)
Vor etwa 15 000 Jahren	Verbreitung des Homo sapiens in Amerika
Vor etwa 12 000 Jahren	Beginn des Ackerbaus im Nahen Osten

Wo und wann aber entwickelten die Menschen das erste Mal eine Schrift? Das ist umstritten. Manche Forscher interpretieren Zeichen aus Ost-China, die um 6600 v. Chr. entstanden sind, als Schrift. Vielleicht waren sie das auch. Doch es gibt keinerlei Hinweise, dass diese Zeichen eine kulturelle Revolution ausgelöst hätten. Deshalb gelten die *Keilschrift*, die Mitte des 4. Jahrtausends v. Chr. im Süden des heutigen Irak erfunden wurde, und die vermutlich etwas jüngeren ägyptischen *Hieroglyphen* als die ersten »richtigen« Schriften. In beiden Fällen setzte mit ihrem Aufkommen eine dynamische Entwicklung ein, die zur Entstehung komplexer Gesellschaften führte, die von den Wissenschaftlern als *Hochkulturen* bezeichnet werden.

Ein wichtiges Kennzeichen solcher Hochkulturen ist, dass sie nicht mehr isoliert für sich existieren, sondern entscheidenden Einfluss auf ihre Nachbarn nehmen. Teils aktiv durch Handelskontakte, kulturellen Austausch, politische Hegemonie (Führungsrolle) oder Eroberung, teils passiv durch die Anziehungskraft, die sie auf ärmere und weniger entwickelte Kulturen ausüben. Damit sind Hochkulturen die Keimzelle für eine global verbundene Menschheit und folglich setzt die Darstellung von Weltgeschichte gemeinhin bei ihnen an.

Trotzdem werde ich etwas weiter ausholen und mir einen kleinen Rückgriff in die Vorgeschichte erlauben. Und zwar in die Zeit um 10 000 v. Chr. Damals gaben die ersten Menschen ihr Nomadenleben auf, wurden sesshaft und begannen Ackerbau und Viehzucht zu betreiben.

Der Prozess der Sesshaftwerdung leitet die Epoche des *Neolithikums*, der Jungsteinzeit, ein. Wegen seiner Dynamik wird er in der Wissenschaft gerne als *Neolithische Revolution* bezeichnet.

Dieser grundlegende Wandel der Lebensweise war für die Entstehung der Hochkulturen eine so entscheidende Voraussetzung, dass man ihn unbedingt mit einbeziehen sollte, um den Beginn der Weltgeschichte zu begreifen. Aus diesem Grund wird die Darstellung der weltgeschichtlichen Ereignisse in Kapitel 4 genau hier einsetzen.

Was aber ist mit den Völkern, die erst sehr spät anfingen, eine Schrift zu benutzen? Über den Gallischen Krieg etwa hat der Sieger – Gaius Iulius Caesar – ein Buch geschrieben, mit dem jeder Lateinschüler traktiert wird. Von den unterlegenen Galliern gibt es dagegen keine Stellungnahme, da diese keine Schrift hatten. Sind der allen Asterix-Lesern bestens bekannte Fürst Vercingetorix und seine Gallier damit nicht Teil der Weltgeschichte? Doch, natürlich sind sie das! Nach der Entwicklung der ersten Hochkulturen endet für die Nachbarvölker die Vorgeschichte nicht mit der Einführung einer Schrift, sondern mit dem Kontakt zu einer der Hochkulturen.

> **Vorgeschichte versus Völkerkunde**
>
> Im Amazonasdschungel sollen bis heute Menschen leben, die keinen Kontakt mit dem Rest der Welt haben. Andere sogenannte *Naturvölker* bekamen erst sehr spät Anschluss an die »Zivilisation«. Sie verharrten damit also sehr lange – oder tun es teils immer noch – im Zustand der Vorgeschichte. Große Veränderungen gab es manchmal über Jahrhunderte oder gar Jahrtausende nicht.
>
> Diese Völker geschichtlich zu untersuchen, ist relativ uninteressant, weil quasi »nichts« passierte beziehungsweise es keinerlei Aufzeichnungen oder Belege für Geschehnisse gibt. Umso spannender ist es dagegen zu erforschen, welche Überlebensstrategien, welche gesellschaftlichen Strukturen, Mythen und künstlerische Ausdrucksweisen sie in ihrer relativen Isolation entwickelten. Da dafür aber ganz andere Fragestellungen nötig sind als in der Geschichte, werden diese Kulturen von *Völkerkundlern* untersucht, nicht von Historikern.

Was Weltgeschichte von Universalgeschichte unterscheidet

Welcher Aspekt der Geschichte interessiert Sie besonders? Die Geistesgeschichte? Oder Wirtschaftsgeschichte, Religionsgeschichte, Kunstgeschichte, Wissenschaftsgeschichte, Militärgeschichte, Agrargeschichte …? Weltgeschichte, so könnte man meinen, ist »ein

KAPITEL 1 Was Weltgeschichte eigentlich ist 33

bisschen was von allem«. Doch das stimmt nicht ganz. Weltgeschichte ist in erster Linie *politische Geschichte*. Klingt abschreckend? Aber nicht doch!

Politik ist überaus spannend. In diesem Buch wird es um Macht und Einfluss gehen, um Kaiser und Könige, um Kriege und Revolutionen, um innenpolitische Umwälzungen und außenpolitische Erschütterungen. Sie werden den Heldenmut Einzelner und die Macht der Massen erleben, brutale Eroberungen und Willkür, aber auch die Überwindung von Gewalt. Sie werden erfahren, wie unendlich langwierig und schwierig der Weg oft war, bis sich vernünftige und segensreiche Ideen durchsetzen konnten, und wie in anderen Fällen ein kleiner Zufall – etwa der Tod eines Thronfolgers oder ein ungewollter Fauxpas – alles Bestehende urplötzlich über den Haufen geworfen hat.

»*Politik ist der Kampf um die Veränderung oder Bewahrung bestehender Verhältnisse.*«
Christian Graf von Krockow, Historiker

Selbstverständlich aber werden Veränderungen nicht nur durch politisches Handeln ausgelöst. Andere Gründe für große Umwälzungen oder plötzliche Brüche (Zäsuren) sind zum Beispiel

- ✔ **Naturkatastrophen,** etwa wenn Dürren oder Überschwemmungen große Fluchtbewegungen auslösen;

- ✔ **Wirtschaftskrisen,** wie etwa die Weltwirtschaftskrise 1929, die das Entstehen des Faschismus begünstigte;

- ✔ **Religion,** etwa die Entstehung der großen Weltreligionen, aber auch neu entstehende religiöse Ideen wie der Kreuzzugsgedanke;

- ✔ **technischer Fortschritt** wie die Industrielle Revolution;

- ✔ **neue Ideen** wie die Aufklärung;

- ✔ **neue künstlerische Entwicklungen** wie der Barock, der den fürstlichen Repräsentationszwang auf die Spitze trieb und manche Länder in den Ruin stürzte, was teilweise Revolutionen nach sich zog;

- ✔ **Familiendramen** wie der Tod des kinderlosen Königs von Frankreich, der den Hundertjährigen Krieg auslöste.

Allein aus diesen Gründen kann sich eine Darstellung der Weltgeschichte nicht auf die Politik beschränken. Darüber hinaus bin ich der Meinung, dass es weder Spaß macht noch Sinn ergibt, politische Geschichte allzu isoliert zu betrachten. Wie die Menschen damals lebten, was sich auf den Feldern der Wissenschaft und Kultur tat, gehört schlichtweg dazu. Ich werde Ihnen also über die Politik hinaus die nötigen Informationen liefern, damit Sie sich ein möglichst umfassendes Bild machen und Ihr vorhandenes historisches Wissen aus den verschiedensten Bereichen mit dem Gelesenen verknüpfen können. Doch der rote Faden meiner Darstellung wird die politische Entwicklung sein.

Was Weltgeschichte vom Schulfach Geschichte unterscheidet

Vielleicht haben Sie ja schon ein bisschen im Inhaltsverzeichnis geblättert und vermissen so einiges, was Sie aus Ihrem Schulunterricht kennen. Ich weiß natürlich nicht, wann Sie zur Schule gegangen sind. Die Vorstellungen, über welche historischen Ereignisse Schüler und Schülerinnen unbedingt Bescheid wissen sollen, haben sich im Laufe der Zeit recht stark gewandelt. Eines jedoch ist immer gleich geblieben: Das Schulfach Geschichte ist ein Mischmasch aus nationaler Geschichte und Weltgeschichte. Dieses Buch dagegen heißt *Weltgeschichte kompakt für Dummies* und nimmt diesen Titel ernst.

Nehmen wir zum Beispiel die *Schlacht im Teutoburger Wald*. In der deutschen Geistesgeschichte hat dieses Ereignis (das man heute wegen der Zweifel am Schauplatz Teutoburger Wald übrigens lieber Varus-Schlacht nennt) eine enorme Rolle gespielt und gehört daher selbstverständlich in den deutschen Geschichtsunterricht. Nimmt man allerdings die Weltgeschichte als Maßstab, dann ist die Frage, aus welchen Gründen manche Regionen nicht Teil des Römischen Reichs waren, eher zweitrangig. Ebenso ergaben die englischen Rosenkriege natürlich einen herrlichen Stoff für Shakespeares Dramen und sind damit britisches Kulturgut. Für den Rest der Welt aber war es nicht so entscheidend, ob nun gerade das Haus York oder Lancaster auf dem Thron saß.

Dieses Buch erspart Ihnen nicht die Lektüre weiterer Publikationen über die Geschichte Ihres Heimatlands, wenn Sie auch auf diesem Gebiet gründlich Bescheid wissen wollen. Aber es hilft Ihnen, das, was Sie im Geschichtsunterricht an nationaler Geschichte gelernt haben, in den weltpolitischen Kontext einzuordnen.

Andererseits habe ich Ihnen in der Einführung Allgemeinbildung in Sachen Weltgeschichte versprochen. Und zu dem, was wir Allgemeinbildung nennen, gehört auch die Kenntnis über so manche historischen Personen und Ereignisse, deren Einfluss auf den Verlauf der Geschichte eigentlich nicht besonders groß war. Nehmen Sie zum Beispiel den ägyptischen Pharao *Echnaton* und seine schöne Frau *Nofretete*. Echnaton entfachte eine kurze kulturelle und religiöse Revolution, die sich nicht einmal auf ganz Ägypten erstreckte und bald nach seinem Tod wieder vorbei war. Von der Warte der Kunstgeschichte aus betrachtet sind die Funde aus dieser Zeit sensationell. Den Lauf der Weltgeschichte haben sie indes nicht beeinflusst. Auch Echnatons Familienverhältnisse sind eher Stoff für eine erstklassige historische Soap als wirklich von Relevanz.

Aber es wird eben nicht nur über wichtige Dinge allgemein gesprochen, sondern auch über solche, die spannend, schön, herzergreifend, witzig oder aus anderen Gründen populär sind. Und was das betrifft faszinieren Echnaton und Nofretete die meisten Menschen mehr als alles andere Altägyptische jenseits der Pyramiden. Sogar die Wissenschaft gibt große Summen aus, um nachzuweisen, dass der jugendliche Pharao *Tutanchamun* Echnatons Sohn war.

Noch nie von Tutanchamun oder Nofretete gehört zu haben, ist weit peinlicher, als etwa die Gründe für den Krimkrieg nicht zu kennen, obwohl dieser weltgeschichtlich viel relevanter war.

Die Idee einer allgemeinen Bildung, über die jeder Mensch verfügen sollte, ist ein Kind der Aufklärung. In Frankreich erschien im Jahr 1751 der erste von insgesamt 17 Bänden der *Encyclopédie ou Dictionnaire raisonné des sciences, des arts et des métiers* (zu Deutsch: *Enzyklopädie oder ein durchdachtes Wörterbuch der Wissenschaften, Künste und Handwerke*). Über 140 Autoren rund um den Herausgeber Denis Diderot versuchten darin alles relevante Wissen der Zeit zusammenzutragen.

In Ihrem Geschichtsunterricht kamen womöglich weder Echnatons Familienverhältnisse noch die Gründe für den Krimkrieg vor. Das eine, weil es zu banal, das andere, weil es zu weit weg von der nationalen Geschichte ist. In diesem *... für Dummies*-Buch dagegen werden Sie beides finden.

> **IN DIESEM KAPITEL**
>
> Die problematische Dominanz der Griechen und Römer
>
> Die heiße Diskussion um weltgeschichtliche Zäsuren
>
> Der Unterschied zwischen gefühlter und definierter Neuzeit

Kapitel 2
Wie Weltgeschichte gegliedert wird

Klassischerweise wird die Weltgeschichte in drei Epochen gegliedert: *Antike, Mittelalter* und *Neuzeit*. Doch es gibt gute Gründe, an dieser Tradition ein bisschen zu rütteln. In diesem Kapitel erkläre ich Ihnen, warum Teil II, III und IV nicht exakt diesem Schema folgen werden.

Von der Entdeckung der Frühgeschichte

Die Antike beginnt gemeinhin mit den Griechen. Etwa um 800 v. Chr. Merken Sie etwas? Zwischen dem Aufkommen der ersten Hochkulturen im 4. Jahrtausend v. Chr. und dem Beginn der Antike tut sich eine ziemlich große Lücke auf. Wo kommt die bloß her?

Das ist relativ einfach zu erklären. Diese Definition von Antike stammt aus einer Zeit, in der man von den früheren Hochkulturen noch wenig Ahnung hatte. Natürlich kannte man die Pyramiden, aber da auch noch Griechen und Römer mit dem Ägyptischen Reich zu tun hatten, wurden diese Bauten irgendwie als Teil der Antike begriffen, obwohl sie weit älter waren.

 Die ungeheuren zeitlichen Dimensionen des Ägyptischen Reichs geraten leicht aus dem Blick. Die *Pyramiden von Gizeh* wurden zwischen 2620 und 2500 v. Chr. errichtet, die letzte Königin *Kleopatra* lebte von 69 bis 30 v. Chr. Dazwischen liegt eine Zeitspanne, die länger ist als die zwischen der Seeschlacht von Salamis und der griechischen Finanzkrise zu Beginn des 21. Jahrhunderts. Oder zwischen den Lebzeiten von Angela Merkel und dem Keltenfürsten vom Glauberg.

Informationen über Ur und Uruk, Babylon und Ninive, über Meder und Elamiter, Aramäer und Assyrer fanden sich fast nur in der Bibel. Erst Ausgrabungen Ende des 19. und Anfang des 20. Jahrhunderts zeigten, welch bedeutende Zivilisationen es schon lange vor der Zeit der griechischen Antike gegeben hat.

Seitdem ist klar, dass man die Weltgeschichte nicht mehr mit der Antike oder die Antike nicht mit den Griechen beginnen lassen kann. Was aber tun?

Vielfach wird die Zeit zwischen dem Aufkommen der Schrift und der klassischen Antike nun als *Frühgeschichte* bezeichnet. Das klingt nicht besonders spannend, und oft wird die Frühgeschichte auch so behandelt: als eine Epoche, die nur für Spezialisten interessant ist und deren Kulturen weiterhin im Schatten der Griechen und Römer stehen.

Die Sprachkonventionen sind jedoch keineswegs einheitlich. Teilweise wird auch der Begriff Antike auf die Frühgeschichte ausgedehnt. Oder diese wird als Altertum bezeichnet, was zwar das Gleiche bedeutet wie Antike, aber historisch nicht so sehr mit Griechen und Römern verknüpft ist.

Dieses ... *für Dummies*-Buch wird keine künstliche Trennung zwischen Frühgeschichte und Antike vornehmen. Teil II umfasst daher die ganze Geschichte vom Aufkommen der ersten Hochkulturen bis zum Beginn des Mittelalters.

Von der nicht ganz so klassischen Antike

Aber nicht nur die Frühgeschichte, sondern auch die klassische Antike hat weit mehr zu bieten als Griechen und Römer. Wissen Sie zum Beispiel, dass die *Phönizier* so viele Kolonien im Mittelmeerraum gründeten, dass heute noch jeder 17. Anwohner phönizisches Erbgut in den Genen hat? Oder dass der persische König *Dareios I.* ein Reich regierte, das von Griechenland bis nach Tadschikistan reichte? Oder ist Ihnen bekannt, dass das Reich des indischen Königs *Ashoka* den antiken Griechen als Inbegriff des Luxus galt?

Manchmal werden all diese anderen Reiche und Völker nur im Rahmen der griechisch-römischen Geschichte behandelt:

✔ die **Perser** als Kriegsgegner der Griechen,

✔ die phönizischen **Karthager** als die Feinde der Römer,

✔ **Indien** als das Reich, das Alexander der Große fast auch noch erobert hätte,

✔ **Ägypten** vor dem Hintergrund von Caesars Liebschaft mit Kleopatra ...

Angemessen ist das natürlich nicht. Aus diesem Grund werden Sie außerdem

✔ von den erstaunlich weitreichenden Handelsverflechtungen der frühen Geschichte erfahren,

✔ die Entwicklung Chinas von den Anfängen an verfolgen,

✔ die rätselhafte Ausbreitung der Indoeuropäer kennenlernen,

✔ sehen, wie der Buddhismus Ostasien veränderte.

Wann aber ist diese erste Epoche der Weltgeschichte vorbei? Die Diskussionen der Historiker darüber füllen Bände. Macht man das Ende am Untergang antiker Strukturen fest? Oder doch besser am Aufkommen christlicher Staaten? Bewertet man Veränderungen auf der Landkarte höher oder einen geistesgeschichtlichen Wandel? Blickt man eher auf Westeuropa oder auf den Osten?

Die Vorschläge der Experten rangieren zwischen dem Jahr 325 n. Chr. (erstes christliches Kirchenkonzil in Nicäa) und 632 (Beginn der arabischen Expansion).

Ich werde Teil II mit dem Zerfall des Weströmischen Reichs Ende des 5. Jahrhunderts n. Chr. enden lassen.

Das Weströmische Reich endete formal, als ein germanischer Offizier namens *Odoaker* am 4. September 476 in Ravenna Kaiser *Romulus Augustulus* absetzte. Das Ganze verlief für die Zeitgenossen ziemlich unspektakulär. Erstens hatte bereits vorher Chaos geherrscht, zweitens füllte Odoaker als König von Italien noch eine Weile das Machtvakuum. Das genaue Datum ist also vorwiegend als Symbol für eine Epoche des Umbruchs zu sehen.

Zwar bedeutete dieser Einschnitt nicht das Ende Roms. Das *Oströmische* oder *Byzantinische Reich* bestand noch bis 1453. Auch im Westen wurde das antike Erbe in Spanien, Südfrankreich oder dem *Ostgotenreich* weiterhin gepflegt. Doch die kulturelle und politische Einheit des Mittelmeerraums, der bislang zusammen mit dem Nahen Osten Hauptschauplatz der großen geschichtlichen Ereignisse gewesen war, war damit zerbrochen. Die Entwicklung verlagerte sich nun mehr in andere Regionen wie Westeuropa oder auf die Arabische Halbinsel. Mit dem Christentum und dem Islam begannen auch neue Religionen eine politische Rolle zu spielen.

Vom westeuropäischen und anderen Mittelaltern

Für Westeuropa ist die Sache klar: Das Mittelalter ist die Zeit der christlichen Königreiche. Die Ära begann mit der Taufe des Frankenkönigs *Chlodwig* im Jahr 498. Als Endpunkt setzt man gerne das Jahr 1517 an, als *Martin Luther* seine 95 Thesen veröffentlichte. (Ob er sie wirklich an die Schlosskirchentür in Wittenberg nagelte, ist fraglich.) Damit zerbrach die christliche Einheit. Es zerbrach auch sonst so einiges. Das neue Denken der *Renaissance* ließ die Menschen zunehmend an göttlichen Ordnungen zweifeln. Stattdessen rückten der individuelle Mensch, aber auch die Naturwissenschaften in den Mittelpunkt.

Doch bereits für Italien passen die westeuropäischen Zäsuren nicht mehr so recht. Das mittelalterliche Weltbild bröckelte hier viel früher. Dafür bedeutete die Reformation für den Stiefelstaat keineswegs denselben kulturellen Bruch wie für Deutschland und andere Länder, die – zumindest teilweise – protestantisch wurden.

Begonnen hat die *Renaissance* in Italien im 14. Jahrhundert. Als Initialzündung gilt die *Göttliche Komödie*, die der Dichter Dante Alighieri (1265–1321) kurz vor seinem Tod fertig stellte. Gemeint ist mit dem Begriff Renaissance (der allerdings erst viel später aufkam) eine »Wiedergeburt« der antiken Kunst und Geistesgeschichte.

Außerhalb Europas sieht die Sache noch einmal anders aus. Für Asien beispielsweise stellten die Eroberungen der *Mongolen* zwischen 1206 und 1294 sowie die Raubzüge *Timur Lengs* zwischen 1380 und 1402 eine entscheidende Umwälzung dar, während Europa mit einem kurzen Schrecken davonkam.

Insgesamt kann man jedoch sagen, dass es um das Jahr 1500 eine ganze Reihe bedeutsamer Ereignisse gab, sodass hier zweifellos eine *weltpolitische Zäsur* stattfand:

- **um 1450:** Erfindung des Buchdrucks mit beweglichen Lettern durch Gutenberg
- **1453:** Eroberung Konstantinopels durch die Türken
- **1492:** Entdeckung Amerikas durch die Europäer
- **1498:** Erschließung des Seewegs nach Indien durch die Europäer
- **1510:** Beginn des atlantischen Sklavenhandels
- **1517:** Beginn der Reformation
- **1526:** Beginn des Mogulreichs in Indien

Die Zäsur beschränkte sich also nicht auf Europa. In Amerika führte die Ankunft der Europäer zur Eroberung und Zerstörung der indigenen Kulturen. Gleichzeitig begann der Handel mit afrikanischen Sklaven, der den *Kolonialismus* und die Zerstörung der afrikanischen Traditionen nach sich zog. Im Nahen Osten bildete sich mit dem *Osmanischen Reich* eine neue Macht heraus. Indien geriet unter die Herrschaft der islamischen *Großmogule*. Nur in China fand der große Umbruch etwas später statt: Im Jahr 1644 eroberten die *Mandschuren* Peking und installierten eine Dynastie, die das »Reich der Mitte« bis 1911 regierte.

Warum trotz all dieser einschneidenden Veränderungen Teil III dieses Buchs *nicht* um das Jahr 1500 endet, erfahren Sie im nächsten Abschnitt.

Von der immer länger werdenden Neuzeit

Die Dreiteilung der Geschichte in Antike, Mittelalter und Neuzeit stammt vom Beginn des 18. Jahrhunderts. Damals war die *Neuere Geschichte* wirklich neu, nämlich keine 200 Jahre alt. Seitdem sind jedoch 300 weitere Jahre vergangen und der *Dreißigjährige Krieg* oder der *Absolutismus* erscheinen nicht mehr ganz so brandaktuell. Im Vergleich zu den rund 1000 Jahren Mittelalter und den 4000 Jahren des Altertums sind die 500 Jahre Neuzeit zwar dennoch kurz, aber die Anzahl relevanter Akteure, die im Weltgeschehen mitmischen, hat sich seitdem kontinuierlich erhöht. Auch die Dynamik der Entwicklungen ist immer rasanter geworden.

Ich habe mich deshalb entschlossen, die *Frühe Neuzeit,* die bis zum Beginn der *Französischen Revolution* 1789 reicht, mit dem Mittelalter in Teil III zusammenzufassen. Zum einen erschien mir ein Teil, der die ganze Neuzeit umfasst, zu überladen. Zum anderen bin ich der Meinung, dass die Französische Revolution aus heutiger Sicht eine interessantere geschichtliche Zäsur ist als das Jahr 1500. Dafür gibt es vor allem zwei Gründe:

1. Bis zur Französischen Revolution wurde Geschichte im Wesentlichen durch einzelne Herrscher »gemacht«. Länder definierten sich dadurch, dass das gesamte Territorium unter der Gewalt eines Regenten stand. Danach aber traten zunehmend Völker als handelnde Akteure der Geschichte auf. Das aber führte auch zu der Frage, was eigentlich ein Volk ist, sowie zum Nationalismus mit all seinen Schattenseiten.

2. Während die Ereignisse des 18. Jahrhunderts – und davor – gefühlsmäßig meist wirklich weit weg sind und auf den ersten Blick nicht allzu wichtig erscheinen, um die Welt von heute zu verstehen, gilt das für vieles, was im 19. Jahrhundert passierte, keineswegs! Epochen und Ereignisse wie die *Kolonialgeschichte*, die *Einigung Deutschlands* 1871 oder der *Amerikanische Bürgerkrieg* samt Abschaffung der Sklaverei zogen Konsequenzen nach sich, die bis heute spürbar sind.

Die Zeitgeschichte – eine Begriffsklärung

Der Begriff *Zeitgeschichte* oder *zeitgenössische Geschichte* ist eigentlich ein Widerspruch in sich. Zeitgenössisch ist das, was wir hier und jetzt erleben, Geschichte das Vergangene. Gemeint ist mit Zeitgeschichte jener Abschnitt der Geschichte, über den noch Zeitzeugen erzählen können, weil sie ihn hautnah miterlebt haben. Teilweise wird Zeitgeschichte aber auch synonym für die *Neueste Geschichte* benutzt. Darunter versteht man aktuell die Zeit nach der Oktoberrevolution (1917) und dem Ende des Ersten Weltkriegs (1918). Bis vor Kurzem waren Neueste Geschichte und Zeitgeschichte identisch, inzwischen leben jedoch nur noch wenige Menschen, die vor dem Ersten Weltkrieg geboren wurden. Und ob diese noch zuverlässig Zeugnis über die Erlebnisse ihrer Jugend geben können, erscheint zumindest fraglich.

> **IN DIESEM KAPITEL**
>
> Bewusste Verfälschungen und unbewusste Verzerrungen
>
> Blick durch verschiedene Brillen
>
> Die Grenzen der Korrektheit

Kapitel 3
Wie Weltgeschichte dargestellt wird

Wenn man sich für Geschichte interessiert, bekommt man immer wieder mal die provokante Frage zu hören, warum es denn so wichtig sein soll, zu wissen, was in der Vergangenheit geschehen ist. Doch auch die, die sich nicht mit Geschichte beschäftigen, werden ständig mit ihr konfrontiert. Alle Dinge, Menschen, Institutionen, Gesellschaften, Normen, Bräuche, Erkenntnisse und Ideen haben ihre Historie und die wird immer wieder herangezogen, um die Gegenwart zu erklären. Diese Erklärungen aber sind häufig in der ein oder anderen Weise ausgeschmückt, vereinfacht, verzerrt oder verfälscht. Die Beschäftigung mit Geschichte ist also allein deshalb nötig, um solche bewussten oder unbewussten Manipulationen zu erkennen und richtig zu stellen.

»Richtig« ist natürlich ein heikles Wort. Dinge, die heute allgemein anerkannt sind, können schon morgen durch neue Erkenntnisse oder Entdeckungen widerlegt werden. So hat sich etwa in Bezug auf Ötzis Kupferbeil (mehr dazu in Kapitel 4) völlig unerwartet zwischen der ersten Manuskriptfassung dieses Buches und der Überarbeitung ein neuer Stand ergeben. Andere Dinge sind selbst unter Wissenschaftlern umstritten. Deshalb werden Sie bei der Lektüre immer wieder auf Relativierungen wie »möglicherweise«, »vermutlich« oder »könnte« stoßen.

Doch selbst der völlig korrekte, wissenschaftliche Umgang mit den Fakten erfolgt notwendigerweise mit einer bestimmten Brille und führt so zwangsläufig zu überaus unterschiedlichen Sichtweisen. Lassen Sie mich im Folgenden ein paar Beispiele geben:

Die erdrückende Dominanz großer Männer

Im Jahr 1935 sinnierte Bertolt Brecht in seinem Gedicht »Fragen eines lesenden Arbeiters«:

»Der junge Alexander eroberte Indien. Er allein? ... Philipp von Spanien weinte, als seine Flotte untergegangen war. Weinte sonst niemand? ... Alle zehn Jahre ein großer Mann. Wer bezahlte die Spesen?«

Ähnliches haben Sie sich vielleicht auch schon ironisch gefragt, wenn geschichtliche Ereignisse als die Heldentaten eines einzelnen Tausendsassas dargestellt wurden. Ein renommierter Geschichtsprofessor sagte mir einmal, zu Beginn seiner Studienzeit habe Geschichte ausschließlich aus den Taten großer Männer bestanden. In den 1970er-Jahren sei diese Sichtweise – zumindest an den Universitäten – dann total umgekrempelt worden. Nicht, dass man jetzt die großen Frauen entdeckt hätte – Katharina die Große oder Maria Theresia waren schon immer »große Männer ehrenhalber«. Nein, nun rückten die politischen Systeme und die Sozialgeschichte in den Mittelpunkt der Forschung. Auf Individuen zu schauen – und seien sie noch so mächtig gewesen – war plötzlich völlig verpönt. Auch wer seinen Geschichtsunterricht in der DDR genossen hat, bekam womöglich mehr über die Strukturen der römischen Sklavenhaltergesellschaft als über die Taten Caesars zu hören.

Tatsächlich ergeben sich oft völlig neue Sachlagen, wenn man seinen Blick einmal von den handelnden Personen löst. Denken Sie nur an die zahlreichen Feldherren und Eroberer! Ungeachtet dessen, wie man ihre Unternehmungen moralisch bewertet, stehen das taktische Geschick, die Durchsetzungsfähigkeit und schließlich der Erfolg oder Misserfolg Einzelner im Mittelpunkt, wenn man Geschichte vor allem personenbezogen sieht. Aus heutiger Sicht sind andere Fragen aber viel relevanter: Was für ein Konflikt lag eigentlich zugrunde? Wurden zuvor andere Lösungsansätze gesucht? Hat vielleicht mehr die strukturelle Schwäche des Gegners als das Geschick des Feldherrn über Sieg oder Niederlage entschieden? Wie sehr war die Bevölkerung involviert? Wie gestaltete sich der Wiederaufbau? Wurden Kultur, Wirtschaft und andere Errungenschaften des Unterlegenen bewahrt?

Deswegen ist der biografische Blickwinkel in der Geschichtswissenschaft heute zwar nicht mehr verpönt, doch andere Ansätze versprechen meist mehr und wichtigere neue Erkenntnisse. In populären Geschichtswerken dagegen stehen große Männer – und starke Frauen – nach wie vor oft im Mittelpunkt Denn kaum etwas interessiert die meisten Menschen mehr als die Schicksale anderer Menschen. Vor allem wenn ihre Geschichten bewährten Mustern wie »Vom Tellerwäscher zum Millionär«, »Ein einsamer Held/eine starke Frau gegen das System« oder »Glanz und Tragik gekrönter Häupter« folgen.

Wer entscheidet eigentlich darüber, welche Herrscher »der/die Große« werden? Der Beiname geht auf den altorientalischen Titel *Großkönig* (Mittelpersisch: Schahan Schah) zurück, der einem König zustand, der über andere Könige herrschte (in Europa wurde für diesen Fall der Titel *Kaiser* geschaffen). Alexander der Große und einige Herrscher aus der Dynastie der Seleukiden (mehr zu diesen in Kapitel 7), die sich als Nachfolger der persischen Großkönige sahen, benutzten diesen Titel ebenfalls (auf Griechisch: Megas Basileus). Die Römer machten dann einen Ehrentitel für die Herrscher daraus, die sie wirklich als »groß« ansahen wie Kyros II. oder eben Alexander. In dieser Tradition wurden in Europa Herrscher, aber auch vereinzelt mächtige Frauen (wie Zarin Katharina II.), Päpste (wie Leo I.) oder Gelehrte (wie Albert Magnus) von ihren Zeitgenossen oder der Nachwelt als »Große« bezeichnet. Durchgesetzt haben sich diese Beinamen allerdings nur, wenn es einen weitgehenden Konsens über ihre »Größe« gab. Dem Versuch des deutschen Kaisers Wilhelm II. seinen Großvater Wilhelm I. zu »Wilhelm dem Großen« zu verklären, mochte dagegen niemand so recht folgen, ließ Wilhelm I. seine Politik doch weitgehend von Kanzler Otto von Bismarck machen. Dort aber, wo sich der Beiname durchgesetzt hat, wurden die Herrscher auch damit bekannt. Deshalb werde ich sie in diesem Buch auch stets so nennen – obwohl sie natürlich zu Beginn ihrer Karriere noch nicht so genannt wurden. Aber würden Sie auf Anhieb hinter Alexander III. von Makedonien den Welteneroberer erkennen?

In diesem ... für Dummies-Buch müssen so viele Fakten untergebracht werden, dass für ein einzelnes Geschehnis wenig Raum bleibt. Deshalb werde ich – trotz Bertolt Brechts berechtigter Kritik – verkürzende Formulierungen wie »Alexander eroberte Indien« benutzen. Jedenfalls dort, wo wirklich sehr dominante Persönlichkeiten – und das war Alexander der Große nun mal – das Geschehen bestimmten.

Überhaupt: Je kürzer Geschichte dargestellt werden muss, desto mehr ist sie zwangsläufig auf »Taten« fixiert: also auf Handlungen und Geschehnisse, die tatsächlich große Veränderungen ausgelöst haben. Die Opfer dieser Veränderungen, die marginalisierten, von der Macht ausgeschlossenen Gruppen von damals, kommen nur am Rande vor. Auch ist kein Platz für innovative Ideen, die sich noch nicht durchsetzen konnten, oder mutige Menschen, deren Wirken begrenzt blieb. Auch schwierige Entscheidungsprozesse müssen verkürzt dargestellt werden und Konflikte können nicht in all ihrer Vielschichtigkeit ausgebreitet werden. Aber dafür gibt es schließlich spezielle geschichtliche Werke. Es würde mich freuen, wenn es mir gelungen ist, in diesem ... für Dummies-Buch die Ereignisse so zusammenzufassen, dass Sie bei dem ein oder anderem Lust bekommen, sich genauer damit zu befassen.

Der schwere Blick über den Tellerrand

Sind Ihnen Shihuangdi, Wudi, Kangxi, Daoguang und Pu Yi bekannt? Wenn nicht, brauchen Sie sich nichts dabei zu denken. Auch Leute, die die europäischen Herrscher und Dynastien rauf und runter benennen können, kennen oft keinen einzigen chinesischen Kaiser mit Namen. Das zeigt ein weiteres Manko, das auch faktisch korrekter Geschichtsschreibung eigen ist: Sie ist meist *ethnozentristisch*, das heißt, im Mittelpunkt steht die eigene Kultur.

Solange sich ein Werk dezidiert mit der deutschen oder chinesischen Geschichte beschäftigt, ist es natürlich nur logisch, dass die Geschichte anderer Länder in Bezug auf das Geschehen in Deutschland oder China gesehen wird. Weltgeschichte jedoch sollte eigentlich ausgewogen dargestellt werden. Aber geht das überhaupt?

Weltgeschichte hierzulande sieht traditionell meist so aus: Sie beginnt bei den alten Hochkulturen des Vorderen Orients (andere gab es damals ja noch nicht), verweilt etwas länger bei den Ägyptern (da sehr populär), widmet sich ausgiebig den Griechen und Römern (als Wiege der abendländischen Zivilisation) und geht dann zum Frankenreich und Karl dem Großen über. Danach stehen das eigene Land und die anderen »Großen« Europas im Mittelpunkt. Kleinere europäische Staaten finden nur am Rand Erwähnung. Andere Kontinente kommen im Augenblick der Entdeckung durch die Europäer dazu. Danach weitet sich der ursprünglich eurozentrische Blick auf die »westlichen Industriestaaten«. Andere Regionen werden gemessen an ihrer Bedeutung für den Westen berücksichtigt.

Das klingt nicht sehr korrekt, und in der Tat ist der *Eurozentrismus* in der Geschichtsschreibung längst als Problem erkannt. Dennoch wird auch dieses Buch in gewissem Maße – aber natürlich nicht so stark wie oben dargestellt – eurozentrisch sein. Warum?

✔ Ich kann nicht anders. Natürlich kenne ich mich auch in der außereuropäischen Geschichte aus, sonst würde ich mir nicht anmaßen, ein Buch über Weltgeschichte zu schreiben. Aber mein Wissen über die chinesische Geschichte etwa hat längst nicht dieselbe Tiefe wie über die europäische. Und es gibt ja nicht nur China, sondern auch Indien, Japan, Persien, die kleineren Staaten Ost- und Zentralasiens, die islamische Welt, das stets vernachlässigte Afrika, das noch stärker vernachlässigte Ozeanien und die indigenen Kulturen beider Amerikas. Zu behaupten, man könne die Geschichte all dieser Regionen gleichermaßen fundiert behandeln, wäre schlicht und einfach Etikettenschwindel!

✔ Dieses Buch verspricht Ihnen eine Allgemeinbildung auf dem Gebiet der Weltgeschichte. Trotz aller globalen Annäherung ist Allgemeinbildung aber immer noch regional geprägt. Hierzulande brauchen Sie keine chinesischen Kaisernamen zu kennen, um geschichtliche Kompetenz zu beweisen. Aber die Bourbonen für Whiskey-Erfinder zu halten, wäre doch eher peinlich.

Der Bourbon-Whiskey wurde übrigens entweder nach dem Bourbon County in Kentucky oder der Bourbon Street in New Orleans benannt. Der Name *Bourbon* war in den USA populär, weil das gleichnamige französische Herrschergeschlecht die amerikanischen Kolonien in ihrem Unabhängigkeitskrieg gegen England unterstützt hatte. (Mehr dazu in Kapitel 13.)

Trotzdem dürfen Sie sich natürlich auch auf einen Blick über den europäischen Tellerrand freuen. Die Herren Shihuangdi, Wudi, Kangxi, Daoguang und Pu Yi werden Ihnen zum Beispiel in den Kapiteln 8, 12, 15, 16 und 17 wieder begegnen.

Der Wettstreit der Narrative

Der Begriff *Narrativ* ist in jüngster Zeit in Mode gekommen. Gemeint ist damit eine individuell oder kulturell geprägte Art, Geschehenes zu erzählen. Ein Narrativ ist meist mit Emotionen verbunden und dient der Sinnstiftung.

Das Tückische dabei: Selbst, wenn keinerlei Fakten verfälscht werden, kann es zu ein und demselben Ereignis höchst unterschiedliche Narrative geben.

Gründe dafür sind etwa:

✔ **die Zugehörigkeit zu verschiedenen Konfliktparteien.** Bei Kriegen sind abweichende Narrative die Regel: Was für die eine Seite Freiheitskampf ist, ist für die andere

Rebellion. Was die einen als Aggression werten, ist für die anderen die legitime Antwort auf eine Provokation. Selten ist die Schuld so eindeutig verteilt, dass sich frühere Konflik-tparteien rückblickend heutzutage einig wären. Der Zweite Weltkrieg ist in dieser Hinsicht eine Ausnahme, die den Blick für die Normalität verstellt.

✔ **ein unterschiedlicher Grad an Betroffenheit.** Die Besiedlung Amerikas durch die Europäer etwa bedeutet für die amerikanischen Ureinwohner die Auslöschung ihrer Kultur und eine bis heute andauernde Diskriminierung. Auch wenn Sie das grundsätzlich anerkennen, bewundern Sie womöglich nichtsdestotrotz den Pioniergeist eines weißen Auswanderers. Sie sehen in erster Linie einen mutigen Menschen, nicht einen gewissenlosen Profiteur der Verbrechen an den Indianern. Auch ein eigener Migrationshintergrund lässt einen Dinge oft anders sehen.

✔ **unterschiedliche politische und weltanschauliche Positionen.** Das alte Rom war zweifellos ein Sklavenhalterstaat und betrieb zudem eine aggressive Expansionspolitik. Doch es war eben auch ein Motor der Zivilisation, von dessen Fortschrittlichkeit, wirtschaftlicher Stärke und Stabilität viele der zuvor unterworfenen Regionen profitierten. Welcher Aspekt im Vordergrund steht, hat meist mehr mit den allgemeinen Ansichten des Betrachters zu tun als mit einer strittigen Informationslage über das *Imperium Romanum*.

✔ **unterschiedliche Interessen.** Nicht jeder, der sich mit Geschichte beschäftigt, ist unbefangen neugierig. Oft genug wird Geschichte aus sehr konkreten Gründen bemüht. Dazu mehr im nächsten Abschnitt.

Die Instrumentalisierung der Geschichte

Es gibt Länder, in denen Historiker, die diese Bezeichnung auch verdienen, gefährlich leben. Die meisten autoritären Machthaber unterdrücken nicht nur jede freie Meinungsäußerung zu aktuellen Themen, sondern halten es auch für notwendig, ein Geschichtsbild zu entwerfen, das ihre Machtansprüche untermauert. Wer daran Zweifel äußert, wird wegen Verrat am Volkstum oder Schändung der nationalen Ehre verfolgt. Doch auch hierzulande hat so manches Berufen auf die Vergangenheit vor allem den Zweck, die eigene Position zu stärken. Sei es, um sich als Teil einer Familie, Institution, Berufsgruppe oder Nation mit positiver Tradition zu fühlen, seien es handfeste Interessen, um das eigene Handeln zu legitimieren oder das der Gegenseite zu diskreditieren. Gegen solche Vereinnahmungen helfen eine gesunde Skepsis, gute Allgemeinbildung und im Zweifelsfall ein Faktencheck anhand verlässlicher, wissenschaftlicher Quellen.

Doch es braucht weder Böswilligkeit noch Verfälschungen, nicht einmal unlautere Schönfärberei, um Geschichte zu instrumentalisieren. Das kann auch in bester Absicht geschehen. Zum Beispiel, wenn erfolgreiche Frauen als Beweis dafür herangezogen werden, dass es eben doch möglich gewesen sei, sich in einer männerdominierten Umwelt durchzusetzen. Aber als Ausnahmen bestätigen sie eben nur die Regel: Der Löwenanteil der Weltgeschichte war von Männern (und auch da meist nur von einer kleinen elitären Gruppe) dominiert. Frauen (und Männer, die nicht zur jeweils privilegierten Schicht gehörten) hatten nahezu keine Chance, Weltbewegendes zu leisten.

Natürlich macht es trotzdem Sinn, auch auf Frauen (und Männer) zu blicken, die im Schatten der sogenannten »Großen« stehen. Dabei lassen sich tolle Menschen und interessante Ideen (die sich – leider – nicht durchgesetzt haben), aber auch wertvolle Erkenntnisse über die damaligen sozialen Strukturen entdecken. Aber man muss sich eben mit unbefangener Neugierde auf diese Entdeckungsreise machen und nicht mit der Absicht, irgendetwas beweisen zu wollen.

Selbst der Wunsch, möglichst korrekt zu agieren, ist eine Absicht und nicht ohne Tücken. Besonders kritisch wird es, wenn *der* eine richtige Begriff für einen Sachverhalt gefunden werden soll. Ein Beispiel: Vielleicht sind auch Sie noch mit der Bezeichnung *Reichskristallnacht* aufgewachsen? Dieser von Zeitzeugen geschaffene Name für die Nacht vom 9. auf den 10. November 1938, in der in Deutschland nicht nur die Scheiben unzähliger jüdischer Geschäfte in Scherben geschlagen, sondern auch viele Synagogen niedergebrannt und Menschen ermordet wurden, war in der Bundesrepublik bis in die 1990er-Jahre allgemein üblich. Doch seit jeher hat es auch Kritik gegeben, dass er zu verharmlosend sei. Zum 50. Jahrestag 1988 wurde diese Kritik lauter und inzwischen hat sich in Deutschland (im Ausland ist weiterhin Kristallnacht üblich) in der Regel *Reichspogromnacht* oder *Novemberpogrom* durchgesetzt. Das Problem dabei: Ein Pogrom, also eine spontane gewaltsame Volkserhebung gegen eine Minderheit, sollte bei dieser von den Nazis sorgfältig inszenierten Terroraktion eben nur vorgetäuscht werden. Natürlich klingt der neue Begriff dem Geschehen angemessener, aber korrekter ist er nicht. Im Gegenteil: Während der Begriff Reichskristallnacht vielleicht Emotionen, aber keine harten Fakten transportierte, ist die Bezeichnung Pogrom für die damaligen Ereignisse schlichtweg falsch.

»Holocaust« oder nicht?

Das Bedürfnis nach Korrektheit und Angemessenheit betrifft besonders die jüngere Vergangenheit wie die NS-Zeit (während etwa historische Piraterie weiterhin als Abenteuerspaß für Kinder gelten darf). Dabei ist auch der gängige Begriff *Holocaust* in die Kritik geraten. Holocaust heißt wörtlich übersetzt »Brandopfer«. Viele Menschen empfinden es deshalb als zynisch, den millionenfachen Massenmord an den Juden so zu benennen und fordern Alternativen, zum Beispiel *Shoah* (hebräisch: Heimsuchung). Doch dieses Wort lehnen wiederum viele Juden ab, weil es im Tanach (also im Alten Testament) für eine von Gott geschickte existenzielle Prüfung steht. Wenn überhaupt, so die Forderung, dürften nur die Opfer diese Bezeichnung anwenden, keinesfalls die Täter. Also »*Völkermord (Genozid)* an den europäischen Juden«? Diese Einstufung ist zweifellos korrekt. Allerdings geht damit die viel beschworene Einzigartigkeit der NS-Verbrechen unter. Was also tun?

Ich habe mich dafür entschieden, den entsprechenden Abschnitt in Kapitel 17 trotz allem mit »Holocaust« zu überschreiben, weil dieser Begriff am eindeutigsten für exakt diesen Völkermord steht und das Wort im Allgemeinen weder mit einer Assoziation an Brandopfer noch zynisch verwendet wird – außer von jenen, die das Geschehen sowieso zynisch betrachten, relativieren oder gar leugnen. Aber gegen eine solche Haltung hilft auch kein geänderter Begriff.

Teil II
Die Zeit der alten Reiche – Frühgeschichte und Antike

IN DIESEM TEIL ...

✔ Ich werde Sie zunächst 12 000 Jahre zurück in den Nahen Osten führen, wobei Sie viele spannende Kulturen kennenlernen, aber auch sehen werden, wie spektakuläre Entdeckungen von Troja bis Ötzi das Bild der frühen Geschichte ein ums andere Mal veränderten.

✔ Auch neue Techniken, etwa in jüngster Zeit die Genanalyse oder die Klimaforschung, führen gerade im Bereich der frühen Geschichte zu revolutionären Erkenntnissen, die noch vor einigen Jahrzehnten so nicht möglich waren.

✔ Erleben Sie die Römer und Griechen – eingebettet in eine vielschichtige Welt!

IN DIESEM KAPITEL

Die ersten Bauern

Die Verbreitung von agrarischem Know-how

Der Fortschritt durch das Leben an einem großen Fluss

Kapitel 4
Jungsteinzeit: Das Ende des Nomadenlebens

Nun geht es also los, der Lauf der Geschichte beginnt! In diesem Kapitel werfen Sie einen kurzen Blick auf die *Jungsteinzeit*, denn hier passiert etwas ganz Entscheidendes: Die ersten Menschen geben ihr Nomadenleben auf; aus Jägern und Sammlern werden Ackerbauern und Viehzüchter.

Sesshaftigkeit: Ein Trend setzt sich durch

Begonnen hat der Prozess der Sesshaftwerdung gegen Ende der letzten Eiszeit im Nahen Osten, genauer gesagt im *Fruchtbaren Halbmond*.

Der Fruchtbare Halbmond ist eine Region, die sich sichelförmig von der Mittelmeerküste entlang der Abhänge von Taurus- und Zagrosgebirge zum Persischen Golf zieht. Er umfasst die heutigen Staaten Israel-Palästina, den Libanon, den Norden Syriens, den Südosten der Türkei, große Teile des Irak und das iranische Tiefland.

Natürlich sind die Menschen nicht über Nacht sesshaft geworden. Wissenschaftler gehen davon aus, dass die Nomaden zunächst an Stellen, die sie häufiger aufsuchten, gezielt Samen ausstreuten. Das ist jedoch archäologisch schwer nachzuweisen, weshalb man nicht genau sagen kann, wann und wo erstmals richtiger Ackerbau stattfand. Möglicherweise vergingen mehrere Jahrtausende, bis aus einer Pflege der Rastplätze tatsächliche Sesshaftigkeit wurde. Der älteste Nachweis gezielter Pflanzenzucht sind derzeit knapp 11 000 Jahre alte *Emmerkörner* aus einer Siedlung in der Nähe von Damaskus, die deutlich größer als ihre wilden Verwandten sind.

Die ersten Agrarprodukte im Nahen Osten sind die Weizenarten Emmer und Einkorn sowie Gerste. Etwas später folgen Erbsen, Kichererbsen, Linsen, Steinlinsen und Flachs. Die ersten Haustiere sind, neben dem Hund, der schon Begleiter der eiszeitlichen Nomaden war, Schafe, Ziegen, Rinder und Schweine.

Der Fruchtbare Halbmond ist jedoch nicht die einzige Gegend, in der die Landwirtschaft erfunden wird. Unabhängig davon geschieht das auch in China (spätestens 8500 v. Chr.), auf Neuguinea (spätestens 6000 v. Chr.), an der südamerikanischen Pazifikküste (spätestens 3000 v. Chr.), in Mexiko (spätestens 2000 v. Chr.), im Mississippi-Becken (spätestens 1000 v. Chr.) und vermutlich auch in der afrikanischen Sahelzone (spätestens 2000 v. Chr.).

Warum aus Jägern Bauern wurden

Warum aber gaben die steinzeitlichen Jäger ihr Nomadenleben auf? Lange Zeit gingen die Forscher davon aus, dass der *Klimawandel* nach dem Ende der letzten Eiszeit ausschlaggebend war. Im Nahen Osten seien die fruchtbaren Gebiete knapp geworden, sodass die Menschen enger zusammenrücken mussten, lautete eine gängige These. Inzwischen hat die Klimaforschung jedoch große Fortschritte gemacht und keine Beweise für diese Annahme gefunden. Im Gegenteil: Zuvor, also während der Eiszeit, war das Klima äußerst rau gewesen und der Nahe Osten genauso wie Mitteleuropa von einer unwirtlichen Steppe überzogen, wie man sie heute in der sibirischen Tundra findet.

Von Eis bedeckt waren neben den – selbst in Afrika – stark vergletscherten Bergregionen während der sogenannten *Würm-Weichsel-Kaltzeit* vor allem Nordeuropa, Kanada und die Spitze Südamerikas. Nordasien dagegen war weitgehend eisfrei, doch der Permafrostboden reichte bis zum heutigen Peking. Da das Klima auch sehr trocken war, breiteten sich die Wüsten aus und der Meeresspiegel lag sehr tief. Deshalb bestanden Landbrücken, die es heute nicht mehr gibt: Indonesien etwa war als Halbinsel mit Asien verbunden und von Sibirien wanderten die ersten Menschen auf den amerikanischen Kontinent.

Auch die großen Gazellenbestände, von denen sich die eiszeitlichen Jäger des Nahen Ostens ernährt haben, brechen erst um 8000 v. Chr. zusammen. Da aber hat die Sesshaftwerdung schon begonnen. Möglicherweise bringen jedoch stärker ausgeprägte *Jahreszeiten*, die phasenweise Überfluss bescheren und dann wieder fast gar keine Nahrung liefern, die Menschen auf die Idee, sich intensiv mit dem Thema Vorratshaltung zu befassen. Auch ein allgemeines Bevölkerungswachstum oder eine starke Einwanderung in besonders attraktive Regionen können dazu geführt haben, dass man dem Wachstum der Wildfrüchte nachhalf, um genug Nahrung für alle zu haben.

Eine andere Theorie besagt, dass Sesshaftigkeit – die in der Folge landwirtschaftliche Aktivitäten nötig machte – sich rund um zentrale Heiligtümer entwickelte. Als ein solches Heiligtum wird zum Beispiel die über 11 000 Jahre alte Anlage *Göbekli Tepe* im Süden der Türkei interpretiert. Auch die Organisation in größeren Gemeinschaften ist nach dieser Theorie erfolgt, um architektonisch aufwendige Heiligtümer errichten zu können. Demnach wären also weder Not noch der ökonomische Nutzen, sondern die *Religion* die entscheidende Triebfeder für die Sesshaftigkeit gewesen. Abschließend geklärt ist das jedoch

Was der Bau der ersten Städte bedeutete

Zu den zahlreichen Siedlungen, die im 10. Jahrhundert v. Chr. im Nahen Osten entstehen, gehört auch *Jericho*. Wegen seiner Stadtmauer (um 8000 v. Chr.) und dem ersten nachgewiesenen Turm (Höhe: 3 Meter) gilt sie als älteste Stadt der Welt. Ob die Mauern der Verteidigung dienten oder eher ein Schutz gegen winterliche Fluten waren, und ob Jericho wirklich die Bezeichnung »Stadt« verdient, ist umstritten. Interessant ist jedoch, dass hier und in dem etwas jüngeren *Çatalhöyük* in Anatolien mehrere Tausend Menschen lebten. Diese können nicht alle Bauern gewesen sein, die ihre Äcker vor den Toren der Stadt hatten. Es muss also bereits zu einer *Arbeitsteilung* gekommen sein. Das heißt, dass die Landwirtschaft ausreichend Überschüsse produziert, um die Städter versorgen zu können, die sich nun anderen Tätigkeiten widmen.

Mit der Sesshaftigkeit kommt es zu einer *Bevölkerungsexplosion*. Doch wer meint, dass die Menschen nun allgemein besser leben, der irrt. Die Lebenserwartung der Erwachsenen sinkt sogar! Dafür gibt es mehrere Gründe:

✔ Die Abhängigkeit von der Ernte führt immer wieder zu **Hungersnöten**. Vor allem ein Mangel an Eiweiß sorgt dafür, dass die Bauern sogar deutlich kleiner sind als die Jäger.

✔ Das enge Zusammenleben fördert ansteckende **Krankheiten**. Auch manche Tierseuchen greifen auf die Menschen über.

✔ **Konflikte** können nicht mehr dadurch geregelt werden, dass man sich aus dem Weg geht.

✔ Besitz führt zu **Begehrlichkeiten**. Die Menschen haben nun Dinge, die in den Augen anderer einen Raub lohnen.

Trotz allem scheinen die Menschen die Vorteile der sesshaften Existenz als stärker zu empfinden. Der Abschied vom Nomadenleben erweist sich nahezu überall, wo er vollzogen worden ist, als unumkehrbar.

Wie sich das agrarische Know-how verbreitete

Vom Nahen Osten verbreitet sich die neue Lebensweise nach Zentralasien und Indien, nach Nordafrika und über Anatolien und die Donau nach Europa. In Mitteleuropa taucht sie um 5500 v. Chr. als *Bandkeramische Kultur* auf.

Die große Frage dabei ist: Wurde nur das *agrarische Wissen* weitergegeben oder gab es eine *Einwanderung* aus Vorderasien nach Europa? Moderne genetische Untersuchungen beweisen Letzteres.

Obwohl die Menschen eigentlich sesshaft geworden waren, führte das Bevölkerungswachstum zu einer ständigen Suche nach neuen, geeigneten Siedlungsgebieten. Saatgut und Vieh wurden mitgebracht. In Europa gab es dann ein

Nebeneinander von eingewanderten Bauern und eingeborenen Jägern. Weder übernahm eine Gruppe die Lebensweise der anderen, noch kam es zu größeren genetischen Vermischungen. Gletschermann *Ötzi* zum Beispiel konnte als Bauer identifiziert werden. Das ist wenig verwunderlich, denn zu seiner Zeit (etwa 3250 v. Chr.) waren die Jäger schon weitgehend ausgestorben und die Sesshaftigkeit hatte sich durchgesetzt. Ihre Gene aber gaben auch Ötzi und Genossen nicht weiter. Die modernen Europäer stammen zum größten Teil von späteren Einwanderern aus der Bronzezeit ab. Alle domestizierten Rinder-, Ziegen- und Schafrassen gehen dagegen auf die aus Vorderasien mitgebrachten Tiere zurück. Nur die orientalischen Schweine wurden nach rund 500 Jahren durch europäische Eigenzüchtungen verdrängt.

Ostasien erhält sein agrarisches Know-how aus China, ebenso Ozeanien durch die Ausbreitung der *austronesischen Küstenvölker*, von denen im Abschnitt *An Huang He und Jangtsekiang* noch die Rede sein wird. Umstritten sind die agrarischen Anfänge in Afrika südlich der Sahara. Sicher ist, dass etwa Bananen oder Taroknollen durch die austronesischen Seefahrer von Südostasien nach Madagaskar und von dort nach Afrika gelangten. Möglicherweise gab es trotz des Sperrriegels Sahara auch eine Beeinflussung aus Nordafrika. Trotzdem gehen die Forscher mehrheitlich davon aus, dass es auch eine eigenständige Entwicklung der Landwirtschaft in der Sahelzone gab. Erstes Anbauprodukt war wohl die Perlhirse.

Während sich die Sesshaftigkeit in Asien und Europa allgemein durchsetzt, ist das in Afrika, Amerika und Ozeanien nur teilweise der Fall. Manche Forscher meinen, dass sich die Pflanzen- und Tierarten des Nahen Ostens besonders gut für die Domestizierung eigneten. Das habe die Sesshaftigkeit besonders attraktiv gemacht und den Menschen dort – sowie allen Kulturen, die ihre Züchtungen übernahmen, – einen gewaltigen Entwicklungsvorsprung beschert.

Komplexes Miteinander: Die Wasserbaukulturen

Alle Hochkulturen der »ersten Generation« entstanden an einem Fluss. Das erscheint auch logisch, denn Flüsse liefern reichlich Wasser und lassen sich als Verkehrswege nutzen. Doch die Flüsse der Frühzeit sind nicht mit den gezähmten Wasserstraßen heutiger Zeit zu vergleichen. Ihre Bändigung erfordert Teamwork, das die Kräfte der bis dato üblichen Familienclans übersteigt. Deshalb entstehen neue, gut organisierte Gemeinschaften.

An Euphrat und Tigris

Die ersten Bauern meiden die Flüsse noch und siedeln sich lieber im Hügelland und den Ausläufern der Gebirge an. Das erklärt auch die Form des Fruchtbaren Halbmonds, der einen Bogen um *Mesopotamien* schlägt, das Land von Euphrat und Tigris. Um 6000 v. Chr. beginnen die Menschen jedoch – vermutlich aufgrund der rapide steigenden Bevölkerungszahl – auch das Tiefland zu besiedeln. Da es dort weniger regnet als in den Bergen, müssen

KAPITEL 4 Jungsteinzeit: Das Ende des Nomadenlebens 55

mithilfe von Kanälen die Flüsse angezapft werden, um eine dauerhafte Versorgung der Felder mit Wasser sicherzustellen. Im Laufe der nächsten drei Jahrtausende entstehen in Mesopotamien

- ein ausgeklügeltes **Bewässerungssystem** mit Kanälen, Zisternen und Staudämmen;
- größere **Städte**, die rund um einen Tempel angelegt werden, mit einem Ring kleinerer Siedlungen, die auf diese Städte bezogen sind;
- das Massenprodukt **Lehmziegel**, aus dem sich stabile Gebäude mit mehreren Räumen errichten lassen;
- eine **arbeitsteilige Gesellschaft**, in der es Handwerker wie Töpfer, Weber und Kupferschmiede gibt;
- ein **soziales System**, das nicht mehr auf Verwandtschaftsbeziehungen beruht und mit der Zeit immer stärker hierarchisch geprägt wird;
- eine **Beamtenschicht**, die für Wirtschafts- und Verwaltungsaufgaben Zählmarken, Siegel und schließlich auch Schriftzeichen benutzt.

Wie kam Ötzi zu seinem Beil?

Das relativ weiche *Kupfer* war das erste Metall, das die Menschen nutzten. Vermutlich entdeckten sie um 7500 v. Chr. im heutigen türkisch-syrischen Grenzland beim Brennen von Keramik, dass sich in den heißen Brennöfen auch Kupfererz schmelzen lässt. Die Technik verbreitete sich mit der Landwirtschaft. Auch Gletschermann Ötzi besaß ein Kupferbeil, das so scharf war, dass er damit Bäume hatte fällen können. Anfangs gingen die Wissenschaftler von einer Herkunft des Kupfers aus Tirol aus. Doch jüngste Untersuchungen führten zu einer faustdicken Überraschung: Das Metall stammt aus der südlichen Toskana und belegt damit, dass es auch in Europa im späten 4. Jahrtausend v. Chr. bereits weitreichende Handelsverbindungen gab. Wie die ausgesehen haben können und ob es neben dem Warenaustausch auch Migration gab, wird nun Gegenstand neuer Forschungen sein.

Am Nil

Ägypten übernimmt das agrarische Know-how aus dem Nahen Osten um 5700 v. Chr. In weiten Teilen des Landes setzt sich anfangs jedoch nur die Haltung von Ziegen und Schafen durch, denn jedes Jahr zwischen Juni und September zwingen Überschwemmungen – durch starke Regenfälle im äthiopischen Hochland bedingt – die Menschen, das fruchtbare Niltal zu verlassen. Für Hirten ist das leicht möglich. Zudem liefern ihre Tiere genug Fleisch für die kritischen Monate. Nur in der *Oase von Fayum*, zwischen Niltal und Nildelta gelegen, setzt sich schon der Ackerbau durch.

Mit der Zeit lernen die Menschen, mit den sehr regelmäßigen Fluten umzugehen. Sie beginnen künstliche Kanäle und Bassins anzulegen, mit deren Hilfe der fruchtbare Nilschlamm während der Überschwemmungen gezielt auf die Felder verteilt wird. Einen ersten Höhepunkt erreicht der Bau von Bewässerungsanlagen etwa 3100 v. Chr. unter einem Regionalkönig. Die Forschung nennt ihn nach seinem Siegel *Skorpion II*.

Die Epoche von etwa 4500 bis 3000 v. Chr. in der ägyptischen Geschichte wird nach einem wichtigen Fundort als *Naquada*- oder *Negade-Kultur* bezeichnet. Es gab noch kein geeintes Reich, aber schon eine sehr hierarchische Gesellschaft mit Regionalkönigen, die in aufwendigen Gräbern bestattet wurden. Im Grab von *Skorpion I*. (etwa 3200 v. Chr.) fand man die ältesten *Hieroglyphen*. Auch das künstlerische Niveau war schon ziemlich beeindruckend. Besonders interessant sind die großen, schildartigen *Prunkpaletten* aus poliertem Stein. Die glatte Seite diente wohl zum Mischen von Schminke für rituelle Anlässe, die Rückseite war mit komplexen Bildergeschichten wie etwa Jagdszenen verziert.

An Huang He und Jangtsekiang

In China beginnt das Agrarzeitalter spätestens 8500 v. Chr. Zwar werden in der Fachwelt immer mal wieder neue Funde als Beweis gehandelt, dass die chinesische Landwirtschaft noch älter sei als die des Nahen Ostens. Doch der archäologische Nachweis des frühen Bauernhandwerks ist eine diffizile Sache. Die ältesten nicht umstrittenen Zeugnisse sind Hirsekörner aus der *Provinz Hebei* (etwa 170 Kilometer südöstlich von Peking), die sich deutlich von wilder Hirse unterscheiden.

Vermutlich etwas später wird auch Reis angebaut. Die ersten Haustiere sind Schweine und eventuell auch Hühner. Genetische Untersuchungen haben gezeigt, dass alle heutigen Hühnerrassen vom wilden *Bankiva-Huhn* abstammen. Dieses ist ursprünglich zwischen Südchina und Indonesien beheimatet. Funde, die belegen sollen, dass domestizierte Nachkommen aber bereits im 6. Jahrtausend v. Chr. in China verbreitet waren, werden in jüngster Zeit kritisch gesehen. Sicher ist aber, dass die verschiedenen chinesischen Kulturen der Jungsteinzeit miteinander in Austausch standen. Vor allem die für Schmuck, Ritualgegenstände und Werkzeuge benutzte *Jade* war schon früh ein begehrtes Handelsgut.

In der Literatur wird gerne davon gesprochen, dass die Anfänge der chinesischen Zivilisation am *Gelben Fluss (Huang He)* liegen. Das ist ziemlich grob ausgedrückt. Von der Fundstelle der ersten Hirse ist der Huang He rund 500 Kilometer entfernt. Tatsächlich finden sich über ganz Ostchina verteilt Spuren *neolithischer Agrargesellschaften*. Großräumige Lokalisierungen wie »Unterlauf des Gelben Flusses« bedeuten nicht, dass die Menschen tatsächlich am Huang He oder überhaupt an einem Fluss siedelten.

An Chinas zweitem großen Fluss, dem *Jangtsekiang*, finden sich wie im Nahen Osten Kulturen, deren Leben vom Wasser geprägt ist. Boote sind ein wichtiges Transportmittel und die Städte werden mit Kanälen an die nächsten Flüsse angeschlossen. Ab etwa 4500 v. Chr. legen die Menschen Nassreisfelder an, die auch der Fisch- und Entenzucht dienen. Auch hier bilden sich große, komplexe Gesellschaften, wie die Stadt *Chengtoushan* im mittleren

KAPITEL 4 Jungsteinzeit: Das Ende des Nomadenlebens 57

Jangtse-Gebiet. Um 4000 v. Chr. wird sie mit einer über 6 Meter hohen Mauer und einem Ringraben umgeben. Integriert ist ein 50 Meter breites Becken, das wohl als Hafen diente. An dieser imposanten Befestigung – vielleicht der ältesten in China überhaupt – müssen viele Tausend Menschen gearbeitet haben.

Auch im Delta des Jangtsekiang rund um den heutigen Großraum Shanghai und an der südchinesischen Küste leben die Menschen in enger Verbundenheit mit dem Wasser. Um 4000 v. Chr. besiedeln sie auch Taiwan. Sie treiben Handel mit den Chinesen des Binnenlandes, sind aber – wie jüngst genetische Studien ergaben – nicht mit ihnen verwandt. Zu diesem Küstenvolk gehören auch die Menschen der besonders hoch entwickelten *Liangzhu-Kultur*, die sich ab 3400 v. Chr. im Jangtse-Delta findet: Die Menschen betreiben Nassreisanbau, intensive Fischerei und Fischzucht, schützen ihre Städte durch Mauern (wohl vor allem gegen Hochwasser) und erschließen sie über Kanäle. Außerdem zeichnet sich die Liangzhu-Kultur aus durch

✔ Häuser, die zum Schutz vor Hochwasser auf Stelzen stehen;

✔ eine sehr fortschrittliche Landwirtschaft mit künstlicher Bewässerung;

✔ besonders hoch entwickeltes Handwerk. Wissenschaftler glauben sogar, Beweise für die erste Verwendung von Diamantwerkzeugen gefunden zu haben.

✔ eine sehr hierarchische Gesellschaft, wie unter anderem ein großer Palast in der Hauptstadt belegt.

Um 2200 v. Chr. findet die Lianghzu-Kultur ein abruptes Ende. Über die Gründe wird spekuliert. Möglicherweise sorgte eine weltweite Klimaveränderung ab 2250 v. Chr. für steigende Meeresspiegel. Doch das chinesische Küstenvolk geht nicht unter, sondern breitet sich nach Süden aus und besiedelt im Laufe der Zeit Thailand, Indonesien, die Philippinen und Madagaskar. Auch die *Polynesier*, die wohl kühnsten Seefahrer der Geschichte, die rund 10 000 Südseeinseln besiedeln, gehören zu seinen Nachfahren. Ihnen werden Sie in Kapitel 13 wieder begegnen.

Die Nachfahren der frühen chinesischen Küstenbewohner bilden die große *austronesische Sprachfamilie*. Sie sind auf den meisten pazifischen Inseln zu finden.

Nicht dazu gehören die australischen *Aborigines* sowie die meisten Bewohner *Neuguineas* und einiger benachbarter Archipele, wie der Bismarck- und Salomon-Inseln. Deren Vorfahren überquerten schon vor mindestens 44 000 Jahren die Meerenge zwischen Indonesien und Australien, das damals noch mit Neuguinea verbunden war. Ob sie ursprünglich noch mehr Inseln besiedelten, aber von den Austronesiern vertrieben wurden, ist Spekulation. Vielleicht mieden die Austronesier auch die bereits bewohnten Inseln. Zu einer Vermischung beider Gruppen scheint es jedenfalls kaum gekommen zu sein.

Um 2000 v. Chr. finden die Kulturen am mittleren Jangtsekiang ihr Ende. Etwa zur gleichen Zeit entsteht am Huang He in der heutigen Provinz Henan die *Erlitou-Kultur*. Ihr Kampf gegen die Fluten des Gelben Flusses wird im nächsten Kapitel Thema sein.

IN DIESEM KAPITEL

Die Schrift, die Bronze, das Rad und andere revolutionäre Erfindungen

Mächtige Reiche zwischen Ägäis und Ostchinesischem Meer

Bedeutende Kulturen von 3300 v. Chr. bis 1200 v. Chr.

Kapitel 5
Bronzezeit: Die Blüte der alten Hochkulturen

Dieses Kapitel beginnt im Jahr 3300 v. Chr. Ungefähr. Um diese Zeit kommen Verwaltungsbeamte im Süden des heutigen Irak auf die Idee, sich ihre Arbeit mit *Schriftzeichen* zu erleichtern.

Die zweite wichtige Neuerung dieser Zeit ist die Bronze, eine Legierung aus Kupfer mit Zinn oder Arsen, die wesentlich härter als reines Kupfer ist. Wann und wo die *Bronzeherstellung* ihren Anfang nahm, ist jedoch unklar. In jüngster Zeit wurden sowohl im iranischen Hochland wie auch in Serbien Funde gemacht, die bereits aus dem 5. Jahrtausend v. Chr. stammen. Möglicherweise handelt es sich dabei aber um Zufallslegierungen.

Zum begehrten Handelsgut wird Bronze erst um 3000 v. Chr. Zunächst ist vor allem Arsenbronze verbreitet, etwa ab 2300 v. Chr. beginnt sich die ungiftige und härtere Zinnbronze durchzusetzen. Zinn ist jedoch ein sehr seltenes Metall. Die Mesopotamier müssen es aus Zentralasien, aus Anatolien und vom Balkan importieren. Ab 2000 v. Chr. werden auch die reichen Zinnvorräte in Cornwall ausgebeutet. Der neue Werkstoff eröffnet also nicht nur technische Möglichkeiten, sondern erzwingt auch einen *Fernhandel* und damit einen Austausch der Kulturen.

Fernhandel ist jedoch kein Privileg der Hochkulturen. Bereits im 9. Jahrtausend v. Chr. verwendeten die Mesopotamier Feuerstein und Obsidian aus Anatolien. Beide Gesteine waren besonders gut für die Herstellung von Werkzeugen geeignet.

Allerdings dauerte es geraume Zeit, solche Handelsverbindungen aufzubauen. In Mitteleuropa begann die Bronzezeit deshalb erst um 2200 v. Chr., in Nordeuropa 1800 v. Chr. Das begehrte Metall wurde vor allem gegen Bernstein von der Ostsee eingetauscht.

Vorreiter Mesopotamien

Die Tiefebene um Euphrat und Tigris, die die Griechen später Mesopotamien (zwischen den Flüssen) nennen werden, ist um 3300 v. Chr. relativ dicht besiedelt. Außer Land, Lehm und Wasser gibt es kaum Rohstoffe, doch dank einer aufwendigen Bewässerungstechnik und der Einführung eines von Tieren gezogenen Pflugs wird eine produktive Landwirtschaft betrieben. Neben der traditionellen Gerste werden vor allem Dattelpalmen und Sesam kultiviert. Daraus entstehen innovative Produkte wie Bier, Essig, Dattelsirup, Speiseöl, Salben oder Taue aus Palmfasern. Dank der Zucht von Wollschafen entwickelt sich auch eine ertragreiche Textilwirtschaft. Außerdem erlauben die Einführung der *Töpferscheibe* und verbesserte Brennöfen es, hochwertige Keramik in großer Menge herzustellen. Zum Bauen stehen standardisierte Lehmziegel zur Verfügung, aber auch aus natürlichen Quellen stammender Asphalt. Metalle importiert man aus Anatolien, Holz aus den Bergen des Libanon, andere Güter von der arabischen Halbinsel, aus dem iranischen Hochland, Zentralasien oder dem Industal. Als Transportmittel dienen vor allem Schiffe und der erst jüngst domestizierte Esel. Um die Jahrtausendwende wird auch das Rad eingeführt.

Für einen *gesicherten Warenverkehr* benutzten die Mesopotamier bereits seit dem 6. Jahrtausend v. Chr. Siegel. Sie sind auch Erfinder des *Frachtbriefs*. Der Empfänger erhielt eine gesiegelte Tonkugel. Wenn er sie aufbrach, fand er im Inneren Zählsteine, die ihm verrieten, welche und wie viele Waren ihm geschickt worden waren.

Ob Pflug, Töpferscheibe, Rad und Wollwirtschaft in Mesopotamien erfunden worden sind, steht keineswegs fest. Die Töpferscheibe wurde vermutlich bereits einige Jahrhunderte früher am Indus verwendet und das Rad könnte aus Nordosteuropa stammen. Doch dank ihrer Handelsverbindungen gelangten die Mesopotamier in den Besitz aller wichtigen Erfindungen ihrer Zeit und verstanden es, sie optimal einzusetzen.

In den sumerischen Stadtstaaten

Vor allem im Süden Mesopotamiens gibt es größere Städte. Ihre Bewohner werden als *Sumerer* bezeichnet. Woher sie stammen, liegt völlig im Dunkeln. Die wohl älteste dieser Städte ist *Uruk*, die etwa 4000 v. Chr. entstand. Zu ihrer Blütezeit um 2900 v. Chr. hat sie um die 50 000 Einwohner. Im Zentrum liegen die ausgedehnten Tempelbezirke der Stadtgötter *An* und *Inanna*. Vermutlich übt die Priesterschaft auch die Regierung aus und lenkt eine planwirtschaftliche Verteilung der Vorräte. Insgesamt gibt es einige Dutzend solcher Stadtstaaten. Neben Uruk sind vor allem *Nippur, Kisch, Ur, Eridu* und *Lagasch* bedeutend. Die drei letzteren liegen direkt am Persischen Golf, der damals aufgrund des hohen Meeresspiegels weit ins Land hineinreichte.

Im *Inanna-Tempel* von Uruk wurden mit die ältesten Schriftzeugnisse der Welt gefunden. Es sind prosaische Notizen, wie Besitzurkunden für Sklaven oder Anweisungen einer Behörde, eine bestimmte Menge Gerste an einen Tempel zu liefern. Verwendet wurden *stilisierte Bildzeichen*. Erst um 2700 v. Chr. bildete sich die typische *Keilschrift* heraus. Die einzelnen Zeichen stehen für Silben und wurden mit dreikantigen Griffeln in weichen Ton geritzt. Hunderttausende dieser Tontafeln

KAPITEL 5 Bronzezeit: Die Blüte der alten Hochkulturen 61

haben überlebt, und obwohl bei Weitem noch nicht alle entziffert sind, verraten sie viel über Religion, Kultur und Sozialstruktur der mesopotamischen Kulturen.

✔ So waren die Mesopotamier extrem **abergläubisch**. Sie fürchteten die Pläne ihrer Götter und waren stets bestrebt, anhand aller möglichen Zeichen kommendes Geschick vorauszusagen. Dass etwa eine schwarze Katze, die von links kommt, Unglück bringen soll, geht auf sie zurück.

✔ Sie waren aber auch gute Mathematiker. Bereits in sumerischer Zeit wurde das **Sexagesimalsystem** eingeführt, auf dem die Einteilung der Stunde in 60 Minuten oder des Kreises in 360 Grad beruht.

✔ Auch die **Sieben-Tage-Woche** ist sumerisch. Sie kam zustande, weil ein Mondmonat in vier Wochen geteilt und jedem Wochentag einer der sieben wichtigen Himmelskörper zugeordnet wurde, der wiederum nach einem Gott benannt war. Die genaue Zuordnung war in babylonischer Zeit

- für den Sonn- und Montag natürlich Sonne und Mond sowie deren Götter Schamasch und Sin,

- für den Dienstag der Mars und Kriegsgott Nergal,

- für den Mittwoch Merkur und Nabu, der Gott der Weisheit,

- für den Donnerstag Jupiter und der Haupt- und Himmelsgott Marduk,

- für den Freitag Venus und die Liebesgöttin Ischtar,

- für den Samstag Saturn und Vegetationsgott Ninurta.

Um 2900 v. Chr. ändert sich das politische System der sumerischen Stadtstaaten. Anstatt der Priesterschaft übernimmt nun der *Lugal* die Regierung, ein weltlicher Fürst. Die stärkere Befestigung deutet auch auf vermehrte Kriege hin. Auch die Kunst wird weltlicher; geschickte Handwerker produzieren Luxusgegenstände für eine adelige Oberschicht, wie etwa den Kopfputz der Königin *Puabi von Ur* (um 2500 v. Chr.), ein ebenso aufwendiges wie fantasievolles Gebilde aus Lapislazuli-Ketten, goldenen Blättern und Blumen. Wer sich verschuldet, muss als Sklave auf Zeit arbeiten. Für Frauen bedeutet dies häufig Zwangsprostitution. Freie Frauen dagegen haben mehr Rechte als etwa im antiken Griechenland: Sie dürfen arbeiten, Geschäfte machen und sind erbberechtigt.

Das Gilgamesch-Epos

Der älteste Roman der Welt, gefunden im Inanna-Tempel von Uruk, wurde zwar erst um 2000 v. Chr. verfasst, erzählt aber von der sumerischen Fürstenzeit. Gilgamesch, der König von Ur, lehnt sich gegen die Götter auf und sucht nach der Unsterblichkeit. Nach einer abenteuerlichen Reise, auf der er mit allerlei fantastischen Wesen zusammentrifft, die Liebesgöttin Ischtar erzürnt, weil er ihre sexuellen Avancen zurückweist, und von seinem Ahnherrn die Geschichte einer Sintflut geschildert bekommt, muss er erkennen, dass seine einzige Chance auf Unsterblichkeit ist, sich als guter Herrscher ewigen Ruhm zu schaffen.

Im Reich von Akkad

Im 3. Jahrtausend v. Chr. kommt es zu einer starken Einwanderung in die sumerischen Staaten. In den Dokumenten tauchen immer mehr semitische Namen auf. Vermutlich handelt es sich dabei um Nomaden von der Arabischen Halbinsel. Ungefähr im Jahr 2350 v. Chr. – nach der *mittleren Chronologie* – putscht dann der semitische Mundschenk des Königs von Kisch gegen seinen Herrn und macht sich als *Sargon* zum neuen König.

 Die mittlere Chronologie ist ein Versuch, die Daten aus mesopotamischen und altägyptischen Dokumenten auf die heutige Jahreszählung zu übertragen. Es gibt verschiedene Varianten, die etwa um 150 Jahre differieren. Da die mittlere Chronologie derzeit in der Wissenschaft präferiert wird, verwende auch ich sie.

Sargon betreibt eine aggressive Expansionspolitik. Er und seine Nachfolger bringen ganz Mesopotamien unter ihre Kontrolle und üben wohl zeitweise auch eine Oberhoheit auf Nachbarstaaten wie Elam, Mari und Ebla aus. Zur Hauptstadt des Reichs wird das zuvor unbedeutende *Akkad*. Im Alltag beginnt sich die Sprache der Einwanderer durchzusetzen, die von den Wissenschaftlern als akkadisch bezeichnet wird. Auch die Götter bekommen akkadische Namen. So wird aus Inanna zum Beispiel Ischtar. Darüber hinaus herrscht jedoch eine bemerkenswerte kulturelle Kontinuität.

Das *Reich von Akkad* ist der erste Flächenstaat der Menschheitsgeschichte, politisch jedoch noch sehr instabil. Nach 150 Jahren zerfällt er wieder. Mit schuld ist wahrscheinlich eine weltweite Klimaveränderung, die im Nahen Osten ab 2250 v. Chr. zu einer extremen Dürre und damit zu einem Ansturm von Klimaflüchtlingen führt. Im Süden kommt es nach dem Ende des Reichs von Akkad unter der Führung der Könige von Ur noch einmal zu einer sumerischen Renaissance.

Nachbarn und Handelspartner

Rund um das Zweistromland und entlang der wichtigsten Handelswege bildeten sich im 3. Jahrtausend v. Chr. andere hochstehende Zivilisationen:

✔ **Elam:** Kleinstaat rund um die Städte Susa und Anschan im iranischen Tiefland, dessen Sprache weder mit dem Semitischen noch dem Sumerischen verwandt ist

✔ **Mari:** Stadtstaat und wichtiges Handelszentrum am Oberlauf des Euphrat an der heutigen syrisch-irakischen Grenze

✔ **Ebla:** Stadtstaat und wichtiges Handelszentrum in der Nähe des heutigen Aleppo

✔ **Magan:** Handelsstützpunkt zwischen Mesopotamien und Indien sowie Produzent von Kupfer und hochwertigem Stein, wohl im Norden des heutigen Oman

✔ **Dilmun:** wichtiger Hafen für den Handel mit Indien, wohl das heutige Bahrain

Im alten Babylon

Von König *Hammurapi* haben Sie möglicherweise schon gehört. Von ihm stammt eine eindrucksvolle schwarze Steinstele, die heute im Louvre steht. Auf ihr ist ein Codex mit 282 Gesetzen festgehalten, die Hammurapi um 1750 v. Chr. erlassen hat.

Der *Codex Hammurapi* ist vor allem für sein Vergeltungsrecht nach dem Motto »Auge für Auge, Zahn für Zahn« bekannt. Darüber hinaus enthält er aber noch viele Verordnungen, etwa zum Vermögensrecht, zum Erbrecht, zu Haftungsfragen und anderen geschäftlichen Regelungen.

Entgegen landläufiger Meinung ist er jedoch keineswegs die älteste Gesetzsammlung der Welt. Bereits 300 Jahre zuvor erließ König *Ur-Nammu* von Ur einen Codex, der zudem noch wesentlich humaner als der des Hammurapi war.

Hammurapi ist der Fürst von Babylon. Er stammt von den *Amoritern* ab, einem semitischen Nomadenvolk, das sich einst mit den Herrschern von Akkad bekriegt, dann aber am Euphrat niedergelassen hat. Er ist ein extrem fähiger Herrscher, dem es teils kriegerisch, teils diplomatisch gelingt, das Machtvakuum, das es damals in Mesopotamien gibt, zu nutzen. Auf diese Weise erlangt er die Herrschaft über das ganze Zweistromland und möglicherweise auch noch über einige Nachbarregionen. Er teilt das Land in Provinzen, die jeweils einem Stadthalter unterstehen, und schafft mit seinem Codex ein einheitliches Gesetzeswerk. Die gefundene Stele ist nur eine von vielen, die im Land aufgestellt werden, um diese Gesetze bekannt zu machen. Außerdem lässt er Straßen ausbauen, die Bewässerung verbessern und führt einen einheitlichen Kalender ein. Unter seinen Nachfolgern kommt es jedoch zu Aufständen und um 1600 v. Chr. wird das Reich von den *Hethitern* zerstört (dazu mehr im Abschnitt *Siegreich: Die Erfolgsgeheimnisse der Hethiter*).

Konstante am Nil: Ägypten

In *Hierakonpolis*, einem der ersten religiösen Zentren am Nil, fanden britische Archäologen 1897 eine gut 60 Zentimeter hohe Prunkpalette aus poliertem Stein. Sie stammt von etwa 3000 v. Chr. Eine Seite zeigt einen König mit der weißen Krone Oberägyptens im Kampf gegen seine Feinde. Die Hieroglyphen weisen ihn als *Narmer* aus. Auf der anderen Seite ist Narmer mit der roten Krone Unterägyptens bei einem Siegesfest zu sehen. Dokumentiert die Palette also den Beginn des Ägyptischen Reichs?

Doch auch andere Herrscher reklamieren die Reichseinigung für sich. Die Forschung geht davon aus, dass das Zusammenwachsen von Oberägypten (dem Niltal) und Unterägypten (dem Nildelta) ein längerer Prozess war, der bereits vor Narmers Zeiten begonnen hatte, aber erst 300 Jahre nach ihm endgültig vollzogen war.

Die Bezeichnung *Pharao* bedeutet »Großes Haus« und bezeichnet ursprünglich nur den königlichen Hof. Zum Herrschertitel wird Pharao erst nach dem Ende des Neuen Reichs, im 10. Jahrhundert v. Chr. Die Vorstellung, Pharao wäre der ägyptische Königstitel schlechthin, rührt aus der Bibel, die zu einer Zeit verfasst wurde, in der die ägyptischen Herrscher tatsächlich als Pharaonen bezeichnet wurden.

Das Geheimnis der Pyramiden

Die Geschichtswissenschaft setzt den Beginn des *Alten Reichs* um 2700 v. Chr. mit König *Djoser* an. Er macht *Memphis* an der Grenze zwischen Ober- und Unterägypten zu seiner Residenzstadt und verpasst dem Reich eine einheitliche Verwaltung. Die Beamten stellen zusammen mit der Priesterschaft der Tempel die Elite dar. Sie sind straff organisiert und Ämter werden oft vom Vater auf den Sohn vererbt. Hauptaufgabe ist das Einziehen von Abgaben. Dazu gehören die gesamte Getreideernte, aber auch viele Handwerkserzeugnisse. Das Getreide wird zentral gelagert und bei Bedarf wieder an die Bevölkerung verteilt. Diese *Vorratshaltung* wird durch die unregelmäßigen Nilfluten nötig, die in manchen Jahren ausbleiben und so zu massiven Ernteausfällen führen.

Auch während der Flut werden die Bauern aus den zentralen Vorräten versorgt, müssen sich dafür aber für staatliche Bauprojekte zur Verfügung stellen. Und die sind gigantisch.

✔ **Imhotep**, Djosers berühmt gewordener Baumeister, errichtet in **Sakkara**, südlich des heutigen Kairo, die erste Pyramide, eine 60 Meter hohe Stufenpyramide, die von einem 1,5 Quadratkilometer großen Palast umgeben ist.

✔ **Snofru** (reg. um 2670–2620 v. Chr.) lässt gleich drei Pyramiden bauen: die stark zerstörte **Meidum-Pyramide**, eine **Knick-Pyramide** und die knapp 110 Meter große **Rote Pyramide**, die erste »echte« Pyramide mit glatten Seiten.

✔ **Cheops** (reg. um 2620–2580 v. Chr.), Snofrus Sohn, ist der Erbauer der ursprünglich fast 150 Meter hohen **Großen Pyramide von Gizeh**, dem einzig erhaltenen der **Sieben Weltwunder**.

✔ **Chefren** (reg. um 2570–2530 v. Chr.), Cheops zweiter Sohn, gibt die nur wenig kleinere, zweite Pyramide von Gizeh und vermutlich auch die **Sphinx** in Auftrag.

✔ **Mykerinos** (reg. um 2530–2510 v. Chr.), Chefrens Sohn, ist der Bauherr der dritten Pyramide von Gizeh, die rund 65 Meter hoch ist.

Die Pyramiden gehören zu den großen Rätseln des Alten Ägypten. Warum investierten die Menschen so viel Energie in den Bau ihrer Königsgräber? An der Cheops-Pyramide haben wohl einige Tausend Facharbeiter – während der Überschwemmungszeiten von Zehntausenden Hilfskräften unterstützt – 20 Jahre lang gearbeitet. Dabei gingen sie mit einer unglaublichen Präzision vor.

Zu den Pyramiden gehörten auch noch riesige Tempelkomplexe, in denen regelmäßig Riten abgehalten und Familienangehörige der Könige sowie hohe Beamte bestattet wurden.

Doch eine ausgedehnte Totenverehrung gab es schon vor Djosers Zeiten. Die Herrscher ließen sich damals *Mastabas* über ihre Gräber bauen. Dies waren flache Gebäude mit abgeschrägten Wänden, in deren Inneren sich Räume für religiöse Riten und Grabbeigaben befanden. Djosers Stufenpyramide war im Grunde eine sechsstöckige Mastaba.

Der *Mumifizierung*, die seinerzeit noch einfach mit Pottasche erfolgte, geht der Brauch voraus, die Toten im heißen Sand zu begraben, wo die Leichname auf natürliche Weise konserviert wurden.

Alle Elemente des ägyptischen Totenkults waren also schon vorhanden. Was sich mit Djoser änderte, war die *Stellung des Königs*. Er war nicht nur der absolute Herrscher, auf den der ganze Staat hin ausgerichtet war, sondern galt auch als »Lebendiger Horus«, also als Gott. Möglicherweise waren die Spitzen der Pyramiden ursprünglich vergoldet und sollten – wie später die Obelisken – eine Verbindung zum Himmel schaffen.

Göttergewimmel mit Tierköpfen

Das Alte Ägypten weist einen besonders bunten Götterhimmel auf, was daran liegt, dass nach der Reichseinigung jeder Ort weiterhin seine alten Lokalgötter verehrte. Die charakteristischen Tierköpfe sind wohl ein Relikt archaischer Totemtiere. Dass verschiedene sich widersprechende Mythen nebeneinander existierten, empfand man offenbar nicht als Problem. Auch einen Versuch, aus allen Göttern eine Familie zu schaffen, wie etwa in Mesopotamien oder später in Griechenland, gab es nicht. Allerdings war der Mythos um den Totenrichter *Osiris*, der von seinem Bruder *Seth* zerstückelt und von seiner Frau *Isis* wiederbelebt wird, besonders populär. Den wichtigsten Göttern, vor allem den Reichsgöttern *Re* und später *Amun*, waren staatliche Kulte gewidmet. Zu ihren Heiligtümern gehörten große Tempelstädte, in denen nicht nur die Priesterschaft lebte, sondern auch viele Handwerker, die ausschließlich für den Kult arbeiten.

Eine relativ unbekannte Göttin, die aber essenziell für die Vorstellungswelt im Alten Ägypten war, ist *Maat*, die rechte Ordnung. Im Grunde diente jedes Ritual, jeder Dienst am Staat, selbst das Schuften auf den Pyramidenbaustellen, der Herrschaft der Maat und dem Zurückdrängen von *Isfet*, dem Chaos. Diese grundsätzliche Einstellung trug viel dazu bei, dass die ägyptische Kultur so stabil und konservativ war.

Die Mumifizierung und Verehrung »heiliger« Tiere wie Katzen oder Krokodile gibt es erst im 7. und 6. Jahrhundert v. Chr. Gerade weil Ägypten damals meist unter fremder Oberherrschaft steht (dazu mehr in Kapitel 6), findet eine teils skurrile Rückbesinnung auf angeblich oder tatsächlich altägyptische Sitten statt.

Das Ägyptische Reich kann sich seinen aufwendigen Götter- und Totenkult leisten, weil es lange keine ebenbürtigen Feinde hat. In *Libyen* und auf dem *Sinai* wohnen Beduinen, *Nubien* im Süden ist wirtschaftlich vom Handel mit Ägypten abhängig und die meiste Zeit über eine Art Vasallenstaat. Gelegentlich wird von »Expeditionen« der ägyptischen Könige in diese Länder berichtet, hinter denen wohl meist – aber nicht zwangsläufig immer – Raubzüge stehen. Djoser zum Beispiel bringt vom Sinai Kupfer und Türkise mit, Snofru erbeutet große Mengen an Vieh in Nubien und Libyen.

Um 2475 v. Chr. entsandte König *Sahure* eine Expedition in das Land *Punt*, die mit großen Mengen an Myrrhe, Gold und dem weichen, grünen Mineral Malachit zurückkam, das für geschnitzte Kunstobjekte, aber auch als Schminkfarbe sehr beliebt war. Auch spätere ägyptische Herrscher importierten aus Punt Luxusgegenstände wie Gold, Silber, Weihrauch, Ebenholz, Straußenfedern, Raubtierfelle und lebende Affen. Aber wo lag dieses sagenhafte Land? Die Forscher gehen davon aus, dass es am *Horn von Afrika*, im heutigen Eritrea oder Somalia zu finden war.

Reiche und Zwischenzeiten

Die Geschichte des Alten Ägypten bis zur Eroberung durch *Alexander den Großen* wird traditionell in drei Reiche und drei Zwischenzeiten geteilt. Während der Reichs-phasen war Ägypten – zumindest nominell – geeint, während der Zwischenzeiten nicht. Das bedeutet aber nicht zwangsläufig, dass die Reiche für Stabilität und die Zwischenzeiten für Chaos stehen. Auch in den Reichen gab es, vor allem während der Endphasen, anarchische Zustände, während die Zwischenzeiten aus einem geordneten Nebeneinander mehrerer Herrschaften bestehen konnten. Insgesamt war die Geschichte des Alten Ägypten jedoch von bemerkenswerter Stabilität geprägt. Thronwechsel führten kaum zu blutigen Auseinandersetzungen, und auch die Herrschaftsausübung scheint für die damalige Zeit selten despotisch oder gar grausam gewesen zu sein. Größere Kriege gab es erst im *Neuen Reich*.

✔ **Das Ende des Alten Reichs:** Nach 2500 v. Chr. werden in Ägypten nicht nur die Pyramiden kleiner. Die Pharaonen müssen ihre Macht mit regionalen Fürsten teilen und werden nicht mehr als Götter, sondern nur noch als Söhne von Sonnengott Re begriffen. Ab 2250 v. Chr. sorgt dann auch noch die verheerende Dürre im Rahmen einer weltweiten Klimakatastrophe für niedrige Nilfluten und damit einhergehende Versorgungsprobleme.

✔ **Die Erste Zwischenzeit:** Um 2200 v. Chr. ist die Zentralmacht endgültig zusammengebrochen und das Alte Reich Geschichte. Manetho, ein ägyptischer Priester und Historiker, der im 3. Jahrhundert v. Chr. lebt, behauptet, es hätten damals 70 Könige je 70 Tage regiert, was natürlich nur eine Beschreibung für das Chaos ist.

In vielen philosophischen Texten wie *Gespräch eines Lebensmüden mit seiner Seele*, *Prophezeiung des Neferti* oder *Mahnworte des Weisen Ipuwer*, die etwa ab 1900 v. Chr. Mode werden, wird das Chaos der Ersten Zwischenzeit ausgiebig beschworen. Die Epoche des Alten Reichs erscheint dagegen als Goldenes Zeitalter. Doch während damals fast nur Pyramidentexte verfasst wurden, entsteht im Mittleren Reich eine Fülle hochklassiger Literatur. Neben Weisheitstexten auch Erzählungen wie die *Geschichte von Sinuhe*, die mit Mika Waltaris Bestseller *Sinuhe der Ägypter* nichts zu tun hat, sondern die Erlebnisse eines hohen Beamten zur Zeit der Könige Amenemhet I. und Sesostris I. schildert.

✔ **Der Beginn des Mittleren Reichs:** Mit der Zeit bilden sich zwei Machtzentren in Herakleopolis und Theben. Um 2030 v. Chr. gelingt es einem thebanischen Fürsten namens *Mentuhotep II.* Ägypten wieder zu einen. Knapp 40 Jahre später putscht sich ein Wesir an die Macht, der als *Amenemhet I.* regiert. Er und seine Nachfolger – vor allem *Sesostris I.*, *Sesostris III.* und *Amenemhet III.* – stellen den Zentralismus in Ägypten wieder her, unternehmen mehrere Feldzüge, teilweise sogar nach Palästina, und unterwerfen Nubien bis zur heutigen Grenze zum Sudan.

Antike Reisende wie etwa *Herodot* versichern, die Bauten des Mittleren Reichs hätten denen des Alten Reichs nicht nachgestanden. Doch statt Steinen wurden oft Lehmziegel verwendet. Die Pyramiden etwa – die größte war die 75 Meter hohe Pyramide von Amenemhet III. – sind heute stark verwittert und kaum noch als solche zu erkennen.

Im Mittleren Reich kam auch die Vorstellung auf, nicht nur der König, sondern jedermann habe eine *unsterbliche Seele.* Also begannen auch gewöhnliche Menschen umfangreiche Vorbereitungen für ihren Weg ins Jenseits zu treffen. Es gab sogar »Reiseführer« mit Gebeten, Zaubersprüchen und detaillierten Handlungsanweisungen.

Herausragend war das medizinische Wissen der alten Ägypter. Papyri, aber auch die Untersuchung von Mumien zeigen, dass sie unter anderem Knochen richten, Tumore und Abszesse operieren sowie Zahnprobleme, Darmerkrankungen, Ausschläge, Verbrennungen, Parasitenbefall und Augenkrankheiten behandeln konnten. Außerdem hatten sie eine Ahnung von Empfängnisverhütung, Migräne, Depressionen, Ernährungsfehlern und Umwelteinflüssen, wie etwa von Steinstaub auf die Lunge. Es gab sogar schon damals auf Augen, Zähne, Geburtshilfe oder das Verdauungssystem spezialisierte Ärzte.

✔ **Die Zweite Zwischenzeit:** Nach Amenemhet III. verfällt die Macht der Könige wieder. Traditionsgemäß gilt das Aussterben der 12. Dynastie um 1780 v. Chr. als Ende des Mittleren Reichs. Im Nildelta übernehmen um 1650 v. Chr. semitische Einwanderer die Macht, die *Hyksos* genannt werden. Der antike Historiker Flavius Josephus beschreibt sie später als brutale Eroberer, die Ägypten überfallen und versklavt hätten. Archäologische Zeugnisse lassen eher darauf schließen, dass es schon seit Längerem eine Migration aus dem Nahen Osten ins Nildelta gab, die teils friedlich, teils gewaltsam ablief.

Die Hyksos sind deutlich besser international vernetzt als die Könige des Alten und Mittleren Reichs. Sie betreiben einen regen Handel mit den anderen Kulturen im östlichen Mittelmeerraum. Mit ihnen kommen Pferd und Streitwagen, bessere Waffen, schnell drehende Töpferscheiben und eine verbesserte Bronzeherstellung an den Nil. Kulturell passen sich die Einwanderer jedoch nach und nach an.

Kerma und Kusch

Das um 1700 v. Chr. in Nubien (Nordsudan) entstandene *Reich von Kerma* gilt als der älteste schwarzafrikanische Staat. Die Könige von Kerma konnten ihre Herrschaft in der Zweiten Zwischenzeit bis in das heutige Ägypten ausdehnen. Ihr Reichtum beruhte auf Vieh, Handel und Goldverarbeitung. Kunst und Kultur waren hochstehend und teilweise von Ägypten beeinflusst. Das Reich von Kerma wurde von *Thutmosis I.* erobert. Um 750 v. Chr. entstand dann mit *Kusch* ein neues nubisches Reich, dessen Herrscher als 25. Dynastie rund 100 Jahre lang sogar in Ägypten regierten.

Das Neue Reich: Die Wagnisse von Thutmosis, Echnaton & Co.

Ahmose I., Fürst von Theben, wird zum Begründer des *Neuen Reichs.* Um 1540 v. Chr. gelingt es ihm, die Hyksos zu vertreiben. Er reformiert die Verwaltung und übernimmt Neuerungen, die die Hyksos eingeführt haben, wie etwa eine Berufsarmee.

Unter Ahmose I. entstand die letzte Pyramide – ohne Grabkammer. Für das Begräbnis der Könige benutzte man nun ein Felstal bei Theben am Westufer, der Totenseite, des Nils: das *Tal der Könige.* Am Eingang entstand eine riesige Tempelstadt, wo die täglichen Riten für die verstorbenen Herrscher zelebriert wurden. Der Zugang ins Tal wurde bewacht. Trotzdem wurden alle Gräber teils schon in der Endzeit des Neuen Reichs geplündert, bis auf jenes des *Tutanchamun,* das der britische Archäologe Howard Carter im Jahr 1922 entdeckte. Im *Tal der Königinnen* etwas weiter südlich sind die prächtigen Wandmalereien im Grab der *Nefertari,* der Lieblingsfrau Ramses II., das Highlight.

✔ **Thutmosis I.** (reg. um 1504–1492 v. Chr.) unternimmt im Nahen Osten einen Feldzug bis zur heutigen türkisch-syrischen Grenze. Möglicherweise will er damit einer erneuten Hyksos-Invasion vorbeugen.

✔ **Hatschepsut** (reg. um 1479–1458 v. Chr.), seine Tochter, verschafft Ägypten eine kulturelle und wirtschaftliche Blütezeit. Sie nutzt dazu die Handelsverbindungen der Hyksos und unternimmt eine Expedition nach Punt. Ihr prächtiger Totentempel bei Theben setzt neue architektonische Maßstäbe und gilt bis heute als einer der herausragenden Bauten des Alten Ägypten. Hatschepsut soll in den Höfen Myrrhe aus Punt haben pflanzen lassen, der erste bekannte Import lebender Pflanzen.

Auch in Sachen Selbstdarstellung war Hatschepsut eine Meisterin. Ihr Totentempel ist mit rund 200 ihrer Statuen geschmückt. Wandinschriften beschreiben, wie Amun-Re in Gestalt von Thutmosis I. ihre Mutter schwängert. Viele Skulpturen und Namenskartuschen wurden allerdings später zerstört. Hat ihr Stiefsohn Thutmosis III. ihr Andenken auslöschen wollen, Hatschepsut vielleicht sogar umgebracht? Heute glauben die Historiker nicht mehr an familiäre Dramen. Die Zerstörungen fanden erst mehr als 20 Jahre nach Hatschepsuts Tod statt. Entweder plante Thutmosis III., den Tempel für sich selbst zu nutzen, oder sein Sohn Amenophis II. hatte ein Problem mit der Herrscherin, auf die er seine eigene Abstammung nicht zurückführen konnte.

✔ **Thutmosis III.** (reg. um 1479–1425 v. Chr.) kommt erst nach dem Tod seiner Stiefmutter zum Zuge, wird dann aber der kriegerischste König des Alten Ägypten. Er unternimmt 16 Feldzüge, führt erstmals richtige Schlachten gegen starke Gegner und bringt dadurch große Teile des Nahen Ostens unter ägyptische Oberhoheit. Es gelingt ihm aber auch erstaunlich gut, danach für stabile Verhältnisse zu sorgen, etwa indem er die Söhne der besiegten Fürsten in Ägypten erziehen lässt. Die letzten zwölf Jahre seiner Herrschaft sind friedlich und der Reichtum Ägyptens dank der Abgaben aus den Vasallenstaaten und eines ungehinderten Handels so groß wie nie zuvor.

✔ **Amenophis III.** (reg. um 1388–1351 v. Chr.) übernimmt ein gut geordnetes, mächtiges, reiches Land und versteht es, diesen Wohlstand bestens zu verwalten und zur

KAPITEL 5 Bronzezeit: Die Blüte der alten Hochkulturen 69

Schau zu stellen. Er ist wesentlich für die gigantischen Tempelanlagen von *Luxor* und *Karnak* verantwortlich. Doch er kann nicht nur klotzen, die ägyptische Kunst wird auch lebendiger und vielfältiger. Außer einem kurzen Feldzug gegen nubische Rebellen führt er keinen Krieg.

✔ **Amenophis IV. »Echnaton«** (reg. um 1351–1334 v. Chr.), lässt innerhalb von zwei Jahren zu Ehren des Sonnengotts Aton eine neue Residenzstadt namens *Achetaton* in der Nähe des heutigen Amarna (300 Kilometer südlich von Kairo) aus dem Boden stampfen und verlegt die gesamte Reichsverwaltung dorthin.

Ob er tatsächlich eine *monotheistische Religion* mit Aton als einzigem Gott einführt, ist umstritten. Auf jeden Fall schafft er einen neuen Kult, deren einzige Priester er selbst und seine Frau *Nofretete* sind. Damit entmachtet Echnaton die starke Priesterschaft der bisherigen Reichsgötter. Auch den neuen teils naturalistischen, teils grotesk überzeichnenden Kunststil seiner Regierungszeit (*Amarnastil*) soll er den Handwerkern persönlich befohlen haben. Es gibt Hinweise darauf, dass Echnaton darüber die Politik vernachlässigte – aber wie gravierend die Folgen waren, ist umstritten.

Die Skandal-Royals vom Nil

Echnatons Hauptgemahlin war Nofretete, die vor allem aufgrund ihrer schönen Büste extrem populär ist, aber wohl auch als Mitregentin eine bedeutende Rolle gespielt hat. Sowohl ihre Herkunft wie ihr Ende liegen völlig im Dunkeln. Die beiden hatten sechs Töchter, mit denen sie auf vielen Bildern in zärtlicher Intimität gezeigt werden. Nach Echnatons Tod folgten die älteste Tochter *Meritaton* und ein ominöser *Semenchkare*, über den es keine gesicherten Erkenntnisse, aber heftige Spekulationen gibt; dann eine weitere Tochter und *Tutanchamun*, der nach neuesten Erkenntnissen ein Sohn Echnatons mit einer seiner Schwestern gewesen sein muss.

✔ **Tutanchamun** (reg. um 1332–1323 v. Chr.) wird im Alter von vier Jahren König. Sein Wesir Eje und der General Haremhab machen die Reformen Echnatons rückgängig und werden nach Tutanchamuns frühem Tod nacheinander selbst Könige.

✔ **Sethos I.** (reg. um 1290–1279 v. Chr.) ist der Sohn von Haremhabs Wesir. Er verkündet eine Wiedergeburt Ägyptens nach der Herrschaft des Chaos (Isfet).

✔ **Rames II.** (reg. um 1303–1213 v. Chr.), Sethos' Sohn, scheitert daran, die ägyptische Vorherrschaft auf Syrien auszudehnen, doch der *Friedensvertrag von Kadesch* mit den Hethitern (mehr dazu im Abschnitt *Siegreich: Die Erfolgsgeheimnisse der Hethiter*) sichert ihm einen stabilen Frieden. Den nutzt er zu einem gigantischen Bauprogramm. Dazu gehören unter anderem die Tempel von *Abu Simbel*. Das geht jedoch zulasten der einfachen Bevölkerung, die zu verelenden beginnt. Unter seinen Nachfolgern kommt es zu Unruhen und anarchischen Zuständen im Inneren.

✔ **Ramses III.** (reg. um 1188–1156 v Chr.) gibt noch einmal den großen Bauherrn und erweist sich äußerst großzügig gegenüber der Priesterschaft der Tempel. Seine

Arbeiter hingegen müssen hungern. Im Jahr 1159 v. Chr. kommt es zum ersten bekannten *Streik* der Geschichte. Am Ende stirbt Ramses III. durch eine Palastintrige.

Unter seinen Nachfolgern nehmen die inneren Unruhen zu und auch Angriffe von außen können oft nicht mehr niedergeschlagen werden. Die regionale Macht liegt vielerorts in den Händen der Priesterschaften der großen Tempelstädte.

✔ **Ramses IX.** (reg. um 1105–1076 v. Chr.) ist der letzte König des Neuen Reichs. Seine Herrschaft erstreckt sich nur noch auf die Umgebung von Memphis, während in Ober- und Unterägypten bereits Generäle *Militärdiktaturen* errichtet haben. Nach seinem Tod etablieren sich dann verschiedene lokale Dynastien nebeneinander.

Im Schatten der Großmächte

Nicht was die Größe, aber was die Wahrnehmung der Nachwelt angeht, ist Ägypten die Supermacht der frühen Geschichte schlechthin. Auch die wechselnden mesopotamischen Reiche haben es inzwischen in den Kanon der Allgemeinbildung geschafft. Dagegen führt die größte der frühen Hochkulturen im Industal nach wie vor ein Schattendasein, was auch daran liegt, dass so wenig über sie bekannt ist. Auch China gerät leicht aus dem Fokus, da seine Entwicklung abseits des vernetzten vorderasiatischen Kulturraums stattfand. Der aber wird im 2. Jahrtausend v. Chr. immer bunter, denn mit *Hethitern*, *Minoern* und *Mykenern* kommen neue Mächte ins Spiel.

Geheimnisvoll: Der chinesische Held Yu und seine Erben

Glaubt man der chinesischen Überlieferung, dann regierten ab 2700 v. Chr. fünf Urkaiser das Land. Der letzte von ihnen macht seinen Ersten Minister *Yu* zum Nachfolger, weil dieser das Land vor der großen Flut gerettet hat. Yu wird der Begründer der *Xia-Dynastie*. Allerdings zweifeln viele westliche Historiker die Berichte über die Xia-Dynastie an, weil es keinen archäologischen Nachweis für ein größeres, zentral regiertes Reich gibt. Doch möglicherweise hat die Geschichte von Yu trotzdem einen wahren Kern.

Neben einem magischen Dichtmittel namens *Xirang*, das Yu aus dem Himmel holt, spielen beim Kampf des Helden gegen die Flut auch so profane Dinge wie ableitende Kanäle und Drainagen eine Rolle.

Inzwischen konnte nämlich nachgewiesen werden, dass es um 1920 v. Chr. ein Erdbeben im tibetischen Hochland gegeben hat, das eine gewaltige Flut auslöste, die die Kulturen am Oberlauf des Gelben Flusses auslöschte, während sich am Mittellauf die Menschen der *Erlitou-Kultur* mit Dämmen schützen konnten. Abgesehen davon, dass ein solcher Dammbau eine gemeinsame Anstrengung und zentrale Planung braucht, wurden in der Fundstätte Erlitou Reste palastartiger Gebäude, Bronzewerkstätten und die ältesten *Dings* gefunden – verzierte Bronzebecken, die vermutlich für Opferfleisch benutzt wurden und in der chinesischen Kunst eine große Rolle spielen. Für die meisten chinesischen Historiker steht deshalb fest, dass Erlitou die Heimat der Xia-Dynastie war.

KAPITEL 5 Bronzezeit: Die Blüte der alten Hochkulturen

1766 v. Chr. soll dann *Tang*, der Fürst von Shang, den letzten brutalen und korrupten Xia-Herrscher gestürzt haben. Die von ihm gegründete *Shang-Dynastie* hat nun zweifelsfrei existiert. Sie regiert rund 700 Jahre lang ein Reich, das vom mittleren Huang He bis an die Ostküste und im Süden bis an den Jangtsekiang reicht.

Die Shang-Könige fragten die Götter um Rat, indem sie Tierknochen ins Feuer warfen. Aus den sich dabei bildenden Rissen lasen Wahrsager die Antwort aus dem Jenseits. Frage und Antwort wurden – mit teils heute noch gebrauchten Schriftzeichen – auf den Knochen geschrieben. Das Wissen über die Shang-Könige speist sich zum Großteil aus solchen *Orakelknochen*.

Die Shang kontrollieren sowohl Kupfer- wie Zinnvorkommen und werden zu Meistern im Bronzeguss. Ab etwa 1500 v. Chr. nutzen sie wiederverwendbare Gussformen mit komplizierten Mustern. Viele der hergestellten Kunstgegenstände dienen religiösen Ritualen. Oberste Priester sind die Könige, die nach ihrem Tod oft mit Hunderten von Dienern begraben werden. Mit ihren Nachbarn betreiben die Shang einen gewinnbringenden, intensiven Handel, gehen aber auch immer wieder kriegerisch gegen sie vor. Es entstehen erste Städte und ein Straßennetz. Auch die Seidenherstellung und die Lackkunst sind bereits bekannt.

Heerführerin Fu Hao

Im Jahr 1976 entdeckten Archäologen bei der Shang-Hauptstadt *Yinxu* das Grab der Königin *Fu Hao* aus dem 13. Jahrhundert v. Chr. Ihr wurden sechzehn Menschen, sechs Hunde sowie Hunderte von Gefäßen aus Bronze und Elfenbein, Glocken, Bronzewaffen, Jadefiguren und Schmuckgegenstände sowie die ältesten bekannten chinesischen Spiegel und 7000 Kaurimuscheln mitgegeben, die als Zahlungsmittel dienten. Orakelknochen rühmen, dass sie als Generalin 13 000 Soldaten gegen die Feinde geführt habe, aber auch als Priesterin wirkte und für ihren Mann, König *Wu Ding*, die Regierungsgeschäfte führte.

Fortschrittlich: Die Kultur am Indus

Als die britische Kolonialmacht 1857 im heutigen Pakistan eine Eisenbahn von Karatschi nach Lahore baute, wurden ohne Bedenken Ziegel einer alten Befestigungsanlage bei dem Ort *Harappa* benutzt. Erst 65 Jahre später erkannte der Direktor des britischen Antikendienstes, dass es sich dabei um die Reste einer mehr als 4000 Jahre alten Stadt handelte. Inzwischen sind über 1000 Orte aus dieser Zeit gefunden worden und es ist klar, dass es im Industal eine Hochkultur gab, die flächenmäßig größer war als die in Mesopotamien und Ägypten.

Die ältesten Spuren von Sesshaftigkeit finden sich am Westrand des Tales, in *Mehrgarh*, in der heutigen pakistanischen Provinz Belutschistan und stammen etwa von 7000 v. Chr.

Vermutlich lag der Ort an einer Handelsroute, über die auch die Mesopotamier Lapislazuli und andere Edelsteine aus Afghanistan und Indien bezogen.

Die Menschen leben hier in Lehmziegelhäusern, ähnlich den mesopotamischen, halten Vieh, das aus dem Nahen Osten stammt, und verarbeiten Schmucksteine aus Afghanistan und Indien. Später domestizieren sie auch den einheimischen Wasserbüffel, verwenden hochwertige Brennöfen zur Produktion von Keramik und erfinden – wahrscheinlich unabhängig von Mesopotamien und womöglich sogar früher – einen einfachen Pflug.

 Zu den verblüffendsten Funden aus dem Ort Mehrgarh gehört der Hinweis auf die Existenz eines Zahnarztes. Man fand mehrere Skelette, deren Backenzähne angebohrt worden waren. Offensichtlich hatte jemand versucht, mit einem Feuersteinbohrer, wie er auch zur Schmuckherstellung verwendet wurde, Karies zu entfernen.

Etwa um 4000 v. Chr. breitet sich die Besiedlung von den Rändern des Tals immer mehr Richtung Fluss aus. Um 2600 v. Chr. entstehen große Städte mit mehreren Tausend Einwohnern. Die größten sind *Mohenjo-Daro* am Indus und *Harappa* im Punjab, in denen wohl einige Zehntausend Menschen leben. Sie weisen eine ganze Reihe von Merkwürdigkeiten auf:

✔ Die Städte sind planmäßig angelegt und ähneln sich verblüffend. Fast alle haben eine zitadellenartige Oberstadt im Westen und eine größere Unterstadt mit geraden Straßen. Die Häuser sind ziemlich groß, aber schmucklos und wie später in Rom um einen Innenhof herum gebaut.

✔ Es gibt eine öffentliche Wasserversorgung und die weltweit älteste bekannte Abwasserkanalisation. Die Häuser haben Bäder mit Toiletten.

✔ Dafür fehlen öffentlichen Gebäude wie Paläste oder Tempel, die irgendeinen Hinweis auf die Herrschaftsstruktur geben können. Allerdings gibt es große Becken, die öffentliche Bäder gewesen sein könnten, und Vorratslager, die auf eine zentral gelenkte Wirtschaft schließen lassen.

✔ Alle Maße, Gewichte, Größen und Formen sind außergewöhnlich standardisiert und präzise. Die kleinste Längeneinheit misst 1,7 Millimeter.

✔ Es gibt eine Schrift, die vor allem auf Siegeln zu finden ist und bis heute nicht entziffert werden konnte.

✔ Die Bewohner stellen fantasievollen Schmuck, hochwertige Keramik und die ersten Baumwollstoffe her, die von feiner Qualität und leuchtend bunt gefärbt sind. Plastiken und andere Bildwerke dagegen sind äußerst rar.

Zwischen 2000 v. Chr. und 1800 v. Chr. werden diese hochentwickelten Städte aufgegeben, die einheitliche Kultur und das dichte Handelsnetz verschwinden. Die Gründe sind genauso rätselhaft wie die ganze Indus-Kultur. Diskutiert werden Klimaveränderungen, ein Rückgang der Landwirtschaft durch Überweidung oder Versalzung der Böden, sodass diese die Städte nicht mehr ernähren konnten, ein Abreißen der Handelsverbindungen nach Mesopotamien, aber auch der Einfall von Reiterstämmen aus dem iranischen Hochland.

Siegreich: Die Erfolgsgeheimnisse der Hethiter

Auch die *Hethiter* waren so gut wie vergessen, bis der deutsche Archäologe Hugo Winckler anno 1905 in Zentralanatolien ein Archiv aus über 10000 Keilschrifttafeln in einer unbekannten Sprache fand. Inzwischen weiß man, dass die Hethiter ein indoeuropäisches Volk waren (mehr dazu in Kapitel 6). Wann und von wo sie nach Anatolien einwanderten, ist aber nach wie vor ein Rätsel.

Im 17. Jahrhundert v. Chr. bringen sie sich den Nachbarvölkern aber eindringlich ins Bewusstsein: König *Hattusili I.* unterwirft seine anatolischen Nachbarn und unternimmt Raubzüge nach Syrien. Dabei nimmt er das heutige Aleppo ein und überschreitet den Euphrat. Sein Enkel *Mursili I.* plündert 1594 v. Chr. Babylon und übernimmt die Kontrolle über die Handelsrouten nach Mesopotamien. Danach wird das Hethiterreich jedoch von inneren Unruhen erschüttert, denen König *Telipinu* (reg. um 1574–1554 v. Chr.) begegnet, indem er eine Verfassung erlässt, die Blutrache, Sippenhaftung und Thronfolgekämpfe unter Strafe stellt und dem *Adelsrat (Panku)* mehr Gewicht gibt. König *Suppiluliuma I.* (reg. um 1355–1320 v. Chr.) erobert fast ganz Anatolien und Syrien und macht das Hethiterreich endgültig zur Großmacht, die sich in mancher Hinsicht von den anderen Kulturen der Zeit unterscheidet:

✔ Der militärische Erfolg der Hethiter beruht vor allem auf ihren Streitwagen, mit denen sie blitzschnell zuschlagen. Außerdem ist das Heer extrem gut ausgebildet.

✔ Vasallenvölker werden gut behandelt, sodass sich die syrischen Kleinstaaten lieber den Hethitern als den Ägyptern unterwerfen.

✔ Die Gesellschaftsordnung ist feudal. König und Adel, Adel und Bauern sind sich gegenseitig verpflichtet. Es gibt keine Sklaven, sondern nur Unfreie, die gewisse Rechte haben. Frauen sind voll geschäftsfähig. Die Macht des Königs ist durch das Mitspracherecht des Panku eingeschränkt, in dem auch die Königin einen Sitz hat.

✔ Das Rechtswesen verlangt vor allem Wiedergutmachung. Wer etwa einen Mord begeht, muss vier Ersatzleute stellen, die die Arbeit des Toten tun, notfalls sich selbst und die eigene Familie. Die Todesstrafe ist nahezu abgeschafft. Urteile beruhen auf Zeugenaussagen und Beweisführung. Bestechung wird hart verurteilt.

✔ Die Könige sind den Göttern Rechenschaft schuldig. Das hat zur Folge, dass die Aufzeichnung ihrer Taten relativ ungeschönt betrieben wird.

✔ Die Religion ist extrem polytheistisch. Götter werden oft geraubt und adoptiert, dann jedoch in ihrer »Heimatsprache« und mit dem gewohnten Kult verehrt.

✔ Die Kunst der Hethiter ist eher unspektakulär, aber sie sind hervorragende Techniker. Ihre Hauptstadt Hattusa ist ein Meisterwerk der Ingenieurskunst. Die Mauern sind teilweise sogar mit dem Felsen verdübelt. Die Stadt verfügt über Wasserleitungen und Kanalisation.

✔ Spätestens ab 1800 v. Chr. gelingt es den Hethitern Eisen herzustellen und ab 1400 v. Chr. auch Stahl zu härten. Auf diese Weise können sie überlegene Waffen und Werkzeuge herstellen, verfügen aber auch über ein extrem attraktives Handelsgut.

Die Schlacht von Kadesch und die UNO

Im Jahr 1274 v. Chr. kam es bei Kadesch, in der Nähe des heutigen Homs, zum großen Showdown zwischen Hethitern und Ägyptern um die Vorherrschaft in Syrien. Lange glaubte man, Ramses II. habe einen glänzenden Sieg errungen. Doch die Rechenschaftsberichte des hethitischen Königs Muwatalli II. legen nahe, dass dieser den Angriff der Ägypter abwehren konnte und sich dann mit einer Einigung auf den Status quo zufriedengab. Jedenfalls schlossen beide Seiten den ersten bekannten *völkerrechtlichen Vertrag*, in dem sie sich Beistand gegen Dritte versprachen, Plünderungen untersagten, einen Austausch von Gefangenen und künftige enge Zusammenarbeit vereinbarten. Eine Kopie des *Friedensvertrags von Kadesch* hängt heute im Hauptquartier der Vereinten Nationen.

Um 1200 v. Chr. jedoch werden die meisten Städte niedergebrannt und das hethitische Reich bricht auseinander. Die Gründe dafür liegen im Dunkeln. Diskutiert werden innere Konflikte, Missernten, eine Erhebung der Vasallen an mehreren Fronten, aber auch ein Einbruch kriegerischer Völker in Anatolien. Auf einer ägyptischen Stele aus dem Jahr 1208 v. Chr. jedenfalls heißt es, Ägypten habe den Angriff der »Seevölker« abgewehrt, aber: »Die Länder der Hethiter fallen, wie beim Anblick nahender Windhunde, auf die Knie.« Näheres dazu erfahren Sie in Kapitel 6.

Kunstsinnig: Die erste europäische Hochkultur auf Kreta

König *Minos von Kreta* kennen Sie vielleicht aus der griechischen Sage vom Minotaurus. Dieses stierköpfige Ungeheuer lebt in einem kretischen Labyrinth und ernährt sich von jungen Männern und Frauen, bis es vom griechischen Helden Theseus getötet wird. Dass die Sage ein Nachhall der ältesten Hochkultur Europas ist, wurde erst klar, als der britische Archäologe Arthur Evans im Jahr 1900 die Überreste des labyrinthartigen *Palastes von Knossos* mit seinen rund 1200 Räumen und wunderbaren Wandgemälden ausgrub.

Kreta ist seit mindestens 6000 v. Chr. besiedelt. Um 3000 v. Chr. kommt es zu landwirtschaftlichen Innovationen und einem Beginn der Bronzeverarbeitung. Damit einher geht ein starkes Bevölkerungswachstum. Es gibt Handelskontakte mit den Nachbarinseln, Ägypten und Vorderasien. Etwa ab 2000 v. Chr. werden die ersten Paläste gebaut. Diese dienen wohl als politische und religiöse Zentren, aber auch zur Lagerung zentraler Vorräte. Um die Paläste entstehen teilweise größere Städte mit Wasser- und Abwassersystem. Ab 1700 v. Chr. ist Kreta sehr dicht besiedelt und die beherrschende Macht in der Ägäis. Es unterhält Handelskontakte im gesamten östlichen Mittelmeer, vor allem zu Ägypten, und beeinflusst die Kultur der Nachbarinseln.

All das scheint völlig friedlich vonstattengegangen zu sein, denn die Paläste und Städte haben keinerlei Befestigung und auch sonst fehlen Hinweise auf kriegerische Aktivitäten.

KAPITEL 5 Bronzezeit: Die Blüte der alten Hochkulturen 75

Da die *kretische Schrift* noch nicht entziffert wurde, weiß man aber nur Bruchstückhaftes über die minoische Kultur.

✔ Die Götter werden oft in Verbindung mit Tieren dargestellt. Charakteristisch ist eine barbusige Gottheit mit Stufenrock und Schlangen in den erhobenen Händen. Außerdem spielt der Stier eine große Rolle. Es scheint ein Ritual gegeben zu haben, bei der junge Leute versuchten, über einen Stier zu springen. Möglicherweise ist dies die Grundlage der Minotaurus-Sage.

✔ Auch die farbenfrohen Wandmalereien der Paläste zeigen oft stilisierte Landschaften, Pflanzen und Tiere. Bemerkenswert ist auch der Versuch, Bewegungsabläufe darzustellen. Auch die Keramik wird gerne mit Pflanzen und Meerestieren bemalt. Aufgrund eines dreistufigen Brennens ist sie besonders dünnwandig.

Schon in minoischer Zeit war Kreta für seinen Honig berühmt. Der mittelalterliche Name Kretas, *Candia*, wurde deshalb Namensgeber für kandierte Früchte, Kandiszucker und englische Candys. Die Bezeichnung Candia wiederum ist eine Latinisierung von *Rabd al-Handaq*, der Hauptstadt des muslimischen Emirats von Kreta, das von 824 bis 961 n. Chr. existierte.

Um 1450 v. Chr. wird Kreta dann wiederholt von Angreifern heimgesucht und gerät unter die Oberherrschaft der *Mykener*.

Kriegerisch: Die mykenische Kultur

Die mykenische Kultur taucht im 17. Jahrhundert v. Chr. plötzlich in Mittelgriechenland und auf dem Peloponnes auf. Kennzeichen sind imposante, stark befestigte Burgen und reich ausgestattete Schachtgräber. Schrifttafeln verraten, dass die Sprache der Mykener indoeuropäisch und mit dem Griechischen verwandt ist. Inhaltlich sind die Dokumente allerdings wenig aufschlussreich, da es sich vor allem um Verwaltungsnotizen handelt. Vermutlich kontrollierten die mykenischen Burgherren jedoch das nähere Umland und wurden durch Raub und Zölle reich.

Entdeckt wurde die mykenische Kultur von Heinrich Schliemann. Nachdem er zuvor schon das antike *Troja* gefunden hatte, grub er zwischen 1874 und 1876 die *Burg von Mykene* aus. Er war überzeugt, das Mykene aus Homers *Ilias* gefunden zu haben und benannte seine Funde nach den Helden der Erzählung, zum Beispiel *Agamemnons Totenmaske*. Dass er eine vorgriechische Kultur entdeckt hatte, war ihm nicht klar.

Um 1450 v. Chr. können die mykenischen Fürsten ihren Einfluss nicht nur über Kreta, sondern auch die anderen Inseln der Ägäis ausdehnen. Aber auch intern ändern sich die Strukturen. An einigen Orten wie *Mykene, Pylos, Tiryns, Athen, Theben* und *Eleusis* entstehen große Paläste, andere Fürstensitze verlieren an Bedeutung. Offenbar kommt es zu einer Konzentration der Macht. Auch Kunst und Kultur, etwa das Design der Keramik, werden einheitlicher. Ob es aber so etwas wie ein »Mykenisches Reich« mit einer Hauptstadt gab, ist fraglich. Bemerkenswert sind große Manufakturen, in denen Keramik, Textilien, Segel und Schiffstaue hergestellt werden. Ein anderes wichtiges Exportgut ist Olivenöl. Die

Handelsverbindungen beschränken sich nicht auf den östlichen Mittelmeerraum. Auch in Westeuropa und am Schwarzen Meer werden mykenische Keramik und Waffen gefunden.

Die Mykener verehrten teilweise schon die gleichen Götter wie später die Griechen. Allerdings setzten sie andere Prioritäten. So scheint Meeresgott *Poseidon* eine Hauptrolle gespielt zu haben, während *Zeus* nur am Rande erwähnt wird.

Um 1250 v. Chr. scheinen die Mykener selbst das Ziel von Attacken zu werden. Jedenfalls werden die Paläste deutlich stärker befestigt und mit sogenanntem *Zyklopenmauerwerk* aus extrem großen, unregelmäßigen Natursteinen umgeben. Trotzdem werden rund 50 Jahre später viele Siedlungen und Paläste zerstört. Die Ursachen sind eines der Geheimnisse der »dunklen Jahrhunderte«, um die es in Kapitel 6 geht.

IN DIESEM KAPITEL

Die Suche nach dem indoeuropäischen Urvolk

Alten Mythen auf der Spur

Der Zusammenbruch von 1200 v. Chr. und seine Gewinner

Kapitel 6
Die »dunklen Jahrhunderte«

Die Epoche ab etwa 1200 v. Chr. stellt die Forscher vor viele Rätsel. Plötzlich gab es im östlichen Mittelmeerraum und in Vorderasien eine Reihe von Umbrüchen: Alte Kulturen verschwanden, neue Völker tauchten auf. Fast alle mykenischen und hethitischen Städte sowie jene auf Zypern, Kreta und an der Levante-Küste wurden zerstört. Was jedoch genau passierte, ist unklar, weil vielerorts die schriftliche Überlieferung abriss und die Neuankömmlinge es mit den Buchstaben nicht so hatten. Da es jedoch Hinweise darauf gibt, dass *indoeuropäische Volksgruppen* eine große Rolle spielten, ist es sinnvoll, sich erst einmal mit dem Phänomen »Indoeuropäer« zu befassen.

Geheimnisvolle Indoeuropäer

Am Anfang steht eine Entdeckung: 1783 wird der britische Jurist *William Jones* nach Kalkutta versetzt und beginnt dort *Sanskrit* zu lernen. Verblüfft stellt er fest, dass viele Worte ihren englischen Entsprechungen ziemlich ähnlich sind. Zu viele, als dass dies ein Zufall sein könnte. In der Folge finden Sprachwissenschaftler heraus, dass fast alle europäischen Sprachen – mit Ausnahme von Baskisch, Finnisch, Estnisch, Ungarisch und Maltesisch – zu der gleichen Sprachfamilie gehören müssen wie die Sprachen Nord- und Mittelindiens, Singhalesisch, Persisch, Kurdisch, Paschtunisch, Tadschikisch und eine Reihe kleinerer Sprachen.

Die entdeckte *Sprachfamilie* wird als *indoeuropäisch* oder *indogermanisch* bezeichnet, weil sie heute von Europa beziehungsweise Island, wo eine germanische Sprache gesprochen wird, bis Indien verbreitet ist. Beide Begriffe sind deckungsgleich. Traditionell spricht man in Deutschland eher von indogermanisch, in jüngerer Zeit gibt es jedoch Bestrebungen, indoeuropäisch zu verwenden, weil es international verbreiteter ist.

Umstrittene Urheimat

Obwohl zunächst einmal nur eine Sprachfamilie entdeckt wurde, gab es von Anfang an das Bestreben, ein *Urvolk* zu finden, das die urindoeuropäische Sprache gesprochen hat, von der sich die heutigen Sprachen ableiten. Aber geht das überhaupt? Theoretisch schon. Denn alle Dinge, für die es gemeinsame Begriffe in den indoeuropäischen Sprachen gibt, müssen schon den gemeinsamen (sprachlichen, nicht zwangsläufig auch genetischen) Vorfahren bekannt gewesen sein. Auf diese Weise stieß man auf eine metallverarbeitende Kultur, die vor allem Vieh züchtete, (möglicherweise als erste) Pferde zähmte, aber auch den Ackerbau kannte, Wägen nutzte und in gemäßigten Breiten wohnte. Aber stand ihr Wort »aios« (Erz) zum Beispiel noch für Kupfer oder schon für Bronze? Wurde »heku« (das Pferd) auch zum Reiten oder nur als Zugtier genutzt?

Die Suche nach der *Urheimat* der Indoeuropäer war von Anfang an stark ideologisch aufgeladen und ist es teilweise bis heute. Im 19. Jahrhundert und in der NS-Zeit sahen vor allem Deutsche, aber auch viele Engländer ihre germanischen Vorfahren als die ursprünglichen Indogermanen an und versuchten eine »nordische« Urheimat nachzuweisen. Später reklamierten Perser und Hindu-Nationalisten die Wiege der indoeuropäischen Kultur für sich.

Die Debatte, ob man auf seriöse Art und Weise überhaupt eine archäologische Kultur mit dem indoeuropäischen Urvolk in Verbindung bringen kann, und welche das sein könnte, hält bis heute an. Doch Favorit für die »Urheimat« ist bereits seit geraumer Zeit die *pontische Steppe* nördlich des Schwarzen und Kaspischen Meeres. Dort lässt sich in der Zeit zwischen 3600 bis 2500 v. Chr. die sogenannte *Jamnaja-Kultur* nachweisen. Charakteristisch für sie sind große Grabhügel, die *Kurgane*, in denen die Toten mit reichen Grabbeigaben wie Schmuck, Waffen, Wägen, Pferden und Nutzvieh bestattet wurden.

Mit den indoeuropäischen Völkern verbreitete sich auch die *Pferdenutzung*. Die Hethiter und die – zumindest teilweise – indoeuropäischen Fürsten von *Mittani*, einem Kleinstaat in Syrien und Nordmesopotamien, waren für ihre Pferdezucht bekannt. Vermutlich führten sie die Streitwägen ein, die dann über 1000 Jahre lang die Eliteeinheiten der verschiedenen Heere bildeten. Bei den Hethitern waren die Streitwägen mit einem Wagenlenker und einem Bogenschützen, später auch noch mit einem Nahkämpfer besetzt. In der *Schlacht von Kadesch* sollen 3500 davon zum Einsatz gekommen sein.

Ungeklärte Ausbreitung

In welchem Verhältnis aber stehen die ursprünglichen Indoeuropäer zu ihren sprachlichen Nachkommen? Gab es in den Gebieten, in denen heute eine indoeuropäische Sprache gesprochen wird, eine Eroberung und Verdrängung der einheimischen Bevölkerung? Oder ein langsames Einsickern und eine Vermischung? Oder wurden gar nur die Sprache und Kultur verbreitet? Auch diese Fragen waren und sind umstritten. Neuere genetische Untersuchungen sprechen für eine massive Einwanderung. Diskutiert wird, ob die Einwanderer dabei Krankheitserreger wie den der Pest nach Europa brachten, dem ein Großteil der einheimischen Bevölkerung zum Opfer fiel.

Um 2800 v. Chr. taucht in Mitteleuropa nämlich eine neue Kultur auf. Zwischen der mittleren Wolga und dem Rhein werden die aus Kapitel 4 bekannten Bandkeramiker (Ötzi!) durch die *Schnurkeramiker* oder *Streitaxtleute* verdrängt. Genproben aus den Gräbern ergaben eine enge Verwandtschaft zur Jamnaja-Kultur. Es scheint, als hätte man mit den Schnurkeramikern also tatsächlich die Menschen gefunden, die die indoeuropäische Sprache und Kultur nach Europa brachten.

Sprachwissenschaftler glauben jedoch, dass sich die *anatolischen Sprachen* noch eher als die europäischen von der gemeinsamen Muttersprache getrennt haben. Doch die Hethiter (aus Kapitel 5 bekannt), Luwer, Lyder und Palaier, die alle eine indoeuropäische Sprache sprachen, sind erst mehr als 1000 Jahre später in Anatolien nachweisbar. Was sich in der Zwischenzeit ereignet hat, liegt völlig im Dunkeln. Ähnliches gilt für die Vergangenheit der Mykener.

Das Geheimnis der Tocharer

Das Tarimbecken bildet heute das Zentrum der Autonomen Uigurischen Provinz Xinjiang in China. Hätten Sie gedacht, dass dort im frühen Mittelalter ebenfalls eine indoeuropäische Sprache verbreitet war? Anfang des 20. Jahrhunderts brachten vier archäologische Expeditionen aus der Stadt *Turfan* über 40 000 Handschriften nach Berlin, darunter solche in einer damals unbekannten indoeuropäischen Sprache, die heute *Tocharisch* genannt wird. Doch wer waren diese *Tocharer* und woher kamen sie? Wieder liefern genetische Untersuchungen zumindest ein Indiz. Ein räumliches und zeitliches Bindeglied zwischen den Jamnaja und den Tocharern scheint die *Afanassjewo-Kultur* gewesen zu sein, die etwa zwischen 3500 bis 2500 v. Chr. im südlichen Sibirien an der Grenze zur Mongolei und im Altai-Gebirge verbreitet war.

Unklar ist auch, wie sich die indoeuropäische Sprache nach Indien und ins iranische Hochland ausgebreitet hat. Verschiedene bronzezeitlichen Kulturen Zentralasiens sind schon als Bindeglieder zwischen der Jamnaja-Kultur und den Völkern mit *indoiranischer Sprache* diskutiert worden. Vielleicht waren es jene Menschen, die zwischen 2200 und 1700 v. Chr. in den Oasen der turkmenischen Wüste *Karakum* in planmäßig angelegten Städten lebten und sehr hochwertige Kunstgegenstände aus Metall, Stein und Ton herstellten. Man weiß, dass sie Handelsverbindungen zur Indus-Kultur und nach Mesopotamien unterhielten, doch welche Sprache sie sprachen und welche Götter sie verehrten, ist vollkommen unbekannt.

 Auch die Religionen der Völker der indoeuropäischen Sprachfamilie haben eine gemeinsame Wurzel. Besonders typisch ist der oberste Gott, der *Dyeus phater* (Himmelsvater), der zum altindischen *Dyauh pita,* zum luwischen *Tiwaz,* zum griechischen *Zeus,* zum römischen *Jupiter,* zum germanischen *Ziu* beziehungsweise *Tyr* und zum baltischen *Dievs* wurde. Dass eine Vatergestalt die oberste Gottheit ist, spiegelt auch die indoeuropäische Sozialordnung wider, die patriarchal geprägt war.

Kulturelle Blüte im Indien der Veden

Im Norden Indiens lassen sich die Indoeuropäer ab 1500 v. Chr. nachweisen, sie haben vermutlich nichts mit dem Niedergang der Indus-Kultur rund 300 Jahre zuvor zu tun. Sie leben anfangs als Viehnomaden und bezeichnen die eingesessenen Ackerbauern als »jene, die nicht mit Kühen umzugehen verstehen«.

Die Einwanderer nannten sich selbst *Arier*. Was das bedeutet, ist unbekannt. Der Schriftsteller Friedrich Schlegel, der sich intensiv mit dem Sanskrit beschäftigte, brachte jedoch zu Beginn des 19. Jahrhunderts die These auf, Arier hänge mit Ehre zusammen, was zum gefundenen Fressen für europäische Rassisten wurde. Der Franzose Arthur de Gobineau schmiedete daraus um 1855 die Theorie von einer arischen Herrenrasse, die von den Nationalsozialisten begeistert aufgegriffen wurde. Dabei waren die einzigen Menschen in Nazi-Deutschland, die sich zu Recht hätten Arier nennen können, die Roma, deren Sprache zum indischen Zweig der indoeuropäischen Sprachen gehört.

Etwa um 1200 v. Chr. breiten sich die Einwanderer dann vom Punjab in das Gangestal aus, wo sie sesshaft werden und mehrere Fürstentümer gründen. Sie sind ständisch gegliedert in

✔ die Priester (Brahmanen),

✔ die Adeligen (Kshatriyas),

✔ das gewöhnliche Volk (Vaishyas) und

✔ die Fremden (Shudras).

Die beiden mittleren Gruppen können durch aufwendige und teure Opferrituale in eine höhere *Kaste* gelangen, während die Shudras auf eine Existenz als Pachtbauern, Tagelöhner oder Diener festgelegt sind.

In der indischen Geschichte gilt die Epoche von 1500 bis etwa 500 v. Chr. als die *vedische Zeit*, denn damals schufen die indoeuropäischen Einwanderer die *Veden* (Sanskrit: »Wissen«), die heiligen Bücher des *Hinduismus*. Die vier ältesten – *Rigveda, Samaveda, Yajurveda* und *Atharaveda* – entstanden zwischen 1200 und 900 v. Chr., wurden aber erst Jahrhunderte später aufgezeichnet, da die indoeuropäischen Nomaden keine Schrift besaßen. Sie enthalten vor allem Gebete, Hymnen und Opfersprüche. Es gibt aber auch Hinweise auf mögliche historische Ereignisse. So erzählt die Rigveda, Sudas, der König der Bharata, habe sich die Vorherrschaft im Punjab gesichert, indem er in der Zehnkönigsschlacht die Dämme des Flusses Ravi zerstochen und 6066 Feinde hinweggespült habe. Tatsächlich scheint die frühvedische Zeit sehr kriegerisch gewesen zu sein. Es ist jedoch umstritten, ob sich die Auseinandersetzungen vor allem zwischen den Einwanderern und der eingesessenen Bevölkerung oder zwischen den *indoarischen Stämmen* abgespielt haben.

Der beliebteste Gott der vedischen Zeit war *Indra*, ein starker Held, der mit seinem Donnerkeil gegen feindliche Dämonen *(Asuras)* kämpft und sich mit einem heiligen Rauschtrank namens *Soma* stärkt. In späteren hinduistischen Texten dagegen mutiert er zu einer eher lächerlichen Figur, die von dem neuen Helden *Krishna* gedemütigt wird.

Rätselhafte Kriege

Wie viel Wahrheit steckt in alten Mythen, religiösen Texten und frühgeschichtlichen Erzählungen? Können sie zu einem klareren Bild der Vergangenheit beitragen oder verleiten sie eher zu Fehlschlüssen? Diese Frage stellt sich nicht nur im Fall der indischen Veden. Auch das *Alte Testament* oder Homers *Ilias* erzählen von scheinbar historischen Ereignissen. Und es lohnt sich, sie genauer unter die Lupe zu nehmen.

Mykene gegen Troja

Der deutsche Kaufmann Heinrich Schliemann liebte Homers Epen und war überzeugt, dass sie von wahren Begebenheiten erzählen. Nachdem er zu Geld gekommen war, machte er sich 1870 auf, Troja zu finden. Das dürfte ihm gelungen sein. Die Relikte, die er im Nordwesten der heutigen Türkei ausgrub, gelten heute allgemein als Überreste des antiken Troja. Allerdings fanden Schliemann und seine Nachfolger nicht nur eine Stadt, sondern zehn archäologische Schichten. Sie reichen vom 5. Jahrtausend v. Chr. bis zu einem spätantiken Bischofssitz, der um 500 n. Chr. aufgegeben wurde.

Also wurde Troja nicht durch Homers Trojanischen Krieg zerstört? Es wurde sogar mehrmals zerstört. Um 2250 v. Chr. durch einen Brand, um 1300 v. Chr. wohl durch ein starkes Erdbeben und etwa 1180 v. Chr. möglicherweise durch einen Krieg. Der Kampf um Troja könnte also tatsächlich stattgefunden haben. Allerdings ging es wohl nicht um die schöne Helena, sondern um handfeste Handelsinteressen. Denn mit seiner Lage am Eingang der Dardanellen muss Troja den Schwarzmeerhandel kontrolliert haben.

Vermutlich lebten hier seit etwa 1900 v. Chr. Angehörige des indoeuropäischen Volks der *Luwer*, das teilweise unter hethitischer Oberherrschaft stand. Demnach hätte Troja nach dem Zusammenbruch des Hethiterreichs seine Schutzmacht verloren. Dies könnte mykenische Fürsten animiert haben, den lästigen Konkurrenten auszuschalten. Dass die Angreifer Trojas von dem Fürsten von Mykene angeführt wurden, muss also keine Erfindung Homers sein.

Krösus und das Orakel von Delphi

Ein weiteres indoeuropäisches Volk, das an der anatolischen Westküste ansässig war, waren die *Lyder*. Ihre große Zeit kam erst um 700 v. Chr. Damals gelang es dem aus der griechischen Mythologie bekannten König *Gyges*, ein Reich zu gründen, das die Westhälfte von Anatolien umfasste. In Lydien soll auch das Münzgeld erfunden worden sein, was dem letzten lydischen König *Krösus* den Ruf einbrachte, sagenhaft reich zu sein. Laut dem griechischen Historiker Herodot wurde Krösus vom *Orakel von Delphi* prophezeit, er werde ein großes Reich zerstören, wenn er den Fluss Halys (heute Kizilimak) überschreite. In dem Glauben, ihm werde damit ein Sieg über die Perser verheißen, tat er es, zerstörte aber durch eine Niederlage gegen den persischen König *Kyros II.* im Jahr 574 v. Chr. – die historisch gesichert ist – sein eigenes Reich.

Die Angriffe der Seevölker

Am Untergang Trojas waren also möglicherweise die Mykener schuld. Was aber sorgte dafür, dass wenig später die mykenische Kultur zusammenbrach? Und wer hatte zuvor das Hethiterreich zerstört? Um 1190 v. Chr. erwähnt der hethitische König *Suppiluliuma II.* in einem Brief »Sikaläer, die auf Schiffen leben«. Aber können Piraten einer Landmacht wie den Hethitern gefährlich werden? Immerhin fordert Suppiluliuma II. seinen Vasallen, König *Ammurapi* von Ugarit, auf, ihm Heer und Flotte zu Hilfe zu schicken. Ammurapi tut das, sendet aber wenig später seinerseits einen Hilferuf an den Fürsten auf Zypern, weil sich 20 feindliche Schiffe Ugarit nähern. Wenig später wird der reiche und bedeutende Handelsknotenpunkt an der syrischen Küste nahe dem heutigen Latakia dem Erdboden gleichgemacht.

Der ägyptische König *Merenptah* (reg. 1213–1204 v. Chr.) dagegen rühmt sich, eine Koalition aus Libyern und acht »Seevölkern« zurückgeschlagen zu haben. Und *Ramses III.* (reg. 1188–1156 v. Chr.) lässt an seinem Totentempel eindrucksvolle Reliefs anbringen, wie die Ägypter vom Land aus gegen ein Gewimmel von Angreifern auf Schiffen kämpfen. Er habe die Fremdländer abgewehrt, die schon die hethitischen Staaten, Zypern und Amurru (Kleinstaat südlich von Ugarit) entwurzelt hätten, heißt es. Die Angreifer sind – ordentlich, wie in Ägypten üblich – mit Namen genannt und in typischer Tracht dargestellt. Geholfen hat das nichts. Die Spekulationen der Historiker über die Aggressoren reichen von Ägäis-Völkern über Mykener, Trojaner und Griechen bis hin zu Italienern, Sarden und Sizilianern.

Die Vorstellung von einem gezielten »Seevölkersturm«, den die ägyptischen Quellen nahelegen, hat man aber inzwischen weitgehend aufgegeben und glaubt stattdessen eher an multiple Ursachen:

✔ Kurz vor dem Zusammenbruch bat König Suppiluliuma II. die Könige von Ugarit und Ägypten um Getreide. Es gab offenbar in Anatolien und vielleicht darüber hinaus eine gravierende Hungersnot, die das Hethiterreich möglicherweise von innen heraus destabilisierte.

✔ Diese Hungersnot könnte auch den Balkan betroffen haben, was zu einer massiven Emigration Richtung Mykene und Anatolien führte.

✔ Die Krise des Hethiterreichs könnte unterworfene anatolische Völker wie die Kaskäer, die um das heutige Ankara lebten, und die syrischen Vasallen zum Aufstand verleitet haben.

✔ Neue Waffen und Rüstungen könnten großen Fußheeren Vorteile gegenüber den traditionellen Streitwagen-Armeen verschafft haben.

✔ Die Mykener und andere Inselvölker könnten sich in dieser Situation mehr auf die Piraterie verlegt haben, was den Handel zusammenbrechen ließ und zu noch mehr Migration und Piraterie führte.

✔ Aufgrund dieser Krise könnten die bäuerliche Existenz und sogar ein halbnomadisches Leben als Viehzüchter wieder attraktiver geworden sein, während viele Städte verfielen.

Weder Mykener noch Hethiter oder Luwer verschwinden jedoch nach 1200 v. Chr. einfach. Es lassen sich teilweise noch einige Jahrhunderte lang vereinzelte Siedlungen ohne große Bedeutung nachweisen. In Mittelgriechenland und auf dem Peloponnes wandern in der Folge – wann und wie ist bislang ungeklärt – indoeuropäische Stämme aus dem Norden ein: *Dorer, Ionier, Achaier* und *Aioler*. Sie verschmelzen später zu den antiken Griechen oder Hellenen, wie sie sich selbst nannten. Auch an der westanatolischen Küste entstehen griechisch-ionische Städte. Daneben gewinnen ehemals mykenische Siedlungen wie Milet oder Ephesos durch ionische Einwanderer neue Bedeutung.

Ebenso ungeklärt ist das Auftauchen der *Phryger*, die im 8. Jahrhundert v. Chr. im Norden Anatoliens ein großes Reich bilden. Möglicherweise kamen sie vom östlichen Balkan, vielleicht schon in Zusammenhang mit dem Zusammenbruch des Hethiterreichs, vielleicht bildeten sie sich aber auch erst sehr viel später durch die Verschmelzung verschiedener Volksgruppen.

Menschen mit gleicher Sprache und ähnlicher Kultur werden als Volk bezeichnet. Doch über Völker herrschen oft ziemlich naive Vorstellungen. Man gerät leicht in Versuchung, sie sich als eine Art Familienclan vorzustellen, der sich gemeinsam auf Wanderschaft begibt und gegebenenfalls auch gemeinsam untergeht. Doch gerade in einem so gut vernetzten und dynamischen Großraum, wie es der eurasische schon in der frühen Geschichte war, muss das Auftauchen oder Verschwinden von Kulturen nicht zwangsläufig Einwanderung oder gewaltsame Auslöschung bedeuten, sondern kann auch durch friedliche Assimilation, pragmatische Anpassung oder wechselnde »Trends« geschehen. Überhaupt sind Völker, die nicht völlig abgeschieden leben, sondern in der Weltgeschichte mitmischen, keine feste Schicksalsgemeinschaft mit gleicher Herkunft, gleichen Werten und gemeinsamen äußeren Feinden, sondern unklar begrenzte Gebilde, die einem steten Wandel unterliegen. Wissenschaftler unterscheiden deswegen zum Beispiel zwischen Griechen und Proto-Griechen. Für dieses Buch ist das viel zu kompliziert, aber ich vertraue darauf, dass Ihnen trotzdem bewusst ist, dass Leben immer auch Veränderung bedeutet.

David gegen Goliath

Zu den Seevölkern gehören auch die in der Bibel erwähnten *Philister*. Ramses III. rühmt sich, die »Peleste« nach dem abgeschlagenen Angriff auf Ägypten an der Küste Kanaans angesiedelt zu haben. Dort gründen sie die Städte *Gaza, Aschkelon, Aschdod, Ekron* und *Gat*.

Aber lagen sie auch mit den *Israeliten* im Dauerclinch, wie das die Bibel beschreibt? Das wirft erst einmal die Frage nach den Israeliten auf. Laut Bibel verließen sie spätestens um 1200 v. Chr. Ägypten und siedelten sich nach einer 40 Jahre währenden Wanderung über den Sinai im »Gelobten Land« Kanaan an. Dort wurden sie von regionalen »Richtern« geführt, bis es um 1000 v. Chr. zur Etablierung eines Königtums kam, um die Philister effektiver bekämpfen zu können.

Und was sagen die archäologischen Befunde?

✔ Einen so großen **Exodus** aus Ägypten, wie ihn die Bibel beschreibt, kann es nicht gegeben haben. Allerdings ist es durchaus möglich, dass größere Gruppen von Israeliten zum Beispiel während einer Hungersnot nach

Ägypten zogen und später wieder zurückkehrten. Ob die in zahlreichen ägyptischen Dokumenten auftretenden »apiru« Hebräer sind, ist umstritten. Dennoch gab es wohl viele kanaanäische Arbeiter in Ägypten.

- ✔ Um 1200 v. Chr. kam es im judäischen Bergland zu einer rapiden Bevölkerungszunahme. Es entstanden viele Kleinsiedlungen mit einem neuen Haustyp. Die Bewohner betrieben eine sehr gut organisierte Landwirtschaft mit ausgedehnten, bewässerten Terrassenfeldern. Spuren einer gewaltsamen Landnahme gibt es aber nicht. Möglicherweise zogen kanaanäische Küstenbewohner aufgrund der Bedrohung durch die Philister und andere Seevölker vermehrt in die Berge, organisierten sich dort neu und entwickelten eine eigene Kultur, die sich von der anderer Stämme Kanaans unterschied.

- ✔ Die Philister scheinen anfangs als Einzige über Eisenwaffen verfügt zu haben und auch sonst militärisch außerordentlich gut gerüstet und organisiert gewesen zu sein. Das macht Kämpfe mit der einheimischen Bevölkerung wahrscheinlich.

- ✔ Für die Anfänge des israelitischen Königreichs inklusive der drei legendären ersten Könige *Saul*, *David* und *Salomo* gibt es keine außerbiblischen Quellen. Da ihr Reich aber im internationalen Vergleich nicht groß gewesen sein kann, spricht das Fehlen unabhängiger Quellen auch nicht gegen die biblische Überlieferung.

- ✔ Im 1. Jahrtausend v. Chr. sind die Reiche *Juda* und *Israel* dann historisch belegt.

Die Spur der Königin von Saba

Laut Altem Testament soll die *Königin von Saba* den israelitischen König Salomo besucht haben, um seine Weisheit zu bewundern. Wenn es die legendäre Königin wirklich gab, dann kam sie wohl eher in Geschäften, denn das *Reich von Saba* im heutigen Nord-Jemen kontrollierte vom 10. bis 4. Jahrhundert v. Chr. die *Weihrauchstraße*, die entlang der Küsten der arabischen Halbinsel verlief. Der Autor Flavius Josephus (1. Jahrhundert n. Chr.) bezeichnet König Salomos Besucherin allerdings als *Königin von Äthiopien*. Dementsprechend entwickelten sich später sowohl ein äthiopischer Legendenzyklus, der die Königin *Makeda* nennt, wie auch ein arabischer, in dem sie *Bilkis* heißt.

Umkämpfte Levante

Die Umwälzungen im östlichen Mittelmeerraum führen auch zur Entstehung neuer Großmächte in Mesopotamien, zuerst des assyrischen und später des neubabylonischen Reichs. Anstelle der Hethiter kämpfen nun sie mit Ägypten um die Oberherrschaft über den Nahen Osten.

Die Herrschaft der Assyrer

Die Stadt *Assur* in Nordmesopotamien entsteht vermutlich Mitte des 3. Jahrtausends v. Chr. Sie liegt strategisch günstig an einem Tigrisübergang und entwickelt sich zu einem bedeutenden Handelszentrum. Assyrische Händler gründen eine Reihe von Kolonien in Anatolien.

✔ Um 1350 v. Chr. wird Assur zur beherrschenden Macht Nordmesopotamiens und nimmt diplomatische Kontakte zu den Hethitern und Ägyptern auf.

✔ Zwei assyrische Könige, *Tukulti-Ninurta I.* (reg. 1244–1208 v. Chr.) und *Tiglat-Pileser I.* (reg. 1114–1076 v. Chr.) können auch Babylon einnehmen und regieren kurzzeitig ganz Mesopotamien. Insgesamt jedoch können die Assyrer zunächst das Machtvakuum nach dem Niedergang des Hethiterreichs nicht nutzen.

✔ Im 9. Jahrhundert v. Chr. jedoch macht *Assurnasirpal II.* das *Neuassyrische Reich* zur dominierenden Macht des Nahen Ostens.

✔ *Tiglat-Pileser III.* und *Sargon II.* dehnen es im 8. Jahrhundert v. Chr. bis nach Kappadokien aus und erobern die gesamte Mittelmeerküste und Zypern.

Zu Sargons Eroberungen gehört 722 v. Chr. auch das Königreich Israel. Die Oberschicht wird deportiert. Wohin ist unklar. Um die »Verlorenen Stämme Israels« haben sich viele Mythen und Theorien gebildet. Das Territorium des eroberten Reichs wird in die assyrische Provinz *Samaria* umgewandelt und mit Babyloniern, Aramäern und Bewohnern anderer unterworfener Gebiete besiedelt.

Seine größte Ausdehnung erlangt das assyrische Reich, als *Asarhaddon* 669 v. Chr. Ägypten unterwirft, das zuvor seit 750 v. Chr. zum größeren Teil von den nubischen Königen von Kusch regiert worden ist. Bei ihren Eroberungszügen setzen die assyrischen Könige als Erste schwer gepanzerte Reiter ein. Daneben gibt es eine große und schlagkräftige Infanterie. Außerdem gehen sie mit äußerster Brutalität vor und rühmen sich ihrer Gräueltaten. Möglicherweise übertreiben sie sogar, um potenzielle Gegenwehr im Keim zu ersticken. Die unterworfenen Gebiete werden systematisch geschröpft, die Bevölkerung massenhaft in andere Reichsteile deportiert. Die Schätzungen über die Opferzahlen reichen bis zu mehreren Millionen. Das hat zur Folge, dass ständig neue Gebiete erobert werden müssen, um den Wohlstand im Kernland zu erhalten. Gegen Ende des 7. Jahrhunderts v. Chr. sind die Kräfte der Assyrer erschöpft. Die Einnahmen reichen nicht mehr, um die nötige Kontrolle über das immer größer werdende Reich aufrechtzuerhalten.

Das Ausbluten der Provinzen, das die Assyrer betreiben, steht in krassem Widerspruch zu der Politik der meisten anderen historischen Großreiche. Deren Herrscher waren in der Regel bemüht, unterworfene Gebiete zum Prosperieren zu bringen. Dabei setzten sie zwar einheitliche Normen und eine zentrale Verwaltung durch, ließen die verschiedenen Kulturen aber weitgehend unangetastet. Über die Zeit kam es aber in der Regel zu einer gewissen Assimilation.

Vor allem die rund um Damaskus und Aleppo lebenden *Aramäer* werden von den assyrischen Machthabern im ganzen Reich verteilt. Das hat zur Folge, dass sich als Verkehrssprache im Nahen Osten nicht Assyrisch, sondern Aramäisch durchsetzt. Auch für Jesus von Nazareth und seine Jünger, die Jahrhunderte nach dem Zusammenbruch des assyrischen Reichs lebten, war Aramäisch noch die Muttersprache.

Künstlerisch verwirklichten die assyrischen Könige sich vor allem beim Bau dreier imposanter Hauptstädte: *Nimrud, Dur-Scharrukin* und *Ninive.* Typisch sind die *Lamassus,* große Skulpturen geflügelter Stiere mit menschlichen Gesichtern, die als Schutzdämonen gerne beidseitig die Eingänge flankieren, und Reliefs, die in Bild und Schrift (die häufig über die Bilder läuft) die Taten der Könige rühmen. Ein Großteil der verbliebenen Bausubstanz der assyrischen Städte wurde jüngst von der Terrormiliz IS vernichtet.

Die Abenteuer der Phönizier

Eine Sonderrolle im Neuassyrischen Reich spielen die *phönizischen Stadtstaaten.* Das liegt daran, dass die *Phönizier* blendende Seefahrer sind und ihre Städte seit jeher Handelsknotenpunkte waren. Damit sind sie auch für die Assyrer so wichtig, dass diese pfleglich mit ihnen umgehen.

Geschützt durch das bis zu 3000 Meter hohe Libanongebirge konnten sich zwischen der heutigen syrischen Hafenstadt Latakia und der Bucht von Haifa bereits im 6. Jahrtausend v. Chr. größere stabile Siedlungen bilden. Die Bewohner begannen Küstenschifffahrt zu betreiben. Mit dem Aufstieg der Hochkulturen in Mesopotamien und Ägypten wurden die Siedlungen zu wichtigen Handelsmetropolen und schließlich zu Stadtstaaten. Die bedeutendsten sind *Arwad, Tripoli, Byblos, Beirut, Sidon, Tyros, Akkon* und *Dor.* Zwar stehen sie meist unter der Oberhoheit der mesopotamischen Großreiche und müssen Abgaben entrichten. Trotzdem werden sie immer reicher, weil die Herrscher an Euphrat und Tigris auf ihre nautische Kompetenz angewiesen sind.

Die phönizische Stadt *Byblos* pflegte besonders enge Beziehungen zu Ägypten und war ein Hauptumschlagsplatz für ägyptischen *Papyrus.* Im antiken Griechenland waren die aus Byblos bezogenen Schilfblätter dann das am meisten verbreitete Material für Schriftstücke und Bücher, weswegen Bücher »Biblion« genannt wurden, woraus sich wiederum der Name der Bibel als »Buch der Bücher« ableitet.

Die große Zeit der Phönizier sind aber ausgerechnet die »dunklen Jahrhunderte«. Das hat mehrere Gründe:

✔ Nachdem sie sich relativ lange auf die Küstenschifffahrt beschränkt haben, haben sie nun äußerst **schnelle, hochseetüchtige Schiffe** mit zwei Reihen Ruderer übereinander entwickelt, die zudem noch mit Schilden und Rammsporn gegen mögliche Angriffe gepanzert sind.

✔ Die Angriffe der Seevölker haben **Konkurrenten** wie die ägäischen Völker ausgeschaltet, die ebenfalls versierte Seefahrer waren.

✔ Die phönizischen Städte beginnen zusammenzuarbeiten und schließen sich zu einem **Bund unter Führung von Tyros** zusammen.

✔ Neben dem einheimischen Zedernholz, das als edles Bauholz für Paläste und Tempel extrem begehrt ist, stellen die Phönizier inzwischen auch andere **Luxusgüter** her. So gelten die phönizischen Goldschmiede und Elfenbeinschnitzer als mit die besten ihrer

KAPITEL 6 Die »dunklen Jahrhunderte« 87

Zeit. Außerdem haben die Phönizier das Monopol auf Purpurstoffe, die mit dem Sekret einer einheimischen Meeresschnecke gefärbt werden, und erfinden das klare Glas sowie das Glasblasen.

✔ Obwohl die assyrischen Könige die phönizischen Städte vergleichsweise gut behandeln, versuchen sich viele Einwohner diesem Druck zu entziehen. Ab etwa 900 v. Chr. gründen die Phönizier im gesamten Mittelmeerraum **Kolonien**. Diese sind reine Handelsstützpunkte. Einen Versuch, auch das Hinterland zu beherrschen, gibt es nicht. Aus den phönizischen Kolonien gehen Städte wie Karthago, Palermo, Cadiz und Lissabon hervor.

Um 1000 v. Chr. entwickelten die Phönizier auch ein *Konsonantenalphabet* mit nur 20 Zeichen. Auf ihm beruhen nicht nur die arabische und hebräische, sondern auch die griechische und lateinische Schrift. Die entscheidende Idee, ein Zeichen nicht für ein Wort oder eine Silbe, sondern für einen Laut zu verwenden und so die Zeichenzahl drastisch zu reduzieren, hatten aber wohl zum ersten Mal semitische Gastarbeiter um 1800 v. Chr. in Ägypten. Auch der Stadtstaat Ugarit, der nördliche Nachbar der Phönizier, verwendete bereits ab 1400 v. Chr. eine Konsonantenschrift.

Griechische und römische Historiker berichten sogar von Entdeckungsfahrten der Phönizier nach Afrika. So sind nach Herodot phönizische Schiffe um 600 v. Chr. von der Sinai-Halbinsel zu einer Umrundung Afrikas aufgebrochen. Diese habe drei Jahre gedauert und sei immer wieder unterbrochen worden, um an Land Getreide auszusäen und zu ernten. Details über den wechselnden Sonnenstand während der Reise, die Herodot selbst für unglaubwürdig hielt, könnten ein Indiz dafür sein, dass der Bericht auf Tatsachen beruht. Weiter gibt es den Reisebericht eines Karthagers namens *Hanno*, der um 470 v. Chr. die afrikanische Westküste erforschte, vermutlich bis zum heutigen Sierra Leone kam und die Flüsse Gambia und Senegal befuhr.

Laut Herodot gab es aber nicht nur diese eine Expedition, sondern einen regelmäßigen Handel mit westafrikanischen Küstenbewohnern. Die Phönizier hätten Waren am Strand auslegt und dann gewartet, ob die Afrikaner eine als ausreichend empfundene Summe Gold daneben legten. Nach einem anderen antiken Bericht hatten die Phönizier einen Handelsstützpunkt in der heutigen Westsahara und tauschten neben Gold auch Elfenbein, Tierhäute und Duftstoffe ein.

Neben den mutmaßlichen Entdeckungsfahrten der Phönizier gab es in der Frühgeschichte auch schon den *Transsahara-Handel* zwischen dem Mittelmeerraum und Subsahara-Afrika. Außer der Nilroute führte eine weitere Handelsroute über das südliche Libyen zum Tschadsee. Die Mittlerrolle spielten dabei die *Garamanten*, ein Berbervolk, das spätestens ab 500 v. Chr. in den Oasen Südlibyens ansässig war. Außerdem gab es eine Verbindung ins heutige Mauretanien, wo seit etwa 800 v. Chr. Kupfer und Gold gewonnen wurden. Umstritten ist, wie weit die Wüstenbildung damals fortgeschritten und wie schwer die Sahara demzufolge zu durchqueren war. *Kamelkarawanen* sind jedenfalls erst für die Zeit ab 300 n. Chr. belegt, obwohl die Tiere wohl schon durch die assyrische Eroberung Ägyptens im 7. Jahrhundert v. Chr. nach Afrika kamen.

Baal und die Monotheisten

Hauptgott der Phönizier und der Stämme im südlichen Kanaan war anfangs *El*, der später von dem Wettergott *Baal* in den Schatten gestellt wurde. Daneben war vor allem *Astarte* populär, die große Ähnlichkeiten mit der babylonischen *Ischtar* aufweist. Die Götternamen wurden gerne um Zusätze wie der Baal von Ugarit oder die Astarte von Sidon erweitert. Während die älteren Bücher der Bibel noch über eine freundschaftliche Beziehung zwischen den Königen Salomo und Hiram von Tyros berichten, stecken die jüngeren voller Verdammungen gegen die kanaanäischen Nachbarn mit ihren »Baalen und Astarten«. Tatsächlich aber haben die jüdische und die phönizische Religion wohl die gleiche Wurzel, denn von Hauptgott El leitet sich sowohl im Hebräischen *(Eloah)* wie im Aramäischen *(Alaha)* und später im Arabischen *(Allah)* das Wort für *Gott* ab. Vermutlich wurde bei den Israeliten (ihr Name bedeutet »Gottesstreiter«) aus dem »El« des eigenen Stammes im frühen 1. Jahrtausend v. Chr. erst der einzig anbetungswürdige, dann der einzig existierende Gott. Ob bei dieser Entwicklung hin zum Monotheismus (Ein-Gott-Glaube) der *ägyptische Aton-Kult* oder der *iranische Zoroastrismus* (dazu mehr in Kapitel 7) eine Rolle spielten, ist umstritten. Ein Streitpunkt zwischen Israeliten und den übrigen Kanaanäern war jedenfalls auch, dass diese in Notzeiten ihren Göttern Kinder opferten, während der biblische Gott dies in der Abraham-Geschichte zwar zuerst fordert, dann aber doch untersagt.

Der Triumph der Babylonier

Erinnern Sie sich noch an König Hammurapi in Kapitel 5? Zwischen seinem babylonischen Reich und dem neubabylonischen, von dem jetzt die Rede sein wird, gibt es keine Kontinuität. Im assyrischen Reich spielte nur die Stadt Babylon selbst als religiöses Zentrum eine Rolle. Doch ein missglückter Aufstandsversuch im Jahr 689 v. Chr. und ein Bruderstreit im assyrischen Königshaus im Jahr 658 v. Chr. führen zweimal zu brutalen Vergeltungsaktionen gegen die alte Metropole.

Im ausgehenden 7. Jahrhundert v. Chr. ist das assyrische Reich jedoch selbst geschwächt. Ein General namens *Nabopolassar* kann 626 v. Chr. die Herrschaft über Babylon übernehmen. Er verbündet sich mit den *Medern*, einem iranischen Volk aus dem Zagrosgebirge. Gemeinsam können sie bis 609 v. Chr. die assyrische Herrschaft brechen. Die Beute wird geteilt: Während die Meder das Bergland im Norden übernehmen, fallen die Gebiete von Mesopotamien bis zur Mittelmeerküste Babylon zu.

Um diese Herrschaft zu festigen, unternimmt Nabopolassars Sohn *Nebukadnezar II.* im Jahr 605 v. Chr. einen Feldzug gegen Ägypten und dehnt seine Macht bis auf den Sinai aus. Auch als Herrscher führt er regelmäßige Feldzüge in unruhige Provinzen durch. Das bekommt auch das *Königreich Juda* zu spüren, das durch eine schnelle Unterwerfung und Tributzahlungen die Assyrer-Zeit relativ unbeschadet überstanden hat. Als König *Jojakim* sich mit den Ägyptern verbündet, erobert Nebukadnezar II. im Jahr 597 v. Chr. Jerusalem und deportiert viele Angehörige der Oberschicht nach Babylon. Zehn Jahre später wiederholt sich das Ganze, als auch der neue judäische König *Zedekia* mit ägyptischer Hilfe den Aufstand probt.

Bedeutsames Exil

Das *Babylonische Exil* gilt in der jüdischen Geschichte als traumatische Zeit. Tatsächlich aber können die Deportierten in Babylon wohl recht normal leben und sogar Karriere machen. Das Leben in der multikulturellen und multireligiösen Stadt führt aber auch zu einer verstärkten Beschäftigung mit der eigenen Religion. Vermutlich wird erst jetzt das monotheistische Profil geschärft und die *Tora* bekommt ihren endgültigen Charakter als Dokument der Heilsgeschichte zwischen dem einen Gott und seinem auserwählten Volk. Mit den ersten *Synagogen* (Bethäusern) erfolgt auch eine Loslösung vom nicht mehr zugänglichen Tempel in Jerusalem und dem damit verbundenen Opferkult.

Unter Nebukadnezar II. erlebt das neubabylonische Reich seine größte Blüte. Babylon wird zur wohl größten und prächtigsten Stadt der damaligen Zeit mit rund 250 000 Einwohnern.

✔ Die Stadt war mit einer 18 Kilometer langen Stadtmauer umgeben, die so breit gewesen sein soll, dass zwei Wagen darauf nebeneinander fahren konnten. Die Mauer galt ursprünglich als eines der Sieben Weltwunder. Das **Ischtar-Tor** im Berliner Pergamon-Museum stellt den kleineren, vorderen Teil eines der Stadttore dar.

✔ Der **Turm von Babel** war ein dem Gott Marduk geweihter, rund 100 Meter hoher, für Mesopotamien typischer gestufter Tempelturm (**Zikkurat**).

✔ Die **Hängenden Gärten der Semiramis**, ein weiteres der Sieben Weltwunder, soll Nebukadnezar II. für seine Frau gebaut haben. Vermutlich handelte es sich um einen Palast mit reich bepflanzten, gestuften Terrassen.

Bekannt sind all diese Wunder weniger aus der Bibel, die die multireligiöse Stadt mit einer Hure vergleicht, als vielmehr aus den schwärmerischen Berichten griechischer Reisender. Um die Griechen selbst dreht sich das nächste Kapitel.

> **IN DIESEM KAPITEL**
>
> 600 Jahre Antike: 8. bis 2. Jahrhundert v. Chr.
>
> Europa im Fokus
>
> Griechen, Skythen, Inder und Chinesen in Asien

Kapitel 7
Griechenland & Co.: Das klassische Altertum

Mit diesem Kapitel beginnt der bekannteste Teil der alten Geschichte: die klassische *Antike*. Der Fokus wird auf Griechenland liegen. Doch dieses antike Griechenland war nur ein relativ kleines Territorium in einer großen, vernetzten Welt, die weite Teile Europas, Asiens und Nordafrikas umfasste. Das Außergewöhnliche an der griechischen Kultur ist, dass sie dieses riesige Gebiet tatsächlich beeinflussen konnte. Doch natürlich gab es nicht nur Griechenland, und natürlich wurden auch die Griechen ihrerseits von den anderen Kulturen beeinflusst.

Weltreich und Stadtstaaten: Perser gegen Griechen

Klingelt es in Ihrem Hinterkopf, wenn Sie von Griechen und Persern hören? Waren da nicht die Schlachten von Marathon und Salamis, von Plataiai und an den Thermopylen? Mit diesen Daten wurden in der Tat Generationen von Schülern im Geschichtsunterricht gequält – und ganz werde auch ich Sie nicht verschonen. Aber vor allem will ich Ihnen zeigen, wer da eigentlich gegeneinander stand. Denn »die Griechen« gab es eigentlich gar nicht und »die Perser« waren weit mehr als ein letztlich unterlegener Kriegsgegner.

Die Kultur von Ilias, Odyssee und Olympia

Ein griechisches Reich existiert bis zu Alexander dem Großen nicht. Griechenland, das sind Athen und Sparta, Korinth und Theben und viele andere Städte und Regionen. An den Küsten rund um die Ägäis und auf den Inseln herrschten *Stadtstaaten* vor – *Polis* genannt –, auf dem griechischen Festland eher ländliche Stammesstrukturen. Gemessen an ihrer politischen Zersplitterung hatten die Griechen ab dem 8. Jahrhundert v. Chr. jedoch eine erstaunlich gemeinsame Kultur. Wichtige Elemente waren:

- ✓ **Eine gemeinsame Sprache:** Zwar wurden um 800 v. Chr. in Griechenland verschiedene Dialekte gesprochen, doch die Sprachen aller Einwanderer und Alteingesessenen hatten sich so weit angeglichen, dass man einander gut verstand. Homer etwa schrieb Ionisch, benutzte aber auch viele Wörter aus den anderen Dialekten. Um 800 v. Chr. wurde auch das um Vokale ergänzte **phönizische Alphabet** eingeführt, sodass man eine gemeinsame Schrift hatte.

- ✓ **Die homerischen Epen *Ilias* und *Odyssee* und die *Theogenie* des Hesiod:** Ob es den blinden Dichter Homer wirklich gegeben hat, ist umstritten. Aber ganz Griechenland sah die ihm zugeschriebenen großartigen Werke über den Trojanischen Krieg und die Irrfahrten des Odysseus als die zentralen Meisterwerke der gemeinsamen Kultur an.

  Die griechischen Götter, von denen die Forscher heute wissen, dass sie teils asiatischen, teils indoeuropäischen, teils vor-indoeuropäischen Ursprungs sind, werden in den Epen und der *Theogenie* erstmals als »olympische« Familie dargestellt. Selbst ganz archaische Prinzipien wie das Chaos oder verschiedene Dämonengattungen werden in eine gemeinsame Vorstellungswelt eingegliedert.

- ✓ **Das Orakel von Delphi:** Die Kultstätte, die möglicherweise in der vorgriechischen Zeit der Erdmutter Gaia geweiht gewesen war, galt den Griechen als Mittelpunkt der Welt.

- ✓ **Die Olympischen Spiele:** Das berühmte Sportevent wurde in der Antike zu Ehren des Zeus in dessen Heiligtum in Olympia abgehalten und ist ab dem Jahr 776 v. Chr. durch Siegerlisten dokumentiert. Möglicherweise ist es aber weit älter. Während der Spiele herrschte heilige Waffenruhe, damit alle ungestört an- und abreisen konnten. Später gab es auch noch **panhellenische (gesamtgriechische) Wettkämpfe** in Delphi, Nemea und Korinth.

Gottesdienst, Kampf um jeden Preis und eine spartanische Prinzessin

Die *Olympischen Spiele* waren ein religiöses Fest. Anfangs gab es nur einen einzigen Wettkampf, einen (nahezu) 200-Meter-Lauf in voller Rüstung. Der Sieger durfte das heilige Feuer im Zeustempel entzünden. Später kamen Wettbewerbe – getrennt für Jungen und Männer – im Reiten, Wagenrennen, Diskuswerfen, Weitsprung, Ringen, Boxen und Pankration (eine wilde Mischung aus Ringen und Boxen) dazu. Dazu gab es musische Wettbewerbe. Ab 400 v. Chr. war vorgeschrieben, dass alle Teilnehmer nackt sein müssen. Gekämpft wurde sehr brutal, teilweise mit tödlichem Ausgang. Der Gewinner wurde enthusiastisch gefeiert, alle Unterlegenen mit Schmach bedacht.

Berühmtester Olympionike war der Ringer *Milon*, der im 6. Jahrhundert v. Chr. sechsmal gewann. Mit der Zeit traten dann immer mehr Berufssportler an. Frauen durften zwar nicht teilnehmen, aber – sofern unverheiratet – zuschauen. Außerdem konnten sie Olympiasieger werden. Denn die Pferderennen gewann nicht der Reiter oder Wagenlenker – das waren Sklaven –, sondern der Besitzer. Die erste Olympiasiegerin der Geschichte war die spartanische Königstochter *Kyniska* im Jahr 396 v. Chr. mit ihrem Fohlen-Viergespann.

KAPITEL 7 Griechenland & Co.: Das klassische Altertum 93

Die griechische Kultur ist um 750 v. Chr. so ausgeprägt, dass die zahlreichen griechischen Kolonien, die in den nächsten 200 Jahren nach phönizischem Vorbild gründet werden, eindeutig »griechisch« sind. Vor allem ionische Kaufleute siedeln rund um das Mittelmeer, aber auch an den Küsten des Marmara-Meeres und am Schwarzen Meer. Zunächst handelt es sich um kleine Handelsniederlassungen, teils neben bereits bestehenden Orten; später führt ein Bevölkerungsüberschuss zur Gründung größerer Siedlungen wie *Marseille, Nizza, Neapel, Syrakus, Ancona, Split, Tripolis, Kyrene, Istanbul, Trabzon, Sewastopol* und *Tanais* nahe Rostow am Don.

Eigene Wege geht *Sparta*. Im späten 8. und 7. Jahrhundert v. Chr. führen die Spartaner zwei erfolgreiche Kriege gegen die benachbarten *Messenier* und machen aus ihnen eine unfreie Kaste, die sogenannten *Heloten*. Diese werden zur Landarbeit, als Hilfstruppen und für andere Dienste herangezogen. Der Zwang, die Kontrolle über die Heloten zu behalten, führt zu einer immer stärker werdenden Militarisierung der Gesellschaft. Alle freien Spartaner werden von klein auf zu Soldaten ausgebildet und müssen vom Ertrag ihrer Ländereien leben. Diese werden von ihren Frauen gemanagt und von den Heloten bestellt. Auch sonst haben die spartanischen Frauen eine weit stärkere Stellung als ihre Geschlechtsgenossinnen im übrigen Griechenland.

Auch in anderen griechischen Staaten herrscht noch keine Spur von Demokratie. Stattdessen findet man vielerorts eine *Tyrannis*, die Alleinherrschaft eines Mannes, der durch Gewalt oder zumindest illegal an die Macht gekommen ist. Die griechischen Tyrannen sind allerdings nicht zwangsläufig brutal, sondern agieren oft sogar zum Wohl der Stadt, sodass diese »Regierungsform« relativ weitverbreitet ist. Vor allem *Korinth* und später *Syrakus* werden oft von Tyrannen regiert.

Der Glanz des Perserreichs

Die *Perser* werden das erste Mal in assyrischen Schriften aus dem 9. Jahrhundert v. Chr. erwähnt. Sie sind ein indoeuropäisches Volk, das im nordwestlichen iranischen Hochland lebt und eine Konföderation mit den verwandten *Medern* eingegangen ist. Diese konnten das gefürchtete Assyrische Reich besiegen (siehe Kapitel 6), verstrickten sich aber danach in aufreibende Kämpfe mit den *Lydern* und wurden wohl auch ungeschickt regiert. Jedenfalls kann 550 v. Chr. der persische Fürst Kyros II. von Anschan, bekannt als *Kyros II.*, mit Unterstützung des medischen Adels die Kontrolle über die Konföderation übernehmen. Im Jahr 541 v. Chr. erobert er auch das Lyderreich von König Krösus (siehe ebenfalls Kapitel 6), 539 v. Chr. nimmt er fast kampflos Babylon ein, wo die Nachfolger von König Nebukadnezar II. äußerst unglücklich agierten, und schließlich noch Zentralasien. Laut dem griechischen Historiker Herodot stirbt Kyros II. 530 v. Chr. am Aralsee im Kampf gegen Königin *Tomrys* und ihre *Massageten*, ein iranisches Reitervolk.

Die *Eroberung Babylons* ist aus der Bibel bekannt, die erzählt, dass ein »Menetekel« an der Wand dem letzten babylonischen Regenten *Belsazar* sein Ende vorausgesagt habe. Für die Juden bedeutete der Sieg das Ende des Babylonischen Exils. Die Bibel erzählt, Kyros II. habe nicht nur ihre Rückkehr aus Babylon erlaubt, sondern auch den Wiederaufbau Jerusalems unterstützt.

Obwohl Kyros II. große Teile seines Lebens auf Kriegszügen verbrachte, wird er schon in der griechischen Antike als idealer Herrscher gepriesen. Ganz offensichtlich verstand er es, sich durch Geschick und Toleranz die Loyalität der jüngst Unterworfenen zu sichern, sodass er weitere Expansionen mit einer gestärkten Machtbasis angehen konnte.

Sein entfernter Verwandter und Schwiegersohn *Dareios I.* dehnt das Perserreich im Osten bis zum Indus aus und bringt im Westen Ägypten, Libyen, den Ostbalkan (Thrakien) und Makedonien unter seine Kontrolle. Vor allem aber macht er das Riesenreich durch eine Vielzahl an Maßnahmen zu einem funktionierenden Staatswesen.

✔ **Einteilung in Provinzen (Satrapien):** Die Statthalter (Satrapen) haben weitreichende Kompetenzen, müssen ihre Maßnahmen aber auch dokumentieren und werden regelmäßig durch königliche Rechnungsmeister und Sonderbeauftragte kontrolliert.

✔ **Vereinheitlichung von Verwaltung, Rechtswesen und Steuersystem:** Maße und Gewichte werden standardisiert und eine einheitliche Währung eingeführt. Dareios I. lässt sogar eine persische Schrift erfinden, doch die kann sich noch nicht durchsetzen. Verkehrssprache bleibt Aramäisch.

✔ **Ausbau der Infrastruktur** mit einem Straßennetz, einem Nachrichtensystem aus Postreitern und Signaltürmen, Kanälen für die Binnenschifffahrt, darunter dem Bubastis-Kanal zwischen Nil und Rotem Meer, sowie teils noch heute bestehenden unterirdischen Kanälen zur Wasserversorgung (Quanate).

Laut Herodot brauchte ein persischer Nachrichtenreiter von Sardes nach Susa – das sind rund 2500 Kilometer – nur sieben Tage, während eine übliche Karawane drei Monate unterwegs gewesen sei. Dareios I. ließ extra schnelle Pferde züchten, alle 20 bis 40 Kilometer eine Station für den Pferdewechsel anlegen und zudem noch über 100 »vortreffliche« Herbergen. So war er stets schnell über Unruhen oder andere wichtige Ereignisse im Reich informiert.

✔ **Landwirtschaftliche Innovationen und Manufakturen** für die Herstellung von Luxusgegenständen. Diese Manufakturen werden oft von den Königinnen geleitet und haben vorbildliche Arbeitsbedingungen mit Lohnfortzahlung im Krankheitsfall und Mutterschaftsurlaub.

Vor allem persische Möbel und persische Kleidung galten in der frühen Antike als der Luxus schlechthin. Der römische Dichter Tertullian spottete später: »Alexander eroberte das medische Volk und wurde erobert von der medischen Kleidung.«

✔ **Neubau einer extrem prächtigen Residenz in Persepolis,** die vor allem als Kulisse für das Neujahrsfest (Nouruz) dient, zu dem alle Völker des Reichs ihre Tribute bringen.

✔ **Toleranz gegenüber allen Religionen und Kulturen:** Das Nebeneinander der verschiedenen Völker wird in den Reliefs von Persepolis sogar gefeiert. Perser und Meder haben allerdings Privilegien.

✔ **Konsequentes und brutales Bestrafen jeder Auflehnung** – allerdings immer streng nach Gesetz.

Also sprach Zarathustra ...

Persönlich war Dareios I. Anhänger des *Zoroastrismus*, einer Religion, die von einem gewissen *Zarathustra* spätestens um 800 v. Chr. aus älteren iranischen Glaubensvorstellungen gebildet worden sein soll. Sie ist geprägt vom *Dualismus* zwischen einem guten Geist *(Ahura Mazda)* und einem bösen *(Ahriman)*. Von den Anhängern wird in erster Linie ein moralisch einwandfreies Leben gefordert, nicht Opfer wie in den meisten älteren Religionen. Theologen gehen davon aus, dass die jüdische und später die christliche Religion ihre Vorstellungen von Himmel und Hölle von den Zoroastriern übernommen haben. Die meisten Zoroastrier leben heute in Indien, wo sie *Parsen* genannt werden, weil sie nach der Eroberung durch die Muslime aus Persien geflohen sind.

Krieg bei Marathon und Salamis

Der Konflikt zwischen Persern und Griechen entzündet sich an den ionischen Städten an der westanatolischen Küste. Diese hatten unter lydischer Oberhoheit gestanden und waren mit der Niederlage von König Krösus Persien tributpflichtig geworden. Um 500 v. Chr. kommt es – angeführt von Milet – zum Aufstand. Warum, ist nicht so recht klar. Herodot erzählt von Differenzen zwischen dem Tyrannen von Milet und dem persischen Satrapen; moderne Wissenschaftler vermuten eher Unzufriedenheit mit der wirtschaftlichen Situation, da die Perser unter anderem die Durchfahrt ins Schwarze Meer blockierten. Die Aufständischen werben bei den übrigen Griechen um Unterstützung und setzen dabei Parolen ein, wie etwa die »Versklavung« Griechenlands zu beenden. Doch nur Athen und das kleine Eretria senden ein paar Schiffe.

Im Jahr 494 v. Chr. siegen die Perser in der *Seeschlacht von Lade*. Milet wird zerstört, die übrigen ionischen Städte mit Milde behandelt. Dareios I. macht sogar kleinere Zugeständnisse. Von den Städten des griechischen Festlands jedoch fordert er die Unterwerfung. Viele geben nach, in Sparta und Athen werden die persischen Gesandten jedoch getötet. Daraufhin rüstet Dareios I. zu einer Strafaktion. Die Athener stellen sich auf Anraten ihres Feldherrn *Miltiades* einer offenen Feldschlacht und siegen – obwohl die spartanischen Verbündeten zu spät eintreffen – in der *Ebene von Marathon*. Allerdings nicht über die volle persische Streitmacht, sondern nur über ein zahlenmäßig leicht überlegenes Heer, das Dareios I. fälschlicherweise für ausreichend für eine begrenzte Strafaktion hielt.

Die Legende, dass ein Läufer die heutige *Marathondistanz* von 42,195 Kilometern vom Schlachtfeld nach Athen zurücklegte, um die Siegesnachricht zu überbringen, und dort sterbend zusammenbrach, stammt erst aus dem 4. Jahrhundert v. Chr. Herodot (um 485–424 v. Chr.) berichtet dagegen, dass der Bote Pheidippes in zwei Tagen die 246 Kilometer nach Sparta zurückgelegt habe, um dort um Hilfe zu ersuchen. Seit 1983 wird auf der Originalstrecke der *Spartathlon* gelaufen.

Dareios I. muss dann jedoch erst einmal einen aus persischer Sicht wesentlich ernsteren Aufstand in Ägypten niederschlagen. Also aktiviert erst sein Sohn *Xerxes I.* 480 v. Chr. die volle persische Streitmacht inklusive der Eliteeinheit der »Unsterblichen« gegen Griechenland. Die Dardanellen (damals Hellespont) überquert er, indem er zwei Brücken aus Hunderten aneinandergebundener Schiffe bauen lässt. Danach zieht er relativ ungehindert durch Nordgriechenland. Athen hat die Verschnaufpause jedoch genutzt, um mit Sparta, Korinth und 28 kleineren Städten einen Verteidigungsbund zu schließen. An den *Thermopylen*, einem Engpass am Golf von Malia, stellen sich einige Tausend Griechen unter Führung des spartanischen Königs *Leonidas* gegen eine mehrfache persische Übermacht. Am Ende vergeblich, weil die Perser den Pass umgehen können, aber Leonidas und seine Spartaner schreiben Heldengeschichte.

Unterdessen hat der athenische Staatsmann *Themistokles* die Bewohner der Stadt auf die nahe Insel *Salamis* evakuieren lassen. Auch die griechische Flotte wird bei Salamis zusammengezogen. Die Perser plündern und zerstören Athen. Doch der Versuch der persischen Flotte, die griechische auszuschalten, geht gründlich schief. In der wohl größten Seeschlacht der Antike werden die Perser in der zerklüfteten Meerenge zwischen Salamis und dem Festland von den Griechen ausmanövriert und erleiden am 29. September eine krachende Niederlage.

Xerxes I. begibt sich mit seinem Heer danach erst einmal in Winterpause. Außerdem bietet er Athen einen Sonderfrieden an, den die Stadt jedoch ausschlägt, weswegen sie im Frühjahr abermals geplündert wird. Im Sommer kommt es dann in der *Ebene von Plataiai*, nahe der mit den Persern verbündeten Stadt Theben, zum großen Showdown. Eigentlich liegen die Vorteile deutlich bei den zahlenmäßig überlegenen Persern mit ihren Elite-Bogenschützen und Reitern, aber die schwer gepanzerten Krieger aus Sparta und Athen können standhalten. Als der persische Anführer fällt, geben seine Truppen die Schlacht verloren.

Der letztlich ziemlich knappe und eher unerwartete Sieg der Griechen bei Salamis und Plataiai stellte die Weichen der Weltgeschichte: Statt zu einer persischen Provinz zu werden, treten die Griechen aus dem Schatten des Perserreichs. Europa hört auf, eine Randerscheinung der vorderasiatischen Zivilisation zu sein, und wird allmählich zum Machtfaktor.

Die Griechen und ihre Feldherren

✔ Der große Stratege der **Schlacht von Plataiai** war **Pausanias**, ein Cousin des spartanischen Königs. Nach dem Sieg bringt er seine Landsleute jedoch durch herrisches Auftreten, die Adaption persischer Gewohnheiten und den Plan, bei Troja eine Kolonie zu gründen, gegen sich auf. Sie werfen ihm **Medismos** vor, das Sympathisieren mit den Medern (Persern), eine gesteigerte Form von Hochverrat, treiben ihn in einen Athene-Tempel, mauern ihn dort ein und hungern ihn zu Tode. Ob er wirklich Verrat begangen hat, ist unklar, die antiken Berichte sind etwas zu sehr mit Wanderlegenden durchsetzt, um überzeugend zu wirken.

✔ **Themistokles,** der Stratege der Athener, wird durch ein **Scherbengericht** verbannt, weil er die Stadt angeblich ohne Not den Persern preisgegeben hat. Die Spartaner sorgen dafür, dass er sogar zum Tode verurteilt wird, weil er angeblich ihren König Leonidas im Stich gelassen hat. In dieser Situation flieht Themistokles zu den Persern und bekommt eine Satrapie in Westanatolien übertragen. Als ihn die Perser 461 v. Chr. zwingen wollen, ihre Flotte im Kampf gegen Griechenland zu führen, bringt er sich um, um seine Landsleute nicht angreifen zu müssen.

✔ **Alkibiades,** ein Cousin des **Perikles** sowie Schüler und Liebling des großen Philosophen Sokrates, laut antiken Berichten gutaussehend und von großem Charme, aber notorisch schlechtem Benehmen, wechselt dagegen im **Peloponnesischen Krieg** mehrmals die Fronten. Doch obwohl er Spartanern und Persern mit seinem Insiderwissen zu Siegen verholfen hat, nimmt ihn seine Heimatstadt Athen später wieder mit offenen Armen auf. Erst nachdem seine Siegesserie abreißt, wird er auf der Flucht ermordet.

Bruderkampf: Athen gegen Sparta

Nach dem Sieg der Griechen droht den ionischen Städten die Rache der Perser. Also gehen die Griechen zum Angriff über. 478 v. Chr. erobert der spartanische Feldherr *Pausanias* das persische Byzanz. Doch danach sind die Spartaner nicht mehr gewillt, ihre Stellung auf dem Peloponnes durch weitere Abenteuer gegen die Perser zu riskieren. Sie ziehen sich zurück, Athen dagegen gründet mit den ionischen Städten und zahlreichen Inselstaaten der Ägäis den *Delisch-Attischen Seebund.* 460 v. Chr. schlagen sie die Perser im Süden Anatoliens zu Land und zur See. Diese ziehen sich daraufhin endgültig aus Europa und von der ionischen Küste zurück. Also alles gut? Kulturell und innenpolitisch bricht für Athen jedenfalls eine Goldene Zeit an.

Demokratie in Athen

Die Stadt der Weisheitsgöttin Athene ist vor allem für die »Erfindung« der *Demokratie* bekannt. Doch dieser Weg war ein steiniger.

1. Angeblich im Jahr 1068 v. Chr., wahrscheinlich aber erst später, schafft die Stadt die Monarchie ab. Die herrschende Adelsschicht wählt nun aus ihrem Kreis **Beamte,** um die Regierung zu führen. Nur in Notzeiten wird gelegentlich eine Volksversammlung einberufen.

2. Um 620 v. Chr. versucht der Gesetzgeber **Drakon** mit sprichwörtlich »drakonischen« Strafen der Blutrache und den ungezügelten Kämpfen des Adels den Riegel vorzuschieben. Drakons wichtigstes Anliegen ist das **Gewaltmonopol** des Staates. Nur Gerichte dürfen Verbrechen sühnen.

3. Um 590 v. Chr. droht der Stadt ein soziales Desaster. Denn während die großen Landbesitzer mit dem Export von Wein, Olivenöl und anderen Produkten extrem reich geworden sind, geraten immer mehr Kleinbauern bei ihnen in Schuldsklaverei. Viele einfache Bürger wandern in die Kolonien aus, andere drohen mit einer Rebellion. Zum Schlichter wird **Solon** berufen, der durchsetzen kann, dass die Schuldknechtschaft umgehend abgeschafft wird und sogar bestehende Schulden gestrichen werden. Auch bekommen alle Bürger in der **Volksversammlung** ein **Stimmrecht**. Zu politischen Ämtern werden jedoch nur die Angehörigen der obersten Vermögensklasse (von vier) zugelassen und auch der Forderung, das Land neu unter allen Athenern aufzuteilen, erteilt Solon eine Absage. Allerdings wird eine Obergrenze für Landbesitz festgelegt.

4. Um 545 v. Chr. erringt ein gewisser **Peisistratos** mit einem bewaffneten Staatsstreich die Macht und errichtete eine Tyrannis, die erst 510 v. Chr. beendet werden kann. Danach setzt **Kleisthenes** eine grundlegende Reform der Bürgerschaft durch, die die Macht des Adels – aus dem er selbst stammt – beschränkt. Alle männlichen Vollbürger Athens werden in zehn sozial gemischte **Phylen** aufgeteilt. Jede dieser Phylen lost dann 50 Mitglieder für den **Rat der 500** aus. Dieser wird in der Folge immer mehr zur Regierung Athens, über die Beschlüsse stimmt die Volksversammlung ab. Die Neuordnung führt zu einem großen politischen Engagement der Bürger.

5. 487 v. Chr. wird zum ersten Mal ein **Scherbengericht** durchgeführt: Die Volksversammlung kann per Mehrheitsbeschluss einen Politiker für 10 Jahre aus der Stadt verbannen, indem sie mehrheitlich seinen Namen auf eine Tonscherbe schreibt.

6. 457 v. Chr. führt **Perikles** eine **Besoldung für politische Tätigkeiten** ein. Gezahlt wird pro Sitzungstag. Erst nun können sich einfache Bürger die politische Teilhabe leisten. Frauen, Sklaven und Fremde aber bleiben ausgeschlossen.

Perikles (um 490–429 v. Chr.), ein Großneffe des Kleisthenes, wird gemeinhin als »Athener Staatsmann« bezeichnet. Doch was für ein Amt übte er wirklich aus? Nur ein bescheidenes. Er war *Stratege*, einer von zehn gewählten Heerführern für den Kriegsfall. Ihn mit diesem Titel zu bezeichnen würde aber seiner Bedeutung nicht gerecht. Denn im Grunde bestimmt er das gesamte politische Programm während Athens Goldener Zeit. Er nutzt dazu aber allein sein rhetorisches Talent und seinen Rückhalt beim Volk, das fast jeden seiner Vorschläge in der Volksversammlung absegnet.

Perikles war mit einer bemerkenswerten Frau verheiratet: *Aspasia*. Sie soll einen philosophischen Salon unterhalten haben und laut *Platon* war sie für den etwa gleichaltrigen Philosophen Sokrates ein Vorbild in Sachen Redekunst. Andere antike Autoren bezeichnen sie als *Hetäre*. Das könnte zum einen daran liegen, dass sie aus Milet kam und damit nicht als ebenbürtige Frau für einen Athener Bürger galt. Zum anderen daran, dass sich im antiken Griechenland normalerweise nur Hetären gesellschaftlich, künstlerisch und philosophisch hervortaten. Für »anständige Ehefrauen« war es – in krassem Gegensatz zu den vielen eigenwilligen Göttinnen der griechischen Mythologie – schon verpönt, auch nur das Haus zu verlassen.

Highlights der griechischen Kunst und Kultur

✔ **Architektur**: Die griechische Architektur ist extrem schlicht, aber sie strebt nach Perfektion. Als Vollendung gelten die Gebäude auf der Athener Akropolis mit dem **Parthenon**, dem Tempel der Athene, und den **Propyläen**, dem Torgebäude. Sie sind Teil des gigantischen Wiederaufbauprogramms, das Perikles nach den Zerstörungen durch die Perser ab 448 v. Chr. startet – finanziert aus der Kasse des Attischen Seebunds.

✔ **Skulptur**: Im Parthenon stand einst ein zwölf Meter hohes Standbild der Göttin Athene aus Gold und Elfenbein, geschaffen von **Phidias**, dem berühmtesten Bildhauer seiner Zeit. Die Wände schmückten zwei Friese, deren Reste, die **Elgin Marbles**, im romantischen frühen 19. Jahrhundert eine gigantische Griechenlandbegeisterung auslösten. Ebenfalls von Phidias war das etwa zwölf Meter große Zeusstandbild im Heiligtum von Olympia, eines der Sieben Weltwunder. Handlichere Schönheiten wie die **Venus von Milo** stammen aus späterer Zeit.

✔ **Malerei**: Antike Autoren berichten auch Wunderdinge über die Kunstfertigkeit der griechischen Maler. Allerdings hat kein Bild überlebt.

✔ **Schauspiel**: Das Theaterspiel entwickelte sich aus kultischen Chorgesängen. Väter der griechischen Tragödie waren **Aischylos** (525–456 v. Chr.), **Sophokles** (um 496–406 v. Chr.) und **Euripides** (480–406 v. Chr.), der berühmteste Komödiendichter war **Aristophanes** (um 450–380 v. Chr.). Das wichtigste Theaterevent waren die **Athener Dionysosfeiern**, in deren Rahmen die besten Komödien und Tetralogien gekürt wurden. **Tetralogien** waren eine Folge aus drei Tragödien und einem Satyrspiel hintereinander.

✔ **Philosophie**: Philosophische Ansätze gab es auch in den frühen Hochkulturen schon, aber die Griechen waren die Ersten, die alle Aspekte des Seins radikal und grundlegend durchdachten. Die großen Drei sind **Sokrates** (469–399 v. Chr.), **Platon** (um 428–348 v. Chr.) und **Aristoteles** (384–322 v. Chr.). Platon gründete um 387 v. Chr. in Athen die älteste **philosophische Akademie**. Doch es gibt auch noch die **Vorsokratiker**, **Epikur**, die **Stoiker** und viele andere. Allgemein anerkannt war das Primat der Vernunft aber nicht – Sokrates wurde wegen Gottlosigkeit zum Tode verurteilt.

✔ **Mathematik und Naturwissenschaften**: Aufbauend auf den Erkenntnissen der frühen Hochkulturen begannen die Griechen, Naturphilosophie zu betreiben, um dem Wesen der Dinge auf den Grund zu kommen. Dazu gehören etwa die **Vier-Elemente-Lehre** oder die **Atomtheorie**, die bereits davon ausgeht, dass Materie sich aus kleinsten, nicht mehr teilbaren Einheiten zusammensetzt. Die wichtigsten Mathematiker waren **Thales von Milet** (624–546 v. Chr.) und **Archimedes** (287–242 v. Chr.), der berühmteste Arzt **Hippokrates von Kos** (um 460–370 v. Chr.).

Krieg auf dem Peloponnes

Große Teile von Griechenlands kultureller Blüte finden jedoch im Schatten eines langen und extrem grausam geführten Bürgerkriegs statt. Denn nicht nur Athen, auch Sparta führt ein – sogar schon älteres – Bündnis an: den *Peloponnesischen Bund*. Als 457 v. Chr. Athens alter Feind und Nachbar Theben in diesen Bund eintritt und dann einen Bündnispartner Athens angreift, stehen sich die Heere Spartas und Athens das erste Mal gegenüber. 433 v. Chr. kommt es dann zum Krieg zwischen Korinth und seiner ehemaligen Kolonie Korfu. Nach den ersten Niederlagen rüstet Korinth derartig auf, dass Athen um seine Stellung als größte Seemacht fürchtet und Korfu beispringt. Korinth fordert – als Mitglied des Peloponnesischen Bundes – die Hilfe Spartas an.

Die Nachwelt sieht die demokratischen Athener gerne als »die Guten«, die militaristischen Spartaner als »die Bösen«. Tatsächlich berichten die antiken Autoren jedoch, dass der spartanische König Archidamos II. zögerte und Verhandlungen suchte, während Athens Held Perikles sich jedem Kompromiss verweigerte. Auch hätten die meisten Griechen eher mit Sparta sympathisiert, da Athen sich mit seinem ungezügelten Hegemoniestreben verhasst gemacht habe, heißt es. Am Ende löst aber Theben den Krieg mit einem Angriff auf einen Bündnispartner Athens aus.

Der *Peloponnesische Krieg* bricht im Frühjahr 431 v. Chr. aus und breitet sich auf die ganze Ägäis sowie die griechischen Kolonien in Süditalien aus. Die antiken Historiker berichten von zahlreichen, auch für die damalige Zeit außergewöhnlichen Kriegsgräueln, darunter dem Abschlachten von Frauen und Kindern. Selbst eine Typhusseuche im Jahr 430 v. Chr., die ein Viertel der Athener Bevölkerung auslöscht, kann den Krieg nicht beenden. Erst 421 v. Chr. einigen sich beide Seiten auf einen Waffenstillstand, der keiner Seite Gewinne bringt.

Friedlich wird es dennoch nicht: 416 v. Chr. überfällt Athen die Insel Melos, nur weil diese den Beitritt zum Delisch-Attischen Seebund verweigert hat, richtet die Männer hin und verkauft Frauen und Kinder in die Sklaverei. Ein Jahr später greifen die Muster-Demokraten auf Betreiben ihres Feldherrn *Alkibiades* – unter dem Vorwand, der Stadt Segesta beispringen zu müssen – den reichen und mächtigen sizilianischen Stadtstaat Syrakus an. Doch diesmal überschätzen sie ihre Kräfte. Der Feldzug endet in einem Desaster. Während ein Großteil der Athener Streitkräfte noch vor Sizilien gebunden ist, erklärt Sparta den Frieden von 421 v. Chr. für gebrochen. Obwohl viele Verbündete von Athen abfallen und Sparta Unterstützung von den Persern erhält, dauert es noch einmal zehn blutige Jahre, bis das ausgehungerte und eingekesselte Athen im Frühjahr 404 v. Chr. kapituliert.

Theben und Korinth möchten die Stadt nun zerstören, doch Sparta hat andere Sorgen. Es hat den Persern die ionischen Städte versprochen, will diese Zusage aber nicht einhalten und muss deshalb 399 v. Chr. einen Krieg gegen Persien beginnen. Seine enttäuschten Bündnisgenossen Theben und Korinth aber verbünden sich mit Athen und es kommt zum achtjährigen *Korinthischen Krieg*. Den Gewinn tragen die Perser davon, die vorerst die ionischen Städte wieder unter ihre Kontrolle bekommen. Letztlich aber spielen die ständigen Kriege vor allem den Makedonen in die Hände.

Der lachende Dritte: Makedonien

Das kleine Königreich *Makedonien* im Norden Griechenlands wurde gemeinsam mit dem benachbarten Thrakien durch den Sieg bei Plataiai von der persischen Oberherrschaft befreit. Im Peloponnesischen Krieg betreibt das Land eine recht geschickte Schaukelpolitik zwischen Athen und der Neutralität. König *Archelaos I.* (reg. von 413–399 v. Chr.) führt zudem gründliche Reformen durch und intensiviert den kulturellen Kontakt mit dem südlichen Griechenland. So weilen etwa der berühmte Tragödiendichter Euripides und der ebenso berühmte Maler Zeuxis längere Zeit an seinem Hof in Pella.

Ob die Makedonen auch Griechen waren oder enger mit den Thrakern oder Illyrern (an der Adriaküste) verwandt, war bereits in der Antike und ist bis heute heftig umstritten. So wurden sie zum Beispiel erst 408 v. Chr. zu den Olympischen Spielen zugelassen – wo König Archelaos I. prompt das Wagenrennen gewann.

Archelaos Nachfolger suchen das Bündnis mit Sparta, was ihnen die Halbinsel Chalkidike einbringt. Doch 371 v. Chr. brechen erneut Feindseligkeiten zwischen Sparta und Theben aus. Es geht um die Oberhoheit über die Region *Böotien*. Zum ersten Mal in seiner Geschichte verliert Sparta eine offene Feldschlacht. Angeblich soll die Hälfte der spartanischen Soldaten dabei umgekommen sein. Theben nutzt dies, um die messenischen Heloten zu befreien. Damit ist Sparta praktisch am Ende.

Doch auch der makedonische König muss sich Theben geschlagen geben und seinen Bruder als Geisel stellen. Der spätere *Philipp II.* wächst nun im Haus eines Feldherrn auf und studiert dabei elf Jahre lang die Stärken des thebanischen Heeres. Als 359 v. Chr. sein Bruder im Kampf gegen die Illyrer fällt, kehrt Philipp in ein Reich am Rande des Zusammenbruchs zurück. Es gelingt ihm jedoch, die Illyrer zu schlagen, sein Land zu reformieren und aus der makedonischen Armee das schlagkräftigste Heer seiner Zeit zu machen. Eine besondere Rolle spielt die Eliteeinheit der »Gefährten«, die mit großzügigen Landschenkungen entlohnt wird.

Philipp II. kann Thrakien erobern, Byzanz einnehmen und auch in Nord- und Mittelgriechenland seinen Einfluss ausdehnen, indem er verfeindete Städte gegeneinander ausspielt. Das bringt sogar die alten Feinde Athen und Theben dazu, sich zu verbünden. Doch Philipp II. schlägt sie. Anschließend ruft er einen allgemeinen Frieden aus und beginnt, einen gemeinsamen Angriff der Griechen auf die Perser zu planen.

Neuordnung der Welt

Trotz der Niederlage gegen die Griechen bei Plataiai: Die dominierende Macht der Zeit sind weiterhin die Perser. Was sich in Griechenland tut, tangiert die Menschen in den meisten Gegenden der Welt nicht wirklich – wenn sie überhaupt davon erfahren. Das alles ändert sich gründlich, als *Alexander von Makedonien* innerhalb weniger Jahre das gesamte persische Reich erobert.

Gigantisch: Das Reich Alexanders des Großen

Im Jahr 336 v. Chr. wird Philipp II. von Makedonien auf der Hochzeit seiner Tochter von einem seiner Leibwächter ermordet. Ihm folgt sein Sohn Alexander, der trotz seiner 20 Jahre schon ein erfahrener Heerführer ist und mehrere Siege errungen hat.

Die Gründe für den Tod Philipps II. liegen völlig im Dunkeln. Bereits in der Antike wurden aber schon Alexander und seine Mutter als mögliche Drahtzieher genannt. Fakt ist zumindest, dass es Spannungen zwischen Vater und Sohn gab und Alexander keinesfalls als Thronfolger feststand.

Wesentlicher Rückhalt von Alexander war der Feldherr *Antipater*, ein Vertrauter seines Vaters. Er präsentierte Alexander als neuen König, ließ jeden hinrichten, der behauptete, dieser habe etwas mit dem Tod seines Vaters zu tun, und blieb als Regent in Makedonien zurück, als Alexander nach Persien aufbrach. Er war mit dem Philosophen Aristoteles befreundet, der etwa zehn Jahre als Alexanders Lehrer in Pella verbrachte.

Alexander schlägt zunächst Rebellionsversuche der Thraker, Illyrer und Griechen nieder, wobei er die Stadt Theben zur Abschreckung völlig vernichtet. Dann macht er sich daran, die Pläne seines Vaters umzusetzen und das Perserreich anzugreifen.

Persien ist damals ein Koloss auf tönernen Füßen. Die von Dareios I. geschaffenen Strukturen funktionieren noch, aber das Reich ist von Bruderkämpfen im Königshaus und Aufständen in den Provinzen erschüttert worden. Die Könige horten gigantische Mengen an Gold und Silber, während die Wirtschaft am Boden liegt. Viele der mächtigen Satrapen agieren faktisch unabhängig und fühlen sich weder aus Angst noch aus Loyalität an das Königshaus gebunden. Nach Alexanders ersten Siegen ergeben sich viele von ihnen kampflos. Daneben ist Alexander, den die Römer später »den Großen« nennen, aber auch ein genialer Feldherr und seine Makedonen sind weit schlagkräftiger als das persische Heer.

1. Im Mai 334 v. Chr. siegt Alexander am Fluss **Granikos** in Anatolien mit etwa 35 000 Mann über ein wohl ähnlich großes, aber ungeschickt agierendes persisches Heer. Daraufhin ergeben sich alle ionischen Städte mit Ausnahme von Milet. Rund um Halikarnassos (heute Bodrum) gibt es erneut verlustreiche Kämpfe mit dem persischen Heer. Alexander kann aber die Regenten auf seine Seite ziehen.

Auf seinem Weg durch Anatolien hat Alexander der Sage nach in der Stadt Gordion den berühmten *Gordischen Knoten* durchschlagen. Dieser Knoten soll Deichsel und Joch des Streitwagens von König Gordios verbunden haben. Demjenigen, der ihn lösen würde, war die Herrschaft über die Welt versprochen. Nach der bekannteren Version durchhieb Alexander ihn einfach mit dem Schwert, nach einer anderen erkannte er, dass sich der Knoten durch das Herausziehen des Deichselnagels lösen ließ.

2. Im November 333 v. Chr. stellt sich der persische König **Dareios III**. Alexander bei **Issos** an der anatolisch-syrischen Grenze mit etwa 100 000 Mann entgegen. Wieder kann Alexander Fehler der Perser ausnutzen. Dareios III. flieht, aber seine Familie und sein Kriegsschatz fallen Alexander in die Hände.

KAPITEL 7 Griechenland & Co.: Das klassische Altertum 103

3. Anstatt Dareios III. zu verfolgen und Babylon einzunehmen, wendet Alexander sich nach Süden, führt langwierige, aber militärtechnisch spektakuläre Kämpfe mit modernsten Belagerungsmaschinen gegen **Tyros** und **Gaza**, die sich als Einzige der phönizisch-kanaanäischen Städte nicht ergeben, baut eine Flotte auf, die die persische vernichtet, und kann Ende 332 v. Chr. **Ägypten** kampflos einnehmen.

4. Am 1. Oktober 331 v. Chr. schlägt Alexander bei **Gaugamala** in Nordmesopotamien Dareios III. zum zweiten Mal. Danach verfolgt er ihn bis nach **Baktrien** im heutigen Nordafghanistan.

Nach dem Sieg bei Gaugamala nimmt Alexander die persische Hauptstadt *Persepolis* ein. Er soll dort 120 000 Talente (á 25,8 Kilogramm) Gold und Silber vorgefunden haben. Aber hat er die Stadt danach auch niedergebrannt? Die antiken Autoren berichten, es sei entweder als Rache für die Plünderung Athens 480 v. Chr. oder im Vollrausch während der Siegesfeier geschehen. Archäologen bestätigen immerhin Brandspuren an einem der zentralen Paläste.

5. Dareios III. jedoch wird von seinem Satrapen Bessos ermordet. Alexander dreht den Spieß nun um und ruft die Perser zum gemeinsamen **Rachefeldzug gegen Bessos** auf. Innerhalb der nächsten zwei Jahre bringt er dabei den Osten des Perserreichs unter seine Kontrolle. Während er durch die Annahme persischer Gewohnheiten das Vertrauen des persischen Adels gewinnt, beginnen seine makedonischen Soldaten zu rebellieren. Alexander scheut aber nicht davor zurück, auch enge Vertraute hinrichten zu lassen.

6. 326 v. Chr. unternimmt Alexander einen sehr aufreibenden und grausam geführten Feldzug Richtung **Indien**. Am Fluss Hyphasis (heute Beas) im äußersten Norden des heutigen Indien zwingen ihn seine meuternden Soldaten zur Umkehr. Doch auch der Rückweg ist von extremen Strapazen und ständigen Kämpfen begleitet.

Alexander hatte ein Faible dafür, Städte mit seinem Namen zu gründen. Neben der ägyptischen Stadt *Alexandria* sind unter anderem auch die afghanischen Städte *Herat* und *Kandahar* einstige Alexandrias. Das türkische *Iskenderum* hieß einst *Alexandria ad Issum*. Das »entfernteste Alexandria« *(Alexandria Eschate)* trägt heute den Namen *Chudschand* und liegt in Tadschikistan.

7. 323 v. Chr. stirbt Alexander nach einem Gelage in Babylon, vermutlich an einer Überdosis Nieswurz, einer damals üblichen, aber giftigen Arznei.

Zerstritten: Die Diadochen

Angeblich soll Alexander der Große auf seinem Totenbett *Perdikkas*, einem seiner Generäle, seinen Siegelring übergeben haben. Auf jeden Fall gelingt es Perdikkas, sich zum Regenten zu machen – im Namen von Alexanders Sohn, den die baktrische Prinzessin Roxane einige Monate nach seinem Tod zur Welt bringt.

Perdikkas kann zunächst das Reich stabilisieren, doch 321 v. Chr. verbünden sich Antipater, der Statthalter von Mazedonien, Ptolemaios, der Reichsverweser von Ägypten, und Antigonos, der Kleinasien regiert, gegen ihn. Perdikkas wird ermordet und *Seleukos*, einer der

Mörder, mit der Regentschaft über Babylon belohnt. Insgesamt ziehen sich die Nachfolgekämpfe bis 281 v. Chr. hin. Am Ende bleiben dann drei *Diadochen* (Nachfolger) übrig: *Ptolemaios* in Ägypten, Seleukos in Asien und der Sohn des Antigonos in Europa. Diverse andere Anwärter auf die Macht werden ebenso wie alle Familienmitglieder Alexanders ermordet. Vorerst hat auch keine auswärtige Macht aus den makedonischen Bruderkriegen Kapital schlagen können.

Wirtschaftlich und kulturell erleben sowohl das Seleukiden- als auch das Ptolemäerreich einen Boom. Die Herrscher nutzen die intakten persischen Strukturen, um griechische Errungenschaften per Königsbefehl einzuführen. Vor allem *Ptolemaios I.* macht aus dem gebeutelten Ägypten wieder das reichste Land der antiken Welt. Alexandria wird zu einem Handelsknotenpunkt und zur größten Metropole der damaligen Zeit. Die Stadt erhält einen Leuchtturm, der als eines der Sieben Weltwunder gilt, und eine Bibliothek, die den Auftrag hat, möglichst jedes literarische und wissenschaftliche Werk der Welt aufzukaufen. Am Ende soll sie bis zu einer halben Million Schriftrollen besessen haben. Angeschlossen ist das *Museion*, eine Universität, an der die besten Mathematiker, Ärzte, Astronomen und Philosophen der Zeit lernen und lehren. Neben griechischen kommen auch mesopotamische, persische, jüdische, buddhistische und in der Endphase arabische Einflüsse zum Tragen.

Die Historiker bezeichnen die Ära von den Eroberungen Alexanders bis zum Ende der Diadochenreiche als *Hellenismus*. Griechisch wurde zur allgemeinen Verkehrssprache und die griechische Kultur breitete sich aus. Allerdings veränderte sie sich auch. Die Kunst etwa, die in klassischer Zeit in erster Linie religiös geprägt war und sich architektonisch weitgehend auf den Bau von Tempeln beschränkte, wurde wesentlich weltlicher. Die Stellung der Frauen verbesserte sich und glich sich der orientalischen an. Die Könige adaptierten auch das orientalische Herrschafts- und Repräsentationsverständnis bis hin zur Vergöttlichung der Herrscher. Ptolemaios II. führte sogar in der Herrscherfamilie die ägyptische Geschwisterehe wieder ein. Trotzdem kam es nicht zu einer wirklichen Verschmelzung der Kulturen und die Hellenisierung der unterworfenen Gebiete blieb oberflächlich, weil die Elite fast vollständig aus Griechen bestand und selbst der einheimische Adel von höheren Ämtern ausgeschlossen blieb.

Das riesige Seleukidenreich beginnt jedoch im 3. Jahrhundert v. Chr. schnell zu bröckeln. In Anatolien erringen *Pergamon, Bythinien, Kappadokien* und *Pontos* ihre Unabhängigkeit, im Kaukasus *Armenien* und *Atropatene* (heute: Nordwest-Iran und Ost-Aserbeidschan). Im iranischen Hochland bildet sich das *Partherreich*, östlich davon das *Griechisch-Baktrische Reich*, in Kanaan nach dem *Aufstand der Makkabäer* im Jahr 165 v. Chr. das jüdische *Königreich der Hasmonäer*.

Buddhistisch: Das Mauryareich in Indien

Das Reich, das Alexander der Große in Indien gerne erobert hätte, war das *Nandareich*, das sich damals über große Teile des Nordens erstreckte. Ein oder zwei Jahre nach Alexanders Tod holt sich ein anderer die Beute: Ein gewisser *Chandragupta Maurya* stürzt die als extrem habgierig verschriene Nanda-Dynastie. Wahrscheinlich war er ein unzufriedener Angehöriger des Nanda-Adels, aber seine Biografie ist legendenhaft verklärt, sodass alle Informationen über seine Herkunft mit äußerster Vorsicht zu genießen sind. 317 v. Chr.

erobert er auch den von Alexander unterworfenen *Punjab,* 305 v. Chr. wehrt er einen Angriff des Diadochen Seleukos I. ab. Die beiden schließen einen Friedensvertrag. Chandragupta bekommt die Herrschaft über das Industal und eine Tochter von Seleukos, während dieser 500 Kriegselefanten erhält, die er dann mit Erfolg in den Diadochenkriegen einsetzt. Durch den kulturellen Austausch zwischen Seleukiden- und Mauryareich kommen auch das Geldwesen und die Schrift nach Indien.

Chandraguptas Enkel *Ashoka* dehnt das Reich fast über die gesamte indische Halbinsel (mit Ausnahme des äußersten Südens) aus. Zuletzt unterwirft er sehr brutal das kleine Reich *Kalinga* im Osten. Einige Jahre später lässt er jedoch Felsinschriften anfertigen, in denen er Reue zeigt und erklärt, militärische Siege seien sinnlos, es zähle nur ein Sieg des *Dharma* (Gesetz, Moral). Gleichzeitig konvertiert er zum *Buddhismus.*

Siddartha Gautama und der Buddhismus

Siddartha Gautama, der Gründer des Buddhismus, wurde im 6. Jahrhundert v. Chr. im heutigen Nepal geboren. Sein Vater war Fürst über ein kleines vedisches Reich. Siddarthas Lehre hat viel mit der vedisch-hinduistischen Religion, der er entstammt, gemein. Etwa die Vorstellung vom *Kreislauf der Wiedergeburten* oder dem *Karma,* das jeder Tat anhaftet und vom Täter von einem Leben ins nächste mitgenommen wird. Während nach der vedischen Vorstellung allerdings das Befolgen der Kastengesetze, Opfer an die Götter und die Vermittlung der Brahmanen nötig sind, um den Wiedergeburten und damit dem Leid zu entkommen, lehrt Siddartha Gautama, dass jeder Mensch aus eigener Kraft die Erleuchtung erlangen und damit seine Erlösung bewirken kann. Eine ähnliche Ausrichtung hat der fast zur gleichen Zeit ebenfalls in Indien entstandene, in puncto Verhaltensnormen aber strengere *Jainismus.*

In seinen Felsedikten, den ältesten Dokumenten in der neu eingeführten *Brahmi-Schrift,* erklärt Ashoka, sich künftig nicht mehr Kriegen, sondern der sozialen Wohlfahrt seiner Untertanen widmen zu wollen. Auch diese ruft er zum Verzicht auf Gewalt auf.

Ashokas Gewaltverzicht schließt auch die Tiere ein. Er verbietet die konventionellen Tieropfer, richtet Tierhospitäler ein und propagiert eine vegetarische Ernährungsweise.

Der König lässt im ganzen Reich viele Klöster und über 80 000 buddhistische Reliquienschreine *(Stupas)* errichten. Außerdem schickt er Gesandtschaften aus, die die buddhistische Lehre in den Diadochenreichen, in Epirus, Libyen, Baktrien, Burma, dem Tarimbecken und Ceylon (Sri Lanka) bekannt machen sollen. Allerdings ist nicht klar, wie viele dieser Gesandtschaften ihr Ziel überhaupt erreichen. Ceylon jedoch wird von *Mahinda,* einem Sohn des Königs, und dessen Schwester *Sanghamitta* sehr erfolgreich missioniert. Um 250 v. Chr. ruft Ashoka das *3. Buddhistische Konzil* ein, um endgültig festzulegen, welche Lehrreden Buddhas als authentisch gelten. (Die anerkannten Schriften sind heute als Pali-Kanon bekannt.) Eine Einigung der verschiedenen buddhistischen Schulen allerdings scheitert.

Auch buddhistische Bedürfnislosigkeit praktiziert Ashoka nicht. Die griechischen Historiker schwärmen vom Reichtum und Luxus des Mauryareichs. Ashoka beglückt seine Untertanen mit einem Ausbau von Infrastruktur, Hospitälern und Schulen. Allerdings behält er die Zügel in der Hand. Indien ist unter seiner Herrschaft auch ein *Polizeistaat*, in dem alle – Fremde besonders – bespitzelt werden. Alle Betriebe brauchen eine Konzession, auf allen Handel wird Mehrwertsteuer erhoben, die Einhaltung der Gesetze, Ordnung und Sauberkeit penibel kontrolliert. Im Grunde genommen ist Ashokas »Neuer Kurs« eine sehr rationale Konsolidierung seiner Macht. Unter seinen Nachfolgern korrodiert diese allerdings sehr schnell. 185 v. Chr. wird Ashokas Enkel von einem General entmachtet und Indien zerfällt wieder in mehrere Fürstentümer und Stammesgebiete.

Philosophisch: Konfuzius und die streitenden Reiche

In China wird 1122 v. Chr. der Shang-König *Di Xin* – der Überlieferung nach ein despotischer Alkoholiker – von einer Fürstenallianz gestürzt. Der Anführer wird unter dem Namen *Wuwang* neuer König und errichtet die *Zhou-Dynastie*. Die Zhou sind keine Priesterkönige mehr, die nach ihrem Tod vergöttlicht werden wie die Shang, reklamieren für sich aber ein Mandat des Himmels *(Tian).* Die Gesellschaft beruht auf einem *Lehenssystem* ähnlich dem im europäischen Mittelalter. Die Fürsten haben eigene Armeen, deren Größe jedoch reglementiert ist. An den Grenzen gibt es ständige Kämpfe gegen die benachbarten »Barbaren«-Stämme.

In der Auseinandersetzung zwischen Territorialstaaten mit benachbarten Stämmen ist es oft nicht möglich, den eigentlichen Aggressor zu benennen. Das gilt nicht nur für China und nicht nur für diese Epoche. Bei vielen nomadisch oder halbnomadisch lebenden Stammesverbänden waren Raubzüge Teil der Kultur. Sesshafte Nachbarn erschienen da als besonders verlockende Beute. Andererseits reagierten diese Staaten oft mit der erbarmungslosen Vernichtung der Stämme.

Im 8. Jahrhundert v. Chr. werden die Fürsten immer mächtiger. Der König ist militärisch und finanziell völlig von ihnen abhängig. Kleinere Territorien werden annektiert. Die späte Zhou-Zeit wird als *Epoche der »Streitenden Reiche«* bezeichnet. Während nominell immer noch die Könige herrschen, ringen in Wahrheit sieben Fürsten um die Macht.

Wirtschaftlich und kulturell ist diese Epoche jedoch eine Blütezeit:

✔ Die chinesische **Bronzekunst** erreicht ihr höchstes Niveau.

✔ Durch die **Verwendung von Kohle** können in den Schmelzöfen höhere Temperaturen erreicht werden. Ab dem 6. Jahrhundert v. Chr. erzeugen die Chinesen gehärteten Stahl und gießen Eisenwerkzeuge.

✔ Dank der Einführung von Eisenpflug, Dünger, verbessertem Zuggeschirr und anderen **landwirtschaftlichen Innovationen** verbessert sich die Versorgungslage.

✔ Es kommt zu einem starken Bevölkerungsanstieg und damit einer verbesserten **Binnenkonjunktur**. Es sind bereits über 100 Handwerksberufe bekannt. Auch der **Handel** gewinnt immer mehr an Bedeutung.

✔ Die Kriegsführung jedoch verändert sich von Scharmützeln zwischen kleinen Adelsheeren hin zu **grausamen Vernichtungskämpfen** zwischen riesigen Volksheeren.

KAPITEL 7 Griechenland & Co.: Das klassische Altertum   107

In der *Periode der Hundert Schulen* zwischen dem 6. und 3. Jahrhundert v. Chr. entstehen die wichtigsten Strömungen der chinesischen Philosophie, darunter *Taoismus* und *Konfuzianismus*, die zusammen mit dem *Buddhismus* als die drei Hauptlehren des Landes gelten.

Der *Taoismus* geht auf das Buch *Tao Te King* zurück. Der Überlieferung nach soll es im 6. Jahrhundert v. Chr. von dem Philosophen *Laotse* (Laozi, »Alter Meister«) verfasst worden sein. Doch es ist umstritten, ob Laotse überhaupt gelebt hat. Mit »Tao« wird ein innerstes Prinzip umschrieben, das dafür sorgt, dass die Welt ihren rechten Gang geht. Die Menschen sollen dieses Prinzip erfassen und sich in den *Weg des Tao* einfügen. Das Tao bringt auch das Wechselspiel der Prinzipien *Yin und Yang* hervor.

Konfuzius (Kong Fuzi, »Meister Kong«) dagegen, der wohl von 551 bis 479 v. Chr. lebt, entwickelt wie viele andere Begründer der Hundert Schulen seine Lehre gerade vor dem Hintergrund der ständigen Kriege. Er ist zunächst ein hoher Beamter im Fürstentum Lu, kehrt diesem aber enttäuscht den Rücken und versucht nacheinander die Fürsten von Wei, Chen, Jin und Cai zu beraten. Obwohl er die Politik seiner Zeit nicht ändern kann, ist er schon zu Lebzeiten höchst angesehen. Er fordert, dass jeder Mensch im Kleinen Loyalität, kindliche Pietät und die Wahrung von Anstand und Sitte praktizieren soll, um den Kosmos in Ordnung zu halten.

Ob der *Konfuzianismus* eine Religion oder eine philosophische Strömung ist, wird unterschiedlich gesehen. Im 2. Jahrhundert n. Chr. wurde er in China Staatsdoktrin, Konfuzius selbst vergöttlicht. Nach dem Ende des Kaiserreichs 1911 wurde der Konfuzianismus weitgehend abgelehnt und in Maos Kulturrevolution sogar verfolgt. Inzwischen gehört er – neben Taiwan, Japan, Korea, Singapur und Vietnam – auch in China wieder zu den anerkannten Lehren beziehungsweise Religionen.

Übersehen: Die Skythen

Was aber tat sich nördlich der griechischen Welt? Die Berichte der antiken Autoren sind diesbezüglich etwas verwirrend. Für die einen sind alle Völker, die dort lebten, *Skythen,* andere führen auch Dutzende anderer, bis heute nicht identifizierter Stämme auf, darunter so pittoreske wie die *Amazonen* oder die *Androphagen* (Menschenfresser).

Im Grunde hat sich diese unterschiedliche Herangehensweise bis heute gehalten. Während die westlichen Wissenschaftler meist alle iranischsprachigen Reitervölker, die zwischen Moldau und dem Altai-Gebirge lebten, unter dem Oberbegriff Skythen zusammenfassen, sind für russische Historiker ausschließlich die Stämme nördlich des Schwarzen Meeres, die sich vermutlich selbst Skythen nannten, auch wirkliche Skythen.

Archäologisch lassen sich die Skythen ab dem 7. Jahrhundert v. Chr. in den südrussischen Steppengebieten nachweisen. Sprachlich gehören sie zum iranischen Zweig der Indoeuropäer, werden aber von den antiken Autoren meist als blond oder rothaarig und helläugig beschrieben. Kulturell gibt es viele Überschneidungen mit der mutmaßlichen indoeuropäischen Urbevölkerung, etwa die Bestattung der Fürsten in Grabhügeln (Kurganen). Allerdings haben sie – was sehr ungewöhnlich ist – den Ackerbau gänzlich aufgegeben und sind wieder Nomaden geworden, die ihre Viehherden vom Pferderücken aus lenken. Damit sind sie zwar nicht die ersten Reiter, aber vermutlich das erste Volk, bei dem das Reiten die gesamte Lebensweise bestimmt.

Die Skythen bringen nicht nur das Reiten in Mode, sondern auch ein dafür geeignetes Kleidungsstück: die *Hose*. Das bisher älteste bekannte Exemplar – aus dunkler Wolle gewebt und mit gemusterten Borten geschmückt – ist etwa 3100 Jahre alt und wurde in Turfan im Tarimbecken gefunden. Damit stammt es vom nordöstlichen Rand des skythischen Verbreitungsgebiets. Früher glaubte man, auch die Germanen und Kelten hätten ihre Hosen von den Skythen übernommen. Das allerdings ist fraglich geworden, seit Gletschermann Ötzi aufgetaucht ist, der zwar keine Hose, aber die ältesten bekannten *Beinlinge* der Welt trägt.

Die antiken Quellen beschreiben die Skythen als notorisch aggressive Krieger und ausgezeichnete Bogenschützen. Mehrfach werden auch kämpfende Frauen erwähnt. Sowohl der Nahe Osten wie auch die zentralasiatischen Regionen des Perserreichs haben immer wieder unter ihren Einfällen zu leiden. 339 v. Chr. soll ein skythischer Fürst sogar an die Donau vorgedrungen sein und gegen Philipp II. von Makedonien gekämpft haben. Andererseits waren die Skythen im 6. Jahrhundert v. Chr. auch Verbündete der Meder und Babylonier im Kampf gegen das Assyrische Reich. Ab dem 4. Jahrhundert v. Chr. tauchen dann immer mehr iranische Reitervölker auf, deren Kultur eng mit der skythischen verwandt ist, etwa *Saken*, *Sarmaten* und *Massageten*. Auch die *Parther*, die um 250 v. Chr. im Seleukidenreich einfallen, gehören als iranisches *Reitervolk* zum skythischen Kulturkreis.

Skythische Fürstengräber sind voller kostbarer Grabbeigaben. Im sibirischen Permafrost wurden sogar Pelze und Teppiche gefunden. Die Skythen selbst waren ausgezeichnete Goldschmiede und pflegten einen filigranen Tierstil, der unter anderem auch die chinesische Kunst beeinflusste. Außerdem enthielten die Gräber Artefakte aus den anderen Kulturen Europas und Asiens. Die Skythen stellen demnach den ersten bekannten Berührungspunkt zwischen der chinesischen Kultur und der indischen und hellenistischen Welt dar.

Eisenzeitgewinner: Die Kelten

Was aber ist mit Mitteleuropa? Das wird um 800 v. Chr. mit Beginn der *Eisenzeit* weltgeschichtlich relevant. Denn während die kostbare Bronze stets eingetauscht werden muss, kann Eisen aus heimischem Erz hergestellt werden. Die Kontrolle über Erzgruben, Schmelzöfen und Handelswege, aber auch über Salzbergwerke lässt eine kleine Oberschicht reich werden. Im Alpenvorland breitet sich die *Hallstatt-Kultur* aus. Charakteristisch sind befestigte Höhensiedlungen *(Oppida)*, die von kleinen Weilern umgeben sind. Reiche Fürstengräber (unter anderem in Vix in Burgund, Hochdorf an der Enz, Glauberg in der Wetterau) enthalten Importgüter aus dem Mittelmeerraum, aber auch Wagen und Waffen – beides Produkte, auf die sich die Hallstatt-Handwerker besonders gut verstehen.

Um 450 v. Chr. ändert sich der vorher eher geometrische Kunststil. Er wird – wohl aufgrund des hellenistischen Einflusses – naturalistischer. Die Wissenschaftler nennen die Epoche nach einem Fundort in der Schweiz *Latènezeit*. Ungefähr zur selben Zeit breitet sich die keltische Kultur mitsamt der Sprache auf den britischen Inseln, in ganz Frankreich, großen Teilen der iberischen Halbinsel sowie im mittleren Osteuropa und an der Adriaküste aus. 387 v. Chr. erobert ein *Brennus* genannter keltischer Heerführer mit seinen *Senonen* Rom.

Angeblich war es nur den heiligen Gänsen der Juno und ihrem Geschnatter zu verdanken, dass die Römer gegen Brennus wenigstens das Kapitol halten konnten. Brennus erklärte sich dann bereit, gegen ein Lösegeld von 1000 Pfund Gold wieder abzuziehen. Als ihm die Römer vorwarfen, falsche Gewichte zu benutzen, habe er – so der Historiker Livius – noch sein Schwert zu den Gewichten geworfen und den sprichwörtlichen Ausruf »Vae victis!« (Wehe den Besiegten!) geschaffen.

280 v. Chr. fällt ein anderer Brennus (vielleicht handelt es sich bei der Bezeichnung um einen Titel) mit angeblich 85 000 Kriegern in Griechenland ein. Während er bei Delphi geschlagen wird, lassen sich 20 000 Kelten vom Kleinkönig *Nikomedes I.* von Bythinien anwerben, der Krieg gegen seinen Bruder führt. Danach ziehen sie plündernd durch Anatolien, werden aber vom Seleukidenkönig Antiochos I. mithilfe der Kriegselefanten, die Antiochos' Vater aus Indien bekommen hat, geschlagen und rund um die Stadt Gordion angesiedelt. Dort werden sie als *Galater* bekannt.

Die *Kultur der Galater* ähnelt lange Zeit verblüffend jener der westeuropäischen Kelten. Das beweisen zum Beispiel die berühmten Skulpturen von den *Sterbenden Galliern*, die König Attalos I. von Pergamon um 228 v. Chr. nach seinem Sieg über die Galater anfertigen ließ. Ob der biblische Brief des Apostels Paulus an die Galater jedoch an die Nachkommen der Kelten oder andere Bewohner der Provinz Galatien gerichtet war, ist unsicher.

Da die Kelten keine Schrift hatten, stammt ein Großteil der Informationen über ihre Kultur von römischen Autoren, die besondere Vorliebe für das zeigen, was sie als barbarisch empfinden: die geheimnisvolle Priesterschaft der Druiden, die Menschenopfer, die Sitte, nackt zu kämpfen und die Schädel besiegter Feinde als Trophäe zu nehmen. Eine andere Quelle für die keltische Religion und Kultur ist die irische Mythologie. Doch es ist höchst zweifelhaft, inwieweit diese auch für andere Kelten typisch ist.

Aufstieg einer Weltmacht: Rom

Und Rom? Der Überlieferung nach wurde die Stadt am Tiber am 21. April 753 v. Chr. von den von einer Wölfin gesäugten Zwillingsbrüdern *Romulus* und *Remus*, den Nachkommen des trojanischen Helden *Äneas*, gegründet. Archäologen gehen davon aus, dass sich im 8. oder 7. Jahrhundert v. Chr. einige Dörfer rund um die sieben Hügel zu einer Stadt zusammenschlossen. Große Bedeutung hatte das damals aber noch nicht.

Erste Schritte im Schatten der Etrusker

Die ersten Herren Italiens sind die *Etrusker*. Ab dem 8. Jahrhundert v. Chr. beherrschen sie Mittelitalien. Laut Herodot stammen sie aus Lydien in Westanatolien und sind wegen einer lang anhaltenden Dürre unter Führung des Königssohns *Tyrrhenus* ausgewandert. Moderne genetische Untersuchungen deuten darauf hin, dass dies zumindest partiell stimmen könnte. Anzeichen einer gewaltsamen Übernahme oder auch nur einen deutlichen Bruch mit der Vorgängerkultur gibt es jedoch nicht.

Die Etrusker sind in einem *Zwölfstädtebund* organisiert, zu dem unter anderem Arezzo, Perugia, Volterra und Orvieto gehören. In Populonia verarbeiten sie Eisenerz von der Insel Elba, in Cerveteri Kupfer, Blei und Alaun aus den Monti della Tolfa, in Tarquinia Bronze, bei Massa Marittima wird Zinn gewonnen. Bereits um 750 v. Chr. kontrollieren sie den Handel im Tyrrhenischen Meer, um 600 v. Chr. gemeinsam mit ihrem Bündnispartner Karthago das gesamte westliche Mittelmeer.

Von der Toskana breitet sich die etruskische Kultur nach Latium und in die Poebene aus. Auch die Stadt Rom wird – der Überlieferung nach ab 715 v. Chr. – von etruskischen Königen regiert. Um 540 v. Chr. gewinnen Etrusker und Karthager gemeinsam einen Seekrieg gegen die griechischen Kolonien Marseille und Aléria, was den Etruskern Korsika und den Karthagern Sardinien einbringt.

Trotz allem sind die griechischen Kolonien ein sehr wichtiger Handelspartner der Etrusker und die etruskische Kunst und Kultur sehr stark von der griechischen beeinflusst. Aber die Etrusker haben auch ihre Eigenheiten, von denen sich so manches später in Rom wiederfindet:

- ✔ Der oberste Gott **Voltumna** ist kein typisch indoeuropäischer Himmelsgott, sondern wohnt in den Tiefen der Erde. Die Religion ist geprägt von Furcht vor den Göttern und einer Menge Dämonen. Deshalb ist das peinlich genaue Einhalten von Riten im Alltag und jegliche Art von Wahrsagerei – etwa anhand von Blitzen, Vogelflug oder den Eingeweiden von Opfertieren – extrem wichtig.

- ✔ Eine große Rolle spielt auch der **Totenkult**. Die wichtigsten archäologischen Funde aus der Etruskerzeit sind große **Nekropolen (Totenstädte)**. Die Gräber sind allerdings oft sehr heiter ausgestattet und als Festsäle dekoriert, die Sarkophage mit Skulpturen geschmückt, die die Toten – gerne als Paar – zu Tisch liegend zeigen. Gladiatorenkämpfe, Theaterdarbietungen und sportliche Wettkämpfe sind ein Bestandteil der Leichenfeiern der Oberschicht.

- ✔ **Frauen** haben eine sehr starke Stellung und spielen im öffentlichen Leben eine Rolle.

- ✔ In der **Architektur** finden sich erste Bogen und Gewölbe.

- ✔ **Keramik** und **Metallwaren** weisen einen großen, teils sehr originellen Formenreichtum auf. Typisch ist auch die glänzende, schwarze **Bucchero-Keramik**, die Metallgefäße imitiert.

- ✔ Die **Schrift** ist griechisch, die **Sprache** aber, die bis heute nicht vollständig entziffert werden konnte, vor-indoeuropäisch.

Im Jahr 509 v. Chr. vergewaltigt dann angeblich der römisch-etruskische Königssohn *Sextus* die schöne und tugendhafte *Lukrezia*, worauf ihre Verwandten einen Aufstand organisieren, der zur Vertreibung der Königsfamilie führt. Tatsächlich könnte Rom ungefähr um diese Zeit die etruskische Oberherrschaft abgeschüttelt haben. Für die Etrusker war das der Auftakt zu einer weiteren Serie von Niederlagen, die zu einem allmählichen Verfall der ganzen Kultur führte.

Obwohl nur der letzte der etruskischen Könige Roms, *Tarquinius Superbus*, als Tyrann gilt, taten die Römer in der Folge alles, um eine erneute Königsherrschaft zu verhindern. Alle Ämter wurden nur für ein Jahr vergeben und doppelt besetzt. Über die Vergabe entschieden verschiedene *Volksversammlungen*, in denen allerdings die Stimmen der besitzenden Oberschicht *(Patrizier)* überproportional zählten. Auch für die Ämter und den Senat, die Versammlung ehemaliger Amtsträger, kamen anfangs nur Patrizier infrage. In langwierigen Ständekämpfen und mit der Drohung, die Stadt zu verlassen, trotzte die einfache Bevölkerung *(Plebejer)* den Patriziern Zugeständnisse ab, etwa den Zugang zu den Ämtern und die Ernennung eines *Volkstribunen*, der die Rechte des Volkes gegen die Patrizier zu verteidigen hatte.

Bewährungsprobe gegen Hannibal

Die junge römische Republik lebt vor allem von der Kontrolle über mehrere Handelswege, darunter die *Via Salaria*, über die das wertvolle Salz von den Salinen an der Küste transportiert wird. Außerdem ist sie gut organisiert und leistet sich ein schlagkräftiges Heer. Im Laufe des 4. Jahrhunderts v. Chr. gewinnt sie die Vorherrschaft über weite Teile Italiens. Den unterlegenen Gegnern werden akzeptable Bündnisse angeboten. Sie müssen Abgaben entrichten und künftige Kriegszüge unterstützen, erhalten aber ihren Teil an der Beute. Am geizigsten sind die Römer mit ihrem Bürgerrecht. Dies können nur Angehörige der Oberschicht aus den unterworfenen Völkern erwerben.

Mit den mächtigen Karthagern grenzen die Römer in mehreren Verträgen ihre Interessenssphären ab.

 Die Römer bezeichnen die Karthager zwar als *Punier (Phönizier)*, doch im 4. Jahrhundert v. Chr. hat sich Karthago längst von seiner einstigen Mutterstadt Tyros losgesagt und selbst ein Kolonialreich aufgebaut, das vor allem die afrikanische Küste bis nach Libyen, Andalusien, die Balearen, Korsika und Sardinien umfasst. Mit den mächtigen griechischen Tyrannen von Syrakus liegt das Punische Reich seit 480 v. Chr. im Dauerclinch.

Sizilien ist nach diesem Vertrag karthagische Einflusssphäre, doch im Jahr 269 v. Chr. überwirft sich die Stadt Messina mit den Karthagern und ruft stattdessen die Römer im Kampf gegen den mächtigen Nachbarn Syrakus zu Hilfe. Diese gehen darauf ein, und haben es prompt sowohl mit den Karthagern als auch mit deren altem Feind *Hieron II. von Syrakus* zu tun. In den nächsten sechs Jahren können sie zwar Hieron besiegen und als neuen Bündnispartner gewinnen, doch die Karthager plündern unterdessen die Küsten Italiens.

Die Römer erkennen, dass sie ohne Flotte chancenlos sind. Also bauen sie eine solche. Doch statt mit Rammspornen versehen sie ihre Schiffe mit Enterbrücken und machen so aus Seeschlachten – in denen sie den Karthagern hoffnungslos unterlegen sind – Kämpfe auf den Schiffsdecks, in denen sie ihre Überlegenheit zu Land ausspielen können.

Trotz mehrerer Siege dauert der *Erste Punische Krieg* jedoch bis 241 v. Chr. Die Römer gewinnen ihn mit letzten Kräften und am Rande der Staatspleite. Doch nach dem Sieg erhalten sie reichliche Reparationen, während die Karthager sich mit Aufständen ihrer libyschen Söldner herumschlagen müssen, die nicht mehr ausreichend bezahlt werden können.

Auf die Frage, was die Römer dazu treibt, 218 v. Chr. einen erneuten Krieg gegen Karthago vom Zaun zu brechen, liefern auch die antiken Autoren keine befriedigende Antwort. Während die Römer 269 v. Chr. immerhin noch auf eine Initiative Messinas reagierten, mischen sie sich nun ungefragt in einen Konflikt der Karthager in Spanien ein und verlangen die Auslieferung des Feldherrn *Hannibal*. Der antwortet mit seinem berühmt gewordenen Coup: Mit rund 60000 Soldaten und 37 Kriegselefanten überquert er die Alpen und fällt in Italien ein. Zwei Jahre später fügt er den Römern bei *Cannae* eine verheerende Niederlage zu, die in der Stadt am Tiber die Angst »Hannibal ante portas« (Hannibal vor den Toren) wach werden lässt. Doch er wagt es nicht, Rom selbst anzugreifen, sondern überzieht mit wechselnden Bündnispartnern Italien mit Krieg.

Erst nach zwölf Jahren dreht der junge römische Feldherr *Scipio Africanus Major* den Spieß um und fällt in Nordafrika ein. 202 v. Chr. kapituliert Karthago nach der *Niederlage von Zama*.

Im Rahmen dieses Kriegs hat Rom 212 v. Chr. auch Syrakus erobert – obwohl der geniale Mathematiker *Archimedes*, der bei der Einnahme der Stadt den Tod fand, angeblich Brennspiegel und andere Kriegsmaschinen gegen die römischen Schiffe eingesetzt hatte.

Die Eroberung der griechischen Kultur

Während der Kriege gegen Karthago haben die Römer ständig eine extreme militärische Lernfähigkeit bewiesen. Das hat zur Folge, dass das römische Heer enorm gestärkt aus den Auseinandersetzungen hervorgeht. Und es hat keinerlei Hemmungen, diese Stärke auch einzusetzen. Das bekommt als Erster der makedonische König *Philipp V.* zu spüren, der während des *Zweiten Punischen Kriegs* die vermeintliche Gunst der Stunde genutzt und dalmatinische Städte erobert hat, die unter dem Schutz Roms standen. Mit Siegen gegen Philipp V. und seinen Verbündeten, den Seleukidenkönig Antiochos III., wird Rom – auch wenn die territorialen Gewinne vorerst an die Verbündeten Pergamon und Rhodos gehen – zwangsläufig zur neuen *Hegemonialmacht* in Griechenland.

Die Makedonen wollen sich damit nicht abfinden, und so greifen die Römer 146 v. Chr. zu einer drastischen Lösung. Nicht nur Makedonien, sondern auch das ganze griechische Kernland wird zur römischen Provinz. Im selben Jahr vernichten die Römer Karthago im *Dritten Punischen Krieg* endgültig und errichten die *Provinz Africa* – gemäß der ständigen Forderung von *Cato dem Älteren*, der angeblich jede Rede mit der Forderung »Ceterum censeo Carthaginem esse delendam« (Übrigens meine ich, dass Karthago zerstört werden muss) beendete.

Kulturell bedeutet die Eroberung Griechenlands für Rom einen gewaltigen Aufschwung:

✔ Viele griechische Kunstwerke werden nach Rom importiert, aber auch kopiert. Bei den meisten heute erhaltenen »griechischen« Skulpturen handelt es sich tatsächlich um römische Kopien.

KAPITEL 7 Griechenland & Co.: Das klassische Altertum 113

✔ Die Römer übernehmen den griechischen Architekturstil mit seinen Säulen und Giebeln – allerdings weniger den schlichten, klassischen als den reicher dekorierten hellenistischen. Kombiniert mit den besonderen Fertigkeiten der Römer – dem Bogen- und Gewölbebau sowie solidem Mauerwerk aus Ziegelsteinen und Beton – wird daraus ein neuer Architekturstil für monumentale Großbauten wie das Kolosseum, das Pantheon und die römischen Thermen.

✔ Die griechischen Mythen werden auf die römischen Götter übertragen. Allerdings wissen die Römer trotzdem weiter zwischen Mythos und ernsthafter Religion zu unterscheiden, also etwa zwischen dem notorischen Schürzenjäger Jupiter und dem obersten Staatsgott.

✔ Gebildete griechische Sklaven werden als Hauslehrer, Ärzte et cetera eingesetzt.

Doch mit dem Sieg über Griechenland handeln sich die Römer auch ganz neue Probleme ein. Darum wird es im nächsten Kapitel gehen.

Spartacus & Co.

Rom ist berüchtigt für seine *Sklavenhaltung*, die wohl gut ein Drittel der Bevölkerung ausmachte. Doch Sklaverei gab es in nahezu allen alten Hochkulturen – auch im besiegten Griechenland. Und im Gegensatz zu den griechischen Sklaven bekamen die römischen nach der Freilassung das volle römische Bürgerrecht.

Für Hausklaven war eine Freilassung gar nicht so selten, Feldsklaven dagegen und solche, die in Bergwerken oder im Straßenbau eingesetzt wurden, mussten sich oft zu Tode arbeiten. Ebenso jene Gladiatoren, die es nicht schafften, zu gefeierten Stars der Arena zu werden. Entsprechend wurden alle Sklavenaufstände auch von Feldsklaven getragen. Auch dem entflohenen *Gladiator Spartacus* schlossen sich 73 v. Chr. vor allem Feldsklaven und verarmte Freie an.

Offiziell waren Sklaven Kriegsgefangene oder deren Nachkommen – allein in den Punischen und Griechischen Kriegen sollen rund 700 000 Gefangene gemacht worden sein. Aber Piraten lieferten ständig auch illegalen Nachschub für die Sklavenmärkte. Auf der Insel Delos sollen manchmal 10 000 Menschen am Tag verkauft worden sein. Die traditionelle Schuldsklaverei dagegen wurde im 2. Jahrhundert v. Chr. abgeschafft.

> **IN DIESEM KAPITEL**
>
> Die Römerzeit (2. Jahrhundert v. Chr. bis 5. Jahrhundert n. Chr.)
>
> Intrigen und Skandale im Imperium Romanum
>
> Die Welt jenseits der römischen Grenzen

Kapitel 8
Rom und sonst nicht viel

Rom ist Mitte des 2. Jahrhunderts v. Chr. zur Weltmacht geworden. Doch die Siege verändern die Republik: So beginnen reiche Großgrundbesitzer und Unternehmer, die teils Zehntausende Kriegsgefangene als Sklaven beschäftigen, die Wirtschaft zu dominieren. Kleinbauern und selbstständige Gewerbetreibende sind dagegen chancenlos. Große Teile der Bevölkerung werden so arm, dass sie von staatlichen Kornlieferungen abhängig sind. Dem Staat gehen damit aber auch die Legionäre aus, da nur Bürger zum Kriegsdienst eingezogen werden dürfen, die ihre Ausrüstung selbst bezahlen können. Gleichzeitig wird die Statthalterschaft über eine reiche Provinz zum begehrtesten Ziel vieler Politiker. Damit können sie so mächtig werden, dass sie die Republik bedrohen.

Machtkämpfe im Weltreich

Im Jahr 133 v. Chr. fordert *Tiberius Sempronius Gracchus* eine *Agrarreform*: Großgrundbesitz, der über ein bestimmtes Maß hinausgeht, soll enteignet und an landlose Proletarier verteilt werden. Gracchus ist *Volkstribun*, kommt aber selbst aus einer der angesehensten Adelsfamilien und ist ein Enkel des Hannibal-Bezwingers *Scipio Africanus*. Trotzdem wird er – nachdem er in seinem Bestreben, die Reform gegen eine Mehrheit im Senat durchzusetzen, mehrere Verfassungsbrüche begangen hat – in einem inszenierten Pogrom mit vielen seiner Anhänger erschlagen. Zwölf Jahre später erleidet sein Bruder *Gaius* das gleiche Schicksal.

Ob die angestrebte Reform wirklich zielführend gewesen wäre und die römischen Proletarier gewillt, Kleinbauern zu werden, oder ob sich die Gracchen um der eigenen Karriere willen des Volkes bedienten, ist umstritten. Auf jeden Fall hinterlassen die Ereignisse ein gespaltenes Rom: Auf der einen Seite stehen die *Optimaten*, die die politische Macht vor allem beim Senat und in den Händen des Adels sehen wollen, auf der anderen die *Popularen*, die sich auf die Volksversammlung stützen.

Der Bürgerkrieg zwischen Marius und Sulla

Um 120 v. Chr. verlassen die germanischen Stämme der *Kimbern, Teutonen* und *Ambronen* ihre Heimat in Jütland – wohl aufgrund von Klimaverschlechterungen – und ziehen nach Süden. Auf der Suche nach neuem Siedlungsland schlagen sie mehrfach römische Heere.

Parallel dazu ziehen die römischen Truppen immer wieder den Kürzeren gegen einen gewissen *Jugurtha*, der in *Numidien* – einem römischen Vasallenkönigreich im heutigen Algerien – gewaltsam die Macht an sich gerissen hat.

Im Jahr 107 v. Chr. übernimmt der neu gewählte römische Konsul *Gaius Marius* den Oberbefehl über die Truppen. Er rekrutiert Tausende Freiwillige, verspricht ihnen als Versorgung nach Ende ihrer 16-jährigen Dienstzeit ein Stück Land und kann mit seinem Heer erst Jugurtha, dann die Kimbern und Teutonen schlagen. Damit macht Marius den entscheidenden Schritt, das römische Militär von einer Bürgermiliz in eine *Berufsarmee* zu verwandeln. Die Reform macht das römische Militär noch stärker. Sie bringt jedoch auch ein neues Problem mit sich. Die möglichst gute Versorgung »ihrer« Truppen durchzusetzen, wird in der Folge eine Sache der Heerführer, weshalb die Loyalität der Soldaten auch in erster Linie ihnen und nicht dem Staat gilt. Die römischen Legionen werden so zu einer mächtigen Waffe in der Hand ehrgeiziger Feldherren.

Mit den Reformen des Marius wird auch das Militär von dem *Klientensystem* erfasst, das spätestens seit dem 4. Jahrhundert v. Chr. fest in der römischen Gesellschaft verankert ist. Mitglieder der Oberschicht unterstützen weniger wohlhabende Bürger finanziell, aber auch in Rechtsfragen, oder lassen ihre Beziehungen für sie spielen. So scharen sie eine treu ergebene Anhängerschaft um sich, die sie bei öffentlichen Auftritten begleitet, Wahlwerbung für sie macht und andere Dienste erledigt.

Außerdem hat sich Marius einen Feind gemacht: Sein Untergebener, der rund 20 Jahre jüngere Adelssprössling *Lucius Cornelius Sulla*, hat durch Verhandlungen mit dem König von Mauretanien (dem heutigen Marokko) die Auslieferung des geflohenen Jugurtha erreicht und sieht seinen Anteil am Triumph nicht ausreichend gewürdigt.

Im Gegensatz zu Sulla stammte Marius aus dem *Ritterstand*. Ursprünglich waren damit römische Bürger gemeint, die so reich waren, dass sie sich ein Pferd für den Krieg leisten konnten. In der Kaiserzeit wurde man mit einem Vermögen von 400 000 Sesterzen zum Ritter. Die Ritter standen aber – obwohl sie teils reicher waren – in der Rangordnung unter dem Adel und schlugen zu Marius' Zeiten noch selten eine politische Laufbahn ein.

Im Jahr 88 v. Chr. ist Sulla ein gestandener Politiker und hat in einem erbarmungslos geführten Kampf gegen aufständische italienische Völker Kriegsruhm errungen. Auf Betreiben der Optimaten bekommt er den Oberbefehl für den Krieg gegen König *Mithridates VI. von Pontos* übertragen, der die römische Provinz *Asia* zu erobern sucht und in Ephesos 80 000 römische Bürger ermordet hat. Die Popularen jedoch setzen mithilfe der Volksversammlung durch, dass der Befehl Sulla wieder entzogen und dem längst im Ruhestand lebenden Marius übertragen wird. Daraufhin lässt Sulla seine Legionen in Rom einmarschieren und zahlreiche Mitglieder der Opposition liquidieren. Marius kann fliehen, erobert Rom ein Jahr später zurück und rächt sich nicht weniger grausam an den Optimaten.

Sulla besiegt unterdessen Mithridates VI., kehrt 83. v. Chr. zurück, nimmt in einem mehrere Monate dauernden Kampf Rom ein und errichtet eine *Diktatur*. Er lässt sich als Retter des Vaterlands feiern, inszeniert aufwendige Gladiatorenspiele, lässt 4700 politische Gegner ermorden, die Überreste des verstorbenen Marius schänden und stärkt in verschiedenen Gesetzen die Position des Senats, während die Macht der Volkstribunen beschnitten wird. Nach vier Jahren sieht er sein Werk vollbracht und erklärt seinen Rücktritt als Diktator.

Die Siege Caesars

Zu den Parteigängern Sullas gehört auch ein junger Mann namens *Gnaeus Pompeius*. 67 v. Chr. gelingt ihm ein triumphaler Sieg gegen die anatolischen Piraten. Danach erobert er Pontos und die Reste des Seleukidenreichs in Syrien und macht das arabische Volk der Nabatäer, das um die Felsenstadt Petra die Handelsrouten auf die arabische Halbinsel kontrolliert, aber auch Raubzüge durchführt, zu römischen Vasallen. Der Senat, der gerade erst die von dem Anwalt *Cicero* aufgedeckte *Verschwörung des Catilina* überstanden hat, findet so viel Erfolg bedrohlich, stellt Pompeius' Entscheidungen infrage und verweigert ihm die Versorgung seiner Truppen. Anstatt klein beizugeben, schmiedet Pompeius ein informelles Bündnis, das *Triumvirat*, mit dem aufstrebenden Politiker *Gaius Iulius Caesar* und dem legendär reichen *Marcus Licinius Crassus*.

Caesar, Pompeius und die Piraten

Die ständigen Kämpfe in und um Anatolien im 2. Jahrhundert v. Chr. setzten immer wieder Söldner frei, die sich dann auf die Piraterie verlegten. Nachdem Rom lange ein Auge zugedrückt hatte – immerhin sorgten die Piraten für illegalen Sklavennachschub –, wurden die Seeräuber im 1. Jahrhundert v. Chr. zum ernsthaften Problem, da sie die Getreideversorgung bedrohten, italienische Städte überfielen und wohlhabende Bürger verschleppten. Und nicht alle Gefangenen reagierten so cool wie Caesar, der statt 20 Talenten Lösegeld satte 50 bot, dann seine Gefangenenwärter während der Wartezeit mit seinen Launen terrisierte und sie nach der Freilassung verfolgen und kreuzigen ließ. Pompeius gelang es, die Piraten in die Enge zu treiben und in einer großen Schlacht zu besiegen. Jene, die sich ergaben, nahm er entweder in seinen Sold auf oder siedelte sie in durch den Krieg entvölkerten Städten wie Adana an.

Caesar erlässt als Konsul teils mit klaren Verfassungsbrüchen die Gesetze, die Pompeius und Crassus zur Regelung ihrer Angelegenheiten brauchen. Die beiden wiederum sorgen dafür, dass Caesar nach Ende seiner Amtszeit für zehn Jahre Statthalter von *Gallien* wird, das damals aus Oberitalien, Teilen der Schweiz und Südfrankreich besteht. Caesar hätte es in Ruhe ausbeuten können, doch stattdessen unterwirft er in den sehr verlustreichen *Gallischen Kriegen* das heutige Frankreich und Belgien.

In Rom jedoch droht ihm noch immer eine Anklage wegen seiner Verfassungsbrüche. Als der Senat ihn auffordert, sein Heer zu entlassen und zurückzukommen, entschließt er sich zum Tabubruch: Er überschreitet den Fluss *Rubikon* in Norditalien, über den kein Heer geführt werden darf (eben damit die römischen Heerführer dieses nicht für ihre politischen Ambitionen in der Heimat einsetzen können), und marschiert in Rom ein. Sein einstiger Freund Pompeius, der sich inzwischen wieder mit dem Senat versöhnt hat, stellt in Griechenland ein Heer gegen Caesar auf. Er erleidet jedoch eine verheerende Niederlage und flieht nach Ägypten, wo ihn König Ptolemaios XIII. töten lässt. Ptolemaios will sich damit bei Caesar einschmeicheln. Doch dieser schlägt sich auf die Seite von Ptolemaios' Schwestergemahlin und erbitterter Gegnerin *Kleopatra*.

Das *ptolemäische Ägypten* war damals nur noch ein Schatten seiner selbst. Es stand bei Rom mit 17 Millionen Denar in der Kreide und war nur deshalb noch nicht zur römischen Provinz gemacht worden, weil es als Kornkammer Roms über enorme Ressourcen verfügte, die man nicht in die Hand eines Statthalters fallen lassen wollte, der dann zu reich und mächtig hätte werden können.

45 v. Chr. hat Caesar endgültig alle Kämpfe gegen gegnerische Truppen in den römischen Provinzen gewonnen und widmet sich als Diktator in Rom einem umfangreichen Reformwerk, wie etwa der längst fälligen Überarbeitung von Gesetzen, der Trockenlegung der Pontinischen Sümpfe, der Einführung des nach ihm benannten *Julianischen Kalenders* sowie repräsentativen Bauvorhaben.

Am 15. März 44 v. Chr. wird er von seinen politischen Gegnern rund um *Marcus Iunius Brutus* erstochen.

Caesar und Cicero

Obwohl ihre Beliebtheit bei Lateinlehrern sie zu einer Art Paar zusammenschweißt, waren der Politiker Gaius Iulius Caesar und der sechs Jahre ältere Anwalt und Gelehrte Marcus Tullius Cicero politische Gegner.

Cicero wollte die römische Verfassung bewahren und schlug deshalb Caesars Angebot aus, dem Triumvirat beizutreten. In der Folge lobte er zwar immer wieder dessen politische Leistungen und auch die Milde *(clementia)*, die Caesar gegenüber besiegten Gegnern walten ließ, bekämpfte aber dessen Alleinherrschaft. Als Caesar anfing, eigene Statuen auf dem Kapitol aufzustellen, schlug Ciceros Gegnerschaft in offene Feindschaft um. Nach Caesars Tod versuchte er das Volk gegen Marcus Antonius aufzuwiegeln, wurde aber ermordet.

Der Triumph des Augustus

Eigentlich haben Caesars Mörder geglaubt, die öffentliche Stimmung für sich gewinnen zu können. Stattdessen gelingt es Caesars Gefolgsmann *Marcus Antonius*, mit gefälschten Verfügungen und einer leidenschaftlichen Trauerrede das Volk derart für den Ermordeten einzunehmen, dass die Mörder aus der Stadt fliehen. Sie haben jedoch eine Machtbasis in den Provinzen, die sie aktivieren können. Antonius dagegen wird von Caesars 18-jährigem

KAPITEL 8 Rom und sonst nicht viel 119

Großneffen und erklärten Erben *Gaius Octavius* genötigt, die Macht mit ihm zu teilen. Die beiden lassen sich von der Volksversammlung diktatorische Sonderrechte für fünf Jahre erteilen und erstellen danach *Proskriptionslisten* mit den Namen von 2300 politischen Gegnern, die somit für vogelfrei erklärt werden. Anschließend ziehen sie das Vermögen der Ermordeten ein, um ihren Feldzug gegen die Caesarmörder zu finanzieren. 42 v. Chr. besiegen sie bei Philippi in Makedonien Brutus und seinen Mitverschwörer Cassius. Anschließend teilen sie die Macht auf: Octavius bekommt die westlichen, Antonius die östlichen Provinzen.

Antonius lässt sich von Kleopatra verführen – Rom quillt über von Gerüchten über ihr ausschweifendes Liebesleben. Ob er aber wirklich den drei gemeinsamen Kindern römische Provinzen geschenkt hat, ist umstritten. Nichtsdestotrotz rechtfertigt Octavius damit seinen Krieg gegen das Liebespaar. 31 v. Chr. siegt er in der *Seeschlacht bei Actium,* Antonius und Kleopatra bringen sich um und Ägypten wird römische Provinz.

Octavius lässt sich als Retter der Republik feiern, ordnet die Verhältnisse aber nach seinem Gutdünken, indem er unliebsame Mitglieder unter einem Vorwand aus dem Senat ausschließen lässt und diesen dann mit Männern seiner Wahl füllt. Diesem Senat gibt er am 13. Januar 27 v. Chr. alle Gewalt demonstrativ zurück. Drei Tagen später übertragen ihm die Senatoren die nötigen Vollmachten für eine faktische Alleinherrschaft und den Ehrentitel *Augustus (der Erhabene).*

 Dieser Staatsakt ist der Beginn dessen, was als *Römische Kaiserzeit* bezeichnet wird. Rein formal besteht die *Republik* weiter. Da sich Augustus selbst als *princeps (Erster Bürger)* bezeichnet, sprechen Historiker auch von einem *Prinzipat.*

Octavius' Weg zur Macht war extrem rücksichtslos und brutal. Seine 40-jährige Regierungszeit als Augustus bringt jedoch endlich wieder Stabilität.

✔ Obwohl er das Reich zwischen Rhein und Elbe, entlang der Donau, auf dem Balkan, in Nordspanien, Afrika und Judäa durch Eroberungen beträchtlich erweitert, wird seine Regierungszeit als friedlich empfunden. Mit den **Parthern,** dem gefährlichsten Feind, schließt er einen Waffenstillstand. **Galatien** fällt durch Aussterben des letzten Königs an Rom. Eine krachende Niederlage gibt es nur in **Germanien,** als der Cheruskerfürst **Arminius** drei römische Legionen vernichten kann.

✔ **Verwaltung** und **Steuersystem** werden reformiert und der Ausbeutung der Provinzen durch die Statthalter ein Riegel vorgeschoben, was auch die wirtschaftliche Gesamtsituation bessert.

✔ Der von Caesar begonnene **Umbau Roms** in »eine Stadt aus Marmor« wird fortgeführt. Unter anderem entstehen das Caesar- und das Augustus-Forum als Erweiterung des **Forum Romanum,** die beide nicht erhalten sind, sowie ein **Friedensaltar (Ara Pacis)** auf dem Marsfeld.

✔ Es gibt **großzügige Zuwendungen** für das Volk, bei dem Augustus seinen größten Rückhalt hat.

✔ Die **Infrastruktur** wird ausgebaut, unter anderem durch Fernstraßen und Kurierstationen. Rom bekommt eine **Polizei** und eine **Feuerwehr,** der Kaiser eine Leibwache, die **Prätorianergarde.**

✔ Autoren wie Vergil (*Aeneis*), Horaz (*Oden, Ars poetica*), Livius (*Ab urbe condita*), Tibull (*Elegien*) und Ovid (*Metarmorphosen*), der allerdings wegen seines erotischen Gedichts *Ars amatoria* von Augustus verbannt wurde, stehen für das **Goldene Zeitalter der lateinischen Literatur.**

✔ **Traditionelle Werte** der Republik werden betont.

Es begab sich aber zu der Zeit ...

Laut dem Evangelium des Lukas ordnet Kaiser Augustus eine *Volkszählung* an, die dazu führt, dass der christliche Religionsgründer *Jesus* in Bethlehem geboren wird, obwohl seine Eltern in Nazareth lebten. Zur Zeit von Jesu Geburt – vermutlich ein paar Jahre vor dem Jahr 0 – herrschte Augustus aber noch gar nicht über Judäa.

Nach der Eroberung durch Pompeius im Jahr 63 v. Chr. wird das Land ein von Rom abhängiges Klientelkönigreich. Seit 30 v. Chr. regiert dort *Herodes der Große*. Der ist zwar ein Despot und beim Volk verhasst, da er kein Israelit (aber Jude) ist, aber er agiert relativ autonom, stärkt Wirtschaft und Verwaltung, lässt den Tempel prächtig umbauen und errichtet außerdem die Festung *Masada*, die Palastfestung *Herodium* und die Hafenstadt *Caesarea Maritima*.

Sein Sohn und Nachfolger *Herodes Archelaos* ist jedoch ebenso brutal wie unfähig. Im Jahr 6 n. Chr. macht Augustus dessen Herrschaft ein Ende und schlägt Judäa der Provinz Syrien zu, deren Statthalter der im Evangelium erwähnte *Quirinius* wird.

Die Herrschaft der Cäsaren

Die Nachfolger von Kaiser Augustus gehören zu den berüchtigtsten Herrschern der Weltgeschichte. Vor allem die Namen *Caligula* und *Nero* sind ein Synonym für Grausamkeit und den sprichwörtlichen Cäsarenwahn. Trotzdem nehmen Größe und Bedeutung des Römischen Reichs anfangs stetig zu. Denn während Pompeius, Caesar, Antonius und Octavius ihre Machtkämpfe mit großen Heeren in den Provinzen ausgetragen haben, erschüttert das Treiben ihrer Nachfolger in erster Linie die Stadt Rom.

Die römischen Kaiser werden allgemein als Cäsaren bezeichnet. Ihr eigentlicher Herrschertitel jedoch war »Augustus«. Den Namen »Caesar« (lateinische Schreibweise) nahm Augustus nach der Adoption durch seinen Großonkel Gaius Iulius Caesar an. Seine Nachkommen führten ihn als Familiennamen. Spätere Kaiser benutzten »Caesar« jedoch als Titel oder verliehen diesen Titel ihren designierten Nachfolgern. Sowohl die Titel Kaiser wie Zar leiten sich davon ab.

Sex & Crime: Die Ära der Skandalkaiser

✔ **Tiberius (42 v. Chr. – 37 n. Chr.):** Der Stiefsohn des Augustus und sein Bruder Drusus sind als Militärführer für einen Gutteil der Eroberungen unter Augustus verantwortlich. Augustus löst Tiberius' glückliche Ehe auf und zwingt ihn, seine Tochter Iulia zu heiraten.

Im Jahr 14 n. Chr., also im Alter von 56 Jahren, wird Tiberius Kaiser. Er regiert zurückhaltend. Es gibt keine großen Bauprojekte und praktisch keine Militäraktionen außer der Niederschlagung von Aufständen. Obwohl er bei Notlagen, wie etwa Überschwemmungen oder Hungersnöten, sehr großzügig reagiert, beträgt der Staatsschatz am Ende 2,7 Milliarden Sesterzen.

Tiberius steht von Anfang an im Schatten seines beliebten Neffen **Germanicus** und wird notorisch verdächtigt, für dessen frühen Tod verantwortlich zu sein. Mit der Zeit wird der Kaiser immer menschenscheuer, die Prozesse wegen Majestätsbeleidigung nehmen zu und im Jahr 26 zieht er sich nach Capri zurück, während Rom von **Seianus**, dem Präfekten seiner Leibgarde, terrorisiert wird. Auf Capri soll sich Tiberius dann vor allem dem sexuellen Missbrauch von Frauen und Jungen hingegeben haben. Auch sonst machen antike Historiker wie **Tacitus** oder Sueton ein ziemliches Ungeheuer aus ihm – was von der Wissenschaft angezweifelt wird.

✔ **Caligula (12 n. Chr. – 41 n. Chr.):** Der Sohn des Germanicus dürfte bereits traumatisiert auf den Thron gekommen sein, da seine Mutter und seine beiden älteren Brüder dem Terror des Seianus zum Opfer gefallen sind. Caligula gibt sich zunächst großzügig, senkt die Steuern und hebt Erlasse des Tiberius auf. Bald jedoch legt er ein bizarres Verhalten an den Tag und lässt Dutzende von Senatoren des Hochverrats anklagen, trotz deren Immunität foltern und teils grausam hinrichten. Außerdem lebt er extrem verschwen-derisch, veranstaltet opulente Spiele, finanziert kostspielige Bauprojekte und lässt in allen Provinzen Kunstschätze rauben. Im Jahr 40 lasst er König **Ptolemaios von Mauretanien** (einen Enkel von Antonius und Kleopatra) ermorden und macht dessen Land zur römischen Provinz. Zwei Militärexpeditionen nach Germanien und Britannien enden dagegen erfolglos. Schließlich bringt ihn die Prätorianergarde um.

✔ **Claudius (10 v. Chr.–54 n. Chr.):** Vermutlich überlebt der jüngere Bruder des Germanicus die zahlreichen Säuberungen im Kaiserhaus wegen körperlicher Gebrechen (Stottern, Zittern, Lähmungen, Schwerhörigkeit). Er betätigt sich als Wissenschaftler und verfasst unter anderem eine verschollene 43-bändige Geschichte über die Herrschaft des Augustus.

Nach Caligulas Tod wird er als einziger erwachsener Mann des Kaiserhauses von der Prätorianergarde als neuer Herrscher proklamiert. Die Senatoren, von denen viele gerne zur Republik zurückgekehrt wären, stehen ihm überwiegend feindlich gegenüber und es gibt zahlreiche Verschwörungen, obwohl er Zugeständnisse macht. Sein Regierungshandeln ist teils durchaus erfolgreich. So veranlasst er zum Beispiel Infrastrukturprojekte, erobert den Süden Britanniens und macht aus Thrakien nach inneren Unruhen eine römische Provinz. Viele seiner Erlasse sind jedoch auch seltsam oder gut gemeint, aber unpraktikabel. Er soll von seiner vierten Frau **Agrippina,** einer Schwester Caligulas, vergiftet worden sein.

- **Nero (37 n. Chr. – 68 n. Chr.):** Der Sohn der Agrippina und Schüler des Philosophen Seneca kommt anfangs dem Senat entgegen, kann einen Angriff der Parther auf Armenien abwehren und nimmt das Volk mit Getreideverteilungen und Spielen wie den **Neronia** (nach griechischem Vorbild ohne blutige Gladiatorenkämpfe) für sich ein. Allerdings soll er auch seine Frau **Octavia**, die Tochter des Claudius, deren Bruder **Britannicus** sowie seine Mutter ermordet haben.

  Spätestens nach dem **Großen Brand**, der im Juli des Jahres 64 drei Stadtteile Roms vernichtet, kippt seine Herrschaft. Während die Bevölkerung ihn als Brandstifter bezichtigt, obwohl er gar nicht in der Stadt war, beschuldigt er die Christen und lässt sie in der Arena wilden Tieren vorwerfen, verbrennen und kreuzigen. Für den Wiederaufbau plündert er dann unzählige Tempel. In der Folge kommt es zu echten und vermeintlichen Verschwörungen und entsprechenden Säuberungen, denen auch sein Lehrer Seneca und Gnaeus Domitius Corbulo, der Feldherr, der die Parther geschlagen hat, zum Opfer fallen.

Doch selbst ein Nero ist an stabilen Verhältnissen in den Provinzen interessiert. Das Ideal ist seit der Zeit des Augustus die *Pax Romana* (Römischer Friede). Allgemeine Rechtssicherheit und freier Handel sollen auch den unterworfenen Völkern Frieden und Wohlstand bringen, sodass sie keinerlei Interesse haben, wieder zu einem primitiveren Leben zurückzukehren. Eine große Rolle spielen dabei die Soldaten der Hilfstruppen. In den Provinzen rekrutiert, erhalten sie eine römische Ausbildung, werden anderswo eingesetzt, aber nach Ende ihrer Dienstzeit wieder in ihrer Heimat angesiedelt. Auch der Bau von Infrastruktur und Städten mit Thermen, Theatern und Arenen trägt viel zur *Romanisierung* bei. Kommt es jedoch zu Aufständen, werden diese mit aller Brutalität unterdrückt, auch wenn die Schuld für den Ausbruch auf römischer Seite liegt.

- So möchte der römische Prokurator in Britannien nach dem Tod des Klientelkönigs der Icener im Jahr 60 dessen Stammesgebiet zur Provinz machen. Als Königin **Boudica** das Erbe für ihre Töchter reklamiert, lässt er sie auspeitschen und die Töchter vergewaltigen. Daraufhin entfesselt Boudica einen Aufstand, der mehrere Städte, darunter London und Colchester, vernichtet und geschätzt 70 000 Römern das Leben kostet. Nero lässt den Aufstand niederschlagen, löst aber anschließend den siegreichen Feldherrn ab, da dieser mit seinen brutalen Strafaktionen für neue Unruhe sorgt.

- In Judäa lässt der als grausam und habgierig geschilderte Prokurator **Gessius Florus** im Jahr 66 den Tempelschatz plündern. Der Protest weitet sich zum **Jüdischen Krieg** aus, in dem die römischen Armeen anfangs mehrere Niederlagen hinnehmen müssen. Schließlich schickt Nero den späteren Kaiser **Vespasian** und dessen Sohn **Titus** mit einem gewaltigen Aufgebot von rund 60 000 Soldaten nach Judäa. Der Krieg, der im Jahr 70 mit einem Sieg des Titus endet, soll über einer Million Juden das Leben gekostet haben und führte zur Zerstörung des Tempels von Jerusalem.

Auf der Höhe der Macht: Die Epoche der Adoptivkaiser

Im Jahr 68 erreicht die Unzufriedenheit mit Nero die Provinzen. Die Truppenkommandeure rebellieren und ernennen *Galba*, den Statthalter von Spanien, zum nächsten Kaiser. In die Enge getrieben bringt Nero sich um. Es folgen eineinhalb Jahre Chaos, in denen sich

KAPITEL 8 Rom und sonst nicht viel 123

nacheinander die von verschiedenen Truppenteilen zum Kaiser ausgerufenen Feldherren Galba, Otho, Vitellius und Vespasian bekriegen.

Titus Flavius Vespasianus ist zu diesem Zeitpunkt 60 Jahre alt, ein bewährter Feldherr mit gutem Ruf, der sich aus den politischen Skandalen der frühen Kaiserzeit hat heraushalten können. Als Kaiser kann er das Reich wieder konsolidieren. Die antiken Autoren bescheinigen ihm zudem eine vorbildlich fleißige und gewissenhafte Amtsführung, enorme Beliebtheit beim Volk und ein skandalfreies Privatleben. Allerdings sind *Tacitus, Plinius der Jüngere* und *Flavius Josephus* auch nach Kräften von ihm gefördert worden. Außerdem überlässt Vespasian die Drecksarbeit gerne der Prätorianergarde, die von seinem Sohn Titus befehligt wird.

Vespasian haftet der Ruf an, extrem geizig gewesen zu sein, da er unter dem Motto »*Pecunia non olet*« *(Geld stinkt nicht)* sogar den Urin aus öffentlichen Latrinen, der von Gerbern benutzt wurde, besteuerte. Allerdings hatte Vespasian auch Neros gewaltige Schulden abzubauen, was ihm sehr gut und ohne illegale Konfiskationen gelang, die bei vielen seiner Vorgänger üblich waren. Außerdem tätigte er gewaltige öffentliche Investitionen im Bausektor und ist unter anderem für den Bau des *Kolosseums* verantwortlich, aber auch für unzählige Infrastrukturmaßnahmen in den römischen Provinzen.

Aus Titus, dem erbarmungslosen Prätorianerpräfekten und Sieger im Jüdischen Krieg, wird nach dem Tod Vespasians im Jahr 79 ein von allen Autoren gerühmter Kaiser, der das Konsolidierungswerk seines Vaters fortsetzen kann.

Doch er stirbt bereits nach zwei Jahren. Sein Bruder und Nachfolger *Domitian* legt sich mit dem Senat an und bringt mehrere Verwandte um, weshalb er schließlich von einem Vertrauten seiner Nichte ermordet wird. Er konsolidiert aber die Verhältnisse in Germanien durch einige strategische Eroberungen mit anschließendem Bau des *Limes*, erobert Britannien bis zum späteren Hadrianswall und schlägt an der Donau Angriffe der Daker und der skythischen Sauromaten zurück.

Sein Nachfolger, ein 66-jähriger, kinderloser Politiker namens *Nerva*, wird ausnahmsweise wieder vom Senat bestimmt und regiert zwei Jahre zur allgemeinen Zufriedenheit.

Nur die Prätorianergarde fühlt sich von Nerva zu wenig gehätschelt und zwingt ihn, den beliebten Heerführer *Trajan* als Nachfolger zu adoptieren. Da auch Trajan und seine Nachfolger kinderlos sind, ergibt sich eher zufällig ein Adoptivkaisersystem, das im Nachhinein zu einer »Auswahl der Besten« verklärt wird.

✔ **Trajan (53 n. Chr. – 117 n. Chr.)** verschafft dem Römischen Reich durch die Eroberung des Dakerreichs (im heutigen Rumänien), des arabischen Nabatäerreichs um Petra, Mesopotamiens und Armeniens seine größte Ausdehnung, ist aber auch ein fähiger Verwalter. Obwohl er viel für die Romanisierung der Provinzen tut, propagiert er auch eine Stärkung Italiens. Von seinen zahlreichen Prachtbauten sind nur die **Trajanssäule,** die seinen Sieg über die Daker feiert, und Teile des **Trajansmarkts,** einer antiken Shopping-Mall, erhalten.

✔ **Hadrian (76 n. Chr. – 138 n. Chr.)** gibt Mesopotamien im Gegenzug für einen Friedensschluss an die Parther zurück. Außerdem unternimmt er zahlreiche Inspektionsreisen, die der Stabilisierung der Provinzen, aber auch seinem persönlichen kulturellen Interesse dienen. Er liebt und fördert die griechische Kultur, lässt das

Pantheon in Rom mit der bis in die Neuzeit größten Kuppel der Welt, die als Mausoleum gedachte **Engelsburg** und die **Hadriansvilla** bei Tivoli bauen. Der Kult um seinen schönen, früh verstorbenen Geliebten **Antinoos** wird teils Mode, teils angefeindet.

Im Jahr 132 kommt es in Judäa zum *Bar-Kochba-Aufstand*. Ob er durch eine konkrete Maßnahme Hadrians ausgelöst wurde, ist umstritten. Auf jeden Fall reagiert der Kaiser mit der Auslöschung des jüdischen Lebens. Städte und Dörfer werden zerstört, Bewohner in die Sklaverei verkauft, Kultgegenstände verbrannt, die Tora und der jüdische Kalender verboten. Judäa benennt Hadrian nach den alten Feinden der Juden, den Philistern, in *Palästina* um und aus Jerusalem wird die für Juden verbotene Stadt *Aelia Capitolina* mit einem Jupitertempel auf dem Tempelberg.

✔ **Antoninus Pius (68 n. Chr. – 161 n. Chr.)** ist kaum bekannt, weil während seiner Regierungszeit abgesehen von kleineren Konflikten in den Provinzen nichts schiefgeht. Allerdings rächt es sich, dass er seinem Adoptivsohn keine militärische Ausbildung hat zukommen lassen.

✔ **Marcus Aurelius (121 n. Chr. – 180 n. Chr.)** ist Stoiker, verfasst auch eigene Werke und gilt deshalb als »Philosophenkaiser«. Entscheidender für die Weltgeschichte ist jedoch, dass seine Regierungszeit mit einem Krieg gegen die Parther beginnt. Welche Seite ihn begonnen hat, ist unklar, aber die römischen Soldaten bringen aus Mesopotamien die **Antoninische Pest** mit, die vermutlich eher eine besonders tödliche Pockenepidemie ist. Sie breitet sich in fast allen Provinzen des Reichs aus und kostet schätzungsweise 7 bis 10 Millionen Menschen das Leben. In Rom sollen zeitweise 2000 Menschen pro Tag gestorben sein. Vermutlich ist dies – zusammen mit dem fehlenden militärischen Geschick des Kaisers – eine Ursache dafür, dass Einfälle der germanischen Markomannen und Quaden sowie der skythischen Sauromaten in die Donauprovinzen nur unzureichend zurückgeschlagen werden können.

Das Reich in der Krise: Die Zeit der Soldatenkaiser

Mit Marcus Aurelius´ Sohn *Commodus* beginnt nach allgemeiner Auffassung der *Niedergang des Römischen Reichs*. Er erbt die Probleme seines Vaters mit den Markomannen, legt sich aber auch mit dem Senat an. Das Ganze führt wieder zu »Säuberungen« der römischen Elite und schließlich zur Ermordung des Kaisers. Es folgen blutige Thronkämpfe, eine kurzzeitige Stabilisierung unter *Septimius Severus* (reg. 193–211) und eine weitere Schreckensherrschaft unter dessen Sohn *Caracalla* (reg. 211–217).

Die *Caracalla-Thermen* sind die am besten erhaltenen von Rom. Doch viele Kaiser errichteten solch gigantische und äußerst luxuriöse Wellness-Tempel. Die des Trajan und des Diokletian waren sogar noch größer als die des Caracalla. An die Bäder angeschlossen waren Bibliotheken und Sportanlagen. Der Eintritt war traditionell frei, weshalb sich der Thermenbau hervorragend eignete, um die Sympathie des Volkes zu gewinnen.

KAPITEL 8 Rom und sonst nicht viel 125

Sowohl Septimius Severus als auch Caracalla stützen sich im Wesentlichen auf das Militär und stärken dessen Einfluss. Unter ihren Nachfolgern aber geht die Kontrolle über die Truppen verloren. Heeresteile rufen neue Kaiser auf, teils mehrere gleichzeitig, die dann gegeneinander in den Krieg ziehen. Dazu kommen immer wieder Angriffe der Germanen und Skythen. Im Partherreich gibt es im Jahr 224 einen Dynastiewechsel zu den *Sassaniden*, und die neuen Herrscher versuchen ihre Stellung durch militärische Offensiven zu stärken. Im Jahr 260 gerät Kaiser *Valerian* (reg. 253–260) sogar in persische Gefangenschaft. Im gleichen Jahr reißt ein gewisser *Postumus* die Herrschaft über Gallien an sich, und den Nahen Osten von Zentralanatolien bis Ägypten bringt Fürstin *Zenobia von Palmyra* unter ihre Herrschaft. Kaiser *Aurelian* (reg. 270–275) kann jedoch relativ überraschend beide Usurpatoren stürzen, bevor er von seinem Sekretär ermordet wird.

Auch *Diokletian* (reg. 284–305) ist ein Armeeführer, der von seinen Soldaten auf den Thron gehoben wird. Er kann die Reichskrise beenden. Dazu führt er erfolgreiche Heeres- und Verwaltungsreformen durch und versucht die Finanzen zu sanieren, indem er erstmals einen *Staatshaushalt* aufstellt und zahlreiche neue Steuern erfindet. Sein *Höchstpreisedikt*, das unter Androhung der Todesstrafe die Preise für Waren und Dienstleistungen im ganzen Reich festschreibt, führt allerdings zu einem Boom der Schwarzarbeit.

Um zu verhindern, dass einzelne Heeresteile ständig neue Kaiser ausrufen, führt Diokletian die *Tetrarchie (Vierkaiserherrschaft)* ein: Je ein Kaiser soll über den Ost- und den Westteil des Reichs regieren und seinen designierten Nachfolger *(Caesar)* bereits in die Regierungsgeschäfte einbeziehen. Gemeinsam, so die Hoffnung, sollten sie die Kontrolle über das ganze Reich behalten können. Tatsächlich kann er so einen Aufstand in Ägypten niederschlagen, während der Caesar für den Osten, *Galerius*, die Perser schlägt.

Diokletian ist der einzige römische Kaiser, der freiwillig abdankt. Im Jahr 305 zieht er sich in den riesigen Palast zurück, den er sich in seiner Geburtsstadt *Split* hat bauen lassen. Heute macht das Palastareal etwa die Hälfte der Altstadt aus.

Diokletian und die Christen

Diokletian ist auch wegen seiner *Christenverfolgungen* bekannt. Tatsächlich beschließt er im Jahr 303, das Christentum endgültig zu zerschlagen. Gottesdienste werden verboten, Kirchen zerstört, christliche Schriften verbrannt und alle, die sich weigern, dem Staatskult zu opfern, sollen getötet werden. Das galt im Prinzip schon zuvor, doch die meisten Kaiser hatten entweder kein Interesse, Christen aufzuspüren, oder schlichtweg andere Probleme. Verfolgungen gab es nur regional und zeitlich begrenzt, meist durch untergeordnete Amtsträger. Für Diokletian jedoch gehört eine Stärkung des Staatskults zum Reformprogramm, während für die Christen eine Teilnahme daran Polytheismus und damit Glaubensverrat ist.

Doch Diokletians Verfolgungen können das Christentum nicht wirklich bedrohen. Die Anzahl der Opfer wird auf etwa 5000 geschätzt, während es im Römischen Reich wahrscheinlich schon einige Millionen Christen gab, vor allem im Osten, wo die Verfolgungen auch rigoroser durchgeführt wurden.

Jenseits von Rom

Aus europäischer Sicht scheint das Römische Reich die späte Antike zu dominieren. Doch mit etwa 5 Millionen Quadratkilometern Fläche ist es selbst zur Zeit seiner größten Ausdehnung kleiner als das Perser- und Alexanderreich (5,5 beziehungsweise 5,2 Millionen Quadratkilometer). Zudem ist es auch keineswegs nur von zivilisatorisch und militärisch hoffnungslos unterlegenen Barbarenvölkern umgeben. Vor allem sind da das Partherreich in Zentralasien und das chinesische Kaiserreich. Während mit den Chinesen erste Kontakte aufgenommen werden, sind die Parther ein ernst zu nehmender Gegner für die römischen Legionen.

Parther und Sassaniden

Die Parther stammen von iranischen Nomaden ab, die um 250 v. Chr. das Seleukidenreich angegriffen und die Satrapie *Parthien* erobert haben, nach der sie künftig benannt werden. Während die Seleukiden im Westen in immer mehr Kämpfe, am Ende auch gegen Rom, verstrickt sind, bringen die Parther das iranische Hochland und 141 v. Chr. auch das wirtschaftlich immer noch sehr bedeutsame Mesopotamien unter ihre Kontrolle. 69 v. Chr. kämpfen Römer und Parther dann gemeinsam gegen den armenischen König *Tigranes II.* und vereinbaren den Euphrat als Grenze zwischen ihren Reichen.

Armenien hat 188 v. Chr. seine Unabhängigkeit vom Seleukidenreich erkämpft. Tigranes II. (95–55 v. Chr.) erobert auch noch die Reste des Seleukidenreichs in Syrien und nennt sich *Schahanschah (König der Könige)*. Als er seinem Schwiegervater Mithridates VI. von Pontos, dem damaligen Hauptfeind der Römer, Asyl gewährt, bekommt er es mit dem römischen Feldherrn *Lucius Licinius Lucullus* zu tun. Lucullus besiegt ihn und macht sowohl Armenien als auch das wiederhergestellte Seleukidenreich zu römischen Klientelreichen.

Lucius Licinius Lucullus, der auch der Namensgeber für lukullische Gastmähler ist, brachte von seinem Feldzug gegen Mithridates VI. die ersten Kirschbäume von der Schwarzmeerküste nach Europa. Außerdem adaptierte er die persische Gartenkunst für seine Villen in Rom und Neapel.

55 v. Chr. greift der römische Triumvir Marcus Licinius Crassus die Parther an. Vermutlich nur um sich gegen die erfolgreichen Feldherren Caesar und Pompeius zu behaupten. Er erleidet bei *Carrhae* an der heutigen türkisch-syrischen Grenze die größte Niederlage der römischen Geschichte mit vermutlich 20 000 Gefallenen inklusive seiner selbst. Danach ist es für Rom Ehrensache, die Scharte auszuwetzen und die verlorenen Legionsadler wiederzuholen – auch wenn zuvor niemand außer Crassus Interesse an einem neuen *Partherkrieg* gehabt hat.

36 v. Chr. unternimmt Marcus Antonius einen desaströsen Feldzug. Nachdem er den armenischen König wegen Unzuverlässigkeit hat umbringen lassen, verbündet sich dessen Sohn mit den Parthern und Armenien zerfällt in eine römische und eine parthische Partei. Augustus erlangt dann gegen eine erneute Anerkennung der Euphratgrenze die Herausgabe der Legionszeichen, aber schon unter Tiberius führen die Versuche der Parther, eigene Kandidaten auf den armenischen Thron zu setzen, zu neuen Angriffen Roms.

Während der diversen Partherkriege können die Römer zwar mehrmals die Hauptstadt *Ktesiphon* (nahe des heutigen Bagdad) plündern, weil die Parther, die kein stehendes Heer haben, immer erst ihre Soldaten zusammenziehen müssen. Doch danach gelingt es ihnen nie, sich gegen das parthische Heer zu behaupten, vor allem nicht gegen die parthischen Bogenschützen, die in ihren Steigbügeln stehend in vollem Galopp nach allen Seiten – auch nach hinten! – zielen und so unter optimaler Ausnutzung des Geländes einen Kampf aus der Distanz führen können.

Sehr fasziniert sind die Römer von den glänzenden Kriegsbannern der Parther aus chinesischer Seide und von den reißfesten Seidenhemden, die sogar Pfeilspitzen widerstehen. Dazu tragen natürlich auch die Parther Hosen. Wenn es jedoch nicht um Kleidung geht, steht bei der Oberschicht die griechisch-hellenistische Kultur hoch im Kurs.

Im 2. Jahrhundert n. Chr. wird das Partherreich dann zunehmend von inneren Unruhen und Bürgerkriegen erschüttert. Dazu kommen Grenzkonflikte mit skythischen Völkern. Im Jahr 197 kann Kaiser Septimius Severus die Parther bis an den Tigris zurückdrängen. Im Jahr 224 rebelliert dann der parthische Fürst *Ardaschir* und macht sich zum neuen Herrscher. Für die Historiker ist das der Beginn des *Neupersischen Reichs* und der *Sassaniden-Dynastie*. Kulturell ändert sich jedoch nichts und auch der Konflikt mit Rom vererbt sich von der alten zur neuen Herrscherdynastie.

Die skythisch-hellenistische Welt

Jenseits des Partherreichs, das in etwa an der heutigen iranischen Ostgrenze endet, findet damals ein spannendes Aufeinandertreffen der Kulturen statt. Um 255 v. Chr. hat hier ein seleukidischer Satrap namens *Diodotos* das *Griechisch-Baktrische Königreich* gegründet. Durch die Missionare des indischen Königs Ashoka (siehe Kapitel 7) entsteht eine hellenistische Version des Buddhismus, der *Graeco-Buddhismus*. Um 140 v. Chr. erobern dann Reiternomaden einen großen Teil dieses Reichs und gründen das *Reich von Kuschan*.

Diese Nomaden werden in chinesischen Quellen *Yuezhi* genannt. Darüber, welchem Volk aus westlichen Quellen sie entsprechen könnten, wird noch gerätselt. Möglicherweise den Tocharern (siehe Kapitel 6) oder den Massageten (siehe Kapitel 7). Oder beiden zusammen, denn die Tocharer könnten durchaus Abkömmlinge der Massageten gewesen sein.

Unter *Kanischka I.*, der etwa ab dem Jahr 100 n. Chr. regiert, erstreckt sich das Reich von Kuschan über die heutigen Staaten Süd-Turkmenistan, Tadschikistan, Afghanistan, Pakistan und Nordindien. Kanischka I. hält das *4. Buddhistische Konzil* ab und baut bei seiner Residenz nahe Peschawar ein buddhistisches Heiligtum *(Stupa)*, doch in seinem Reich werden auch griechische, zoroastrische und hinduistische Götter verehrt. Auch in der Kunst mischen sich hellenistische, iranische und griechische Einflüsse.

Die Kuschan-Herrscher unterhalten diplomatische Kontakte mit dem Römischen Reich, den Parthern beziehungsweise Sassaniden, China und dem afrikanischen Reich von Aksum. Über das Industal schaffen sie eine Verbindung der *Seidenstraße* zu den Seehandelsrouten zwischen Arabien und Indien, die vor allem für die Römer bedeutend sind.

Während Kaiser Augustus' Herrschaft kamen insgesamt drei Gesandtschaften aus dem tamilischen *Pandyareich* in Südindien nach Rom. Die Pandya-Könige sollen gefürchtete römische Leibwächter gehabt haben. Der Gelehrte *Plinius der Ältere* (24–79 n. Chr.) behauptet, Rom habe Waren im Wert von 50 Millionen Sesterzen aus Indien importiert, vor allem Perlen, aber auch andere Luxusartikel wie Pfeffer oder lebende Pfauen. Der Seehandel mit Indien war allerdings jahreszeitenabhängig. Im Hochsommer segelten die Schiffe unter Ausnutzung der günstigen Monsunwinde von Afrika oder Arabien an die indische Westküste. Zurückkehren konnten sie erst im nächsten Februar.

Im 3. Jahrhundert wird der westliche Teil von Kuschan von den persischen Sassaniden unterworfen, der östliche wird im 4. Jahrhundert Teil eines neuen indischen Großreichs, des *Guptareichs*. Den Nordosten im heutigen Tadschikistan schließlich erobern im 5. Jahrhundert Reiternomaden, die in der Geschichtswissenschaft als »iranische Hunnen« bezeichnet werden, weil sie wohl zumindest teilweise indoeuropäischen Ursprungs waren.

Das chinesische Kaiserreich

In China endet 221 v. Chr. die Epoche der »Streitenden Reiche«, denn Fürst *Ying Zheng* von Qin, dem größten und am besten organisierten Staat, hat nacheinander die sechs anderen Reiche unter seine Kontrolle gebracht. Nun nennt er sich *Shihuangdi (Erster Gottkaiser)*. Sein Reich, das sich immer noch auf die Regionen nördlich des Jangtsekiang und östlich des Himalaya beschränkt, übernimmt den Namen seines Fürstentums: Qin, woraus China wird.

Shihuangdi macht aus einem Verbund von Fürstentümern ein zentralistisch regiertes Reich mit perfekter Verwaltung und mächtigem Beamtenapparat. Dabei geht er der Überlieferung nach extrem brutal vor. Hunderttausende von Zwangsarbeitern müssen im Nordwesten einen Schutzwall gegen Nomadenangriffe anlegen: der Beginn der *Chinesischen Mauer*. Andere errichten ihm ein gigantisches Grabmal, von dem bis heute nur die berühmte *Terrakotta-Armee* freigelegt ist. Da sich Shihuangdi als Begründer eines neuen Zeitalters sieht, lässt er Hunderte von Gelehrten hinrichten und die Schriften der meisten Philosophen und Historiker – selbst die des Konfuzius – verbrennen. Auch der Adel wird entmachtet und hingerichtet.

Nach dem Tod des Despoten brechen Machtkämpfe aus. Als sein Sohn 900 Arbeiter zum Tode verurteilt, weil sie aufgrund starker Regenfälle zu spät auf ihre Baustelle an der Chinesischen Mauer gekommen sind, brechen überall im Land Aufstände aus. Am Ende setzt sich der Arbeiterführer *Liu Bang*, ein Beamter aus einfachen Verhältnissen, durch und begründet 202 v. Chr. die *Han-Dynastie*. Er und seine Nachfolger bewahren und nutzen die Machtbasis, die Shihuangdi geschaffen hat, lockern aber die Zwangsherrschaft und bringen das kulturelle Erbe wieder zu Ehren. Das Lehnswesen wird endgültig zugunsten einer Zentralregierung abgeschafft.

Kaiser *Wu (Wudi)* übernimmt 141 v. Chr. ein politisch und finanziell konsolidiertes Reich und betreibt eine expansive Außenpolitik. Er erobert das heutige Südchina und Vietnam, die damals von austrisch und tibeto-birmanisch sprechenden Völkern bewohnt sind, sowie große Teile Koreas. Im Norden drängt er die kriegerischen *Xiongnu*-Nomaden in die mongolischen Steppen zurück und erobert das Tarimbecken.

KAPITEL 8 Rom und sonst nicht viel 129

Kämpfe um die Steppe

Als *Xiongnu* bezeichneten die Chinesen alle Reiternomaden der nördlichen Steppengebiete. Vermutlich handelt es sich dabei um eine Mischung aus skythischen und turk-mongolischen Völkern. Der Herrscher *Mao-tun* (reg. 209–174 v. Chr.) schmiedet eine Konföderation, die einen Großteil der heutigen Mongolei beherrscht und auch das Ordos-Plateau am Oberlauf des Gelben Flusses, das als Einfallstor nach China dient. Die chinesischen Kaiser versuchen sich mit hohen Tributzahlungen in Form von Lebensmitteln, Seide und chinesischen Prinzessinnen als Ehefrauen für die Xiongnu-Herrscher freizukaufen, was aber nur unzureichend funktioniert. 160 v. Chr. können die Xiongnu auch die rivalisierenden skythischen *Yuezhi* aus den Steppengebieten östlich des Tarimbeckens Richtung Westen vertreiben, was zur Eroberung des Griechisch-Baktrischen Reichs führt. Die Xiongnu werden vielfach als Vorfahren der *Hunnen* angesehen, was jedoch unbewiesen ist.

Unter Wudi wird auch die Seidenstraße »eröffnet«. Als Initialzündung dient die Gesandtschaft des Beamten *Zhang Quian*, den Wudi im Jahr 138 v. Chr. losschickt, um die Yuezhi wiederzufinden und als Verbündete gegen die Xiongnu zu gewinnen. Zhang Quian überquert das Pamirgebirge und stößt im heute vornehmlich usbekischen *Ferghanatal* auf ein kleines skythisch-hellenistisches Königreich namens *Dayuan*. Anschließend gelangt er nach Baktrien und sammelt dort Informationen über das Partherreich, Mesopotamien und Indien. Nach 13 Jahren kehrt er zurück, worauf Wudi weitere Expeditionen nach Westen sendet. 115 v. Chr. trifft die erste im Partherreich ein. In der Folge entsteht ein regelmäßiger Austausch zwischen China und den vernetzten Kulturen zwischen Europa und Indien. Dank einer harten Kontrolle durch den – zunehmend despotisch regierenden – Kaiser ist die Seidenstraße auch sehr sicher.

Weitere bedeutsame Neuerungen im China der Han:

✔ Wudi gründet eine **Universität für Beamtenanwärter,** die vor allem den Konfuzianismus studieren müssen, der Staatsdoktrin wird. Es bildet sich der Beamtenadel der »**1000 Familien**«.

✔ Über die Seidenstraße kommen die ersten **buddhistischen Mönche** nach China.

✔ Der **Seehandel** von der chinesischen Südküste nach Indien beginnt.

✔ Die **Nachfrage nach Luxuswaren** wie Seide und Lackwaren, die teils in staatlichen Manufakturen hergestellt werden, explodiert. Die **Jadeschnitzerei** erlebt eine neue Blüte und auch die **Porzellanherstellung** wird perfektioniert, während die Verarbeitung von Bronze fast aufgegeben wird.

✔ Um seine Eroberungspolitik zu finanzieren, errichtet Wudi **Staatsmonopole** für den Handel mit Eisen und Salz und beginnt, Land zu privatisieren.

✔ In den eroberten Gebieten wird eine aufwendige und kostspielige **Ansiedlungspolitik** betrieben, um Land urbar zu machen und die Grenzen zu sichern. Auch unterworfene Nomaden werden mit finanziellen Anreizen zu Bauern gemacht.

✔ Es werden zahlreiche **Erfindungen** gemacht, vor allem **Papier,** das im Westen erst im späten Mittelalter aufkommt.

Im Westen wird das chinesische Kaisertum zum Inbegriff von Luxus, doch das Reich selbst bekommt um die Zeitenwende massive Probleme. Der überwiegende Teil des Landes ist in der Hand von Großgrundbesitzern, die oft auch noch Manufakturen mit Sklavenarbeit betreiben und den Handel kontrollieren. Versuche des Staates, die Kleinbauern zu entlasten, schwächen den Staatshaushalt derart, dass es schwierig wird, die Kontrolle über das Reich aufrechtzuerhalten. Es kommt immer wieder zu Revolutionen.

Im Jahr 220 n. Chr. zerfällt China in drei Reiche. Zu einer Stabilisierung kommt es erst im 7. Jahrhundert unter der *Tang-Dynastie* wieder.

Das Reich von Aksum

Auch Afrika ist in den Seehandel zwischen dem Römischen Reich und Asien eingebunden. Seit etwa 600 v. Chr. verbindet der *Bubastis-Kanal* über einen Nilarm das Mittelmeer mit dem Roten Meer. Im Bereich des heutigen Äthiopien und Eritrea ist schon zuvor eine Kultur nachweisbar, die in Handelskontakt mit dem *Reich von Saba* im heutigen Jemen stand. Im 1. Jahrhundert n. Chr. entsteht dort das *Reich von Aksum.* Seine bislang noch nicht lokalisierte Hafenstadt *Argulis* ist sowohl Stützpunkt auf der Indienroute wie auch Handelshafen für Waren aus dem Inneren Afrikas, vor allem für Elfenbein.

Im 3. Jahrhundert schaffen die Könige von Aksum sich einen Stützpunkt im Nordjemen und kontrollieren so den Zugang vom Roten Meer zum Indischen Ozean. Mitte des 4. Jahrhunderts konvertiert König *Ezana* zum Christentum. Im 7. Jahrhundert erobern die Araber dann die Küstengebiete, während das Reich im äthiopischen Hochland bis ins 10. Jahrhundert fortbesteht.

 Laut der *koptischen Patriarchengeschicht*e wird das Reich von Aksum von einer heidnischen Königin namens *Bani al-Hamwiyah* erobert. Nach der Überlieferung der äthiopischen Juden war es jedoch eine jüdische Königin namens *Gudit von Simien,* die ihren Vater rächte, der im Kampf gegen die Könige von Aksum gefallen war. Sie soll danach 40 Jahre lang mit großer Grausamkeit regiert haben. Auch arabische Historiker aus dem 10. Jahrhundert berichten von der Herrschaft einer Königin in Äthiopien.

Der Zerfall des Imperiums

In Rom können Diokletian und *Konstantin der Große* dem scheinbar schon im unaufhaltsamen Verfall befindlichen Reich noch einmal für knapp 200 Jahre Stabilität verleihen, bevor der Westteil in den Umwälzungen der *Völkerwanderungszeit* untergeht. Konstantin trifft mit seiner *Legalisierung des Christentums* eine Entscheidung, die weit darüber hinaus Folgen hat.

Konstantin und das Christentum

Eigentlich ist es schon Diokletians direkter Nachfolger Kaiser *Galerius*, ein besonders eifriger Christenverfolger, der auf seinem Totenbett erkennt, dass die Verfolgungen sinnlos sind. In einem *Toleranzedikt* nennt er die Christen zwar eigenwillig und unvernünftig, erlaubt ihnen aber die Ausübung ihres Glaubens, solange sie nicht gegen die öffentliche Ordnung verstoßen.

Die Legende besagt jedoch, dass Konstantin in der Nacht vor der Entscheidungsschlacht gegen seinen Rivalen *Maxentius* – beide sind die Söhne ehemaliger Kaiser – das Christusmonogramm sieht und dazu die Weissagung hört »In hoc signo vinces« (In diesem Zeichen wirst du siegen). Er lässt das Monogramm (die beiden griechischen Buchstaben Chi und Rho) auf die Schilde seiner Soldaten malen, schlägt Maxentius an der Milvischen Brücke und erringt die Alleinherrschaft im Westen. Ein Jahr später vereinbart er mit Ostkaiser *Licinius* in Mailand, »sowohl den Christen als auch allen Menschen« freie Vollmacht zu gewähren, ihren Glauben zu haben und auszuüben, wie sie möchten.

Obwohl Konstantin, wenn überhaupt, erst auf dem Totenbett zum Christentum übertritt, benutzt er in der Folge das Christusmonogramm, greift in kirchliche Streitfragen ein, beruft im Jahr 325 ein Konzil mit 300 Bischöfen in Nicäa (heute Iznik) ein, beschenkt die christliche Kirche mit Ländereien und lässt mehrere große Kirchen bauen, etwa die *Grabeskirche* in Jerusalem und die erste *Peterskirche* in Rom. Er beruft viele Christen in hohe Staatsämter und lässt seine Söhne christlich erziehen.

Wichtige Entscheidungen des *Konzils von Nicäa* sind:

✔ Das noch heute gültige **nicäische Glaubensbekenntnis** wird formuliert.

✔ Die Berechnung des **Osterdatums** wird festgelegt.

✔ Die Lehre eines gewissen **Arius**, dass Gott und Jesus nur wesensähnlich, nicht wesensgleich sind, wird verdammt. Das führt dazu, dass in der Folgezeit ganze Völker, die dem **arianischen Christentum** anhängen, ins politische Abseits geraten.

Da die Christen bislang ihre Religion nicht öffentlich ausüben durften, musste nach dem Toleranzedikt erst einmal eine Kirchenarchitektur gefunden werden. Statt an antiken Tempeln orientierte man sich an der *Basilika*, der griechischen Königshalle, die vor allem für Gerichtssitzungen verwendet wurde. Im Jahr 708 lässt dann Kalif al-Walid in Damaskus eine byzantinische Kirche zu einer der ersten großen Moscheen, der *Umayyaden-Moschee*, umbauen. Somit prägt die Basilika die Sakralarchitektur gleich zweier Weltreligionen.

Das Christentum wird unter Konstantin noch nicht *Staatsreligion* – das geschieht erst im Jahr 391 durch *Theodosius I*. Aber es wird bevorzugt. Während es zuvor lebensgefährlich war, sich zum christlichen Glauben zu bekennen, wird ein Bekenntniswechsel nun auch für Menschen, denen die Religion nichts bedeutet, politisch opportun. Darüber geht allerdings die strikte Orientierung an der christlichen Lehre verloren. Christliche Riten treten anstelle des bisherigen Staatskults, ganz egal ob die Staatsakte mit den Evangelien vereinbar sind oder nicht.

Im Jahr 316 überwerfen sich Konstantin und Licinius und führen acht Jahre lang Krieg gegeneinander. Am Ende siegt Konstantin und lässt seinen Rivalen umbringen, obwohl er ihm Schonung versprochen hat. Mit der Alleinherrschaft verlegt er seine Residenz nach Byzanz, das er prächtig ausbauen lässt und in *Konstantinopel* umbenennt. Er treibt die Verwaltungsreformen des Diokletian weiter, bekommt durch die Einführung einer neuen Währung *(Solidus Aureus)* auch die Inflation in den Griff und verbessert die Grenzsicherung. Christliche Milde dagegen gehört nicht zu seinem Regierungsprogramm. Unter Konstantin werden brutale Körperstrafen wie das Abhacken von Gliedmaßen eingeführt und die Anwendung der Todesstrafe ausgeweitet. Außerdem lässt er seinen Sohn aus erster Ehe sowie seine zweite Frau umbringen. Damit steht er allerdings nicht allein. Sehr viele römische Kaiser ermorden gerade engste Verwandte.

Die Pilgerreise der Kaiserin Helena

Konstantins Mutter und Vertraute *Helena* soll schon im Jahr 312 Christin geworden sein. Im Jahr 326 reist sie – im Alter von 76 Jahren – ins Heilige Land und lässt den *Venustempel* entfernen, den Kaiser Hadrian über dem mutmaßlichen Grab Christi hat bauen lassen. Direkt daneben findet sie angeblich das *Kreuz Christi*, dessen Echtheit sich der Legende nach durch eine Krankenheilung zeigt. Auch an anderen mutmaßlichen Schauplätzen des biblischen Geschehens stiftet sie Kirchen, so über der *Geburtsgrotte* in Bethlehem und auf dem *Ölberg*. Auch die Auffindung des *Heiligen Rocks* von Trier und der *Gebeine der heiligen drei Könige* wird ihr zugeschrieben.

Germanen und Hunnen

Eigentlich hatten die Römer beschlossen, dass sich ein Krieg gegen die Germanen nicht lohnt, da es dabei nichts zu gewinnen gibt. So beschränken sich die Beziehungen lange Zeit weitgehend auf Handelskontakte in den Grenzkastellen und die Anwerbung germanischer Hilfstruppen. Doch im Laufe der Zeit ziehen immer mehr germanische Stämme von Norden her nach Mitteleuropa. So kommen beispielsweise *Goten* von der Weichselmündung im 3. Jahrhundert in die heutige Ukraine und auf den östlichen Balkan, *Burgunden* von der Lausitz nach Franken und *Sueben* im frühen 4. Jahrhundert aus dem heutigen Brandenburg nach Schwaben.

 Die Gründe für diese Ausbreitung sind umstritten. Früher ging man gerne von Klimaverschlechterungen und einem damit zusammenhängenden Drang nach Süden aus. Inzwischen weiß man jedoch, dass das Klima in den ersten drei bis vier Jahrhunderten nach der Zeitenwende ausgesprochen gut war. Wahrscheinlich führte das zu einer guten Ernährungssituation und zu einem Bevölkerungswachstum. Kam es dann zu einzelnen schlechten Jahren und Missernten, wurde die Ernährungslage womöglich angesichts der nicht besonders produktiven germanischen Landwirtschaft so dramatisch, dass größere Gruppen abwanderten.

Dass ganze »Völker« ihr Bündel schnürten, halten die Wissenschaftler heute für eine romantische Vorstellung aus dem 19. Jahrhundert. Die Germanen waren in Gefolgschaften organisiert und die Gruppen, die sich einem auswandernden Anführer anschlossen, wohl ziemlich heterogen.

Die Römer bekommen diese verstärkte Ansiedlung an ihren Grenzen in Form vermehrter Raubüberfälle zu spüren. Teilweise wissen sich die römischen Kaiser nur dadurch zu helfen, dass sie den germanischen Nachbarn regelmäßige Tribute zugestehen. Die Provinz Dakien wird im Jahr 271 von Kaiser Aurelian sogar ganz aufgegeben, da sie nicht mehr zu verteidigen ist.

Im Jahr 375 werden dann die *Ostgoten* auf der Krim ihrerseits von asiatischen Reiterheeren überfallen, den *Hunnen*. Obwohl die Ostgoten selbst über eine beachtliche Kavallerie verfügen, sind ihre gepanzerten Lanzenreiter den wendigen Bogenschützen nicht gewachsen.

Wer aber sind die Hunnen? Diese Frage ist extrem schwer zu beantworten. Im griechischsprachigen Raum – und der reichte damals von Osteuropa bis Indien – nannte man in dieser Zeit alle Angreifer aus der Steppe Hunnen, auch die iranischen Völker. Seitdem versuchen die Forscher, schwarze, weiße und rote Hunnen auseinanderzuklauben, meist mit begrenztem Erfolg. Die Namen der in Europa auftauchenden Reiter lassen immerhin darauf schließen, dass zumindest die Oberschicht eine turk-mongolische Sprache sprach. Dazu passen die Berichte der antiken Historiker über das Aussehen der Hunnen. Auch über die Gründe der Hunnen für ihren Zug nach Westen gibt es nur Spekulationen, die von Klimawandel über Verdrängung aus der ursprünglichen Heimat bis zu einem nomadischen Beutezug im XXL-Format reichen.

Vor den Ostgoten haben die Hunnen schon die *Alanen* überfallen, ein skythisches Volk, das in den Steppen zwischen Wolga und Don lebt. Ein großer Teil der Alanen wird dazu genötigt, sich dem Hunnenzug anzuschließen. Das Gleiche geschieht bei den Goten und danach bei den *Gepiden* im heutigen Ungarn.

Wie Grabfunde zeigen, übernehmen die Germanen unter hunnischer Herrschaft teilweise deren Gepflogenheit, Kleinkindern den Schädel so eng zu bandagieren, dass mit der Zeit ein hoher, deformierter »Turmschädel« entsteht.

Die im heutigen Rumänien ansässigen Westgoten dagegen fliehen nach Süden und erhalten von Kaiser *Valens* die Erlaubnis, sich in der römischen Provinz Thrakien anzusiedeln. Valens hat allerdings das Ausmaß der Flucht überschätzt. Die römischen Lokalbehörden sind nicht in der Lage, die Goten zu Zehntausenden über die Donau kommen, zu versorgen oder gar zu entwaffnen. Der Versuch der Römer, die Kontrolle wiederzuerlangen, führt schnell zu Kampfhandlungen und im Jahr 378 schließlich bei *Adrianopel* (heute Edirne) zu einer großen Schlacht, bei der der Kaiser und zwei Drittel seines Heeres umkommen. Erst Kaiser *Theodosius I.* kann vier Jahre später das Problem lösen, indem er die Goten als *Foederati (Verbündete)* anerkennt. Sie bekommen Siedlungsgebiete und jährlichen Tribut zu ihrer Versorgung, müssen im Gegenzug allerdings im römischen Heer dienen.

Die Überfälle der Hunnen trieben immer nur Teile der überfallenen Völker in die Flucht. Nördlich des Kaukasus lebten weiterhin Alanen, ebenso wie Goten und Alanen im Süden der Krim. Dort soll sogar noch bis ins 18. Jahrhundert hinein Krimgotisch gesprochen worden sein.

Westrom und Ostrom

Theodosius I. ist in die Geschichte eingegangen als der Kaiser, der die Olympischen Spiele verbot und das Reich teilte. Tatsächlich stabilisiert er es aber zunächst. Er löst das Problem mit den Goten, schließt Frieden mit dem persischen Sassanidenreich, wobei er auf 80 Prozent von Armenien verzichtet, und bekämpft die Korruption. Konstantinopel wird weiter ausgebaut und erlebt eine kulturelle Blütezeit. Allerdings schlägt er 394 auch eine extrem blutige Schlacht gegen einen Rivalen namens *Eugenius*. Dass er das Reich unter seinen Söhnen *Arcadius* und *Honorius* aufteilt, ist für seine Zeitgenossen nichts Besonderes, gab es doch seit der Einführung der Tetrarchie unter Diokletian oft mehrere Kaiser. Dass Theodosius' Todesjahr 395 eine endgültige Teilung bedeutet, kann noch niemand wissen.

Beide Reiche sind an ihren Grenzen ständig bedroht. Allerdings sind sowohl die Hunnen wie auch die Germanen grundsätzlich bereit, an Roms Seite zu kämpfen – wenn die Belohnung stimmt. Doch die Regierungen der beiden jungen Kaiser misstrauen einander. Als der weströmische Regent, Heermeister *Stilicho* (halb Römer, halb Vandale und mit einer Cousine der Kaiser verheiratet), die rebellierenden Westgoten unter ihrem Führer *Alarich* auf oströmisches Gebiet verfolgt, verweist die oströmische Regierung Stilicho des Landes und duldet lieber, dass die unversorgten Goten jahrelang plündernd über den Balkan und durch Griechenland ziehen, weil sie – vielleicht zu Recht – befürchtet, dass Stilicho die Regentschaft über das gesamte Reich anstrebt.

Als Stilicho dann im Jahr 408 Alarich und seine Westgoten anwerben will, um einen britannischen Gegenkaiser namens *Konstantin* zu bekämpfen, lässt der West-Kaiser Honorius seinen Heerführer, der das Reich mehrmals vor massiven Angriffen hat retten können, umbringen, weil er – vielleicht zu Recht – befürchtet, dieser wolle seinen eigenen Sohn zum Mitkaiser machen. Die Ermordung Stilichos ist der Auftakt zu monatelangen Lynchmorden an germanischen Söldnern und ihren Familien. Einige Zehntausend, die entkommen können, schließen sich Alarich an. Im August 410 plündert der mit seinen Westgoten dann drei Tage lang die Stadt Rom.

Alarich stirbt kurz nach der Plünderung Roms. Die bekannte Ballade *Das Grab im Busento* von August von Platen (1820) verklärt ihn als jugendlichen Helden. Tatsächlich war er ein kampferprobter Warlord von 40 Jahren. Sein ganzes Problem mit Rom jedoch drehte sich darum, wieder eine Versorgung für seine Krieger in Form von Siedlungsland und Tributen zu bekommen. Er bot immer wieder Verhandlungen an, auf die Kaiser Honorius jedoch nicht einging, obwohl er nach dem Mord an Stilicho nicht mehr in der Lage war, die Westgoten militärisch zu stoppen.

Im Jahr 416 gestattet Honorius den Westgoten, sich in Südfrankreich anzusiedeln. Dafür helfen sie ihm, die *Vandalen*, die sich in Spanien breitgemacht haben, nach Nordafrika zu vertreiben.

Und die Hunnen? Sie haben in dieser Zeit wohl keinen wirklichen Führer. Ein Teil lässt sich von Ostrom mit Tributen besänftigen, ein Teil kämpft im Sold des neuen weströmischen Heerführers *Aetius*, wieder andere versuchen sich in Raubzügen.

KAPITEL 8 Rom und sonst nicht viel 135

Aetius vernichtet mit hunnischen Truppen im Jahr 436 bei Worms das *Burgundenreich* unter König *Gundahar* und siedelt die Überlebenden im heutigen Burgund an – ein Ereignis, das mit der Sage von Sigurd, dem Drachentöter verbunden das *Nibelungenlied* ergab. Ebenfalls die Hunnenzeit als Hintergrund hat das *Waltharilied*, dessen Held – wie Aetius – seine Kindheit als Geisel bei den Hunnen verbringt.

Das ändert sich, als *Attila* um das Jahr 445 Anführer der Hunnen wird. Rund um seinen Herrschaftssitz im heutigen Ungarn unterwirft er sich ein Reich, das mindestens von Regensburg bis zum Schwarzen Meer reicht. Eine wichtige Rolle spielen dabei die Anführer der unterworfenen Völker, die die Wahl zwischen Vernichtung oder Teilhabe an Attilas Erfolgen haben. Die oströmischen Kaiser versuchen sich anfangs durch Tributzahlungen von den ständigen Einfällen loszukaufen. Im Jahr 450 stellt der neue Kaiser *Markian* die Zahlungen jedoch ein. Möglicherweise weil die oftmals geplünderten Balkanprovinzen keine reizvolle Beute mehr sind, wendet sich Attila nach Westen, wird aber im Sommer 451 von einer westgotisch-römischen Koalition unter Aetius auf den *Katalaunischen Feldern* (wohl bei Troyes) geschlagen.

Im Jahr 453 stirbt Attila. Danach lösen sich die hunnischen Verbände auf. Einige dienen als Söldner Ostroms, andere siedeln sich an der Wolga oder auf dem Balkan an und übernehmen mit der Zeit die lokalen Kulturen.

Die Hunnen sind also ausgeschaltet, doch ein Jahr nach Attilas Tod bringt Kaiser *Valentinian III.* – angeblich eigenhändig – seinen Heerführer Aetius um, wohl weil ihm dieser zu übermächtig geworden ist. Daraufhin töten Aetius' Gefolgsleute den Kaiser. Der neue Kaiser *Petronius Maximus* aber zwingt Valentinians Witwe zur Ehe. Der Überlieferung nach ruft die daraufhin die Vandalen zu Hilfe. Ob das wirklich stimmt, ist umstritten. Fakt ist, dass die Vandalen am 2. Juni 455 Rom überfallen.

Die Vandalen rauben die »Ewige Stadt« zwei Wochen lang gründlich aus und decken sogar die vergoldeten Dächer der Tempel ab, betreiben aber gerade keinen blindwütigen Vandalismus. Der Überlieferung nach haben sie mit Papst Leo dem Großen vereinbart, auf Zerstörungen, Kämpfe und Vergewaltigungen zu verzichten, wenn die Stadt keinen Widerstand leistet.

Ab 456 ist dann *Ricimer*, ein weiterer römisch erzogener, germanischstämmiger General, der starke Mann in Westrom. Während er sich bemüht, wenigstens Italien unter Kontrolle zu halten und die Versorgung mit Korn aus Nordafrika zu sichern, erobern die Westgoten von Aquitanien aus ein Reich, das am Ende von der Loire bis Andalusien reicht.

Der Kampf des Königs Artus

Die Provinz Britannien gaben die Römer schon im Jahr 410 auf. Danach soll der legendäre König *Artus* die Insel gegen die Invasion der *Angeln*, *Sachsen* und *Jüten* verteidigt haben. Die Spekulationen darüber, ob es Artus wirklich gegeben hat, füllen Bände. Sicher ist nur, dass es die germanische Invasion gegeben hat und sich ihr eine Koalition aus verbliebenen Römern und romanisierten Briten entgegenstellte. Möglicherweise hatten diese die ersten Germanen für den Kampf gegen irische und schottische Invasoren sogar selbst angeworben.

In Ostrom können die Kaiser *Leo I.* (reg. 457–474), *Zenon* (reg. 474–491) und *Anastasios* (reg. 491–518) nach dem Wegfall der Hunnengefahr die Lage stabilisieren. Im Westen dagegen herrscht nach Ricimers Tod im Jahr 472 das pure Chaos. Im Jahr 476 setzt dann der germanischstämmige Heerführer *Odoaker* den 16-jährigen Kaiser *Romulus Augustulus*, den Sohn eines anderen Heerführers, ab. Anstatt einen neuen Marionettenkaiser zu suchen, erklärt er sich selbst zum *König von Italien*. Wie das endet, erfahren Sie im nächsten Kapitel.

Teil III
Die Zeit der Kaiser und Könige – Mittelalter und frühe Neuzeit

IN DIESEM TEIL ...

✔ Hier ist viel von »großen Männern« – und auch ein paar Frauen – die Rede, weil die meisten Staaten in dieser Phase der Geschichte Monarchien waren, in denen tatsächlich sehr viel von einzelnen Personen abhing.

✔ Manchmal ist es aus heutiger Sicht schier unglaublich, wie sehr damals alltägliche, private und so manches Mal banale Geschehnisse das Schicksal ganzer Völker und Staaten besiegeln konnten. Es ist aber auch eine sehr bunte Geschichte, in der kein Schwarz und Weiß, keine Helden und Schurken vorkommen, sondern komplexe Persönlichkeiten und vielschichtige Konflikte.

IN DIESEM KAPITEL

Merowinger und Karolinger

Byzanz und die Einwanderer aus dem Osten

Die Araber und ihre Eroberungen

Kapitel 9
Das turbulente Frühmittelalter

Ist Ihnen Mitteleuropa bisher etwas zu kurz gekommen? Das ändert sich jetzt! Denn mit dem Ende des Weströmischen Reichs verschiebt sich das Machtzentrum Europas. Plötzlich treten die Länder nördlich der Alpen, die bisher kaum eine Rolle gespielt haben, in den Fokus. In dieser Zeit des Umbruchs geht aber nicht nur viel kulturelles Erbe verloren, auch die antike »Globalisierung« wird zurückgedreht. Was in Westeuropa passiert, hat fürs Erste relativ wenig Auswirkungen auf das Byzantinische Reich oder die Kulturen Asiens. Für einige Jahrhunderte lebt man weitgehend nebeneinander her.

Umbruch am Rhein: Das Frankenreich

Im Jahr 358 schließt der römische Kaiser Julian, auch bekannt als Julian Apostata (der Abtrünnige), weil er der einzige Heide nach Konstantin war, einen *Bündnisvertrag* mit den *Salfranken*. Sie dürfen sich in der Provinz Belgica Secunda ansiedeln, müssen sie aber auch verteidigen. Danach kommt kein römischer Herrscher mehr an den Niederrhein. Die fränkischen Anführer haben praktisch freie Hand.

Rund 100 Jahre später regiert *Childerich I.* in einer Hybridstellung: teils als römischer Statthalter, teils als fränkischer Anführer. Auf seinem Siegelring steht »Childrici Regis« (des Königs Childerich). Die Größe seines Reichs ist aufgrund der dürftigen Quellenlage nicht wirklich festzustellen. Als die Westgoten Anstalten machen, ihre Herrschaft über die Loire auszudehnen, schlägt Childerich I. sie wohl im Verbund mit regionalen römischen Kräften zurück. Um das Jahr 482 stirbt er und wird mit wertvollem Schmuck und römischen Amtsinsignien, aber fränkischen Waffen in seiner Hauptstadt *Tournai* begraben.

Die Eroberungen Chlodwigs

Childerichs Sohn *Chlodwig* ist 15 oder 16 Jahre alt, als er seinem Vater folgt. Mit 20 beginnt er seine Eroberungen:

✔ Im Jahr 486 schlägt er **Syagrius**, den letzten römischen Militärführer in Gallien, und weitet sein Reich bis zur Loire aus.

✔ Anschließend schaltet er nach und nach die anderen fränkischen Herrscher aus und dehnt seine Macht über den Rhein hinaus aus, möglicherweise bis ins heutige Hessen.

✔ In den Jahren 496 und 506 besiegt er die **Alemannen** im heutigen Lothringen und Baden-Württemberg und unterwirft sie schließlich.

✔ Im Jahr 507 besiegt er bei Poitiers die **Westgoten** und erobert ihr Land bis zu den Pyrenäen. Lediglich die Mittelmeerküste bleibt dank des Eingreifens **Theoderichs des Großen** gotisch.

Chlodwig versteht es, aus seinen Eroberungen ein Reich zu schmieden. Dabei bedient er sich der zivilen Verwaltung in den ehemaligen römischen Provinzen. Alle noch intakten Strukturen, aber auch die Kultur lässt er weitgehend unangetastet. Die alte gebildete Oberschicht wird, soweit sie sich als kooperativ erweist, Teil der neuen Elite im Frankenreich. Der andere Teil besteht aus fränkischen Getreuen. Widerspenstige Kleinkönige dagegen, die auf dem alten germanischen *Gefolgschaftsmodell* beharren, das Anführern nur eine begrenzte Macht zugesteht, werden ausgeschaltet.

Mit der *Lex salica* lässt Chlodwig eines der ältesten Gesetzbücher verfassen. Die festgehaltenen Rechtsgrundsätze sind größtenteils von germanischen Traditionen geprägt, etwa die Tatsache, dass Verbrechen fast immer durch Zahlung von *Sühnegeld* abgegolten und nicht mit Körperstrafen geahndet werden – jedenfalls nicht bei Freien.

Die vielleicht gravierendsten Folgen hat jedoch die Bestimmung, dass Frauen kein Land erben sollen. Viele europäische Herrscherhäuser leiten daraus das *Salische Erbrecht* ab, das Töchter und ihre Nachkommen von der Erbfolge ausschließt. Das trägt im Jahr 1317 zum Ausbruch des Hundertjährigen Kriegs bei und führt noch im 19. Jahrhundert dazu, dass die englische Königin Victoria von der Thronfolge in Hannover und die niederländische Herrscherin Wilhelmina von der in Luxemburg ausgeschlossen werden.

Chlodwigs zweiter großer Coup ist seine *Taufe*, die etwa im Jahr 498 stattfindet. Angeblich war sie der Herzenswunsch seiner burgundischen Gattin *Chrodechild*. Womöglich hat es für Chlodwig tatsächlich eine Rolle gespielt, dass diese anno 496 für seinen Sieg über die Alemannen gebetet hat. Doch der Religionswechsel verschafft ihm in erster Linie beträchtliche politische Vorteile. Er lässt sich nämlich *katholisch* taufen, nicht arianisch.

Goten, Vandalen, Langobarden und Burgunden waren Anhänger des im Jahr 325 von der katholischen Kirche verdammten *arianischen Christentums*. Das liegt an Bischof *Wulfila* (311–383), einem Westgoten mit kappadokischen Wurzeln. Wulfila war ein enorm erfolgreicher Missionar, aber eben Arianer. Er erfand sogar ein gotisches Alphabet, um die Bibel übersetzen zu können. Auch Chlodwigs Frau Chrodechild hatte einen arianischen Vater, jedoch eine katholische Mutter, die ihren Kindern ihren Glauben vererbt hat.

Chlodwig erringt damit das Wohlwollen des oströmischen Kaisers *Zenon* und des Papstes, die beide die arianische Lehre noch mehr verabscheuen als das Heidentum. Das gibt dem Frankenkönig Rückendeckung bei allen Eroberungen, die auf Kosten von Heiden oder arianischen Germanen (vornehmlich Ost- und Westgoten) gehen. Tatsächlich wird Chlodwig im Jahr 508 von Zenons Nachfolger *Anastasius* zwar nicht als König, aber doch als »Konsul« anerkannt.

Auch intern stärkt die Taufe Chlodwigs Stellung, denn die meisten Menschen in den ehemals römischen Gebieten sind bereits Christen und die dortige Kirche spielt bei der Konsolidierung des Reichs eine entscheidende Rolle. Auf einem *Reichskonzil* im Jahr 511 schreibt Chlodwig das *Mitspracherecht* der Herrscher bei Bischofsernennungen fest.

Und die Franken? Laut den Aufzeichnungen Gregors von Tours holt sich Chlodwig vor seiner Taufe die Zustimmung von Volk und Adel ein. Danach lassen sich angeblich 3000 Franken mit ihm taufen.

Der Psychologe Erich Fromm unterscheidet zwischen »lebensbejahenden« (friedlichen), »nichtdestruktiv-aggressiven« und »destruktiven« Gesellschaften. Diese Einteilung lässt sich auch auf Herrscher und Regierungen übertragen. Sehr viele der bedeutenden Herrschergestalten der Geschichte sind zwar wie Chlodwig aggressive Eroberer, agieren bei der Konsolidierung ihrer Macht aber pragmatisch und konstruktiv und sind eben keine Despoten, deren ganzes Trachten auf Vernichtung der Gegner und totale Kontrolle angelegt ist.

Leo der Große und die neue Macht der Päpste

Als Hunnenkönig Attila im Jahr 452 nach seiner Niederlage auf den Katalaunischen Feldern (siehe Kapitel 8) plündernd durch Italien zieht, stellt sich ihm bei Mantua Papst *Leo I.* in den Weg und erreicht eine Verschonung Roms – wohl gegen ein erhebliches Lösegeld. Im Jahr 455 kann Leo I. die Plünderung Roms durch die Vandalen nicht verhindern, aber er sorgt dafür, dass sie vergleichsweise schonend ausfällt.

Er ist damit der erste Papst, der politisch agiert und das Machtvakuum füllt, das die letzten schwachen weströmischen Herrscher hinterlassen haben. Er ist auch der Erste, der den Titel *Pontifex Maximus (Oberster Brückenbauer)* übernimmt, den traditionell die römischen Kaiser als Oberpriester des Staatskults geführt haben. Damit legt er den Grundstein für eine politische Rolle der Päpste im lateinischen Europa.

Sein Nachfolger *Gelasius I.* formuliert um 495 die *Zweischwerterlehre*. Demnach teilen sich Kaiser und Papst die Macht und Verantwortung in der christlichen Welt.

Die Bruderkriege der Merowinger

Nach Chlodwigs Tod im Jahr 511 erben seine vier Söhne gemeinsam. Sie erobern 531 das Reich der Thüringer und 534 das der Burgunder; Bayern unterwirft sich freiwillig. Ein Feldzug gegen die Westgoten scheitert. Die unterworfenen Territorien werden zu Zinszahlungen und Heeresfolge verpflichtet, ihre Kultur und ihre Strukturen dürfen sie jedoch behalten. Auf diese Weise schaffen die *Merowinger* (nach einem legendären Urahnen benannt) mit relativ wenig Aufwand für lange Zeit stabile Verhältnisse. Allerdings bleibt das Frankenreich sehr heterogen, mit einem starken kulturellen Gefälle zwischen den ehemals römischen Gebieten im Westen und den einst germanischen im Osten.

Der römisch-germanische Gegensatz manifestiert sich auch in den unterschiedlichen *Sprachen*. Im ehemaligen Gallien wird aus dem Alltagslatein Französisch, im ehemaligen Germanien entwickelt sich aus den verschiedenen Stammesdialekten ungefähr im 8. Jahrhundert eine gemeinsame Sprache, die als *theodisce* (zum Volk gehörig) bezeichnet wird, woraus Deutsch wird.

Doch bereits unter Chlodwigs Söhnen kommt es zu den berüchtigten *Verwandtenmorden*. So heiratet der letztlich einzig Überlebende, *Chlothar I.*, im Jahr 523 die Witwe seines nächstälteren Bruders, bringt aber zwei ihrer drei Söhne um. Nur der Jüngste kann fliehen und sich vor weiterer Verfolgung retten, indem er Priester wird.

Der Krieg unter Chlotars I. Söhnen beziehungsweise deren Frauen liefert den Geschichtsstoff, der in das *Nibelungenlied* eingeht. Er beginnt damit, dass Chilperich von Neustrien (um Soissons) um 570 seine Frau umbringt, damit er seine Konkubine Fredegunde heiraten kann. Das führt zum Krieg mit seinem Bruder Sigibert von Austrien (um Reims), der mit Brunichilde, einer Schwester der ermordeten Frau Chilperichs, verheiratet ist. Auch Sigibert wird (vermutlich auf Betreiben Fredegundes) umgebracht. 614 kämpft schließlich Brunichilde für ihren unmündigen Urenkel gegen Fredegundes Sohn Chlotar II. Dem macht der austrische Adel ein Ende; er verbündet sich mit Chlothar II., der Brunichilde foltern und von Pferden zu Tode schleifen lässt.

So weit das Familiendrama. Viel wichtiger aber ist, dass die austrischen Adeligen Chlothar II. das sogenannte *Edictum Chlotharii* abfordern. Darin erklärt sich dieser bereit, für jeden der Reichsteile einen sogenannten *Hausmeier* als obersten Beamten einzusetzen. Außerdem müssen Grafen aus der Region stammen, in der sie ein Amt ausüben. Auf diese Weise werden die Möglichkeiten des Königs beschnitten, Ämter mit seinen engsten Parteigängern zu besetzen. Vor allem aber entwickeln sich die Hausmeier desto mehr zu einem Machtfaktor, je schwächer und zerstrittener das Königshaus ist.

Maßgebliche Initiatoren des Edictum Chlotharii sind der Bischof *Arnulf von Metz* und ein Adeliger namens *Pippin*. Er und sein Sohn *Grimoald* werden später Hausmeier von Austrien. Seine Tochter *Begga* aber heiratet Arnulfs Sohn *Ansegisel*. Die beiden werden die Eltern von *Pippin dem Mittleren*, der die Hausmeier-Ämter von Austrien, Neustrien und Burgund auf sich vereinigen und an seinen Sohn *Karl Martell* weitergeben kann. Letzterer wird Ihnen im Abschnitt *Eine neue Großmacht: Das karolingische Imperium* wieder begegnen.

Volk und Fehden

Und wie sah das Leben der »normalen« Menschen im Frankenreich aus? Die überwiegende Mehrheit bestand aus Bauern. Anfangs freien Bauern. Doch ein freier Mann musste Kriegsdienst leisten und die Kosten dafür selbst tragen. Deshalb begaben sich immer mehr Menschen »freiwillig« in *Leibeigenschaft*. Damit gehörte ihr Land dem Grundherrn, dem sie Dienste und Abgaben schuldig waren. Sie waren *schollengebunden*, also verpflichtet, auf diesem Land zu bleiben, konnten aber frei wirtschaften. Ihr Herr hatte sie dafür militärisch und juristisch zu beschützen.

In der Theorie klingt das halbwegs fair. In der Praxis gab es für die Leibeigenen jedoch keine Möglichkeit, sich gegen Ungerechtigkeiten ihres Herrn zu wehren, da sie nicht selbst vor Gericht auftreten durften, sondern sich dort von eben diesem Herrn vertreten lassen mussten. Außerdem waren da noch die zahlreichen *Fehden*.

Eine Fehde war der legitime Weg, auf dem freie Männer ihre Streitigkeiten mit Waffengewalt ohne Einmischung Dritter austragen durften. Dabei durften sie den Besitz des anderen zerstören, also auch den seiner Leibeigenen. Den Leibeigenen selbst durften sie nichts antun – theoretisch jedenfalls. Nach Beendigung der Fehde hatte der Grundherr seinen Eigenleuten, denen er ja Schutz gelobt hatte, diesen Besitz zu ersetzen – ebenfalls theoretisch. Dass die Praxis in der Regel anders aussah, prägte das Leben der leibeigenen Bauern weit mehr als alle Eroberungen und Kriegszüge, an denen sie sowieso nicht teilnahmen.

Das Werk der Missionare

Angesichts der merowingischen Verwandtenmorde – die allerdings auch nicht blutiger waren als so mancher römische Thronfolgekampf – mutet es erstaunlich an, dass einige von ihnen zu Heiligen geworden sind. Doch dazu genügte es damals, Kirchen und Klöster zu gründen und die Ausbreitung des Christentums zu fördern. Das taten die Merowinger. Einerseits dienten ihnen Klöster als Träger der Zivilisation, andererseits sollte die Christianisierung die alten Stammesstrukturen überwinden und die Einheit des Reichs fördern.

Die heiligen Merowingerinnen

Die Frauen der Merowinger übten teils beträchtlichen Einfluss aus. Das zeigen auch die vier heiliggesprochenen Königinnen:

✔ **Chrodechild**: Die Frau Chlodwigs soll seine Taufe bewirkt haben.

✔ **Radegunde**: Die thüringische Königstochter wurde von Chlotar I. zur Ehe gezwungen. Als Königin lebte sie asketisch und vegetarisch, war in der Krankenpflege tätig und setzte sich als Fürsprecherin für zum Tode Verurteilte ein. Nach zehn Jahren verließ sie ihren Mann und gründete in Poitiers das **erste Frauenkloster Europas**, wo sie wieder persönlich in der Krankenpflege und Fürsorge für die Armen tätig war. Sie erlangte Chlothars I. Schutz für die Abtei, obwohl sie sich weigerte, zu ihm zurückzukehren.

✔ **Bertha:** Die Enkelin Chlothars I. heiratete Ethelbert I. von Kent und soll seine Taufe und die Missionierung von Kent initiiert haben.

✔ **Bathilde:** Die Ehefrau von Chlodwig II. und Regentin für ihren Sohn Chlotar III. war angeblich als Kind von Dänen versklavt und später befreit worden. Als Regentin verbot sie die übliche Versklavung von Kriegsgefangenen. Sie ist die Gründerin mehrerer Abteien, unter anderem von Corbie, und wurde später Nonne.

Eine besondere Rolle bei der Missionierung des nicht-römischen Europas spielen Missionare von den britischen Inseln. Das keltische England war bereits in der Römerzeit, Irland zwischen 432 und 461 durch den *heiligen Patrick*, einen Offizierssohn aus Britannien, christianisiert worden. In Nordengland und Schottland wirkte später der irische Mönch *Columban von Iona* (522–597). Außer durch Missionseifer ist das iro-schottische Christentum vor allem durch seine Klöster und deren herausragende *Buchmalerei* geprägt. Zu den ersten irischen Missionaren auf dem Kontinent gehören *Columban von Luxeuil*, der ab 591 im Merowingerreich wirkt, und *Gallus*, der am Bodensee das später St. Gallen genannte Kloster gründet. Dabei geht es zunächst nicht um die Bekehrung von Heiden, sondern darum, christliche Strukturen zu schaffen und zu stärken. So sind Columbans Klostergründungen auch Ausbildungsstätten für jüngere Adelssöhne. Die von ihm entworfene *Klosterregel* ist zwar jünger als die 539 entstandene benediktinische, aber bis zu einem Konzil im Jahr 670 weiter verbreitet.

Der bedeutendste Missionar im Merowingerreich ist später der *heilige Bonifatius*, ein adeliger Engländer, der von 719 bis 754 vor allem in Hessen, Bayern, Thüringen und Friesland wirkt, wo er dann umgebracht wird.

Unter den Slawen in Mähren und Pannonien sind ab 862 die Brüder *Kyrill* und *Method* aktiv. Der mährische Fürst *Rastislav* hat sich aus Furcht vor politischem Einfluss der Franken eigens nicht-fränkische Missionare gewünscht. Kyrill entwickelt extra eine Schrift – eine Vorgängerin des **kyrillischen Alphabets** –, um die Bibel ins Slawische übersetzen zu können. Papst *Stephan V.* (reg. 885–891) verbietet jedoch die slawische Liturgie, weshalb die slawischen Christen den Schutz der byzantinischen Kirche suchen.

Offiziell gibt es noch keine Spaltung zwischen katholischem und orthodoxem Christentum, sondern nur eine lateinischsprachige und eine griechischsprachige Kirche. Da sich das lateinische Westeuropa und der griechische Osten aber politisch so unterschiedlich entwickeln, sind auch die beiden Kirchen bereits extrem verschieden, als es im Jahr 1054 zum *Schisma*, also zur Spaltung kommt.

Kontinuität in Konstantinopel

Aus westeuropäischer Sicht ist man leicht geneigt, die Eskapaden der Merowinger für das beherrschende Thema des frühen Mittelalters zu halten. Doch der Nabel der Welt war natürlich weiterhin das (Ost-)Römische Reich, das nach dem ursprünglichen Namen seiner Hauptstadt Konstantinopel auch Byzanz oder Byzantinisches Reich genannt wird.

Byzanz unter Justinian

Kaiser *Justinian I.*, der bedeutendste Herrscher des Byzantinischen Reichs, ist eigentlich ein Bauernsohn aus Makedonien. Er wird jedoch von seinem Onkel *Justin* gefördert. Dieser hat unter den Kaisern Leo I., Zenon und Anastasios Militärkarriere gemacht und ist im Jahr 518 selbst Kaiser geworden. Von ihm übernimmt Justinian im Jahr 527 ein relativ stabiles Reich und gefüllte Kassen, aber auch einen Konflikt mit dem persischen Sassanidenreich. Nach einem Sieg und einer Niederlage kann Justinian I. gegen die Zahlung von 11 000 Pfund Gold mit dem neuen persischen König *Chosrau I.* im Jahr 534 einen *Ewigen Frieden* schließen, bei dem Einflusszonen neu festgelegt und Festungen ausgetauscht werden.

Während des 5. Jahrhunderts waren die Beziehungen zwischen Römern und Persern weitgehend friedlich gewesen. Denn die Völkerwanderungszeit bescherte nicht nur Rom ein Problem, auch die Perser hatten im Osten mit den Angriffen sogenannter iranischer Hunnen zu kämpfen. Im Jahr 502 flammen die Kämpfe jedoch – wohl wegen persischer Tributforderungen – wieder auf.

Justinian I. gilt als rastloser Kaiser, der sich um viele Angelegenheiten persönlich kümmert. Seine Regierung ist gekennzeichnet von:

- ✔ einer **sakralen Herrschaftsvorstellung**, die auf einem Gottesgnadentum beruht. Letzte Reste einer republikanischen Regierung wie das Amt des Konsuls werden abgeschafft.

- ✔ einem **großen Bauprogramm**. Glanzpunkt ist die **Hagia Sophia**, die Kirche zur Heiligen Weisheit. Sie ist eine technische Sensation und 700 Jahre lang die größte Kirche der Welt. Die verschwenderische Ausstattung im Inneren soll eine Art »Himmel auf Erden« aus ihr machen, angesichts deren Pracht und Herrlichkeit sich der einzelne Mensch winzig vorkommt.

- ✔ der **Aufzeichnung des extrem komplizierten römischen Rechts** im *Corpus Juris Civilis*, einem der wichtigsten Werke der Rechtsgeschichte.

- ✔ einer **konsequenten Durchsetzung des Christentums als Staatsreligion**. Der letzte heidnische Tempel und die neuplatonische Philosophenschule in Athen werden geschlossen, nicht-christliche Bücher verbrannt, nicht-christliche Amtsträger verfolgt, die Kindertaufe vorgeschrieben, Glaubensabfall mit dem Tod bedroht. Neben dem Christentum wird nur noch das Judentum geduldet. Andersdenkende wandern teils nach Persien, teils nach Indien und China aus.

- ✔ dem Wunsch, das Römische Reich auch **territorial wiederherzustellen**. Im Jahr 534 wird das Vandalenreich (algerische und tunesische Küste, Balearen, Sardinien,

Korsika) zurückerobert, 552 der Süden des spanischen Westgotenreichs und 554 das italienische Ostgotenreich.

✔ ständigen **Abwehrkämpfen** gegen slawische, germanische und asiatische Angreifer, vor allem an der Donau.

✔ der **Justinianischen Pest**, die zwischen 541 und 544 im gesamten Mittelmeerraum wütet und dann bis zum Jahr 750 immer wieder aufflammt. Sie rafft wohl zwischen 20 und 50 Millionen Menschen vor allem in den Städten dahin, betrifft aber Byzanz und das Perserreich gleichermaßen.

✔ einem neuen **Krieg gegen die Perser**. Chosrau I. bricht den Ewigen Frieden bereits im Jahr 540 und fällt in Syrien ein. Da ein großer Teil der römischen Truppen in Italien gebunden ist, zieht sich der Krieg bis 562 hin. Am Ende kauft sich Justinian I. mit einem jährlichen Tribut frei.

✔ einer **angespannten Finanzlage**. Zwar blüht der Handel, doch die Bauten und Kriege kosten so viel Geld, dass Teile der Bevölkerung verelenden.

Byzanz gegen die Goten

Justinians I. »Kampf gegen Rom« gilt eigentlich dem *Gotenreich* in Ravenna. 454 haben die Ostgoten einen Bündnisvertrag mit Ostrom geschlossen und durften sich in Pannonien (Westungarn) ansiedeln. Doch Kaiser Zenon wurden die Gäste zu mächtig. Im Jahr 488 schickt er daher den in Konstantinopel erzogenen und ausgebildeten Gotenführer *Theoderich* mit 20 000 Kriegern und deren Familien nach Italien, um Usurpator *Odoaker* (siehe auch Kapitel 8) zu schlagen. Militärisch gelingt das nicht, also bringt Theoderich Odoaker bei einem Festmahl eigenhändig um und nimmt dessen Stelle ein. Formal lässt er sich von Zenon als Statthalter Roms in Italien bestätigen, tatsächlich regiert er jedoch souverän.

Unter Theoderichs Herrschaft erlebt die antike römische Kultur noch einmal eine Blütezeit. Theoderich stärkt den Senat, der das Reichsende überlebt hat, ernennt wieder Konsuln, holt Gelehrte an seinen Hof, lässt zahlreiche Bauten restaurieren und veranstaltet römische Festivitäten. Seine Goten kann er offenbar recht problemlos in Italien ansiedeln und in religiösen Dingen ist er tolerant, sodass das Nebeneinander von arianischen Goten und katholischen Römern kein Problem darstellt.

In seiner Hauptstadt *Ravenna* lässt Theoderich der Große für die arianischen Goten neue Kirchen bauen. Seine ehemalige Hofkirche *Sant'Apollinare Nuovo* und das *Baptisterium* (Taufkirche) der Arianer gehören wegen ihrer kostbaren Mosaiken ebenso zum UNESCO-Weltkulturerbe wie Theoderichs ungewöhnliches *Mausoleum*. Auch die arianische Hauptkirche *Spirito Santo* ist erhalten, allerdings ohne Mosaiken.

Die Regierungszeit des Theoderich ist weitgehend eine Friedenszeit, allerdings scheitert er damit, das Westgotenreich gegen den Frankenkönig Chlodwig, mit dessen Schwester er verheiratet ist, zu verteidigen. Ein Makel auf seiner Herrschaft ist auch die Hinrichtung des Philosophen *Boethius*, der einer Verschwörung verdächtigt wird. Ansonsten ist der Ruf Theoderichs aber so gut, dass er als edler Held Dietrich von Bern ins *Nibelungenlied* eingeht.

KAPITEL 9 Das turbulente Frühmittelalter 147

Seine Nachfolgerin wird seine Tochter *Amalasuntha*, die im Namen ihres 10-jährigen Sohns regiert. Als dieser stirbt, heiratet die sehr prorömisch gesonnene Regentin ihren Cousin *Theodahad*, der sie jedoch ermorden lässt. Daraufhin entschließt sich Kaiser Justinian I., in Italien einzugreifen. Nach fünf Kriegsjahren mit großen Verwüstungen, Hungersnöten und einem Einfall der Franken in Norditalien erobert Justinians Feldherr *Belisar* Ravenna. Doch bereits zwei Jahre später kommt es wegen des harschen Regiments und der hohen Steuern in ganz Italien zu Aufständen gegen Byzanz. Unter Führung des neuen Ostgotenkönigs *Totila* bricht ein zweiter Krieg los, der noch grausamer ist als der erste. Er kann erst im Jahr 554, nach einem zeitweiligen Waffenstillstand zwischen Byzanz und den Persern, durch Justinians zweiten berühmten Feldherrn, einen armenischen Eunuchen namens *Narses*, beendet werden.

Byzanz und Osteuropa

Im 6. und 7. Jahrhundert treten auch Völker ins Rampenlicht der Weltgeschichte, die zuvor noch keine Rolle gespielt haben.

Die Türken

Sie leben ursprünglich in der Westmongolei und gehören im 5. Jahrhundert zu einer großen nomadischen Stammeskonföderation, die als *Rouran* bezeichnet wird. Um 520 stürzt der türkische Fürst *Bumin* die Rouran-Khane. Seine Nachkommen können ihre Herrschaft über das ganze Gebiet zwischen der Mandschurei und dem Kaspischen Meer ausdehnen. Dieses Reich wird allgemein als *Kök-Türken-Reich* bezeichnet. Es kontrolliert Teile der Seidenstraße, gerät so mit den Sassaniden aneinander und sucht zeitweilig das Bündnis mit Byzanz. Im Jahr 745 wird der letzte Kök-Türken-Khan ermordet und das Reich zerfällt. An seiner Stelle entstehen die Khanate anderer turksprachiger Völker wie der *Bulgaren* in der westlichen und der *Chasaren* in der östlichen pontischen Steppe, der *Oghusen* um den Aralsee sowie der *Uiguren* in der Mongolei. Von den Oghusen stammen *Seldschuken* und *Osmanen* ab, die später in Europa als »die Türken« gelten.

Die Awaren

Sie fliehen nach dem Sturz der Rouran-Khane vor den Kök-Türken nach Westen, erobern im Jahr 567 gemeinsam mit den germanischen *Langobarden* Pannonien und füllen so das Machtvakuum nach der Niederlage der Hunnen. Sie erlangen schnell die Herrschaft über das ganze osteuropäische Gebiet zwischen Alpen und Schwarzem Meer und greifen sowohl die Franken wie auch Byzanz an beziehungsweise erzwingen von ihnen Tribut. Vermutlich waren die ursprünglichen Awaren ein mongolisches Volk. In ihrem multiethnischen Reich leben vor allem Slawen, aber auch Hunnen, Germanen, Bulgaren und eventuell Angehörige skythischer Völker.

Die Langobarden

Bereits ein Jahr nach dem gemeinsamen Sieg mit den Awaren verlassen sie – wohl nahezu komplett – Pannonien und beginnen das noch von den Gotenkriegen zerrüttete Italien zu erobern. Byzanz kann nur größere Bereiche um Ravenna, Rom, Genua, Venedig und den äußersten Süden behaupten.

Langobardenkönig Alboin soll in der *Schlacht um Pannonien* Kunimund, den König der dort ansässigen germanischen Gepiden, getötet und anschließend dessen Tochter Rosamunde geheiratet haben. Als er sie dann auch noch zwang, bei einem Festmahl aus dem Schädel ihres toten Vaters zu trinken, ließ sie ihn ermorden. Diese Geschichte ist später in diversen Dichtungen, Opern und Gemälden verarbeitet worden.

In der Realität war es keine Seltenheit, dass Fürstinnen die Mörder ihrer Männer und Väter heiraten und den Eroberern so ein »Anrecht« auf deren Thron verschaffen mussten.

Die Slawen

Der slawischsprachige Zweig der Indoeuropäer entwickelt sich wohl ursprünglich zwischen Weichsel und Dnjepr. Als die germanischen Stämme im Zuge der Völkerwanderung teilweise gen Westen ziehen, breiten sich die Slawen ebenfalls nach Westen aus und übernehmen in den ehemals germanischen Gebieten die sprachliche Dominanz. Während sie zu Zeiten Justinians I. nur Beutezüge ins Byzantinische Reich unternehmen, lassen sie sich ab etwa 620 auf dem Balkan nieder beziehungsweise werden von Kaiser *Herakleios* (reg. 610–641) gezielt zur Verteidigung gegen awarische Angriffe angesiedelt.

In der klassischen römischen Zeit gehörten die Balkanprovinzen südlich der Donau zu den stabilsten. Vor allem die dort lebenden Thraker galten als tapfere und loyale Krieger. Zur Zeit der slawischen Invasion war der Balkan aber nach drei Jahrhunderten ständiger Plünderungen extrem verarmt und auch zu großen Teilen entvölkert. So kam es wohl zu einem relativ problemlosen allmählichen Verschmelzen der ansässigen romanisierten Bevölkerung mit den slawischen Einwanderern.

Die Bulgaren

Sie sind ursprünglich ein turksprachiges Nomadenvolk, das nach dem Zerfall des Hunnenreichs in der pontischen Steppe lebt. Ob sie Verbündete der Hunnen waren oder sich erst Mitte des 5. Jahrhunderts aus Hunnen und Angehörigen verschiedener anderer Nomadenvölker gebildet haben, ist umstritten. Ende des 7. Jahrhunderts werden sie von den ebenfalls turksprachigen *Chasaren* unterworfen. Ein Teil siedelt sich an der Wolga an, ein anderer flieht auf den Balkan in das heutige Bulgarien. Byzanz muss die Bulgaren nach einer militärischen Niederlage als Foederati anerkennen. In der Folge kann sich das Khanat über große Teile des Balkans ausbreiten, nimmt dabei aber die slawische Sprache und Kultur an.

Revolution in Arabien

Die arabische Halbinsel liegt im frühen Mittelalter im weltpolitischen Abseits. Der Handel mit Luxusgütern aus dem Orient ist schon im letzten vorchristlichen Jahrhundert zunehmend von der Weihrauchstraße auf den Seeweg verlagert worden. Die »Weihrauchländer« im Jemen und Oman aber stehen unter sassanidischer Herrschaft. Im Binnenland – soweit bewohnbar – und an der Westküste regieren arabische Stämme. Die Handelsstadt *Mekka*

KAPITEL 9 Das turbulente Frühmittelalter 149

wird seit der Mitte des 5. Jahrhunderts vom Stamm der *Quraisch (Koreischiten)* beherrscht. Die quaderförmige *Kaaba*, in der ein Gott namens *Hubal* und ein schwarzer Kultstein verehrt werden, ist ein bedeutendes Wallfahrtsziel. Dass im Jahr 630 ein Mann namens Mohammed die Kaaba von allen Götterstatuen »reinigt«, bekommt die Welt nicht mit.

Das Wirken Mohammeds

Der islamische Prophet *Mohammed* wird entweder im Jahr 570 oder 573 als Mitglied der Quraisch in Mekka geboren. 595 heiratet er eine reiche Kaufmannswitwe, ab 610 offenbart ihm nach islamischer Überlieferung der Erzengel Gabriel die Verse (Suren) des *Koran*. Die neue Lehre findet Anhänger, aber als Mohammed ab 614 den Polytheismus und die Bilderverehrung anprangert, bildet sich eine starke Opposition. Er muss im Haus eines Kaufmanns Schutz vor gewalttätigen Angriffen suchen und ein Teil seiner Anhänger flieht in das Reich von Aksum. Nach Verhandlungen mit der Stadt *Yathrib* (später *Medina*), die knapp 450 Kilometer nördlich von Mekka liegt, siedelt er sich im Jahr 622 mit seinen Anhängern dort an. Das Ereignis heißt in der muslimischen Tradition *Hidschra (Auswanderung)* und markiert den Beginn der *islamischen Zeitrechnung*. In Medina wird Mohammed zum politischen Anführer und schwächt durch Kriegszüge den mekkanischen Handel. Im Jahr 630 kann er Mekka – wohl nahezu ohne Blutvergießen – einnehmen.

Bereits in Medina hat Mohammed einen Bündnisvertrag zwischen seinen verschiedenen Helfergruppen geschlossen, in dem diese sich verpflichten, gemeinsam zu kämpfen und Feindseligkeiten untereinander einzustellen. Der gemeinsame Glaube wird über Clanzugehörigkeit und Blutsbande gestellt. Dieser Vertrag gilt als Kern der islamischen *Umma (Gemeinschaft der Gläubigen)*.

Wie aber war Mohammeds Verhältnis zu den Juden und Christen? Einerseits schließt der *Vertrag von Medina* jüdische Stämme in die Umma ein, andererseits vertreibt und bekämpft Mohammed diese später. Grundsätzlich reklamiert er für sich, dass er mit dem Islam keine neue Religion geschaffen hat, sondern den Glauben Abrahams lehrt. Differenzen zur jüdischen und christlichen Lehre beruhen demnach auf Irrtümern oder Verfälschungen dieser Religionsgruppen. Manche Historiker nehmen an, dass Mohammed anfangs davon ausging, dass sich Christen und Juden mit der Zeit seiner Version des gemeinsamen Glaubens anschließen würden. Als das nicht passierte, sei die Abgrenzung schärfer geworden. Eine Verurteilung als »Ungläubige« wie bei den Polytheisten habe es aber nicht gegeben.

Das *Gewaltverbot* innerhalb der Umma bedeutet auch, dass die traditionellen Raubzüge der Beduinen *(Ghazwa)* nur gegen Nicht-Muslime erlaubt sind, die mit wachsender Ausbreitung des Islam unter immer stärkeren Druck geraten. Noch im Jahr 630 zieht Mohammed mit etwa 30 000 Mann nach Norden, um gegen die byzantinische Armee zu kämpfen, stößt jedoch auf keinerlei Truppen, die sich ihm in den Weg stellen. Zahlreiche christliche, jüdische und heidnische Gemeinden unterwerfen sich. Auch christliche Chroniken berichten von ersten Eroberungszügen unter Mohammeds persönlicher Führung.

Bis zu seinem Tod im Jahr 632 sind große Teile der Arabischen Halbinsel islamisiert. Danach kommt es erst einmal zu einer Abfallbewegung, doch Mohammeds Schwiegervater *Abu Bakr* (um 573–634), der zum *ersten Kalifen (Stellvertreter)* gewählt worden ist, geht militärisch gegen die Abtrünnigen vor und unterwirft sie. Diese Feldzüge gehen dann nahtlos in Eroberungen auf persischem und byzantinischem Gebiet über.

Die Schia

Die Nachfolge Mohammeds ist von Anfang an ein Streitpunkt unter seinen Anhängern. Während sein Gefolgsmann *Umar ibn al-Khattab* sehr schnell für die Einsetzung Abu Bakrs als Kalif sorgt, gibt es auch eine *Partei (Schia)*, die schon damals der Meinung ist, dieses Amt gebühre *Ali ibn Abi Talib*, dem Mann von Mohammeds einzig überlebender Tochter *Fatima*.

Umar wird nach Abu Bakrs Tod 634 zum zweiten Kalifen gewählt. Als er 644 von einem persischen Sklaven ermordet wird, folgt *Uthman (Osman) ibn Affan*, der mit zwei bereits verstorbenen Töchtern Mohammeds verheiratet gewesen ist. Unter seinem Kalifat kommt es zu immer stärkeren Spannungen. Uthman wird vorgeworfen, bei der Vergabe hoher Posten Familienangehörige über Gebühr zu bevorzugen und die Kriegsbeute nicht gerecht zu verteilen. Im Juni 656 wird er im Rahmen einer Rebellion ermordet.

Nun wird doch noch *Ali* zum vierten Kalifen gewählt, doch es gibt von Anfang an eine starke Opposition, die vor allem von Mohammeds Witwe *Aischa*, der Tochter Abu Bakrs, und Uthmans Neffen *Muawiya ibn Abi Sufyan*, dem Statthalter in Damaskus, getragen wird. Muawiya beschuldigt Ali, an Uthmans Ermordung beteiligt gewesen zu sein und verweigert ihm den Treueeid. Aischa bringt die Stadt Basra unter ihre Kontrolle, wird aber von Ali im Dezember 656 in der äußerst blutigen *Kamelschlacht* geschlagen. Ein Jahr später kommt es in der Nähe der syrischen Stadt *Rakka* zu einer Schlacht zwischen Ali und Muawiya. Der Kampf endet ergebnislos, aber ein Teil seiner Anhängerschaft nimmt Ali übel, dass er eine Verhandlungslösung mit Muawiya gesucht hat, anstatt auf den Ausgang der Schlacht als »Gottesurteil« zu vertrauen. Aus dieser Rebellion gegen Ali geht die Gemeinschaft der *Charidschiten* hervor, die in der Folge zahlreiche Terrorakte gegen Muslime begeht, die sie als nicht »rechtgläubig« ansieht. Ali geht ab 658 militärisch gegen sie vor, wird 661 aber von einem Charidschiten umgebracht.

Der extrem grausame Kampf mit den Charidschiten ging auch unter Alis Nachfolgern weiter. Schauplatz waren vor allem der südliche Irak und das iranische Tiefland. In anderen Regionen bildeten sich gemäßigte Charidschiten-Gemeinschaften, die den Kampf teilweise sogar ablehnten, aber auch die religiöse Praxis der Mehrheits-Muslime. Da sie eine Gleichheit aller Gläubigen unabhängig von Stand und Herkunft propagierten, erhielten sie viel Zulauf von Nicht-Arabern.

Den Charidschiten zugerechnet wird oft die Gemeinschaft der *Ibaditen*, die heute noch 2 Millionen Anhänger vor allem im Oman, aber auch in Nord- und Ostafrika hat. Die Ibaditen selbst führen sich hingegen zwar auf den Protest gegen Ali, nicht jedoch auf die Charidschiten zurück.

Alis Widersacher Muawiya wird der fünfte Kalif. Kurz vor seinem Tod im Jahr 680 ernennt er seinen Sohn *Yazid* zu seinem Nachfolger. Damit begründet er die Dynastie der *Umayyaden (Omajaden)*. Ein solches erbliches Kalifat aber wird von vielen Muslimen abgelehnt.

Abdallah ibn az-Zubair, ein Enkel von Abu Bakr, errichtet daher im Jahr 683 ein *Gegenkalifat* in Mekka. Und auch Alis Sohn *Husain* beginnt direkt nach Muawiyas Tod einen Aufstand gegen Yazid, wird jedoch am 10. Oktober 680 in der *Schlacht von Kerbela* (heute Irak) besiegt und getötet.

Die Schiiten verehren Husain als Märtyrer und gedenken seiner jedes Jahr mit einer zehntägigen Trauerfeier, die mit dem *Aschura-Tag*, dem 10. Muharram des islamischen Kalenders, endet. Der Aschura-Tag wird aber auch von sunnitischen Moslems gefeiert. Dort gilt er als besonderer Friedenstag, an dem jegliche Auseinandersetzungen untersagt sind. Trotzdem kam es am Aschura-Fest immer wieder zu Anschlägen auf die schiitischen Wallfahrten nach Kerbela.

Der Name *Sunniten* leitet sich von der *Sunna* ab, der Überlieferung von Mohammeds Handlungen. Die Sunna gilt den Sunniten nach dem Koran als wichtigster Maßstab für das eigene Handeln. Der Name *Schiiten* rührt dagegen von dem Begriff *Schia* (Partei Alis) her.

Die Schlacht von Kerbela manifestiert nicht nur die endgültige Trennung zwischen Schiiten und Sunniten. Die Schiiten zerfallen darüber hinaus in verschiedene Gruppen. Politisch spielt der schiitische Islam zunächst keine Rolle, später kommt es jedoch zu mehreren Reichsbildungen:

✔ 789 beendet **Idris ibn Abdallah**, ein Ururenkel Alis, in Marokko zusammen mit einheimischen Berberstämmen die sunnitische Herrschaft in Marokko und gründet ein Reich, das bis 974 besteht.

✔ Ab 864 entstehen mehrere kleine schiitische Reiche im Norden des iranischen Hochlands. Endgültig setzen sich die Schiiten in Persien allerdings erst im 18. Jahrhundert durch.

✔ Auch in Syrien, im Irak und auf der Arabischen Halbinsel gibt es im späten 9. und 10. Jahrhundert kleinere schiitische Reiche.

✔ Um die Mitte des 9. Jahrhunderts verkündet **Abdallah al-Akbar** im iranischen Tiefland das baldige Kommen eines verborgenen Lehrers (Imams), der von Alis Ururenkel **Ismael** abstammt und die herrschende sunnitische Dynastie stürzen soll.

✔ 910 übernimmt **Abdallah al-Mahdi**, der einer dieser Abkömmlinge Ismaels ist, die Herrschaft in Nordafrika und erklärt sich zum Kalifen.

✔ 969 erobert sein Urenkel **Abu Tamin al-Muizz** Ägypten und errichtet dort das **Kalifat der Fatimiden**, das Ihnen in Kapitel 10 noch einmal begegnen wird.

Die arabische Expansion

Während intern die Kämpfe um die Nachfolge toben, schreitet der militärische Siegeszug der Umayyaden stetig fort. Die Byzantiner und die persischen Sassaniden haben sich zwischen 572 und 591 sowie zwischen 603 und 630 nochmals zwei kräftezehrende Kriege geleistet. Die Grenzsicherung im Süden wurde verbündeten arabischen Stämmen überlassen, die dem Ansturm der muslimischen Heere nicht gewachsen sind, teils auch überlaufen. Die wichtigsten Meilensteine der Eroberung sind:

- ✔ **634**: Eroberung großer Teile Palästinas, Niederlage am Euphrat gegen die Sassaniden
- ✔ **635**: Einnahme von Damaskus
- ✔ **636**: Entscheidender Sieg in der Schlacht am Jarmuk (im heutigen Jordanien) gegen Byzanz
- ✔ **638**: Eroberung Jerusalems, entscheidender Sieg bei Kadesia (im heutigen Irak), Einnahme Mesopotamiens
- ✔ **639**: Einmarsch in Ägypten
- ✔ **642**: Endgültiger Sieg bei Nehawend im iranischen Hochland über die Sassaniden, Eroberung von Alexandria

Eine Niederlage müssen die Umayyaden in Nubien einstecken. Das christliche *Reich von Makuria* verpflichtet sich im Jahr 652 zwar zu einem jährlichen Tribut – vor allem in Form von Sklaven –, behält aber bis ins 14. Jahrhundert hinein seine Unabhängigkeit.

- ✔ **643**: Eroberung Libyens
- ✔ **651**: Eroberung der letzten persischen Gebiete
- ✔ **655**: Sieg bei Phoinix (Anatolien) über Byzanz, der jedoch letztlich wegen der internen Kämpfe nicht genutzt werden kann. Obwohl Byzanz sich hier vorerst behaupten kann, wird Anatolien durch die Kämpfe stark in Mitleidenschaft gezogen.

In den eroberten Gebieten übernehmen die Umayyaden die noch relativ intakte persische beziehungsweise byzantinische Verwaltung. Nicht-Muslime müssen eine *Kopfsteuer* zahlen. Diese gilt als Zeichen der Unterwerfung und macht die Zahlenden zu Schutzbefohlenen, denen unter anderem das Tragen von Waffen verboten ist. Ursprünglich gilt sie nur für Juden, Christen und Sabäer (die Bewohner des alten Reichs von Saba), wird aber auf Zoroastrier und später auch Hindus ausgeweitet. Die Steuer macht anfangs einen beträchtlichen Teil der Einnahmen in den Kalifenreichen aus. Vermutlich auch deshalb wurden im 7. und 8. Jahrhundert meist noch keine besonderen Anstrengungen gemacht, die Unterworfenen zum Islam zu bekehren. Die Religionsausübung ist den Andersgläubigen grundsätzlich gestattet, darf jedoch nicht in der Öffentlichkeit vollzogen werden.

Unter Kalif *Abd al-Malik* (reg. 685–705) kommt es dann zu einer inneren Stärkung des Umayyadenreichs. Er wirft mehrere Revolten nieder und beendet das Gegenkalifat in Mekka, lässt erste islamische Münzen prägen und führt Arabisch als Amtssprache ein. Nicht-Muslime erhalten keine staatlichen Ämter mehr und die Frage, was öffentliche Religionsausübung ist, wird strikter ausgelegt, sodass es zu einer stärkeren gesellschaftlichen Trennung kommt. In Jerusalem lässt al-Malik den *Felsendom*, damals noch als offenen Kuppelbau, errichten; unter seinem Sohn *al-Walid* entsteht dort auch die *Al-Aqsa-Moschee*.

KAPITEL 9 Das turbulente Frühmittelalter 153

Die Expansion geht ebenfalls weiter:

- ✔ **698:** Eroberung Karthagos; zuvor war der vornehmlich beduinische Widerstand in Nordafrika vergleichsweise langsam gebrochen worden

- ✔ **706–751:** Eroberung Zentralasiens (heute Pakistan, Afghanistan, Tadschikistan, Usbekistan). Hier mussten die muslimischen Truppen mehrere Niederlagen einstecken, vor allem gegen **Suluk,** den Khan der Kök-Türken (reg. 715–738)

- ✔ **711–719:** Eroberung der iberischen Halbinsel (mehr dazu in Kapitel 10)

- ✔ **717:** Erfolglose Belagerung von Konstantinopel

- ✔ **724–743:** Krieg um Rajasthan, der letztlich scheitert

- ✔ **730:** Niederlage gegen die Chasaren

- ✔ **732:** Niederlage bei Tours und Poitiers (mehr dazu im Abschnitt *Eine neue Großmacht: Das karolingische Imperium*)

- ✔ **737:** Sieg über die Chasaren und Friedensvertrag

 Die Chasaren verehrten ursprünglich wie viele turk-mongolische Völker einen Himmelsgott namens *Tengri*. Ihre Herrscher jedoch konvertierten Ende des 8. Jahrhunderts zum Judentum. Vermutlich gibt es einen Zusammenhang mit dem jüdischen Fernhandel im frühen Mittelalter. Denn nachdem die Seidenstraße durch die umkämpften muslimischen Gebiete verlief, erfolgte der Landhandel zwischen Europa und dem Fernen Osten über das Chasarengebiet, bis die Chasaren im 10. Jahrhundert von den Kiewer Rus besiegt wurden.

Unterdessen formt sich im heutigen Turkmenistan eine Widerstandsgruppe gegen die Umayyaden, da diese in den Augen der Aufständischen einerseits zu weltlich agieren, andererseits von den alten Eliten aus Mekka bestimmt werden. Die Rebellen erreichen auch viele Perser, die trotz ihrer Bekehrung zum Islam unter den Umayyaden von allen Ämtern ausgeschlossen und als Menschen zweiter Klasse behandelt werden. Im Jahr 749 rufen die Rebellen in Kufa (Irak) *Abu l-Abbas* zum neuen Kalifen aus. Dieser kann ein Jahr später die Umayyaden militärisch schlagen und richtet anschließend ein Massaker unter den Mitgliedern der alten Herrscherfamilie an.

Abu l-Abbas und seine Nachfolger, die *Abbasiden,* stützen sich dann vor allem auf die persischen Muslime, übernehmen Kultur, Verwaltung und die prachtvolle Hofhaltung der Sassaniden und errichten mit *Bagdad* eine neue Hauptstadt. Allerdings geht die Prachtentfaltung trotz blühenden Handels langfristig zulasten der Landbewohner und schafft Probleme. Bereits ab 840 schwindet die Macht der Kalifen stetig. In den verschiedenen Reichsteilen übernehmen andere Dynastien die Macht, die sich als Schutzherren der Kalifen verstehen, während diese nur noch die obersten religiösen Repräsentanten sind.

Eine neue Großmacht: Das karolingische Imperium

Der fränkische Hausmeier Karl Martell, der Großvater Karls des Großen, ist vor allem deshalb bekannt, weil er im Jahr 732 bei Tours und Poitiers die Araber besiegt hat. Ganze Generationen haben ihn deshalb als Retter des Abendlandes gefeiert. Vermutlich hat er aber nur einen Raubzug unterbunden, allenfalls Südfrankreich vor einer Eingliederung in das muslimische Spanien bewahrt.

Entscheidender ist, dass Karl Martell das Militär des Frankenreichs reformiert: Anstatt auf ein Volksheer zu setzen, stellt er *Panzerreiter* auf. Damit diese ihre Ausrüstung bezahlen und ihren Lebensunterhalt bestreiten können, überlässt er ihnen Land. Damit schafft er das mittelalterliche *Lehnswesen* und die Grundlage des *Rittertums*. Mit dieser glänzend geschulten Elitetruppe attackiert er seine Feinde gerne dann, wenn sie es nicht erwarten, und schlägt so nicht nur die spanischen Araber, sondern auch die Sachsen, die ständig Raubzüge auf fränkisches Gebiet unternehmen. Außerdem gelingt es ihm, verloren gegangene Reichsteile wie Bayern und Alemannien zurückzuerobern und in anderen Gebieten die fränkische Herrschaft zu stärken. Die Merowingerkönige spielen keine Rolle mehr. Als Theuderich IV. im Jahr 737 stirbt, macht sich Karl Martell gar nicht mehr die Mühe, einen Nachfolger zu finden.

Was der Pakt mit den Päpsten bedeutete

Karl Martells Sohn und Nachfolger *Pippin der Jüngere* setzt mit Childerich III. zwar noch einmal einen Merowingerkönig ein. Im Jahr 751 fragt er aber beim Papst an, ob es nicht besser sei, dass derjenige König wäre, der auch die Macht habe. Als der Papst dies bejaht, lässt Pippin Childerich III. öffentlich das lange Haar, das Zeichen seiner Herrscherwürde, abscheren, schickt ihn ins Kloster und lässt sich selbst zum *Rex Francorum* (König der Franken) ausrufen.

Drei Jahre später kommt Papst *Stephan II.* ins Frankenreich und wirft sich Pippin in Büßerkleidung zu Füßen. Was ist geschehen? In Italien nutzen die Langobarden die byzantinische Schwäche und machen sich daran, den Stiefel unter ihre Kontrolle zu bringen. Sie erobern auch Teile des *Patrimonium Petri* (Vermögen des heiligen Petrus), des beträchtlichen Landbesitzes, den die Päpste durch Schenkungen erhalten haben, und fordern Steuern von den Bürgern Roms.

Nominell ist Mitte des 8. Jahrhunderts immer noch der oströmische Kaiser der Schutzherr der christlichen Kirche. Doch dieser ist nicht nur in den Abwehrkampf gegen die Araber verstrickt; Rom und Konstantinopel haben damals auch einen handfesten Streit. Es gibt wieder einmal theologische Differenzen um »die wahre Natur Christi«, aber auch um die Bilderverehrung. Während die lateinische Kirche glaubt, dass Bilder als *biblia pauperum (Bibel der Armen)* die Frömmigkeit fördern, haben sich große Teile der griechischen Kirche, inklusive der Kaiser – wohl aufgrund muslimischen Einflusses – daran erinnert, dass in den *Zehn Geboten* gefordert wird, sich »kein Bildnis zu machen«. Der *Bilderstreit* tobt bis 843 und führt zur Zerstörung vieler Ikonen und Wandmosaike, geht letztlich aber zugunsten der *Ikonodulen (Bilderverehrer)* aus.

KAPITEL 9 Das turbulente Frühmittelalter

In dieser Situation schließen der König und der Papst einen Pakt: Pippin verpflichtet sich, die fraglichen Gebiete zurückzugewinnen und schenkt Papst Stephan II. praktisch ganz Mittelitalien *(Pippinische Schenkung)*. Der Papst salbt dafür ihn und seine Söhne und ernennt ihn zum Schutzherren Roms *(Patricius Romanorum)*. Auf den ersten Blick sieht das nicht gerade nach einem guten Geschäft für Pippin aus. Doch dazu muss man wissen, dass eine *Königssalbung* damals nicht üblich war. Das Ritual war vor allem aus der Bibel bekannt. Im Alten Testament salbt der Priester Samuel die von Gott erwählten Könige Saul und David.

Die Salbung Pippins signalisiert seiner Umwelt demnach Folgendes:

✔ Er und seine Nachkommen sind die **von Gott erwählten** Könige.

✔ Es gibt **keinen übergeordneten Herrscher**, dem sie ihre Legitimation verdanken, wie das bei den Merowingern der Fall war, die von den oströmischen Kaisern bestätigt wurden.

✔ Der **Papst** ist das **Haupt der christlichen Kirche**, was die Patriarchen von Konstantinopel, Alexandria, Antiochia und Jerusalem keineswegs so sahen.

✔ Pippin hat die Macht, neue Maßstäbe zu setzen, was dem altgermanischen Grundsatz entspricht, dass Anführerschaft durch Erfolg legitimiert werden muss.

Wer aber hatte die Idee mit der Königssalbung? Die Spanier! Die erste bekannte Salbung fand 672 statt, als der *Erzbischof von Toledo* den neuen westgotischen König *Wamba* salbte. Danach wurde das Ritual wohl bei den Westgoten üblich – aber eben zunächst nur dort.

Die Idee mit der Salbung ist also zunächst ein genialer PR-Coup. Dass sich daraus später massive politische Probleme zwischen Papst und Kaiser ergeben, steht auf einem anderen Blatt. Eine sehr direkte, aber durchaus gewollte Folge ist, dass die christliche (lateinische) Kirche des Westens und die fränkischen Könige die *Hegemonie* (Oberhoheit) über das lateinische Europa übernehmen und sich nicht mehr sonderlich um das scheren, was in der griechischen Welt vor sich geht. Die Kluft zwischen Westeuropa und Osteuropa-Vorderasien wird damit zementiert.

Unmittelbar darauf zieht Pippin der Jüngere nach Italien und versucht die Langobarden zu einer freiwilligen Unterwerfung unter diesen Beschluss zu überreden. Als dies nicht funktioniert, unterwirft er sie eben militärisch. Die Langobarden inklusive der langobardischen Herzogtümer in Benevent und Spoleto müssen Pippins Oberhoheit anerkennen. Der Papst erhält vorerst die südliche Toskana, die Sabiner Berge und ein großes Gebiet an der Adriaküste von der Etsch-Mündung bis Ancona.

Was Kaiser Karl zum »Großen« machte

Karl der Große folgt seinem Vater Pippin dem Jüngeren im Jahr 768 auf den Thron – zunächst gemeinsam mit seinem Bruder *Karlmann*, der aber 771 stirbt, was womöglich eine Eskalation zwischen den Brüdern verhindert.

Karls Erfolge sind zunächst vor allem militärischer Natur:

✔ Als die **Langobarden** wieder in päpstliches Gebiet einfallen, unterwirft er sie 773, setzt seinen Ex-Schwiegervater Desiderius ab und macht sich selbst zum König. Danach nötigt er Papst Hadrian zu einem großen Empfang in Rom.

✔ Die **Awaren**, die von Pannonien aus immer wieder Raubzüge auf fränkisches Gebiet unternehmen, macht er erst tributpflichtig, später konfisziert er den östlichen Teil ihres Territoriums (Niederösterreich) als fränkische Grenzmark.

✔ Seinen Cousin, den bayerischen Herzog **Tassilo III.**, der demonstrativ unabhängig regiert, entmachtet Karl im Jahr 788 unter falschen Vorwürfen und schickt ihn in **Klosterhaft**. Die alte Führungsschicht der Stammesherzöge ist damit (vorerst) abgeschafft.

✔ Die **Slawen** zwischen Elbe und Oder werden durch mehrere Feldzüge in eine gewisse Abhängigkeit gebracht und an Raubzügen auf fränkisches Gebiet gehindert.

✔ Weniger erfolgreich sind die **Spanienfeldzüge**. Der erste, den er anno 778 in Verabredung mit muslimischen Regionalfürsten, die mit dem Emir von Cordoba verfeindet sind, unternimmt, endet erfolglos. Nach mehreren Einfällen der Araber führt ein weiterer Spanienfeldzug im Jahr 793 zur Einrichtung der schmalen **Spanischen Mark** im Norden.

Auf dem Feldzug von 778 lässt Karl aus Gründen, die nicht überliefert sind, auch die baskische Hauptstadt Pamplona zerstören. Danach lauern die *Basken* seiner Nachhut auf, die von dem bretonischen Grafen Hruotland geführt wird, und machen sie bei *Roncesvalles* nieder. Um 1110 entsteht das *Rolandslied*, das aus Hruotland Karls Neffen macht, der von einem Verräter in die Falle gelockt wird. Warum aber wurden im Spätmittelalter in vielen deutschen Städten *Rolande* aufgestellt? Sicher ist, dass die Ritterstatuen ein Symbol für die Eigenständigkeit und die Rechte von Städten sind. Möglicherweise bekamen die Statuen erst später den Namen des beliebten Helden.

✔ Letztlich erfolgreich ist die **Unterwerfung der Sachsen**. Sie dauert aber mit Unterbrechungen von 772 bis 804 und verläuft äußerst grausam. Die Sachsen unternehmen seit Chlodwigs Zeiten immer wieder Raubzüge auf fränkisches Gebiet. Außerdem sind sie noch Heiden. Für Karl ist es scheinbar eine Prestigesache, dieses doppelte Ärgernis zu beseitigen. Im Jahr 777 scheint der Widerstand schon einmal gebrochen, doch dann erheben sich die Sachsen unter dem westfälischen Herzog **Widukind** erneut. Karl stellt sie vor die Wahl »Taufe oder Tod« und richtet wiederholt Blutbäder an, das schlimmste anno 782 in **Verden an der Aller**, wo er angeblich 4500 »Rädelsführer« an einem einzigen Tag hinrichten ließ – eine Zahl, die manche Historiker anzweifeln. Jedoch kritisieren bereits Zeitgenossen, wie etwa Karls Vertrauter Alkuin, das brutale Vorgehen.

Nach der Unterwerfung und Taufe Widukinds im Jahr 785 lässt der Widerstand spürbar nach. Um seine Herrschaft in Sachsen zu konsolidieren, lässt Karl in großem Stil Sachsen nach Franken deportieren und siedelt in den sächsischen Gebieten Franken und slawische Verbündete an, die ebenfalls noch heidnischen **Abotriten**.

Karl der Große hätte aber nicht diese Bedeutung, wenn er lediglich ein erfolgreicher Eroberer gewesen wäre.

KAPITEL 9 Das turbulente Frühmittelalter 157

✔ **Er ordnet das Reich neu.** Es wird in 98 **Gaue** eingeteilt, die von einem sogenannten Gaugrafen verwaltet werden. Über Königsboten hält Karl ständigen Kontakt. In den Grenzregionen dagegen richtet er große **Marken** ein. Die sogenannten Markgrafen dürfen zum Beispiel selbst Heere ausheben, um die Grenzen schnell genug verteidigen zu können.

✔ **Er sorgt für eine kulturelle Renaissance.** Für seine Hofkanzlei – die ständig mit ihm auf Reisen durch das Reich ist – wirbt Karl die fähigsten Köpfe seiner Zeit an, vor allem den britischen Gelehrten **Alkuin von York.** Antike Schriften und andere Bücher werden wieder wertgeschätzt, gesammelt und kopiert. Es werden eine neue Schrift (**Karolingischer Minuskel**) und neue Formen der Buchmalerei entwickelt, die lateinische Sprache reformiert, zentrale religiöse Texte standardisiert und die Liturgie überarbeitet. Klöster, von denen viele neu gegründet werden, bekommen die Anweisung, Schulen und Skriptorien zu unterhalten. Mit Rückgriff auf das Wissen der Antike werden wieder große Bauwerke realisiert, allen voran die **Kaiserpfalz** und **Pfalzkapelle in Aachen.**

Karl der Große ist einer der Herrscher, über dessen Privatleben man relativ gut Bescheid weiß – dank der Biografie, die sein Vertrauter *Einhard* schrieb. Natürlich muss man in Rechnung stellen, dass vieles beschönigt ist. Doch es ist tatsächlich eine Biografie, keine legendenhafte Verherrlichung voller unglaubwürdiger Details. So hasste Karl Ärzte und Prunkkleidung, hatte aber einen großen Bildungshunger und liebte gutes Essen. Vor allem fröhliche Tafelrunden gingen ihm über alles, wenngleich er Trunkenheit verabscheute. Seine Gelehrten, seine ebenfalls sehr gebildeten Töchter und später seine Enkel mussten ständig um ihn herum sein. Heiraten der Töchter duldete er nicht, Liebschaften inklusive unehelicher Kinder waren hingegen kein Problem.

✔ **Er kümmert sich um alles.** Karl erlässt ständig sogenannte **Kapitularien**, schriftliche Anweisungen mit Gesetzeskraft, die sich auf politische, kirchliche, militärische, administrative oder kulturelle Dinge beziehen können. Er vereinheitlicht damit die Rechtsprechung, befiehlt eine Bildungsoffensive und verurteilt Häresien, schreibt aber auch den königlichen Gütern detailliert vor, welche Nutz- und Heilpflanzen sie anbauen sollen.

✔ **Er unterhält Beziehungen zu anderen Monarchen,** sogar zum Abbasiden-Kalifen **Harun al-Raschid,** der ihm einen Elefanten namens Abul Abbas schenkt. Karl geht es dabei wohl vor allem darum, Pilgerreisen nach Jerusalem zu ermöglichen. Die guten Beziehungen dienen aber auch dem Handel.

✔ **Er lässt sich zum Kaiser krönen.** Im Jahr 799 flieht der übel beleumdete Papst Leo III. vor dem römischen Adel. Karl hält in Rom einen Gerichtstag ab, zu dem Ergebnis kommt, dass die erhobenen Vorwürfe gegen den Papst nicht erwiesen sind. Dieser leistet einen Reinigungseid und krönt Karl am Weihnachtstag 800 zum Kaiser. Angeblich geschieht dies gegen Karls Willen, doch die Historiker sind sich ziemlich sicher, dass alles abgesprochen war.

Karl der Große wird nicht zum deutschen, sondern zum *römischen Kaiser* gekrönt. Damit soll das untergegangene Römische Reich unter christlichen Vorzeichen wiedererrichtet werden. Dass es noch ein Oströmisches Reich gibt, das dieses Erbe für sich reklamiert, wird schlichtweg ignoriert. Zudem sitzt dort gerade mit *Irene* eine sehr umstrittene und erfolglose Frau auf dem Thron. Im Jahr 812 gesteht *Michael I.* Karl seinen Kaisertitel zu.

Mit der Existenz zweier römischer Kaiser wird insgesamt sehr pragmatisch und unideologisch umgegangen – vor allem da man sich auch kaum einmal in die Quere kommt. In Europa beansprucht Karl mit dem Kaisertitel zwar Vorrang vor anderen Herrschern, territoriale Ansprüche sind damit aber nicht verknüpft. Über sein Reich regiert er als *König der Franken und Langobarden*. Der Begriff *Heiliges Römisches Reich Deutscher Nation* kommt erst im 15. Jahrhundert auf.

Was sich aus seinem Erbe entwickelte

Das Reich Karls des Großen erbt im Jahr 814 sein einzig überlebender legitimer Sohn *Ludwig der Fromme*. Dieser betreibt eine sehr engagierte Kirchenpolitik, führt ansonsten aber im Inneren den Kurs seines Vaters fort. Außenpolitisch ist er nur mit vergleichsweise geringfügigen Rebellionen an den Grenzen konfrontiert. Zum Drama gerät jedoch die Aufteilung seines Reichs auf vier Söhne aus zwei Ehen. 830 wird er von Hofkreisen, die vor allem seine zweite Frau Judith ausschalten wollen, kurzzeitig zugunsten seines ältesten Sohns entmachtet, 833 sogar von den drei älteren militärisch besiegt, die dann jedoch gegeneinander kämpfen.

Anno 843, drei Jahre nach seinem Tod, einigen sich die drei überlebenden Söhne dann im *Vertrag von Verdun* darauf, dass *Karl der Kahle* den Westen, *Ludwig der Deutsche* den Osten und *Lothar*, der Älteste, »Lotharingen«, einen Streifen von der niederländischen Küste bis zum Kirchenstaat, samt der Kaiserkrone bekommt. Dieser Vertrag wird gerne als der Beginn der eigenständigen Entwicklung von Deutschland und Frankreich angesehen, war aber nach zwölf Jahren bereits Makulatur. Es kommt in der Folge noch zu diversen Umverteilungen der Macht im Reich und im Jahr 885 unter *Karl III.*, einem Sohn Ludwigs des Deutschen, auch zu einer Wiedervereinigung. Diese ist allerdings ebenfalls nach zwei Jahren wieder passé, als Karl III. auf einem Reichstag im Ostfrankenreich entmachtet und durch seinen Neffen *Arnolf von Kärnten* ersetzt wird, da er kein Mittel gegen die exzessiven Angriffe der Wikinger gefunden hat.

Im Westfrankenreich dagegen werden nach Karls Tod im Jahr 888, da kein erwachsener Karolinger zur Verfügung steht, von rivalisierenden Adelsparteien sowohl der Langobarden-Herzog *Wido von Spoleto* wie auch Graf *Odo von Paris* zum neuen König proklamiert. Obwohl Papst *Stephan V.* Wido sogar zum Kaiser krönt, setzt sich am Ende Odo durch, der 885 erfolgreich die Verteidigung der Stadt gegen eine Belagerung durch dänische Wikinger organisiert hat.

 Auch wenn es oft so scheint, weil den meisten Königen ihre Söhne auf den Thron folgen, ist das Frankenreich – wie auch später das römisch-deutsche Kaiserreich – keine Erbmonarchie: Jede Königsernennung braucht die *Zustimmung der Reichsfürsten*. Um ihre Söhne als Nachfolger durchzusetzen, müssen die Könige den Fürsten also erhebliche Zugeständnisse machen. So entsteht ein starker Föderalismus, während sich im späteren Frankreich Erbmonarchie und Zentralismus durchsetzen.

KAPITEL 9 Das turbulente Frühmittelalter 159

Die Westfranken setzen nach dem Tod Graf Odos im Jahr 898 wieder einen Karolinger auf den Thron, die Ostfranken aber entscheiden sich im Jahr 911 nach dem Aussterben ihrer Karolinger-Linie nicht für eine Wiedervereinigung mit dem Westen, sondern wählen in Forchheim *Konrad*, den Herzog von Franken, zu ihrem neuen König. Diesmal ist es endgültig: Ost- und Westfrankenreich werden zu zwei autonomen Staaten.

Gefährliche Weltenbummler: Die Wikinger

Die Wikinger werden im 9. Jahrhundert zu einem Trauma für die Bewohner von Westeuropa und der Britischen Inseln. Zwar hat es Überfälle von skandinavischen Seefahrern auch schon früher gegeben, doch stellten sie offenbar – auch gemessen an den Beutezügen anderer Völker – kein großes Problem dar. Denn eigentlich sind die Skandinavier keine Seeräuber, sondern Bauern. Lediglich die jungen Männer schließen sich zu Gefolgschaften unter Führung eines Adeligen zusammen und gehen für begrenzte Zeit »auf Wiking«. Dänen, Norweger und Schweden sind also nur dann Wikinger, wenn sie sich auf ausgedehnte See-Expeditionen begeben.

Raubzüge junger Männer, die ihren Mut beweisen und sich ein Startkapital für die eigene Existenz erbeuten wollen, finden sich bei vielen traditionellen Stammesgesellschaften, allerdings häufiger bei Nomaden als bei sesshaften Völkern. Einige Historiker führen die Raubzüge der Wikinger deshalb auf die *Polygamie* zurück. Generell seien polygame Gesellschaften kriegerischer, weil so die arrivierten Männer die Anzahl möglicher Konkurrenten verringern können und andererseits der Kampf der Jungen um möglichst viele Frauen (und damit möglichst viel Prestige) aus der eigenen Gemeinschaft nach außen verlagert wird.

Genetische Untersuchungen auf Island ergaben, dass nicht wenige Einwohner väterlicherseits skandinavische, mütterlicherseits aber typisch keltische DNA haben. Aber auch Männer wurden von den Wikingern geraubt und zu Arbeitssklaven gemacht.

Im späten 8. Jahrhundert ändert sich die traditionelle Form des Wikinger-Seins. Es entstehen große Banden, die im Prinzip nichts anderes als Piraterie betreiben. Sie leben oft gar nicht mehr in den skandinavischen Ländern, sondern in *Piratennestern* auf kleineren Inseln, an unzugänglichen Küsten, etwa in Irland, oder sogar dauerhaft auf ihren Schiffen. Vermutlich handelt es sich bei vielen der Seeräuber um Verbannte, die wegen einer Bluttat ihre Heimat verlassen mussten.

Der Überfall auf Lindisfarne

Als Beginn der Wikingerzeit gilt der *Überfall auf das Kloster Lindisfarne* an der englischen Ostküste am 8. Juni 793. Gegen Mittag hätten Schiffe angelegt, denen muskulöse Männer in engen Hosen und wamsartigen Kitteln entstiegen seien, die bis zum Abend alle Bewohner erschlagen, ertränkt oder verschleppt hätten, erzählen die Chroniken. In den folgenden 100 Jahren werden die Überfälle dann immer dreister. Nicht nur schlecht geschützte Klöster und Dörfer an der Küste werden zur Beute der Wikinger, sondern auch Städte in ganz Westeuropa. Die Räuber, die von den anderen Europäern meist Normannen (Nordmänner) genannt werden, suchen nicht nur die Küsten heim, sie segeln auch die großen Flüsse wie

160 TEIL III Die Zeit der Kaiser und Könige – Mittelalter und frühe Neuzeit

Rhein, Loire, Rhône oder Themse hinauf. Vor allem *dänische Wikingerhäuptlinge* rüsten große Flotten mit erfahrenen Kriegern aus und planen nicht nur einzelne Raubzüge, sondern Unternehmungen, die auf einen ganzen Sommer oder sogar mehrere Jahre angelegt sind.

✔ In den Jahren nach dem Angriff auf Lindisfarne werden zahlreiche andere Orte auf den Britischen Inseln überfallen. Vor allem auf den **Hebriden** und der **Isle of Man** entstehen zahlreiche Wikingerstützpunkte. Im 13. Jahrhundert führen dann der schottische König **Alexander III.** und der norwegische König **Hakon IV.** Krieg um dieses **Königreich der Inseln**, der 1266 zugunsten Schottlands ausgeht.

✔ Etwa ab 840 machen überwiegend **norwegische Wikinger** die Insel **Noirmoutier** an der Loire-Mündung zu ihrem festen Stützpunkt und plündern von dort das Westfrankenreich. Dabei paktieren sie teils mit regionalen Fürsten.

✔ 844 unternehmen diese **Loire-Wikinger** unter Führung der dänischen Brüder **Hasting** und **Björn Eisenseite** einen Raubzug ins Mittelmeer, werden aber von Emir **Ab ar-Rahman II.** geschlagen. Im Jahr 859 starten sie mit 62 Schiffen einen erneuten, drei Jahre dauernden Mittelmeerzug, dem unter anderem Algeciras, die Balearen, Narbonne, Arles, Nîmes, Fiesole und Pisa zum Opfer fallen.

✔ 845 wird **Hamburg** niedergebrannt. Außerdem überfallen vornehmlich dänische **Wikinger** mit 120 Schiffen **Paris**. König **Karl der Kahle** erkauft sich ihren Abzug mit 7000 Pfund Silber. Die Zahlung eines solchen **Danegelds** hat aber meist nur sehr begrenzte Wirkung, da die großen Wikingeraufgebote nicht unter einheitlicher Führung stehen. Insgesamt wird Paris mindestens noch fünf Mal von Wikingern überfallen.

Einer der Anführer bei dem Angriff auf Paris ist ein gewisser *Ragnar*. Er wird mit dem Sagenheld *Ragnar Lodbrok* gleichgesetzt. Eine seiner Frauen soll *Aslaug* gewesen sein, eine Tochter von Sigurd, dem Drachentöter, und der Walküre Brünhild (aus der nordischen Variante des *Nibelungenlieds*). Ihm werden auch eine Reihe von Söhnen zugeschrieben, darunter die Brüder Hasting und Björn Eisenseite, aber auch Männer mit so pittoresken Namen wie Sigurd Schlangenauge und Ivar der Knochenlose.

Auch um andere Wikinger und die frühen skandinavischen Könige gibt es einen Schatz an *Sagas*. Der wahre Kern dieser spannenden Geschichten wird von der Wissenschaft allerdings in den meisten Fällen als äußerst gering eingestuft.

✔ 865 fällt eine ungewöhnlich große Armee aus mehreren Tausend Wikingern in **Mittelengland** ein und erobert im Lauf der nächsten Jahre große Teile von Northumbria, East Anglia und Mercia. Im Jahr 878 erkennt König **Alfred von Wessex** das Wikingerreich (**Danelag**) an, in das wohl auch viele »zivile« Siedler aus Dänemark eingewandert sind. Im Gegenzug fordert Alfred die Taufe der Führer. Zwischen 918 und 954 erobern die Könige von Wessex den Danelag jedoch zurück.

Viele englische Worte und Ortsnamen sind aus dem Dänischen entlehnt, denn obwohl der Danelag nicht lange Bestand hat und die englischen Könige ihn nach der Eroberung administrativ in ihr Reich eingliedern, behält die dort lebende Bevölkerung noch lange ihre dänischen Traditionen bei. Typische »dänische« Dörfer sind solche, deren Namen auf -by, -dale, -ey, -gate, -kirk, -thorpe oder -toft enden.

✔ Im Herbst 881 suchen Wikinger von einem festen Lager in Elsloo an der **Maas** aus die Eifel und die Ardennen heim. Neben vielen Klöstern überfallen sie Maastricht, Lüttich und Aachen, wo sie die Pfalz niederbrennen. Im Frühjahr 882 nehmen sie sich die Klöster und Städte an **Rhein** und **Mosel** vor, darunter Köln, Bonn, Andernach und Trier. Zehn Jahre später gibt es einen zweiten großen Beutezug an der Mosel.

✔ Ende November 885 erscheint wieder ein riesiges Aufgebot dänischer Wikinger vor **Paris**. Graf Odo lehnt jedoch jegliche Verhandlungen ab, woraufhin die Wikinger die Stadt mit Katapulten beschießen und die Brücken niederbrennen. Die Verteidiger halten jedoch durch, bis im Oktober 886 König Karl III. mit einem Heer erscheint. Er sucht allerdings nicht den Kampf, sondern bewegt die Belagerer durch Zahlung eines Danegeld zum Abzug. Die Eroberer ziehen zwar weiter nach Burgund, doch Karl III. ist politisch erledigt.

Die zeitgenössischen Chroniken berichten meist von sinnloser Zerstörungswut und großen Grausamkeiten der Wikinger, die das, was in Kriegen und Fehden innerhalb der überfallenen Länder üblich ist, anscheinend deutlich übersteigen. Die Überfälle ebben jedoch ab, als sich in Skandinavien größere Reiche bilden:

✔ Der erste historisch greifbare **König von Dänemark** ist Gorm der Alte (gest. 958), der über Jütland regiert.

✔ Für **Norwegen** ist dies Harald Schönhaar (852–933), der große Teile der Westküste beherrscht.

✔ Der erste nachgewiesene **schwedische König** ist Erik der Siegreiche (um 945–995), der in Mittelschweden herrscht.

Mit dem Durchsetzen einer zentralen Gewalt geht eine Verurteilung des Wikingerwesens einher. Auch die skandinavischen Könige rühmen sich nun, Überfälle der Wikinger unterbunden zu haben.

Sven Gabelbart und Knut der Große

Sven Gabelbart, der Sohn von Dänemarks erstem christlichen König *Harald Blauzahn*, möchte nicht auf Wikingerfahrten verzichten. Im Jahr 986 vertreibt er seinen Vater vom Thron – und den christlichen Klerus aus dem Land. 994 überfällt er zusammen mit seinem späteren Schwager, dem norwegischen König *Olav I. Tryggvason* (einem fanatisch grausamen Kämpfer für das Christentum), London und zieht dann plündernd durch England, bis König *Ethelred II.* 16 000 Pfund Danegeld bezahlt.

Ethelred rächt sich anno 1002 mit einem Massaker an den Dänen im Danelag, dem auch Svens Schwester zum Opfer fällt. Sven kontert mit fünf weiteren Raubzügen nach England. 1013 vertreibt er Ethelred und lässt sich zum König von England krönen. Sein Sohn *Knut der Große* herrscht ab 1016 über ein Großreich, das England, Dänemark, Norwegen und den Süden Schwedens umfasst. Nachdem er seine Macht erst einmal durchgesetzt hat, bedeutet das für den skandinavischen Raum eine weitgehend friedliche und wirtschaftlich prosperierende Zeit.

Auch aus den Wikingerkolonien werden im 10. Jahrhundert teilweise »normale« zivile Gesellschaften. Den größten Coup landet *Rollo,* einer der Belagerer von Paris: Im Gegenzug dafür, dass er sich christlich taufen lässt, erhält er von König *Karl dem Einfältigen* im Jahr 911 das eroberte Land um die Seine-Mündung als *Grafschaft Rouen* übertragen. Unter seinen Nachkommen wird daraus das *Herzogtum Normandie.* Etwa zur selben Zeit bekommen andere Wikinger die eroberte Bretagne als *Grafschaft Nantes* verliehen. Sie werden aber 936 von dem bretonischen Herzog *Alain II.* mit englischer Hilfe wieder vertrieben.

Die Erforschung des Atlantiks

Die skandinavischen Seefahrer wagen sich auch weit hinaus auf den Atlantik und besiedeln ferne Inseln. Mit den typischen Wikingerfahrten hat das aber meist nichts zu tun. Überwiegend handelt es sich um norwegische Anführer, die mit ihrem Gefolge (aus Männern und Frauen) eine neue Heimat suchen, etwa weil sie in der alten ausgestoßen worden sind.

✔ Auf den **Färöer-Inseln** landen 795 die ersten Wikinger. Die bereits dort lebenden irischen Mönche fliehen vermutlich nach Island. 825 lassen sich dann Wikinger unter Führung eines gewissen **Grimur Kamban** dauerhaft auf den nun wieder menschenleeren Inseln nieder. Da Kamban ein keltischer Name ist, stammen die Siedler möglicherweise aus einem Wikingernest auf den britischen Inseln. Um 900 fliehen viele Norweger vor der Herrschaft Harald Schönhaars auf die Färöer.

✔ **Island** wird im 9. Jahrhundert von Norwegen aus systematisch besiedelt. Nach dem *Landnámabók,* dem *Buch von der Landnahme,* gilt **Ingolfur Arnarson,** der um 870 wegen einer Totschlagsanklage Norwegen verlassen musste, als erster Siedler.

✔ Die **Shetlandinseln** werden im 8. Jahrhundert von Wikingern besiedelt. Was aus der eingesessenen Bevölkerung wird, ist unbekannt. Die Inseln entwickeln sich dann zum Piratenstützpunkt. Von Shetland aus werden die Orkneys erobert und Angriffe gegen die schottische und die norwegische Küste unternommen. Anno 875 erobert und annektiert der norwegische König Harald Schönhaar beide Inselgruppen.

✔ **Grönland** wird um 975 entdeckt. Einige Jahre später steuert **Erik »der Rote« Thorvaldsson,** der wegen Mordes für drei Jahre aus Island verbannt worden ist, das Land an und wirbt anschließend 25 Schiffe voller Siedler an. Um 1550 sterben die Wikinger auf Grönland aus. Warum, ist bis heute ungeklärt.

✔ **Amerika** ist wohl der Zufallsfund eines gewissen **Bjarni Herjolfsson,** der gegen Ende des 10. Jahrhunderts auf der Fahrt von Island nach Grönland im Nebel und Sturm vor die Küste Neufundlands gerät. Um 1000 kommt auch **Leif Erikson,** der Sohn Eriks des Roten – ob absichtlich oder nicht, ist unklar – nach Neufundland und gründet dort die Kolonie **Vinland,** die allerdings nur eine Generation lang besteht, sodass diese Entdeckung keine historischen Folgen hat.

Die Gründung des russischen Reichs

Traditionell gelten die Gründer der russischen Reiche als *schwedische Wikinger*. Die typischen Raubzüge vom Schiff aus spielen hier aber keine Rolle. Dafür entstehen etwa ab Mitte des 8. Jahrhunderts im östlichen Ostseeraum skandinavische Handelsplätze. Anfang des 9. Jahrhunderts gibt es dann entlang der Flussläufe eine Handelsroute vom Ladogasee über Nowgorod, Witebsk und Kiew ans Schwarze Meer und von dort weiter nach Konstantinopel. Dort werden die fremden Händler *Waräger* genannt.

Einzelne warägische Kaufleute kommen bis an Kaspische Meer, nach Bagdad und möglicherweise auch auf die Arabische Halbinsel. Gehandelt werden vor allem Luxuswaren wie byzantinische Seide oder orientalische Gewürze, zunehmend aber auch russische Pelze und Sklaven, da die Waräger die Kontrolle über das Land rund um ihre Handelsstützpunkte und dessen Einwohner übernehmen. Im Jahr 862 soll dann der Waräger *Rjurik* das *Fürstentum Nowgorod* gegründet haben.

Die *Nestorchronik*, die im 12. Jahrhundert in einem Kloster in Kiew entstand, erklärt, *Rus* sei ein anderer Name für Waräger gewesen und nach diesen sei das ganze Land später Rus genannt worden. Ältere Belege für den Namen »Rus« sind jedoch nicht auffindbar. Die gängige Theorie lautet, dass Rus eine Verballhornung von *Ruotsi* ist, der damaligen finnischen Bezeichnung für Schweden. In den Reichen der Rus hat demnach eine aus Schweden stammende Oberschicht über die eingesessene slawische Bevölkerung geherrscht. Es gibt jedoch auch – vor allem in Russland – Theorien, die Rus seien ein slawischer Stamm gewesen, der die Oberherrschaft über seine Nachbarn erringen konnte.

✔ 882 verlegt Rjuriks Nachfolger **Oleg** die Hauptstadt des Reichs nach **Kiew**. Von dort führt er 907 einen Kriegszug gegen Byzanz. 911 schließt er dann aber einen Handelsvertrag mit Kaiser Leo VI.

✔ 957 lässt sich Fürstin **Olga** in Konstantinopel taufen. Auf ihre Bitte hin schickt der deutsche Kaiser Otto I. **Adalbert**, den später heiliggesprochenen Erzbischof von Magdeburg, ins Warägerreich. Seiner Missionarstätigkeit ist allerdings kein großer Erfolg beschieden.

✔ Olgas Sohn **Swjatoslaw I.** zerstört um 967 das **Khanat der Chasaren** und erobert vorübergehend sogar das **Bulgarische Reich** auf dem Balkan.

✔ Sein Sohn **Wladimir I.** vergrößert das Reich noch weiter. Es umfasst schließlich den größten Teil der heutigen Staaten Weißrussland und Ukraine sowie das westliche Russland bis zur Wolga. 988 steht Wladimir I. dem byzantinischen Kaiser **Basileios II.** gegen die Bulgaren bei und lässt sich anschließend taufen. Die »russischen« Christen übernehmen damit die griechische Liturgie – allerdings in slawischer Sprache. Wladimir erhält Basileios' Schwester Anna zur Frau und wird Bündnispartner des Kaisers. Angeblich 6000 Krieger bleiben als berüchtigte **Warägergarde** am Königshof in Konstantinopel.

✔ Sein Sohn **Jaroslaw I. der Weise** sucht den Kontakt nach Westen. Er heiratet eine Tochter des schwedischen Königs **Olof Skötkonung**. Seine Töchter werden Königinnen von Frankreich, Ungarn und Norwegen.

Wladimir I. hat neun, Jaroslaw I. sieben Söhne. Das Warägerreich zerfällt deshalb in immer mehr Teilfürstentümer – Halitsch, Nowgorod, Perejaslaw, Polozk, Rjasan, Rostow, Smolensk, Tschernigow, Turow und Wladimir –, die von Mitgliedern der **Rurikiden-Dynastie** regiert werden und unter der Oberhoheit des *Großfürsten von Kiew* stehen. Es kommt zu zahlreichen internen Kämpfen. Außerdem wird das Reich immer wieder von Nomadenvölkern wie den *Petschenegen, Kumanen* oder *Alanen* attackiert. Die Fürstentümer bleiben jedoch auch bestehen, als das Reich zwischen 1223 und 1240 von Dschingis Khans Armeen erobert wird. Dazu mehr im nächsten Kapitel.

IN DIESEM KAPITEL

Die Zeit der Ritter und Burgen (10. bis 13. Jahrhundert)

Glaubenskämpfe

Ein Blick nach Ostasien

Kapitel 10
Das glänzende Hochmittelalter

Willkommen im Bilderbuch-Mittelalter! Etwa um 950 beginnt in der nördlichen Hemisphäre eine *Warmzeit*, die etwa 300 Jahre lang anhält. Außerdem konsolidiert sich Europa politisch. Überall entstehen Staaten mit relativ festgelegten Grenzen. Anstelle von Eroberungen und Raubzügen bestimmen nun eher interne Konflikte die Geschichte. Dazu trägt auch bei, dass immer mehr Herrscher zum Christentum übertreten. Etwa um 865 lässt sich Boris I. von Bulgarien taufen, 880 Borivoj I. von Böhmen, 960 Harald Blauzahn von Dänemark und Norwegen, 966 Mieszko von Polen, 1000 Stephan I. von Ungarn und 1008 Olof Skötkonung von Schweden.

Entgegen landläufiger Meinung sind es aber gar nicht so sehr die Christen, die Heidengebiete an ihren Grenzen »mit Feuer und Schwert« missionieren. Vielmehr erkennen die Herrscher selbst die Vorteile, die in einer *Christianisierung* ihrer Länder liegen. Denn damit müssen sie von den etablierten christlichen Mächten als »Brüder« anerkannt werden. Ein *Angriffskrieg* etwa ist nicht mehr so einfach möglich, es braucht nun schon einen mindest halbwegs plausiblen Vorwand.

Vor allem die Taufe von *Mieszko I.* von Polen (reg. 960–992) freut die deutschen Fürsten nicht gerade. Denn nun tritt er als Konkurrent bei der Unterwerfung der noch heidnischen Slawen auf und erobert Schlesien und Pommern. Nachdem das vom deutschen Kaiser *Otto I.* bereits tributpflichtig gemachte Gebiet zwischen Oder und Elbe durch einen großen Aufstand 983 dem Kaiserreich wieder verloren geht, versucht Mieszko, seine Macht auch über die hier lebenden Elbslawen auszudehnen. Mieszkos Sohn *Boleslaw Chrobry* liefert sich dann intensive Kämpfe mit Kaiser **Heinrich II.** um die Lausitz.

Im 11. Jahrhundert machen dann zahlreiche Neuerungen wie Räderpflug, Egge, besseres Zuggeschirr für Ochsen und Pferde, sowie die Dreifelderwirtschaft die Landwirtschaft effektiver. Die Bevölkerung wächst enorm, und im 12. Jahrhundert wird aus dem agrarischen ein wirtschaftlicher Aufschwung. Doch der zivilisatorische Fortschritt Europas ist nicht nur hausgemacht. Trotz Kreuzzügen und dem Einfall der Mongolen dauern die Verbindungen nach Asien fort.

Wissen Sie, was Endungen wie -rieth, -roda, -brand, -loh, -schlag, -scheid oder -hagen in deutsche Ortsnamen verraten? Fast all diese Siedlungen entstanden im 11. Jahrhundert, als in großem Stil Wald gerodet oder niedergebrannt wurde, um neue Dörfer anzulegen. Ältere Orte dagegen enden eher mit -ing, -ungen, -hofen, -heim oder -dorf, meist in Verbindung mit einer Flurbezeichnung oder dem Namen des Anführers der Erstbesiedler. Die Endungen -ow oder -au sind die slawische Entsprechung zu den Orten mit der Endung -ing.

Doch zunächst zu dem Reich, das wie kein anderes für das Hochmittelalter steht: *das römisch-deutsche Kaiserreich*.

Kaiser und Päpste

Am 7. April 924 wird in Verona Kaiser *Berengar* ermordet. Noch nie von ihm gehört? Damit stehen Sie nicht allein. Das mittelalterliche Kaisertum ist im öffentlichen Bewusstsein so sehr mit den deutschen Königen verbunden, dass oft eine nahtlose Linie zwischen Karl dem Großen und den Dynastien der *Ottonen*, *Salier* und *Staufer* gezogen wird. Doch die gibt es nicht. Während die letzten Karolinger gegen die Wikinger kämpfen, krönen die Päpste zwischen 891 und 915 ihre jeweiligen Favoriten für die Herrschaft in Italien zu Kaisern. Berengar ist der letzte von ihnen.

Unterdessen haben sich im Ostfrankenreich die alten, von Karl dem Großen abgeschafften *Stammesherzogtümer* wieder gebildet: *Franken*, *Sachsen*, *Bayern*, *Schwaben* (Alemannien) und *Lothringen*. Viel ist von diesem Prozess nicht bekannt, aber es ging wohl äußerst blutig zu. Diese Herzöge wählen im Jahr 911 Konrad von Franken, 919 Heinrich von Sachsen und 936 dessen Sohn Otto zu ihrem König. Erst mit diesem nimmt das römisch-deutsche Kaiserreich wirklich seinen Anfang.

Erneuerung des Kaiserreichs: Otto der Große

Otto I. (oder später »der Große«) lässt sich am 7. August 936 in Aachen in fränkischer Tracht durch den Erzbischof von Mainz krönen. Beim anschließenden Festmahl dienen ihm die Herzöge von Lothringen, Franken, Bayern und Schwaben als Kämmerer, Truchsess, Marschall und Mundschenk. Vermutlich hat er sich dieses Zeremoniell selbst ausgedacht, jedenfalls knüpft er damit deutlich an Karl den Großen an. Bis Papst Johannes XII. ihm und seiner zweiten Frau Adelheid am 2. Februar 962 in Rom die Kaiserkrone aufsetzt, vergehen allerdings mehr als 25 Jahre.

Die Schlacht auf dem Lechfeld

Otto der Große ist vor allem für seinen Sieg über die Ungarn am 10. August 955 in der *Schlacht auf dem Lechfeld* bei Augsburg bekannt. Die Ungarn stammen ursprünglich wohl aus dem Ural, wurden durch den Einfluss ihrer Nachbarn zu Reiternomaden und durch die zahlreichen Umwälzungen in den südrussischen Steppengebieten nach Westen getrieben. Im 9. Jahrhundert wanderten sie in das pannonische Tiefland ein. Ab 899 begannen sie ihre Raubzüge in das Karolingerreich. Diese trafen zunächst die Grenzmarken und Bayern, 912 wurden dann Franken und Thüringen in Mitleidenschaft gezogen, 913 auch Sachsen, 917 die heutige Schweiz, das Elsass und Lothringen und 937 sogar Frankreich. Zeitweilige Siege der deutschen Fürsten hatten keine nachhaltige Wirkung. Otto I. gelingt es jedoch – trotz eines eben erst beendeten Aufstands rund um seinen Sohn Liudolf – die deutschen Fürsten zu einer gemeinsamen Aktion zu bewegen. Entscheidend zum Sieg trägt einer der Rebellen bei, Ottos Schwiegersohn *Konrad der Rote von Lothringen*, der in der Schlacht fällt. Im Gegensatz zu früher lässt Otto die geschlagenen Truppen nach dem Sieg verfolgen und niedermachen. Die Ungarn werden nach der Niederlage beinahe umgehend sesshaft und hören auf, eine Gefahr für das übrige Europa zu sein.

Bereits 951 sichert sich Otto I. durch die Heirat mit *Adelheid von Burgund*, der Witwe des italienischen Königs, die Langobarden-Krone, die den Karolingern 888 mit dem Tod Karls III. verloren gegangen ist. Nach ihm erheben dann alle römisch-deutschen Könige den Anspruch auf die Herrschaft über Italien. Dieser bleibt jedoch immer umstritten und wird mal weniger, mal mehr und oft sehr blutig durchgesetzt. Ottos eigener Sohn *Otto II.* scheitert 982 bei dem Versuch, den Byzantinern und Sarazenen auch Süditalien zu entreißen. Er kann noch mit Mühe und Not sein Leben retten, stirbt jedoch wenig später an Malaria.

Überhaupt ist nie ganz klar, welcher Anspruch mit der Kaiserkrone verbunden ist. Ottos Enkel *Otto III.*, ein äußerst frommer, junger Idealist, möchte das römische Kaiserreich tatsächlich zu einem Dach machen, das alle christlichen Herrscher des lateinischen Europas eint. Er überlässt die Verwaltung in Deutschland seiner Tante Mathilde, der Äbtissin von Quedlinburg, residiert selbst in Rom und setzt mit seinem Cousin Gregor V. einen Papst ein, der mit ihm kooperiert. Bei der Durchsetzung seiner Ideen gegenüber den anderen Fürsten setzt er auf Konsens, ernennt sowohl Boleslaw Chrobry von Polen wie Stephan den Heiligen von Ungarn zum »Freund und Mitarbeiter«, gewährt ihnen königliche Rechte und erhebt das polnische Gnesen zum Erzbistum, auf das die deutschen Könige keinen Einfluss mehr haben. Das trägt ihm sowohl von seinen Zeitgenossen wie der Nachwelt viel Kritik ein. Die Frage, ob seine Vision irgendeine Chance auf Erfolg gehabt hätte, ist durch seinen frühen Tod mit nur 22 Jahren unbeantwortet geblieben. Seine Nachfolger setzen wieder auf pragmatische Machtpolitik. So bleibt das Kaiserreich ein ziemlich merkwürdiges Gebilde, bei dem Anspruch und Wirklichkeit oft weit auseinanderklaffen.

Intern beanspruchen die Kaiser, sowohl Herzogtümer und Grafschaften wie auch Bischofssitze nach ihrem Gutdünken besetzen zu können. Im weltlichen Bereich jedoch führen jede Absetzung und jeder Eingriff in die Erbfolge zu massiven Problemen. Deswegen fördern die Herrscher eine immer größere politische Rolle der Bischöfe. Diese entscheiden in der Reichsversammlung mit und stellen Heeresaufgebote für Kriegszüge. Im Gegenzug erhalten sie Hoheitsrechte und bekommen Land verliehen.

Der erste Bischof, der gleichzeitig Reichsfürst ist, ist Brun, der jüngste Bruder von Otto I. Der Kaiser macht ihn bereits mit 15 Jahren zum *Reichskanzler*, später dann sowohl zum *Erzbischof von Köln* wie zum *Herzog von Lothringen*, da er für dieses zwischen Deutschland und Frankreich umkämpfte Herzogtum nach der Absetzung Konrads des Roten einen besonderen Vertrauensmann braucht. Der sehr gelehrte Brun bildet viele der späteren Reichsbischöfe persönlich aus und sorgt dafür, dass in den Bistümern Domschulen eingerichtet werden, die bald wichtiger als die Klosterschulen werden.

Universaler Machtanspruch für die Kirche: Gregor VII.

Die meisten der frühmittelalterlichen Päpste sind kein Aushängeschild der Kirchengeschichte. Die römischen Adelssippen wetteifern darum, einen der ihren auf den Stuhl Petri zu bekommen, politische Eignung oder gar moralische Tauglichkeit ist Nebensache.

Haben Sie schon mal etwas von *Pornokratie* gehört? So nannte ein Kirchenhistoriker des 16. Jahrhunderts die Zeit zwischen 904 und 963, als im Kirchenstaat *Marozia*, die Geliebte von Papst Sergius III., die Zügel in der Hand hatte. Dem letzten »pornokratischen« Papst, Marozias Enkel *Johannes XII.* (der Kaiser Otto I. krönte) werden sogar Morde und das Vergewaltigen von Pilgerinnen nachgesagt.

Die Kaiser – mit Ausnahme von Otto III. – arrangieren sich mit den Amtsinhabern, die sie vorfinden. Es ist die Kirche selbst, die dem ein Ende macht. Im ausgehenden 10. Jahrhundert pochen die Äbte der bedeutenden Benediktinerabtei in *Cluny* auf eine Rückkehr zu den mönchischen Tugenden. Das ist der Ausgangspunkt für eine große Reformbewegung, die bald auch die Kirchenpolitik ins Visier nimmt. Besonders gegeißelt wird die *Simonie*. Ursprünglich ist das der Kauf von geistlichen Ämtern, bald aber versteht man alles darunter, was kirchliche Würdenträger tun, um ein Amt zu bekommen oder zu behalten. Ein weiteres zentrales Anliegen der Reformer ist die Durchsetzung des Zölibats, denn zu diesem Zeitpunkt ist die Ehelosigkeit der Priester noch nicht die Regel.

Kaiser *Heinrich III.* ist ein Anhänger dieser Reform. Auf der *Synode von Sutri* im Jahr 1046 setzt er drei Päpste ab und an ihrer statt, mit Einverständnis der Anwesenden, den ebenfalls der Reformbewegung angehörenden Bischof von Bamberg als Clemens II. ein. Der Kaiser stirbt jedoch mit nur 40 Jahren. Seine Witwe *Agnes* möchte die Kirchenreform weiter fördern. Doch in Rom bildet sich eine radikale Gruppe, die jeglichen Einfluss weltlicher Herrscher auf die Besetzung (*Investitur*) geistlicher Ämter strikt ablehnt. Das trifft besonders die deutschen Könige, die in Sachen Kaiserkrönung auf die Päpste angewiesen sind und sich innenpolitisch sehr auf die von ihnen ernannten Bischöfe stützen. Im Jahr 1073 wird einer der Anführer der Radikalen, der Mönch Hildebrand, als *Gregor VII.* Papst. In seinem *Dictatus Papae (Päpstliches Diktat)* reklamiert er für das Papsttum unter anderem,

✔ dass es ihm erlaubt ist, Kaiser abzusetzen;

✔ dass sein Urteilsspruch von niemandem widerrufen werden darf und er selbst als einziger die Urteile aller widerrufen kann;

KAPITEL 10 Das glänzende Hochmittelalter 169

✔ dass die römische Kirche niemals in Irrtum verfallen ist und nach dem Zeugnis der Schrift niemals irren wird.

Als der inzwischen volljährige König *Heinrich IV.* eigenmächtig Bischöfe einsetzt, fordert Gregor VII. Gehorsam. Heinrich IV. erklärt ihn daraufhin für abgesetzt, worauf der Papst den König *exkommuniziert*, alle Christen von dem Eid löst, den sie ihm geschworen haben, und ihnen droht, dass jene ebenfalls dem Bann verfallen, die weiter mit dem Herrscher verkehren. Heinrichs Reaktion ist bekannt: Er taucht im Januar 1077 in Büßerkleidung vor der italienischen Burg *Canossa* auf, in der Gregor sich verschanzt hat. Nach drei Tagen öffentlicher Buße sieht sich der Papst genötigt, den reuigen König freizusprechen.

Die Frage, wer gewonnen hat, der Papst, der den Kaiser demütigte, oder der Kaiser, der den Papst zur Rücknahme seiner Maßnahme nötigte, ist seitdem viel diskutiert worden. Die meisten Historiker gehen allerdings davon aus, dass vorher Delegationen beider Seiten die Bedingungen für die Lösung des Bannes festgelegt haben.

Die öffentliche Unterwerfung in Büßerkleidung ist ein gängiges Ritual im christlichen Mittelalter. Der Besiegte liefert sich dadurch auf Gedeih und Verderb dem Sieger aus. Doch vom Sieger wird allgemein erwartet, dass er Gnade walten lässt. Vor allem Otto I. hat seinen Gegnern, darunter engsten Familienmitgliedern, mehrfach vergeben, dass sie ihm nach dem Thron und letztlich auch nach dem Leben trachteten.

Heinrich IV. ist als elfjähriges Kind von einigen deutschen Fürsten unter Leitung von Erzbischof Anno von Köln und Herzog Otto von Bayern entführt worden, da diese mit der Politik seiner Mutter nicht einverstanden waren (*Staatsstreich von Kaiserswerth*). Vermutlich hat ihn das traumatisiert, vermutlich haben auch viele Fürsten den Respekt vor dem Königtum verloren. Jedenfalls gelingt während Heinrichs gesamter Regierungszeit nie wirklich eine Versöhnung zwischen ihm und der fürstlichen Opposition. Auch nach Canossa geht er nur, weil die deutschen Fürsten ihm ein Ultimatum gesetzt haben. Die jedoch beeindruckt die Lossprechung nicht; sie wählen einen Gegenkönig und es kommt zum Bürgerkrieg.

Speyer und die romanische Baukunst

Heinrich IV. war nicht nur der König, der sich mit dem Papst anlegte, sondern auch der durchaus fromme Bauherr des *Doms von Speyer*, einem der herausragenden Zeugnisse romanischer Baukunst. Die *Romanik* begann im 10. Jahrhundert und bescherte Mitteleuropa einen Bauboom. Weltliche und geistliche Fürsten überzogen ihre Länder mit Zehntausenden von Kirchen, Klöstern und Burgen. Es ging dabei um das eigene Seelenheil, aber auch um die Demonstration von Macht und Reichtum. Kennzeichnend ist der römische Rundbogen. Mit der Zeit kamen immer kühnere Gewölbe dazu. Noch größer und imposanter als der Speyrer Dom war die nicht erhaltene *Abteikirche von Cluny*. Bischof *Benno II. von Osnabrück*, der wesentlich für Speyer verantwortlich ist, errichtete für Heinrich IV. im Harz auch die ersten Burgen mit typisch mittelalterlichen Wehranlagen, die jedoch ebenfalls nicht erhalten sind.

Im Jahr 1080 bannt Gregor VII. Heinrich IV. erneut, doch der schert sich nicht mehr darum. Er beruft eine Bischofssynode ein und lässt den Erzbischof Wibert von Ravenna zu Papst *Clemens III.* wählen. Dann belagert er fast drei Jahre lang Rom, bis er die Stadt einnehmen kann und »sein« Papst ihn zum Kaiser krönt.

Doch die kirchenpolitische Wende, die Papst Gregor VII. vollzogen hat, betrifft nicht nur den Kaiser, sondern hat immense Folgen:

✔ Der Kampf zwischen Kaiser und Papst geht unter den Staufern weiter. Mehr dazu im Abschnitt *Strahlende Verlierer: Die Staufer.*

✔ Der von Gregor VII. entwickelte Modus, dass die Päpste von Kardinälen gewählt werden, setzt sich auf Dauer durch.

✔ Der Pakt, der den deutschen König zum Schutzherrn der Kirche macht, ist gebrochen. Der Versuch Gregors VII., sich stattdessen mit den italienischen Normannen zu verbünden (mehr zu diesen im Abschnitt *Kämpfe in Sizilien*), endet desaströs. Sie verwüsten Rom derart, dass er vor der aufgebrachten Bevölkerung fliehen muss und in der Verbannung stirbt. Sein Nachfolger, Paschalis II., wird von Heinrich V. gefangen gesetzt, bis er in diversen Streitpunkten einlenkt. Auch spätere Päpste müssen erfahren, dass sie politische Macht nur im Bündnis mit einem Fürsten haben, von dem sie dann abhängig sind. Diese offensichtliche Abhängigkeit aber beschädigt das Ansehen des Amtes mehr als das Treiben der frühmittelalterlichen Päpste.

✔ Indem der Papst die sakrale Stellung des Königtums und den Treueeid der Untertanen angreift, legt er den Grundstein dafür, dass auch die sakrale Stellung der Kirche angegriffen wird und nach und nach eine **laizistische Welt** entstehen kann, in der Kirche und Staat getrennt sind.

✔ Der Streit wird mit massiven Verwünschungen der gegnerischen Seite geführt. In der Folge wird der Ton insgesamt rauer und der Vorwurf der **Ketzerei** inflationär gebraucht. Während man religiöse Abweichler bisher vor allem zu bekehren suchte, bricht sich nun nach und nach eine regelrechte Ketzerhysterie Bahn.

✔ Bisher lebte das einfache Volk meist unter dem Radar der Kirchenoberen. Um Heinrich IV. Druck zu machen, schickt Gregor VII. jedoch Prediger aus, die allen klarmachen sollen, dass sie der Hölle verfallen würden, wenn sie weiter zu ihrem Kaiser hielten. Danach bekommen die Menschen ständig die Hölle heiß gemacht, vor allem wenn es um sexuelle Verfehlungen geht – ein Steckenpferd vieler Kleriker. Im Einklang mit der kirchlichen Verdammung werden auch die weltlichen Strafen dafür drastisch erhöht.

Strahlende Verlierer: Die Staufer

Am Pfingstmontag des Jahres 1184 erhalten die Söhne des Kaisers *Friedrich Barbarossa* ihre Schwerter verliehen. Anschließend findet ein Turnier mit Tausenden von Teilnehmern statt – eine der ersten Veranstaltungen, die dem entspricht, wie man sich heute ein Ritterturnier vorstellt. Denn erst jetzt hat sich ein einheitlicher *Ritterstand* gebildet und erst jetzt baut jedes dieser Geschlechter eine oder mehrere Burgen.

KAPITEL 10 Das glänzende Hochmittelalter 171

Bedeutsamer ist jedoch, dass sich auch jenseits der alten Bischofssitze Städte bilden. Diese werden zu einem Motor des Fortschritts. Handel und Handwerk erfahren einen großen Aufschwung, aber es entwickeln sich auch neue Lebensformen, neue Fertigkeiten und Ideen. Gerade die *Stauferkönige* fördern in ihren eigenen Ländereien (vor allem in Schwaben) die Städtegründung. Eines der wichtigsten Instrumente ist dabei die Verleihung des *Marktrechts*. Auch die Reform des Rechts und die Vereinheitlichung des Münzwesens durch Kaiser Barbarossa unterstützen die Entwicklung.

Weniger glücklich ist Friedrich Barbarossas Italien-Politik. Insgesamt unternimmt er sechs äußerst verlustreiche Italienzüge, die von ständigen Querelen mit den Päpsten geprägt sind. Außerdem versucht er – mit wenig Erfolg –, die Oberhoheit der römisch-deutschen Kaiser über Italien durchzusetzen und den Staatssäckel mit Abgaben von den reichen oberitalienischen Städten zu füllen.

Sein Sohn *Heinrich VI.* erheiratet 1186 Sizilien und möchte ein deutsch-italienisches Erbreich erschaffen, stirbt aber früh.

Kolonisation in Osteuropa

Im 12. Jahrhundert breitet sich die deutsche Sprache teils kriegerisch, teils friedlich nach Osten aus:

- ✔ Ab 1150 unterwerfen **Heinrich der Löwe**, Herzog von Sachsen und Bayern, und **Albrecht der Bär**, Graf von Ballenstedt, die Elbslawen; Heinrich (der später von seinem Vetter, Kaiser Barbarossa, entmachtet wird) in Mecklenburg und Ost-Holstein, Albrecht in Brandenburg. Bei der Eroberung gehen sie grausam vor, danach jedoch fördern sie ihren Besitz. Die slawische Bevölkerung wird assimiliert, dazu werden deutsche und flämische Siedler angeworben.

- ✔ Der **Deutsche Orden**, ein Ritterorden, der im Rahmen der Kreuzzüge entstanden ist, erobert ab 1231 die Ostseeküste und errichtet dort einen Ordensstaat. Dabei wird die Kultur der **Pruzzen** (Preußen) und einiger kleinerer baltischer Stämme ausgelöscht.

- ✔ Die Könige von Böhmen und Ungarn sowie die polnischen Herzöge von Pommern und Schlesien werben im 12. Jahrhundert in großem Stil deutsche Siedler an. In Pommern und Schlesien setzt sich im 13. Jahrhundert sogar die deutsche Sprache durch.

- ✔ Städte nach deutschem Recht werden in Osteuropa aber auch gegründet, ohne dass gleichzeitig deutsche Siedler geworben werden.

Friedrich II., der Sohn von Heinrich VI., ist seinen Zeitgenossen als »Stupor Mundi« (Erstaunen der Welt) bekannt und genießt auch heute noch große Popularität. Im multikulturellen Sizilien aufgewachsen, liebt er die orientalische Kultur, begegnet anderen Religionen mit Offenheit und handelt auch sonst oft sehr unkonventionell. An seinem Hof beschäftigt er christliche, jüdische und muslimische Gelehrte und sorgt damit für einen kulturellen

Austausch. Politisch ist er vor allem bemüht, im Stil späterer »aufgeklärter Absolutisten« Sizilien zu einem Musterstaat auszubauen. In Deutschland setzt er seinen Sohn Heinrich als Regenten ein, fällt ihm jedoch in den Rücken, wenn dies seiner Politik in Italien nützlich ist, und treibt seinen Sprössling dadurch in die Rebellion.

1227 flammt der Konflikt zwischen Kaiser und Papsttum wieder auf: Friedrich II. hat den Päpsten einen Kreuzzug versprochen, dann aber hinausgezögert. Nun bricht er ihn wegen einer Seuche ab. Papst *Gregor IX.* hat dafür kein Verständnis und bannt ihn. Ein Jahr später bricht Friedrich II. trotz des Banns auf und erreicht in Verhandlungen mit Sultan *al-Kamil* die friedliche Rückgabe von Jerusalem, Bethlehem und Nazareth. Der Papst ist darüber so erbost, dass er mit einer Söldnertruppe Sizilien besetzen lässt. *Hermann von Salza,* der Hochmeister des Deutschen Ordens, kann 1230 eine Versöhnung bewirken. Neun Jahre später bricht der Streit wieder aus, weil Friedrich II. seinen unehelichen Sohn Enzio zum König von Sardinien macht, das die Päpste jedoch als Teil des Kirchenstaats ansehen. Der Konflikt eskaliert nun zu einem erbarmungslosen Krieg. Gregor IX. und sein Nachfolger, Papst *Innozenz IV.*, aktivieren alle politischen Gegner Kaiser Friedrichs II. und inszenieren eine groß angelegte Kampagne, die ihn als Ketzer, Antichristen und Sohn des Teufels diffamiert. Der französische König, *Ludwig der Heilige,* versucht vergeblich zu vermitteln.

Nach dem Tod des Kaisers im Jahr 1250 führt Ludwigs jüngerer Bruder *Karl von Anjou* einen Vernichtungsfeldzug gegen Friedrichs Nachkommen und erhält dafür vom Papst Sizilien.

Ketzer, Heilige, Gelehrte

Im späten 11. Jahrhundert entstehen in Bologna, Salerno, Paris und Oxford die ersten *Universitäten*, in denen die *Sieben Freien Künste* (Geometrie, Arithmetik, Musik, Astronomie, Grammatik, Rhetorik und Dialektik), Jura, Medizin und Theologie gelehrt werden.

Bedeutende Theologen sind der umstrittene *Petrus Abaelardus*, der vor allem durch seine Liebesgeschichte mit seiner Schülerin Heloise bekannt ist, *Albertus Magnus* und *Thomas von Aquin*, der Aristoteles wiederentdeckt und zu beweisen versucht, dass Vernunft und Glaube vereinbar sind. In bewusstem Gegensatz zu der neuen intellektuellen Auseinandersetzung mit dem Glauben (*Scholastik*) entsteht die *Mystik*, die durch Meditation und innere Versenkung eine emotionale Gotteserfahrung sucht. Viele Heilige wie *Hildegard von Bingen* oder *Bernhard von Clairvaux* sind aber sowohl Mystiker wie rationale Theologen und überdies politisch tätig.

Neben einer neuen Gelehrsamkeit entsteht auch eine neue *Volksfrömmigkeit*. Viele Menschen versuchen den Evangelien gemäß zu leben. Teilweise geraten sie damit in Konflikt zur etablierten Kirche. Bewegungen wie die *Waldenser* und *Katharer* werden als Ketzer verfolgt und mit aller Brutalität vernichtet. Papst Innozenz III. führt 1215 die *Inquisition* ein, ein Verfahren, Verdächtige eingehend zu befragen. Wer überführt wird und nicht abschwört, wird der weltlichen Gerichtsbarkeit übergeben, die ab 1224 die Todesstrafe für Ketzerei vorsieht. Ab 1252 wird auch die Anwendung der Folter genehmigt. In der Folge bringen fanatische Ketzerjäger jeden auf den Scheiterhaufen, der der Folter nicht widersteht. Ab dem späten 15. Jahrhundert wird das Verfahren auch für *Hexenverfolgungen* benutzt, die im Hochmittelalter noch verboten sind.

KAPITEL 10 Das glänzende Hochmittelalter

Der kirchenkonforme Teil dieser Frömmigkeitsbewegung sind vor allem Bettelorden wie die *Franziskaner* und *Dominikaner*, die so arm wie möglich leben. Diese neuen Orden sind nicht an die Klöster gebunden, sondern begeben sich bewusst zum Volk und in die Städte, einerseits um zu predigen, andererseits um soziale Not zu lindern. Ein anderer Teil der Volksfrömmigkeit ist die immense Verehrung, die zeitgenössischen Heiligen wie *Elisabeth von Thüringen, Franz von Assisi* oder *Antonius von Padua* zuteil wird.

Islam und Christenheit

Während im christlichen Europa ein großer Teil des antiken Erbes in Vergessenheit gerät, erlebt das islamische *Abbasidenreich* eine kulturelle und wissenschaftliche Blütezeit. Eine entscheidende Rolle spielt das *Bayt al-Hikma* (Haus der Weisheit), das Kalif *al-Mamun* (der Sohn Harun al-Raschids) im Jahr 825 in Bagdad gründen lässt. Es tritt die Nachfolge der Akademie von Gundischapur an, die 271 von den Sassaniden eingerichtet worden war. Unter der Leitung des Arztes *Hunain ibn Ishaq*, eines arabischen Christen, werden im Haus der Weisheit alle antiken Werke übersetzt, die aufzutreiben sind. Al-Mamun schickt sogar eine Gesandtschaft nach Byzanz, um an Schriften des Mathematikers *Euklid* zu kommen. Besonderen Einfluss haben die Werke

✔ des Philosophen **Aristoteles**,

✔ des Mathematikers und Naturwissenschaftlers **Archimedes**,

✔ des Astronomen **Claudius Ptolemäus**,

✔ der Ärzte **Hippokrates** und **Galen**,

✔ der beiden indischen Ärzte **Sushruta** und **Charaka**, die eine Vielzahl von Operationen beschreiben, aber auch schon Elemente der indischen Gesundheitslehre **Ayurveda** enthalten,

✔ sowie Werke aus dem Guptareich.

Die *Gupta-Dynastie* regierte zwischen 320 und 550 über den Norden und die Mitte Indiens. Die Ära gilt als kulturelle und wirtschaftliche Blütezeit. Astronomen und Mathematiker dieser Zeit, wie *Aryabhata* oder *Brahmagupta*, berechneten zum Beispiel bereits ziemlich genau die Erdrotation oder entwickelten die ersten Regeln für das Rechnen mit negativen Zahlen. Auch das *Schachspiel* soll im Guptareich erfunden worden sein.

Das Haus der Weisheit baut so die größte Bibliothek der damaligen Welt auf. Wie bei der antiken Bibliothek von Alexandria und der Akademie von Gundischapur ist eine Akademie mit Observatorium und Krankenhaus angeschlossen, in der alle bekannten Naturwissenschaften von Alchemie bis Zoologie gelehrt werden. Ähnliche Einrichtungen entstehen später in Cordoba, Sevilla und Kairo. Aber auch die nordiranische Provinz Chorasan ist ein Zentrum der Gelehrsamkeit.

Am Haus der Weisheit wirken zunächst vor allem orientalische Christen, Juden und Sabäer. Auch später sind Philosophie und Wissenschaft in der islamischen Welt keine Sache des Glaubens, wie das Beispiel des jüdischen Gelehrten *Moses Maimonides* (um 1135–1204) aus Cordoba zeigt. Der Begriff »Islamische Gelehrsamkeit« ist deshalb nicht ganz korrekt, auch wenn die überwiegende Anzahl der Protagonisten Muslime waren. Aber auch die Alternative »Arabische Gelehrsamkeit« erweckt leicht einen falschen Eindruck, weil die Gelehrten aus allen Teilen des multiethnischen Kalifenreichs kamen und die eigentlichen Araber (von der Arabischen Halbinsel) dabei eine untergeordnete Rolle spielten.

Die für Europa wichtigsten Gelehrten sind an ihren latinisierten Namen zu erkennen:

✔ **Avicenna** (Ibn Sina, 980–1037): Der persische Wissenschaftler, Philosoph und Arzt ist vor allem für seinen *Kanon der Medizin* bekannt ist. Er war einer der größten Gelehrten des Mittelalters.

✔ **Rhazes** (Ibn Zakariya ar-Razi, um 865–925): Der Arzt, Alchemist und Philosoph, dessen medizinisches Werk lange praktisch genutzt wurde, betonte den Anteil der Psyche bei Krankheiten.

✔ **Alhazen** (Abu Ali al-Hasan ibn Al-Haitham, um 965–1040): Der Mathematiker, Optiker und Astronom mit wichtigen Erkenntnissen zur Lichtbrechung gilt auch als ein Begründer der wissenschaftlichen Methodik.

✔ **Algoritmi** (Muhammad ibn Musa al-Khwarizmi, um 780–850) ist einer der Väter der Algebra und Namensgeber des Algorithmus.

✔ **Averroes** (Ibn Ruschd, 1126–1198): Der andalusische Aristoteliker forderte – wie später Immanuel Kant – seine Mitmenschen auf, ihre Vernunft zu benutzen, auch in religiösen Dinge, da dies die einzige Möglichkeit des Menschen zur Erkenntnis sei. Er geriet dadurch in Konflikt mit der orthodoxen islamischen Religion. Im Westen ist er vor allem als Kommentator der Werke des Aristoteles geschätzt.

Das mittelalterliche Europa »importierte« aus der islamischen Welt aber nicht nur Wissen, sondern auch ganz praktische Neuerungen wie Papier, Windmühlen, Zucker, Reis, Seife, Quecksilber, Baumwolle, keramische Glasuren, Spielkarten, das Schachspiel und die Laute. Früher ging man davon aus, dass dies vor allem ein positiver Nebeneffekt der Kreuzzüge gewesen sei. Inzwischen nimmt man aber an, dass das Emirat von Cordoba und Süditalien eine größere Rolle gespielt haben.

Das Haus der Weisheit wurde 1258 von den Mongolen zerstört. Das gleiche Schicksal erlitten viele Bibliotheken im islamischen Raum. Gleichzeitig wurden in Europa immer mehr Universitäten gegründet. Damit begann die kulturelle Vormacht des Orients gegenüber dem Abendland zu schwinden.

Die Eroberung Spaniens

Die iberische Halbinsel wird im frühen Mittelalter – mit Ausnahme des Baskenlands – von den Westgoten beherrscht. Nachdem es schon einige Plünderzüge gegeben hat, überschreitet im Sommer 711 ein islamisches Heer unter dem Anführer *Tariq ibn Ziyad* die

KAPITEL 10 Das glänzende Hochmittelalter 175

Straße von Gibraltar. Zu diesem Zeitpunkt befindet sich der Westgotenkönig *Roderich* gerade im Norden auf einem Feldzug gegen die Basken. Er eilt mit seinem Heer nach Süden, kommt aber in der Schlacht um. Tariq kann nach Norden vorstoßen und nimmt die westgotische Hauptstadt *Toledo* ein.

Für die Phönizier waren die markanten Berge, die auf spanischer und marokkanischer Seite die Straße von Gibraltar einfassen, die »Säulen des Melkart«, des Schutzgottes der Seefahrer und Pioniere. Die Römer machten daraus die »Säulen des Herakles«. In muslimischer Zeit bekam der Fels auf spanischer Seite den Namen Dschebel Tariq (Berg des Tariq), was zu *Gibraltar* verballhornt wurde.

Im nächsten Jahr setzen Tariq und sein »Vorgesetzter«, der Umayyaden-Statthalter in Afrika, *Musa ibn Nusair*, die Eroberung fort. Die Weisung des Kalifen, nach Damaskus zu kommen und Bericht zu erstatten, ignorieren sie, bis sie die Herrschaft gefestigt haben. Dafür fallen sie in Ungnade. Auch ibn Nusairs Sohn *Abd al-Aziz*, der als Statthalter zurückbleibt, soll auf Betreiben von *Kalif Suleiman* ermordet worden sein, weil er Roderichs Witwe Egilo geheiratet hat und verdächtigt wurde, im Bündnis mit den Goten eine selbstständige Herrschaft errichten zu wollen.

Im Jahr 722 geht den muslimischen Herrschern dann der erste Teil ihres Reichs verloren. Im äußersten Nordwesten gerät ein westgotischer Adeliger namens Pelayo – wohl aus eher persönlichen Gründen – mit dem dortigen Gouverneur in Streit, schart eine Streitmacht um sich und besiegt ihn. Damit schafft er den Kern des christlichen *Königreichs Asturien*, das sich zunächst allerdings auf eine unzugängliche Bergregion beschränkt. Sein Schwiegersohn *Alfons I.* nutzt dann geschickt Berberaufstände und die arabische Niederlage gegen Karl Martell, um seinen Machtbereich beträchtlich auszudehnen. Angeblich schützt er sein Reich durch einen Gürtel »Verbrannter Erde«.

Die Gründung des Königreichs Asturien wird oft als Beginn der *Reconquista*, der Rückeroberung der iberischen Halbinsel durch die Christen gesehen. Tatsächlich aber handelt es sich zunächst schlichtweg um den Machtausbau der asturischen Königsfamilie. Die christlichen Herrscher bekriegen sich in der Folge teils untereinander und paktieren dazu mit muslimischen Regionalfürsten oder mischen sich in muslimische Konflikte ein, treiben aber in Friedenszeiten auch regen Handel mit den »Mauren«.

Als *Mauren* bezeichneten die Römer ursprünglich die nordafrikanischen Berber. Der Begriff, der sich vermutlich von dem griechischen Wort »mauros« (dunkel) ableitet, wurde aber auch schon damals für Afrikaner allgemein (mit Ausnahme der Ägypter) verwendet. Im Mittelalter waren Mauren vor allem die Muslime der iberischen Halbinsel, aber auch Nordafrikaner. Afrikaner von jenseits der Sahara waren zunächst »schwarze Mauren«, bevor sich im 16. Jahrhundert das heute verpönte Wort »Mohr« für dunkelhäutige Menschen einbürgerte. *Sarazene* dagegen ist ein griechischer Begriff für Araber, der mit der islamischen Expansion auf alle Muslime ausgedehnt wurde, vornehmlich auf jene, die Arabisch (und nicht Persisch) sprachen, jedoch nicht nicht auf die Mauren.

Der mittelalterliche Sklavenhandel

Ein wenig thematisierter, dunkler Fleck auf den muslimisch-christlichen Beziehungen im Mittelalter ist der gemeinsame Sklavenhandel.

Im christlichen Europa begann sich in der Zeit Karls des Großen die Überzeugung durchzusetzen, dass Christen keine anderen Christen versklaven dürfen. Daraufhin starb die Sklaverei dort recht schnell aus. Allerdings wurden heidnische Kriegsgefangene – zunächst Sachsen, später vor allem Slawen, aber auch Balten – in großem Stil in den Orient verkauft, wo weiße Sklaven sehr begehrt waren. Von Sachsen und Böhmen aus soll es regelrechte Beutezüge in die noch heidnischen Gebiete gegeben haben. Eine Handelsroute lief über Spanien, eine andere über Byzanz. Große Sklavenmärkte gab es in Verdun und Prag, wo gefangene Männer bereits kastriert wurden, um als Eunuchen bessere Preise zu erzielen. Den Transport übernahmen oft jüdische Fernhändler, aber auch die Wikinger waren groß im Geschäft. (Sie verkauften auch irische und flämische Christen, die sie auf ihren Beutezügen geraubt hatten.)

Im Hochmittelalter kam der Sklavenhandel jenseits der Alpen zum Erliegen, im Mittelmeerraum ging er jedoch bis ins 15. Jahrhundert weiter. Die Sklaven kamen jetzt vermehrt vom Balkan und aus dem Kaukasus. Daneben gab es den schon seit Römerzeiten florierenden Handel mit afrikanischen Sklaven, die vor allem für schwere Arbeit, aber auch als Militärsklaven im Krieg eingesetzt oder nach Indien weiterverkauft wurden. Der Handel erfolgte einerseits auf den alten Römerwegen durch die Sahara, andererseits über die afrikanische Ostküste. Einige Historiker gehen davon aus, dass der Sklavenhandel in die arabischen Länder Millionen von Menschen betraf und erheblich zum Wohlstand der christlichen Reiche im Mittelalter beitrug.

Eine Zäsur stellt das Jahr 756 dar. Ein Umayyaden-Prinz kann vor der Vernichtung seiner Dynastie durch die Abbasiden (Kapitel 9) fliehen und übernimmt mithilfe der nordafrikanischen Berber die Kontrolle über das muslimische Spanien. Als *Abd al-Rahman I.* errichtet er das *Emirat von Cordoba*, das nominell noch dem Kalifat untersteht, faktisch aber unabhängig ist. Im Jahr 929 nimmt *Abd al-Rahman III.* dann den Titel »Kalif« an.

Die Umayyaden können den Konflikt zwischen den Arabern und den lange Zeit als zweitklassig behandelten Berbern beilegen. Durch die Einwanderung vieler syrischer Muslime wird Spanien zu einem Zentrum kultureller und wissenschaftlicher Blüte. Die von *Kalif al-Hakam II.* (reg. 961–976) gegründete *Bibliothek von Cordoba* soll fast eine halbe Million Bücher enthalten haben. Mit der *Mezquita* entsteht eine der größten Moscheen der Welt. Zwischen den verschiedenen Volks- und Religionsgruppen herrscht weitgehende Toleranz.

Die Übersetzer von Toledo

Um 1130 beginnt Erzbischof *Raimund von Toledo* gezielt damit, arabische Werke ins Lateinische übersetzen zu lassen, und zwar sowohl die Schriften islamischer Gelehrter als auch ursprünglich griechische Werke der Antike. Auf Bitten des Gelehrten *Petrus Venerabilis* wird sogar der *Koran* übersetzt. Später sorgt dann König *Alfons X. von Kastilien* (reg. 1252–1282) für einen Fortgang der Übersetzungen.

Kämpfe in Sizilien

Im politisch zersplitterten Italien profitieren die Sarazenen mehrfach von der fatalen Fehleinschätzung christlicher Machthaber, sie könnten gute Verbündete gegen interne Konkurrenten sein.

✔ 827 ruft ein rebellischer griechischer General namens Euphemios den Emir von Tunis zu Hilfe, dessen Truppen nach und nach ganz **Sizilien** einnehmen.

✔ 835 verbündet sich der griechische Herzog von Neapel mit den sizilianischen Sarazenen gegen den langobardischen Herzog von Benevent. Die muslimischen Truppen erobern daraufhin Tarent, Bari und Brindisi. 846 greifen sie Rom an und zerstören die alte Peterskirche, 868 wird Ragusa erobert, 870 Malta. Das hat zur Folge, dass sich der Karolingerkaiser Ludwig II. und der byzantinische Basileios I. kurzzeitig verbünden und immerhin Bari wiedergewinnen, doch da Basileios Ludwig die Kaiserwürde abspricht, zieht dieser sich schnell zurück. Basileios erobert bis 885 alle sarazenischen Festungen in Kalabrien. Doch die Sarazenen haben sich inzwischen in Latium einen neuen Ausgangspunkt für ihre Raubzüge geschaffen.

✔ 926 ruft Hugo I., einer der Anwärter auf die italienische Königswürde, die Sarazenen zu Hilfe, worauf sein Konkurrent Kaiser Berengar sich mit den Ungarn verbündet. Gemeinsam verwüsten sie Oberitalien. Die Sarazenen halten zwischen 942 und 965 sogar Savoyen und Teile der späteren Schweiz besetzt.

✔ 982 verbünden sich die Byzantiner mit den Sarazenen gegen Kaiser Otto II.

 Im Jahr 1016 führt ein Papst persönlich ein Heer gegen plündernde Sarazenen und besiegt sie bei Carrara: *Benedikt VIII.* Er war bereits in seinem früheren Leben als Theoplylakt II. von Tusculum ein erfolgreicher Heerführer. Zusammen mit den bereits relativ selbstständig gewordenen Seemächten *Genua* und *Pisa* vertreibt er die Sarazenen auch aus Sardinien und unterstützt anschließend die Langobarden in Unteritalien gegen die Byzantiner.

Im Jahr 1016 kommt ein langobardischer Adeliger namens *Melus von Bari* dann auf eine fatale Idee. Er wirbt eine Gruppe von rund 250 jungen Männern, die gerade eine Wallfahrt auf den Monte Gargano machen, für einen Aufstand gegen seine byzantinischen Nachbarn an. Es sind nicht erbberechtigte jüngere Söhne aus der Normandie, teils bereits wegen

Bluttaten aus ihrer Heimat verbannt. Der Aufstand schlägt am Ende fehl, doch die Normannen finden problemlos neue Arbeit. Sie verdingen sich an die meistbietenden unter den langobardischen Fürsten, bekriegen deren Feinde, behalten aber das Land, das sie erobern, und holen weitere Normannen nach, unter anderem *Robert Guiskard de Hauteville* und seinen jüngeren Bruder *Roger*. Die beiden erobern dann nach und nach ganz Süditalien und ab 1061 auch Sizilien. Die Beute teilen sie: Guiskard bekommt Unteritalien und Roger Sizilien.

Die Päpste, die im Streit mit den deutschen Königen einen neuen militärischen Arm suchen, geben Robert Guiskard seine Eroberungen offiziell zu Lehen. Später bannen sie ihn, weil er Raubzüge in den Kirchenstaat unternimmt, was ihn aber nicht stört.

Während Guiskard und seine Nachkommen Abenteurer bleiben, gelingt es Roger, auf Sizilien ein stabiles, multikulturelles Reich zu errichten, in dem sowohl die muslimische wie auch die byzantinische Kultur weiterbestehen. Sein Sohn *Roger II.* erobert Tunis, baut aber auch intensive Handelsverbindungen mit der muslimischen und griechischen Welt auf. Er spricht vermutlich sowohl Griechisch als auch Arabisch und liebt die orientalische Kultur. Seine 1132 erbaute *Palastkapelle in Palermo* und der etwas jüngere *Dom von Monreale* sind eine überaus prachtvolle Mischung aus normannischem, arabischem und byzantinischem Kunststil. Besucher von außerhalb, vor allem auch Muslime, sind verblüfft, wie frei jeder Glauben ausgeübt werden darf. Selbst die engsten Ratgeber des Königs kommen aus den verschiedensten Kulturen. Roger erbt 1130 auch noch das normannische Unteritalien und ist vermutlich der reichste Herrscher Europas.

Unter seinen Nachfolgern werden die Muslime jedoch immer mehr zur Minderheit und ihre Stellung verschlechtert sich. Als es 1222 zu einer Rebellion kommt, lässt Kaiser Friedrich II. diese niederschlagen und siedelt die etwa 20 000 sizilianischen Muslime anschließend im Norden Apuliens an. 1300 erobert Karl II. von Anjou die Kolonie. Die Einwohner werden vertrieben oder als Sklaven verkauft. Viele fliehen nach Albanien.

Blutige Kreuzzüge

Darstellungen der Kreuzzüge beginnen oft mit Beschreibungen, wie eine große Menge den Aufruf von Papst Urban II. am 27. November 1095 in Clermont mit der Beschwörung »Deus lo vult« (Gott will es) beantwortet. Tatsächlich beginnen die Kreuzzüge jedoch in Konstantinopel: Kaiser *Alexios I. Komnenos* kämpft dort gegen die Seldschuken, die bereits fast ganz Anatolien unter ihre Kontrolle gebracht haben.

Die *Seldschuken* waren ein Turkvolk aus der Gegend um den Aralsee. Gegen Ende des 10. Jahrhunderts trat ihr Führer, Seldschuk, zum Islam über. Seine Enkel stürzten zwischen 1034 und 1055 die im iranischen Hochland, Mesopotamien und Syrien herrschenden muslimischen Dynastien und erklärten sich zu den neuen Schutzherren der Kalifen. 1077 eroberten sie auch Palästina. Damit stellten sie zumindest in Asien die muslimische Einheit wieder her.

Um Waffenhilfe aus dem lateinischen Europa zu bekommen, versorgt Alexios den Papst mit Berichten über angebliche Gräueltaten der Muslime im Heiligen Land und stellt ihm eine Wiedervereinigung der griechischen mit der lateinischen Kirche in Aussicht. Weder er noch Urban II. rechnen mit dem, was dann über sie hereinbricht. Volksprediger, die

KAPITEL 10 Das glänzende Hochmittelalter 179

künftigen Kreuzfahrern das Blaue vom Himmel herunter versprechen, entfachen vor allem bei denen, die nichts mehr zu verlieren haben, eine Massenhysterie. Im nächsten Frühjahr ziehen ungefähr 100 000 Menschen in ungeordneten Haufen los, viele aus Gebieten, in denen es erst kürzlich eine Hungersnot gab. Im Bewusstsein ihrer heiligen Mission plündern sie Städte und begehen Pogrome an Juden.

Am schlimmsten wütet die Schar des Grafen *Emicho von Leiningen*, die – teils gemeinsam mit einheimischen Christen – über die jüdischen Gemeinden im Rheinland herfällt. Obwohl Kaiser Heinrich IV. die Bischöfe angewiesen hat, die Juden zu schützen, werden in Worms und Mainz jeweils Hunderte von Menschen ermordet. Im Judentum ist dieses Massaker als *Gezerot Tatnu* im Gedächtnis.

Während das Volksheer langsam aufgerieben wird – die letzten Heeresangehörigen werden im Oktober in Anatolien von den Türken besiegt und in die Sklaverei verkauft –, sammelt sich das *Heer der Ritter*: etwa 7000 Adelige, vor allem jüngere Söhne ohne Aussicht auf Erbe, vorwiegend aus Frankreich, da Deutschlands Kaiser Heinrich IV. Papst Urban II. nicht anerkennt, dazu ein etwa 60 000 Köpfe starkes Gefolge. Dieses Heer nimmt im Juni 1099 tatsächlich Jerusalem ein. Zuvor hat es ungeheure Strapazen erlitten, aber auch selbst alle erdenklichen Grausamkeiten begangen. Auch die Eroberung Jerusalems wird zum Blutbad – an Muslimen, Juden und orientalischen Christen.

Besonders skrupellos und nur darauf bedacht, sich eine neue Existenz zu schaffen, sind *Bohemund von Tarent*, der Sohn des Normannen Robert Guiskard, und *Balduin von Boulogne*. Bohemund wird Fürst von *Antiochia*, Balduin erobert das armenische *Edessa* und wird nach dem Tod seines Bruder *Gottfried von Bouillon* König von *Jerusalem*. Außerdem entsteht noch die Grafschaft *Tripolis*. Die Einrichtung der Kreuzfahrerstaaten führt zu einem forcierten Handel zwischen Orient und Okzident, zieht aber auch immer wieder Abenteurer an, die dort reich werden wollen. Die Bevölkerungsmehrheit besteht jedoch aus Juden, Muslimen und orientalischen Christen, die geduldet werden. Viele der »Lateiner« nehmen auch orientalische Gewohnheiten an – oft zum Entsetzen neu ankommender Kreuzfahrer.

✔ Der **Zweite Kreuzzug** 1147 ist eine Reaktion auf die Eroberung Edessas durch Zengi, den syrischen Stadthalter der Seldschuken. Er scheitert.

✔ Der **Dritte Kreuzzug** 1189 ist eine Reaktion auf die Eroberung Jerusalems durch **Saladin**. Diese war durch **Rainald von Chatillon** provoziert worden, einen skrupellosen Abenteurer, der sich Antiochia erheiratet und mehrfach den Waffenstillstand zwischen Muslimen und Kreuzfahrerstaaten gebrochen hat. Der Kreuzzug endet mit der Einnahme von Akkon und Jaffa durch den englischen König **Richard Löwenherz**. Geprägt wird er jedoch durch die ritterlichen Gesten Saladins, der daraufhin im Westen zum Mythos wird.

Salah ad-Din ibn Ayyub (Saladin) war eigentlich Militärführer der syrischen Statthalter, konnte aber sowohl diese wie auch die schiitischen Fatimiden in Ägypten beerben. In der Moderne wird teils erbittert gestritten, ob er arabischer oder turkmenischer Abstammung war (wahrscheinlich Ersteres), in der damaligen muslimischen Welt spielte das keine Rolle. Richard Löwenherz ist Saladin nie persönlich begegnet, aber dessen Bruder und rechte Hand *al-Adil* verhandelte mit dem englischen König, richtete in diesem Rahmen Feste für ihn aus und beschenkte ihn sogar mit Schlachtrössern für den nächsten Kampf.

✔ 1204 sorgt der Doge von Venedig, **Enrico Dandolo,** dafür, dass die Teilnehmer des **Vierten Kreuzzugs** Konstantinopel erobern und plündern.

✔ 1217 versuchen die Teilnehmer des **Fünften Kreuzzugs** Sultan al-Adil in Ägypten anzugreifen, was jedoch misslingt.

✔ 1229 übergibt al-Adils Sohn **al-Kamil** Jerusalem an Kaiser Friedrich II., 1244 erobern die Muslime es nach Auslaufen des Waffenstillstands zurück.

✔ 1244 und 1270 initiiert der französische König **Ludwig der Heilige** zwei Kreuzzüge, die beide zum militärischen Desaster werden.

Diese offiziellen sieben Kreuzzüge haben Schätzungen zufolge zwischen ein und fünf Millionen Menschen das Leben gekostet. Es wurden Grausamkeiten begangen, die selbst für die damalige Zeit erschütternd waren. Sie schwächten das Byzantinische Reich, markierten den Beginn der Judenverfolgung, trugen erheblich zur Zerstörung des orientalischen Christentums bei und stärkten in der muslimischen Welt die fundamentalistischen, intoleranten Kräfte.

Außer den »offiziellen« Kreuzzügen gibt es noch eine Reihe kleinerer, darunter einen »Kinderkreuzzug« 1212 (der eher von Jugendlichen getragen wurde). Außerdem titulierte man auch alle anderen Kämpfe gegen Andersgläubige von den »Ketzerkriegen« gegen die Katharer bis zu den Türkenkriegen der frühen Neuzeit als Kreuzzüge.

England und Frankreich

Wenn Sie dieses Kapitel von Anfang an gelesen haben, kommen Ihnen die Informationen aus den Ländern westlich des römisch-deutschen Kaiserreichs vielleicht bislang recht spärlich vor. In der Tat geht im Mittelalter eine seltsame Grenze durch Europa. Kulturell sind die beiden einstigen Karolingerreiche Frankreich und Deutschland eng verbunden. Politisch fast gar nicht. Dafür hat Frankreich umso mehr mit England zu tun. Schuld daran sind zwei Eheschließungen.

Der Coup Wilhelms des Eroberers

Am 28. September 1066 landet der normannische Herzog *Wilhelm* an der englischen Küste bei Pevensey. Gut zwei Wochen später gewinnt er die **Schlacht bei Hastings** und wird der neue König von England. Dieses Ereignis – das Wilhelms Frau Mathilde auf dem einzigartigen *Teppich von Bayeux* als gestickten Comic festhalten ließ – ist Ihnen vermutlich bekannt. Was aber ist die Vorgeschichte?

1. Im 5. und 6. Jahrhundert haben Angeln, Sachsen und Jüten große Teile Englands erobert und die romano-keltische Bevölkerung in den Westen abgedrängt. Im 9. Jahrhundert werden die germanischen Kleinkönigreiche selbst von den Wikingern überrannt. Nur **Alfred von Wessex** hält stand. 878 schlägt er den dänischen König **Guthrum** und bringt ihn dazu, sich taufen zu lassen und in den Danelag (Kapitel 9)

zurückzuziehen. Nach und nach erkennen dann sowohl die Dänen wie auch die anderen englischen Kleinkönige Alfred als obersten Herrscher an.

 Karl der Große stützte sich bei seiner inneren Reform des Frankenreichs im Wesentlichen auf einen Angelsachsen: Alkuin von York aus Northumbria. Der englische König Alfred, der später auch der Große genannt werden wird, reformiert nun sein Land nach dem Vorbild Karls und holt dazu fränkische Gelehrte ins Land.

2. Alfreds Ururenkel **Ethelred II.** mit dem schönen Beinamen »der Unberatene« zahlt Tausende von Pfund Silber Danegeld an die Wikinger; trotzdem suchen sie England immer wieder heim. 1002 heiratet er die normannische Herzogstochter Emma, in der – vergeblichen – Hoffnung, ihr Vater Richard I., ein Enkel von Normandie-Gründer Rollo, würde ihm beistehen. Am Ende verliert Ethelred sein Land an die dänischen Könige Sven Gabelbart und Knut den Großen (Kapitel 9), den seine Witwe Emma später auch noch heiratet. Deren Sohn Hardiknut besteigt 1040 den englischen Thron und erweist sich als brutaler Tyrann, trinkt sich aber schon nach zwei Jahren zu Tode.

3. Der nächste König wird **Eduard der Bekenner**, der Sohn Emmas und Ethelreds. Er soll nicht nur viele Kirchen gebaut, sondern auch Gichtkranke geheilt haben, weshalb er heiliggesprochen ist. Da er im normannischen Exil aufgewachsen ist, versucht Eduard normannische Reformen in England durchzusetzen. Das führt zu Konflikten mit dem englischen Adel und einer Rebellion, deren Anführer Eduards Schwiegervater **Godwin von Wessex** und seine Söhne sind. Danach soll Eduard angeblich bei einem Besuch in der Normandie seinen Großneffen Wilhelm zu seinem Erben gemacht haben. Später aber versöhnt er sich wieder mit der Godwin-Sippe und lässt sich kurz vor seinem Tod vom **Witan**, dem Adelsrat, dazu drängen, Godwins Sohn Harold zum Nachfolger zu ernennen.

4. Harold Godwinson muss erst einmal gegen seinen jüngeren, aber mächtigeren Bruder Tostig kämpfen. Der sucht sich Unterstützung beim norwegischen König Harald Hardrada, der als Nachfolger (aber nicht Verwandter) Knuts des Großen auch Ansprüche auf England erhebt. Harold besiegt die beiden in der **Schlacht von Stamford Bridge** bei York am 25. September 1066. Bis er danach in einem Gewaltmarsch an der Südküste eingetroffen ist, hat Wilhelm der Eroberer sich dort schon eingerichtet und gewinnt die Schlacht.

Was aber bedeutet das für England? Wilhelm zentralisiert die Verwaltung, registriert den ganzen Besitz im *Domesday Book* und unterstellt alles Land der Krone, die es dann wieder als Lehen vergibt. Die meisten englischen Adeligen werden so enteignet und durch Normannen ersetzt, die dann oft die eingesessene Bevölkerung drangsalieren. In ihrer Amtsführung jedoch werden sie durch königliche Beamte kontrolliert. Wilhelm schafft auf diese Weise das konsequenteste *Feudalsystem* in Europa. Alle Macht liegt bei der Krone. Doch die ist bald umstritten.

Sein Sohn *Heinrich I.* lässt kurz vor seinem Tod 1135 den englischen Adel seiner Tochter *Mathilde* den Treueeid schwören, der Ehefrau des französischen Grafen *Gottfried V. Plantagenet von Anjou*. Die Barone aber lehnen Mathilda als Frau und ihren französischen Gatten wegen der Rivalitäten zwischen Anjou und der Normandie ab und wählen Mathildas Cousin, *Stephan von Blois*, zum neuen König. Der folgende Bürgerkrieg dauert 19 Jahre und geht als »*The Anarchy*« in die englische Geschichte ein. Am Ende des großen Schlachtens darf Stephan die Krone behalten, aber sein Erbe wird Mathildas Sohn *Heinrich II.*, nicht einer seiner eigenen Nachkommen.

Die Verdienste Ludwigs des Dicken

Im ehemaligen Westfrankenreich laviert der Adel lange zwischen den Karolingern und den Grafen von Paris. Immer wenn die Karolinger sich als zu unfähig erweisen, vergeben die Fürsten die Krone an einen Vertreter der tatkräftigen Grafenfamilie. Wenn dieser zu mächtig zu werden droht, holen sie wieder einen Karolinger auf den Thron. Erst ab 987 regieren die Grafen endgültig als Dynastie der *Kapetinger*. Ihre Herrschaft beschränkt sich allerdings weitgehend auf die Ile-de-France. Autorität über die mächtigen französischen Herzöge und Grafen haben sie kaum.

Der Name *Kapetinger* rührt vermutlich vom Mantel (Cappa) des *heiligen Martin* her. Die Grafen von Paris waren Laienäbte der Wallfahrtskirche *Saint-Martin* in Tours, wo der französische Nationalheilige begraben ist. Seine Cappa aber reiste als Staatsreliquie mit den fränkischen Königen und wurde in kleinen Andachtsräumen (Kapellen) aufbewahrt. Ihretwegen bekamen auch alle Hofgeistlichen den Titel Kaplan und bildeten zusammen die Hofkapelle.

1094 wird König *Philipp I.* von Papst Urban II. gebannt, weil er seine Frau verstoßen hat und die ebenfalls verheiratete Bertrada von Montfort ehelicht. Einige Jahrzehnte zuvor war ein Verstoßen der Ehefrau noch Privatsache, doch mit Papst Gregor VII. haben neue Moralvorstellungen Einzug gehalten. Philipp kommt jedoch zugute, dass die Päpste noch immer mit den römisch-deutschen Kaisern über Kreuz liegen. 1104 hebt Papst Paschalis II. den Bann auf und ignoriert in der Folge, dass Philipp und Bertrada ihr Versprechen, sich zu trennen, nicht einhalten.

Als Philipps Sohn *Ludwig VI.* – der sich seinen Beinamen »der Dicke« erst im Alter verdient – im Jahr 1108 seine Herrschaft antritt, muss er erst einmal diverse Adelssippen bekämpfen, die inzwischen sogar schon auf der Ile-de-France wie Raubritter agieren. Nachdem er dies geschafft hat, gelingt es ihm und seinem Jugendfreund, dem Abt *Suger von Saint-Denis*, jedoch, diese Krondomäne (die dem König direkt untersteht) zur kulturell und wirtschaftlich dominierenden Region Frankreichs zu machen. Wann immer es möglich ist, zieht Ludwig auch Lehen ein und wandelt sie in Krondomänen um, die von königlichen Beamten verwaltet werden.

Vor allem erfinden die beiden das französische Königtum neu:

✔ Suger lässt in Saint-Denis, der traditionellen Grablege der französischen Könige, eine sensationelle neue Kirche bauen, deren große, bunte Glasfenster den ganzen Raum in ein magisches Licht tauchen. Um den Altarraum mit einem filigranen Umgang umgeben zu können, benutzt er maurische Spitzbögen und legt so den Grundstein für die **Gotik**. Außerdem entwickelt er einen Kult um St. Denis als Schutzpatron Frankreichs.

✔ Ludwig VI. schart Ritter aus dem niederen Adel um sich, deren einzige Machtbasis die königliche Gunst ist. Sie sind wesentlich für die Entwicklung des höfischen Ritterideals verantwortlich.

KAPITEL 10 Das glänzende Hochmittelalter 183

Im Jahr 1124 gelingt Ludwig VI. ein gewaltiger symbolischer Sieg. Er und Kaiser Heinrich V. unterstützen verschiedene Päpste. Als Heinrich V. beginnt, sich für eine Invasion zu rüsten, kann Ludwig VI. erstmals den französischen Adel hinter sich sammeln. Als Zeichen des göttlichen Schutzes lässt er die *Oriflamme*, das Kirchenbanner von Saint-Denis, vor sich hertragen. Als er mit mehr als 60 000 Mann in Metz eintrifft, zieht sich der Kaiser kampflos zurück.

Ludwigs Sohn Ludwig VII. wird bei seiner Krönung 1137 erstmals mit Öl aus der *Heiligen Ampulle* gesalbt. Sie wurde angeblich im 9. Jahrhundert im Sarkophag des heiligen Remigius (Saint Remi) gefunden. Der damalige Erzbischof Hincmar erklärte, sie sei einst vom Himmel gesandt worden und von Remigius bei der Taufe Chlodwigs benutzt worden.

Während es Ludwig und seinen Nachfolgern so gelingt, ihre Macht und ihr Prestige ständig auszubauen, kämpfen die französischen Fürsten mit internen Problemen und geraten so gegenüber der Krone immer mehr ins Hintertreffen.

Die Heirat der Eleonore von Aquitanien

Zu den Erfolgen Ludwigs des Dicken gehört auch, seinem Sohn die reichste Frau Frankreichs gesichert zu haben: *Eleonore*, Erbin von Aquitanien, dem Poitou, der Gascogne und Auvergne. Doch die extrem lebenslustige Eleonore und der grüblerische Ludwig VII. passen nicht zusammen. Als auch noch der Thronfolger ausbleibt und Eleonore während des Zweiten Kreuzzugs so intensiv mit ihrem Onkel Raimond von Antiochia flirtet, dass alle Welt von Ehebruch spricht, drängen Ludwigs VII. Berater ihn, die Ehe wegen zu naher Verwandtschaft annullieren zu lassen. Die prompt von mehreren Freiern bedrängte Eleonore nimmt Kontakt mit *Heinrich II. von England* auf (elf Jahre jünger und noch näher verwandt) und heiratet ihn nur acht Wochen nach der Trennung von Ludwig.

Heinrich II. ist ein jähzorniger, leutseliger Energiebolzen mit kühlem Verstand. Mit schier unglaublicher Tatkraft organisiert er den Wiederaufbau des bürgerkriegsgeschädigten Englands. Er und Eleonore veranstalten rauschende Feste und huldigen dem Troubadour-Ideal aus Eleonores südfranzösischer Heimat. Als sie 1172 aber einen Aufstand ihrer Söhne unterstützt, lässt er sie bis zu seinem Tod 17 Jahre später einsperren.

Die englischen Könige verfügen nun über mehr als die Hälfte von Frankreich. Das sogenannte *Angevinische Reich* umfasst Eleonores Erbe, die Plantagenet-Grafschaften Anjou, Maine und Tours, die Normandie und die Bretagne, die sich Gottfried, ein Sohn von Heinrich und Eleonore, 1166 erheiratet. Außerdem sind ihnen die mächtigen Grafen von Toulouse tributpflichtig.

Doch Ludwig VII. von Frankreich hat den fähigeren Sohn. *Philipp II. August*, der beim Tod seines Vaters erst 15 Jahre alt ist, verbündet sich erst einmal mit Heinrich II. gegen den mächtigen Grafen von Flandern, dann manipuliert er nacheinander drei von Heinrichs Söhnen – die alle einige Jahre älter sind – und treibt vor allem *Richard Löwenherz* zum Aufstand gegen seinen Vater. Den Dritten Kreuzzug beginnt er gemeinsam mit Richard, seilt sich dann aber so schnell wie möglich ab. Als der heimkehrende Richard in die Gefangenschaft von

Kaiser Heinrich VI. gerät, beginnt Philipp II. August mit dem Angriff auf die Normandie und paktiert mit Richards jüngerem Bruder *Johann Ohneland*. Diese Pläne werden jedoch von Eleonore von Aquitanien zerstört, die ein immenses Lösegeld für ihren Sohn auftreiben kann. Militärisch zieht Philipp nun gegenüber Richard Löwenherz den Kürzeren, doch 1199 fällt dieser im Kampf.

Den neuen englischen König Johann Ohneland zitiert Philipp II. August vor ein Hofgericht, weil er eine Frau geheiratet hat, die schon einem französischen Grafen versprochen war. Johann erscheint erwartungsgemäß nicht, worauf ihn Philipp seiner französischen Länder für verlustig erklärt und zur »Vollstreckung« schreitet. Als Johanns Neffe Arthur von der Bretagne, der mit Philipp paktiert, in englischer Gefangenschaft umkommt, hat Philipp endgültig den französischen Adel auf seiner Seite. 1206 besiegt er Johann und zieht den ganzen englischen Besitz nördlich der Loire als Krondomäne ein. Damit hat er nicht nur den englischen Einfluss ausgeschaltet, sondern ist mit einem Schlag weit reicher als alle französischen Fürsten.

Die Magna Charta

Als Johann Ohneland im Jahr 1214 nach einem erneut gescheiterten Versuch, seinen französischen Besitz wiederzubekommen, Abgaben bei seinen Baronen einziehen will, haben die endgültig genug. Mit vorgehaltenen Waffen zwingen sie ihn, einen Forderungskatalog zu unterschreiben. Im Prinzip geht es dabei vor allem um die Rechte des Adels. Doch nach dem Niedergang der englischen Leibeigenschaft bekommt Artikel 39 Gewicht, der besagt, dass kein freier Mann verhaftet, enteignet oder geächtet werden darf, wenn dies nicht durch ein Urteil von seinesgleichen oder durch das Landesgesetz geschieht. Obwohl sie oft missachtet wird, gilt die *Magna Charta* als einer der wichtigsten Schritte auf dem Weg zu einer freiheitlich-demokratischen Grundordnung.

Mongolen und Chinesen

Während sich in Italien Kaiser Friedrich II. und Papst Gregor IX. bekriegen, stellt sich am 9. April 1241 Herzog *Heinrich von Schlesien* (der Sohn der heiligen Hedwig) bei Liegnitz mit den Resten seiner Ritterschaft, ein paar Ordensrittern, einem kleinen böhmischen Kontingent und vielen bewaffneten Bürgern und Bauern einem wohl mehr als doppelt so großen mongolischen Reiterheer entgegen. Sie werden komplett niedergemacht. Zwei Tage später ereilt ein viel stärkeres ungarisches Heer das gleiche Schicksal. Die Mongolen der *Goldenen Horde* nehmen anschließend Ungarn ein, töten jeden Einwohner, der Widerstand leistet, und zwingen die übrigen Männer zum Militärdienst. Nur gut befestigte Städte werden umgangen. Im Winter überqueren sie die Donau und stoßen bis Dalmatien und Niederösterreich vor. An Weihnachten werden Buda, Pest und Esztergom eingenommen und alle Einwohner getötet.

Kurze Zeit später erhält der Anführer *Batu Khan* die Nachricht, dass in der Mongolei sein Onkel, *Großkhan Ögedei*, gestorben ist und alle Anwärter auf die Nachfolge zurückkehren müssen. Für Europa ist damit die Gefahr gebannt.

KAPITEL 10 Das glänzende Hochmittelalter

Der Zug des Dschingis Khan

Glaubt man der *Geheimen Geschichte der Mongolen*, die vermutlich im Auftrag von Großkhan Ögedei entstand, dann wächst sein Vater *Temüdschin* als ausgestoßener Halbwaise auf, kann aber nach und nach alle Mongolenstämme einen und wird 1206 als gut Vierzigjähriger von ihnen zum *Dschingis Khan*, zum »ozeangleichen Herrscher« gewählt. Er führt einen verpflichtenden Kriegsdienst ein, entmachtet den alten Stammesadel und ersetzt ihn durch Vertrauensleute. Durch die erbarmungslose Bestrafung jeden Ungehorsams einerseits und die Aussicht auf reiche Beute andererseits sichert er sich die Gefolgschaft und auch die Disziplin seiner Kämpfer. Zum ersten Opfer werden andere Nomadenstämme wie die *Tataren*.

- ✔ 1211 bis 1215 erobern die Mongolen mithilfe der im chinesischen Süden residierenden Song-Herrscher die **Jin-Dynastie** im Norden.

- ✔ 1219 bis 1220 besiegen sie die **Choresm-Schahs**, die erst 1194 Persien und Zentralasien von den Seldschuken erobert haben.

- ✔ 1223 dringen die mongolischen Heere in die **Ukraine** ein.

Wie die Hunnen und andere Reiternomaden zuvor, setzen auch die Mongolen auf blitzschnelle Angriffe von berittenen Bogenschützen. Sie agieren bewusst grausam, um potenzielle Gegner einzuschüchtern und zu einer schnellen Unterwerfung zu bewegen. Moderne Genetiker wollen herausgefunden haben, dass im einstigen Herrschaftsbereich noch heute acht Prozent aller Männer von Dschinigs Khan und seinen Clanmitgliedern abstammen. Wirklich bewiesen ist das noch nicht, exzessive Vergewaltigungen dagegen schon. Auch gibt es Schätzungen, dass bei der Eroberung von Dörfern und Städten rund 30 Prozent der Einwohner starben.

- ✔ 1220 gründet Dschingis Khan in **Karakorum** eine Hauptstadt, lässt das mongolische Recht (**Jassa**) aufzeichnen und beginnt mithilfe der Beamten aus den unterworfenen Gebieten eine neue Verwaltung seines Reichs aufzubauen. Außerdem übernimmt er teilweise die Kultur der eroberten Völker. Deren Gefolgschaft stellt er durch Geiseln sicher. Als er 1227 stirbt, erstreckt sich sein Reich vom Kaspischen bis zum Chinesischen Meer.

Dschingis Khans Nachfolger wird sein Sohn *Ögedei*. Während er in Karakorum residiert, setzen seine Neffen die Eroberungen fort:

- ✔ 1236 bis 1242 unterwirft **Batu** das Reich der Kiewer Rus und Teile Osteuropas.

- ✔ 1258 erobert **Hülegü** Bagdad und beendet das Kalifat der Abbasiden.

- ✔ 1279 erobert **Kublai** das Reich der Song und wird **Kaiser von China**.

Das Schicksal der Khanate

Bis zum Tod von *Kublai Khan* im Jahr 1294 wird das Mongolenreich zentral regiert. Im völligen Gegensatz zu den grausamen Eroberungen herrschen sehr stabile und sichere Verhältnisse sowie kulturelle und religiöse Toleranz. Nur die Beschneidung ist verboten und Schafe müssen auf mongolische Weise im Verborgenen geschlachtet werden, nicht auf jüdische oder muslimische Art. Ein extrem effektives Netz an Versorgungsposten (*Örtöö*) ermöglicht Befugten Reisen von über 300 Kilometern am Tag.

Marco Polo ist von 1271 bis 1295 im Reich Kublai Khans unterwegs. Er ist jedoch nicht der einzige Europäer, der das Mongolenreich bereist, nur der, der am besten schreiben konnte – wobei umstritten ist, ob alles in seinen Berichten für bare Münze genommen werden kann.

Offiziell werden bis 1307 Großkhane gewählt, faktisch zerfällt das Reich jedoch in vier Teile:

✔ Das **Khanat der Goldenen Horde** umfasst die Gebiete nördlich des Schwarzen und Kaspischen Meers. Seine Khane gehen als Erste eigene Wege und führen im späten 13. Jahrhundert immer mal wieder Feldzüge nach Osteuropa durch. Im 14. Jahrhundert findet eine Islamisierung statt. Die Oberherrschaft über die Fürstentümer der Rus dauert offiziell bis 1480, geht faktisch aber schon im 14. Jahrhundert verloren. 1502 geht das Khanat unter. Zu den Nachfahren gehören die **Krimtataren**.

✔ Das **Ilkhanat** besteht im Wesentlichen aus den islamischen Reichen der Abbasiden und Choresm-Schahs. Durch den freien Handel im mongolischen Reich erlebt die Region eine wirtschaftliche und kulturelle Blüte. Doch interne Querelen zwischen den zum Islam übergetretenen Ilkhanen und dem mongolischen Adel, der weiter dem traditionellen Glauben anhängt (**Tengrismus** – Verehrung des ewigen blauen Himmels), sowie Konflikte mit der Goldenen Horde um den Kaukasus führen im 14. Jahrhundert schnell zur Aufsplitterung auf regional regierende persische und mongolische Dynastien.

✔ Das **Tschagatai-Khanat** in Zentralasien ist nach dem Tod von Dschingis Khans Sohn Tschagatai umstritten und zerfällt im 14. Jahrhundert in einem Bürgerkrieg.

✔ In China und Korea begründet Kublai Khan die **Yuan-Dynastie**. Er übernimmt die chinesische Kultur zu großen Teilen, was bei den anderen Mongolen auf Ablehnung stößt. Trotzdem bleiben die höchsten Posten Mongolen vorbehalten. Er und seine Nachfolger befördern vor allem den Handel und öffnen China für kulturelle Errungenschaften von außerhalb. Sogar ein Erzbistum wird in Peking gegründet. Doch im 14. Jahrhundert bringt die Pest den Fernhandel zum Erliegen. Außerdem gelingt es den Kaisern nicht, die Folgen einer verheerenden Flutkatastrophe am Gelben Fluss in den Griff zu bekommen. 1368 werden sie gestürzt und durch die **Ming-Dynastie** abgelöst.

Die Frauen und Mütter der Khane

Während die mongolischen Eroberer nach dem Zeugnis zeitgenössischer Autoren eine besondere Vorliebe dafür haben, gefangene Frauen zu demütigen, genießen die anerkannten Ehefrauen einen hohen Status. So regieren nach Ögedeis und Tschagatais Tod für eine Weile deren Witwen. Eine besondere Rolle spielte *Sorkhatani Beki*, die Frau von Dschingis Khans jüngstem Sohn. Nach dem Tod ihres Mannes 1232 weigert sie sich, wieder zu heiraten und verwaltet seine Provinzen zwischen Persien und Nordchina. Die Christin übt religiöse Toleranz und fördert die einheimische Kultur, erzielt aber gerade dadurch hohe Steuereinnahmen. Möglicherweise ist sie das entscheidende Vorbild für ihre Söhne Möngke, Kublai und Hülegü, unter deren Herrschaft das Mongolenreich seine Blütezeit erlebt.

KAPITEL 10 Das glänzende Hochmittelalter 187

Die Ming-Kaiser und ihre Nachbarn

Die chinesische *Ming-Dynastie* ist für ihre kostbaren Porzellanvasen bekannt. Der erste Kaiser *Hongwu* ist jedoch ein Rebellenführer aus einfachen bäuerlichen Verhältnissen. Er schafft ein absolutistisches Regime mit sehr starkem Verwaltungsapparat und Geheimpolizei. Die Wirtschaft wird wieder vornehmlich auf Landwirtschaft umgestellt. Hongwu lässt Millionen von Nutzbäumen pflanzen und in großem Stil Bewässerungsprojekte durchführen. Unter seinen Nachfolgern nehmen Abschottung und Bürokratismus weiter zu. Ein Ausbruch aus der eigenen Kaste ist kaum noch möglich. Mit der Zeit beginnt auch das anfangs erfolgreiche Wirtschaftssystem zu versagen und es kommt zu Unruhen.

Vietnam kann sich 907 mit dem Ende der *Tang-Dynastie* erstmals dem chinesischen Einfluss entziehen. Auch den Angriff der Truppen Kublai Khans können die Länder Da Viet (im Norden) und Champa (im Süden) zurückschlagen. Sie akzeptieren aber trotzdem die mongolische Oberherrschaft, um Frieden zu haben. Auch ein Versuch der Ming-Kaiser, Vietnam zu unterwerfen, währt nur kurz, geht aber mit einer systematischen Zerstörung des vietnamesischen Kulturerbes einher. Die ab 1428 regierende *Le-Dynastie* übernimmt dann den Konfuzianismus (statt des Buddhismus) und zahlreiche Reformen der Ming. Außerdem erobert sie Champa, sodass Vietnam fast seine heutige Ausdehnung bekommt.

Das übrige Südostasien ist durch Indien geprägt. Viele Reiche erleben hier im Mittelalter eine kulturelle Blüte. Es werden exzessiv hinduistische, aber auch buddhistische Tempelanlagen gebaut. Oft so sehr, dass die Finanzen ruiniert werden. So hat das buddhistische *Reich von Bagan* im heutigen Myanmar (Burma) nach einer rund 250 Jahre dauernden Friedenszeit nicht mehr die Ressourcen, sich gegen die Truppen Kublai Khans zu wehren, und wird zerstört.

Der König von Singhasari auf *Java* wird durch eine Rebellion getötet, als er Kublai Khan Widerstand leistet. Sein Schwiegersohn Raden Wijaya verbündet sich mit den Mongolen. Als diese dann 1293 die Rebellen besiegt haben, greift Raden Wijaya sie mit seinen eigenen Truppen an und vertreibt sie. Er gründet das *Majapahit-Reich*, das im 14. Jahrhundert Java, Sumatra, die malaiische Halbinsel, die Küstenregionen von Borneo und viele kleinere Inseln umfasst. Die Bewohner sind teils Hinduisten, teils Buddhisten. Im 15. Jahrhundert beginnen muslimische Händler, auch den Islam zu verbreiten. Gleichzeitig beginnt der Zerfall des Reichs.

Die indochinesische Halbinsel wird vom *Reich der Khmer* beherrscht. Im 12. Jahrhundert lässt König *Suryavarman II.* den weltberühmten Tempel von *Angkor Wat* errichten. Unter der Herrschaft seines Neffen *Jayavarman VII.* entsteht direkt daneben die Stadt *Angkor Thom*. Da Jayavarman VII. Buddhist ist, lösen nun buddhistische Heiligtümer die hinduistischen Tempel ab. Über die Zeit nach seinem Tod im Jahr 1220 gibt es kaum Informationen. Um 1350 spaltet sich im heutigen *Laos* das Reich *Lan Xang* ab. 1431 wird das Reich der Khmer dann von dem zuvor tributpflichtigen thailändischen Reich *Ayutthaya* erobert.

Die Reisen des Zheng He

Bevor die Ming-Herrscher Mitte des 15. Jahrhunderts beginnen, ihr Land abzuschotten, tut *Yongle*, der dritte Ming-Kaiser, genau das Gegenteil. Zwischen 1405 und 1433 schickt er siebenmal den muslimischen Eunuchen *Zheng He* mit einer Flotte voller Handelsgüter auf Expedition.

Zheng He besucht das Majapahit-Reich in Indonesien, Sri Lanka, zahlreiche Regionen Indiens, die Arabische Halbinsel und die afrikanische Ostküste. Er erstellt Navigationskarten und bringt exotische Schätze wie etwa eine lebende Giraffe mit. Doch die Reisen kosten weit mehr, als sie einbringen, weswegen die nachfolgenden Kaiser sie einstellen.

IN DIESEM KAPITEL

Europa zwischen Kunst und Katastrophen

Timur Leng auf den Spuren Dschingis Khans

Ein Blick nach Amerika und Afrika

Kapitel 11
Das vielschichtige Spätmittelalter

Dem späten Mittelalter hängt häufig der Ruf an, eine Zeit des Verfalls gewesen zu sein. Das allerdings ist eine speziell deutsche Sicht, da mit Friedrich II. die Zeit endet, in der die eigenen Herrscher als römische Kaiser eine herausragende Rolle unter den Monarchen Europas einnehmen. Doch selbst in Deutschland entstehen die typisch mittelalterlichen Städte, die schönsten Burgen, die gotischen Kathedralen und eine große kulturelle Vielfalt erst jetzt. Und erst jetzt bieten Städte einer großen Anzahl von Menschen eine Alternative zur Existenz als leibeigene Bauern. Andererseits ist das Spätmittelalter auch unzweifelhaft eine Zeit großer Krisen.

Die neuen Mächte in Europa

Auch nach 1250 gibt es noch Kaiser und Päpste, aber sie spielen nicht mehr die Rolle wie zuvor. Davon profitieren vor allem die französischen Könige, die zwischen 1309 und 1377 die Päpste sogar zwingen, in »*babylonischer Gefangenschaft*« in Avignon statt in Rom zu residieren. Damit verschiebt sich der politische Schwerpunkt und im Süden und Osten können neue Kräfte entstehen.

Nicht geschwunden ist die Macht der Kirche im moralisch-religiösen Bereich. Jegliches Fehlverhalten wird drastisch sanktioniert. In der weltlichen Gerichtsbarkeit halten *Folter* und *Schandstrafen* Einzug. Auch die Todesstrafe wird auf immer grausamere und fantasievollere Art vollstreckt, auch wenn die berühmt-berüchtigte Eiserne Jungfrau wohl eine Erfindung aus späterer Zeit ist.

Gleichzeitig ist die Kultur von einer großen Lebenslust geprägt. Karten- und Würfelspiele, Badehäuser, Bordelle und Fastnachtspiele voller derber Anzüglichkeiten stehen hoch im Schwang. Wer kann, lebt luxuriöser, als es seinem Stand eigentlich gebührt. Weder Bußprediger, die gegen Prasserei und modische Exzesse wettern, noch immer neue Kleidervorschriften können dem Einhalt gebieten.

Dabei kommt es zu starker sozialer Ausgrenzung all jener, die als »unehrlich«, »gefallen« oder auch nur »fremd« betrachtet werden.

Im sozialen Gefüge spielen die Städte eine immer größere Rolle. Die meisten werden von einer reichen Kaufmannsschicht dominiert. Ein extremes Beispiel sind die *Hansestädte*, die sich zu einem Bund zusammenschließen, der sogar Kriege führt und im 14. und 15. Jahrhundert im Ostseeraum eine mindestens gleichwertige Macht zu den Anrainerstaaten darstellt. Daneben haben auch die Handwerker durch ihre Organisation in *Zünften* eine sehr starke Stellung. Die Mitglieder werden nicht nur finanziell abgesichert, es kommt auch zu einer immer größeren Spezialisierung und enormen Fortschritten. Riesige gotische Dome, aber auch repräsentative Rathäuser sind bis heute Ausweis des städtischen Selbstbewusstseins. Auch politisch spielen die Städte eine Rolle.

Machte Stadtluft tatsächlich frei? Wenn sich ein Leibeigener ein Jahr und einen Tag in der Stadt aufgehalten hatte, war er frei, heißt es oft. Dieses Prinzip stellten jedoch nur die Städte auf, nicht die Grundherren. Da die Städte aber immer mächtiger wurden, war es für kleinere Grundherrn tatsächlich schwer, geflohene Leibeigene zurückzubekommen. Von den Königen, die Interesse am wirtschaftlichen Florieren der Städte hatten, erhielten sie jedenfalls meist wenig Unterstützung.

Die osteuropäischen Königreiche

Im Jahr 1308 wählen die deutschen Kurfürsten den Grafen von Luxemburg als *Heinrich VII.* zum deutschen König. Als erster Monarch nach Friedrich II. wird er wieder zum Kaiser gekrönt. Heinrich VII. ist in Frankreich aufgewachsen, tritt aber den Ansprüchen des sehr machtbewussten französischen Königs *Philipp IV.* entschlossen entgegen. Und er sichert sich für seinen Sohn Johann die Hand der Erbin Elisabeth von Böhmen.

Eigentlich ist *Böhmen* nach der Ermordung von Elisabeths Bruder Wenzel III. im Jahr 1306 an ihre Schwester Anna und deren Mann Heinrich von Kärnten gefallen. Die 18-jährige Elisabeth soll einen eher unbedeutenden Adeligen heiraten. Doch sie flieht und nimmt Kontakt mit unzufriedenen böhmischen Adel auf. Gemeinsam wird beschlossen, dass sie den 14-jährigen Johann von Luxemburg heiraten wird. Der Brautpreis: Johanns Vater muss ihre Schwester und deren Mann verjagen. Das geschieht. Allerdings soll Elisabeth nicht glücklich geworden sein, obwohl Johann als »Fürst der Ritterlichkeit« galt. Berühmt wurde er, weil er als Blinder an der *Schlacht von Crecy* im Hundertjährigen Krieg teilnahm und dort fiel.

Die Stellung Böhmens zum römisch-deutschen Kaiserreich ist etwas kompliziert. Als loyale, aber sehr autonom regierende Vasallen der Kaiser konnten die böhmischen Herzöge 1198 die Königswürde erlangen. Damit waren sie den deutschen Königen rechtlich gleichgestellt. Als diese nicht mehr »automatisch«

KAPITEL 11 Das vielschichtige Spätmittelalter 191

Kaiser wurden, blieb Böhmen »irgendwie« trotzdem Teil des römisch-deutschen Reichs. Als *Kurfürsten* waren die böhmischen Herrscher sogar berechtigt, die deutschen Könige mitzuwählen.

Aus deutscher Sicht wurde Böhmen deshalb im Nachhinein oft als Teil von Deutschland gesehen, was mit der nationalsozialistischen »Heim-ins-Reich«-Propaganda ausgenutzt wurde, während die Tschechen seit jeher das mittelalterliche Böhmen als souveränen, lediglich mit Deutschland verbündeten Staat sehen.

Kaiser *Karl IV.*, der Enkel Heinrichs VII., verlegt seine Residenz nach *Prag*. Er gründet dort 1348 die *erste Universität Mitteleuropas*, holt viele Gelehrte und Künstler an seinen Hof und lässt die Stadt mit *Veitsdom* und *Karlsbrücke* zur »Goldenen Stadt« ausbauen.

Mit Kasimir III. von Polen und Ludwig I. von Ungarn hat Karl IV. Nachbarn, die später beide den Beinamen »der Große« erhalten werden. Der polnische König erbt ein ziemlich zersplittertes Reich und offene Konflikte. Die schlesischen Herzöge aus einer Seitenlinie des polnischen Königshauses der *Piasten* haben sich nach und nach aus wirtschaftlichen Gründen den Luxemburgern unterworfen. Kasimir III. verzichtet nun auf Schlesien, dafür geben die Luxemburger Anrechte auf den polnischen Thron auf, die sie über Elisabeth von Böhmen geerbt haben. Kasimir III. aber entschädigt sich, indem er die polnische Oberhoheit über das Herzogtum Masowien durchsetzt, das von einer anderen Seitenlinie der Piasten regiert wird. Damit dehnt er Polen bis weit in die heutige Ukraine aus. Innenpolitisch reformiert er sein Land gründlich und gründet in Krakau ebenfalls eine Universität. Ähnliches tut sein Neffe Ludwig I. in Ungarn. Osteuropa bekommt so ein neues kulturelles, politisches und wirtschaftliches Gewicht.

Durch Familienpolitik soll die Macht weiter konzentriert werden. Da Kasimir III. keinen Sohn hat, macht er Ludwig I. von Ungarn zu seinem Nachfolger. Doch dessen Versuchen, Ungarn auf Kosten Polens zu stärken, widersetzt sich der polnische Adel. Die polnischen Fürsten weigern sich auch, nach Ludwigs Tod dessen älteste Tochter Maria und deren Mann, den späteren Kaiser *Sigismund* (den Sohn Karls IV.) als König anzuerkennen. Also kommt es zur Teilung.

König (nicht Königin!) von Polen wird Hedwig, Marias jüngere Schwester. Um das Reich zu stärken, zwingt der Adel sie zu einer (unglücklichen) Ehe mit dem litauischen Großfürsten Jogaila, der sich dafür taufen lässt und als *Władysław II. Jagiełło* König eines neuen Großreichs wird, das fast bis Moskau reicht.

Der polnisch-litauische Zusammenschluss richtet sich vor allem gegen den *Staat des Deutschen Ordens*, der das bislang heidnische Litauen als Expansionsgebiet betrachtet hat und diesen Anspruch nicht aufgeben will. Gemeinsam bringen Polen und Litauer den als unbesiegbar geltenden Ordensrittern in einer großen Schlacht im Jahr 1410 bei *Tannenberg* eine verheerende Niederlage bei. Im Zuge der Auseinandersetzungen unterstellen sich auch die preußischen Städte, die das diktatorische Regiment des Ordens satthaben, als relativ autonome Provinz »Preußen königlichen Anteils« der polnischen Krone. Danzig, Thorn, Elbing, das Ermland sowie die Regionen Kulm, Marienburg und Pomerellen sind damit zwar politisch polnisch, bleiben aber kulturell lange deutsch geprägt. Dem Deutschen Orden bleiben *Ostpreußen* und das *Meistertum Livland*.

Der Sieg von Tannenberg wurde zu einem polnischen Nationalmythos. Im Ersten Weltkrieg ließ deshalb General *Paul von Hindenburg* den deutschen Sieg über die Russen bei Allenstein in »Sieg bei Tannenberg« umbenennen, um die »Schmach« von 1410 auszulöschen, obwohl der Deutsche Orden streng genommen nichts mit dem damaligen deutschen Reich und Polen-Litauen ebenso wenig mit den Russen zu tun hatte.

Die Balkan-Königreiche

Um die Macht auf dem Balkan kämpfen im Mittelalter – mal unter stärkerer, mal unter schwächerer Einmischung des gemeinsamen Souveräns *Byzanz* – vor allem *Serbien* und *Bulgarien*. Zeitweise ist mit byzantinischer Förderung auch noch *Kroatien* im Spiel, das jedoch 1102 per Erbschaft an Ungarn fällt. Als die Teilnehmer des Vierten Kreuzzugs im Jahr 1204 Konstantinopel zerstören, können die Bulgaren die byzantinische Schwäche nutzen.

Unter Zar *Iwan Assen II.* umfasst das Reich die heutigen Staaten Bulgarien, Rumänien, Makedonien, Albanien und den Osten Serbiens. Doch 1241 wird es von den Mongolen zerstört. Gleichzeitig macht König *Stefan Uroš I.* Serbien durch die Förderung des Bergbaus zu einem ökonomischen Schwergewicht. Seine Nachfolger übernehmen dann immer mehr die byzantinische Kultur und lassen eine Vielzahl prächtiger Kirchen und Klöster im byzantinischen Stil erbauen.

Stefan Uroš IV. erhebt sich 1345 in Skopje sogar zum *Kaiser Serbiens und des Römerreichs* und beansprucht damit die Nachfolge der schwachen oströmischen Kaiser.

Das Haus Habsburg

Das Herrschergeschlecht, das Europas Politik jahrhundertelang entscheidend prägt, steht in dem Ruf, an die Macht gekommen zu sein, weil es wenig Macht hatte. Das stimmt nicht ganz. Im Jahr 1273 stehen die deutschen Kurfürsten vor der Aufgabe, einen neuen König zu wählen,

✔ der sowohl für die Anhänger der Staufer als auch für ihre einstigen Gegner und den Papst akzeptabel ist,

✔ der militärische Erfahrung hat, um den zahlreichen Fehden im Land ein Ende zu machen,

✔ der die Fähigkeiten besitzt, den Missbrauch königlicher Rechte zu beenden und wieder Rechtssicherheit herzustellen,

✔ und der sich gegen den mächtigen König *Ottokar II. von Böhmen* (den Großvater der im vorigen Abschnitt erwähnten Elisabeth) durchsetzen kann.

KAPITEL 11 Das vielschichtige Spätmittelalter 193

Denn Ottokar II. hat sich ein Reich, das vom Erzgebirge bis zur Adria reicht, teils erkämpft, teils ererbt und ist durch kluge Wirtschaftspolitik sehr reich geworden. Nun will er auch noch König werden, was die Kurfürsten unbedingt verhindern wollen. Sie wählen *Rudolf von Habsburg*, einen begüterten Grafen aus dem Aargau, der ein loyaler und tatkräftiger Anhänger der Staufer gewesen ist, danach aber seinen Frieden mit dem Papsttum gemacht hat. Rudolf I. erledigt seine Aufgabe – gemessen an den Anforderungen – recht gut, hat dabei aber auch das Wohl der eigenen Familie im Auge. Nach dem Sieg über Ottokar belehnt er seine Söhne mit Zustimmung der Kurfürsten mit dem heutigen Slowenien und Österreich (ohne Tirol).

Die Mitglieder der *Habsburger Familie* tragen den Titel eines *Erzherzogs*. Erfunden haben sie ihn selbst. 1359 lässt Herzog Rudolf IV. einige Dokumente (*Privilegium maius*) fälschen, in denen frühere Herrscher seinen Vorfahren angeblich Rechte wie die Unteilbarkeit ihrer Länder verliehen haben. Darin taucht auch der Titel »Erzherzog« auf, der die Habsburger den Kur- oder Erzfürsten gleichstellt. Der Habsburger Kaiser *Friedrich III.* macht 1453 aus dieser Anmaßung geltendes Recht.

Den deutschen Königsthron kann Rudolf seiner Sippe (noch) nicht sichern. Doch wie keine andere europäische Sippe verstehen es die Habsburger, durch eine geschickte Heiratspolitik ihre Macht auszuweiten, was zu dem Sprichwort führt »Bella gerant alii, tu felix Austria nube« (Kriege führen mögen andere, du, glückliches Österreich, heirate).

✔ 1421 heiratet **Albrecht II.**, ein fanatischer Judenverfolger und Bekämpfer der böhmischen Hussiten (dazu mehr in Kapitel 12), **Elisabeth von Luxemburg**, die Tochter von Kaiser Sigismund, und wird 1438 dessen Nachfolger als römisch-deutscher Kaiser, König von Böhmen sowie König von Ungarn und Kroatien. Mit einer Ausnahme tragen nun nur noch Habsburger die Kaiserkrone.

✔ 1477 heiratet Albrechts Enkel **Maximilian I.** die Erbin **Maria von Burgund**. Allerdings muss er um ihren Besitz Krieg mit Frankreich führen. Am Ende kann er sich aber den größten Teil davon sichern, vor allem die reichen **Niederlande**. Maximilian entzieht den Päpsten die Entscheidung über die Kaiserkrönung, indem er diese einfach mit der Wahl zum deutschen König koppelt. Als »letzter Ritter« hat er ein ausgesprochenes Faible für Turniere und fördert als freigiebiger Mäzen die Künste. Seine Reichsreformen allerdings bleiben Stückwerk und sein verschwenderischer Lebensstil hinterlässt seinem Enkel **Karl V.** jede Menge Schulden, weshalb dieser auf die Finanzspritzen des Augsburger **Bankhauses Fugger** angewiesen ist.

✔ 1496 heiratet Maximilians Sohn **Philipp der Schöne Johanna von Kastilien**, die später zur Erbin von ganz Spanien und den spanischen Überseebesitzungen wird. Sie ist äußerst gebildet. Ihren Beinamen »die Wahnsinnige« bekommt sie erst, nachdem der frühe Tod ihres eifersüchtig geliebten Gatten sie aus der Bahn geworfen hat.

Die Habsburger Heiratspolitik sieht auf den ersten Blick tatsächlich überaus glücklich aus, führte aber dazu, dass Frankreich sich durch Habsburger Länder eingekreist fühlte. Bei der weiteren Lektüre werden Sie sehen, wie das – angefangen von der französischen Einmischung in den *Dreißigjährigen Krieg* – auf lange Zeit die europäische Politik mitbestimmt.

Die Spanier

Zu Beginn des 9. Jahrhunderts wird in *Compostela* angeblich das Grab des Apostels Jakobus des Älteren entdeckt. Schnell entwickelt sich der Ort zum *Nationalheiligtum* des christlichen Spaniens und zum bedeutenden *Wallfahrtsort*. Als am 10. August 997 *Abu Amir Muhamad* (im Westen als Almansor bekannt), der für den minderjährigen Kalifen Hischam II. regiert, die Stadt überfällt und zerstört, eint die Empörung das sonst oft zerstrittene christliche Spanien. Nach Almansors Tod beginnt das Kalifat von Cordoba durch interne Machtkämpfe und einen Berberaufstand in mehrere Teilreiche zu zerfallen. Zusammen mit der noch nicht abgeflauten Empörung gibt das der Reconquista, der christlichen Rückeroberung, gewaltigen Auftrieb. Die muslimischen Fürsten suchen bei den *Almoraviden* Hilfe, einer in Marokko herrschenden Berberdynastie. Diese übernimmt 1086 die Macht in Spanien. 1147 wird sie von den *Almohaden*, einer anderen Berberdynastie, gestürzt. Ihre Herrscher machen der Toleranz in Spanien, aber auch der islamischen Philosophie ein Ende. Der Philosoph *Averroes* etwa muss in die Verbannung gehen und seine Werke werden verbrannt. Auch für die Christen ist Koexistenz keine Alternative mehr.

Am 16. Juli 1212 können die vereinten Heere von Kastilien, Aragon, Portugal und Navarra sowie ein Kontingent französischer Ordensritter bei *Las Navas de Tolosa* in einer der größten Feldschlachten des Mittelalters ein zahlenmäßig weit überlegenes Heer der Almohaden vernichtend schlagen. Danach erobern sie fast die gesamte iberische Halbinsel zurück. Im Jahr 1265 gibt es dort folgende Staaten:

- ✔ **Königreich Kastilien** unter König **Alfons X.** dem Weisen, einem leidenschaftlichen Wissenschaftler, der alle verfügbaren Bücher ins Kastilische übersetzen lässt, ein Gesetzbuch sowie die Sammlung von Liedern, Spielen und Schachproblemen veranlasst und selbst Gedichte schreibt. Als Regent ist er jedoch weniger erfolgreich. Auch der Versuch, als Urenkel Friedrich Barbarossas deutscher König zu werden, scheitert.

- ✔ **Königreich Leon** (das frühere Asturien), seit 1230 in Personalunion mit Kastilien.

- ✔ **Königreich Aragon** (aus der Grafschaft Barcelona in der Spanischen Mark Karls des Großen entstanden) unter König **Jakob I.**, der den Mauren Mallorca und Valencia entrissen hat.

- ✔ **Königreich Portugal** (bis 1143 eine von Leon abhängige Grafschaft) unter **Alfons III.**, der die Algarve erobert hat.

- ✔ **Emirat von Granada** unter **Muhammad I. ibn Nasir**, durch Ansiedlung muslimischer Flüchtlinge aus dem übrigen Spanien wirtschaftlich und kulturell sehr stark, aber Kastilien tributpflichtig.

Dieser Zustand hat lange Bestand. Im Jahr 1469 aber trägt *Isabella*, die 18-jährige Halbschwester des Königs von Kastilien, dem 17-jährigen Prinzen *Ferdinand von Aragon* ihre Hand an und heiratet ihn heimlich. Fünf Jahre später übernimmt sie nach dem Tod ihres Bruders – gegen die Ansprüche ihrer Nichte – die Herrschaft über das völlig heruntergewirtschaftete Kastilien. Isabella, die als sehr klug, durchsetzungsfähig und gerechtigkeitsliebend beschrieben wird, macht – wohl mehr als ihr Mann – aus Kastilien und Aragon die spanische Weltmacht. Allerdings heißen sie und Ferdinand wegen ihrer fanatischen Frömmigkeit auch »Katholische Könige«. Sie lassen in einem zehnjährigen blutigen Kampf das

KAPITEL 11 Das vielschichtige Spätmittelalter 195

Emirat von Granada erobern, weisen alle Mauren aus dem Land, stellen die Juden vor die Wahl »Exil oder Taufe« und führen die Inquisition ein, um Juden aufzuspüren, die nur zum Schein konvertiert sind.

Die Ausweisung der Juden und Mauren treibt wohl mindestens 100000 Menschen in die Verbannung und beschert Spanien einen gewaltigen kulturellen Aderlass. Die berüchtigte Inquisition führt Prozesse bis etwa 1720 durch und wird erst im Jahr 1808 offiziell abgeschafft. Die Opferzahlen allerdings wurden in der Vergangenheit oft übertrieben, da nicht beachtet wurde, dass nur ein geringer Teil der Prozesse mit einem Todesurteil endete. Insgesamt waren es in über 200 Jahren aber wohl einige Tausend.

Die oberitalienischen Stadtstaaten

Während im Rest Europas das Mittelalter noch in voller Blüte steht, beginnt in den norditalienischen Städten bereits die *Renaissance*. Obwohl die Städte immer wieder in den Kampf zwischen Kaisern und Päpsten hineingezogen wurden und sich auch dort die Parteien der *Guelfen* (päpstlich) und *Ghibellinen* (kaiserlich) bilden, die sich vehement befehden, betreiben sie doch im Großen und Ganzen eine eigenständige Politik und werden durch Handel enorm reich. Das gilt noch mehr für die italienischen *Seerepubliken*.

Venedig sagt sich bereits im Jahr 697 vom Oströmischen Reich los. Formal ist es eine Republik, die von gewählten *Dogen* regiert wird, tatsächlich aber liegt die Macht in der Hand einiger Adelsfamilien, die über ein immer komplizierteres System an der Regierung beteiligt sind. Dank seiner geschützten Lage widersteht Venedig allen Eroberungsversuchen und gewinnt im frühen Mittelalter im Kampf gegen Seeräuber und Sarazenen militärische Stärke. Im Hochmittelalter hat Venedig ein Monopol auf den Handel zwischen dem römischdeutschen und dem byzantinischen Kaiserreich und besitzt mehrere Kolonien an der dalmatinischen Küste sowie auf den griechischen Inseln. Die Kreuzzüge sorgen für einen zusätzlichen Boom. Der Versuch von Byzanz, Venedigs Macht im Pakt mit Genua und Pisa zu beschneiden, endet in der »Umleitung« des Vierten Kreuzzugs nach Konstantinopel. Erst dessen Eroberung durch die Türken 1453 beendet Venedigs goldene Zeit.

Genua verliert dagegen ab dem späten 14. Jahrhundert, *Pisa* schon Ende des 13. Jahrhunderts seine Macht. Weitere Seerepubliken sind *Amalfi, Ancona, Noli, Gaeta* und das dalmatinische *Ragusa*.

Mailand, die mächtigste der lombardischen Städte, wird im 13. Jahrhundert von sehr heftigen internen Auseinandersetzungen erschüttert. Am Ende setzt sich Erzbischof *Ottone Visconti* als mächtigster Mann der Stadt durch. Er übergibt diese Macht an seinen Neffen Matteo, der als *kaiserlicher Reichsvikar* fungiert, obwohl sich kaum noch ein Kaiser nach Mailand verirrt. Ende des 14. Jahrhundert erobert *Gian Galeazzo Visconti* mithilfe von Söldnertruppen fast die gesamte Lombardei und kauft 1395 dem deutschen König Wenzel von Luxemburg, einem schwachen Alkoholiker, den Herzogstitel ab. 1450 übernimmt der Söldnerführer (Condottiere) *Francesco Sforza*, der Schwiegersohn des letzten Visconti, die Macht.

Florenz wird trotz langwieriger Adelskämpfe im 14. Jahrhundert zur beherrschenden Macht in der Toskana. Im 15. Jahrhundert gelingt es dem reichen Bankier *Cosimo de Medici* mithilfe von Geld und Geschick, die entscheidenden Ämter mit seinen Parteigängern zu besetzen. Außerdem unterstützt er Francesco Sforza bei der Eroberung Mailands, was die lange Rivalität der beiden Städte beendet. Sein Enkel *Lorenzo der Prächtige* wird faktisch der Herrscher der Stadt, auch wenn die Republik formal weiterbesteht. Erst 1532 macht der Medici-Papst *Clemens VII.* aus der Republik Florenz das *Herzogtum Toskana*, das seine Familie bis 1737 regiert.

Rom wird ab 1492 von Papst *Alexander VI. (Rodrigo Borgia)* beherrscht. Er hat acht uneheliche Kinder und ist vor allem darauf bedacht, diese – sowie die Verwandten seiner aktuellen Mätresse *Giulia Farnese* – zu versorgen. Dafür bringt er die Politik Italiens durcheinander. So unterstützt er etwa einen Anspruch des französischen Königs auf das Herzogtum Mailand, damit dieser dafür den Papst-Sohn *Cesare Borgia*, einen Ex-Kardinal, zum französischen Herzog macht. Cesare überzieht zwischen 1499 und 1502 als Gonfaliere (Bannerträger) des Papstes Mittelitalien mit Krieg und stürzt viele kleine Fürsten, darunter die Maltatesta in Rimini, die Montefeltro in Urbino und die Sforza in Pesaro. Allerdings dauert der Spuk nicht lange. 1503 stirbt Papst Alexander VI., 1504 kann Cesare in die Verbannung getrieben werden.

Die *Borgia* gehören zu den bedeutenden Renaissance-Mäzenen. Selbst *Leonardo da Vinci* arbeitete zeitweilig für Cesare Borgia, vornehmlich allerdings als genialer Ingenieur, der er auch war. Cesares Schwester *Lucrezia* (die wohl nur deshalb Jahrhunderte lang als notorische Giftmischerin, Ehebrecherin sowie Geliebte von Vater und Bruder galt, weil sie eine Borgia war) war als *Herzogin von Ferrara* (in ihrer dritten Ehe mit Alfonso d'Este) zusammen mit ihren Schwägerin *Isabella d'Este* (verheiratet mit Gianfrancesco II. Gonzaga von Mantua) und deren Schwägerin *Elisabetta Gonzaga* (verheiratet mit Guidobaldo I. da Montefeltro von Urbino) eine der drei gefeierten Fürstinnen ihrer Zeit.

Die Frührenaissance in Italien

Auch ein Blick auf die bedeutendsten Werke der italienischen Renaissance macht deutlich, wie früh der neue Stil hier seinen Höhepunkt fand:

1321: *Göttliche Komödie* (Dante Alighieri)

1353: *Decamerone* (Giovanni Boccaccio)

1436: Dom Santa Maria del Fiore in Florenz (Filippo Brunelleschi)

1440: David (Donatello)

1444: Öffentliche Bibliothek im Kloster San Marco in Florenz (Cosimo de Medici)

1486: Geburt der Venus (Sandro Botticelli)

1490: Die Beweinung Christi (Andrea Mantegna)

1492: Der vitruvianische Mensch (Leonardo da Vinci)

1501: David (Michelangelo)

1506: Mona Lisa (Leonardo da Vinci)

1513: Sixtinische Madonna (Raffael)

KAPITEL 11 Das vielschichtige Spätmittelalter 197

Die großen Katastrophen

Das 14. Jahrhundert gilt auch als eines der Katastrophen und diese beginnen nicht mit der Pest, sondern mit Hungersnöten durch massive Ernteausfälle. Im Frühjahr 1315 regnet es in Europa wie aus Eimern und hört den ganzen Sommer nicht auf. Dazu bleibt es kalt. Die Felder stehen unter Wasser, das Getreide reift nicht, es ist viel zu nass, um Heu für die Tiere zu machen. Die Getreidepreise schnellen in die Höhe. König Ludwig X. von Frankreich bricht einen Feldzug nach Flandern ab, weil das Land unter Wasser steht und seine Soldaten nicht vorankommen. Im nächsten Jahr: das Gleiche. Die Menschen essen ihr Saatgetreide, schlachten ihr Zugvieh. Es soll sogar Fälle von Kannibalismus gegeben haben. Auch das Frühjahr 1317 beginnt nass und kalt. Erst im Sommer normalisiert sich das Wetter wieder. Bis das Leben wieder seinen gewohnten Gang geht, dauert es. Die Menschen sind geschwächt, fallen Krankheiten zum Opfer, haben keine Ressourcen für den Neuanfang mehr. Der *Große Hunger* rafft wahrscheinlich mehr als 10 Prozent der Bevölkerung nördlich der Alpen dahin.

Würde man eine Geschichte der einfachen Leute schreiben, dann würde diese sehr viel anders aussehen als dieses Buch. Viele der großen historischen Ereignisse würden keine Rolle spielen, dafür aber das Wetter und die Ernten im jeweiligen Dorf. Ob mit dem Dorfherrn auszukommen war, wäre viel wichtiger als die Frage, welcher König gerade regierte. Selbst bei vielen Kriegen wäre es ohne Belang, welche Seite gesiegt hat, sondern vor allem, welche Landstriche von feindlichen oder eigenen Heeren geplündert worden sind.

Zwar hat es Hungersnöte auch im Hochmittelalter gegeben, doch nun werden sie häufiger, denn das Klima kühlt sich ab. Es wird kälter und nässer, die Ernten fallen häufig mager aus, vermutlich sind vielerorts auch schon die Böden ausgelaugt. Auf den Hunger folgen oft Unruhen und Aufstände. Das Vertrauen in die traditionellen Autoritäten schwindet, die Verbrechensrate steigt.

Der Schwarze Tod

Berichte über die *Pest* beginnen gerne mit Schiffen voller kranker Seeleute, die 1347 in *Genua* einlaufen. Tatsächlich bricht die große Seuche wohl in den 1330er-Jahren in *Zentralasien* aus. Über die Handelsrouten des mongolischen Reichs »reist« auch sie nach Westen. Im Jahr 1345 erkranken die ersten Menschen auf der *Krim*, wo gerade Krieg herrscht. Die mongolischen Krieger der Goldenen Horde belagern die genuesische Hafenstadt Kaffa (heute Feodossija). Sie binden ihre Toten an Katapulte und schleudern sie in die Stadt. Mit den Handelsschiffen der Genueser kommt die Seuche dann nach *Europa*. Dort breitet sie sich in Wellen aus. Bis 1351 hat sie auch den äußersten Norden erreicht. Parallel dazu sucht sie *Ägypten* und den *Nahen Osten* heim: 1349 erreicht sie *Mekka*, 1351 den *Jemen*.

Im Gegensatz zum elenden Dahinsiechen während der Hungersnot geschieht das Sterben nun viel schneller. Die Reaktionen sind entsprechend hysterischer. Die Menschen lassen alles im Stich, sogar ihre Angehörigen und

✔ fliehen in vermeintlich sichere Gebiete,

✔ geben sich allen erdenklichen Ausschweifungen hin, um das Leben noch einmal zu genießen, bevor auch sie die Krankheit ereilt,

✔ ziehen in Geißlerzügen durch das Land und schlagen sich selbst blutig, um Gott durch ihre extreme Buße zur Rücknahme der schrecklichen Heimsuchung zu nötigen,

✔ suchen Schuldige und begehen Pogrome gegen die Juden – obwohl diese genauso an der Pest sterben wie alle anderen.

 Viele der verfolgten Juden fliehen nach Polen, wo König *Kasimir der Große* bereits zuvor den polnischen Juden durch mehrere Erlasse Schutz und Sicherheit garantiert hat. Doch auch andere Fürsten nehmen Flüchtlinge auf, zum Beispiel *Ruprecht I. von der Pfalz* oder *Peter IV. von Aragon*. Auch Papst *Clemens VI.* verbietet Judenpogrome und droht den Teilnehmern die Exkommunikation an, was aber keine Konsequenzen hat, da der Papst sich ansonsten in Avignon abschottet.

Nicht alle Regionen sind gleichermaßen betroffen. Während die Pest in Florenz verheerend wütet, wird Mailand seltsamerweise verschont. Italien und Südfrankreich sind extrem stark betroffen, England, Deutschland und Nordeuropa weniger, Osteuropa fast gar nicht. Vor allem kann sich die Seuche in den Städten viel besser ausbreiten als auf dem Land. Das aber hat immense Spätwirkungen:

1. Auf dem Land normalisieren sich die Verhältnisse sehr schnell wieder. Da es nicht mehr genug **Arbeitskräfte** gibt, werden nur noch die besten Äcker bebaut. Ganze Dörfer fallen »wüst«, für die Überlebenden aber bessern sich die Verhältnisse.

2. In den Städten jedoch leben nicht mehr genug **Abnehmer**. Das hat einen extremen Preisverfall für agrarische Produkte zur Folge, während die Erzeugnisse von städtischen Handwerkern, darunter auch Werkzeuge, die auf dem Land gebraucht werden, rar und entsprechend teuer sind.

3. Mehrere kleinere **Pestwellen** während der nächsten 160 Jahre, die alle ebenfalls die Städte stärker treffen, verschärfen das Problem.

4. Auch der ländliche Adel, der von den Erträgen seiner Güter lebt, wird massiv getroffen. Das **Raubritterwesen** greift um sich. Viele Grundherren erhöhen die Abgaben, die die Bauern zu leisten haben, und unterbinden Landflucht mit aller Gewalt.

5. Daraufhin kommt es zu **Bauernkriegen:** 1358 die **Jacquerie** in Frankreich, 1381 die **Peasants Revolt** in England (auf die König Richard II. mit Aufhebung der Leibeigenschaft reagiert) und 1525 der große **Deutsche Bauernkrieg** sowie viele kleinere Erhebungen.

Die Hexenverfolgungen

Eine Katastrophe, die als typisch mittelalterlich gilt, ist es eigentlich gar nicht. Die sogenannten *Hexenverfolgungen* sind im Wesentlichen ein Phänomen der frühen Neuzeit. Im Volk allerdings existiert der Hexen- und Dämonenglaube das ganze Mittelalter über und wird durch Katastrophen wie die Pest noch befeuert.

Im späten Mittelalter beginnt er auch auf die Kirche überzugreifen: Im Jahr 1486 verfasst der Dominikanermönch Heinrich Kramer (Henricus Institoris) den berüchtigten

Hexenhammer, die »Bibel« aller späteren Hexenjäger. Die großen Verfolgungen, die nach dem Muster verschärfter Ketzerprozesse ablaufen, beginnen etwa ab 1560, erreichen ihren Höhepunkt zu Beginn des 17. Jahrhunderts und dauern bis ins 18. Jahrhundert. Am stärksten sind sie in gemischt konfessionellen Gebieten in Deutschland und der Schweiz. Die Zahl der Opfer wurde allerdings lange Zeit überschätzt. Während man früher teils von mehreren Millionen ausging, rechnet man heute mit rund 50 000. Der Fehler liegt darin, dass exzessive, aber regional und zeitlich begrenzte Verfolgungen, wie etwa in Würzburg (rund 200 Opfer in vier Jahren von 1626 bis 1630), einfach hochgerechnet wurden.

Der Hundertjährige Krieg

Am 1. Februar 1328 stirbt in Frankreich der ansonsten unbedeutende König Karl IV. und hinterlässt nur minderjährige Töchter. Die Erbfolge ist jedoch klar. Nach dem 1317 von Karls älterem Bruder eingeführtem Salischen Gesetz ist jegliche weibliche Erbfolge (auch die über eine Frau an ihren Sohn) ausgeschlossen. Neuer König wird daher ein entfernter Vetter aus dem Seitenzweig Valois, *Philipp VI.* Erst als dieser im englisch-schottischem Krieg die Schotten unterstützt und zudem wegen eines vergleichsweise banalen Streits die zu England gehörende Gascogne besetzen lässt, erklärt *Eduard III. von England*, mütterlicherseits ein Neffe und damit der nächste männliche Verwandte des verstorbenen Karl, das Salische Gesetz für ungültig und fordert die französische Krone für sich. Es entzündet sich ein 116 Jahre dauernder Krieg, in dem das Kriegsglück immer wieder wechselt.

✔ **1346:** Unter Führung des englischen Kronprinzen Eduard von Kent (wegen seiner Rüstung als »Schwarzer Prinz« berühmt geworden) bringen die Engländer den Franzosen in der **Schlacht von Crécy** eine verheerende Niederlage bei. Die zahlenmäßig überlegenen, schwer gepanzerten französischen Ritter sind hilflos gegen die englischen Langbogenschützen. Der französische König **Johann II.** (der Sohn Philipps VI.) wird gefangen genommen. Es dauert 14 Jahre, bis sich die Parteien auf einen Kompromiss einigen und Johann II. gegen ein hohes Lösegeld freikommt. Er gibt zudem die Oberherrschaft über den englischen Besitz in Frankreich auf, Eduard III. dafür seinen Thronanspruch.

In den Jahren 1366 bis 1369 führen Frankreich und England einen *Stellvertreterkrieg*, indem sie sich in den *kastilischen Thronkampf* zwischen den Halbbrüdern Heinrich von Trastamara und Peter dem Grausamen einmischen. Der berühmte französische Feldherr *Bertrand du Guesclin* verhilft Heinrich von Trastamara schließlich zum Sieg. Das entscheidende Motiv für diesen Krieg war auf französischer Seite aber noch weniger der Kampf gegen England. Vielmehr sollten die riesigen »arbeitslos« gewordenen Söldnerheere daran gehindert werden, plündernd durch das sowieso schon von Pest, Adelsfehden und Bauernaufständen ruinierte Frankreich zu ziehen. Heinrich von Trastamara unterstützt die Franzosen nach dem Sieg aber mit der größten Flotte Westeuropas gegen die Engländer.

✔ **1369:** Der neue französische König **Karl V. der Weise** nimmt Klagen des Grafen von Armagnac gegen den Schwarzen Prinzen zum Anlass, den Krieg wieder aufzunehmen. Mithilfe seines Feldherrn Bertrand du Guesclin kann er die Engländer fast ganz aus Frankreich vertreiben. Als kurz hintereinander der Schwarze Prinz und König Eduard III. sterben, kommt der Krieg 1377 zum Erliegen.

✔ **1415:** In Frankreich ist der Streit um die Regentschaft des geistesgestörten Königs **Karl VI.** zu einem Bürgerkrieg zwischen den Parteien der Burgunder und der Armagnacs eskaliert. Englands König **Heinrich V.** verbündet sich mit **Johann Ohnefurcht von Burgund**, setzt nach Frankreich über und gewinnt die **Schlacht von Azincourt**. Noch deutlicher als bei Crécy triumphieren englische Bogenschützen über ein zahlenmäßig überlegenes französisches Ritterheer.

Heinrich V. erobert in den nächsten Jahren große Teile Nordfrankreichs. 1420 erkennt ihn die französische Königin **Isabeau von Bayern** als Thronerben Frankreichs an. Sie gibt ihm ihre Tochter Katharina zur Frau und erklärt ihren eigenen Sohn für illegitim. Der Grund für dieses Verhalten ist wahrscheinlich extreme Gekränktheit. Sowohl Isabeaus Sohn (der spätere Karl VII.) wie auch die mit ihm verbündeten Armagnacs haben großen Anstoß an Isabeaus Luxusleben genommen und mehrfach versucht, sie in ein Kloster zu verbannen.

✔ **1422:** Im August stirbt Heinrich V. von England, im Oktober Karl VI. von Frankreich. Die englisch-burgundische Partei erhebt Heinrichs einjährigen Sohn **Heinrich VI.** zum König von Frankreich, während der verstoßene Thronerbe als **Karl VII.** die Krone für sich beansprucht.

✔ **1429:** Während die Parteigänger Karls VII. einen immer aussichtloser erscheinenden Kampf gegen die Engländer fechten, vergnügt dieser sich relativ untätig mit Frauen und Festen. In dieser Lage taucht ein 17-jähriges Mädchen namens **Jeanne d'Arc** auf und erklärt, der heilige Erzengel Michael habe ihr den Auftrag erteilt, die französischen Truppen anzuführen und Frankreich zu retten. Nach drei Wochen intensiver Gespräche schickt Karl VII. sie mit einem Proviantzug in das von den Engländern belagerte Orléans. Als der Zug durchkommt, beschließen die Belagerten einen Ausfall, bei dem Jeanne vorneweg reitet. Obwohl sie verwundet wird, bleibt sie auf dem Schlachtfeld. Die Franzosen siegen und vertreiben die englischen Truppen binnen eines halben Jahres in den Norden. Karl VII. kann in Reims gekrönt werden.

✔ **1435:** Karl VII. verbündet sich mit dem Herzog von Burgund, **Philipp dem Guten**.

✔ **1453:** Der Krieg ist zu Ende. Die Engländer haben bis auf **Calais** ihren ganzen Besitz in Frankreich verloren.

Jeanne d'Arc beziehungsweise *Johanna von Orléans* ist bis heute ein Mysterium. Neben allerlei ziemlich unsinnigen Gerüchten – sie war eine Bastardtochter von Königin Isabeau, sie war intersexuell, sie wurde nicht wirklich verbrannt et cetera – wird beispielsweise immer wieder darüber diskutiert, ob sie wirklich kämpfte, womöglich gar dank herausragender strategischer Fähigkeiten die Schlachten militärisch entschied, oder nur das Königsbanner trug und durch ihre schiere Anwesenheit den Soldaten Mut machte.

KAPITEL 11 Das vielschichtige Spätmittelalter 201

Und ihre Visionen? Immer wieder wird versucht, sie mit Erkrankungen wie Schizophrenie, Migräne, Epilepsie und Ähnlichem zu erklären. Tatsache ist, dass sie, Karl VII. und seine Parteigänger an ihre göttliche Mission glaubten und eine scheinbar ausweglose militärische Lage in einen Sieg umwandeln konnten.

Wie aber kam es, dass sie am Ende als *Ketzerin* verbrannt wurde? Als Karl VII. nach seiner Krönung auf Verhandlungen mit dem Herzog von Burgund setzt, da er trotz Jeanne nicht glaubt, gegen die Koalition seiner Feinde bestehen zu können, kämpft diese allein weiter, wird 1430 von den Burgundern festgenommen und an die Engländer ausgeliefert. Diese sind entschlossen, sie als Ketzerin zu vernichten, um damit Karls Sache zu diskreditieren. Obwohl sich Jeanne extrem geschickt verteidigt, wird sie schuldig gesprochen. Als sie dann doch ihren Überzeugungen abschwört, greift man zu einem miesen Trick. Jeanne wird dazu gebracht, wieder Männerkleidung anzulegen – möglicherweise nach einer versuchten Vergewaltigung im Kerker. Dies wertet man als Rückfall in die Ketzerei und verbrennt sie.

Shakespeare und die Rosenkriege

Die ganze englische Geschichte vom Sturz Richards II. im Jahr 1399 über Heinrich IV., Heinrich V. und Heinrich VI. bis hin zum Tod Richards III. im Jahr 1485 hat *William Shakespeare* in seinen Dramen verarbeitet, weswegen diese Ereignisse extrem populär sind. Der eigentliche *Rosenkrieg* zwischen den Häusern *York* und *Lancaster* hat seine Wurzeln zwar in der Absetzung Richards II., beginnt aber erst nach dem Ende des Hundertjährigen Kriegs, als eine Partei rund um den Herzog von York König Heinrich VI. absetzen möchte, der die Geisteskrankheit seines französischen Großvaters Karl VI. geerbt hat.

Während nur 30 Jahren rottet sich der englische Adel weitgehend aus; oft bringen engste Familienmitglieder einander aufs Schafott. Das Land und die einfache Bevölkerung dagegen werden vergleichsweise wenig in Mitleidenschaft gezogen. Am Ende siegen die *Tudors*, die sich als Erben des Hauses Lancaster sehen, weshalb auch Shakespeares Helden die Lancasters sind.

Die Eroberungen des Timur Leng

Asiens Katastrophe des 14. Jahrhunderts trägt den Namen *Timur*. Der herausragende Militärführer aus dem heutigen Usbekistan, der wegen einer Verwachsung des rechten Knies *Leng* (der Lahme) – oder verballhornt *Tamerlan* – genannt wird, ist ein extrem geschickter Machtpolitiker, der je nachdem, wie es ihm nutzt, mal die mongolische, mal die islamische Karte spielt. Er kann sich in den Machtkämpfen im ehemaligen Tschagatai-Khanat durchsetzen und ruft sich 1370 zum *Emir von Transoxanien* aus.

Obwohl er nie den Titel »Khan« annimmt, sondern immer im Namen von ansonsten völlig bedeutungslosen Abkömmlingen von Dschingis Khan agiert, sieht er sich als auserwählt an, Dschingis Khans Reich wiederzuerrichten. Er bringt Zentralasien und das iranische Hochland unter seine Kontrolle und bekämpft die Goldene Horde. Im Jahr 1398 erobert er Delhi, 1401 Bagdad und Damaskus, 1402 schlägt er den osmanischen Sultan *Bayezid I.* in der *Schlacht bei Ankara* und verwüstet anschließend Anatolien. Teile der türkischen Armee werden von Genueser und venezianischen Schiffen gerettet.

Bei seinen Eroberungen geht Timur Leng wohl noch grausamer vor als einst die Mongolen. In Isfahan soll er 28 Schädeltürme mit Zehntausenden von Köpfen errichtet haben, weil einer seiner Steuereintreiber getötet wurde, in Damaskus jedem seiner Soldaten befohlen haben, ihm zwei Köpfe zu bringen. Anderswo wurden Tausende von Gefangenen stranguliert oder lebendig eingemauert. Die Gesamtzahl seiner Opfer wird auf 17 Millionen geschätzt. Im Gegensatz zu den Mongolen macht er auch nur rudimentäre Versuche, in den eroberten und zerstörten Gebieten eine dauerhafte Verwaltung einzusetzen und Wiederaufbau zu betreiben.

Künstler und Handwerker aus den eroberten Gebieten werden jedoch in seine Hauptstadt *Samarkand* gebracht, die er ebenso wie seine Geburtsstadt *Kesch* (heute Shahrisabz) und *Buchara* umso prächtiger ausbauen lässt. Gelehrte, die ihn getroffen haben, bescheinigen ihm große Bildung und eine beeindruckende Intelligenz.

Vermutlich tragen Timurs Kämpfe gegen die Goldene Horde wesentlich dazu bei, dass der Moskauer Großfürst *Iwan III.* die mongolische Oberherrschaft endgültig abschütteln und sich 1478 zum ersten russischen *Zaren* machen kann. Dagegen werden die Osmanen durch die Niederlage bei Ankara nur vorübergehend geschwächt.

Timur Leng stirbt 1405 nach einem Alkoholexzess. Da war er gerade auf dem Weg zu einem Feldzug nach China. Unter seinen Söhnen und Enkeln kommt es zu Nachfolgekriegen. Am Ende bleibt *Schah Ruch Mirza* übrig, einer seiner jüngeren Söhne, der sich aus den Kämpfen weitgehend herausgehalten hat. Er kann die Macht in Herat und Samarkand übernehmen, unterhält Kontakte nach China und Indien und regiert weitgehend friedlich. Zusammen mit *Goharschad*, einer seiner Frauen, fördert er die persische Kunst und Kultur. Auch als nach seinem Tod 1447 das Reich zersplittert, betätigen sich noch *Timuriden* als Kunstmäzene. Während andere Teile der islamischen Welt durch Timur Leng massiv geschädigt wurden, erlebt Zentralasien eine Blütezeit. Herausragend sind vor allem die Malerei und Architektur aus dieser Epoche. Sie sind überwiegend, aber nicht ausschließlich persisch beeinflusst, da im Timuridenreich viele Kulturen zusammenkommen. So ist Samarkand seit 2001 auch als »Schnittpunkt der Weltkulturen« UNESCO-Weltkulturerbe.

Astronomie war die große Leidenschaft von *Ulugh Beg*, einem der Söhne Schah Ruchs, der von 1409 bis 1449 als Statthalter in Samarkand regierte. Die *Ulugh-Beg-Madrasa*, das älteste Gebäude am berühmten Registanplatz, ist von ihm gegründet worden und war im 15. Jahrhundert eine weithin berühmte Hochschule. Viele der hier erzielten astronomischen und mathematischen Erkenntnisse konnten erst Jahrhunderte später übertroffen werden. Außerdem ließ Ulugh Beg in Samarkand ein Observatorium errichten, dazu weitere Madrasas in Buchara und G'ijduvon. Weil er jedoch die Wissenschaft über die Religion stellte, wurde er von seinem Sohn gestürzt, auf eine Pilgerreise geschickt und unterwegs ermordet.

Die Hochkulturen in Amerika und Afrika

Bevor mit Kapitel 12 das Zeitalter der Entdeckungen beginnt, ist ein Blick auf die Kulturen des vorkolumbianischen Amerikas angesagt.

Aber wie alt sind diese eigentlich? Das ist derzeit heftig umstritten. Denn an verschiedenen Orten wurden Höhlenzeichnungen und Artefakte gefunden, die von Experten auf 20 000 Jahre und älter datiert werden. Das aber widerspricht der traditionellen – durch genetische und sprachwissenschaftliche Untersuchungen gestützten – Auffassung, dass die Vorfahren der Indianer erst vor 15 000 Jahren nach Amerika einwanderten.

Aber auch in Afrika, jenseits der Sahara, gibt es große Reiche, von denen die Welt wenig wusste, obwohl sie gerade durch den Transsahara-Handel entstanden sind.

Peru und die Inka

Ausgangs des Mittelalters beherrscht das mächtige *Inkareich* die Anden vom Süden Kolumbiens bis in den Süden Chiles. Es hat eine Ausdehnung von etwa 2 Millionen Quadratkilometern und schätzungsweise 15 Millionen Einwohner. Doch es gab schon weit früher hochentwickelte Kulturen, vor allem in *Peru*, dem Herzstück des Inkareichs:

- ✔ Etwa 3500 v. Chr. entsteht in **Sechin Bajo** an der peruanischen Küste eine aufwendige Kultstätte mit mehreren Plattformen, Gebäuden, runden Plazas und einem zwei Meter hohen Bilderfries, die über 2000 Jahre lang immer erweitertet wird.

- ✔ Etwa ab 3000 v. Chr. existiert 130 Kilometer südlich von Sechin Bajo **Caral**, die älteste bekannte Stadt in Amerika. Sie ist von sechs kleinen Pyramiden (10 bis 18 Meter hoch) eingefasst. Die Bewohner kultivieren ihr Land mit Bewässerungsgräben und bauen unter anderem Kürbisse, Bohnen, Süßkartoffeln, Guaven und Baumwolle an. Muschelfunde aus dem Amazonasgebiet deuten auf weitreichende Handelsverbindungen hin.

- ✔ Um 1500 v. Chr. entsteht in **Tiahuanaco** am Titicaca-See in **Bolivien** ein Kultzentrum, das bis 1200 n. Chr. benutzt wird. Bekanntestes Objekt ist das monumentale **Sonnentor**, das um 500 n. Chr. aus einem einzigen Stein geschnitten wird.

Woher kommt die Baumwolle ursprünglich? Das ist bis heute ein Rätsel. Die ältesten Belege für den Anbau stammen aus dem Industal und sind etwa 8000 Jahre alt, die ältesten Funde aus Peru sind etwas über 6000 Jahre alt. Später war sie in ganz Süd- und Mittelamerika verbreitet und wurde beispielsweise auch für die Herstellung von Fischernetzen verwendet. Die Europäer lernten sie erst durch die Araber kennen. Baumwolltextilien galten damals als absolutes Luxusgut.

- ✔ Etwa von 900 bis 200 v. Chr. existiert an der peruanischen Küste die **Chavin-Kultur**, benannt nach einer großen, verschachtelten Kultanlage in **Chavin de Huantar**. Die Chavin sind gute Goldschmiede, Keramiker und Textilhersteller. Sie werden wohl von einer Priesterelite regiert, verehren einen Jaguargott und benutzen für religiöse Riten den berauschenden Saft des Peyote-Kaktus. Der Tempel ist aus Steinen gebaut, die von weither importiert sind, und hat Kanäle, in denen die Wassermassen ein Geräusch erzeugen, dass dem Brüllen eines Jaguars ähnelt.

Hatten die südamerikanischen Kulturen Kontakte nach Mittelamerika? So manche Ähnlichkeiten, wie etwa die Verehrung eines Raubtiergotts, lassen das vermuten. Beweise gibt es aber letztlich nicht. Überhaupt weiß man über die Kulturen außerhalb Perus recht wenig, da man als Quelle nur vereinzelte Fundstätten heranziehen kann.

✔ Zur selben Zeit gibt es auf der wüstenartigen peruanischen Halbinsel **Paracas** eine nach der Insel benannte Kultur. Von ihr sind vor allem Mumien erhalten, die künstlich deformierte Schädel haben und in farbenfrohe, extrem kunstvoll gewebte Tücher gewickelt sind.

✔ Die **Nazca-Kultur**, die zwischen 200 v. Chr. und 600 n. Chr. in der südperuanischen Küstenwüste zu finden ist, entsteht aus der Paracas-Kultur. Die Nazca leben in leichten Holz- oder Schilfhütten und sind in kleinen Stämmen organisiert. Obwohl sie in einer der trockensten Regionen der Erde leben, betreiben sie mithilfe unterirdischer Kanäle Landwirtschaft. Berühmt sind sie aber vor allem für (zum UNESCO-Welterbe zählende) riesige **Scharrbilder** (Geoglyphen) und die kilometerlangen schnurgeraden Nazca-Linien in der Wüste, die durch Entfernung des »Wüstenlacks«, einer Eisen-Mangan-Schicht, entstanden sind. Sie wurden erst im 20. Jahrhundert vom Flugzeug aus entdeckt. Seitdem wird über ihre Entstehung gerätselt. Manche Forscher glauben sogar, die Nazca müssten Heißluftballons verwendet haben, um Bilder und Linien so exakt anlegen zu können.

✔ Vom 1. bis 8. Jahrhundert n. Chr. existiert an der Nordküste Perus die **Moche-Kultur**. Die Moche bauen ihren Göttern große Stufenpyramiden und üben zahlreiche blutige Rituale aus, bei denen auch Menschen geopfert werden. Auch ihre Fürsten und Fürstinnen werden mit einer geopferten Dienerschaft begraben.

✔ Ab dem 7. Jahrhundert beginnen die **Wari** aus dem peruanischen Hochland die Küstenvölker zu unterwerfen. Die Städte werden nun zum ersten Mal mit Verteidigungsanlagen befestigt. Die Wari beten einen Schöpfergott namens **Viracocha** an, sind hervorragende Steinbaumeister und legen ein ausgedehntes Wegenetz durch die Anden an, das später von den Inka erweitert wird und teilweise heute noch existiert.

 Sind Kulturen wie die Moche und die Wari durch das Wetterphänomen *El Niño* untergegangen? Verschiedene Forscher halten das für möglich. Aufgrund veränderter Strömungsverhältnisse bleiben durch El Niño im Winter die Fischschwärme an der südamerikanischen Küste aus, die auf dem Speisezettel der frühen Kulturen eine große Rolle spielen. Zudem verhungern die Seevögel, was die natürliche Düngung der Anbauflächen mit Vogelkot reduziert. Starke El-Niño-Ereignisse führen auch zu heftigen Regenfällen und Überschwemmungen. Zumindest bricht die Kultur der Wari vor dem Beginn der Inka-Expansion zusammen. Die Inka finden wohl ein Machtvakuum vor, das ihre Ausbreitung begünstigt.

Die *Inka* tauchen im 12. Jahrhundert im Hochland von Peru auf und gründen dort die Stadt *Cusco*. Ihrer eigenen Legende nach stammen sie vom Titicaca-See. Aber sie müssen auch enge Kontakte zu den Wari gehabt haben, von deren Kultur sie viel übernehmen. So gilt ihr Hauptgott *Inti* als Sohn Viracochas. In den nächsten 300

Jahren unterwerfen die Inka die gesamte Andenregion. Dabei werden Spuren der Vorgängerkulturen bewusst ausgelöscht.

Das Inkareich ist extrem gut organisiert. Alle Bewohner müssen ein Drittel ihrer Zeit für den religiösen Kult, ein weiteres Drittel für den Staat arbeiten. Auf diese Weise werden Straßen von mehr als 30 000 Kilometern Länge angelegt, technisch anspruchsvolle Brücken und Tunnels gebaut sowie Berghänge großflächig terrassiert. Ihr Herrscher, der *Sapa Inka* (»einziger Inka«), gilt als Sohn der Sonne und hat einen gottgleichen Status.

Mittelamerika und die Maya

Am Golf von Mexiko finden sich einige der seltsamsten Kunstwerke, die je eine Kultur geschaffen hat, die sogenannten *Kolossalköpfe* der *Olmeken*. Es sind bis zu 3,5 Meter hohe und bis zu 50 Tonnen schwere Steinköpfe, die ohne Hals direkt auf der Erde stehen. Unter verzierten Helmen haben sie sehr runde, fast babyhafte Gesichter, die teils heiter, teils ausgesprochen grimmig dreinschauen. Forscher vermuten, dass sie verstorbene Fürsten darstellen, deren Gesichter tatsächlich individuelle Züge verliehen bekamen.

Die *Olmeken* lebten etwa von 1200 v. Chr. bis 600 v. Chr. Außer den Kolossalköpfen finden sich an den olmekischen Zeremonialplätzen Tempelpyramiden und rituelle Ballspielplätze. Die Steine dafür sind über 100 Kilometer transportiert worden. Daneben stellten die Olmeken auch Kleinplastiken aus Jade und Obsidian her. Einen besonderen Stellenwert nimmt ein Jaguarmensch ein, der offenbar die zentrale Gottheit war. Ihr Handelsnetz reichte mindestens 1500 Kilometer weit. Manche Forscher glauben, dass sogar Kontakt zu den Hochkulturen in Südamerika bestand.

Die Kultur der Olmeken beeinflusst die aller folgenden Kulturen in Mexiko und Mittelamerika, auch die der *Maya*. Letztere leben in einem Gebiet, das sich von Südmexiko bis in das nördliche Honduras erstreckt. Etwa ab 800 v. Chr. unterhalten sie intensive Handelskontakte zu den Olmeken und übernehmen sehr vieles aus deren Kultur – mit Ausnahme der Kolossalköpfe. Doch anstelle von Ritualzentren bauen die Maya etwa ab dem Jahr 200 n. Chr. im Tiefland von Guatemala und in Mexiko große Städte wie *Tikal*, *Uxmal* oder *Palenque*. Diese werden von Priesterfürsten regiert, die sich auf einen großen Beamtenapparat stützen. Die Götter werden in Tempeln verehrt, die auf extrem steilen Stufenpyramiden stehen.

Offenbar werden die Götter von den Maya als bedrohlich empfunden und müssen mit ständigen Opfern besänftigt werden. Die aufwendigen astronomischen Berechnungen, die die Maya betreiben, sollen wohl deren Willen erforschen – ganz so wie bei den Sumerern in Mesopotamien (siehe Kapitel 5).

Charakteristisch für die Kultur der Maya:

✔ **Ein großes Faible für präzise Daten.** Die Maya haben zwei Kalender und eine Zeitrechnung, die vermutlich 3113 v. Chr. beginnt. In alle Gebäude sind Daten eingemeißelt und selbst die Götter haben Geburtstage. Sehr wichtig ist das Errechnen von Glücks- und Unglückstagen. Heiraten dürfen nur die, deren Geburtstage sich positiv ergänzen.

- ✓ **Eine Vielzahl abgestufter Opfer.** Ein Blutopfer zum Beispiel muss nicht zwangsläufig mit dem Tod enden. Vor allem die Herrscher und Priester vollziehen immer wieder einen rituellen Aderlass, indem sie sich die Zunge durchbohren oder den Penis anstechen, um die Götter dem Staat gnädig zu stimmen.

- ✓ **Ein rituelles Ballspiel,** bei dem ein Kautschukball durch einen Steinring geschlagen werden muss. Möglicherweise wurde am Ende der Verlierer (oder der Sieger?) den Göttern geopfert. Die genauen Regeln sind unklar.

- ✓ **Eine Bilderschrift,** die fast wie ein Comic aussieht, aber sehr kompliziert ist. Die Maya sind damit die einzigen Ureinwohner Amerikas, die schriftliche Zeugnisse ihrer Kultur hinterlassen haben. Allerdings wurde der überwiegende Teil der Maya-Codices von den spanischen Missionaren zerstört.

- ✓ **Der gemeinschaftliche Anbau der »drei Schwestern« Kürbis, Mais und Bohnen.** Dabei dient der Mais den Bohnen als Rankhilfe. Diese wiederum binden mit ihren Wurzeln Stickstoff im Boden. Die Kürbisblätter schützen den Boden vor Austrocknung. Diese Anbaumethode wird von den Maya auch heute noch angewendet.

Im 8. Jahrhundert werden die Maya-Städte dann verlassen. Über den Grund rätseln die Forscher; die Theorien reichen von einem extremen sozialen Umsturz über Raubzüge mexikanischer Völker bis hin zu einem ökologischen Kollaps oder auch einem Mangel an Jadeperlen, Vogelfedern und Obsidian für die religiösen Kulte, der nach dem Ende von Teotihuacán (siehe Kasten *Geheimnisvolle Stadt Teotihuacán*) aufgetreten ist.

Womöglich zieht ein Teil der Maya aus den aufgegebenen Städten auf die Halbinsel *Yucatán*, wo die dortigen Städte erst jetzt ihre Blüte erleben. Im 10. Jahrhundert allerdings wird ihre Kultur deutlich aggressiver. Es entstehen Kriegerorden, die Herrscher der drei Fürstentümer *Cichén Itza*, *Izamal* und *Mayapan* bekämpfen sich untereinander, die Menschenopfer nehmen deutlich zu. Der Überlieferung nach geschah dies nach einer Eroberung durch die kriegerischen Tolteken.

Die *Tolteken* allerdings sind ein sehr umstrittenes Volk. Bekannt sind sie aus den Chroniken der Azteken, die sich als Erben der Tolteken sahen. Demnach beherrschten sie im 10. und 11. Jahrhundert n. Chr. ganz Südmexiko. Es gibt jedoch auch Wissenschaftler, die das Toltekenreich für einen aztekischen Mythos halten.

> ### Die geheimnisvolle Stadt Teotihuacán
>
> Eines der größten Rätsel in der frühen Geschichte Mexikos ist die Stadt *Teotihuacán*, 45 Kilometer südöstlich vom heutigen Mexiko-Stadt, die bezüglich ihrer Größe wie auch ihrer kulturellen Bedeutung einzigartig in der Region (und natürlich auch UNESCO-Welterbe) ist. Sie entstand etwa um 300 v. Chr. und war kulturell von den Olmeken beeinflusst. Ihre Blütezeit liegt zwischen 300 und 600 n. Chr. Zu dieser Zeit lebten hier wohl mindestens 150 000 Menschen, und zwar Angehörige verschiedener Volksstämme, etwa der Maya, aber auch weniger bedeutender Stämme wie der Mixteken und Zapoteken. Zu welcher Kultur die Stadtherren gehörten, ist vollkommen unbekannt.

Angelegt ist Teotihuacán nach einem strengen Raster. Es gibt eine Vielzahl von Tempeln, darunter die 63 Meter hohe *Sonnenpyramide* im Zentrum der Stadt, sowie ausgedehnte Palastkomplexe.

Seine Größe und Bedeutung verdankt die Stadt wohl dem *Obsidian*. Dieser für Messer, Pfeilspitzen und Kultgegenstände so wichtige Stein wurde in der Nähe der Stadt abgebaut und in zahlreichen Werkstätten verarbeitet. Darüber hinaus war Teotihuacán aber auch ein Fernhandelszentrum. Seine Kultur beeinflusste alle zeitgenössischen und nachfolgenden Kulturen Mittelamerikas und Mexikos. Um 750 n. Chr. wurde die Stadt jedoch zerstört.

Die Azteken

Die Geschichte der *Azteken* beginnt im frühen 14. Jahrhundert mit der Gründung der Stadt *Tenochtitlán* auf einer Insel im abflusslosen, salzigen *Texcoco-See*, der zu jener Zeit einen großen Teil des Hochlandbeckens *Valle de México* einnimmt.

Noch nie vom Texcoco-See gehört? Kein Wunder, an seiner Stelle befindet sich nämlich heute Mexico City. Nur im Osten der Stadt wird ein kleines Stück des Sees künstlich am Leben erhalten. Im Übrigen nannten die Azteken sowohl das Hochlandtal um den See wie auch dessen Bewohner *Mexica*. Es ist aber weder geklärt, ob der Name der Region auf die Bewohner überging oder ob es umgekehrt war, noch was der Name eigentlich bedeuten soll.

Rund um den See gibt es bereits eine Reihe anderer Stadtstaaten. Die Azteken von Tenochtitlán sind anfangs Vasallen der benachbarten *Tepaneken*, später schließen sie einen Bund mit den Stadtstaaten *Texcoco* und *Tlocopán* und können mit der Zeit die Oberherrschaft über das Tal und schließlich über Zentralmexiko übernehmen. Ihr Einfluss beschränkt sich aber weitgehend auf das Eintreiben von Tributen.

Die Azteken sprechen *Nahuatl* – wie auch die umliegenden Stämme. Nahuatl ist zu diesem Zeitpunkt schon seit Langem die Verkehrssprache in Zentralmexiko. Die Forscher diskutieren, ob sie bereits in Teotihuacán gesprochen wurde oder ob sie mit den Völkern, die Teotihuacán zerstörten, ins Land gekommen ist. Auf jeden Fall ist es so gut wie unmöglich zu erkennen, welche Bevölkerungsgruppen ursprüngliche *Nahua* sind und welche die Sprache später übernommen haben. Das Volk, das die Spanier als Azteken kennenlernten, setzte sich vermutlich aus verschiedensten Gruppen zusammen, die aber alle Nahuatl sprachen und unter der Herrschaft der Fürsten von Tenochtitlán standen. Lehnworte aus der Nahuatl-Sprache sind unter anderem Schokolade, Tomate, Chili, Avocado und Kojote.

In Tenochtitlán wohnen kurz vor ihrer Eroberung durch die Spanier wohl etwa 100 000 Menschen. Die Stadt ist über fünf Dämme und hölzerne Brücken mit dem Festland verbunden. Es gibt einen Tempelbezirk mit zahlreichen Tempelpyramiden und dem rituellen Ballspielplatz.

Die aztekische Gesellschaft ist feudal gegliedert. Die meisten Menschen sind Bauern, die teils in der Stadt, teils außerhalb Felder bestellen. Daneben gibt es ein sehr spezialisiertes Handwerk. Besonders angesehen sind die Gold- und Silberschmiede. Es gibt auch Sklaven, Versklavung ist jedoch nicht erblich. Der Adel wird an speziellen Tempelschulen ausgebildet. Die Azteken betreiben auch einen sehr ausgedehnten Fernhandel. Die Händler stellen eine eigene Kaste dar. Bezahlt wird mit Goldstaub oder Kakaobohnen. Alle Männer sind zum Kriegsdienst verpflichtet. Berufskrieger sind in Eliteeinheiten organisiert.

Die aztekische Religion beruht zu einem Gutteil auf jener der Vorgängerkulturen. Originär ist der Hauptgott *Huitzilopochtli*, der die Azteken ins Tal von Mexiko geführt haben soll. Ihm müssen ständig Menschenopfer gebracht werden, damit er die Sonne in Bewegung halten kann. Die Azteken unternehmen deshalb manche Kriegszüge nur mit dem Ziel, möglichst viele Gefangene zu machen. Deren Herz wird dann bei lebendigem Leib herausgeschnitten und zusammen mit dem Blut den Göttern geopfert, das Fleisch gegessen. Aber auch freiwillige Opfer sind üblich. Vermutlich kommen die exzessiven Opfer jedoch erst Ende des 15. Jahrhunderts auf.

Geheimnisvoller Gott Quetzalcoatl

Bereits auf den Zeremonialplätzen der Olmeken ist eine schlangenförmige Gottheit abgebildet, die mit den Federn des grün-roten *Quetzalvogels* bedeckt ist. Die Azteken nennen ihn später *Quetzalcoatl* (Grünfederschlange), die Maya *Kukulkan* oder *Gucumatz*. Er gilt als Schöpfergott, der einst wieder auf die Erde kommen wird. Dass die Azteken jedoch glaubten, Quetzalcoatl kehre als bärtiger, weißer Mann wieder, und dann den Eroberer Cortés als den wiedergekehrten Quetzalcoatl begrüßten, ist vermutlich eine Erfindung spanischer Chronisten.

Ihre Geschichte haben die Azteken In Bildern festgehalten. Die meisten der *Azteken-Codices* sind von den Spaniern verbrannt worden. Der Missionar *Bernardino de Sahagún* ermutigte die überlebenden Azteken jedoch zur Erstellung neuer Codices. Sahagún, der von 1529 bis zu seinem Tod im Jahr 1590 als Missionar in Mexiko tätig war und vergeblich gegen die Zerstörungen protestierte, verfasste eigenhändig ein zwölfbändiges Werk über die Azteken. Als ihn der Indienrat (die spanische Kolonialbehörde) zwang, es abzuliefern, händigte er ihm nur eine Kopie aus, die dann vernichtet wurde. Das Original aber konnte er retten.

Die Reiche von Mali

Seit der Antike gibt es die Handelsrouten durch die Sahara. Doch wer sitzt eigentlich am Südende? Im 9. Jahrhundert n. Chr. beschreiben arabische Quellen erstmals ein Reich in der Region des heutigen Mauretanien und Mali, das sie *Ghana* nennen. Ein anderes Reich gibt es weiter östlich rund um die Stadt *Gao* in Mali, ein weiteres namens *Kanem* östlich des Tschadsees. Bei allen ist umstritten, ob sie von einheimischen Fürsten oder Einwanderern,

KAPITEL 11 Das vielschichtige Spätmittelalter 209

etwa Berbern, gegründet wurden. Über diese Reiche kommen Gold, Elfenbein und Sklaven in den Norden, während im Gegenzug vor allem Salz, aber auch Luxuswaren wie Pferde, Waffen und kostbare Stoffen in den Süden verkauft werden. Für Europa wird mit dem aufkommenden *Münzwesen* vor allem das Gold immens wichtig. Ein Großteil der Zahlungsmittel im späten Mittelalter und der frühen Neuzeit werden mit afrikanischem Gold geprägt.

Mit dem heutigen Ghana hat das mittelalterliche *Reich von Ghana* wohl nichts zu tun. Im 20. Jahrhundert kam jedoch unter den Einheimischen der britischen *Gold Coast Colony* die Theorie auf, sie seien Nachkommen der geflohenen Bewohner des alten Ghana. Also wählte man nach Erreichen der Unabhängigkeit 1957 den Landesnamen Ghana.

Im 11. Jahrhundert kommen die *Transsahararreiche* unter arabischen Einfluss. In Kanem erobert ein muslimischer Herrscher die Macht, Ghana wird im 12. Jahrhundert durch die Berberdynastie der *Almoraviden* islamisiert und zerbricht – entweder durch eine gewaltsame Eroberung oder durch innere Kämpfe.

Anfang des 13. Jahrhunderts kämpfen benachbarte Herrscher um die Kontrolle über das Erbe Ghanas. Es siegt ein gewisser *Sundiata Keita*, der sich zum Mansa (»König der Könige«) ernennt und zum Islam konvertiert. Seine Nachfolger dehnen die Herrschaft auch über das Reich von Gao sowie den heutigen Senegal und Gambia aus und errichten damit das *Reich von Mali*.

Im Jahr 1324 unternimmt *Musa*, der Mansa des Reichs von Mali, eine Wallfahrt nach Mekka. Angeblich besteht sein Gefolge aus 60000 Menschen. Außerdem hat er 80 Kamele voller Gold bei sich. Dieses soll er mit vollen Händen ausgegeben haben: an die Armen, für Reiseandenken, vor allem aber für den Bau von Moscheen entlang seines Weges, darunter die von andalusischen Architekten errichtete *Djingere-ber-Moschee*, die bedeutendste der Lehmmoscheen von *Timbuktu*. Musa besucht auch den Sultan von Ägypten, was zur Folge hat, dass die Preise im Land auf Jahre hinaus ruiniert sind.

Als im 14. Jahrhundert innere Konflikte das Reich von Mali erschüttern, übernehmen die Herrscher von Gao die Macht und etablieren das noch etwas größere *Songhai-Reich*, das seinen Schwerpunkt in Mali und Niger hat. Aushängeschild dieses Reichs sind die großen Handelsstädte, vor allem *Timbuktu, Djenné* und *Gao*. In traditioneller Lehmarchitektur entstehen aufwendige Bürgerhäuser und große Moscheen, die heute zum UNESCO-Weltkulturerbe zählen. Timbuktu ist mit seiner Madrasa und über 150 Koranschulen ein Zentrum der Gelehrsamkeit.

Im 16. Jahrhundert ändern sich dann die Handelswege. Anstatt durch die Sahara werden viele Waren zu den Märkten der Portugiesen an den Küsten gebracht. Vermutlich um den Transsahara-Handel zu retten, erobert der marokkanische Sultan *Ahmad al-Mansur* 1591 das Songhai-Reich, erreicht damit aber nur, dass sich der noch existierende Transsahara-Handel auf die östlicheren Routen verlagert.

Die meisten Informationen über die Transsahararreiche stammen aus arabischen Quellen aus der Spätzeit der Reiche. Über andere vorkoloniale Staatsgebilde in Afrika, etwa das *Kongo-Reich* oder »*Great Zimbabwe*«, sind die Informationen noch viel spärlicher.

> IN DIESEM KAPITEL
>
> Globale Entdeckungen
>
> Koloniale Gräuel
>
> Plurale religiöse Bekenntnisse

Kapitel 12
Die neue Welt der Renaissance

Begriffe wie Mittelalter und Neuzeit, Gotik und Renaissance verleiten dazu, von einem klaren Schnitt zwischen zwei Epochen auszugehen. Doch den gibt es nie, sondern immer eine mehr oder weniger lange Übergangszeit. Deshalb sind Ihnen die Anfänge der Renaissance-Kunst bereits in Kapitel 11 begegnet. Hier wird es nun um die großen politischen und wirtschaftlichen Umwälzungen gehen, die im späten 15. Jahrhundert ihren Anfang nehmen.

Die großen Entdeckungen

Der Seeweg nach Indien, in die Karibik, nach Brasilien, Indonesien, Japan: Innerhalb weniger Jahrzehnte erweitert sich die Welt für die Europäer ungeheuer. Der Grund für diesen plötzlichen Entdeckungsdrang sind *Gewürze*. Sie sind nicht nur für die inzwischen ziemlich verfeinerte Küche des Adels vonnöten, sondern noch viel mehr als Grundlage von Arzneien und für die Konservierung von Lebensmitteln. Doch seit dem Zerfall des mongolischen Reichs und dem Aufstieg der Osmanen (dazu mehr im Abschnitt *Türkei: Das Sultanat der Osmanen*) sind die Handelswege unsicher und der Transport teuer geworden. Die Idee, nach einem Seeweg zu suchen, ist demzufolge nicht allzu weit hergeholt. Den Anfang machen die Portugiesen.

Wagemutig: Die Expeditionen der Portugiesen

Heinrich der Seefahrer ist – entgegen seinem erst im 19. Jahrhundert aufgekommenen Beinamen – nie selbst zur See gefahren. Der Prinz ist ein jüngerer Sohn des portugiesischen Königs Johann I. und mit von der Partie, als sein Vater 1415 das nordafrikanische *Ceuta* erobern lässt, um die ständigen Überfälle der *Barbaresken* auf die portugiesische Küste unterbinden zu können.

Als *Barbaresken* bezeichnen die Europäer die Herrschaften zwischen Marokko und Tripolis. Der Name ist natürlich von *Barbaren* abgeleitet. Der Grund: Die Barbareskenstaaten sind eine Hochburg der *Piraterie*. Daran sind die Europäer jedoch nicht unschuldig. Als die katholischen Könige Isabella und Ferdinand im Jahr 1492 alle Muslime aus Spanien vertrieben und ihr Urenkel Philipp III. 1609 auch noch fast 300 000 getauften Mauren (Morisken) ausweisen ließ, schickten sie diese in höchst instabile Reiche an der nordafrikanischen Küste und verursachten damit vollends Anarchie. Die *Barbaresken-Korsaren* überfallen Schiffe, aber auch europäische Küstenregionen – im Extremfall (1627) sogar in Island –, verschleppen die Bewohner und verkaufen sie, wenn kein Lösegeld zu erpressen ist, in die Sklaverei. Trotz regelmäßiger Bombardierungen von Algier, Tunis und Tripolis durch die Europäer bleibt das Problem bis ins 19. Jahrhundert bestehen.

Danach beschließt Heinrich, die afrikanische Atlantikküste erkunden zu lassen. Zum einen hofft er, die Piraterie damit noch wirksamer zu bekämpfen, zum anderen will er sowohl die Quelle des afrikanischen Goldes finden, das über die Sahararouten gehandelt wird, als auch das Reich des legendären *Priesterkönigs Johannes*. Seine Kapitäne verpflichtet er, überall, wo sie an Land gehen, eine Säule mit dem portugiesischem Königswappen aufzustellen.

Der Priesterkönig Johannes

Nach dem *Reich des Priesterkönigs Johannes* haben auch schon franziskanische Mönche suchen sollen, die im 13. Jahrhundert vom Papst beziehungsweise vom französischen König ins Mongolenreich geschickt worden sind. Auch Marco Polo brachte Gerüchte mit. Andere Expeditionen sind verschollen.

Die Gerüchte über dieses sagenhafte Reich, die immer weiter ausgeschmückt wurden – unglaubliche Schätze, Quelle der Unsterblichkeit, fantastische Wesen –, kamen im Umfeld der Kreuzzüge auf. Demnach sollte das Reich östlich von Persien und Armenien liegen. Kern der Gerüchte sind möglicherweise christliche Gemeinschaften, die es in Zentralasien und Indien gab, die aber nicht über Reiche herrschten und teils Lehren anhingen, die von der katholischen Kirche als Ketzerei angesehen wurden. (Kublai Khans Mutter etwa entstammte einem im 10. Jahrhundert christianisierten Mongolenstamm.)

Als man das Reich in Asien nicht fand, verlagerte sich die Suche im 14. Jahrhundert auf Afrika.

Heinrich fordert von den Kapitänen aber auch, alle auf ihren Reisen gewonnenen Erkenntnisse in *Logbüchern* genau festzuhalten. Auf diese Weise verbessert sich das *nautische Wissen* rasant. Bis zu seinem Tod im Jahr 1460 haben die Portugiesen Madeira und die Azoren entdeckt und einen Handelsposten im heutigen Mauretanien errichtet. Doch bereits Heinrich hat als Fernziel die Entdeckung eines *Seewegs nach Indien* ausgegeben.

Um die Jahreswende 1487/88 gelingt es *Bartolomeu Diaz*, die Südspitze Afrikas zu umsegeln. König Johann II. tauft sie später Kap der Guten Hoffnung. Diaz jedoch muss umkehren, weil seine Mannschaft Skorbut hat.

KAPITEL 12 Die neue Welt der Renaissance 213

Am 20. Mai 1498 landet *Vasco da Gama* nach fast einjähriger Fahrt an der *Malabarküste* im Süden Indiens. Am 9. September 1499 erfolgt seine triumphale Rückkehr nach Lissabon. An Bord haben seine Schiffe so viele Gewürze und Edelsteine, dass die Expeditionskosten zigfach wieder eingespielt werden. Von da an schicken die Portugiesen jährlich ein Schiff nach Indien und richten Handelsstationen ein, wobei es allerdings zu Kämpfen mit arabischen und indischen Händlern kommt.

Es gibt jedoch auch weitere Entdeckungen:

- **1500:** Brasilien
- **1512:** Molukken (Als »Gewürzinseln« sind sie besonders wertvoll. Nelken und Muskatnuss kommen ursprünglich nur hier vor.)
- **1513:** Timor
- **1543:** Japan
- **1557:** Macao

Überraschend: Die Entdeckung Amerikas

Die portugiesischen Seefahrer stehen jedoch im Schatten von *Christoph Kolumbus*, der eine Welt entdeckte, von der man in Europa keine Ahnung hatte. Der genuesische Seemann ist damit zum Mythos geworden. Doch wie so oft bei Mythen kursieren auch über Kolumbus einige Irrtümer:

- **Irrtum 1: Die meisten Menschen glaubten damals noch, die Erde sei eine Scheibe.** In Wahrheit wusste jeder halbwegs gebildete Mensch, dass die Erde eine Kugel ist. Kolumbus war keine Ausnahme.

- **Irrtum 2: Die Idee, Asien von Westen aus zu erreichen, stammt von Kolumbus.** In Wahrheit haben auch schon andere darüber nachgedacht. Besonders beeinflusst wurde Kolumbus von dem italienischen Kartografen **Paolo dal Pozzo Toscanelli**, mit dem er korrespondierte, und der Schrift *Imago Mundi* des französischen Theologen **Pierre d'Ailly** von 1410.

- **Irrtum 3: Das Ziel von Kolumbus war Indien.** In Wahrheit peilte er **Las Indias** an, wie man damals **Ostasien** nannte. Konkret wollte er erst einmal Japan und die chinesische Küste erreichen, die unter anderem aus Marco Polos Berichten grob bekannt waren.

Kolumbus, der seit 1477 in Portugal lebt, arbeitet jahrelang an seinem Plan. Was die Windverhältnisse und Meeresströmungen angeht, ist der auch sehr gut. Beim portugiesischen König Johann II. blitzt er damit trotzdem ab.

Am 17. April 1492 erklärt sich jedoch das spanische Königspaar Isabella und Ferdinand bereit, Kolumbus' Expedition zu finanzieren, und verspricht ihm 10 Prozent des Gewinns und den Titel des Vizekönigs und Generalgouverneurs über die entdeckten Gebiete. Eroberungen sind also geplant. Am 3. August sticht er in See und am 12. Oktober erreicht er die Bahamas. Dort trifft er auf das friedliche Bauernvolk der *Arawak* und betreibt mit ihnen Handel. Auf das amerikanische Festland trifft Kolumbus erst auf seiner vierten und letzten Reise (1502–1504).

Im Nachhinein könnte man denken, die Portugiesen hätten einen Fehler gemacht, als sie Kolumbus abwiesen. Tatsächlich jedoch war die Entscheidung vollkommen richtig und vernünftig. Denn die Portugiesen gingen davon aus, dass die Entfernung nach Japan zu groß ist, als dass man genügend Vorräte (vor allem Trinkwasser) an Bord hätte mitführen können. Kolumbus dagegen vertraute falschen Berechnungen von Toscanelli und d'Ailly, die meinten, dass zwischen den Kanaren und Japan nur etwa 3000 italienische Meilen (rund 3700 Kilometer) liegen. Tatsächlich jedoch sind es fast 20 000 Kilometer - Kolumbus' Mannschaft stand auf seiner ersten Reise dann auch kurz vor einer Meuterei, als nach mehr als 5500 Kilometern endlich die Bahamas erreicht wurden.

Warum aber wurde *Amerika* nicht nach Kolumbus, sondern seinem Zeitgenossen, dem Florentiner Seemann *Amerigo Vespucci* benannt? Bereits 1499 bekam Kolumbus Konkurrenz. Einer seiner ehemaligen Begleiter, Alonso de Hojeda, rüstete eine eigene Expedition aus und entdeckte Venezuela und Guyana. Vespucci war als Kartograf dabei. 1501 reist er mit einer portugiesischen Expedition nach Brasilien. Als Erster äußert er die Vermutung, man habe einen neuen Kontinent entdeckt, nicht »westindische Inseln«, wie Kolumbus meinte. Vespuccis Reiseaufzeichnungen avancieren zum Bestseller, sodass der deutsche Kartograf *Martin Waldseemüller* 1507 bei der Erstellung einer Weltkarte – die ebenfalls große Beachtung findet – den neuen Kontinent »Amerika« nennt.

Die spanische Krone hofft vor allem, einen Zugang zu Gold und Gewürzen zu finden. Daneben aber plant sie eine Art *Lehenssystem* für das entdeckte Land. Bereits auf Kolumbus' dritter Reise (1498–1500) werden riesige Landflächen vergeben, um dort Zuckerrohrplantagen anzulegen. Die Lehensnehmer dürfen die einheimische Bevölkerung zur Arbeit zwingen, sollen sie jedoch ansonsten gut behandeln und missionieren. Faktisch werden die Ureinwohner trotz mehrerer *Indianerschutzgesetze* der Krone und dem leidenschaftlichen Einsatz des Dominikanermönchs *Bartolomé de Las Casas* bestialisch behandelt und auf Zuckerrohr-, Kaffee-, Kakao-, Tabak- und Baumwollplantagen oder in Bergwerken zu Tode geschunden.

Neben Massakern und Misshandlungen dezimieren eingeschleppte *Krankheiten* die Menschen. Im Jahr 1511 bringen zwölf schiffbrüchige Soldaten die Pocken nach Yucatán. Es folgen Typhus, Cholera, Masern, Grippe und Tuberkulose. In manchen Gegenden überlebt nur ein Fünftel der Bevölkerung, in anderen nicht einmal ein Zehntel. Selbst der spanische Eroberer Francisco de Montejo, der von Kaiser Karl V. das Privileg erhalten hat, das Mayareich zu erobern, bricht das Unternehmen wegen der Seuchen erst einmal ab. Es gibt jedoch keine Belege, dass absichtlich Krankheiten verbreitet wurden, wie teilweise später in Nordamerika, wo bewusst infizierte Decken an die Indianer verteilt wurden.

Viele der spanischen Glücksritter, die größtenteils aus armen Regionen wie der Extremadura stammen, wollen jedoch keine Plantagen betreiben, sondern suchen den schnellen Gewinn in Form von Gold.

Unter den spanischen Konquistadoren verbreitete sich die Legende von *El Dorado*, einem Mann aus Gold. Aus einem Mann wurde eine Stadt beziehungsweise ein ganzes Land, in dem alles aus Gold ist. Kern des Gerüchts ist vermutlich ein Brauch der *Chibcha* in Kolumbien: Jeder neue Herrscher wurde bei

Amtsantritt mit Goldpaste eingestrichen und badete dann in einem See, um so ein Opfer für die Götter zu bringen.

Hernán Cortés, ein spanischer Kleinadeliger, kommt 1511 nach *Kuba.* Erst im Auftrag des spanischen Gouverneurs, dann gegen ihn, bricht er 1519 zu einer Expedition nach Mexiko auf. Mithilfe der Maya-Sklavin *Malinche,* die Nahuatl spricht, kann er sich mit Völkern verbünden, die mit den Azteken verfeindet sind. Als er Tenochtitlán erreicht, lässt der Aztekenherrscher *Moctezuma* ihn in einem Palast einquartieren. Nach und nach übernimmt Cortés die Herrschaft, Moctezuma fungiert nur noch als Marionette. Als der Herrscher jedoch bei Unruhen getötet wird, müssen die Spanier fliehen. Wieder schließt Cortés Bündnisse und kann Tenochtitlán 1521 erobern. Danach regiert er als absolutistischer Herrscher, hat mindestens drei Kinder mit indianischen Frauen und schickt regelmäßig Gold und Silber nach Spanien. 1530 wird er jedoch von Kaiser Karl V. als *Gouverneur von Neuspanien* abgesetzt.

Francisco Pizarro, ein entfernter Verwandter von Cortés, kommt 1519 ins spätere Panama und fungiert dort als Bürgermeister. 1526 unternimmt er eine erste Expedition nach Peru und kommt mit Gold und indianischen Sklaven, die ihm später als Übersetzer dienen, zurück. 1532 geht er mit einigen Hundert Soldaten wieder nach Peru. Das Inkareich ist gerade in einen extrem grausam geführten *Bürgerkrieg* zwischen den Brüdern *Atahualpa* und *Huascar* verstrickt. Atahualpa empfängt Pizarro und lässt seine Krieger auf dessen Bitten ihre Waffen ablegen – woraufhin 168 Spanier rund 4000 Inka-Anführer umbringen. Atahualpa wird gefangen genommen, bietet aber ein enormes Lösegeld. Über einen Monat lang sollen Karawanen mit goldenen und silbernen Kultgegenständen eingetroffen sein, die die Spanier einschmelzen. Danach lässt Pizarro Atahualpa in einem Schauprozess verurteilen und erdrosseln. In der Folge unterwirft er weitere Teile des Inkareichs, wird 1541 aber von einem Kampfgefährten, der sich übervorteilt sieht, ermordet.

Jesuiten und Bandeirantes

Nicht nur der berühmte Bartolomé de las Casas kämpfte gegen die Ausbeutung der amerikanischen Ureinwohner. Auch die *Jesuiten* wollen zwar missionieren, lehnen aber eine Bekehrung mit Gewalt entschieden ab. Dabei werden sie von König Philipp III. unterstützt, der 1609 festlegt, dass getaufte Indianer ebenso frei wie Spanier sein sollen.

Die Jesuiten richten vor allem im späteren Bolivien und Paraguay Indianersiedlungen, sogenannte *Reduktionen,* ein und etablieren dort eine Art genossenschaftliches Wirtschaften zur Versorgung der Bewohner. Diese Reduktionen sind sehr erfolgreich und beginnen sogar, Waren wie Mate-Tee für den Export zu erzeugen. Aller Gewinn wird wieder innerhalb der Reduktion investiert, wobei der Orden keinen Profit macht, aber eine paternalistische Führungsrolle beansprucht.

Den spanischen Kolonisten in Südamerika ist das alles ein Dorn im Auge. Sie überfallen die Reduktionen, verwüsten ganze Dörfer und versklaven die Einwohner, die ob ihrer Ausbildung besonders gute Preise erzielen. Am schlimmsten treiben es die *Bandeirantes,* portugiesische Banden, die nach Gold und Diamanten suchen, aber auch Sklaven jagen.

Sie genießen den Schutz ihrer Regierung, da sie das portugiesische Territorium dabei weit über die Grenze hinaus erweitern, die 1494 im *Vertrag von Tordesillas* mit Spanien vereinbart worden war.

Im Jahr 1640 erhalten die Jesuiten wegen der Übergriffe von König Philipp IV. die Erlaubnis, bewaffnete Indianermilizen zur Verteidigung der Reduktionen aufzustellen. Im 18. Jahrhundert werden die Reduktionen letztlich aufgelöst und zerstört, die Bewohner teils vertrieben, teils versklavt und die Jesuiten 1767 aus Südamerika verbannt.

Grausam und profitabel: Der Sklavenhandel

Bereits als die Portugiesen anno 1460 ihren ersten Handelsstützpunkt an der afrikanischen Küste einrichten, gehören zu den »Waren«, die dort gehandelt werden, auch afrikanische Sklaven. Als in Amerika nach den Arawak-Indianern auch die Kariben wegsterben, kommt die Idee auf, »widerstandsfähigere« afrikanische Sklaven für die Arbeit auf den Plantagen zu importieren. Bereits 1510 bringt das erste Schiff 50 Afrikaner nach Haiti.

Bis 1867 bringen rund 27 000 Schiffe mindestens elf Millionen Menschen als Sklaven nach Amerika, davon etwa 4,8 Millionen nach Brasilien, vier Millionen in die Karibik, 1,3 Millionen nach Mittelamerika und etwa 400 000 nach Nordamerika. Die Zahl derer, die schon unterwegs starben, wird auf noch einmal mindestens zwei Millionen Menschen geschätzt.

Die Sklaven kaufen die Europäer überwiegend von lokalen Händlern an der westafrikanischen Küste. Damit heizen sie eine Sklavenjagd der Afrikaner untereinander an. Betrieben wurde der Handel vor allem von Portugiesen, Spaniern, Franzosen, Engländern und Niederländern. Auch Dänemark und Schweden haben kleine Kolonien in der Karibik und handeln mit Sklaven. Selbst Brandenburg mischt 17 Jahre lang mit und verkauft – mit Verlust – jährlich etwa 1000 Menschen aus Ghana in die dänische Kolonie auf der Karibikinsel St. Thomas.

Es wäre jedoch falsch, Sklavenhandel nur als Angelegenheit von Regierungen zu sehen. Er war ein Geschäft, das von Handelskompanien und auch einzelnen Kaufleuten organisiert wurde, an deren Unternehmungen sich jeder finanziell beteiligen konnte. Selbst der große französische Aufklärer Voltaire hatte zeitweise große Teile seines Vermögens in den Sklavenhandel investiert. Ganz abgesehen davon macht der steigende Konsum von Zucker, Tabak und Kaffee die Sklavenarbeit erst profitabel.

Während hier Afrikaner als Ware gesehen wurden, erringen Einzelne durchaus angesehene Stellungen in der europäischen Gesellschaft:

✔ **Abraham Petrowitsch Hannibal,** wohl aus Eritrea, wird in Konstantinopel verkauft, im Jahr 1705 der Page **Peters des Großen,** später russischer Generalmajor, Gouverneur von Reval und Großgrundbesitzer. Er heiratet eine Griechin und eine deutsch-schwedische Adelige, hat zehn Kinder und ist der Urgroßvater des Dichters **Alexander Puschkin.**

KAPITEL 12 Die neue Welt der Renaissance 217

✔ **Anton Wilhelm Amo** aus Ghana kommt als Kind im Jahr 1708 an den Hof von Braunschweig-Wolfenbüttel und wird Privatdozent der Philosophischen Universität von Wittenberg. Allerdings kehrt er 1747 aufgrund rassistischer Anfeindungen nach Ghana zurück.

✔ **Angelo Soliman** aus Nigeria wird nach mehreren Stationen in Europa im Jahr 1753 Chef der Dienerschaft des Fürsten von Liechtenstein, heiratet eine Wienerin, mit der er zwei Kinder hat, ist Mitglied in derselben Freimaurerloge wie Mozart und mit mehreren Gelehrten und Künstlern seiner Zeit befreundet.

✔ **Olaudah Equiano** aus Nigeria wird 1755 als Zehnjähriger versklavt und nach Barbados gebracht. Als 20-Jähriger erhält er von seinem Herrn, einem Quäker, die Möglichkeit, sich freizukaufen. Zwei Jahre später geht er nach England und engagiert sich in der **Abolitionistenbewegung** für eine Beendigung der Sklaverei und eine Rückführung der ehemaligen Sklaven nach Sierra Leone. Er heiratet eine Engländerin, mit der er zwei Töchter hat.

Im 18. Jahrhundert mehren sich dann die Stimmen, die eine *Abschaffung des Sklavenhandels* fordern. Das erste Land, das dem nachkommt, ist Dänemark im Jahr 1803. Großbritannien untersagt den Sklavenhandel 1807 und sorgt auf dem *Wiener Kongress* im Jahr 1815 dafür, dass er in Europa grundsätzlich verboten wird. Doch es dauert noch bis 1888, als auch Brasilien als letztes Land im atlantischen Sklavenhandel diesen verbietet.

Glänzend: Die Geschäfte der Niederländer

Jan Huygen van Linschoten, ein Notarssohn aus Haarlem, zieht bereits mit 13 Jahren mit seinem älteren Bruder, der dort dann als Kaufmann arbeitet, nach Spanien. Als 18-Jähriger wird Jan Sekretär des *Erzbischofs von Goa* in Portugiesisch-Indien. Dort bekommt er Einblick in die streng geheimen Seekarten der Portugiesen. Zurück in den Niederlanden veröffentlicht er 1595 seinen *Reisebericht über die portugiesische Navigation im Orient* in einem Buch. Noch im selben Jahr nutzt der niederländische Statthalter Moritz von Oranien die darin enthaltenen Informationen und schickt eine Flotte nach Java und Bali.

Warum aber brauchen die anderen Nationen geheime Karten, um nach Indonesien zu finden? Es geht weniger um den Weg an sich, als um Informationen über Untiefen, Strömungen, Winde et cetera. Die Engländer haben trotz mehrmaliger Versuche lediglich ein einziges Schiff nach Malaysia durchgebracht. Als Huygens Buch im Jahr 1597 auch auf Englisch erscheint, rüstet Königin Elisabeth I. wieder eine Flotte aus.

1602 wird aus sechs Einzelgesellschaften die *Niederländische Ostindien-Kompanie (VOC)* gegründet, die vom niederländischen Statthalter das Privileg erhält, als einzige Gesellschaft dort Handel treiben, Armeen und Flotten aufstellen und völkerrechtlich bindende Verträge abschließen zu dürfen. Dazu gehört ausdrücklich auch die Erlaubnis, portugiesische Stützpunkte anzugreifen und einzunehmen. Denn seit 1580 ist die portugiesische Krone mit der spanischen vereint, und gegen *Philipp II. von Spanien* führen die Niederländer zu dieser Zeit Krieg (mehr dazu im Abschnitt *Philipp, Elisabeth und die aufständischen Niederländer*).

Bereits 1609 wird mit Amboyna (heute Ambon) auf den Molukken der erste portugiesische Stützpunkt erobert. Bis Ende des Jahrhunderts herrscht die VOC über beinahe das ganze heutige Indonesien und Ceylon (Sri Lanka). Teilweise nutzt sie dabei die Intoleranz der Portugiesen gegen Moslems und Buddhisten aus. So wird Ceylon nach einem Hilferuf eines singhalesischen Königs erobert, dessen Reich (Kandy) anschließend von der Besetzung ausgenommen bleibt. Auch bei der Eroberung der zu den Molukken gehörenden Banda-Inseln kooperieren die Niederländer zuerst mit den Einheimischen gegen die Portugiesen. Als diese sich dann aber einem niederländischen Handelsmonopol verweigern, lässt der Generalgouverneur der VOC, Jan Pieterszoon Coen, die rund 15 000 Einwohner umbringen und danach Muskatplantagen anlegen, die von Sklaven bewirtschaftet werden. Auch die Stadt Jayakarta lässt Coen gewaltsam erobern und macht aus ihr Batavia, den Sitz der VOC (aus dem nach der Unabhängigkeit 1942 wieder Jakarta wird).

Die VOC wird enorm reich, indem sie

✔ sich ein weitgehendes Monopol auf Gewürze wie Muskatnuss, Nelken und Zimt sichert;

✔ Kaffeeplantagen anlegt und selbst betreibt;

✔ vermehrt Geschäfte mit chinesischen und indischen Händlern macht und so auch andere Luxusgüter wie Tee, Porzellan, Seide und Baumwolle nach Europa exportiert;

✔ auch im innerasiatischen Handel dominant wird;

✔ ab 1641 ein Monopol auf den Handel mit Japan hat, weil sie im Gegensatz zu den Portugiesen nicht versucht zu missionieren.

 Im 17. und 18. Jahrhundert reisen wohl etwa eine Million Menschen in Diensten der VOC nach *Niederländisch-Indien*. Viele davon sind Glücksritter, die keine andere Chance haben. Schon die monatelange Überfahrt ist unglaublich strapaziös und endet für viele tödlich. Vor Ort fordern dann Tropenkrankheiten weitere Opfer. Schätzungsweise kehrt nur ein Drittel der Ostindienfahrer nach Europa zurück.

Das Mutterland Niederlande erlebt im 17. Jahrhundert sein Goldenes Zeitalter. Außer den Gewinnen aus dem Ostindienhandel tragen dazu noch andere Faktoren bei:

✔ Die **religiöse Toleranz** in den Niederlanden zieht viele Glaubensflüchtlinge aus Europa an, darunter viele Gelehrte, die frei publizieren möchten. Die 1575 gegründete Universität Leiden wird zu einem bedeutenden Zentrum der Wissenschaft.

✔ Es gibt **kaum noch traditionellen Adel** und auch **keine Ständeordnung**. Aufstieg ist eine Sache von Geld, Glück und Fleiß. Außerdem leben nirgendwo mehr Menschen in Städten. So entsteht eine sehr wohlhabende, breite, bildungsbewusste, kulturell interessierte Mittelschicht aus Handwerkern, Händlern, Beamten, Offizieren und Künstlern. Auch die Oberschicht der reichen Unternehmer, Bankiers und Offiziere ist eher an Neuerungen als an Traditionen interessiert.

KAPITEL 12 Die neue Welt der Renaissance 219

✔ Mit dem boomenden Handel geht auch in **innovatives Bankwesen** einher. 1609 wird mit der Amsterdamer Wechselbank die weltweit erste **Zentralbank** gegründet. Ein Großteil der Geschäfte läuft bargeldlos.

✔ Für grobe Arbeiten wie Landwirtschaft, Torfstechen, Fischfang et cetera stehen Zehntausende Wanderarbeiter, sogenannte **Hollandgänger**, aus dem vom Dreißigjährigen Krieg gebeutelten Deutschland zur Verfügung. Die meisten sind nicht erbberechtigte Bauernsöhne aus dem strukturschwachen Norden.

✔ Der Wohlstand und das offene geistige Klima sorgen für eine **Blüte der Kunst und Kultur**. Größtes Aushängeschild ist die **niederländische Malerei**. Jedes Jahr werden Zehntausende von bedeutenden Gemälden angefertigt, mehr als in jeder anderen Epoche der europäischen Malerei. Dabei werden neben den klassischen religiösen und mythologischen Genres auch viele neue gepflegt, wie etwa Stillleben, Landschaftsmalerei, Porträts, Alltagsszenen, Seestücke, Tierporträts et cetera.

Künstler und Gelehrte des Goldenen Zeitalters

✔ **Frans Hals** (um 1580–1666), niederländischer Porträtmaler.

✔ **Hugo Grotius** (1583–1645), niederländischer Politologe und Rechtsgelehrter, Vordenker von Freihandel, Seerecht und Völkerrecht.

✔ **René Descartes** (1596–1650), französischer Philosoph, Mathematiker und Naturwissenschaftler. Bekannt ist vor allem seine Erkenntnis »Cogito ergo sum« (Ich denke, also bin ich).

✔ **Rembrandt Harmenszoon van Rijn** (1606–1669), niederländischer Maler und Zeichner: Die Anatomie des Dr. Tulp, Die Nachtwache, Saskia mit rotem Federhut et cetera.

✔ **Christiaan Huygens** (1629–1695), niederländischer Astronom, Mathematiker und Physiker: Wellentheorie des Lichts, Mitbegründer der Wahrscheinlichkeitsrechnung, Entdecker der Saturnringe, Konstrukteur der ersten Penduluhr.

✔ **Antoni van Leeuwenhoek** (1632–1723), niederländischer Linsenschleifer, Erfinder des Mikroskops, erster Entdecker von Bakterien und anderen Kleinstlebewesen.

✔ **Jan Vermeer** (1632–1675), niederländischer Maler: Das Mädchen mit dem Perlenohrgehänge, Der Geograph, Die Spitzenklöpplerin et cetera.

✔ **Benedikt (Baruch) de Spinoza** (1632–1677), portugiesisch-niederländischer Philosoph, Vordenker des Pantheismus (*Tractatus theologico-politicus*, anonym erschienen und zeitweise verboten).

Die asiatischen Reiche

Beim Blick Richtung Asien dominiert für die Europäer – damals und auch noch heute – die Türkengefahr die frühe Neuzeit. Doch auch jenseits des Osmanischen Reichs gab es zwischen dem 15. und dem 17. Jahrhundert entscheidende Veränderungen.

Türkei: Das Sultanat der Osmanen

Im Jahr 1453 erobern die Osmanen Konstantinopel – ein Ereignis, das Europa bis ins Mark erschüttert. Es ist jedoch nicht so, dass dies überraschend kommt oder den Auftakt zu Eroberungszügen in Europa darstellt. Ein großer Teil des Balkans ist zu dieser Zeit bereits unter muslimischer Kontrolle.

Wer sind die *Osmanen*? *Osman I.* (1258–1326) war ein türkischer Stammesführer, der im Seldschukenreich über ein Grenzfürstentum in unmittelbarer Nähe zu Konstantinopel herrschte. Er konnte seinen Machtbereich sowohl auf Kosten der Nachbarfürsten wie auch der Byzantiner – die noch an den Nachwehen des Vierten Kreuzzugs von 1205 litten – ausdehnen. Die eroberten Ländereien vergab er als Lehen an Vertrauensleute. Ein Erfolgsgeheimnis war, dass er teilweise auch mit Christen paktierte beziehungsweise die in seinem Machtbereich lebenden Christen vor Übergriffen der türkischen Nachbarfürsten schützte.

Sein Sohn *Orhan I.* verdreifacht die Größe des Osmanischen Reichs, bringt die Dardanellen unter seine Kontrolle und mischt sich in den byzantinischen Bürgerkrieg ein. Er hilft dem Fürsten Johannes Kantakuzenos auf den Thron und bekommt dafür dessen Tochter Theodora Maria zur Frau. Orhans Sohn ist *Murad I.*

Im Jahr 1362 erobert Sultan Murad I. das damals bulgarische *Adrianopel (Edirne)*. Daraufhin verbünden sich die ewigen Rivalen Serbien und Bulgarien und werden von Kontingenten aus Ungarn, Bosnien und der rumänischen Walachei unterstützt. Doch die Türken können das serbische Heer unweit von Konstantinopel eines Nachts überfallen und einen Großteil der schlafenden und teils betrunkenen Soldaten niedermetzeln. Im Jahr 1371 wird *Makedonien* erobert, bis 1396 *Bulgarien*. Beide Regionen sind durch die Pest und mehrere byzantinische Bürgerkriege erschöpft und stark entvölkert.

Am 15. Juni 1389, dem *Tag des heiligen Veit* (Vidovdan), schlägt Murad I. eine serbisch-bosnische Koalition auf dem *Amselfeld (Kosovo Polje)* bei Priština. Nach der Schlacht aber gibt ein serbischer Adeliger vor, überlaufen zu wollen, und ermordet den Sultan. Dadurch wird die Schlacht, die eigentlich gar nichts entscheidet, zum serbischen Mythos, der bis in die Gegenwart nachwirkt.

Als am *Vidovdan 1914* (nach der Kalenderreform der 28. Juli) der österreichisch-ungarische Thronfolger Franz Ferdinand Sarajewo besuchte, empfanden viele Serben das als so provokant, dass sie hinterher seine Ermordung für gerechtfertigt

KAPITEL 12 Die neue Welt der Renaissance

erklärten, was der »Falken«-Fraktion in Österreich-Ungarn in die Karten spielte, die einen Krieg wollte.

Auch die aktuellen Auseinandersetzungen um die Selbstständigkeit des Kosovo sind davon geprägt, dass es vielen Serben immer noch als »heiliger Boden« gilt, obwohl die Besiedlung der Region durch die Albaner im 17. bis 19. Jahrhundert erst nach einem freiwilligen Exodus vieler Serben erfolgte.

Anno 1401 belagert Sultan *Bayezid I.* Konstantinopel schon einmal, muss aber abbrechen, weil sein Reich durch Timur Leng bedroht wird. 1422 kann eine zweite Belagerung von den Byzantinern abgewehrt werden. Sultan *Mehmed II.*, der 1451 die Macht im Osmanischen Reich übernimmt, setzt sich dann zum Ziel, den »Goldenen Apfel«, wie die Türken die Stadt nennen, unbedingt zu pflücken. Am 2. April 1453 beginnt er die Belagerung mit einer zehnfachen Übermacht, am 29. Mai kann er die Stadt einnehmen. Ob dabei wirklich ein kleines unverschlossenes Ausfalltor eine Rolle gespielt hat, wie christliche Chroniken behaupten, ist umstritten. Konstantinopel wird drei Tage lang geplündert, die Einwohner vergewaltigt, getötet oder als Sklaven verkauft. Danach verbietet der Sultan weitere Übergriffe und stellt die Einwohnerschaft unter seinen Schutz.

Warum erhielt Konstantinopel keine Hilfe aus dem christlichen Europa? In den Jahren 1396 und 1444 hatten die Päpste zweimal versucht, ein »Kreuzfahrerheer« gegen die Osmanen zu organisieren. Beide Male gab es eine krachende Niederlage, beide Male schadeten die Ambitionen der »Kreuzfahrer« dem Verteidigungskampf der Ungarn. Im Jahr 1453 wird der fähige ungarische Reichsverweser *Johann Hunyadi* wegen interner Querelen aus dem Amt gedrängt, in Deutschland regiert der für seine Passivität berüchtigte Kaiser Friedrich III. (»des Reiches Erzschlafmütze«), England und Frankreich sind mit ihrem letzten Gefecht im Hundertjährigen Krieg beschäftigt, Venedig möchte vom Papst erst ausstehende Schulden bezahlt bekommen. Doch auch später sind die Osmanen nicht unbedingt »der« Feind des christlichen Europa. So paktiert Franz I. von Frankreich mit Süleyman dem Prächtigen gegen Kaiser Karl V. und dessen Bruder Ferdinand.

Nach dem Fall von Konstantinopel, das als *Istanbul* neue Hauptstadt des Osmanischen Reichs wird, setzt Mehmed II. seine Eroberungen in Anatolien und auf dem Balkan fort. 1460 wird *Serbien* endgültig erobert, 1470 *Albanien*, wo Nationalheld *Skanderbeg* (eigentlich Gjergj Kastrioti), der den Widerstand organisiert hat, zwei Jahre zuvor gestorben ist.

Bis auf einige unzugängliche Bergregionen in Albanien und Montenegro war der Balkan damit für über 300 Jahre unter osmanischer Herrschaft. Da es aber zuvor keine stabilen Grenzen zwischen den einzelnen Volksgruppen gegeben hatte, werden Konflikte auf die Zeit nach der Befreiung »verschoben«.

Der äußerst grausame Sultan *Selim I.*, ein Enkel Mehmeds II., erobert dann auch *Syrien, Palästina, Ägypten* und die *arabische Küste* einschließlich der Städte Mekka und Medina. Dabei nimmt er den letzten Abbasiden-Kalifen *al-Mutawakkil III.* gefangen. Spätere Osmanen reklamieren, der Titel des Kalifen sei damit auf sie übergegangen.

Selim I. war eigentlich nicht als Thronfolger vorgesehen, wurde aber von den *Janitscharen*, der Eliteeinheit der osmanischen Sultane, gestützt. Deren Mitglieder stammten aus christlichen Familien, vor allem aus Albanien, Bosnien und Herzegowina. Sie wurden in der sogenannten *Knabenlese* verschleppt, zwangsislamisiert und äußerst streng erzogen. Als Erwachsene wurden sie auf verschiedene Korps aufgeteilt. Ursprünglich durften sie nicht heiraten und bekamen keinen Sold, sodass sie ganz auf militärischen Ruhm hin gedrillt waren. Später wurden die Janitscharen zu einer Art Staat im Staat. Wegen der guten Aufstiegsmöglichkeiten versuchten angeblich sogar islamische Familien ihre Kinder einzuschmuggeln.

Seine größte Ausdehnung erhält das Osmanische Reich unter Selims Sohn *Süleyman dem Prächtigen*. Durch die Eroberung Belgrads (1521) und einen Sieg über die Ungarn (1526) kann er im Jahr 1529 zum ersten Mal Wien belagern, muss das Unternehmen jedoch wegen des früh einbrechenden Winters abbrechen. 1547 schließt er gegen einen Tribut von jährlich 50 000 Dukaten einen Waffenstillstand mit dem Habsburgerreich. Außerdem erobert er Siebenbürgen, Moldawien, Libyen, Mesopotamien, Armenien und Rhodos. Er reformiert das Osmanische Reich aber auch von innen und lässt einen bedeutenden *Rechtskodex* verfassen.

Süleymans Lieblingsfrau ist *Roxelane* (auch Hürrem Sultan), eine polnische oder ukrainische Sklavin. Als erste osmanische Haremsklavin wird sie freigelassen und geheiratet. Sie übt großen Einfluss auf Süleymann und seine Politik aus und wird auch dafür verantwortlich gemacht, dass dieser 1553 seinen ältesten Sohn *Mustafa* erdrosseln lässt. Ob das wahr ist, ist nicht sicher, da es aus dem Harem keine tatsächlichen Informationen gibt. Aber gerade das heizte die Fantasie der Nachwelt an. Hintergrund der osmanischen Prinzenmorde ist ein Erlass von Mehmed II.: Er befahl, dass jeder neue Sultan alle seine Brüder (und gegebenenfalls deren Söhne) umzubringen hatte, um Thronkämpfe zu vermeiden. In vielen Fällen dürften die Kämpfe deshalb schon im Vorfeld von den Müttern der Prinzen ausgefochten worden sein, die damit nicht nur für das Erbe, sondern auch um das Leben ihrer Söhne intrigierten.

Die Moscheen Sinans

Seinen westlichen Beinamen »der Prächtige« verdankt Sultan Süleyman nicht zuletzt den überaus prächtigen Moscheen, die er hat bauen lassen, vor allem der *Süleymaniye* in Istanbul. Sie gelten als Höhepunkt der osmanischen Architektur und sind das Werk des Baumeisters *Sinan*. Der wurde um 1490 als Sohn kappadokischer Christen in der Nähe von Kayseri geboren, kam durch die Knabenlese nach Istanbul und wurde Militäringenieur bei den Janitscharen. Ab 1543 baute er neben Festungen und Brücken auch rund 170 Moscheen, dazu Schulen, Paläste, Karawansereien et cetera. Seine Moscheen sind von der Hagia Sophia inspirierte Kuppelbauten, die er mit vier dünnen Bleistiftminaretten umrahmt. Als sein Meisterwerk bezeichnet er selbst die *Selimiye* in Edirne.

KAPITEL 12 Die neue Welt der Renaissance 223

Nach dem Tod Süleymans im Jahr 1566 beginnt das Osmanische Reich durch schwache Sultane, Palastintrigen, Korruption, Aufstände und Finanzprobleme schleichend an Macht zu verlieren.

✔ 1571 vernichtet die sogenannte **Heilige Liga** (vor allem Spanien, Venedig, Genua und der Papst), angeführt von **Don Juan de Austria,** einem unehelichen Sohn Kaiser Karls V., die osmanische Flotte in der **Seeschlacht von Lepanto.**

✔ 1683 belagern die Osmanen drei Monate lang **Wien,** das jedoch standhält, und werden dann von einem Entsatzheer unter Führung des polnischen Königs **Johann III. Sobieski** besiegt.

✔ 1699 verliert das Osmanische Reich den 16-jährigen **Großen Türkenkrieg** gegen die Heilige Liga (nun das Haus Habsburg, Russland, Polen-Litauen und Venedig) und damit auch Teile seines Territoriums, vor allem Ungarn.

Indien: Die Pracht der Großmogule

Das mittelalterliche Indien ist ein zersplittertes Reich, dessen Nordteil immer wieder unter muslimischer Herrschaft steht. Ab 1330 sind dann große Teile des Landes unter Kontrolle des von zentralasiatischen Militärführern gegründeten *Sultanats von Delhi*. Sultan Ibrahim Lodi, der 1517 die Herrschaft antritt, überwirft sich jedoch mit seinem paschtunischen Adel. Sein eigener Onkel ruft den Herrscher von Kabul zu Hilfe: *Zahir ad-Din Muhammad Babur,* ein Nachkomme Timur Lengs.

Babur setzt bei der Eroberung Kanonen ein, die er in Persien kennengelernt hat, die in Indien aber noch unbekannt sind. 1526 erobert er das Sultanat von Delhi, danach besiegt er die wichtigsten hinduistischen *Rajputen* und gründet so das *Mogulreich* (von Mongole).

Babur war ein großer Liebhaber persischer Gartenkunst. In seiner Autobiografie *Baburnama* beschreibt er detailliert die Gärten, die er aus Samarkand und Herat kennt, und den, den er in Kabul anlegen lässt (als *Bagh-e Babur* erhalten). Indien empfindet er als unordentlich und ziemlich reizlos. Nach der Eroberung von Agra lässt er erst einmal einen Brunnen graben, um Badehäuser und ein zentrales Becken zu versorgen, um das herum er einen Garten in »perfekter Anordnung« errichten lässt.

Die *Rajputen* sind die Ritter Indiens, eine feudal strukturierte Kriegeraristokratie. Vor allem in Nordwesten (Rajasthan, Gujarat, aber auch Kaschmir) gab es viele größere und kleinere hinduistische Fürstentümer, die von *Rajas* (Königen), die bedeutenderen auch von *Maharajas* (Großkönigen) regiert wurden. Die *Rajputen-Staaten,* die aber nicht gemeinschaftlich organisiert waren, sahen sich als Speerspitze gegen die muslimischen Eroberer und hatten ihren eigenen *Ehrenkodex*. Die berüchtigte indische Witwenverbrennung (*Sati*) soll hier besonders häufig praktiziert worden sein.

Der bedeutendste Großmogul ist Baburs Enkel *Jalaluddin Muhammad Akbar*, der von 1556 bis 1605 regiert.

✔ Er unterwirft den ganzen Norden und schafft ein stabiles Reich, das von Kabul bis Bengalen reicht. Geschlagene Gegner werden jedoch großzügig behandelt.

✔ Er reformiert die Verwaltung. Erstmals werden Dörfer nach Ertrag, nicht pauschal besteuert. Die **Rupie** wird zur zentralen Währung des Landes.

✔ Er heiratet mehrere Rajputen-Prinzessinnen und schafft alle Gesetze und Steuern ab, die Nichtmuslime benachteiligen. Nur Kinderehen und Witwenverbrennung werden nicht erlaubt. Auch Hindus können Beamte werden.

✔ Er erbaut mit **Fatehpur Sikri** eine prächtige neue Residenzstadt, in der sich islamischer und indischer Baustil mit der luftigen Architektur von Zeltstädten vereinen.

✔ Er ist ein großer Förderer von Wissenschaft und Literatur und lädt an seinem Hof zu einem Dialog der Religionen. Selbst praktiziert er einen philosophischen, mit hinduistischen Ritualen versetzten Sufi-Islam.

Akbars Enkel *Shah Jahan* (reg. 1627–1658) presst dann die Bevölkerung aus, um sich mit dem *Roten Fort* in Delhi einen neuen Palast und seiner verstorbenen Lieblingsfrau Mumtaz Mahal das Grabmal *Taj Mahal* bauen zu können. Dafür wird er von seinem Sohn *Aurangzeb* (reg. 1658–1707) abgesetzt. Der unterwirft auch den Süden Indiens. Aber ihm fehlen die finanziellen Mittel, das Reich auch zu stabilisieren. Außerdem tötet Aurangzeb mehrere seiner Brüder und ist ein extrem orthodoxer Moslem, der die Gleichberechtigung der Hindus beendet und Musik, Tanz und Alkohol verbietet. Schon unter seiner Herrschaft steigen Kriminalität und Korruption und es gibt wiederholt Aufstände. Danach zerfällt des Reich. Der letzte Großmogul, der 1857 von den Briten abgesetzt wird, herrscht im Prinzip nur noch über Delhi.

Japan: Die Ära der Shogune

Die japanischen Kaiser, die *Tennos*, herrschen der Überlieferung nach seit 660 v. Chr. Damit gilt Japan als die älteste ununterbrochene *Erbmonarchie* der Welt. Die Entwicklung ist anfangs stark von China beeinflusst und auch die *Taika-Reformen* im 7. Jahrhundert n. Chr., die die Macht der Kaiser stärken und ein feudales System einführen, orientieren sich an der Herrschaft der chinesischen Tang-Kaiser. Um 800 kommt es in der *Heian-Zeit* zu einer Blüte der höfischen Kunst und Kultur, die auf dem Feld der Literatur vor allem von Frauen getragen wird. Parallel dazu findet eine Abkehr von China statt. Außerdem erlangen die adeligen Clans immer mehr Einfluss.

Im Jahr 1192 ernennt Kaiser *Go-Toba* mit dem Fürsten *Minamoto no Yoritomo* zum ersten Mal einen *Shogun*, einen Militärführer für ganz Japan. In der Folge liegt die wahre Macht in den Händen der Shogune beziehungsweise phasenweise auch bei den *Shikken* (Regenten), die eigentlich die rechte Hand der Shogune sein sollen, aber Marionetten-Shogune im Namen von Marionetten-Kaisern dirigieren.

KAPITEL 12 Die neue Welt der Renaissance 225

Phasen mit *Marionettenkaisern* oder *-königen* finden sich in vielen Monarchien der Geschichte. Sie werden oft pauschal negativ bewertet, vor allem wenn Frauen, Eunuchen oder »Günstlinge« die Fäden ziehen. Solange die Macht hinter dem Thron aber stabil ist, können solche Systeme jene Krisen verhindern, die oft durch minderjährige oder schwache Thronfolger entstehen. Problematisch wird es jedoch, wenn interne Kämpfe um die Macht zulasten politischer Notwendigkeiten gehen.

Ironischerweise wird die Herrschaft der Shogune durch die erfolgreiche Verteidigung gegen die Mongolen Kublai Khans erschüttert. Als diese 1274 Japan angreifen, tun sich die Adelsclans mit ihren Samurai-Armeen das erste Mal zusammen und kämpfen für ihr Land anstatt gegeneinander. Trotzdem sind sie eigentlich hoffnungslos unterlegen. Doch weil ein Taifun droht – der dann auf dem Rückweg tatsächlich zwei Drittel der Flotte vernichtet – brechen die Mongolen die Invasion ab. Bei einem zweiten Versuch im Jahr 1281 wird die mongolische Flotte bereits von einem Sturm vernichtet, bevor sie Japan erreicht. Dort kommt daraufhin die Vorstellung auf, die Insel werde durch den *Kamikaze* (Götterwind) geschützt. Allerdings beschert der »Sieg« über die Mongolen keine Beute, mit der die Samurai entlohnt werden können, und das führt zu Unruhen.

Als 1543 die ersten portugiesischen Schiffe an der japanischen Küste landen, gibt es dort ungefähr 200 einzelne Herrschaftsgebiete, von denen die größeren miteinander um die Oberherrschaft kämpfen. Auch buddhistische Klöster unterhalten eigene Truppen und sind ein bedeutender Faktor im Machtkampf. Die Portugiesen und später auch die Spanier mischen sich in diese Kämpfe ein, um Handelsvorteile zu erzielen, aber auch um das Christentum durchzusetzen, und verkaufen den streitenden Fürsten Feuerwaffen.

Bereits 1549 kommt der erste *christliche Missionar* nach Japan. Es ist der spanische Mitbegründer des *Jesuitenordens* Francisco de Xavier (Franz Xaver), der zuvor schon einige Jahre im indischen Goa und auf den Molukken tätig gewesen ist. Im Gegensatz zu späteren Missionaren hält er es für nötig, Sprache und Kultur eines Volkes kennenzulernen, einheimische Bräuche in christliche Riten zu integrieren und möglichst schnell eine einheimische Priesterschaft aufzubauen.

In Japan aber verschärft sich Ende des 16. Jahrhunderts die Stimmung gegen alles Westliche. 1587 werden die ersten Missionare ausgewiesen und 1596 beginnen mit der Kreuzigung von 26 Menschen die *Christenverfolgungen*.

Im Jahr 1600 kann sich *Tokugawa Ieyasu* als Shogun durchsetzen. Während sich der kaiserliche Hof völlig isoliert in Kyoto befindet, residieren die Tokugawa-Shogune in *Tokio*, das damals *Edo* heißt – weswegen diese Epoche der japanischen Geschichte auch als *Edo-Zeit* bekannt ist. 1639 weist der Shogun *Tokugawa Iemitsu* die Spanier und Portugiesen aus dem Land, nur die Holländer dürfen auf der Insel Dejima Handelsgeschäfte machen. Intern jedoch vollzieht sich ein Wandel, der dem des europäischen Spätmittelalters ähnlich ist: Obwohl offiziell noch die feudale Samurai-Kultur fortbesteht, gewinnen Städte und Handel immer mehr Bedeutung und das wohlhabende, gebildete Bürgertum entwickelt eine eigene Kultur.

Die »Holländer«-Kolonie von Dejima

Um allen unerwünschten fremdländischen Einfluss von Japan fernzuhalten, müssen die niederländischen Kaufleute auf einer künstlich aufgeschütteten Insel namens *Dejima* in der Bucht von Nagasaki leben. Ausgewählte wissenschaftliche Werke aus dem Westen, vor allem medizinische, dürfen jedoch ins Japanische übersetzt werden. Ab 1720 werden die Regeln dann gelockert. Viele der auf Dejima tätigen einheimischen Übersetzer eröffnen Schulen, in denen sie das westliche Wissen als »Hollandkunde« (*Rangaku*) an ihre Landsleute weitergeben. Auch duldet man, dass nicht alle »Holländer« wirklich welche sind, wie zum Beispiel die deutschen Ärzte *Engelbert Kämpfer*, der von 1690 bis 1692 auf Dejima lebt, und *Philipp Franz von Siebold*, der sich zweimal, von 1823 bis 1829 und von 1859 bis 1862, dort aufhält. Siebold darf sogar einmal in der Woche auf das Festland kommen, um dort zu unterrichten. Wie viele Europäer in Dejima hat er eine japanische Konkubine. Als seine Dienstzeit zu Ende geht, muss er sie und die gemeinsame Tochter jedoch zurücklassen. Auch werden, als bekannt wird, dass er unerlaubte Werke wie Landkarten ausgeführt hat, seine japanischen Bekannten hart bestraft. Er kann seiner Tochter *Kusumoto Ine* aber Bücher senden und sorgt dafür, dass seine einstigen Schüler sie zur ersten japanischen Frauenärztin ausbilden.

China: Die Machtübernahme der Mandschu

Von der Chinesischen Mauer war bereits in Kapitel 8 die Rede. Aber so, wie Sie sie heute kennen, entstand sie in der *Ming-Zeit*. Die Kaiser erweitern und verstärken die bestehende Mauer, um Einfälle der *Mandschu* zu verhindern, einem Turkvolk aus den nördlichen Steppengebieten. Das funktioniert auch weitgehend. Intern jedoch kollabiert das System. Dabei gibt es im 16. Jahrhundert eigentlich unter dem Einfluss der Europäer einem wirtschaftlichen Boom. Die Städte bekommen mehr Gewicht und es bildet sich ein reiches Bürgertum. Doch der ganz auf agrarische Strukturen hin orientierte Staat profitiert davon nicht. Das Kaiserhaus residiert seit 1420 in der *Verbotenen Stadt* in Peking und ist immer wieder in Palastintrigen um die Macht versunken, sodass es keine nennenswerten Reformen gibt und die Bürokratie immer mehr zusammenbricht. Die regionalen Fürsten pressen indes ihre Bauern aus, um auch am luxuriösen Stadtleben teilhaben zu können. Das führt zu einer Krise, an deren Ende die Machtübernahme der Mandschu steht.

1. Im Jahr 1618 beginnt in Europa der Dreißigjährige Krieg. Damit bricht die Nachfrage nach chinesischen Luxuswaren ein und stürzt die chinesische Wirtschaft, die inzwischen auf den Silberzufluss aus Europa angewiesen ist, in eine schwere Krise.

2. Auch in China macht sich die weltweite Klimaverschlechterung (Kleine Eiszeit) bemerkbar, die um 1400 eingesetzt hat. Anno 1527 kommt es zu einer großen Hungersnot und Bauernaufständen am mittleren Huang He, die sich nicht mehr eindämmen lassen.

3. Im April 1644 erobert der Bauernführer **Li Zicheng** Peking. Kaiser **Chongzen**, der vergeblich versucht hat, Reformen zu initiieren, erhängt sich.

4. Der letzte Ming-General **Wu Sangui**, der von Li Zicheng angegriffen wird, verbündet sich mit den erst seit wenigen Jahrzehnten geeinten Mandschu, und öffnet ihnen die Große Mauer.

5. Im Juni 1644 erobert der Mandschu-Prinz **Dorgon** Peking und setzt seinen sechsjährigen Neffen **Shunzi** als ersten Kaiser der **Qing-Dynastie** ein.

Die neuen Herrscher können ihre Macht im Norden relativ schnell festigen. Allerdings finden vor allem bei der Eroberung des Jangtse-Deltas mehrere Massaker statt. Im Süden dagegen kämpfen noch bis 1662 ehemalige Ming-Prinzen, Generäle und Bauernführer um die Macht. Außerdem gibt es immer wieder Aufstände, vor allem auch gegen die Vorschrift, dass künftig alle Chinesen – bei Androhung der Todesstrafe – den *mandschurischen Zopf* mit ausrasierter Stirn tragen müssen. So verläuft die Machtübernahme insgesamt extrem blutig.

Shunzis Sohn *Kangxi* (reg. 1661–1722), gilt als bedeutendster Qing-Herrscher. Er kann die Aufstände der südchinesischen Militärführer und das Piratenwesen beenden, Mandschu und Chinesen einigermaßen miteinander versöhnen, das Reich auf allen Gebieten reformieren und dank einer klugen Sparpolitik die Agrarsteuern senken, was im Verbund mit neuen Anbautechniken und Kulturen (Süßkartoffeln, Erdnüsse, Mais et cetera) die Situation auf dem Land erheblich verbessert.

Kangxi ist ein rastloser Arbeiter, der sich um alles persönlich kümmert, viele Inspektionsreisen im Land unternimmt, leidenschaftlich gerne jagt, aber auch europäische Jesuiten am Hof beschäftigt und sich von ihnen Unterricht geben lässt – von Astronomie über Kriegsführung bis hin zum Spielen eines Spinetts. Auch einen Friedensvertrag mit den russischen Zaren, der den Handel mit Sibirien belebt, verhandeln die Jesuiten für ihn.

Das Europa der Glaubenskriege

In Europa stellt die Kirche zu Beginn des 16. Jahrhunderts schon lange keine unangefochtene Instanz mehr dar. Immer wieder formierten sich *Protestbewegungen*:

✔ Die **Waldenser**, Ende des 12. Jahrhunderts von dem Lyoner Kaufmann **Petrus Valdes** gegründet, praktizieren freiwillige Armut, lehnen Heiligenverehrung, Ablass und Fegefeuer ab, und vertreten das persönliche Bibelstudium und die Laienpredigt. Sie werden als Ketzer verfolgt, obwohl sie – im Gegensatz zu den Katharern – keine zentralen Punkte der christlichen Theologie infrage stellen.

✔ Der englische Theologe **John Wyclif** bestreitet Ende des 14. Jahrhunderts den Machtanspruch des Papstes und missbilligt Bilder- und Heiligenverehrung, den Zölibat und die Beichte. Als auch Führer des großen englischen Bauernaufstands 1381 seine Positionen aufgreifen, beginnt die Verfolgung seiner Anhänger, der **Lollarden**. 1410 kommt es zur ersten Ketzerverbrennung in England überhaupt.

✔ Auch der tschechische Theologe **Jan Hus** ist ein Anhänger Wyclifs, der die verweltlichte Kirche scharf angreift und eine Reform auf Grundlage der Bibel fordert. Obwohl ihm Kaiser Sigismund freies Geleit zusichert, wird er 1415 auf dem **Konzil von Konstanz** als Ketzer verbrannt. Als daraufhin seine Anhänger, die Hussiten, in Böhmen rebellieren, kommt es zu den **Hussitenkriegen**. Teile der Hussiten, die sich Taboriten nannten, radikalisieren sich und führen bis zu ihrer militärischen Niederlage 1434 Plünderungszüge in Niederösterreich, Schlesien, Polen, Ostdeutschland und Ungarn durch.

Dass es Martin Luthers Lehre anders ergeht, liegt an den veränderten politischen Bedingungen im 16. Jahrhundert.

Die Reformation

Zu den vielen Pilgern, die sich im Jahr 1511 kniend die Heilige Treppe des Lateranpalasts in Rom hochbeten, gehört auch ein 28-jähriger Augustiner-Eremitenmönch namens *Martin Luther*. Er möchte damit erreichen, dass seinen verstorbenen Verwandten das Fegefeuer als Bestrafung für ihre Sünden erlassen wird. Doch bereits da quält ihn der Gedanke, dass etwas nicht stimmen kann, wenn seine Gebete vor allem von der Angst vor der göttlichen Strafe bestimmt sind.

Sechs Jahre später ist Martin Luther Doktor der Theologie in Wittenberg und überzeugt, dass das ganze *Ablasswesen* der Kirche – sei es, dass Sünden gegen Geld, Gebete oder gute Taten erlassen werden – grundfalsch ist. Nur die *Gnade Gottes (sola gratia)* könne den Menschen von seinen Sünden befreien. In 95 Thesen, die er am 31. Oktober 1517 an *Albrecht von Brandenburg*, den Erzbischof von Mainz und Magdeburg schickt (und vielleicht auch an das Tor der Wittenberger Schlosskirche nagelt), prangert er das gesamte Ablasswesen (und nicht etwa nur die Geschäftemacherei damit) an.

 Die kirchliche Praxis, Gläubigen unter bestimmten Voraussetzungen einen Teil ihrer Sünden »abzulassen«, gibt es spätestens seit dem 4. Jahrhundert. Die Kreuzzugsprediger warben unter anderem mit einem *Generalablass aller Sünden*. Die drastische Geschäftemacherei zu Luthers Zeiten hängt damit zusammen, dass sowohl Papst Leo X., der gerade den Petersdom bauen ließ, wie auch prunkliebende Renaissance-Kardinäle wie Albrecht von Brandenburg einen riesigen Geldbedarf hatten.

Albrecht von Brandenburg zeigt Luther beim Papst an, worauf dieser nach Rom geladen wird, um sich gegen den Vorwurf der Häresie zu verteidigen, doch der sächsische Kurfürst *Friedrich der Weise* setzt eine Verhandlung in Deutschland durch.

✔ Im Oktober 1518 weigert sich Luther auf dem **Reichstag in Augsburg** gegenüber dem päpstlichen Legaten Thomas Cajetan, seine Behauptungen zu widerrufen, wenn er nicht aus der Bibel widerlegt werde. Cajetan erklärt ihn zum Ketzer, Luther entzieht sich einer Verhaftung durch Flucht.

✔ 1520 droht Papst Leo X. Luther den Bann an, wenn er nicht innerhalb von 60 Tagen widerruft. Luther verbrennt die **päpstliche Bulle** und wird exkommuniziert. Im gleichen Jahr verfasst er seine drei wichtigsten Schriften: *An den christlichen Adel*

KAPITEL 12 Die neue Welt der Renaissance 229

deutscher Nation, *Von der babylonischen Gefangenschaft der Kirche* und *Von der Freiheit eines Christenmenschen*.

✔ Dank Friedrich dem Weisen darf Luther sich auf dem **Reichstag von Worms** im April 1521 rechtfertigen. Wieder erklärt er, er könne nicht widerrufen, da er sich im Einklang mit der Bibel befinde. Die Reichsfürsten erklären ihn daraufhin im **Wormser Edikt** für vogelfrei. Friedrich der Weise nimmt ihn auf der Wartburg in »Schutzhaft«, wo Luther die Bibel erstmalig ins Deutsche übersetzt.

Obwohl auch jedem, der Luthers Schriften liest, kauft, behält oder druckt, die Acht droht, gelangen diese massenhaft unters Volk und entfalten ihre Wirkung. Im ganzen Land kommt es zu Aufständen – teils mit sozialrevolutionärer Komponente –, Bildersturm und Wiedertäuferei.

Martin Luther und Katharina von Bora

1525 heiratet Martin Luther die einstige Nonne *Katharina von Bora* – eher aus versorgungstechnischen Gründen als wegen romantischer Gefühle. Doch die beiden werden ein gutes Team. Katharina ist eine resolute Managerin, die zehn Kinder (sechs eigene und vier angenommene), die Verwaltung umfangreicher Ländereien, die Beherbergung von zahlreichen Gästen und vieles mehr unter einen Hut bringt, aber von Luther auch in Kirchendingen um Rat gefragt wird. Auch seinen äußerst gelehrten Freund *Philipp Melanchthon*, genannt *Praeceptor Germaniae* (Lehrer Deutschlands), drängt Luther zum Heiraten, aus Angst, dieser würde sonst Essen und Gesundheit vernachlässigen.

Und der Kaiser? Maximilian I. ist 1519 gestorben. Außer seinem 19-jährigen Enkel Karl von Spanien, der in den Niederlanden aufgewachsen ist und kaum Deutsch spricht, bewirbt sich König Franz I. von Frankreich. Beide Seiten buhlen um die Stimmen der deutschen Kurfürsten, zu denen Friedrich der Weise gehört. Am Ende gewinnt Karl, aus dem nun Karl V. wird, aber er braucht die deutschen Fürsten, denn er hat von seinem Großvater Ferdinand von Aragon einen umstrittenen Anspruch auf das Königreich Neapel geerbt und ist in langwierige Kriege in Italien verstrickt.

Die italienischen Kriege

Italien versinkt zwischen 1494 und 1559 in einer Serie von Kriegen. Die Parteien wechseln, weil sich inneritalienische Machtkämpfe mit dem fundamentalen Konflikt Frankreich gegen Habsburg verquicken. Bei Letzterem geht es grundsätzlich darum, dass Frankreich sich von den Habsburgern eingekreist fühlt, und konkret um Ansprüche auf das *Königreich Neapel*.

Dessen Thron ist umstritten, seit im 14. Jahrhundert die kinderlose Königin *Johanna I.* und der damals amtierende Papst – die Päpste sehen sich seit den Zeiten Robert Guiskards als Lehnsherren von Unteritalien (siehe Kapitel 10) – verschiedene Erben ernannten. Die Aussicht, dass der Habsburger Karl, der bereits König von Spanien, den Niederlanden, Sardinien, Sizilien und Neapel ist, auch noch deutscher Kaiser werden könnte, bewegt den französischen König Franz I. im Jahr 1519 zu seiner Gegenkandidatur. Nach der Niederlage verbündet er sich dann mit Genua, Venedig und Ferrara, um seinen Anspruch auf das Königreich Neapel durchzusetzen. Karl V. kann jedoch Papst Leo X. und Heinrich VIII. von England auf seine Seite ziehen und gewinnt 1526 vorerst den Krieg.

Ein Jahr später wechseln jedoch der neue Papst Clemens VII. und der englische König (der vom Papst die Scheidung von seiner ersten Frau Katharina, Karls Tante, wünscht) die Seiten und der Krieg beginnt von Neuem. Dabei kommt es 1527 zum *Sacco de Roma*: Deutsche Landsknechte, denen ihr Sold nicht ausgezahlt worden ist, erobern Rom, plündern, vergewaltigen, foltern und morden. Erst nach acht Monaten der Verwüstung (und der Flucht fast der gesamten überlebenden Bevölkerung) ziehen sie wieder ab.

Nachdem zwischenzeitlich Franz' Mutter und Karls Tante Margarethe einen Frieden vermitteln konnten, verbündet sich Franz I. im Jahr 1542 mit den Osmanen und bekommt unter anderem Militärhilfe durch nordafrikanische Barbaresken-Korsaren. Am Ende gewinnt aber Karls Sohn Philipp II. von Spanien. Zur Beute gehört das Herzogtum Mailand. Auch Neapel bleibt (bis 1735) Habsburger Besitz.

Während Karl V. Maßnahmen gegen Luther und die deutschen Protestanten ein ums andere Mal verschiebt, ergreifen mehrere deutsche Fürsten die Rolle als *Landeskirchenherren*. Sie erlassen protestantische Gottesdienstordnungen, ziehen katholisches Kirchengut ein, bestellen Priester und Bischöfe. Am Ende gibt Karl V. auf. Er lässt seinen Bruder Ferdinand 1555 den *Augsburger Religionsfrieden* schließen. Damit darf jeder deutsche Fürst über die Religion seines Landes entscheiden (cuius regio, cuius religio).

Parallel zu den deutschen Protestanten bricht auch der englische König Heinrich VIII. mit der römischen Kirche. Religiöse Gründe hat er dafür nicht. Da der Papst ihm aber die Scheidung von seiner ersten Frau Katharina von Aragon verweigert, erklärt er sich 1531 selbst zum Oberhaupt der *Church of England*. Privat macht ihn das bekanntermaßen nicht glücklich. Die zweite seiner sechs Frauen, *Anne Boleyn*, lässt er genauso wegen Untreue hinrichten wie die fünfte. Die dritte stirbt im Kindbett und von der vierten lässt er sich wegen Nichtgefallen scheiden.

Seinem Land aber mutet er eine konfessionelle Achterbahnfahrt zu. Während unter Heinrich und seinem Sohn *Eduard VI.* die Katholiken verfolgt werden, sind es unter der Herrschaft seiner ersten Tochter *Maria (Bloody Mary)* die Protestanten und unter der der zweiten Tochter *Elisabeth* wieder die Katholiken. Insgesamt sind die Opferzahlen der englischen Religionskriege jedoch nicht sehr hoch. Allerdings trifft es bevorzugt Prominente wie den früheren Lordkanzler *Thomas Morus*, und die Hinrichtungen sind oft besonders grausam, etwa ein Ausweiden bei lebendigem Leib – eine traditionell englische Strafe für Hochverrat.

KAPITEL 12 Die neue Welt der Renaissance 231

Philipp, Elisabeth und die aufständischen Niederländer

Im Jahr 1556 geschieht etwa nie Dagewesenes: Ein Kaiser tritt zurück. Die Kaiserwürde von Karl V. fällt an seinen Bruder *Ferdinand I.*, der sich zuvor schon die Königskronen von Ungarn, Böhmen und Kroatien erheiratet hat. Das ganze spanische Erbe samt der Besitzungen in Italien und den Niederlanden sowie der Kolonien geht an seinen Sohn Philipp.

Philipp II. von Spanien ist ein fanatisch frommer Katholik. Doch nicht nur deshalb steht er in der Ära der westeuropäischen Glaubenskämpfe allein gegen alle. Auch der spanische Anspruch, ein Monopol auf den Handel mit den amerikanischen Kolonien zu haben, erweckt Begehrlichkeiten. Schon der französische König Franz I. hat Piraten, die spanische »Silberschiffe« überfielen, mit *Kaperbriefen* autorisiert. Das jedoch war während der italienischen Kriege. Königin *Elisabeth I. von England* dagegen befindet sich nicht mit Spanien im Krieg, als sie sich an den Unternehmungen von Kapitänen wie *John Hawkins* und *Francis Drake* beteiligt, die anfangs illegal (aus spanischer Sicht) afrikanische Sklaven nach Amerika verkaufen und später die spanischen Schiffe ausrauben. Auch die Niederländer erobern selbst in Phasen des Waffenstillstands spanisch-portugiesische Stützpunkte in Ostindien.

Philipp II. war von 1554 bis 1558 mit Elisabeths Halbschwester *Maria I.* verheiratet. Die Ehe war in Marias Heimat extrem unpopulär, hatte jedoch keine Folgen, da Philipp keinerlei Rechte in England hatte und zudem kaum anwesend war. Nach Marias Tod machte er auch Elisabeth einen Heiratsantrag, den diese jedoch ablehnte – wie alle folgenden auch. Ob sie jedoch Liebhaber hatte oder wirklich die »Virgin Queen« (jungfräuliche Königin) war, zu der sie stilisiert wurde, ist oft diskutiert, aber nie bewiesen worden.

Der Angriff der *Spanischen Armada* auf England im Jahr 1588 ist eine Reaktion Philipps II. auf den inoffiziellen Seekrieg, aber auch auf Elisabeths Bündnis mit Frankreich und ihre Unterstützung der aufständischen Niederländer. Der Invasionsversuch ist keine Überraschung, sondern im Grunde lang erwartet. Spanien schickt 130 Kriegsschiffe los, doch bereits während die Armada in Calais vor Anker liegt, sendet Francis Drake, einer der englischen Kommandeure, ihr führerlose brennende Schiffe entgegen. Die Spanier müssen den Hafen überstürzt verlassen und schaffen es nicht, gegen die kleineren und wendigeren englischen Schiffe ihre Ordnung wiederzufinden. Anschließend geraten sie auch noch in einen schweren Sturm, der fast die Hälfte der Schiffe zerstört und die Aktion vollends zum Desaster werden lässt.

Für England bedeutet der Sieg über die Armada einen riesigen Triumph. Dass auch eine englische Gegeninvasion in Spanien im Jahr darauf scheitert und sowohl Drake wie Hawkins während eines vergeblichen Angriffs auf das spanische Puerto Rico sterben, ist weniger bekannt. Ab dem späten 17. Jahrhundert machen dann vor allem die karibischen Piraten Jagd auf die spanische Silberflotte.

Zwei Jahre vor dem Angriff der Armada haben englische Katholiken – im Vertrauen auf ein Eingreifen von Phillip II. – versucht, die schottische Königin *Maria Stuart*, die aus katholischer Sicht auch die rechtmäßige Königin Englands ist, aus dem Gefängnis zu befreien, in dem Elisabeth ihre Cousine seit 18 Jahren eingesperrt hält. Da Elisabeth aber über einen ausgezeichneten Geheimdienst verfügt, wird die Verschwörung aufgedeckt und Maria hingerichtet.

232 TEIL III Die Zeit der Kaiser und Könige – Mittelalter und frühe Neuzeit

Während in England der Protestantismus unter Elisabeth I. bereits etabliert ist, missionieren in Frankreich und den Spanischen Niederlanden Anhänger des französischen, nach Genf geflohenen Reformators *Johannes Calvin* mit beträchtlichem Erfolg. In Frankreich ergibt sich unter der schwachen Herrschaft der Könige Heinrich II. und Franz II. eine hochbrisante Gemengelage zwischen religiösem Fanatismus und dem Machtstreben der großen Adelsfamilien, die nach Franz' frühem Tod im Jahr 1560 explodiert. Königsmutter *Katharina Medici*, die persönlich eine Verfechterin religiöser Toleranz ist, kann trotz einer Schaukelpolitik nicht verhindern, dass es unter ihrer Herrschaft zu einer Serie von »*Hugenottenkriegen*« mit der *Bartholomäusnacht* als blutigem Höhepunkt kommt.

Am 18. August 1572 heiratet *Margot*, die jüngste Tochter von Katharina Medici, den protestantischen König *Heinrich von Navarra*. Eigentlich soll damit eine Aussöhnung eingeleitet werden. Doch vier Tage später scheitert ein Attentat auf den Protestantenführer *Gaspard de Coligny*. Die französische Regierung befürchtet nun einen Aufstand der vielen anlässlich der Hochzeit in Paris weilenden Protestanten und beschließt, »präventiv« deren Führer zu liquidieren. Wer die treibende Kraft war, weiß man nicht, aber die Aktion ist mit Sicherheit nicht ohne Zustimmung der Königsmutter ausgeführt worden. Die geplante Ermordung Einzelner artet jedoch in ein Pogrom aus, das auf andere große Städte übergreift und einige Tausend Protestanten das Leben kostet. 1589 wird der Bräutigam von damals jedoch als Heinrich IV. französischer König und sorgt für eine Aussöhnung.

Margots älteste Schwester *Elisabeth* wurde – ebenfalls aus Gründen der Aussöhnung – mit Philipp II. von Spanien verheiratet. Allerdings macht sie sich, wie ihre Mutter sich später beschwert, vollends die spanische Position zu eigen, anstatt für tolerantere und pro-französische Positionen zu werben. Philipp jedoch scheint die wunderschöne, weichherzige »Isabel de la Paz« tatsächlich geliebt zu haben. Ursprünglich war sie seinem Sohn *Don Carlos* versprochen. Dessen unerfüllte Liebe zur späteren Stiefmutter ist jedoch Friedrich Schillers Erfindung.

In den Niederlanden versucht *Philipp II. von Spanien*, den Protestantismus mithilfe der Inquisition zu bekämpfen und schränkt zugleich die Befugnisse der immer reicher werdenden niederländischen Städte ein. Als es zu regionalen Aufständen kommt, macht er 1568 Fernando Alvarez de Toledo, den *Herzog von Alba*, zum neuen Statthalter. Der behandelt die gesamten Niederlande als Ketzerland und provoziert so einen allgemeinen Aufstand unter Führung von *Wilhelm von Oranien*. Im folgenden Krieg sind die Trumpfkarten der Niederländer die sogenannten Wassergeusen, die spanische Schiffe kapern, außerdem die Polderlandschaft, die sie gezielt fluten, um spanische Truppen zu stoppen, und englische Finanzhilfen.

Im Jahr 1579 zerbricht jedoch die Front gegen Spanien. Die mehrheitlich katholischen Provinzen im Süden beenden den Krieg und bekommen dafür als *Spanische Niederlande* künftig mehr Autonomie. Der protestantische Norden erklärt 1581 seine Unabhängigkeit. Wilhelm von Oranien regiert als *Generalstatthalter*. Im Jahr 1609 schließen Wilhelms Sohn Moritz und Philipps Schwiegersohn Albrecht, der Regent der Spanischen Niederlande, schließlich einen Waffenstillstand.

KAPITEL 12 Die neue Welt der Renaissance

 Unter der Statthalterin *Isabella Clara Eugenia* – einer Tochter von Philipp II. und Elisabeth von Frankreich – und ihrem Mann Albrecht von Habsburg erlebten die Spanischen Niederlande (heute Belgien und Nordfrankreich) zwischen 1598 und 1633 eine Blütezeit. Isabella versuchte, auch einen Frieden mit England und den Freien Niederlanden zu verhandeln und benutzte dazu ihren Hofmaler *Peter Paul Rubens* als Geheimagenten. Der Erfolg bleibt ihr allerdings verwehrt.

Das Orange der Niederländer

Woher kommt die Nationalfarbe der Niederländer? Wilhelm von Oranien war eigentlich ein gebürtiger Prinz von Nassau-Dillenburg. 1544 erbte er aber von einem kinderlosen Vetter das französische Fürstentum Oranien, das nach der Stadt Orange benannt war. Die wiederum hieß einst nach einem keltischen Wassergott Arausio. Mit der Farbe Orange hat das also gar nichts zu tun. Deren Name leitet sich von der Frucht ab, deren persisch-arabischer Name »naranj« im Frankreich des 15. Jahrhunderts zu »Orange« verballhornt wurde. Etwas später wurde die bisher »Gelbrot« genannte Farbe umbenannt.

Der Dreißigjährige Krieg

Das deutsche Kriegstrauma ist bis ins 20. Jahrhundert hinein der *Dreißigjährige Krieg*. Er kostet wohl mindestens ein Drittel der Bevölkerung das Leben, in manchen Gegenden auch deutlich mehr als die Hälfte. Der Krieg gilt als *Religionskrieg*, dabei hatte Deutschland mit dem *Augsburger Religionsfrieden* eigentlich schon einen Modus vivendi zwischen Katholiken und Protestanten gefunden. So steht am Anfang auch ein Konflikt innerhalb der Habsburger Erblande.

1. Der böhmische König und spätere Kaiser **Ferdinand II.** missachtet die Rechte, die sein Vorgänger den böhmischen Protestanten gewährt hat. Die **Böhmen** werfen daraufhin am 23. Mai 1618 zwei Habsburger Beamte aus dem Fenster (**Prager Fenstersturz**), erklären Ferdinand für abgesetzt und wählen **Friedrich V. von der Pfalz** zum neuen König von Böhmen. Doch während Ferdinand sowohl die Unterstützung der **Katholischen Liga** (Bayern und die Fürstbistümer) wie auch der spanischen Habsburger hat, bleiben viele protestantische deutsche Fürsten neutral. Ferdinand unterwirft Böhmen und anschließend auch die Pfalz.

2. 1621 beschließen der neue, erst 16 Jahre alte König **Philipp IV. von Spanien** und sein erster Minister, der **Graf von Olivares**, den Waffenstillstand mit den **Niederlanden** zu beenden, da der einstige Gegner in Europa von dem geschlossenen Frieden profitiert, in Ostindien jedoch spanisch-portugiesische Besitzungen angreift.

3. Das wiederum ruft den französischen Regenten Armand du Plessis, **Kardinal Richelieu**, auf den Plan, der jeglichen Machtzuwachs des Hauses Habsburg unbedingt verhindern will. Gemeinsam mit England und den Niederlanden unterstützt er **Christian IV. von Dänemark**, der aufseiten der deutschen Protestanten in den Krieg eingreift, jedoch bereits 1629 geschlagen ist.

4. 1630 greift der **schwedische** König **Gustav II. Adolf** – ebenfalls mit französischem Segen – in den Krieg ein. Ihm schwebt eine schwedische Hegemonie über einen protestantischen Ostseeraum vor. Vor allem aber wollen Frankreich und seine Verbündeten verhindern, dass aus Deutschland eine zentralistisch regierte, katholische **Habsburger Erbmonarchie** wird – was Ferdinand II. durchaus anstrebt und sein Generalissimus Wallenstein gerade recht erfolgreich umzusetzen versucht. Zwar fällt Gustav Adolf bereits 1632 in der Schlacht bei Lützen, doch sein Kanzler **Axel Oxenstierna** führt den Krieg weiter.

5. 1635 greift dann auch noch **Frankreich** militärisch ein.

6. Ab 1641 wird in Münster und Osnabrück über einen Friedensschluss verhandelt. Doch es dauert bis 1648, bis der **Westfälische Friede** endlich geschlossen wird. Die Folgen:

- In Deutschland herrscht **Religionsfreiheit**.

- Die **Rechte der Reichsstände** (Fürsten und Reichsstädte) gegenüber dem Kaiser werden gestärkt.

- Kaiser Ferdinand III. erkennt die **Niederlande** und die **Schweiz** als souveräne Staaten an.

- Schweden erhält Vorpommern.

- Frankreich bekommt Teile des Elsass (Sundgau und Breisach).

Um den Wiederaufbau geht es in Kapitel 13.

Der überwiegende Teil der Toten des Dreißigjährigen Kriegs sind Zivilisten, die Seuchen, Hungersnöten und den legendären Ausschreitungen der Landsknechte zum Opfer fielen. Die meisten Städte haben ihre Überlieferung, wie grausam es die Schweden beziehungsweise die Kaiserlichen trieben. Doch es gibt keinen Grund, die Plünderungen, Morde und Vergewaltigungen des Dreißigjährigen Kriegs für eine Ausnahme zu halten. Ähnliche Schreckensszenarien gelten für viele Kriege.

Anderen Gesetzen folgen

✔ Eroberungen, bei denen sich die Unterlegenen sehr schnell unterwerfen;

✔ »Kabinettskriege«, die tatsächlich nur durch einzelne Schlachten entschieden werden;

✔ moderne Kriege, bei denen aufgrund der Waffentechnik die direkte Konfrontation zwischen Soldaten und Zivilisten der Gegenseite minimiert wird.

IN DIESEM KAPITEL

Europäische Machtkämpfe zwischen 1648 und 1763

Ein Blick nach Nordamerika

Das Bürgertum wagt zu denken

Kapitel 13
Die Machtentfaltung des Barocks

Denken Sie beim Stichwort »Barock« an bombastisch ausgestattete Kirchen mit viel Gold, Heerscharen von Putten und wallendem rosa Gewölk? Dann liegen Sie genau richtig! Denn im Rahmen der sogenannten *Gegenreformation* wollte die katholische Kirche der protestantischen Nüchternheit überwältigende, sinnliche Pracht gegenüberstellen. Als erstes barockes Bauwerk gilt die Jesuitenkirche *Il Gesù* in Rom. Genutzt haben diesen Stil aber auch die absolutistischen Fürsten.

Die Fürsten sind die großen Gewinner der europäischen Glaubenskriege. Ansätze bürgerlichen Selbstbewusstseins, wie sie sich zuvor etwa in den großen Städten, in der reichen Kaufmannsschicht oder bei den protestantischen Gelehrten zeigten, sind mit den Kriegen weitgehend hinweggefegt. Relativ unbehelligt können sich die Monarchen an den Wiederaufbau machen, der oft erstaunlich schnell gelingt und – auch dank kolonialer Gewinne – unglaublich prächtig ausfällt.

Die Zeit der absolutistischen Fürsten

Eine geraffte Darstellung geschichtlicher Ereignisse – wie auch dieses Buch sie ist – erweckt leicht den Eindruck, dass auch die mittelalterlichen Könige schon allein und absolut regiert haben. Doch das täuscht. Überall mussten sich die Herrscher mit den Reichsfürsten oder Ständeversammlungen arrangieren. Die hatten zwar keine in einer Verfassung festgeschriebene Rolle, aber sie wussten auf ihr »altes Recht« zu pochen und konnten selten übergangen werden. Außerdem war im Prinzip klar, dass Gesetze und religiöse Gebote auch für Monarchen galten – auch wenn sie sich oft nicht daran hielten.

Selbstverständlich versuchten die Herrscher trotzdem seit jeher, eine möglichst uneingeschränkte Macht zu erringen. Den französischen Königen ist dies bereits im Mittelalter ziemlich gut gelungen, aber dann stürzen die Hugenottenkriege das Land ins Chaos. Doch König Heinrich IV. und nach ihm die Kardinäle Richelieu und Mazarin bekämpfen jede interne Opposition radikal, beschneiden die restlichen Rechte des Adels und zentralisieren die Verwaltung. Als Jules Mazarin im Jahr 1661 stirbt, erklärt der 23-jährige König *Ludwig XIV.*, er werde künftig selbst sein *Erster Minister* sein.

Das Vorbild des Sonnenkönigs

Was machte Ludwig XIV. von Frankreich zum »Sonnenkönig«?

✔ Auch wenn er den legendären Satz »L'État c'est moi« (»Der Staat bin ich«) wahrscheinlich nicht wirklich sagt, signalisiert er in seinem **Auftreten** genau das. Bereits 1661 inszeniert er einen politischen Skandal, weil bei einem Empfang in London der französische Botschafter nicht den Vorrang vor dem spanischen bekommt.

✔ Er reklamiert ein **bedingungsloses Gottesgnadentum** – während mittelalterliche Herrscher es nötig hatten, sich der göttlichen Gnade würdig zu erweisen.

✔ Er baut – unter anderem – mit Versailles das größte Schloss der Welt, engagiert die besten Baumeister und Gartenarchitekten, versammelt berühmte Künstler und Gelehrte an seinem Hof und zelebriert ein **prunkvolles höfisches Leben,** das andere Fürsten vor Neid erblassen lässt. Das Kunstprogramm von Versailles rankt sich um den antiken Sonnengott Apoll und den mythischen Helden Herkules – beides mit unübersehbarem Verweis auf die Person des Königs.

Rauschende Feste als Ablenkung von der Politik hat eigentlich Katharina Medici erfunden. »Wenn es einem am schlechtesten geht, muss man den größten Prunk entfalten«, war ihr Motto. Doch auch mit Scheinkämpfen in mythischen Gewändern, Schäferspielen und protestantischen und katholischen Kindern, die auf jeder Station ihrer Reisen durch zusammenklappbare Triumphbögen paradieren, gelang es ihr nicht, die Religionskriege in ihrem Land zu unterbinden.

✔ Er bindet den **Adel** durch eine Mischung aus Anwesenheitszwang und verführerischen Vergnügen so in das Hofleben ein, dass dieser sich nicht mehr mit der Politik abgeben kann und es oft auch gar nicht will.

✔ Er agiert **außenpolitisch** sehr aggressiv. Das bringt seinen Enkel auf den spanischen Thron und Frankreich das Elsass, die Franche-Comté, das Roussillon und Französisch-Flandern ein. Außerdem erwirbt er Stützpunkte in Indien, der Karibik und Afrika und reklamiert einen großen Teil von Nordamerika westlich des Mississippi unter dem Namen Louisiana für Frankreich.

Nachdem österreichische und spanische Habsburger vier Generationen lang ausschließlich ihre Cousinen und Nichten geheiratet haben, zeigen sich bei Karl II. von Spanien deutliche Folgen dieser *Inzucht.* Ob er wirklich schwachsinnig war, ist umstritten, auf jeden Fall war er auffallend kränklich, sodass Ludwig XIV., der mit Karls Halbschwester verheiratet war, schon bei dessen Thronbesteigung auf das spanische Erbe für Frankreich pochte und immer wieder Konflikte inszenierte, die er mit Gebietszuwächsen abschließen konnte. Nach Karls Tod kam es zum *Spanischen Erbfolgekrieg* (1701–1714), der in Europa und den Kolonien ausgefochten wurde, mindestens 400 000 Todesopfer forderte und in den fast alle westeuropäischen Staaten verwickelt waren.

KAPITEL 13 Die Machtentfaltung des Barocks 237

✔ Er hat mit **Jean-Baptiste Colbert** (den schon Kardinal Mazarin »entdeckt« hatte) einen erstklassigen Ökonomen an seiner Seite, der dafür sorgt, dass genug Geld für das verschwenderische Hofleben, die Bauprojekte und die Kriegszüge bereitsteht. Colbert ist vor allem bestrebt, teure Einfuhren zu vermeiden und die französischen **Exporte** zu steigern. Ein wichtiges Standbein sind staatliche und private **Manufakturen**, in denen zunächst ausländische Fachkräfte Luxusgegenstände wie Tapisserien, Tuche, Bänder, Spitze, Strümpfe, Teppiche und Spiegel herstellen. Die Herstellungsmethoden und das Aussehen werden standardisiert, die besten Produkte mit einem **königlichen Gütesiegel** ausgezeichnet.

Daneben reformiert Colbert die Finanzverwaltung, baut die Infrastruktur aus und forciert den Überseehandel. Frankreich wird dadurch das europäische Land mit der leistungsfähigsten Wirtschaft und dem zweitgrößten Handelsvolumen nach den Niederlanden.

✔ Auch sonst hat er exzellente Berater. Da er sich aber auch selbst um alle Belange kümmert, behält er stets die **Kontrolle**.

✔ Er ist extrem machtbewusst, intelligent und ein robustes Arbeitstier, aber auch charmant und macht bei allen höfischen Vergnügungen eine gute Figur.

✔ Er ist 72 Jahre an der Macht.

Auch in anderen Ländern Europas hält der Absolutismus Einzug – mit sehr unterschiedlichen Folgen:

✔ **Christian III. von Dänemark und Norwegen** (1503–1559) nimmt nach einem zweijährigen Bürgerkrieg (Grafenfehde) den Thron nur zu seinen Bedingungen an, weswegen Dänemark schon früher als Frankreich sehr absolutistisch regiert wird, ohne dass das je mit ähnlicher Prachtentfaltung einhergeht. Vollends durchgesetzt wird der Absolutismus dann von Christians Urenkel **Friedrich III.** (1609–1670).

✔ **Karl I. von England** (1600–1649) löst mit seinem Versuch, mehr Absolutismus durchzusetzen, einen Bürgerkrieg aus, den die Puritaner unter **Oliver Cromwell** gewinnen. Karl I. wird hingerichtet und England für elf Jahre zur Republik.

✔ **August der Starke von Sachsen** (1670–1733) kommt dem Vorbild des Sonnenkönigs ziemlich nahe. Auch er kombiniert Machtpolitik (die Erringung der polnischen Königskrone) mit Selbstinszenierung, einem ambitionierten Bauprogramm und höfischer Prachtentfaltung.

Viele kleinere deutsche Fürsten, die wenig politische Macht haben, imitieren jedoch lediglich die aufwendige Hofhaltung des Sonnenkönigs mit pompöser barocker Pracht und mythologischer Herrschaftsverklärung – mitunter mit verheerenden Folgen für die Staatskassen.

Die Abenteuer der Schweden

Gustav II. Adolf von Schweden taucht als der »Löwe aus Mitternacht« im Dreißigjährigen Krieg auf und fällt, kaum dass er dem protestantischen Lager mit einigen Siegen wieder

Hoffnung verschafft hat, in der *Schlacht von Lützen* im Jahr 1632. Seine eigentliche Bedeutung liegt jedoch in der Zeit zuvor.

Als er 1611 mit 17 Jahren vorzeitig für mündig erklärt wird, besteigt er den Thron eines verarmten Landes, das im Konflikt mit Nachbar Dänemark ständig den Kürzeren zieht. Zusammen mit seinem Reichskanzler *Axel Oxenstierna* macht er sich daran, Schweden gründlich zu reformieren. Dazu gehört auch, in großem Stil qualifizierte Einwanderer aus den Niederlanden, Deutschland, England und Schottland anzuwerben.

Göteborg wird 1619 als Musterstadt speziell für Einwanderer gegründet. Viele Immigranten bekommen hier sehr schnell hohe Posten und können beachtlichen Grundbesitz erwerben. Der Ausbau Göteborgs ist aber auch eine Machtdemonstration, da die Küste nördlich und südlich der Stadt noch in dänischer Hand ist.

Gegen den Trend der Zeit laufen die Reformen aber nicht auf einen Absolutismus hinaus. Stattdessen werden dem *Reichsrat* und dem *Reichstag* (in dem als vierter Stand auch die Bauern sitzen, was in Europa einmalig ist!) ihre *Mitspracherechte* garantiert.

Das Ziel des schwedischen Königs ist es jedoch, sein Land zur *Hegemonialmacht* im Ostseeraum zu machen und dazu betreibt er auch militärische Großmachtpolitik. 1611 lässt er seinen in den Niederlanden geschulten Heerführer *Jakob de la Gardie* in einen polnisch-russischen Konflikt eingreifen: zunächst aufseiten der Russen, dann gegen sie. Zeitweilig sieht es sogar aus, als könne der schwedische König seinen kleinen Bruder auf den Zarenthron bringen. Am Ende wird dann doch *Michael I.*, der Begründer des Hauses *Romanow*, neuer Zar, aber Schweden erobert Karelien und Ingermanland an der russische Ostseeküste. 1626 verlängert der König einen Waffenstillstand mit Polen nicht und erobert auch die baltische Ostseeküste bis einschließlich Riga.

Gustav II. Adolfs Tochter *Christina* ist eine der eigenwilligsten Herrscherinnen der Geschichte. Sie ist sechs Jahre, als ihr Vater stirbt, wird auf seinen Wunsch hin wie ein Prinz erzogen und trägt auch später gerne Männerkleidung. Gleichzeitig ist ihre Hofhaltung eine der prunkvollsten Europas. Sie lässt die schwedischen Truppen im Dreißigjährigen Krieg aus Prag riesige Mengen an Kunst nach Schweden schaffen, holt ausländische Gelehrte wie René Descartes (der in Stockholm an einer Lungenentzündung stirbt) und viele Theatergruppen an ihren Hof. Da sie dafür Unsummen ausgibt und die Regierung vernachlässigt, wird sie 1654 zur Abdankung gezwungen. Sie ist daraufhin in Europa unterwegs, konvertiert zum Katholizismus, liebäugelt zeitweise mit den Kronen von Polen und Neapel, widmet sich aber vor allem der Kunst und stirbt schließlich in Rom.

König *Karl XI.*, der 1660 den Thron besteigt, führt in Schweden doch noch den Absolutismus ein. Als er 1697 stirbt, beherrscht das Land die Ostsee, verfügt über eine reformierte Armee und sanierte Staatsfinanzen. Sein Sohn und Nachfolger *Karl XII.* ist jedoch erst 15 Jahre alt und hat den Ruf eines leichtfertigen Draufgängers. Friedrich IV. von Dänemark, August der Starke sowie Zar Peter I. sehen das als Chance, die schwedische Vormacht zu brechen. Doch Karl XII. überrascht Friedrich in Dänemark und zwingt ihn zur Aufgabe, demütigt die Russen 1700 in der *Schlacht von Narva*, besetzt Polen, marschiert in Sachsen ein und zwingt August den Starken, der polnischen Krone zu entsagen. Der Marsch auf Moskau scheitert jedoch.

KAPITEL 13 Die Machtentfaltung des Barocks 239

Der schwedische König flieht in die Türkei, kann aber die Osmanen nicht zu einem Angriff auf Russland bewegen. Besessen setzt er alles daran, das Ruder noch einmal herumzureißen, wird aber während einer Belagerung erschossen – möglicherweise von seinen eigenen Leuten, die die Abenteuer satthaben. Der Reichsrat und die schwedischen Stände zwingen *Ulrika Eleonore*, der Schwester Karls XII., große politische Zugeständnisse ab, bevor sie den Thron besteigen darf. Statt der Monarchen bestimmen zwei Parteien die Politik der folgenden »Freiheitszeit«, die bis 1772 dauert.

Die merkwürdigen Anfänge Brandenburg-Preußens

Das Kurfürstentum Brandenburg gehört zu den großen Verlierern des Dreißigjährigen Kriegs. Gerade weil Kurfürst *Georg Wilhelm* sein Land eigentlich aus allem heraushalten will, wird es wiederholt von den Truppen beider Seiten geplündert. Bei Kriegsende sind nur noch die Hälfte aller Dörfer überhaupt bewohnt. Sein Sohn *Friedrich Wilhelm* verbringt große Teile des Kriegs in den Niederlanden bei seinem späteren Schwiegervater *Friedrich Heinrich von Oranien*, studiert an der Universität Leiden und lernt in Amsterdam Schiffsbau. Als er zurückkehrt, bringt er nicht nur eine Frau, sondern auch Baumeister, Handwerker, Kaufleute und Künstler aus den Niederlanden mit und betreibt einen Wiederaufbau nach holländischem Vorbild. Später wirbt er auch noch französische Hugenotten und Wiener Juden an. Auch sichert er sich eine kleine Kolonie an der Küste des heutigen Ghana, betreibt Sklavenhandel und lässt spanische Schiffe kapern.

An Weihnachten 1674 fallen ohne vorherige Kriegserklärung die Schweden in Brandenburg ein und hausen nicht weniger schrecklich als während des Dreißigjährigen Kriegs. Sie tun dies als Verbündete von Ludwig XIV. von Frankreich, der sich gerade mit dem Kaiserreich – also auch mit Brandenburg – im Krieg befindet. Doch am 18. Juni 1675 gewinnen die Brandenburger die *Schlacht bei Fehrbellin*.

Der *Sieg bei Fehrbellin* ist ein Schlüsselerlebnis der Brandenburger Geschichte. Gut eine Generation nach den traumatischen Erfahrungen aus dem Dreißigjährigen Krieg gelingt es – in der ersten richtigen Schlacht, die das Brandenburger Heer ohne Unterstützung schlägt, - die vor Kurzem noch so übermächtigen Schweden zu besiegen. Auch der berüchtigte *preußische Militarismus* hat seine Wurzeln im Grunde nicht in irgendwelchen glorreichen Eroberungen späterer Zeit, sondern in dieser Erfahrung, nur mit einer starken Armee einer neuen Heimsuchung entgehen zu können.

Außerdem verschafft der »Große Kurfürst« seinem Sohn die Möglichkeit, *König in Preußen* zu werden. Preußen, das ist damals ein kleines Territorium rund um Königsberg, der ostpreußische Rest des *Deutschordensstaats*. 1525 ist der letzte Hochmeister des Ordens, Albrecht von Brandenburg-Ansbach, zum Protestantismus übergetreten, hat aus dem Ordensstaat ein erbliches Herzogtum gemacht und geheiratet. Als sein Sohn 1618 kinderlos starb, fiel das kleine Herzogtum unter polnischer Oberhoheit an die Verwandten in Brandenburg. Friedrich Wilhelm leistet dem polnischen König *Johann II. Kasimir* Militärhilfe gegen Schweden, dafür gibt dieser Preußen »frei«. Am 13. Dezember 1701 krönt *Friedrich I.* sich in Königsberg.

Weil ein Königstitel natürlich über dem eines Kurfürsten steht, treten die Hohenzollern nach der Krönung von 1701 in erster Linie als Könige von Preußen und erst in zweiter als Kurfürsten und Markgrafen von Brandenburg auf, obwohl Brandenburg weiterhin das weit wichtigere Territorium ist. Später überträgt sich der Name Preußen aber auf das ganze Land. Ähnliches passierte, als die Markgrafen von Meißen 1423 die Kurfürstenwürde von Sachsen erbten.

Friedrich I. hat allerdings Kaiser Leopold I. zwei Millionen Dukaten für sein Einverständnis zur Krönung gezahlt, und auch sonst lebt er nicht sparsam. Für sein Land fallen dabei das *Berliner Stadtschloss*, die *Preußische Bau-Akademie* und 25 Friedensjahre ab. Sein Sohn *Friedrich Wilhelm I.*, der extrem sparsame »Soldatenkönig«, saniert die Finanzen, verbessert dabei auch die Lebensbedingungen der einfachen Leute und stellt eine große, schlagkräftige Armee mit dem Königsregiment der »Langen Kerls« auf. Krieg führt aber auch er, abgesehen von einer Belagerung des damals schwedischen Stralsund, nicht.

Die Taten Peters des Großen

Was sich in Russland abspielt, entzieht sich lange Zeit der Wahrnehmung Europas. Zwar erobert Zar *Iwan IV. der Schreckliche* im 16. Jahrhundert zeitweise einen Teil des livländischen Deutschordensgebiets, muss sich letztendlich aber Polen-Litauen geschlagen geben. Erfolgreicher ist er im Osten: Dort erobert er die Tataren-Khanate Kasan, Astrachan und Sibir (um Tobolsk). Nur das Krim-Khanat kann sich mit militärischer Hilfe der Osmanen behaupten.

Der russische Beiname Iwans IV. »grosny« heißt wörtlich übersetzt »streng«, nicht schrecklich. Schrecklich war seine Herrschaft trotzdem, denn Iwan IV. war ein krankhaft misstrauischer Herrscher mit großer Freude an sadistischen Folter- und Hinrichtungsmethoden und einem Hang zu Tobsuchtsanfällen. Seine Privatarmee der *Opritschniki* verbreitete Angst und Schrecken im Land und richtete zahlreiche Massaker an. Allerdings muss man ihm ein starkes Trauma zugutehalten. Bereits im Alter von drei Jahren wurde er zum Spielball im Kampf verschiedener Adelssippen (*Bojaren*) um die Macht und musste miterleben, wie seine Mutter und deren Familie ausgelöscht wurden.

Mit *Peter dem Großen* ändert sich Russlands Bedeutung für Europa dann fundamental. Nominell wird er schon 1682 im Alter von zehn Jahren Zar, tatsächlich regiert aber seine Halbschwester Sophia und er wächst außerhalb von Moskau in der Obhut seiner Mutter relativ abgeschottet von Hofintrigen auf. Nach Sophias Sturz im Jahr 1689 führen Peters Mutter und ihr Bruder Lew Naryschkin als Ministerpräsident die Regierung, während der junge Zar sich seinen Interessen widmet: allem, was mit Militär, Schifffahrt und dem Ausland zu tun hat. In dieser Zeit entwickelt Peter sein *Regierungsprogramm*:

✔ eine gründliche Reform Russlands nach westeuropäischem Vorbild,

✔ Häfen, möglichst an Ostsee und Schwarzem Meer, um Kontakt zur übrigen Welt zu halten und Handel zu betreiben.

1697 begibt er sich auf eine fast eineinhalbjährige Reise durch Europa. Dabei spricht er an allen wichtigen Höfen vor und versucht – vergeblich – Militärhilfe gegen die Osmanen zu bekommen, um diese von der Schwarzmeerküste zu vertreiben. Daneben studiert er aber auch moderne Kriegsführung, Ökonomie und Verwaltung, arbeitet sogar eine Weile als Schiffszimmermann auf einer holländischen Werft, nimmt an einem Artilleriekurs teil und wirbt europäische Fachkräfte für Russland an.

Wieder zu Hause, krempelt er tatsächlich alles um: Russland bekommt eine effektive Verwaltung, ein modernes Militär, ein Bildungssystem, das diesen Namen auch verdient, und mit St. Petersburg eine moderne, prächtige und mehr nach Westen gelegene Hauptstadt. Die Wirtschaft wird erstmals auf Export ausgerichtet, der byzantinische Kalender durch den julianischen ersetzt, westeuropäische Kleidung eingeführt, das Tragen von Bärten durch eine Steuer diskreditiert und der alte Erbadel, also die Bojaren, zugunsten eines neuen, vom Herrscher abhängigen Dienstadels entmachtet.

Dass Peter sich für den *Julianischen Kalender* entscheidet, liegt daran, dass dieser in den skandinavischen Ländern noch in Gebrauch ist. Die katholischen Länder und die Niederlande verwenden dagegen schon seit 1582 den *Gregorianischen Kalender* und auch in Preußen ist dieser bereits 1612 eingeführt worden.

Die Chance für Russland, wenigstens einen Hafen zu bekommen, kommt 1700 mit dem Bündnis gegen Karl XII. von Schweden. Doch der Zar muss Lehrgeld zahlen. Der Versuch, die schwedische Festung Narva zu erobern, endet trotz Überzahl mit einer krachenden Niederlage. Während Schweden aber Krieg in Polen führt, analysiert Peter seine Fehler und lässt sogar Kirchenglocken zu Geschützen umgießen. Im Jahr 1709 kann er die schwedische Armee in der *Schlacht bei Poltowa* vernichtend schlagen. Am Ende des *Großen Nordischen Kriegs* bekommt er Karelien, Ingermanland, Estland und Livland – und damit auch den heiß ersehnten *Ostseezugang*.

Peters Nachfolgerin wird seine Frau *Katharina I.*, die als erste Frau Zarin und nicht nur Regentin ist. Zwar lässt sie meist den Fürsten *Alexander Menschikow* regieren und stirbt auch schon nach zwei Jahren – bemerkenswert ist jedoch ihr Aufstieg: Als litauisches Bauernmädchen namens Martha Skawronska geboren, begegnet sie Peter als Serviermädchen. Jahrelang ist sie nur seine Geliebte, bevor er sie wegen ihrer Loyalität und ihrer Verdienste als Ratgeberin heiratet und schließlich krönt. Nach Peters Tod führen sie und Menschikow – ein weißrussischer Bauernsohn, korrupt, aber sehr fähig – die Reformen fort und verstehen es, Machtkämpfe zu verhindern.

Aufbruch zu neuen Kontinenten

Die Errichtung der absolutistischen Herrschaften in Europa bringt es mit sich, dass die alte Finanzierung auf Grundlage des Feudalsystems nicht mehr funktioniert. Die Herrscher müssen sich also Gedanken über neue Finanzquellen machen. Zum ökonomischen Credo der Zeit gehören deshalb neben der Steigerung des Exports nach Möglichkeit auch *Kolonien* (die sich in der Realität dann oft nicht lohnen). Die Suche nach neuen lukrativen Standorten geht also weiter.

Die großen Forschungsreisenden

Gleichzeitig entsteht auch ein großes Interesse an den exotischen Ländern, das wagemutige Forscher auf Entdeckungsreise gehen lässt.

- ✔ 1642 sucht **Abel Tasman** im Auftrag der Niederländischen Ostindien-Kompanie nach **Australien**. Er entdeckt **Neuseeland** und viele kleinere Inseln. Nachdem ein Kontaktversuch mit den einheimischen **Maori** aber vier seiner Männer das Leben kostet, landet er kaum noch an, sondern kartografiert nur. Seine Auftraggeber, denen an wertvollen Handelsgütern gelegen war, sind extrem unzufrieden.
- ✔ 1699 reist die geschiedene Kupferstecherin und Insektenforscherin **Maria Sibylla Merian** aus Frankfurt mit ihrer jüngeren Tochter für zwei Jahre nach **Surinam**, nachdem sie in den Niederlanden von dort mitgebrachte Insekten gesehen hat. Sie unternimmt Exkursionen in die Urwälder und hält ihre Entdeckungen in dem Bildband *Metarmorphis insectorum Surinamensium* (*Die Verwandlung der surinamischen Insekten*) fest.
- ✔ 1768 bricht **James Cook** zu seiner ersten Südseereise im Auftrag der wissenschaftlichen britischen **Royal Society** auf. Er soll einen Astronomen für Messungen nach **Tahiti** bringen und dann das noch nicht in seinem vollen Ausmaß bekannte Australien erkunden. Auch Cooks spätere Reisen werden von Forschern begleitet. Er selbst tut sich als ausgezeichneter Kartograf hervor und entdeckt Zitronen und Karotten als Mittel gegen Skorbut.
- ✔ 1799 begibt sich **Alexander von Humboldt** auf eine fünfjährige Forschungsreise nach Nord- und Südamerika. Dabei verbindet er unglaubliche Abenteuer wie die **Befahrung des Orinoco** und die **Besteigung des Chimbarozo** mit wissenschaftlichen Forschungen zur Geografie, Geologie, Botanik, Zoologie, Mineralogie, Klimakunde, Vulkanforschung und Völkerkunde.

Pionierzeit in Nordamerika

Der Norden

Im Jahr 1497 betritt vermutlich der erste Europäer seit den Wikingern nordamerikanischen Boden. Es ist *Giovanni Caboto* (*John Cabot*), ein Italiener, der im Auftrag Heinrichs VII. von England eine Nordwest-Passage nach Asien sucht. Es folgen einige weitere Expeditionen. *Jacques Cartier* entdeckt statt einer Passage den *St.-Lorenz-Strom* und erklärt das Land zur *Kolonie Neufrankreich*. Danach kommen vor allem europäische Fischfangflotten in die reichen Fischgründe vor Neufundland sowie französische Waldläufer und Pelzhändler, die vor allem an Biberfell für Hüte interessiert sind.

Ab etwa 1600 richten Franzosen, Engländer und Niederländer Stationen an der Küste ein und der Handel erreicht solch einen Umfang, dass die Biber rar werden und sich sowohl die Europäer wie auch die Stämme untereinander bekriegen. Die Niederländer sind wohl die ersten, die ihre Verbündeten, die *Irokesen*, mit Feuerwaffen versorgen, damit diese ihr

KAPITEL 13 Die Machtentfaltung des Barocks 243

Jagdgebiet auf Kosten der »französischen« Stämme wie der Huronen und Algonquin ausweiten können. Die sehr grausam geführten sogenannten *Biberkriege* ziehen sich bis 1701 hin, sie eskalieren immer dann, wenn die europäischen Mächte auch untereinander Krieg führen, und bringen – zusammen mit den eingeschleppten Krankheiten – das Kräfteverhältnis und die territoriale Verteilung der Stämme völlig durcheinander.

Der Süden

Die Spanier suchen auch in Nordamerika vor allem Gold. *Pánfilo de Narvaéz* (1528) und *Hernando de Soto* (1540) stoßen von Florida in das Gebiet der *Mississippi-Indianer* vor, die Ackerbau betreiben, Erdpyramiden bauen und große, befestigte Städte haben, die von Priesterkönigen regiert werden. Die Konquistadoren beantworten jede Feindseligkeit vonseiten der Indianer mit brutalen Vergeltungsaktionen, sie vergewaltigen, plündern und nehmen Geiseln. Am schlimmsten wüten jedoch auch hier die eingeschleppten Krankheiten.

Die erste spanische Siedlung entsteht erst 1559 in Florida.

Die »typische« nordamerikanische *Indianerkultur* der Bisonjäger in den Great Plains entwickelte sich zum größten Teil erst nach 1700. Zum einen kamen die Stämme erst zu dieser Zeit in den Besitz von Pferden (die Mustangs sind ausnahmslos Abkömmlinge entlaufener Pferde der Europäer). Zum anderen siedelten die meisten *Plains-Indianer* ursprünglich viel weiter östlich. Die *Sioux* waren wohl Ackerbauern in Minnesota und Wisconsin, die durch die Machtkämpfe im Rahmen der Biberkriege nach Westen gedrängt wurden, während die *Osage, Cherokee, Shawnee, Muskogee* und viele andere Stämme von den Mississippi-Indianern abstammen.

Die Europäer zerstörten also schon sehr früh einen Großteil der ursprünglichen Zivilisationen, auch solche, die sie nie zu Gesicht bekamen, die aber von Krankheiten und Kettenverdrängungen betroffen waren. Viele der archaisch wirkenden, nomadischen Kulturen waren also nicht wirklich alt, sondern wurden von einstmals sesshaften Völkern nach der Vertreibung »neu erfunden«.

Die Mitte

Britische Siedlungsversuche durch *Walter Raleigh*, den Günstling von Königin Elisabeth I., im heutigen *North Carolina* scheitern. Als 1620 die radikal-puritanischen *Pilgrim Fathers* (*Pilgerväter*) mit ihrem Schiff Mayflower im heutigen Massachusetts landen und die *Kolonie Plymouth* gründen, stoßen sie bereits auf Indianer, die durch den Kontakt mit Fischern oder Pelzjägern etwas Englisch können. Einer von ihnen, *Squanto*, ist sogar als Sklave nach Spanien verkauft und von einem britischen Kapitän zurück in seine Heimat gebracht worden. Er zeigt den bereits halb verhungerten Siedlern, wie sie Nahrung anbauen beziehungsweise finden, schützt sie vor Angriffen anderer Indianer und dient ihnen als Dolmetscher. Ohne ihn hätten die Siedler die ersten Jahre vermutlich nicht überlebt.

Bekannter als Squanto ist die Häuptlingstochter *Pocahontas*, die die Siedler der 1607 gegründeten Niederlassung Jamestown in Virginia rettete und einen von ihnen, *John Rolfe*, heiratete. Sie besuchte England, wurde vom König empfangen und gehört zu den Vorfahren vieler prominenter Amerikaner, wie zum Beispiel Nancy Reagan.

Die Pilgerväter können ein Bündnis mit dem Häuptling *Massasoit* schließen, sodass sie relativ in Frieden leben. Auch Massaoits Sohn *Metacomet*, den die Europäer »Philipp« nennen, will diesen Frieden anfangs bewahren. Doch die englischen Siedler verlangen immer mehr Land für Neuankömmlinge und eine immer stärkere Anpassung der Indianer an die europäisch-christliche Lebensweise. Metacomet beginnt daher ein Bündnis mit benachbarten Stämmen zu schmieden, um seine Position effektiver verteidigen zu können. Als die Briten drei seiner Stammesmitglieder wegen Mord an einem christlichen Indianer (und Spitzel) hängen, bricht *King Philipp's War* aus. Dieser Aufstand kostet rund 800 Siedler und 3000 Indianer das Leben und endet mit der totalen Niederlage der Ureinwohner.

Tea Party und Unabhängigkeit

Im späten 17. und 18. Jahrhundert können die Engländer die anderen europäischen Nationen weitgehend aus dem Gebiet der heutigen USA vertreiben:

✔️ Die **Niederländer** im Rahmen des **Zweiten Englisch-Niederländischen Seekriegs** (1665–1667). Nieuw Amsterdam wird damit zu **New York**.

✔️ Die **Spanier** im Rahmen des **Spanischen Erbfolgekriegs** (1701–1714). Ihre Missionen in Florida werden zerstört, die getauften Indianer in die Sklaverei verkauft.

✔️ Die **Franzosen** im Rahmen des **Siebenjährigen Kriegs** (1756–1763, dazu mehr im Abschnitt »*Weltkrieg« um Schlesien*).

Die Gegend um die Großen Seen, in denen zuvor nur französische Pelzhändler präsent waren, wird nun besiedelt. Das führt im Jahr 1763 zu einem großen Aufstand mehrerer indianischer Stämme unter Führung des Häuptlings *Pontiac*, der von den Briten erst nach drei Jahren niedergeschlagen werden kann. König *Georg III.*, dessen Staatskasse nach dem Siebenjährigen Krieg ziemlich leer ist, untersagt weitere Siedlungen jenseits der Appalachen. Außerdem erlegt er den Siedlern neue Steuern auf. Die territoriale Beschränkung ignorieren die Siedler – durch die Niederlage Pontiacs ist der Weg nach Westen aus ihrer Sicht »frei« –, und die Besteuerung empört sie. Die 13 Kolonien – Virginia, Georgia, South Carolina, North Carolina, Maryland, Delaware, Pennsylvania, New Jersey, New York, Connecticut, Rhode Island, Massachusetts und New Hampshire – beginnen einen *Handelskrieg* mit dem Mutterland.

Das bekannteste Ereignis aus diesem Handelskrieg ist die *Boston Tea Party*: Die Siedler boykottieren den besteuerten englischen Tee und schmuggeln dafür niederländischen ins Land. Am 16. Dezember 1773 werfen sie in Boston als Indianer verkleidet 342 Kisten Tee von den britischen Schiffen ins Hafenbecken. Der Schlachtruf dazu lautete »No taxation without representation« (»Keine Besteuerung ohne Teilhabe«). Ob sie jedoch wirklich eine Repräsentation im britischen Parlament anstrebten, ist umstritten. Wahrscheinlich wurde die fehlende politische Teilhabe nur als Argument gegen jegliche Einmischung aus London herangezogen.

Im Juli 1775 kommt es zu den ersten Schlachten. Anfangs gewinnen die Briten, doch die Siedler haben mit *George Washington*, der schon im Siebenjährigen Krieg Milizenführer war, einen Oberbefehlshaber, der es meisterhaft versteht, die beschränkten Mittel der Kolonien möglichst effektiv einzusetzen und eine von den Indianern abgeschaute Guerillataktik

KAPITEL 13 Die Machtentfaltung des Barocks 245

anzuwenden. Auch der preußisch geschulte Offizier *Friedrich Wilhelm von Steuben* spielt eine große Rolle.

Ein Jahr später beginnen die einzelnen Kolonien, sich Verfassungen zu geben. In der von *George Mason* formulierten *Virginia Declaration of Rights* vom 12. Juni 1776 werden das erste Mal grundlegende *Menschen- und Bürgerrechte* festgeschrieben, wie etwa:

✔ Gleichheit und Freiheit aller Menschen,

✔ Volkssouveränität,

✔ allgemeines Wahlrecht,

✔ Gewaltenteilung sowie

✔ Presse- und Religionsfreiheit.

Sie wird zum Vorbild für die *Unabhängigkeitserklärung der Vereinigten Staaten*, die am 4. Juli 1776 erfolgt.

Doch wie kann ein Staat, der allen Menschen Gleichheit und Freiheit garantiert, Sklaverei legitimieren? Viele der Gründungsväter der USA sahen diesen Widerspruch. Auch Politiker, die selbst Sklavenhalter waren, wie George Mason, votierten für eine Abschaffung. Andere sahen die schwache Wirtschaft der Kolonien ohne die Plantagen, vor allem die Tabakplantagen in Virginia, existenziell gefährdet. Am Ende entschied man sich, über diesen Streit nicht die Einheit der Kolonien aufs Spiel zu setzen.

✔ 1778 tritt Frankreich, das den USA bereits Militärhilfe leistet, offiziell auf ihrer Seite in den Krieg ein, 1779 auch Spanien und 1780 die Niederlande.

✔ 1783 erkennt Großbritannien die Unabhängigkeit der USA an.

✔ Am 17. September 1787 wird in Philadelphia die **Verfassung** verabschiedet, der **Katalog der Grundrechte** (**Bill of Rights**) in Form von zehn Zusatzartikeln zur Verfassung folgt 1789.

✔ Am 4. Februar 1789 wird George Washington zum **ersten Präsidenten der USA** gewählt.

Die Entdeckung der Südsee

Als Entdecker der Südsee gilt gemeinhin der Engländer *James Cook*. Zwar haben frühere europäische Seefahrer schon die ein oder andere Insel entdeckt – der Niederländer *Willem Jansz* betrat 1606 sogar als erster Europäer Australien –, sich aber nicht groß darum gekümmert. Cook nimmt Australien 1770 für Großbritannien in Besitz und kartiert auch seine anderen Entdeckungen gewissenhaft.

Die eigentlichen Entdecker der Südsee sind natürlich trotzdem die *Polynesier*. Die polynesischen Inseln erstrecken sich auf einer Fläche von rund 50 Millionen Quadratkilometern zwischen Hawaii, den Osterinseln und Neuseeland. Bewohnt werden sie von Nachfahren der Austronesier (siehe Kapitel 4). In einem Zeitraum von 2000 bis 2500 Jahren stießen diese auf immer weitere Inseln vor, die teils Tausende von Kilometern auseinander liegen.

Was bewog die Polynesier zu ihren abenteuerlichen Fahrten? Der Grund war vermutlich derselbe wie bei der Ausbreitung vieler anderer Gesellschaften: Wenn der angestammte Lebensraum nicht mehr für alle reicht, muss ein Teil der Jungen gehen. Allerdings war dieser Schritt in keiner anderen Kultur vergleichbar drastisch. Wie viele Menschen dabei auf dem Meer umkamen, kann man nicht einmal ermessen. Auch der Kannibalismus, den es bei vielen polynesischen Völkern gab, rührte wahrscheinlich daher, dass in angespannten Situationen einige Mitglieder (oder Kriegsgefangene von anderen Gruppen) für das Überleben der Gruppe geopfert wurden.

Da die polynesischen Inseln so weit voneinander entfernt sind, entwickeln sich auch die Kulturen unterschiedlich. Besonders markant und einmalig sind die kolossalen Steinstatuen (*Moai*) auf den *Osterinseln*. Zu den gemeinsamen Elementen gehören

✔ Ahnenverehrung,

✔ Ähnlichkeiten bei Göttern und Mythen,

✔ das Tabu (unbedingte kulturelle Verbote),

✔ eine hierarchische, patriarchale, sehr kriegerische Ordnung,

✔ die Bedeutung von Musik, Tanz, Tätowierungen und Schnitzereien sowie

✔ ähnliche Techniken in der Landwirtschaft und beim Haus- und Schiffsbau.

Land	Entdeckung durch Polynesier	Entdeckung durch Europäer
Fidschi	Zwischen 3500 und 1000 v. Chr., außerdem Besiedlung durch Melanesier	1774 durch James Cook
Tonga	Zwischen 3000 und 800 v. Chr.	1616 durch die Niederländer Willem Schouten und Jakob Le Maire
Samoa	Um 1000 v. Chr.	1722 durch den Niederländer Jakob Roggeveen, Westindische Handelskompanie
Tuvalu	Um 1000 v. Chr.	1567 durch den Spanier Alvaro de Mendana de Neyra
Tahiti und Gesellschaftsinseln	Um 200 v. Chr.	1767 durch den Briten Samuel Wallis
Marquesas	Um 100 v. Chr. bis 150 n. Chr.	1595 durch Alvaro de Mendana de Neyra
Hawaii	Zwischen 2. und 8. Jahrhundert	1778 durch James Cook
Cook-Inseln	Wohl 9. Jahrhundert	1773 durch James Cook
Pitcairn	Wohl 9. Jahrhundert	1767 durch den Briten Philipp Carteret. Die heutige Bevölkerung stammt von den Meuterern der Bounty und ihren aus Tahiti stammenden Frauen ab, die 1790 hier landeten.
Osterinseln	Zwischen 5. und 14. Jahrhundert	1722 durch Jakob Roggeveen
Neuseeland	13. oder 14. Jahrhundert	1642 durch Abel Tasman

Nach der Entdeckung durch die Europäer werden die Inseln in verschiedenem Maße von Händlern, Sklavenjägern und Missionaren – sowie den von ihnen mitgebrachten Krankheiten – heimgesucht. Bis auf *Tonga*, wo heute noch 98 Prozent aller Einwohner polynesischen Ursprungs sind, werden alle Inseln kolonialisiert, die meisten aber eher spät.

Nach Australien jedoch werden bereits ab 1788 britische Sträflinge deportiert. Parallel dazu kommen auch Siedler ins Land und ab 1851 viele Goldsucher. Die *Aborigines* werden in das wirtschaftlich uninteressante Landesinnere (*Outback*) vertrieben, auf der vorgelagerten Insel *Tasmanien* weitgehend vernichtet.

Das Europa der Aufklärung

Was ist Ihre erste Assoziation zum Begriff »Aufklärung«? Vielleicht die Forderung »Sapere aude« (»Wage, zu denken«)? Vom römischen Dichter Horaz stammend und vom deutschen Philosophen Immanuel Kant neu erhoben, steht sie für die *Emanzipation des Einzelnen* gegenüber Autoritäten wie Staat und Kirche. Doch das ist schon der zweite Schritt.

Der *Kern der Aufklärung* ist erst einmal das Denken an sich. Vielleicht noch mehr als durch irgendwelche politischen Umwälzungen, von denen schon die Rede war, wird das mittelalterliche Weltbild durch Wissbegier und Erkenntnisse gesprengt.

Die Wegbereiter der Aufklärung

- ✔ **Johannes Gutenberg** (1400–1468) schafft durch sein Druckverfahren erst eine relevante Öffentlichkeit für neue Ideen.
- ✔ **Leonardo da Vinci** (1452–1519) betreibt exakte Naturstudien und skizziert Erfindungen wie Roboter, Hubschrauber und U-Boote.
- ✔ **Erasmus von Rotterdam** (1466–1536) fordert eine humanistische Haltung, die aus Vernunftgründen friedlich und menschenfreundlich ist.
- ✔ **Nikolaus Kopernikus** (1473–1543) postuliert das heliozentrische Weltbild.
- ✔ **Martin Luther** (1483–1546) predigt die »Freiheit eines Christenmenschen«.
- ✔ **Francis Bacon** (1561–1626) fordert eine empirische Wissenschaft, die nur Nachweisbares gelten lässt.
- ✔ **René Descartes** (1596–1650) zweifelt alles an, außer das eigene Denken.
- ✔ **Isaac Newton** (1643–1727) entdeckt die Gravitation und viele andere Naturgesetze.

Vieles davon spielt sich im Bereich der Naturwissenschaften ab, aber die Erkenntnis, dass Naturphänomene erklärbar sind, rüttelt an dem mittelalterlichen Postulat, dass alles

Geschehen nur auf Gottes Wirken beruht. Nicht umsonst wird es *Galileo Galilei* 1633 von der Kirche verboten, für das heliozentrische Weltbild des Kopernikus einzutreten, das Gottes Schöpfung, die Erde, nur als einen von mehreren um die Sonne kreisenden Himmelskörpern erklärt.

Anders sieht es bei der weltlichen Obrigkeit aus. Die Fürsten sind oft selbst von der wissenschaftlichen Neugier infiziert und werben um die besten Köpfe, um deren Erkenntnisse für ihren Staat nutzbar zu machen. So gründet der Sonnenkönig Ludwig XIV. im Jahr 1666 die französische *Akademie der Wissenschaften*. Überhaupt richtet sich der Absolutismus in erster Linie nicht gegen das Volk (das zuvor auch keine politische Teilhabe hatte), sondern gegen die Macht des Adels. Für die städtische Bevölkerung dagegen gibt es mehr Bildungseinrichtungen und für deren Absolventen auch neue Aufstiegschancen im Staatsdienst. So bildet sich teils gerade durch absolutistische Förderung ein neues, zunehmend *selbstbewusstes Bürgertum*. Dass dieses dann auch den Machtanspruch der Absolutisten infrage zu stellen beginnt, ist die letztendliche Konsequenz.

Das England des John Locke und der Glorious Revolution

England war schon immer ein bisschen anders. Nachdem die Briten 1649 ihren König Karl I. geköpft haben, machen sie 1660 auch der Republik wieder ein Ende und bieten Karl II. (dem Sohn des Geköpften) den Thron an.

Karl II. geht als *The Merry Monarch* (Der fröhliche Herrscher) in die Geschichte Englands ein. Er hat mindestens 15 Kinder von diversen Geliebten und ist ein engagierter Förderer von Kunst und Wissenschaft. Unter seiner Ägide baut *Christopher Wren* nach dem verheerenden Brand von 1666 London neu auf.

Der neue König und das Parlament einigen sich auf eine weitgehende Amnestie. Nur neun der Königsmörder von 1649 werden hingerichtet. Das eigentliche Problem liegt anderswo: Karl II. hat absolutistische Neigungen und Sympathien für den Katholizismus, während das Land von einer heftigen antikatholischen Stimmung geprägt ist. Der König ist jedoch zu Zugeständnissen bereit. 1673 unterzeichnet er ein Gesetz, das Katholiken vom Staatsdienst ausschließt. Seine aus Portugal stammende Frau Katharina (die das Teetrinken in England in Mode bringt) wird wegen ihres katholischen Glaubens nicht zur Königin gekrönt und muss dafür sorgen, dass an den Messen in ihrer Privatkapelle keine Engländer, sondern nur Portugiesen teilnehmen.

Trotzdem gelingt es 1678 einem verkrachten Geistlichen namens *Titus Oates* mit frei erfundenen Geschichten von einer großen katholischen Verschwörung die Öffentlichkeit hysterisch zu machen. Er klagt sogar die extrem zurückhaltende Katharina an, die Ermordung des Königs zu planen. Die radikal-protestantischen Kreise schüren das Ganze noch, um vom König einen Ausschluss der Katholiken aus den beiden Häusern des Parlaments bewilligt zu bekommen. Opfer sind 35 angebliche Verschwörer, die teils wegen »Hochverrat« besonders grausam hingerichtet werden. In einem bleibt der König jedoch hartnäckig: Von der Thronfolge schließt er Katholiken nicht aus und so beerbt ihn 1685 sein Bruder *Jakob II.* Der ist Katholik, hat ebenfalls absolutistische Neigungen und ist nicht zu Kompromissen bereit.

Anno 1688 ist die Stimmung in England gegen den König derart feindlich geworden, dass sechs adelige Politiker beider Parteien (*Tories* und *Whigs*) sowie der Bischof von London einen Umsturz in die Wege leiten, der als »Glorious Revolution« bekannt wird. Sie fordern den Schwiegersohn des Königs, Wilhelm III. von Oranien, zur Invasion auf. Diese wird durch Agenten und positive Propaganda vorbereitet, sodass sie auf keinen nennenswerten Widerstand stößt. Jakob II. flieht ins französische Exil, seine Tochter *Maria II.* und ihr Mann werden zu den neuen Königen gekrönt. Doch die Krone hat ihren Preis. Maria II. und Wilhelm III. müssen einen Katalog von Rechten (*Bill of Rights*) unterzeichnen. Im Gegensatz zum späteren gleichnamigen US-Dokument enthält er nicht allgemeine Menschenrechte, sondern garantiert die Rechte des Parlaments und der Abgeordneten.

Zum Zeitpunkt der *Glorious Revolution* hat Jakob II. einen wenige Monate alten Sohn. Dieser wird als Katholik von der Thronfolge ausgeschlossen. Jakobs Anhänger, die *Jakobiten,* unternehmen später mehrere Putschversuche. 1745 kann Bonnie Prince Charlie, ein Enkel Jakobs II., in Schottland Anhänger finden, wird aber in der *Schlacht von Culloden* geschlagen. Dieser folgt eine brutale englische Bestrafungsaktion in den Highlands, der auch zahlreiche Unschuldige zum Opfer fallen und die das traditionelle *schottische Clansystem* zerstört. Die Jakobiten aber küren bis heute ihren Prätendenten für den englischen Thron. Derzeit ist das Franz von Wittelsbach.

Tatsächlich ging der Thron jedoch von Maria II. an ihre Schwester Anne und von dieser an den nächsten protestantischen Verwandten, Georg von Hannover, mütterlicherseits ein Großneffe Karls I.

Die englische Bill of Rights beruht auf den Vorstellungen des Philosophen *John Locke.* Dieser wurde 1632 als Sohn einer puritanischen Familie geboren und erlebte die Hinrichtung Karls I. als siebzehnjähriger Schüler in London. Später war er Privatsekretär eines führenden Oppositionspolitikers, wurde inhaftiert und floh 1683 sicherheitshalber in die Niederlande. Nach der Glorious Revolution bekam er ein Regierungsamt angeboten, dass er jedoch aus Gesundheitsgründen ablehnte.

Richtig zum Tragen kommen seine Vorstellungen erst in den Verfassungen der USA und späterer demokratischer Staaten. Locke postuliert,

✔ dass es unveräußerliche (von Gott gegebene) **Naturrechte** eines jeden Menschen auf Freiheit, Gleichheit, Unverletzlichkeit der Person und des Besitzes gibt;

✔ dass diese Rechte da ihre **Grenze** finden, wo die Rechte anderer verletzt werden;

✔ dass **Widerstand gegen Regierungen**, die diese Rechte verletzen, legitim ist;

✔ dass die Regierung ihre Macht durch eine Art **Gesellschaftsvertrag** vom Volk übertragen bekommt;

✔ dass die Regierungsgewalt in **Legislative** (Gesetzgebung) **Exekutive** (Ausführung) und **Judikative** (Rechtsprechung) aufgeteilt werden muss, um Missbrauch zu verhindern.

Das Deutschland Immanuel Kants und Friedrichs des Großen

Das römisch-deutsche Kaiserreich des Mittelalters war ein merkwürdiger Staat, das *Heilige Römische Reich Deutscher Nation* der frühen Neuzeit ist es immer noch. Es besteht aus ungefähr 650 Territorien verschiedener Größe: von Reichsstädten, Reichsabteien und winzigen Reichsritterherrschaften bis hin zu den *Habsburger Erblanden,* von denen Böhmen, Mähren,

Schlesien und Österreich zum Reich gehören, Ungarn und Kroatien aber nicht. Der Kaiser wird gewählt, aber mit einer einzigen Ausnahme gewinnen am Ende die Habsburger. Der Kaiser regiert zusammen mit dem Reichstag, in dem ungefähr 300 Reichsstände (alle Territorien mit Ausnahme der Reichsritter) vertreten sind, was in der Praxis bedeutet, dass normalerweise jeder für sich handelt. Nur außenpolitische Aktionen gegen den Kaiser, das Reich an sich oder den allgemeinen Landfrieden sind den einzelnen Reichsständen verboten – theoretisch jedenfalls. Gegen die Türken und Ludwig XIV. gelingt noch die Aufstellung eines gemeinsamen Reichsheers, mit dem *Österreichischen Erbfolgekrieg* ist diese Ära aber vorbei.

1740 stirbt Kaiser Karl VI. und hinterlässt die Habsburger Erblande seiner Tochter *Maria Theresia*. *Friedrich II.*, gerade eben König von Preußen geworden (und noch nicht »der Große«), verlangt für die Anerkennung der weiblichen Erbfolge – der sein Vater schon zugestimmt hat – Schlesien und besetzt es, als Maria Theresia ein Ultimatum verstreichen lässt. Großbritannien, Russland, Sachsen und die Niederlande schlagen sich auf die Seite der Erzherzogin, Frankreich, Bayern und Spanien auf die Friedrichs II. Im Jahr 1742 wählen die Kurfürsten *Karl VII. von Bayern* zum neuen Kaiser (die Ausnahme!), der als Mann von Maria Theresias älterer Cousine auch die Erblande beansprucht. Der Krieg um die österreichische Erbfolge dauert – mit wechselnden Koalitionen – bis 1748 und schließt englisch-französische Kämpfe um den Einfluss in Nordamerika und Südindien ein. Am Ende sichert sich Maria Theresia die Habsburger Erblande, ihr Mann Franz I. Stephan von Habsburg-Lothringen ist als Nachfolger des verstorbenen Karl VII. Kaiser geworden. Friedrich der Große aber behält das reiche Schlesien.

Die Aufsplitterung des Reichs hat jedoch auch ihre Vorteile. Fast jeder der Fürsten will einen möglichst glänzenden Hof führen, sodass es eine reiche »Kulturförderung« gibt. Neben rigiden Regimes gibt es auch relativ liberale Länder. 1782 etwa flieht Friedrich Schiller, den wegen seiner *Räuber* im intolerant regierten Württemberg Festungshaft angedroht wird, erst in die Pfalz, später nach Thüringen. Jakob Grimm und andere aus Hannover verbannte Professoren werden 1840 in Preußen aufgenommen.

Eine besondere Spielart der Regierung ist der *aufgeklärte Absolutismus*. Prominentester Vertreter ist Friedrich der Große, dessen Wahlspruch lautet: »Alles für das Volk, nichts durch das Volk.« Religiöse Toleranz, eine Einführung der Schulpflicht, die Abschaffung von Leibeigenschaft und Folter, Gleichheit vor dem Gesetz und eine Verbesserung der Lebensverhältnisse findet er vernünftig und treibt sie durch seine Politik voran, gibt dabei aber keine Entscheidungsgewalt aus der Hand.

Als aufgeklärte Absolutisten gelten unter anderem auch Kaiser Joseph II., ein Sohn Maria Theresias, Anna Amalia von Sachsen-Weimar, eine Nichte Friedrichs des Großen, Karl Friedrich von Baden, Leopold III. von Anhalt-Dessau und Friedrich VI. von Dänemark, mit Abstrichen auch Maria Theresia, Katharina die Große, Karl III. von Spanien und Gustav III. von Schweden.

Ein klein gewachsener, etwas schrulliger, unglaublich belesener und mit trockenem Humor ausgestatteter Universitätsprofessor im fernen Königsberg dagegen ruft jedermann auf, sich seines eigenen Verstandes zu bedienen und sich nicht auf die paternalistische Fürsorge selbst ernannter »Landesväter« zu verlassen. Aufklärung ist für *Immanuel Kant* »der Ausgang des Menschen aus seiner selbst verschuldeten Unmündigkeit«.

KAPITEL 13 Die Machtentfaltung des Barocks 251

 Als Kants wichtigstes Werk und eines der bedeutendsten in der Philosophiegeschichte gilt die *Kritik der reinen Vernunft* (1781). Aber auch mit seinen anderen Werken, die sich vor allem mit der Frage nach den Möglichkeiten der menschlichen Erkenntnis (Was kann ich wissen?), nach ethischen Geboten (Was soll ich tun?) und einer vernünftigen Religion (Was darf ich hoffen?) befassen, schlägt er schon zu Lebzeiten (1723–1804) erheblich Wellen.

»Weltkrieg« um Schlesien

1756 bricht in Europa ein seltsamer Krieg aus. Er wird als *Siebenjähriger Krieg* oder *Dritter Schlesischer Krieg* bezeichnet – hat mit Schlesien aber erst einmal gar nichts zu tun. Während bisher Kriege in Europa auch ihre Auswirkungen auf die Kolonien hatten, sind diesmal die Zusammenstöße zwischen Briten und Franzosen in Nordamerika der Ausgangspunkt. Beide Regierungen befürchten, dass die Kämpfe in der Neuen Welt über kurz oder lang so eskalieren werden, dass ein Krieg auch in Europa nicht mehr zu vermeiden sein wird. Also sehen sie sich nach Bündnispartnern um.

1. Die traditionellen Verbündeten der Briten auf dem europäischen Festland sind die Habsburger und die Russen. Doch inzwischen regiert auf der Insel das Haus Hannover und das hat eine Achillesferse: ihr altes Kurfürstentum Braunschweig-Lüneburg, das sowohl von Frankreich wie auch von Preußen leicht besetzt werden kann. Also wendet sich der britische König Georg II. an Friedrich den Großen. Der sieht darin die Chance, ein Bündnis zwischen England und der wegen des Verlustes von Schlesien auf Rache sinnenden Erzherzogin Maria Theresia zu verhindern, und sagt zu.

2. Die Diplomaten von König Ludwig XV. von Frankreich fühlen daraufhin in Österreich vor und können tatsächlich ein Bündnis mit dem alten Habsburger Erbfeind schließen. Gemeinsam will man nun Zarin Elisabeth und August III. von Sachsen angehen.

3. Als das britisch-preußische Bündnis davon Wind bekommt, schlägt es sofort zu. Großbritannien erklärt den Krieg und Friedrich der Große marschiert in Sachsen ein.

4. Russland (das auf Ostpreußen schielt) und Schweden (das gerne Vorpommern zurückhätte) schließen sich der französischen Seite an. Das bringt Friedrich den Großen trotz seines militärischen Genies an den Rand einer Niederlage.

5. Am 24. Dezember 1761 stirbt Zarin Elisabeth. Ihr Neffe Peter III., der Friedrich den Großen bewundert, wechselt auf die Seite Preußens.

6. 1763 einigen sich die ausgelaugten Kriegsparteien im **Frieden von Hubertusburg** auf den Vorkriegszustand – zumindest in Europa. Frankreich muss jedoch seinen amerikanischen Kolonialbesitz mit Ausnahme einiger karibischer Inseln sowie Territorien im Senegal und in Gambia an England abtreten und ist damit der große Verlierer, während Preußen sich nun endgültig Schlesien gesichert hat und zur Großmacht geworden ist.

Verloren hat auch die Bevölkerung, vor allem in Sachsen, Pommern, Brandenburg und Böhmen. Man schätzt, dass fast eine halbe Million Zivilisten starben, dazu kommen mindestens noch einmal so viele gefallene Soldaten, auch hier vor allem Österreicher, Preußen und Russen. Außerdem sind überall die Staatskassen leer. Das hat Folgen – die im nächsten Kapitel Thema sein werden.

Teil IV
Die Zeit der Nationalstaaten: Neuere und neueste Geschichte

IN DIESEM TEIL ...

✔ Nun wird endlich auch die Masse der Bevölkerung vorkommen!

✔ Die Bürgerrechte verbessern nicht nur das private Leben der Menschen, sondern verschaffen dem Einzelnen auch die Möglichkeit, wirtschaftlich, künstlerisch, wissenschaftlich oder politisch einen relevanten Beitrag zur Weltgeschichte zu leisten.

✔ Auch die »öffentliche Meinung« wird zu einem Faktor, der Geschehen von großer Tragweite zu beeinflussen in der Lage ist – zum Positiven, aber auch zum Negativen.

> **IN DIESEM KAPITEL**
>
> Revolution in Frankreich
>
> Die Folgen für Europa
>
> Der Versuch, die Geschichte zurückzudrehen

Kapitel 14
Der Beginn der Moderne: Revolution in Europa

Ist Ihnen die Spinning Jenny ein Begriff? Das ist ein mechanisches Spinnrad, mit dem sich mehrere Fäden gleichzeitig spinnen lassen. Ihre Erfindung markiert den Beginn der Industriellen Revolution. Warum aber erwähne ich sie, wo es hier doch erst einmal um die Französische Revolution gehen soll? Weil die »Jenny« 1764 erfunden wurde, und 1776 James Watts erste Dampfmaschine in Betrieb ging. Politisch verliert England zu dieser Zeit zwar gerade seine Kolonien in Nordamerika, doch während sich die USA für unabhängig erklären, werden im Mutterland bereits die Weichen für die Zukunft gestellt.

Frankreich dagegen sponsert – obwohl die Staatsfinanzen eigentlich noch durch den Siebenjährigen Krieg zerrüttet sind – den amerikanischen Unabhängigkeitskrieg mit, um seine Weltgeltung nicht einzubüßen. Gleichzeitig können die Menschen auf dem Land nicht mehr vom Ertrag ihrer Felder leben. Im Frühjahr 1774 schlagen Zehntausende von Soldaten im ganzen Land Aufstände nieder, die sich an galoppierenden Mehlpreisen entzündet haben.

Freiheit, Gleichheit ... Terror: Die Französische Revolution

Ludwig XVI. von Frankreich – der König, der auf der Guillotine sterben wird –, tritt im August 1774 im Alter von 19 Jahren seine Herrschaft an. Er ist gutwillig, aber von Natur aus eigentlich menschenscheu und völlig überfordert mit seinem Amt. Seiner Frau *Marie Antoinette* wird später nachgesagt, sie habe dem Volk, das Brot forderte, geraten, Kuchen zu essen. Das ist mit ziemlicher Sicherheit bloße Verleumdung, doch ihre Verschwendungssucht ist immens und das Gespür dafür, dass es eine Realität außerhalb des Hoflebens, seiner Feste und Intrigen gibt, geht ihr komplett ab. Doch damit steht sie nicht alleine. Der ganze höfische Firlefanz, den Sonnenkönig Ludwig XIV. einst eingeführt hat, um seine Realpolitik zu stützen, ist längst zum Selbstzweck verkommen. Weit schlimmer als die rund sechs Prozent der Staatsfinanzen, die die königliche Hofhaltung kostet, schlägt zu Buche, dass es von den privaten, teils egoistischen, teils extrem banalen Launen irgendwelcher Mitglieder des Hofstaats abhängt, welcher Politiker sich wie lange im Amt halten kann. Dringend nötige Reformen haben in dieser Konstellation keine Chance.

Umsturz in Paris

Die Französische Revolution beginnt nicht mit dem Sturm auf die Bastille, sondern damit, dass Ludwig XVI. am 5. Mai 1789 in Versailles die *Generalstände* zusammenruft, um eine Entscheidung über künftige Reformen zu treffen. Das ist seit dem Jahr 1614 nicht mehr geschehen. Die Sache hat jedoch einen Haken: Abgestimmt wird nach Ständen. Wenn Adel und Klerus zusammenhalten – was sie bislang stets getan haben – dann hat der *Dritte Stand*, dem 95 Prozent der Bevölkerung angehören (80 Prozent Bauern und 15 Prozent Bürger), keine Chance, seine Interessen durchzusetzen. Aus diesem Grund fordern die Vertreter des Dritten Standes einen neuen *Abstimmungsmodus*.

Die politischen Aufklärer in Frankreich

- ✔ **Charles-Louis de Secondat, Baron de Montesquieu** (1689–1755): Anhand einer Studie über den Untergang der römischen Republik (durch Caesars Machtübernahme) analysierte er die Bedingungen von moderaten und totalitären Regierungssystemen und forderte unter anderem die Gewaltenteilung.

- ✔ **Voltaire** (François-Marie Arouet, 1694–1778): Als einer der am meisten gelesenen Autoren seiner Zeit kämpfte er vor allem mit Sarkasmus und beißender Kritik an gegenwärtigen Zuständen für die Ziele der Aufklärung. Damit kam er sogar in höchsten Kreisen gut an, wurde von Madame Pompadour protegiert, korrespondierte mit Friedrich dem Großen und wurde auch von anderen Herrschern empfangen.

- ✔ **Jean-Jacques Rousseau** (1712–1778): Der Genfer (nicht französische!) Autodidakt geht von einem grundsätzlich positiven Naturzustand aus. Die gegebene Freiheit des Individuums darf nur freiwillig durch einen Gesellschaftsvertrag so weit eingeschränkt werden, wie es für ein Zusammenleben nötig ist.

Als ihnen dieser verweigert wird, erklären sie sich zur wahren Nationalversammlung und schwören am 20. Juni im *Ballhaus von Versailles* (Ballhausschwur), sich nicht zu trennen, bevor sie Frankreich nicht eine *demokratische Verfassung* gegeben hätten. Der *Zweite Stand*

KAPITEL 14 Der Beginn der Moderne: Revolution in Europa 257

(Klerus) entscheidet daraufhin mit knapper Mehrheit, sich dieser Nationalversammlung anzuschließen. Auch im Adel gibt es Widerstand gegen eine gewaltsame Auflösung. Also gibt der König am 27. Juni der Nationalversammlung seinen Segen.

In Paris kommt es indessen zu Unruhen wegen der wieder einmal rapide steigenden Brotpreise. Der König beordert deswegen zusätzliche Truppen in die Stadt, was schnell das Gerücht aufkommen lässt, er wolle die Nationalversammlung zerschlagen. Außerdem entlässt Ludwig XVI. am 11. Juli auf Druck des Adels den beim Volk beliebten Finanzminister Jacques Necker.

Im aufgeheizten Paris fordert der Rechtsanwalt *Camille Desmoulins*: »Zu den Waffen Bürger!« (»Aux armes, citoyens!«; Beginn der *Marseillaise*). Zunächst werden kleinere Waffenlager geplündert, am 14. Juli stürmen dann mehrere Tausend Menschen das berüchtigte Stadtgefängnis, die *Bastille*. Dabei kommen etwa 100 Menschen um, der Kommandant wird gelyncht, nachdem er sich ergeben hat. Sein Kopf wird auf Piken zur Schau gestellt. Auch auf dem Land kommt es in der Folge zu Aufständen. Ludwig XVI. versucht zu deeskalieren und versichert der Nationalversammlung seinen Schutz. Diese beschließt am 5. August mit den Stimmen liberaler Adeliger die *Aufhebung der Leibeigenschaft*. Auf dem Land bricht der Widerstand damit zusammen. Am 26. August folgt die *Erklärung der Menschen- und Bürgerrechte*.

In Paris ist die Stimmung jedoch nach wie vor aufgeheizt. Der Brotpreis ist nicht gesunken und der Arzt *Jean Paul Marat* warnt das Volk vor einer *Verschwörung der Aristokraten*. Am 5. Oktober ziehen Tausende Menschen, darunter viele Frauen, nach Versailles und nötigen die königliche Familie, ins Pariser Stadtschloss (Tuilerien) umzuziehen. Danach folgen mehr als eineinhalb Jahre produktive Arbeit an politischen und ökonomischen Reformen. Unklar bleibt jedoch die Rolle des Königs. In der Nacht des 20. Juni 1791 versucht die königliche Familie zu fliehen, wird aber erkannt und zurück nach Paris gebracht. Diese Flucht gibt den radikalen Kräften gewaltigen Auftrieb.

Am 27. August 1791 erklären Kaiser Leopold II. (Königin Marie Antoinettes Bruder) und König Friedrich Wilhelm II. von Preußen die Absicht, Ludwig XVI. wieder in seine alten Rechte einsetzen zu wollen. In Frankreich wird dies als *Kriegsdrohung* aufgefasst und es kommt zu einer weiteren Radikalisierung. Am 20. April 1792 beschließt die Nationalversammlung mit überwältigender Mehrheit, die Drohungen aus dem Ausland mit einer eigenen Kriegserklärung gegen Österreich und Preußen zu beantworten. Die Motive sind extrem unterschiedlich und reichen von blindem Hass gegen die europäischen Monarchien über die Überzeugung, damit nur einem Schlag der Gegenseite zuvorzukommen, bis hin zu der Auffassung, so die Radikalen besser in Schach halten zu können. Auch Ludwig XVI. muss zustimmen und tut es auch – in der Hoffnung, dass der Krieg verloren wird.

Die französischen Truppen sind tatsächlich hoffnungslos unterlegen. Am 11. Juli ruft die Nationalversammlung deshalb alle Bürger auf, sich als freiwillige Kämpfer registrieren zu lassen. Die Begeisterung ist teils ungeheuer. Ein Marseiller Bataillon fällt durch das Singen eines bereits im April in Straßburg komponierten Liedes auf, das fortan als *Marseillaise* bekannt wird und auch zur Nationalhymne wurde.

Das Who is who der Französischen Revolution

Sansculotten: »Sansculotte« heißt wörtlich »ohne Hose«, genauer gesagt, ohne die damals bei allen besseren Ständen verbreitete Kniebundhose. Diese ironische Bezeichnung haben sich die Pariser Proletarier, die zumeist einfache, lange Hosen tragen, selbst zugelegt. Als organisierter Kern der wütenden Volksmenge sind die Sansculotten ein entscheidender Faktor der Revolution. Ihre Kernforderung sind bezahlbare Lebensmittel für alle. Deshalb stürzen sie die Jakobiner, die Höchstpreise für Lebensmittel festgelegt haben.

Girondisten: Die Girondisten sind nach einem südfranzösischen Departement benannt, aus dem viele ihrer Abgeordneten stammen. Sie sind die Partei der gemäßigten Revolutionäre und geraten im Verlauf der Revolution immer mehr zwischen die Fronten.

Jakobiner: Die radikalen Gegner der Girondisten nennen sich eigentlich Montagnards (Bergpartei), weil sie im Nationalkonvent die obersten Sitzreihen haben. Dominiert wird die Bergpartei jedoch von den Mitgliedern des 1789 gegründeten Jakobiner-Clubs, der seinen Namen von dem Kloster hat, in dessen Bibliothek er tagt.

Am 25. Juli richtet sich der Oberbefehlshaber der preußischen Truppen, Herzog *Karl Ferdinand von Braunschweig-Wolfenbüttel*, mit einem Manifest an die Franzosen. Er droht die Zerstörung von Paris an, für den Fall, dass dem König etwas geschähe. Wieder kocht die Stimmung hoch und am 10. August stürmt das revolutionäre Pariser Proletariat rund um die *Sansculotten* die Tuilerien, metzelt die Schweizer Garden nieder und bringt die königliche Familie ins Gefängnis *Temple*. Die feindlichen Truppen nähern sich Paris jedoch bedenklich und so stürmt in der Nacht des 3. September eine fanatisierte Menge die Gefängnisse, um eingesperrte Royalisten zu beseitigen. Am Ende werden rund 400 Revolutionsgegner und etwa 800 Menschen, die aus anderen Gründen inhaftiert waren, abgeschlachtet. Am 21. September beschließt der Anfang des Monats neu gewählte Nationalkonvent eine neue *republikanische Verfassung*.

 Um deutlich zu machen, dass mit der Abschaffung des Königtums eine neue Zeit angebrochen ist, wird auch ein neuer Kalender eingeführt. Mit dem 22. September 1792 beginnt das Jahr I der Republik. Etwas später werden auch noch neue Monate geschaffen. Sie bekommen Namen rund um die Vegetation wie Germinal (»Der Keimende« vom 21. März bis 19. April), Fructidor (»Der Fruchtbringende« vom 18. August bis 16. September) oder Brumaire (»Der Neblige« vom 22. Oktober bis 20. November). Wieder abgeschafft wird der Kalender unter Napoleon am 31. Dezember 1805.

Am 18. Januar 1793 wird Ludwig XVI. wegen Hochverrat verurteilt und drei Tage später durch die Guillotine hingerichtet. Daraufhin schließen sich auch Großbritannien, die Niederlande, Spanien und die deutschen Reichsstände dem preußisch-österreichischen Krieg gegen das revolutionäre Frankreich an. In Frankreich selbst löst die Rekrutierung von Soldaten im Westen des Landes rund um das Departement Vendée einen Bürgerkrieg aus,

KAPITEL 14 Der Beginn der Moderne: Revolution in Europa

der wohl mindestens 150 000 Menschen das Leben kostet. Auch die Versorgungslage wird durch Engpässe und eine Inflation der Preise immer prekärer.

Am 10. März wird deshalb auf Vorschlag George Dantons, eines führenden Jakobiners, ein *Revolutionstribunal* gegründet, das Feinde der Revolution schnell aburteilen kann; am 5. April folgt der *Wohlfahrtsausschuss* als Exekutivorgan der Nationalversammlung. Während des Sommers gelingt es den *Jakobinern* um George Danton, Louis Antoine de Saint-Just und Maximilien Robespierre, beide Gremien unter ihre Kontrolle zu bringen.

Am 16. Oktober wird Königin Marie Antoinette hingerichtet. Anschließend beginnt die *Terrorherrschaft* des Wohlfahrtausschusses. Obwohl die Guillotine auf dem Pariser Place de Grève das Symbol des Mordens ist, sterben die meisten Opfer gar nicht in Paris, sondern in der Provinz. Zentren des Schreckens sind etwa Lyon und Nantes. In Paris aber trifft es ab April 1794 auch zunehmend unbequem gewordene, ehemalige Verbündete Robespierres, wie etwa Danton oder Desmoulins.

Opfer des Terrors

Die Terrorherrschaft Robespierres kostet mindestens 16 500 Menschen, vielleicht aber auch mehr als doppelt so viele das Leben. Die meisten sind entweder Adelige oder Girondisten. Zu den Prominentesten gehören:

✔ **Charlotte Corday**, Anhängerin der Girondisten, die aus Gewissensgründen den Radikalenführer Marat ermordete.

✔ **Olympe de Gouges**, Schriftstellerin und Frauenrechtlerin, die 1791 in Erwiderung auf die Erklärung der Menschenrechte, die Frauen von der Gleichberechtigung ausschloss, eine **Erklärung über die Rechte der Frau und Bürgerin** verfasste.

✔ **Marie-Jeanne Dubarry**, Mätresse Ludwigs XV.

✔ **Antoine Laurent de Lavoisier**, »Vater der modernen Chemie« und gemäßigter Revolutionär.

✔ **Friedrich Freiherr von der Trenck**, preußischer Offizier und Abenteurer, als Spion verdächtigt.

Ein Direktorium im Krieg gegen Europa

Am 26. Juli 1794 macht Maximilien Robespierre seinen entscheidenden Fehler: Er kündigt eine neue *Säuberungswelle* an. Nachdem er zuvor schon engste Mitstreiter auf die Guillotine geschickt hat, kann es nun im Prinzip jeden treffen. Die Abgeordneten des Nationalkonvents verbünden sich daher über Nacht und beschließen am nächsten Tag nahezu einstimmig, Robespierre, Saint-Just und 19 ihrer Mitstreiter hinzurichten. In den nächsten Tagen folgen 83 weitere Todesurteile.

Nun übernimmt wieder der Nationalkonvent die Leitung der Politik. Doch viele der ehrlichsten und idealistischsten Revolutionäre sind dem Terror zum Opfer gefallen. Geblieben sind skrupellose Überlebenskünstler. Unter ihrer Herrschaft blüht die Korruption auf; Nahrungsmittelpreise und Inflation schießen wieder in die Höhe.

Nach dem Sturz Robespierres kommt es auch zu zahlreichen Racheakten. Da viele der Akteure eine weiße Kokarde tragen, werden diese Aktionen auch als *weißer Terror* bezeichnet – ein Begriff, der in der Folge regelmäßig auf *Konterrevolutionäre* angewandt wird. Allerdings ist lange nicht alles, was nach dem Sturz Robespierres passiert, konterrevolutionär. Vornehmlich geht es um Rache, die oft aber nicht die tatsächlichen Verantwortlichen, sondern beliebige Jakobiner oder Sansculotten trifft.

1795 wird wieder einmal die Verfassung geändert. Das Parlament wird in zwei Kammern aufgespalten: Der *Rat der Fünfhundert* darf Gesetze vorschlagen, der *Rat der Alten* über sie entscheiden. Exekutivorgan wird ein fünfköpfiges *Direktorium*.

Und der Krieg gegen die europäischen Mächte? Hier stellen sich ab 1794 erste Erfolge ein, da die französischen Offiziere gelernt haben, die Stärken eines großen Volksheers auszuspielen. Zudem gibt es auch in den Ländern der Kriegsgegner Sympathien für die Revolution. 1795 stürzen die Niederländer im Verbund mit französischen Truppen ihren Herrscher Wilhelm V. von Oranien und gründen die *Batavische Republik*. Wenig später schließen die deutschen Staaten Frieden mit Frankreich, weil den kleineren Reichsständen der Krieg zu teuer wird und Preußen seine Truppen im von Aufständen erschütterten Polen braucht. Frankreich erhält die linksrheinischen deutschen Besitzungen.

Preußen, das sich im Verbund mit Österreich und Russland 1772 und zusammen mit Russland nochmals 1793 Teile *Polens* unter den Nagel gerissen hat, schlägt nach dem Frieden mit dem revolutionären Frankreich zusammen mit Österreich und Russland den aufgrund der Zweiten Polnischen Teilung entbrannten *Kosciuszko-Aufstand* nieder. Danach teilen die drei Mächte das verbliebene polnische Staatsgebiet komplett unter sich auf.

Einer der erfolgreichen jungen französischen Offiziere ist der 25-jährige *Napoleon Bonaparte*. Anfang Oktober 1795 ist er gerade bei der Hand, als *Paul de Barras*, einer der Direktoren, jemanden braucht, der einen royalistischen Putsch niederschlägt. Im März 1796 überträgt Barras ihm dann den Oberbefehl über die Italienarmee. Napoleon möbelt die demoralisierten Soldaten psychisch auf und bringt mit moderner Kriegstaktik die zahlenmäßig überlegenen Österreicher und ihre italienischen Verbündeten zur Kapitulation. Savoyen, Nizza und die österreichischen Niederlande (Belgien und Luxemburg) fallen an Frankreich, zwischen der Schweizer Grenze und San Marino entsteht mit der *Cisalpinischen Republik* ein französischer Vasallenstaat. Die Franzosen sind begeistert – Barras und die anderen Direktoren weniger. Sie schicken Napoleon nach *Ägypten*, wo nach dem Sturz des mit Frankreich verbündeten (nur noch nominell osmanischen) Statthalters *Ismail Bey*, unbedingt eine Verbrüderung der neuen Machthaber mit den Briten verhindert werden soll.

Militärisch ist der Ägyptenfeldzug ein Fehlschlag, im Jahr 1801 übernehmen die Briten die Kontrolle über das Land. Die Wissenschaftler jedoch, die Napoleon begleiten, machen sensationelle Entdeckungen, etwa den *Stein von Rosette*, dessen dreisprachige Inschrift die Entzifferung der Hieroglyphen möglich macht. In Kairo gründet Napoleon die Forschungseinrichtung *Institut d'Égypte*. Außerdem weckt sein Feldzug in ganz Europa ein immenses Interesse an Ägypten.

Heilsbringer und Ungeheuer: Napoleon

Bei den Intellektuellen Europas und der bürgerlichen Jugend löst die Französische Revolution teils enthusiastische Begeisterung aus, hängt doch die ganze Existenz der Menschen trotz allem Wohlstand und aller Bildung weiter von der Gnade des eigenen Monarchen ab.

»Frankreich schuf sich frei. Des Jahrhunderts edelste Tat hub da sich zu dem Olympus empor ... Und wir? Ach, ich frag' umsonst. Ihr verstummet, Deutsche!«, schreibt etwa der Dichter Friedrich Gottlieb Klopstock nach dem Sturm auf die Bastille. Manch Heißsporn geht sogar nach Paris, um auf den Barrikaden mitzukämpfen. Andere gründen wenigstens lokale Jakobiner-Clubs.

Mit der wachsenden Radikalisierung in Frankreich setzen dann aber Ernüchterung und Ablehnung ein, bei den einen früher, bei den anderen später. Manch einer sagt sich sogar gänzlich von seinen früheren Idealen los – aber das sind Ausnahmen. Im Großen und Ganzen schürt die Französische Revolution die Sehnsucht nach eigenen politischen Freiheiten gewaltig; das kommt dann auch Napoleon zugute. Außer bei den Briten. Im Land der Glorious Revolution, das seinen eigenen König schon rund 150 Jahre früher geköpft hat, betrachten die meisten die französischen Exzesse von Anfang an mit Abscheu.

Der junge Held

Während Napoleon bei den Pyramiden unterwegs ist, wächst in Frankreich die Ablehnung des korrupten Direktoriums. Doch der junge Hoffnungsträger Napoleon hat seine Spione in der Heimat, die ihn auf dem Laufenden halten. Am 23. August 1799 übergibt er die Armeeführung seinem Stellvertreter und kehrt nach Paris zurück. Dort sucht *Emmanuel Joseph Sièyes*, einer der Direktoren – aber ein Revolutionär der ersten Stunde, der 1789 wesentlichen Anteil am Ballhausschwur gehabt hat – einen »Säbel« für einen Putsch gegen seine Kollegen.

Am 18. Brumaire (9. November) lassen Sièyes und Napoleon die Parlamente wegen eines angeblich drohenden Putsches in den Vorort Saint-Cloud evakuieren und präsentieren ihnen dort eine neue Verfassung, die Sièyes ausgearbeitet hat. Die meisten Abgeordneten denken jedoch nicht daran, diese abzunicken. Doch Napoleons jüngerer Bruder *Lucien*, der Vorsitzende des Rats der Fünfhundert, rettet die Situation: Er lässt die Wortführer festnehmen und versichert dann den Kollegen, er werde seinen Bruder persönlich erstechen, wenn der die Prinzipien der Revolution verrate. Mit dieser Mischung aus Drohung und Pathos bringt er die Mehrheit der Abgeordneten dazu, die neue Verfassung auf drei Monate zu bewilligen. Napoleon, Sièyes und ihr Mitverschwörer Robert Ducos bilden als »Konsuln« eine neue Regierung mit weitreichenden Vollmachten.

In der Folge kann Napoleon Sièyes und Ducos recht problemlos übergehen. Dabei spielt ihm in die Karten, dass Österreich, Russland, Großbritannien und das Osmanische Reich den Frieden von 1797 für hinfällig erklären, und er wieder das tun darf, was er am besten kann: Krieg führen. Im Jahr 1801 müssen sich seine Gegner abermals geschlagen geben (Großbritannien erst 1803). Bis 1805 kann Napoleon aber auch

- ✔ die Verwaltung reformieren,
- ✔ die Staatfinanzen sanieren,
- ✔ die Infrastruktur ausbauen,
- ✔ das Bildungssystem verbessern,
- ✔ mit dem *Code Civil* ein wegweisendes modernes Gesetzbuch einführen.

1803 erlaubt ihm eine überwältigende Mehrheit der Franzosen in einer Volksabstimmung, sich zum *Konsul auf Lebenszeit* zu machen. Ein Jahr später lässt er sich vom Senat die Kaiserwürde antragen und krönt sich dann – mit Papst Pius VII. als Zuschauer – in der Pariser Kathedrale *Notre Dame* zum *Kaiser der Franzosen*.

Revolte auf Haiti

Die Ideale der Französischen Revolution erfassen auch die Sklaven auf der französischen Karibikinsel *Hispaniola* und führen zu Aufständen. 1794 erklärt der Rebellenführer *François-Dominique Toussaint Louverture* die Sklaverei für abgeschafft. Doch auch in Frankreich gelten die allgemeinen Menschenrechte nur für Freie (egal welcher Hautfarbe), nicht jedoch für Sklaven.

1802 entsendet Napoleon eine Militärexpedition auf die Insel. Louverture wird gefangen genommen und stirbt in französischer Gefangenschaft. Die französischen Truppen sind jedoch bald vom Gelbfieber so dezimiert, dass am Ende die Aufständischen siegen und 1804 das freie Haiti proklamieren. Allerdings gelingt es ihnen nicht, eine stabile Regierung zu etablieren. Außerdem bricht die zuvor hochprofitable Plantagenwirtschaft zusammen und Frankreich verlangt für die Anerkennung der Unabhängigkeit Haitis 60 Millionen Franc. Eine weitere Belastung aus der Kolonialzeit: Die Folgen der radikalen Abholzung für die Plantagen machen sich in Form von Bodenerosion bis heute bemerkbar.

Der Herr Europas

Napoleons Kaiserkrönung provoziert die europäischen Monarchen so sehr, dass Großbritannien, Russland, Österreich, Schweden und Neapel wieder einen Krieg gegen Frankreich beginnen. Napoleon erhält dafür Unterstützung von Bayern, Württemberg und Baden.

KAPITEL 14 Der Beginn der Moderne: Revolution in Europa 263

Am 21. Oktober 1805 erleidet Napoleon bei seinem Versuch einer Invasion in England eine krachende Niederlage in der *Seeschlacht von Trafalgar* gegen *Horatio Nelson*. Zu Land kann er dafür am 13. November *Wien* einnehmen. Am 2. Dezember siegt er in der *Schlacht von Austerlitz* (Mähren) so souverän, dass Österreich sich geschlagen geben muss und seine letzten italienischen Besitzungen verliert.

Am 16. Juli 1806 treten 16 deutsche Länder aus dem römisch-deutschen Kaiserreich aus und gründen den *Rheinbund* unter Napoleons Protektion. Kaiser Franz II. erklärt das Reich daraufhin für aufgelöst und bezeichnet sich fortan als *Kaiser von Österreich*. Bis 1808 treten auch die anderen deutschen Staaten – außer Österreich und Preußen – dem Rheinbund bei. Preußen will eigentlich neutral bleiben, kann aber nicht verhindern, dass sich Napoleon massiv in seine Politik einmischt. Im August 1806 setzt sich die Kriegspartei rund um Königin *Luise* und Prinz *Louis Ferdinand* durch. Am 14. Oktober 1806 erleidet Preußen jedoch bei *Jena* und *Auerstedt* eine krachende Niederlage.

Am 14. Juni 1807 schlägt Napoleon die Russen in der *Schlacht bei Friedland*. Im anschließenden *Frieden von Tilsit* wird Polen als *Herzogtum Warschau* wiederhergestellt (aus der preußischen Beute der Zweiten und Dritten Polnischen Teilung), aus dem britischen Kurfürstentum Hannover und dem preußischen Besitz westlich der Elbe wird das *Königreich Westphalen*, das Napoleons Bruder Jérôme erhält.

Ebenfalls 1807 erobert Napoleon *Portugal*, da es sich nicht der Kontinentalsperre gegen England angeschlossen hat. Das Königshaus flieht nach Brasilien. Eine Eroberung Spaniens gelingt ihm hingegen nicht, da das Land massive britische Militärhilfe unter Leitung von Arthur Wesley, später *Herzog von Wellington*, erhält.

1810 heiratet Napoleon *Marie-Louise von Habsburg*, eine Tochter von Kaiser Franz. Im gleichen Jahr kündigt Zar Alexander I. seine Beteiligung an der Kontinentalsperre gegen Großbritannien auf. 1811 beginnt Napoleon die Grande Armée gegen Russland aufzustellen und fordert von allen verbündeten und unterworfenen Ländern Kontingente. Doch nicht nur das sorgt für Unmut. Die Modernisierungen und bürgerlichen Freiheiten, die anfangs so begrüßt wurden, sind nur stückweise umgesetzt worden. Die Kontinentalsperre schadet der heimischen Wirtschaft. Mehr und mehr bekommen Nationalisten Aufwind, die eine Beseitigung der Fremdherrschaft fordern. Im Jahr 1812 scheitert der *Russlandfeldzug*. Napoleon kann zwar im evakuierten Moskau einziehen, dort aber werden seine Soldaten ein Opfer von Hunger und Kälte. Auf dem Rückzug wird die Armee in der *Schlacht an der Beresina* am 28. November zerschlagen. Die Opferzahlen des Feldzugs werden inklusive der russischen Soldaten und Zivilisten auf bis zu einer Million geschätzt.

Während des Rückzugs aus Russland schließt der Befehlshaber des preußischen Korps, *Ludwig Yorck von Wartenberg*, am 30. Dezember 1812 eigenmächtig einen Waffenstillstand mit Russland: die *Konvention von Tauroggen*. Als das ganze Ausmaß des Russlanddesasters bekannt wird, bestätigt der preußische König Friedrich Wilhelm III. am 28. Februar 1813 das Bündnis. Napoleon fällt daraufhin mit einer neu aufgestellten Armee in Preußen ein und erringt im Mai gegen das reformierte preußische Heer zwei sehr verlustreiche Siege (bei Großgörschen und Bautzen). Am 19. Oktober gewinnt dann das *russisch-preußische Bündnis*, dem sich inzwischen auch Österreich und Schweden angeschlossen haben, die dreitägige *Völkerschlacht bei Leipzig*. Direkt vor oder sogar während der Schlacht wechseln die Rheinbundstaaten (außer Sachsen) die Seiten. Unterdessen erkämpft sich der britische

General Wellington von Spanien her den Übergang über die Pyrenäen. Am 30. März 1814 erzwingen die Koalitionstruppen durch den *Sieg bei Paris* Napoleons Abdankung. Er wird auf die Insel *Elba* verbannt.

Am 1. März 1815 kehrt Napoleon von Elba zurück und kann in Frankreich ein großes Heer mobilisieren. Am 18. Juni wird er jedoch von einem britisch-preußischen Heer bei *Waterloo* unweit von Brüssel geschlagen. Danach wird er auf die britische Insel *St. Helena* (knapp 2000 Kilometer vor der Küste Angolas) verbannt, wo er 1821 stirbt.

Alte Prinzipien, neue Machtgefüge: Die Welt des Wiener Kongresses

Seit Karl dem Großen ist die Landkarte Europas nicht mehr so gründlich umgestaltet worden wie durch Napoleon – und auch da ging es nicht so schnell. Wie damit umgehen? Ab dem 18. September 1814 tagt in Wien ein Kongress, der sich auf die Fahnen geschrieben hat, die alten Verhältnisse wiederherzustellen. Aber das ist natürlich Augenwischerei. Keiner der Fürsten, der zu den Gewinnern der Napoleon-Zeit gehört, möchte seinen Machtzuwachs wieder rückgängig gemacht wissen! Also wird mit harten Bandagen gekämpft und Europa noch einmal neu gestaltet.

Den neuen Geist dagegen, der mit der Französischen Revolution und den napoleonischen Reformen Einzug gehalten hat, möchten die Verantwortlichen von Wien am liebsten zurück in die Flasche stopfen. Doch auch das funktioniert nicht.

Die Neuordnung Europas

Kennen Sie den Ausdruck »Der Kongress tanzt«? Es ist ein Filmtitel von 1931, aber er trifft zu, denn der Kongress tanzte tatsächlich. Wien beherbergt ein Dreivierteljahr lang über 200 Delegationen aller großen und der meisten kleinen Länder Europas, deren hochwohlgeborene Mitglieder sich auf endlosen Bällen und Festen vergnügen. Abgesehen davon wird in einzelnen *Kommissionen* – eine Neuheit – nach Kräften gefeilscht. Der knorrige preußische Marschall *Gebhard Leberecht von Blücher* urteilt, es gehe zu wie auf einem »Jahrmarkt in einer kleinen Stadt, wo jeder sein Vieh hintreibt«.

Die entscheidenden Figuren auf dem Kongress sind:

✔ **Klemens Fürst von Metternich,** der österreichische Außenminister, ein mit allen Wassern gewaschener Diplomat, der zwischen 1806 und 1809 Gesandter in Paris war. Während im militärischen Kampf gegen Napoleon Österreich eher eine Nebenrolle spielte, hat er diplomatisch schon die Strippen gezogen und etwa mit den Rheinbund-Staaten den Preis ihres Abfalls von Napoleon verhandelt. Ihm geht es vor allem darum zu verhindern, dass irgendeine Macht so stark werden kann, dass sie Österreich gefährlich wird. Um das zu erreichen, stärkt er die Rolle des geschlagenen Frankreichs. Absolutes Tabu ist für ihn, sich der Volksemotionen zu bedienen, weshalb der Kampf gegen Napoleon in Österreich auch nicht zum »Freiheitskampf« stilisiert wurde.

KAPITEL 14 Der Beginn der Moderne: Revolution in Europa 265

✔ **Alexander I.**, Zar von Russland, von seiner Großmutter Katharina der Großen erzogen, ist ein sehr religiöser Herrscher, der aus seinem Glauben teils politische Ideale, teils autokratische Verantwortung ableitet. Er hatte sich bemüht, einem Krieg mit Napoleon aus dem Weg zu gehen, diesen am Ende aber entschlossen durchgezogen. Als Freund Friedrich Wilhelms III. von Preußen ist er ein besserer Vertreter preußischer Interessen als dieser selbst. Er ist zudem »der« Gegenspieler Metternichs.

✔ **Charles-Maurice de Talleyrand-Périgord**, der Vertreter Frankreichs, ist ein Phänomen. Ursprünglich Bischof von Autun, dann Vorkämpfer der französischen Revolution mit altadeligem Gehabe, während der Terrorherrschaft – offiziell als Diplomat – außer Landes, später Napoleons Außenminister, ab 1806 als Fürst von Benevent im Wartestand, ist er nun gewillt, all seine Erfahrung spielen zu lassen, um Frankreichs Großmachtstellung zu behaupten.

✔ **Robert Stewart Viscount Castlereagh**, der britische Außenminister, ist wie Metternich vor allem um ein Kräftegleichgewicht bemüht.

Neben dem Tausch vieler kleinerer Gebiete sind das die wichtigsten Ergebnisse:

✔ In Frankreich kehren die **Bourbonen** zurück auf den Thron.

✔ Einen deutschen Nationalstaat, den viele Bürger im Rahmen der Befreiungskämpfe forderten, wird es nicht geben. Stattdessen entsteht als Nachfolgeorganisation des Kaiserreichs der **Deutsche Bund**, ein loser Zusammenschluss unter österreichischer Hegemonie.

Im Deutschen Bund sind nur noch 38 Staaten vertreten. Die meisten kleinen und geistlichen Reichsstände wurden bereits 1803 durch den *Reichsdeputationshauptschluss* aufgelöst, um die Staaten zu entschädigen, die im Frieden von 1801 linksrheinische Gebiete an Frankreich hatten abtreten müssen. Die großen Gewinner dieser Regelung waren Preußen und Bayern, das die fränkischen Fürstbistümer Würzburg, Bamberg und Eichstätt und einen Teil von Mainz (um Aschaffenburg) erhielt. Diese Gewinne blieben ebenso unangetastet wie die Königstitel der bayerischen und württembergischen Herrscher, die diese im Rheinbund-Vertrag von Napoleon verliehen bekommen hatten.

✔ In **Italien** werden teils alte Herrschaften wiederhergestellt, teils neue kreiert.

✔ Das Herzogtum Warschau wird zu einem **polnischen Staat unter russischem Protektorat**. Nur die Region Posen fällt an Preußen. Dieses Projekt war das am meisten umstrittene. Es hätte fast Krieg gegeben, weil den anderen Mächten Russland damit zu stark wurde. Zar Alexander I. sah sich jedoch bei seinem aus Polen stammenden Außenminister und Freund Adam Jerzy Czartoryski im Wort und blieb hartnäckig.

✔ **Preußen,** das damit einen Teil seiner Beute aus den Polnischen Teilungen aufgeben muss, wird mit mehr als der Hälfte von Sachsen (das als treuer Verbündeter Frankreichs mehr verliert als dieses selbst), Westfalen und der späteren Rheinprovinz entschädigt.

✔ Die **Niederlande** werden zum Königreich und erhalten die österreichischen Niederlande (Belgien und Luxemburg).

✔ **Österreich** wird mit Tirol, Salzburg und Lombardo-Venetien entschädigt.

✔ **Schweden** verliert Finnland an Russland, bekommt aber Norwegen von Dänemark, das dafür das Herzogtum Lauenburg von Hannover erhält.

✔ **Großbritannien** darf die Eroberungen aus den parallel laufenden Kolonialkriegen behalten: die südafrikanische Kap-Kolonie, Ceylon, Trinidad und Tobago, die Seychellen, Mauritius, St. Lucia, außerdem Malta und die Ionischen Inseln.

✔ Die **Neutralität der Schweiz** wird garantiert.

✔ Die **Sklaverei** wird geächtet.

Die vielen Revolutionen von 1848

Wissen Sie, wie sich in der deutschen Geschichte die Epochen des *Biedermeier* und des *Vormärz* zueinander verhalten? Die Zeitspanne ist exakt dieselbe. Denn während viele Bürger froh sind, dass wieder Ordnung herrscht, sich in ein häusliches Idyll flüchten und nicht um Politik kümmern, rebellieren die anderen nicht erst im März 1848, sondern schon in den Jahrzehnten davor gegen die immer verhasster werdende alte Obrigkeit. Doch während in den Zeiten der Aufklärung der Kampf um politische Teilhabe vorwiegend intellektuell geprägt war, dominieren jetzt die Emotionen, teils von romantischem, teils von überaus aggressivem Nationalismus geprägt.

Nationalismus erscheint aus heutiger Sicht leicht als altes Übel, doch bis zur Französischen Revolution spielte er praktisch keine Rolle. Die Reiche der frühen Geschichte waren sogar sehr oft sehr multikulturell. Die Fürsten nahmen alles, was sie erobern oder erheiraten konnten, und ein Reich war eben das, was unter der Macht (althochdeutsch: rihhi, lateinisch: regnum) eines bestimmten Regenten stand. Mit der Idee der *Volkssouveränität* aber kam die Frage auf, was eigentlich ein »Volk« ist und wer dazugehört. Alle, die die gleiche Sprache sprechen? Alle, die im gleichen Territorium geboren sind? Nichts davon passt so recht, und wo beginnt oder endet eine gemeinsame Kultur? Da der Begriff »Volk« oder »Nation« nüchtern betrachtet zwangsläufig unscharf bleiben muss, wurden umso mehr Versuche unternommen, ihn ideologisch über »gemeinsame Wurzeln«, einen »Nationalcharakter« oder aber auch durch Abgrenzung gegenüber »den anderen« zu definieren. Im späten 19. Jahrhundert kamen dann Versuche hinzu, diese Vorstellungen pseudowissenschaftlich zu untermauern, etwa durch Rassetheorien.

Einen Eindruck von der veränderten Stimmung nach den Kriegen gegen Napoleon vermittelt ein Blick auf das christlich-jüdische Miteinander. Ab 1780 trifft sich in Berlin alles, was Rang und Namen hat, bei dem jüdischen Ehepaar *Henriette* und *Marcus Herz*. Henriette verkehrte von Kindheit an im Haus von Moses Mendelssohn, dem großen Vordenker der jüdischen Aufklärung (*Haskala*), mit dessen Töchtern sie befreundet war. Marcus war Lieblingsschüler von Immanuel Kant und ein enger Freund des großen Literaten der Aufklärung, Gotthold Ephraim Lessing. Im Salon des Ehepaars treffen sich diverse preußische Prinzen, die Brüder Humboldt, der Theologe Friedrich Schleiermacher, der Bildhauer Johann Gottlieb Schadow und weitere Größen der damaligen Berliner Gesellschaft. Ab 1803 gibt es dann den noch berühmteren Salon von *Rahel Levin* (später Varnhagen).

KAPITEL 14 Der Beginn der Moderne: Revolution in Europa 267

Doch mit der preußischen Niederlage von 1806 kippt die Stimmung urplötzlich ins Deutschnationale. Der Dichter *Achim von Arnim* etwa gründet eine *Christlich-Deutsche Tischgesellschaft*, zu der nicht einmal konvertierte Juden zugelassen sind. 1819 kommt es dann in vielen vorwiegend deutschen Städten zu den sogenannten *Hep-Hep-Unruhen*. Monatelang werden die jüdischen Bewohner bedroht, verleumdet, beschimpft und teilweise auch körperlich misshandelt sowie ihre Wohnungen und Geschäfte angegriffen, sodass viele vor dem Terror fliehen.

Doch nicht nur nationale Aufwallungen treiben die Menschen um. Die erste Hälfte des 19. Jahrhunderts ist auch von der beginnenden *Industrialisierung* und mehreren *Wirtschaftskrisen* geprägt, die vor allem bei den einfachen Leuten für materielle Not sorgen. Dazu kommen immer wieder massive *Ernteausfälle*, die Teuerungen und sogar Hungersnöte mit sich bringen. Zunächst sorgt im Jahr 1816 ein extrem heftiger Ausbruch des indonesischen Vulkans Tambora für ein »Jahr ohne Sommer«. Ab 1840 breitet sich dann der aus Nordamerika eingeschleppte Pilz Phytophtora aus, der durch eine Kraut- und Knollenfäule immer wieder die Kartoffelernte vernichtet. Kurz vor den Aufständen gibt es im Jahr 1846 erneut eine Missernte, der eine massive Preissteigerung für das Grundnahrungsmittel Kartoffeln und ein Hungerwinter folgen.

In weiten Teilen Europas zeigt sich immer deutlicher, dass auf dem *Wiener Kongress* vor allen Dingen Fürsten ihre Angelegenheiten geregelt haben. Doch die Staaten des 19. Jahrhunderts sind keine mehr, in denen der Fürstenwille absolut ist. Im Jahr 1848 bricht sich die Unzufriedenheit in einer Serie von Aufständen Bahn:

✔ **Frankreich** wurde ab 1814 nacheinander von zwei jüngeren Brüdern Ludwigs XVI. regiert, die wieder altabsolutistische Verhältnisse herstellen wollten. Vor allem **Karl X.** verfolgte seine Politik umso starrsinniger, je mehr Widerstand er damit erregte. Er wird 1830 durch seinen entfernten Verwandten **Louis-Philippe I.** ersetzt. Unter dessen Regierung sorgt die beginnende Industrialisierung für Wohlstand, doch die damit auftretenden sozialen Probleme ignoriert der »Bürgerkönig«. Als er zudem auch immer weniger liberal regiert, kommt es im Februar 1848 zu heftigen Straßen- und Barrikadenkämpfen. Louis-Philippe flieht nach England und der liberale Politiker **Alphonse de Lamartine** ruft die **Zweite Republik** aus. Die Ereignisse in Frankreich wirken in großen Teilen Europas als Zündfunke.

✔ In **Deutschland** besetzen am 1. März **badische Liberale** das Ständehaus im Mannheimer Landtag und fordern eine **parlamentarische Demokratie, Pressefreiheit, Geschworenengerichte** und ein **Volksheer**. In den nächsten Tagen greifen die Unruhen auf alle deutschen Länder über. In Berlin gibt es am 18. März Straßen- und Barrikadenkämpfe mit mehreren Hundert Toten. Zwei Tage später stimmen die erschreckten Fürsten der Einberufung einer **verfassunggebenden Nationalversammlung** zu, die dann am 18. Mai in der Frankfurter Paulskirche zusammenkommt.

Als sich die Abgeordneten des Paulskirchenparlaments jedoch am 28. März 1849 auf die Verfassung einer **konstitutionellen Monarchie** (ohne Beteiligung Österreichs) mit demokratisch gewähltem Parlament sowie unantastbaren Menschen- und Bürgerrechten geeinigt haben, wollen Friedrich Wilhelm IV. von Preußen, der als Monarch vorgesehen ist, aber auch Maximilian II. Joseph von Bayern, Friedrich II. August von Sachsen und Ernst August I. von Hannover nichts mehr davon wissen. Als es zu Aufständen kommt, werden diese durch preußische Truppen unter Führung des späteren Kaisers, Wilhelm I., gewaltsam niedergeschlagen, zuletzt in Baden am 23. Juli 1849.

✔ Während der Kämpfe in Berlin im März 1848 befreien die Aufständischen polnische Revolutionäre aus dem Gefängnis. Am 20. März bildet sich dann in der preußischen **Provinz Posen** (der Beute aus der Dritten Polnischen Teilung und dem Wiener Kongress) ein **polnisches Nationalkomitee,** das Autonomie fordert, die König Friedrich Wilhelm IV. am 24. März auch zusagt. Da jedoch Preußen gleichzeitig Truppen aufstellt und eine Entwaffnung der polnischen Milizen fordert, kommt es zu Kämpfen, die im Mai mit der polnischen Niederlage enden.

✔ In **Wien** stürmen die Aufständischen am 13. März 1848 das Ständehaus und erzwingen die Verlesung einer Petition, die eine konstitutionelle Monarchie fordert. Den greisen **Kanzler Metternich** treibt das in die Flucht nach England. Kaiser Ferdinand I. verspricht eine neue Verfassung. Die Zugeständnisse sind jedoch so gering, dass es im Mai zu einem neuen Aufstand kommt und auch der Kaiser aus Wien flieht. Danach flauen die Unruhen wieder ab, bis im Oktober die Wiener Bürger versuchen, das Ausrücken kaiserlicher Truppen zu verhindern, die den Aufstand in Ungarn niederschlagen sollen. Es kommt zu heftigen Straßenkämpfen, die erst nach rund drei Wochen beendet werden können. Rund 2000 Menschen kommen bei den Kämpfen selbst, aber auch durch standrechtliche Erschießungen ums Leben. Im Dezember dankt der unter Schizophrenie und an anderen Krankheiten leidende Kaiser Ferdinand I. zugunsten seines 18-jährigen Neffen **Franz Joseph I.** ab.

✔ In **Ungarn** beginnen am 15. März 1848 Massendemonstrationen. Die Aufständischen fordern unter anderem die **Aufhebung der Hörigkeit** und die **Proklamation allgemeiner Menschen- und Bürgerrechte,** aber auch die Wahl einer von Österreich **unabhängigen ungarischen Regierung** und die Einführung von **Ungarisch als einziger Amtssprache.** Kaiser Ferdinand I. gibt dem nach, löst damit aber Auseinandersetzungen zwischen der neuen ungarischen Regierung und den zu Ungarn gehörenden nicht-magyarischen Regionen Kroatien, Oberungarn (Slowakei), Banat und Siebenbürgen aus. Dies führt ab dem 3. Oktober zum **Krieg zwischen Österreich und Ungarn,** der zunächst von den Ungarn gewonnen wird. Am 13. April 1849 wird eine unabhängige Republik Ungarn ausgerufen. Mit russischer Unterstützung kann Österreich den Krieg im Oktober 1849 doch noch für sich entscheiden. Danach werden mehr als 100 Anführer hingerichtet.

✔ Die **Böhmen** können Kaiser Ferdinand I. zur Bewilligung eines **böhmischen Landtags** nötigen. Aber auch hier kommt es in der Folge zu Konflikten zwischen tschechischen Nationalisten, Deutschböhmen, Mährenern und Schlesiern. Im Juni 1848 fordert ein **Slawenkongress** in Prag den Austritt der slawischen Habsburger Länder aus dem Deutschen Bund. Am nächsten Tag eskaliert der Versuch, einen Demonstrationszug gewaltsam zu stoppen. Der Aufstand wird jedoch nach fünf Tagen von Militärkommandant Alfred zu Windisch-Grätz niedergeschlagen. (Dessen Frau Marie Eleonore kommt durch einen Querschläger um.)

✔ Im Fürstentum **Moldau** wird die Revolution durch russische, in der benachbarten **Walachei** durch osmanische Truppen unterdrückt.

KAPITEL 14 Der Beginn der Moderne: Revolution in Europa 269

✔ **Dänemarks** neuer König **Friedrich VII.** ist ein begeisterter Hobbyarchäologe und auch ohne Revolution bereit, die Regierungsverantwortung gewählten Politikern zu überlassen. Doch es gibt ein Problem: Schleswig und Holstein. Nach einer Zusicherung des damaligen dänischen Königs aus dem Jahr 1460 sollen die beiden Gebiete »up ewig ungedeelt« (auf ewig ungeteilt) sein. Tatsächlich jedoch gehört Holstein zum Deutschen Bund. Der dänische König regiert hier nur als Herzog, während er in Schleswig, das sowohl von Dänen als auch Deutschen bewohnt ist, sowohl Herzog wie auch König ist. Nun stellt sich die Frage, ob eine neue dänische Verfassung auch für Schleswig gelten soll. Die Dänen sind entschieden dafür. Die Deutschen sehen darin jedoch eine **unrechtmäßige Annexion**. Die Ständeversammlungen in Schleswig und Holstein fordern, dass beide Länder eine eigene Verfassung bekommen und als vereinigtes – aber weiter vom dänischen König regiertes – Herzogtum dem Deutschen Bund angehören. Der Streit führt zu Aufständen und schließlich zu einem dreijährigen Bürgerkrieg. Obwohl die Schleswig-Holsteiner vom Deutschen Bund mit preußischen Truppen unterstützt werden, siegen am Ende die Dänen.

Zusammen mit anderen europäischen Mächten wird 1852 in London ein **Friedensvertrag** ausgehandelt, der vorsieht, dass die Herzogtümer bei Dänemark bleiben, aber Schleswig verfassungsrechtlich nicht enger mit Dänemark verbunden werden darf als Holstein. Wie aber damit umgehen? Die dänische Regierung entwirft eine Gesamtverfassung, der jedoch Holstein und der Deutsche Bund nicht zustimmen. Ein Ausschluss der Schleswiger Dänen von den neuen dänischen Grundrechten ist innenpolitisch aber auch nicht durchzusetzen.

Als Dänemark 1863 dann doch eine Verfassung verabschiedet, die Schleswig, nicht aber Holstein einschließt, reagiert der Deutsche Bund mit einer **Besetzung von Holstein**. Gegen den Willen vieler deutscher Staatsregierungen, aber unter dem Jubel breiter Teile der deutschen Bevölkerung macht Bismarck einen **Krieg gegen Dänemark** daraus, der mit der Eroberung Schleswigs endet. Beide Herzogtümer werden nun unter die gemeinsame Verwaltung von Preußen und Österreich gestellt – obwohl es einen Anwärter aus einer deutschen Nebenlinie des dänischen Königshauses gibt, der den Herzogstitel für sich reklamiert und großen Rückhalt in der Bevölkerung genießt.

✔ Die Geschehnisse in **Italien** 1848 sind eng mit der Einigung von 1861 verbunden. Darüber erfahren Sie im nächsten Kapitel mehr.

Neben den Erhebungen der nationalen Minderheiten und des liberalen Bürgertums mischen sich in die 1848er-Revolutionen auch *proletarische Proteste*. So findet im Juni in Frankreich ein Aufstand der Arbeiter statt, deren Situation sich mit Einführung der Republik nicht verbessert hat. Er wird blutig niedergeschlagen und im November wird Napoleons gleichnamiger Neffe Staatspräsident (der dann 1851 das Zweite Kaiserreich errichten wird). Anderswo wird am Rand der *Märzrevolutionen* das *Kommunistische Manifest* verbreitet. Dazu mehr im nächsten Kapitel.

IN DIESEM KAPITEL

Unternehmertum und Arbeiterbewegung

Unabhängigkeitskriege und Imperialismus

Machtpoker und Reichsgründungen in Europa

Kapitel 15
Globale Verflechtungen: Die industrialisierte Welt

Am 4. Juni 1844 stürmen die Weber der Orte Peterswaldau und Langenbielau im niederschlesischen Eulengebirge das Haus und die Betriebsgebäude des Fabrikanten Zwanziger, treiben ihn in die Flucht und verwüsten seinen Besitz. Andere Fabrikanten versuchen die anrückenden Arbeiter mit Geld und Lebensmitteln zu beschwichtigen, bevor am 6. Juni Einheiten des preußischen Militärs den Aufstand niederschlagen. Dabei werden 11 Menschen getötet, 24 schwer verletzt.

Diese Rebellion der schlesischen Weber ist nur einer von zahlreichen *Aufstandsversuchen ausgebeuteter Arbeiter*. Nichts daran ist besonders spektakulär. Aber er gelangt an die Öffentlichkeit – mitsamt der Hintergründe. Wer will, kann erfahren, wie elend die Weber leben, mit welchem Hungerlohn sie abgespeist werden und wie die Fabrikanten sie schikanieren.

Noch 1844 entstehen mehrere Gemälde und Gedichte, die das Schicksal der schlesischen Weber zum Thema haben. Am bekanntesten ist Heinrich Heines *Weberlied*. Gerhart Hauptmanns Drama *Die Weber* dagegen entsteht erst 1892, ist also nicht aktuell. Trotzdem wird es zu jener Zeit noch als so umstürzlerisch empfunden, dass es zunächst verboten wird und erst zwei Jahre später seine Uraufführung erlebt.

Bemerkenswert ist eigentlich, dass die Weber einige Fabrikanten verschonen, weil diese – noch – faire Löhne zahlen. Denn die europäische Textilherstellung mit ihren in Heimarbeit gewebten Stoffen ist zu diesem Zeitpunkt schon gewaltig unter den Druck der englischen Tuchindustrie geraten. Nach 1850 nehmen die *Industrialisierung* und damit verbunden der *Kapitalismus* auch auf dem Kontinent Fahrt auf. Das aber verändert nicht nur Europa.

Die Industrielle Revolution

Die berühmte Spinning Jenny, das erste *mechanische Spinnrad*, wird von einem englischen Weber erfunden: *James Hargreaves*. Im Nachhinein klingt das verrückt, aber Hargreaves wollte natürlich keineswegs seinen eigenen Arbeitsplatz gefährden. Im Gegenteil: Um das Garn zu produzieren, dass ein Weber an einem Tag zu Tuch verarbeitet, müssen um die fünf Spinner (nicht nur, aber überwiegend Frauen) jeweils genauso lange arbeiten. Die »Jenny«, mit der sich acht Fäden gleichzeitig herstellen lassen, schafft also Arbeitsplätze für Weber. Ein Fortschritt, jedoch keine Revolution. Doch die lässt nicht lange auf sich warten.

Englisches Tuch erobert die Welt

Im Jahr 1769 erfindet der gelernte Perückenmacher *Richard Arkwright* die Waterframe, eine Spinnmaschine, die erst mit einem Pferde-Göppel (Laufrad), dann mithilfe eines Wasserrads angetrieben wird, und zudem – im Gegensatz zur komplizierten »Jenny« – von einem Hilfsarbeiter bedient werden kann. Um sie betreiben zu können, baut Arkwright in der kleinen Gemeinde Cromford/Derbyshire am Fluss Derwent die erste Fabrik, die heute als *Derwent Valley Mills* UNESCO-Weltkulturerbe ist.

Das Problem dabei: Mit der Waterframe lassen sich nur bestimmte Fasern verspinnen. Den Spinnereiarbeiter *Samuel Crompton* ärgern die dünnen, leicht reißenden Fäden. Also entwickelt er 1775 die Spinning Mule. Auch sie wird mit Wasserkraft betrieben und kann bis zu 1000 Fäden gleichzeitig produzieren, die stärker als die der Waterframe sind. Doch die »Mule« zu bedienen, ist schwer und kompliziert, Mule-Arbeiter entsprechend teuer und selbstbewusst.

 Die Waterframe war patentgeschützt. Die englische Regierung verhängte auf Geheimnisverrat sogar die Todesstrafe. Trotzdem gelang es dem deutschen Unternehmer *Johann Gottfried Brüggelmann* im Jahr 1783, eine Maschine aus England zu bekommen und nachbauen zu lassen. In Ratingen gründete er eine Textilfabrik, die er – nach dem Standort der englischen – auch noch *Cromford* nannte.

Richard Arkwright wurde trotzdem einer der mächtigsten englischen Textilbarone und in den Adelsstand erhoben. Samuel Crompton dagegen, der Erfinder der Mule, hatte nicht das Geld für eine Patentierung und brachte es auch später nicht zu Wohlstand.

1830 gelingt es dem Ingenieur *Richard Roberts* die Mule so weiterzuentwickeln, dass sie ganz ohne Bedienung arbeitet. Etwa ab 1860 setzen sich dann *Dampfmaschinen* als Antrieb durch – was zuvor technisch schon möglich, aber teurer und komplizierter als ein Wasserrad war. Damit können Fabriken auch abseits von geeigneten Flüssen entstehen.

Nicht ganz so rasant greift die *Mechanisierung des Webens* um sich. Der erste, von dem Landpfarrer *Edmund Cartwright* 1785 erfundene, mit Wasserkraft betriebene Webstuhl produziert anfangs keine besonders gute Qualität. In Manchester, einem traditionellen Zentrum der *Barchent-Weberei* (ein Baumwoll-Linen-Gewebe), gibt es bis 1830 nur

KAPITEL 15 Globale Verflechtungen: Die industrialisierte Welt 273

Garnfabriken, während die Stoffe in den umliegenden Ortschaften von Hand gewebt werden. Dann jedoch halten auch die verbesserten mechanischen Webstühle massenhaft Einzug. Für ein Dutzend davon oder mehr braucht es nur noch einen angelernten Arbeiter, um sie am Laufen zu halten.

Die Textilbranche gilt als Vorreiterin der Industriellen Revolution. So ganz stimmt das aber nicht. Eisen- und Stahlwaren wurden schon länger unter industriellen, nicht-handwerklichen Bedingungen hergestellt: 1709 ging in Coalbrookdale/Shropshire der erste erfolgreich arbeitende, mit Koks beheizte *Hochofen* in Betrieb, 1740 wurde in Yorkshire der erste *Gussstahl* hergestellt. Doch lange Zeit wurde in relativ kleinen Hütten produziert. Erst als der Ingenieur *Henry Bessemer* 1855 ein neues Verfahren erfindet, Stahl kostengünstig zu produzieren, setzt die Massenproduktion in großen Betrieben ein. Das bringt auch eine entsprechende Ausweitung des Kohlebergbaus mit sich.

Auch andere Textilbranchen wie die Strumpfwirkerei oder das Tuchscheren, das Glätten der Oberflächen, fallen den Maschinen zum Opfer. 1811 kommt es zu ersten Aufständen. Die englische Regierung lässt sie niederschlagen und verhängt für *Maschinenstürmerei* die Todesstrafe.

In der ersten Hälfte des 19. Jahrhunderts nimmt die Produktion englischer Textilerzeugnisse im Gegensatz zur vorindustriellen Zeit um mehr als das Hundertfache zu. Gewinn machen jedoch nur einige wenige Unternehmer, die es sich leisten können, in eine große Fabrik mit Hunderten von Maschinen zu investieren. Arbeiter dagegen gibt es im Überfluss. Denn trotz der enormen *Produktionssteigerung* wird nur noch ein Bruchteil der früheren Arbeitskräfte gebraucht, der zudem *keine besonderen Qualifikationen* benötigt. Die Unternehmer können sich die billigsten aussuchen – und tun das meist auch gnadenlos. Weil ein *Arbeiterlohn* bei Weitem nicht ausreicht, um eine Familie zu ernähren, müssen Frauen und Kinder mitarbeiten – und werden durch noch niedrigere Löhne zur Konkurrenz für ihre eigenen Männer und Väter. Erst 1833 schreitet die Regierung das erste Mal ein und verbietet, dass Kinder unter 9 Jahren in Fabriken arbeiten und Jugendliche unter 18 Jahren mehr als zwölf Stunden beschäftigt sind.

Dampfmaschinen überall

An Weihnachten 1801 können die Einwohner der kleinen cornischen Stadt Camborne ein seltsames Schauspiel erleben: Eine kohlrabenschwarze Dampfmaschine auf Rädern rollt mit einer Geschwindigkeit von etwa acht Stundenkilometern durch die Stadt und schafft dabei sogar Steigungen. Die Einwohner taufen sie *Puffing Devil*. Gebaut hat sie der Ingenieur *Richard Trevithick*. Trotz der Warnungen von James Watt hat er für sein Fahrzeug eine Dampfmaschine mit einem kleineren, dafür aber unter *Hochdruck* stehenden Kessel konstruiert. Drei Tage später fängt die Maschine Feuer, als Trevithick sie während eines Pub-Besuchs abstellt und der Kessel überhitzt. Doch er ist nicht der Mann, sich davon entmutigen zu lassen. Die *Lokomotive*, die er im nächsten Jahr konstruiert, funktioniert im Prinzip, ist aber zu schwer für die Schienen der von Ponys gezogenen Grubenbahn, auf der er sie ausprobiert.

1808 gastiert Trevithick mit seinem *Steam Circus* in London. Hinter einer hohen hölzernen Palisade dreht eine kleine Lok namens *Catch me Who can* mit einem Anhänger ihre Runden. Gegen einen Schilling Eintritt kann jeder mitfahren. Doch auch hier hat Trevithick mit brechenden Schienen zu kämpfen. Immerhin explodiert die Lok nicht. Einer seiner stationären Hochdruckkessel dagegen ist – wie von Watt befürchtet – 1803 in die Luft geflogen und hat vier Menschen getötet.

Und *George Stephenson*? Der Mann, der gemeinhin als der *Erfinder der Eisenbahn* gefeiert wird, konstruiert 1814 seine erste Grubenlok, die er nach dem preußischen Waterloo-Gewinner *Blücher* nennt. In der Folge gelingt es ihm, Partner sowohl für neue Lokomotiven als auch für eine öffentliche Eisenbahnlinie und ein neues Verfahren der Schienenherstellung zu finden. Im Jahr 1825 fährt in Nordostengland die *erste öffentliche Eisenbahn der Welt*. Sie verbindet eine Kohlengrube mit den nächsten Ortschaften und die Gäste müssen zur Einweihung auf Kohlentendern Platz nehmen. Der Durchbruch ist das *Rennen von Rainhill* im Jahr 1829, mit dem die beste Lok für die geplante Liverpool and Manchester Railway gesucht wird. Souveräne Gewinnerin ist die von Stephenson gebaute und mit einem neuen Wärmetauscher optimierte *Rocket*.

George Stephenson kommt aus ärmlichen Verhältnissen und wird schon mit 14 Jahren Grubenarbeiter. Dabei spezialisiert er sich auf die Wartung von Dampfmaschinen. Lesen und Schreiben lernt er erst mit 19 in der Abendschule. Später büffelt er gemeinsam mit seinem Sohn Robert, den er unter vielen Entbehrungen auf die höhere Schule schickt. Ab 1921 arbeiten die beiden auch zusammen an ihren Eisenbahnprojekten.

Andere Länder ziehen schnell nach:

✔ In den USA eröffnet 1830 die Baltimore & Ohio Railroad.

✔ 1835 geht als erste deutsche Eisenbahn die nach dem bayerischen König benannte Ludwigsbahn zwischen Nürnberg und Fürth in Betrieb. Die Lok »Adler« stammt von Stephenson. In der Folge wird der Eisenbahnbau buchstäblich zur Lokomotive der deutschen Industrialisierung.

✔ In Russland fährt 1837 ein Zug von St. Petersburg zur Sommerresidenz des Zaren in Zarskoje Selo.

✔ Im gleichen Jahr wird auf Kuba eine Strecke zwischen Havanna und den Zuckerrohrzentren in Betrieb genommen.

Im Jahr 1850 gibt es weltweit 38 000 Kilometer Schienen, 25 Jahre später zehnmal so viel.

Neben den vielen »Dampffrössern« werden die Dampfmaschinen natürlich auch als Antrieb für die vielfältigsten Maschinen eingesetzt. Allerdings sind sie groß und nur für kapitalkräftige Unternehmer erschwinglich. Abhilfe schafft hier erst der *Ottomotor*, der 1867 auf der *Pariser Weltausstellung* präsentiert wird und erst einmal nicht in (noch gar nicht erfundene) Autos eingebaut wird, sondern als hochwillkommene Kraftmaschine für Kleinbetriebe eingesetzt wird.

KAPITEL 15 Globale Verflechtungen: Die industrialisierte Welt

Clermont und SS Savannah

Die Wiege der *Dampfschiffe* liegt in den USA. Das erste funktionsfähige Linien-Dampfschiff ist die Clermont des amerikanischen Ingenieurs *Robert Fulton*. Am 7. Oktober 1807 fährt sie von New York aus 240 Kilometer den Hudson hinauf nach Albany. 1819 überquert mit der SS Savannah zum ersten Mal ein Dampfschiff den Atlantik.

Doch während die Dampftechnik auf der Schiene völlig neue Möglichkeiten eröffnet, setzen auf dem Wasser viele noch lange auf die bewährten Segelschiffe, und auch die Dampfschiffe werden zur Sicherheit noch mit Segeln ausgestattet. Erst 1889 überquert mit der britischen Teutonic erstmals ein Schiff ohne Segel den Atlantik.

Aufstand der Arbeiter

Gegen die *Macht der Großunternehmer*, das erkennen die Arbeiter schon früh, kommen sie nur gemeinsam an. Sie beginnen nach dem Vorbild der Handwerkergilden und -zünfte *gewerkschaftsähnliche Zusammenschlüsse* zu bilden. 1791 werden diese in Frankreich, 1799 auch in England gesetzlich verboten. Sie existieren jedoch im Untergrund weiter oder werden als Wohlfahrtsorganisationen und Arbeiterbildungsvereine getarnt. Auch Streiks sind gefährlich. Regelmäßig gibt es Tote, wenn das Militär Arbeiterausstände niederschlägt. Den Anführern droht die Todesstrafe oder die Deportation nach Australien.

Friedrich Engels wird 1820 in Barmen als Sohn eines Textilfabrikanten geboren. Nach seiner kaufmännischen Ausbildung beginnt er für liberale Zeitungen zu schreiben und prangert unter anderem auch die Diskrepanz zwischen christlich-pietistischem Unternehmertum, wie es auch sein Vater pflegt, und dem großen sozialen Elend an. Doch erst als er 1842 nach Manchester geht, um in einer Fabrik zu arbeiten, an der sein Vater beteiligt ist, geht ihm die volle Tragweite des Problems auf. Er studiert die Schriften aller bekannten Ökonomen, nimmt Kontakt zu den Anführern der verschiedenen Arbeiterorganisationen auf, besucht Meetings lokaler Gruppen, in denen über konkrete Maßnahmen vor Ort beraten wird, und geht in die Slums. Die Artikel, die er darüber verfasst, erscheinen in der *Rheinischen Zeitung*, deren Redakteur damals *Karl Marx* ist. Später wird aus den Artikeln die Schrift *Die Lage der arbeitenden Klasse in England*. Engels Resümee: Da die besitzende Klasse (*Bourgeoisie*) es den Arbeitern nicht erlaubt, sich aus dieser elenden Lage zu befreien, wird die Befreiung gegen sie erfolgen müssen.

 Wenig bekannt ist, dass Friedrich Engels sich in Manchester in eine der Arbeiterinnen seines Vaters, eine irische Baumwollspinnerin namens *Mary Burns*, verliebt und bis zu ihrem Tod 1863 mit ihr zusammenlebt (sie aber nicht heiratet, da er gegen die Institution Ehe ist). Vermutlich war Mary entscheidend daran beteiligt, dass Engels tatsächlich intensiv mit den Arbeitern in Kontakt kam, anstatt wie viele andere bessergestellte Verfechter von Arbeiterrechten aus recht abgehobener Warte zu schreiben.

Karl Marx emigriert 1843, nachdem die *Rheinische Zeitung* von der Zensur verboten worden ist, nach Paris, wo ihn Engels aufsucht. 1847 treten die beiden in London in eine international organisierte sozialistische Gruppierung namens *Bund der Gerechten* ein, der auf Marx' Betreiben in *Bund der Kommunisten* umbenannt wird.

✔ Im Winter 1847/1848 verfassen Marx und Engels im Auftrag des Bundes *Das Kommunistische Manifest*, das eine Überführung aller »Produktionsmittel« in kollektiven Besitz fordert. Es wird während der **Märzrevolutionen** in ganz Europa verbreitet.

✔ Während der Märzrevolutionen entstehen vor allem in Deutschland auch **Arbeiterkomitees**. Diese gründen im August 1848 die **Arbeiterverbrüderung**, der 170 Arbeitervereine mit etwa 15 000 Mitgliedern angehören. Sie wird 1854 verboten.

✔ 1864 entsteht in London auf Marx' Betreiben die **Internationale Arbeiter-Assoziation (Erste Internationale)**, der Arbeitergruppen aus 13 europäischen Ländern und der USA angehören. Anfangs gehören auch noch sozialistisch-anarchistische Bewegungen wie die von Michail Bakunin dazu. Sie werden von Marx aber allmählich aus der Ersten Internationalen hinausgedrängt.

✔ 1867 erscheint der erste Band von Marx' *Das Kapital*, eine brillante Analyse der ökonomischen Verhältnisse. (Seine Lösungsvorschläge sind eine andere Sache.)

Nicht die gesamte Arbeiterbewegung ist marxistisch. In Deutschland zum Beispiel propagiert der 1863 von Ferdinand Lasalle gegründete *Allgemeine Deutsche Arbeiterverein* nicht den Klassenkampf, sondern die *Gründung von Genossenschaften*, während die 1869 von *August Bebel* und Wilhelm Liebknecht gegründete *Sozialdemokratische Arbeiterpartei* sich als marxistisch versteht. Aber auch deren Vertreter – vor allem die an der Basis – arbeiten eher nicht an der großen proletarischen Revolution, sondern versuchen in zähem Kleinkrieg mehr *Arbeiterrechte* durchzusetzen.

In der zweiten Hälfte des 19. Jahrhunderts beginnt sich die Situation der Arbeiter zu verbessern. Dafür gibt es vor allem drei Gründe:

✔ **Die industrielle Produktion weitet sich enorm aus.** Der Boom der Elektrotechnik und Chemie ab etwa 1870 wird sogar als **Zweite Industrielle Revolution** bezeichnet. Diese Industrien aber brauchen große Mengen an qualifizierten Arbeitern. Die Zeiten, als sich die Industriellen aus einem riesigen Überangebot von Arbeitskräften die billigsten und fügsamsten aussuchen konnten, sind damit vorbei.

✔ **Der Kampf der Arbeiter macht – auch wenn sich die Arbeitgeber durchsetzen – die Arbeit teurer.** Immer mehr Unternehmer beginnen zu begreifen, dass sie mit gewissen Zugeständnissen mehr erreichen können als mit harter Konfrontation. Auch Politiker versuchen die trotz aller Verbote immer besser organisierten Arbeiter für sich zu gewinnen, etwa Bismarck mit seiner **Sozialgesetzgebung**.

✔ **Das öffentliche Bewusstsein hat sich geändert.** Riesige Slums in den Städten, Hinrichtungen von Anführern und das gewaltsame Niederschlagen von Streiks durch das Militär werden nicht mehr hingenommen.

Das alles führt aber auch dazu, dass die Bestrebungen der Arbeiter mehr in Richtung *politischer und sozialer Teilhabe* gehen, anstatt auf einen Umsturz abzuzielen. So fordern etwa die sogenannten *Revisionisten* in der deutschen SPD 1899, die proletarische Revolution aus dem Parteiprogramm zu streichen und ganz auf Sozialreformen zu setzen. Sie scheitern mit ihrem Antrag zwar, in der realen Politik der Partei spielt die Revolution jedoch keine Rolle.

Die neuen Erfindungen und Entdeckungen

- **1804:** Lebensmittelkonserven (Nicolas Appert)
- **1822:** Fotografie (Joeph Nicéphore Niepce)
- **1826:** Elektromagnet (William Sturgeon)
- **1839:** Trommelrevolver (Samuel Colt)
- **1840:** Zellulose (Anselme Payen)
- **1844:** Telegrafenleitung (Samuel Morse, Alfred Vail), Gummi (Charles Goodyear)
- **1846:** Superphosphat als Dünger für die Landwirtschaft (Justus von Liebig), Nähmaschine (Elias Howe)
- **1852:** Aufzug (Elisha Graves Otis)
- **1853:** Fahrrad mit Pedalantrieb (Philipp Moritz Fischer)
- **1856:** Anilinfarben (William Henry Perkin)
- **1866:** Generator zur Erzeugung von elektrischer Energie aus Bewegungsenergie (Werner von Siemens), Dynamit (Alfred Nobel)
- **1867:** Stahlbeton (Joseph Monier)
- **1873:** Schreibmaschine (Christopher Latham Sholes, Carlos Glidden, James Densmore, Samuel Soule)
- **1876:** Telefon (Johann Philipp Reis, Elisha Gray, Alexander Bell)
- **1879:** Elektrische Beleuchtung mit Glühlampen (Thomas Alva Edison)
- **1886:** Automobil mit Verbrennungsmotor (Carl Benz, Gottlieb Daimler, Wilhelm Maybach, Siegfried Marcus), Coca-Cola (John Stith Pemberton)
- **1891:** Hochspannungsleitung (Oskar von Miller)
- **1895:** Röntgenstrahlung (Wilhelm Conrad Röntgen)
- **1897:** Aspirin (Felix Hoffmann)
- **1901:** Radiogerät (Nikola Tesla, Guglielmo Marconi)
- **1903:** Motorflugzeug (Orville und Wilbur Wright, Gustav Weißkopf)
- **1913:** Fließband in der Automobilproduktion (Henry Ford)

Europa und seine Kolonien

Mit der Industrialisierung steigt der *Bedarf an Rohstoffen*, und damit wird das Interesse an Kolonien neu entfacht. Doch auch in Ländern, die nicht kolonialisiert werden, versuchen die westlichen Industrienationen ihr Wirtschaftssystem, ihre Lebensweise, ihre Werte und ihre ganze Macht durchzusetzen. Gleichzeitig kämpfen die ersten Kolonien bereits um ihre Unabhängigkeit.

Die Siege des Simón Bolívar

Spanien hat in Südamerika seine Kolonien. Doch der Profit ist mit der Zeit gesunken. König Karl III. schickt deshalb im Jahr 1765 seine Bevollmächtigten über den Atlantik, um das korrupte, ineffiziente Verwaltungssystem auf Vordermann zu bringen. Bei der einheimischen (weißen) Bevölkerung stößt er damit jedoch auf wenig Gegenliebe. Die Südamerikaner haben kein Interesse daran, die spanischen Kriege in Europa zu finanzieren, sondern wünschen sich freie Handelsmöglichkeiten. Auch die Tatsache, dass auf hohe Posten immer Spanier aus dem Mutterland gesetzt werden, stößt zunehmend auf Kritik. Die erfolgreiche Rebellion der Sklaven in Haiti anno 1804 (Kapitel 14) und der Sturz des spanischen Königs Karl IV. durch Napoleon führen dann zu hochgradiger Verunsicherung. Provisorische Regierungen (*Juntas*) übernehmen die Macht. Es kommt zu Kampfhandlungen zwischen Rebellen und Royalisten und diversen Unabhängigkeitserklärungen, die teils nur regionale Wirkung entfalten.

Simón Bolívar, ein Pflanzersohn aus *Caracas* mit Ausbildung an einer spanischen Militärakademie, schließt sich 1810 einer Junta in seiner Heimatstadt an, die am 5. Juni 1811 die Unabhängigkeit Venezuelas ausruft, aber ein Jahr später von den Spaniern besiegt wird. Im Jahr 1814 schickt Spanien eine gewaltige Armee in die Kolonien, der es vorübergehend gelingt, im Norden die Kontrolle wieder zu übernehmen. Weiter südlich dagegen können nach *Paraguay* (1811) auch *Argentinien* (1816) und *Chile* (1818) ihre *Unabhängigkeit* erkämpfen.

Nach der Niederlage Napoleons kehrt *Ferdinand VII.*, der Sohn des vertriebenen Königs Karl IV., im Mai 1814 nach Spanien zurück und wird begeistert empfangen. Er errichtet dort allerdings ein ultraabsolutistisches Regime mit Inquisition und Folter, sodass er auch bei den Royalisten in Südamerika an Zustimmung verliert. Vor allem aber verweigert *Rafael del Riego*, der Kommandant einer 20 000 Mann starken Armee, die 1820 aufbrechen soll, um die Kolonien zurückzuerobern, seinen Befehl. Stattdessen zettelt del Riego (einer der Helden des Widerstands gegen Napoleon) einen Aufruhr in Spanien an und zwingt Ferdinand VII. zu Zugeständnissen. 1823 allerdings gewinnt der spanische König mit *französischer Unterstützung* seine Macht zurück und del Riego wird hingerichtet.

Simón Bolívar freundet sich unteressen im Exil mit dem Präsidenten Haitis, *Alexandre Sabès Pétion*, an. Mit dessen Hilfe erobert er diesmal zunächst Kolumbien und von dieser Machtbasis aus Venezuela und Ecuador. Dabei kommt ihm zugute, dass in vielen Regionen die Royalisten zu diesem Zeitpunkt faktisch keinen Rückhalt mehr haben. Am 7. September 1821 proklamiert er die *Republik Großkolumbien*, deren Präsident er wird. Das Hochland von Peru bleibt jedoch umkämpft. Erst nachdem Bolívars Freund *Antonio José de Sucre* der spanischen Armee bei *Ayacucho* am 9. Dezember 1824 eine vernichtende Niederlage beibringt, kapitulieren die Spanier.

Und nun? Bolívar ist ein Anhänger der Philosophen Rousseau und Montesquieu. Ihm schwebt eine *Konföderation der lateinamerikanischen Staaten* vor. Die Sklaverei – das hat er Sabès Pétion versprochen – soll abgeschafft und die indigene Bevölkerung geschützt werden. Doch die südamerikanische Unabhängigkeitsbewegung ist eine der europäischstämmigen Oberschicht. Großkolumbien zerfällt nach Bolívars Tod. Zwischen den Staaten gibt es diverse *Territorialkriege*. Die Abschaffung der Sklaverei zieht sich vielerorts hin, die indigene Bevölkerung wird durch neue Einwanderer verdrängt und teilweise fast ausgerottet. Die Macht aber bleibt in den Händen der Großgrundbesitzer.

Kaiserreich Brasilien

1807 flieht die portugiesische Königsfamilie mit dem gesamten Hofstaat vor Napoleon nach *Rio de Janeiro*. Damit hört Brasilien auf, eine Kolonie zu sein. Nicht nur, dass sich in den Städten ein Leben nach europäischen Standards einstellt, das Land wird auch für den Handel mit dem befreundeten Ausland geöffnet. Nachdem Napoleon vertrieben worden ist, übergibt König Johann VI. seinem Sohn Peter die Regentschaft und kehrt – ziemlich ungern – nach Portugal zurück. Dort ist man jedoch mit dem neuen Status der einstigen Kolonie nicht einverstanden. Als der Adelsrat und Königin Charlotte Joachime, eine Schwester Ferdinands VII. von Spanien, die Autonomie Brasiliens beschneiden wollen, erklärt der Prinzregent das Land am 7. September 1822 zum unabhängigen Kaiserreich und sich selbst zu Kaiser Peter I. Als vier Jahre später sein Vater stirbt, nimmt er auch die portugiesische Krone an, setzt aber seine Schwester als Regentin ein. Diese Personalunion zwischen beiden Ländern führt in Brasilien zu Unzufriedenheit, in Portugal sogar zu Bürgerkriegen. 1889 wird in Brasilien schließlich der bereits kranke *Peter II.* durch einen unblutigen Putsch eines sehr kleinen Offizierszirkels gestürzt. Die Putschisten sind alle Anhänger des französischen Philosophen *Auguste Comte*, sodass dessen Motto »Ordnung und Fortschritt« (*Ordem e Progresso*) Eingang auf die brasilianische Flagge findet. Tatsächlich sorgen die Putschisten schnell für die Wahl einer demokratischen Regierung, die dann fortschrittliche Gesetze erlässt, etwa zur Trennung von Kirche und Staat oder einer allgemeinen Schulpflicht.

Die Macht des British Empire

Großbritannien gehört nicht zu den Kolonialmächten der ersten Stunde und verliert 1776 auch noch seinen Besitz in Nordamerika. Trotzdem untersteht der britischen Krone am Ende das größte Imperium von allen: das *British Empire* (*Britisches Weltreich*). Wie kommt das?

✔ Die Engländer können sich im 17. Jahrhundert in Auseinandersetzung mit den anderen Kolonialmächten auch einige **Karibikinseln** sichern, darunter Jamaika, auf denen sie die übliche **Plantagenwirtschaft** betreiben.

✔ Dank der Glorious Revolution und der Thronbesteigung Wilhelms von Oranien endet die englisch-niederländische Rivalität in Ostasien. Die Engländer können ihren **Einfluss in Indien** stetig ausbauen. Wichtigstes Handelsgut sind anfangs indische Baumwollstoffe, nach einem Einfuhrverbot 1700 dann Rohbaumwolle, die sehr schnell in der westlichen Welt das wesentlich aufwendiger zu produzierende Leinen verdrängt.

Ein zweites Hemd ist für Normalbürger schon Luxus? Das war einmal! Die Baumwollimporte und die industrielle Fertigung lassen Textilien viel billiger werden. Für alle jene, die einen einigermaßen auskömmlichen Verdienst haben, ist Kleidung nun kein Luxus mehr und der Markt boomt. Ab 1840 allerdings wird die britische Baumwolle aus Indien durch die höherwertige aus den USA verdrängt.

✔ Mit **Kanada** (von Frankreich im Siebenjährigen Krieg gewonnen), **Australien** und **Neuseeland** (durch die Expeditionen von James Cook) gewinnt die britische Krone große Ländereien, die vor allem Ziel europäischer Auswanderung sind.

✔ Im Rahmen der **Napoleonischen Kriege** (Kapitel 14) kann sich Großbritannien weiteren **Kolonialbesitz** von anderen europäischen Mächten sichern.

Zu Beginn des 19. Jahrhunderts verfügen die Briten über ein weitgespanntes *Handelsimperium* mit vielen strategisch äußerst wichtigen *Stützpunkten* und sind die absolut dominierende Macht auf dem Meer. Am profitabelsten ist der Handel mit Indien, doch längst nicht allen indischen Herrschern sind die Briten als Handelspartner willkommen. Deshalb gehen diese mehr und mehr dazu über, das Land direkt unter ihre Kontrolle zu bekommen, und annektieren auch die Länder willfähriger Marionettenherrscher, wenn diese sich aus britischer Sicht als unfähig erweisen oder ohne männliche Erben sterben. Auf diese Weise gelangen bis 1856 zwei Drittel von Indien unter direkte Herrschaft der *Britischen Ostindien-Kompanie (British East India Company, BEIC)*.

Während die BEIC im 18. Jahrhundert in Indien eine vorwiegend pragmatische, an maximalen Profiten orientierte Politik (einschließlich häufiger Mischehen) betrieb, soll Indien im 19. Jahrhundert in den Genuss der »Segnungen der Zivilisation« wie etwa der europäischen Verwaltungs-, Steuer- und Rechtssysteme sowie eines verstärkten Durchsetzens christlicher Werte und viktorianischer Verhaltensnormen kommen. Manches ist sogar gut gemeint, wird jedoch von den Indern nicht als Verbesserung betrachtet.

1857 weigern sich einheimische Soldaten (*Sepoys*) in der nordindischen Garnison Meerut, Gewehre zu verwenden, deren Patronen Gerüchten zufolge mit Rindertalg behandelt sind. Als die Meuterer hart bestraft werden, greift der Aufstand auf die Stadt über. Sepoys, aber auch indische Zivilisten massakrieren 50 Europäer. In den nächsten Tagen wird in anderen Städten wie Delhi Jagd auf Europäer und indische Christen gemacht. Auch 7 Fürsten, die eine Annektierung fürchten, schließen sich an. Die britische Armee, die zu etwa 80 Prozent aus Sepoys besteht, kann dem lange nicht Herr werden, obwohl ein Teil der Sepoys loyal bleibt und 21 indische Fürsten die Briten unterstützen. Die Kämpfe ziehen sich mehr als ein Jahr hin. Teils wird bewusst grausam Vergeltung geübt und die britische Gesellschaft ist gespalten in jene, die das für einer zivilisierten Nation unwürdig halten, und jene, die äußerste Härte fordern.

KAPITEL 15 Globale Verflechtungen: Die industrialisierte Welt 281

Nach dem Aufstand wird die BEIC aufgelöst und Indien zur *Kronkolonie* gemacht. Die britische Verwaltung bemüht sich nun mehr um eine gute Zusammenarbeit mit den lokalen Machthabern und reduziert die Einmischung in religiöse Belange, was vor allem der Hindu-Elite nutzt. Einige Inder können auch Karriere in der britischen Verwaltung machen. Insgesamt verarmt das Land jedoch, da sich die britische Präsenz ja rechnen muss, was vor allem die einfache Bevölkerung trifft.

Staatsoberhaupt von Großbritannien ist von 1837 bis 1901 Queen Victoria, sodass gerne von einem Viktorianischen Zeitalter gesprochen wird. Allerdings ist Großbritannien seit der Glorious Revolution eine konstitutionelle Monarchie und der tatsächliche Einfluss der Krone auf die Politik relativ gering. Die Königin symbolisiert deshalb diese Epoche, hat sie aber nicht tatsächlich geprägt.

China in Bedrängnis

Glauben Sie, dass von dem Handel zwischen westlichen Industriemächten und dem Rest der Welt im 19. Jahrhundert grundsätzlich die Europäer und die USA profitierten? Es gab ein Land, bei dem das zunächst ganz anders war: China. Der Hunger des Westens nach *chinesischem Tee* sowie *Luxuswaren* wie Porzellan, Seide, Lackwaren und Möbeln ist enorm, während die Chinesen gewaltige bürokratische Hürden für den Import europäischer Waren errichten. Da sie zudem nur *Silber* als Bezahlung akzeptieren, droht im Westen sogar das für die Münzprägung so wichtige Metall knapp zu werden.

Die Britische Ostindien-Kompanie (BEIC) reagiert, indem sie *Opium* aus Indien nach China schmuggelt. Sowohl der Schmuggel wie der Handel überhaupt sind illegal, aber die BEIC macht glänzende Gewinne. Der chinesische Kaiser *Daoguang* sieht mit Sorge, dass immer mehr seiner Untertanen abhängig von dem Rauschgift werden. 1839 weist er daher die Abgesandten der BEIC aus und lässt über 1000 Tonnen beschlagnahmtes Opium im Meer versenken. Daraufhin erobert die britische Flotte umgehend und ohne Kriegserklärung alle wichtigen Häfen an der chinesischen Ostküste. Am Ende muss der Kaiser hohe Strafzahlungen in Silber leisten, die Häfen für den Handel öffnen und den Briten zudem *Hongkong* übergeben.

Im Jahr 1856 nutzen Großbritannien und Frankreich die Beschlagnahmung eines Schmugglerschiffs unter britischer Flagge als Vorwand, um einen neuen *Krieg gegen China* zu beginnen. Russland und die USA schließen sich an. Wieder unterliegt China und muss

- ✔ weitere **Häfen** für den Handel öffnen,
- ✔ **ausländische Botschaften** in Peking zulassen,
- ✔ die **Immunität** aller Ausländer aus den Vertragsstaaten garantieren (auch bei Straftaten dürfen sie nicht nach chinesischem Recht behandelt werden),
- ✔ eine christliche **Missionierung** gestatten,
- ✔ den **Opiumhandel** offiziell erlauben.

Die erzwungene Öffnung destabilisiert das vorher so abgeschottete Land. Kaiserinwitwe *Cixi*, die zwischen 1861 und 1908 im Namen zahlreicher Kindkaiser regiert, schwankt zwischen vorsichtigen Reformen und radikalem Unterdrücken aller Veränderungen. Die Vasallenstaaten *Vietnam*, *Burma*, *Korea* und *Taiwan* gehen an Frankreich, Großbritannien und Japan verloren. Vor allem aber gibt es eine Vielzahl von Rebellionen. Erst die extrem blutige *Taiping-Rebellion* (mehr dazu in Kapitel 21), dann der Aufstand der sogenannten *Boxer*, die sich den Kampf gegen alle Ausländer und chinesischen Christen auf die Fahnen geschrieben haben. Im Jahr 1900 ermorden sie in Peking den deutschen Gesandten Klemens von Ketteler. Daraufhin schicken die europäischen Mächte ein Korps nach Peking, das den Aufstand blutig niederschlägt.

Obwohl auch die anderen Mächte den Aufständischen keine Gnade gewähren, macht der deutsche Kaiser Wilhelm II. sich international unmöglich, indem er sein Kontingent mit der Aufforderung verabschiedet, wie die »Hunnen« zu hausen, kein Pardon zu geben und keine Gefangenen zu machen.

Der Wettlauf um Afrika

Denken auch Sie spontan an Afrika, wenn von »Kolonialpolitik« die Rede ist? Tatsächlich beschränkt sich das Interesse der Europäer an Afrika lange Zeit weitgehend auf den Sklavenhandel. Abgesehen vom osmanischen Nordafrika und der niederländischen Kapkolonie gibt es nur Handelsposten an den Küsten. Das aber ändert sich im 19. Jahrhundert.

1830 besetzen die Franzosen *Algerien*, um die *Piraterie* zu bekämpfen. 1835 verlassen rund 14000 niederländische Siedler (*Buren*) die nun britische Kapkolonie und gründen im Norden *unabhängige Burenrepubliken*. Dabei kommt es zu Kämpfen mit den einheimischen Afrikanern, was Wanderbewegungen und Verdrängungen unter den Stämmen nach sich zieht. In das Innere Afrikas wagen sich hingegen eigentlich nur arabische Sklavenhändler und einige Forscher – die legendäre Begegnung von *David Livingstone* und *Henry Morton Stanley* am Tanganjikasee fand erst am 10. November 1871 statt.

Im Jahr 1881 errichten die Franzosen dann ein Protektorat über das formal noch osmanische *Tunesien*. Im gleichen Jahr gibt es zwei *Aufstände in Ägypten*. Der erste ist eine Revolte hochrangiger Militärs gegen die autokratische Herrschaft des osmanischen Statthalters Tawfiq Pascha sowie den starken Einfluss der Briten. Der zweite ist eine Erhebung im ägyptisch beherrschten Sudan. Ein sudanesischer Prediger namens Muhammad Ahmad ruft zu einer religiösen Erneuerung und dem Abschütteln der ägyptischen Fremdherrschaft auf. Die Briten helfen, die Militärrevolte niederzuschlagen, besetzen Ägypten und sind in der Folge die wahren Regenten, auch wenn die osmanischen Statthalter (*Khediven*) formal im Amt bleiben.

Der *Aufstand im Sudan* dagegen nimmt 1885 erst richtig Fahrt auf. Der neue Anführer Abdallahi bin Muhammad erklärt seinen Vorgänger Muhammad Ahmad zum »*Mahdi*«, einer islamischen Erlösergestalt, erobert fast den ganzen heutigen Sudan und führt dort eine religiöse Diktatur ein. Erst 1899 schlagen Briten und Ägypter den Aufstand nieder, der dann zum Thema vieler Filme und Romane wird, etwa *Khartoum* mit Charlton Heston und Laurence Olivier, *Vier Federn* (2009 mit Heath Ledger und Kate Hudson zum dritten Mal verfilmt) oder *Im Land des Mahdi* von Karl May.

KAPITEL 15 Globale Verflechtungen: Die industrialisierte Welt 283

Diese Ereignisse lösen bei den anderen europäischen Mächten das geradezu fieberhafte Bedürfnis aus, sich auch möglicherweise lukrative *Rohstoffquellen* und *Absatzgebiete* zu sichern. In den nächsten Jahren wird nahezu der ganze afrikanische Kontinent aufgeteilt:

- **Frankreich:** Marokko, Algerien, Tunesien, Mauretanien, Mali, Senegal, Guinea, Elfenbeinküste, Benin, Niger, Tschad, Zentralafrikanische Republik, Französisch-Somaliland, Gabun, Madagaskar

- **Großbritannien:** Ägypten, Sudan, Gambia, Sierra Leone, Ghana, Nigeria, Britisch-Somaliland, Uganda, Kenia, Sambia, Simbabwe, Botswana, Südafrika

- **Deutschland:** Togo, Kamerun, Ruanda, Burundi, Tansania, Namibia

- **Italien:** Libyen, Eritrea, Somalia

- **Spanien:** West-Sahara, Ceuta und Melilla

- **Portugal:** Guinea-Bissau, Angola, Mosambik

- **König Leopold II. von Belgien:** Kongo

Äthiopien setzt sich 1896 erfolgreich gegen eine italienische Eroberung zur Wehr. Kaiser *Menelik II.*, der selbst eine expansive Politik gegenüber seinen afrikanischen Nachbarn betreibt, schließt stattdessen 1905 einen *Freundschafts- und Handelsvertrag* mit Deutschland, um die Modernisierung seines Landes voranzutreiben. *Liberia* wird 1847 ein *unabhängiger Staat unter US-Protektion* zur Ansiedlung ehemaliger Sklaven, was aber zu Langzeitkonflikten mit der einheimischen Bevölkerung führt.

In Deutschland kam später das Narrativ auf, man wäre bei der Verteilung der Kolonien »zu spät gekommen«. Es war jedoch so, dass Kanzler *Bismarck* keine Kolonien wollte; er empfand sie als Klotz am Bein. Tatsächlich brachte von den deutschen Kolonien auch nur Togo Gewinn. Trotzdem überflügelte die deutsche Wirtschaft die britische in den Jahren vor dem Ersten Weltkrieg, da der eigentliche Gewinn längst mit hochwertigen Gütern gemacht wurde und auch Rohstoffe durch Kauf billiger bezogen werden konnten als durch eine sehr aufwendige koloniale Verwaltung.

Obwohl die Sklaverei inzwischen abgeschafft ist, führen die Versuche, aus den Kolonien Gewinn zu schlagen, zu zahlreichen Gräueltaten:

- Im belgischen Kongo werden die Einheimischen zum Kautschuksammeln gezwungen. Weigerung oder auch nur die Unterschreitung der befohlenen Quoten wird mit **Massakern, Verstümmelungen** oder dem **Vergewaltigen** und **Töten** von Geiseln bestraft. Man schätzt, dass zwischen 1888 und 1908 bis zu 10 Millionen Menschen getötet wurden, während König Leopold II. und die Kautschukfirmen sagenhafte Gewinne einstrichen.

- In Deutsch-Südwestafrika (Namibia) rebellieren die Völker der **Herero** und **Nama** gegen zahlreiche **Menschenrechtsverletzungen** und den Raub ihrer überlebensnotwendigen Rinderweiden und werden von General Lothar von Trotha in die Wüste getrieben. Insgesamt kommen bis zu 70 000 Menschen um.

- Vermutlich noch mehr Opfer fordert die weniger gut dokumentierte Bekämpfung des **Maji-Maji-Aufstands** in Deutsch-Ostafrika (Tansania) im Jahr 1905, als die deutschen Truppen gezielt Dörfer, Brunnen, Felder und Vorräte zerstören und so wohl weit über 100 000 Menschen dem **Hungertod** überantworten.

Es ist nicht so, dass die europäische Bevölkerung den *Kolonialismus* und die damit verbundenen Gräueltaten insgesamt guthieß. So gründeten britische Aktivisten 1903 die *Congo Reform Association* und informierten die Öffentlichkeit unter anderem mit Fotos von Frauen und Kindern, denen die Hände abgehackt worden waren. Die Proteste führten schließlich dazu, dass König Leopold II. den Kongo 1908 dem belgischen Staat verkaufte. Auch Trothas Vernichtungspolitik gegen die Herero wurde in der Öffentlichkeit scharf verurteilt. 1908 verweigerten SPD und Zentrum wegen der kolonialen Gräueltaten einen Nachkriegshaushalt, verloren aber die anschließende Wahl.

Für viel mehr Empörung sorgte jedoch 1899 der Krieg der Briten gegen die ebenfalls weißen Buren in Südafrika. Er war ausgebrochen, weil die Buren Einwanderern, darunter vielen Briten, die wegen Gold- und Diamantenfunden in die Burenrepubliken strömten, die Gleichberechtigung verweigert hatten und die Briten dies nicht hinnehmen wollten. Der Krieg wurde mit großer Grausamkeit geführt – unter anderem kam es zur Einrichtung von Konzentrationslagern und der Taktik der Verbrannten Erde – und endete mit der Eroberung der Burenrepubliken durch die Briten.

Das Werden der USA

Die Vereinigten Staaten von Amerika reichen zum Zeitpunkt ihrer Gründung bis zum Mississippi. Auf das Land westlich des Flusses hat noch immer Frankreich einen Anspruch. Den Amerikanern ist jedoch vor allem an *New Orleans* und seinem Hafen gelegen. Vorsichtiges Vorfühlen in Frankreich über einen möglichen Verkauf führt 1803 zu einer faustdicken Überraschung: Napoleon braucht Geld für seine Pläne in Europa und bietet den USA das gesamte *Louisiana-Territorium* (zwischen den Rocky Mountains und dem Mississippi) für 15 Millionen Dollar an. Der Deal bringt den Amerikanern einen Krieg mit Spanien ein, das Teile des Territoriums für sich reklamiert, und einen mit Großbritannien, das der einstigen Kolonie Parteinahme für Frankreich vorwirft. Doch nicht nur deswegen ist der Kauf umstritten. Manche fürchten auch, dass sich der Charakter des Landes durch die Ausdehnung nach Westen zu sehr verändern wird.

Die Eroberung des Wilden Westens

Zu Beginn des 19. Jahrhunderts verdoppelt sich die Einwohnerzahl der USA. Außerdem macht die Erfindung einer *Entkörnungsmaschine*, die Baumwolle von ihren Samen befreit, den Anbau plötzlich hochprofitabel, sodass im Süden immer neue Plantagen angelegt werden. 1830 beschließen Senat und Repräsentantenhaus gegen heftigen inneren Widerstand und mit nur knapper Mehrheit den *Indian Removal Act*. Das Gesetz sieht vor, die »Fünf zivilisierten Nationen« der *Creek, Cherokee, Chicksaw, Choctaw* und *Seminolen* aus ihren Siedlungsgebieten südöstlich des Mississippi auszuweisen. Im Gegenzug sollen sie im Louisiana-Territorium »ewige Wohnsitze« und auch finanzielle Unterstützung erhalten.

KAPITEL 15 Globale Verflechtungen: Die industrialisierte Welt 285

Die *Cherokee* versuchen sich juristisch zu wehren, scheitern aber und werden in Lager zusammengetrieben und dann auf dem *Pfad der Tränen* von Georgia nach Oklahoma getrieben. Vermutlich kommt rund die Hälfte der etwa 13 000 Menschen um. Aber auch die Umsiedlung der Stämme, die sich dem Druck beugen, verläuft so chaotisch, dass es mehrere Tausend Todesopfer gibt. Teilweise werden die Indianer völlig mittellos in einem relativ unfruchtbaren Land ausgesetzt, das schon von dortigen Stämmen bewohnt ist.

Die *Seminolen* dagegen, die in den wirtschaftlich völlig uninteressanten Sumpfgebieten Floridas leben, entschließen sich unter der Führung von *Osceola*, dem Sohn eines englischen Händlers, zum Krieg. Ein wesentlicher Grund ist, dass zum Stamm zahlreiche geflohene schwarze Sklaven gehören, deren Auslieferung nun gefordert wird. Am Ende gewinnen die USA, doch mit geschätzten 30 Millionen Dollar Kosten und über 1600 Toten auf ihrer Seite ist es der teuerste und verlustreichste aller *Indianerkriege*.

In der Folge verschiebt sich die »Frontier« – die inoffizielle Grenze, die aus Sicht der Indianer mehr eine Front ist – immer weiter nach Westen. Die ersten Weißen sind meist Pelzjäger, ihnen folgen Holzfäller, Rinderzüchter und sogenannte Squatter, Bauern ohne Rechte. Sie organisieren sich selbst und tragen ohne Unterstützung der Armee Kämpfe mit den Indianern aus. Wenn sich eine nennenswerte Bevölkerung gebildet hat, stellt die Regierung das Territorium unter ihre Verwaltung, vergibt Landrechte und hält Wahlen ab. Ab einer bestimmten Bevölkerungszahl entsteht ein neuer *Bundesstaat*.

Wichtige Meilensteine bei der Inbesitznahme des *Wilden Westens*:

- ✔ **1836:** Nachdem sich Mexiko weigert, Texas an die USA zu verkaufen, proklamieren die dort lebenden Siedler die **Republik Texas** und gewinnen einen Unabhängigkeitskrieg gegen Mexiko.

Mexiko hatte seine Unabhängigkeit von Spanien in einem von 1810 bis 1824 dauernden Krieg erkämpft. 1821 wurde der Feldherr *Agustín de Iturbide* Kaiser von Mexiko. Nur zwei Jahre später wurde er zur Abdankung gedrängt und Mexiko wurde zur Republik. Als 1858, nach einem gewonnenen Bürgerkrieg, der liberale Präsident *Benito Juárez* aufgrund der schlechten wirtschaftlichen Lage die Begleichung der Schulden einstellte, besetzten Frankreich, Spanien und Großbritannien das Land und installierten mithilfe der im Bürgerkrieg unterlegenen Konservativen den österreichischen Erzherzog *Maximilian* (einen Bruder von Kaiser Franz Joseph I.) als Kaiser von Mexiko. Das führt zu einem Bürgerkrieg, den Juárez mit Hilfe der USA gewann. Maximilian, der sich weigerte, sich zu ergeben, wurde von einem Kriegsgericht verurteilt und erschossen.

- ✔ **1845:** Die USA annektieren die Republik Texas. Ein Streit über deren Grenzen führt zum **Krieg gegen Mexiko**, der den USA am Ende neben Texas auch das Gebiet der späteren Staaten Kalifornien, Arizona, Nevada und Utah einbringt.

- ✔ **1846:** Briten (als Besitzer Kanadas) und US-Amerikaner einigen sich auf eine Teilung des Oregon-Gebiets. Danach etabliert sich der **Oregon-Trail**. Die Siedler legen von den bereits besiedelten Gebieten am Missouri rund 3500 Kilometer in Planwägen zurück, um nach Oregon zu gelangen.

Nach gewaltsamen Zusammenstößen mit anderen Siedlern in Missouri und Illinois führt Brigham Young den Großteil der **Mormonen** ins heutige Utah.

✔ **1848:** Funde in Kalifornien lösen einen **Goldrausch** aus, der in wenigen Jahren Hunderttausende von Menschen nach Westen ziehen lässt.

✔ **1862:** Mit dem **Homestead Act** wird jedem Siedler über 21 Jahren erlaubt, sich rund 64 Hektar Land abzustecken. Nach einer Bewirtschaftung von 5 Jahren wird es sein Eigentum. Insgesamt werden 1,6 Millionen Parzellen verteilt.

✔ **1869:** Die erste **transkontinentale Eisenbahnstrecke** zwischen New York und Sacramento ist vollendet.

✔ **1889:** Im **Wettlauf um Oklahoma** werden ab dem 22. April, 12 Uhr, große Teile des Indianerterritoriums für Siedler freigegeben.

Die Besiedlung des Wilden Westens ist von ständigen *Kriegen gegen die Indianer* begleitet. Ereignisse wie der *Red-Cloud-Krieg* oder die *Schlacht am Little Bighorn* sind nur die bekanntesten Ereignisse. Die Indianer werden so lange bekämpft, bis sie in zugewiesene *Reservationen* umziehen, wo sie dann notdürftig mit Nahrungsmittelzuteilungen versorgt werden. 1890 enden diese Kriege – auch weil die Bisons, die die Lebensgrundlage der Präriestämme darstellen, nahezu ausgerottet sind. Daran waren jedoch nicht die Indianer schuld, sondern die gigantische Nachfrage nach Leder, die in den USA und Europa ab 1870 einsetzte. Während aber in den Indianergebieten die Bisons auch systematisch getötet wurden, um die Stämme zum Aufgeben zu bewegen, wurden sie weiter westlich durch die Gründung des *Yellowstone-Nationalparks* bereits 1872 unter Schutz gestellt.

Die Schlacht am Little Bighorn

Der Sieg der Indianer am Little Bighorn River in Montana am 25. Juni 1876 elektrisierte damals die Öffentlichkeit und ist heute noch das bekannteste Ereignis aus den Indianerkriegen. In der Schlacht wurden der auch in der Armee höchst umstrittene General *George Armstrong Custer* und 267 seiner Leute vom 7. US-Kavallerie-Regiment von einer Konföderation aus Sioux, Arapaho und Cheyenne unter Führung der Häuptlinge *Tatanka Yotanka* (Sitting Bull) und *Tashunka Witko* (Crazy Horse) getötet.

Wie aber kam es zu der Schlacht? 1868 hatte die Regierung nach einem zweijährigen Krieg den Sioux unter Führung von *Machpiya Luta* (Red Cloud) im *Vertrag von Fort Loramie* das heutige South Dakota sowie Jagdrechte in Wyoming, Montana und Nebraska zugesprochen. Als dort aber 1874 Gold gefunden wurde und die Indianer sich weigerten, das fragliche Areal zu verkaufen, führte der Versuch, sie gewaltsam zu vertreiben, zum Krieg.

Doch der Sieg vom Little Bighorn half den Sioux wenig. 1877 wurde ihr Territorium zu großen Teilen an weiße Siedler vergeben, sie selbst in kleine Reservationen gezwungen. Ein Aufstandsversuch endete 1890 mit dem bekannten *Massaker von Wounded Knee*, bei dem 150 bis 300 Sioux durch das wiederaufgestellte 7. US-Kavallerie-Regiment getötet wurden.

KAPITEL 15 Globale Verflechtungen: Die industrialisierte Welt 287

Auswanderung aus Europa

Die meisten Einwanderer in die USA kommen aus Europa. Bis zum Ersten Weltkrieg sind es über 30 Millionen. Dabei sorgen Ereignisse auf dem alten Kontinent immer wieder für *Auswandererwellen*:

✔ **1845:** Die Kraut- und Knollenfäule vernichtet in **Irland** die gesamte Kartoffelernte. Gleichzeitig werden andere Nahrungsmittel von den englischen Großgrundbesitzern exportiert. Schätzungsweise 1 Million Menschen sterben am Hunger oder daraus resultierenden Krankheiten. Rund 1,5 Millionen wandern aus, der überwiegende Teil in die USA. Wegen ihrer Armut bekommen die Iren dort aber nur die Arbeiten, die sonst keiner verrichten will, und haben lange Zeit einen schlechten Ruf.

✔ **1848:** Nach den niedergeschlagenen Märzrevolutionen flüchten viele **Europäer** in die USA, weil ihnen zu Hause Verfolgung droht oder sie in einem freien, liberalen Klima leben wollen. Ein besonders großer Teil kommt aus **Deutschland** und hier wiederum aus **Baden**. Man schätzt, dass damals 80 000 Menschen – 5 Prozent der Badenser – ihre Heimat Richtung USA verlassen. Viele der »Forty-Eigthers« engagieren sich in den USA für die Sklavenbefreiung und die Politik Abraham Lincolns. So kommandiert etwa Friedrich Hecker, der Führer des badischen Aufstands, im amerikanischen Bürgerkrieg ein deutsches Regiment.

✔ **1862:** Der amerikanische Homestead Act zieht vor allem viele junge **Deutsche** und **Schweden** an, die in ihrer alten Heimat wenig zu erwarten haben.

✔ **1880:** Billigere Schiffpassagen auf der einen Seite und ein Niedergang der Landwirtschaft auf der anderen Seite führen dazu, dass viele junge Menschen aus den ländlichen Gebieten **Süd- und Osteuropas** in die USA kommen.

✔ **1881:** Die Ermordung des russischen Zaren Alexanders II. durch radikale Nationaldemokraten sorgt für Unruhen, die auch zu Pogromen gegen Juden führen, obwohl die Attentäter keine Juden waren. Zar Alexander III. macht dafür den wirtschaftlichen Erfolg der Juden verantwortlich – obwohl die Masse im Gegenteil sehr arm ist – und erlässt repressive Gesetze, die zu neuen Pogromen und heftigster antisemitischer Hetze führen, unter anderem durch die gefälschten **Protokolle der Weisen von Zion**, die eine jüdische Weltverschwörung belegen sollen. Bis zum Ersten Weltkrieg wandern etwa 2 Millionen **russische Juden** aus, die meisten davon in die USA.

✔ **1907:** Mit 1,2 Millionen Menschen allein in diesem Jahr erreicht die Einwanderung ihren Höhepunkt.

Chinatown und Eisenbahnbau

Die USA machen seit ihrer Gründung Geschäfte mit China, doch darüber hinaus bieten sie wenige Verlockungen für die meisten Chinesen. Das ändert sich schlagartig um 1850. Die Gerüchte von den kalifornischen Goldfunden fallen mit den sozialen und wirtschaftlichen Verwerfungen zusammen, die sich durch die Opiumkriege mit Großbritannien und die anschließende Taiping-Rebellion ergeben.

Obwohl Auswanderung bei Todesstrafe verboten ist, kommen in den nächsten 30 Jahren etwa 300 000 Chinesen in die USA. Da sich der Traum vom großen Goldfund natürlich nicht erfüllt, arbeiten viele in Jobs, die sonst keiner will, etwa beim Eisenbahnbau, in Minen oder Fabriken. Bei den Unternehmern sind die Chinesen beliebt, da sie auch zu Dumping-Löhnen oder als Streikbrecher einzusetzen sind; bei den anderen Arbeitern sind sie entsprechend schlecht angesehen. Wegen der Anfeindungen, aber auch der für sie extrem fremden Kultur, schließen sich die Chinesen eng zusammen und leben in eigenen Vierteln (Chinatowns).

In den 1870er-Jahren verschärft eine Wirtschaftskrise die antichinesische Stimmung und es kommt zu Pogromen. 1882 begrenzt der *Chinese Exclusion Act* die Zuwanderung drastisch. In Südamerika dagegen werden chinesische Kontraktarbeiter (Kulis) angeworben, die teilweise sogar zwangsrekrutiert wurden.

Bürgerkrieg und Sklavenbefreiung

Die Masse der Zuwanderer zieht es in den Norden der USA. Hier findet Entwicklung statt, hier gibt es Arbeitsplätze, die der Süden mit seiner traditionellen sklavenbasierten Plantagenwirtschaft nicht zu bieten hat. Trotzdem behält der Süden einen starken politischen Einfluss. Denn die Sklaven, denen sonst keine Menschenrechte und schon gar kein Wahlrecht zugebilligt werden, werden zu 60 Prozent angerechnet, wenn es darum geht, wie viele Abgeordnetensitze einem Staat zustehen. Auch die Aufnahme neuer Staaten wird zum Problem, weil entweder Sklavereigegner oder -befürworter sich gegen eine Verschiebung der Machtverhältnisse wehren.

Im Jahr 1820 wird ein Kompromiss geschlossen: *Missouri* wird als Sklavenstaat in die Union der Vereinigten Staaten aufgenommen, aber alle anderen Staaten – auch die künftigen – nördlich einer definierten Linie sollen sklavenfrei sein. 1854 jedoch setzen die Demokraten nach monatelangen Diskussionen durch, dass die neuen Staaten *Kansas* und *Nebraska*, obwohl sie nördlich dieser Linie liegen, selbst über die Sklavereifrage entscheiden sollen. In Kansas brechen daraufhin blutige Kämpfe zwischen Sklavereigegnern und -befürwortern aus. Doch auch darüber hinaus ist die amerikanische Öffentlichkeit hinsichtlich der Sklavereifrage extrem gespalten.

KAPITEL 15 Globale Verflechtungen: Die industrialisierte Welt 289

 Damals sind die *Demokraten* die Partei der Südstaaten. Sie sind für die Sklaverei, für einen freien Handel und für weitreichende Befugnisse der Einzelstaaten. Die *Republikaner* dagegen, denen auch Abraham Lincoln angehört, werden 1854 als Partei derer, die gegen eine Ausweitung der Sklaverei sind, gegründet. Auch in anderen Dingen sind sie liberaler als die Demokraten. Außerdem treten sie für einen starken Zentralstaat ein.

Erst in den 1930er-Jahren werden die Republikaner zur konservativeren, die Demokraten zur liberaleren Partei.

1860 kündigt der republikanische Präsidentschaftskandidat *Abraham Lincoln* an, als Präsident keine weitere Ausweitung der Sklaverei mehr zu dulden. Als er am 6. November die Wahl mit klarer Mehrheit gewinnt, eskaliert die Situation.

1. Am 20. Dezember tritt South Carolina aus der Union aus, weitere Staaten des Südens folgen. Einen Monat vor Lincolns geplanter Vereidigung am 4. März 1861 gründen am 4. Februar South Carolina, Mississippi, Florida, Alabama, Georgia und Louisiana die *Konföderierten Staaten von Amerika*. Später treten noch Texas, Virginia, Tennesse, Arkansas und North Carolina bei. Präsident wird **Jefferson Davis**.

2. Obwohl Lincoln zusagt, dass seine Regierung nicht militärisch gegen die Konföderation vorgehen wird, beschießen konföderierte Truppen am 12. April das mit unionstreuen Einheiten besetzte **Ford Sumter** in South Carolina.

3. Dank einer besseren Organisation und der besseren Generäle – vor allem **Robert E. Lee** – wehren die Konföderierten den Versuch des Nordens ab, ihre Hauptstadt **Richmond/Virginia** einzunehmen und dringen ihrerseits nach Sharpsburg/Maryland vor.

4. Am 1. Januar 1863 erklärt Lincoln alle Sklaven in den Südstaaten (jedoch nicht in den Sklavenstaaten aufseiten des Nordens) für frei.

5. Durch die **Siege von Gettysburg/Pennsylvania** (3. Juli) und **Vicksburg/Mississippi** (4. Juli) kann die Union den Vorstoß der konföderierten Truppen nach Norden stoppen und ihrerseits in die Offensive gehen.

6. Am 9. April 1865 kapituliert Robert E. Lee, am 26. Juni endet der Krieg offiziell. Die Südstaaten werden – teilweise bis 1877 – unter Militärverwaltung gestellt.

7. Am 18. Dezember wird die Sklaverei in den USA endgültig abgeschafft.

Der Konflikt, der sowohl als Amerikanischer Bürgerkrieg wie auch als Sezessionskrieg bekannt ist, kostet mindestens 360 000 Soldaten auf Unions-, 290 000 auf konföderierter Seite sowie 50 000 Zivilisten und 80 000 Sklaven das Leben. Der Süden ist wirtschaftlich zerstört, das feudale Gesellschaftssystem der Plantagenbesitzer-»Aristokratie« ebenso. Die ehemaligen Sklaven sind zwar frei, jedoch keineswegs gleichberechtigt. Bereits 1868 bildet sich in Tennessee der *Ku-Klux-Klan*, nach Beendigung der Militärverwaltung werden in den einzelnen Staaten nach und nach Gesetze erlassen, die eine *Rassentrennung* vorsehen.

Machtverschiebungen in Europa

Nach den Napoleonischen Kriegen haben die europäischen Mächte im Rahmen des Wiener Kongresses eigentlich versucht, ein neues, stabiles Machtgleichgewicht herzustellen. Doch 40 Jahre später ist dieses schon wieder in eine gefährliche Schieflage geraten. 1853 bricht an der heute rumänisch-moldawischen Grenze ein Krieg aus, der als *erster moderner Stellungs- und Grabenkrieg* gilt und bis zu einer halben Million Menschen das Leben kostet. Dieser Krieg hat auch eine entscheidende Bedeutung für die *Einigung Italiens*, ist in Deutschland jedoch kaum im Bewusstsein, weil keiner der Staaten des Deutschen Bundes daran beteiligt war. Hier kündigt sich stattdessen die *Reichseinigung unter Bismarck* an.

Florence Nightingale und der Krimkrieg

Im Kern des Konflikts steht das Osmanische Reich. Dieses ist schon lange nicht mehr der bedrohliche Gegner aus den Türkenkriegen. Stattdessen wird die immer deutlicher zutage tretende Schwäche der Osmanen zum Problem. Die europäischen Mächte belauern sich gegenseitig, damit ja keiner von ihnen zu viel Profit aus dem türkischen Niedergang ziehen kann.

Hauptkombatanten sind *Russland* und *Großbritannien*. Nachdem Russland im Krieg mit dem Osmanischen Reich 1787 die Krim erobert und damit endlich den ersehnten Zugang zum Schwarzen Meer erlangt hat, richten sich seine Ambitionen nun auf eine *Kontrolle über die Dardanellen*, um auch einen uneingeschränkten Zugang zum Mittelmeer zu bekommen. Genau aber das möchte Großbritannien, dessen Flotte das östliche Mittelmeer beherrscht, verhindern. Außerdem ist das Osmanische Reich für die Briten ein extrem wichtiger *Handelspartner* und ein ebenso wichtiges *Transitland* auf dem Weg nach Indien.

Doch nicht nur die Großmächte sind involviert. Auch die Balkanvölker wittern ihre Chance, die osmanische Herrschaft abzuschütteln. Im Jahr 1804 erheben sich die *Serben* gegen die Gewaltherrschaft der Janitscharen und bekommen dabei Hilfe aus Russland. Napoleons Russlandfeldzug verschafft den Osmanen kurzzeitig wieder die Oberhand, doch 1829 müssen sie Serbien als weitgehend autonomes Fürstentum anerkennen.

Unterdessen proben aber auch die *Griechen* den Aufstand.

Der griechische Freiheitskampf stößt wegen der antiken Vergangenheit des Landes im Europa der Romantik auf große Begeisterung. So nimmt der gefeierte britische Dichter George Gordon Byron, besser bekannt als Lord Byron, als Freiwilliger an den Kämpfen teil – und stirbt an Unterkühlung. Auch osmanische Massaker, wie etwa im Jahr 1822 auf Chios, bei dem Zehntausende von Männern, Frauen und Kindern ermordet oder in die Sklaverei verkauft werden, führen dazu, dass die europäische Zivilbevölkerung (Massaker der griechischen Seite ignorierend) ein militärisches Eingreifen fordert, während die Staatschefs noch hoffen, den Status quo wahren zu können.

Als Sultan Mahmud II. im Jahr 1825 seinen als ebenso fähig wie skrupellos bekannten ägyptischen Statthalter *Mehmed Ali Pascha* in Griechenland einmarschieren lässt, entschließen sich Frankreich, Russland und Großbritannien zu einem gemeinsamen Eingreifen. 1830 wird Griechenland ein Königreich mit dem bayerischen Prinzen Otto an der Spitze (dessen

KAPITEL 15 Globale Verflechtungen: Die industrialisierte Welt

griechenlandbegeisterter Vater, König Ludwig I. von Bayern, die Propyläen am Münchner Königsplatz als Denkmal für den griechischen Freiheitskampf errichten lässt).

1833 löst Mehmed Ali Pascha die nächste Krise aus, indem er in Palästina und Syrien einmarschiert. Als sich die Franzosen entscheiden, ihn zu unterstützen, schlagen sich Briten, Russen, Österreicher und Preußen auf die Seite der Osmanen. Zu einer direkten Konfrontation der europäischen Mächte kommt es allerdings nicht und die Briten vermitteln einen Frieden, bei dem auch Mehmed Ali Pascha ungeschoren davonkommt – um auch in Ägypten kein Machtvakuum entstehen zu lassen.

Warum aber kommt es 1853 dann zum Krieg? Der Konflikt entzündet sich an einer Kleinigkeit: Zar *Nikolaus I.* fühlt sich berufen, in Streitigkeiten zwischen katholischen und orthodoxen Christen um die Grabeskirche in Jerusalem einzugreifen. Als er von Sultan *Abdul Mecid* ein Protektorat über alle Christen im Heiligen Land fordert, lehnt der – mit britischer und französischer Rückendeckung – ab. Russland besetzt daraufhin Moldau und die Walachei; das Osmanische Reich erklärt ihm im Gegenzug den Krieg. Frankreich und Großbritannien ziehen am 12. März 1854 nach.

Wer ist schuld an dieser Eskalation? Das ist umstritten. Gewollt hat den Krieg vermutlich keine Seite.

✔ Zar Nikolaus I., einem engstirnigen Autokraten, ging es wohl zunächst tatsächlich um sein Selbstverständnis als Schutzherr der orthodoxen Kirche und danach ums Prestige.

✔ Großbritannien aber fürchtete, dass Russland diesmal mit dem »Griff nach den Dardanellen« ernst machen könnte.

✔ Frankreichs Kaiser Napoleon III. brauchte nach der Schlappe von 1833 unbedingt einen außenpolitischen Erfolg und damit mindestens einen diplomatischen Sieg über Russland.

✔ Sultan Abdul Mecid aber sah die Chance, dank der britischen und französischen Unterstützung die russische Bedrohung langfristig bannen zu können.

✔ Auch die öffentliche Meinung in den beteiligten Ländern machte den Verantwortlichen ein Nachgeben schwer.

Die Hauptschauplätze des Kriegs liegen rund um das Schwarze Meer. Die Alliierten belagern vor allem die russische Festungsstadt *Sewastopol* auf der *Krim* und die Armeen des Zaren versuchen diese Belagerung durch die *Schlachten von Balaklawa* und *Inkerman* zu beenden. Russland kann nicht mit allzu vielen Soldaten auf der Krim agieren, da es auch alle anderen Regionen seines Reichs schützen muss. So gibt es etwa Angriffe der britischen und französischen Flotte auf russische Häfen in der Ostsee und auf Kamtschatka. Doch auch die Briten haben angesichts ihrer kolonialen Verpflichtungen große Probleme, genügend Soldaten für einen entscheidenden Schlag aufzubringen. Von den europäischen Mächten können sie nur das *Königreich Sardinien* bewegen, der Koalition beizutreten. Preußen und Schweden bleiben neutral. Österreich zögert und besetzt zeitweilig die von Russland geräumten Donaufürstentümer Moldau und Walachei (womit es russische Truppen bindet), greift aber letztlich nicht ein. Im November 1855 kapituliert der neue Zar Alexander II.

Florence Nigthingale

Der *Krimkrieg* ist untrennbar mit dem Namen der britischen Krankenschwester *Florence Nightingale* verbunden. Durch den Einsatz neuartiger Munition, aber auch wegen der ziemlich schlechten Planung ist er ungeahnt verlustreich. Die *Infrastruktur zur Versorgung der Verwundeten* erweist sich als völlig unzureichend.

Durch *Kriegsberichterstatter*, die per Telegrafie Informationen von der Front liefern und auch Bilder aufnehmen, ist die Öffentlichkeit darüber informiert, dass mehr Soldaten an ihren Wunden, Seuchen, Krankheiten und Hunger als tatsächlich auf dem Schlachtfeld sterben. Vor allem rund um das belagerte Sewastopol, aber auch in dem Militärhospital in Skutari (heute Üsküdar, Stadtteil von Istanbul), wo die Kranken und Verwundeten hingeschafft werden, herrschen katastrophale Zustände.

Auch die 34-jährige Krankenschwester Florence Nigthingale liest davon und reist mit 38 Kolleginnen, medizinischem Gerät und Medikamenten nach Skutari. Ihr unermüdlicher Einsatz, der sie am Ende selbst lebensgefährlich erkranken lässt, ist von nun an auch Teil der Berichterstattung und macht sie zur nationalen Ikone.

Die wichtigsten Folgen des Krimkriegs sind:

- ✔ Der Bestand des Osmanischen Reichs wird garantiert.

- ✔ Moldau und Walachei werden faktisch autonom (und schließen sich 1859 zum Fürstentum Rumänien zusammen).

- ✔ Russland verliert viel an Prestige, wird aber nicht nachhaltig geschwächt, zumal Zar Alexander II. anschließend gegen den Widerstand großer Teile der Aristokratie grundlegende politische und militärische Reformen sowie Infrastrukturprojekte wie die **Transsibirische Eisenbahn** durchsetzt. 1861 wird auch die Leibeigenschaft aufgehoben. Außerdem setzt Russland seine Eroberungen im Kaukasus und in Zentralasien fort. Um alles zu finanzieren verkauft der Zar **Alaska** an die USA.

- ✔ Das Verhältnis zwischen Russland und Österreich, das die Russen eigentlich auf ihrer Seite erwartet hatten, ist nachhaltig zerrüttet.

- ✔ Donau und Schwarzes Meer werden neutrale Gewässer.

- ✔ Florence Nightingale nutzt ihre Popularität, um nicht nur das militärische Lazarettwesen, sondern die **Krankenpflege** überhaupt gründlich zu reformieren. Erst durch ihren Einsatz wird Krankenpflege zu einem ehrenvollen Beruf für Frauen.

- ✔ Eine **Berichterstattung**, die in der Heimat Emotionen schürt, ist künftig ein Bestandteil von Kriegen.

KAPITEL 15 Globale Verflechtungen: Die industrialisierte Welt

 Der prominenteste Kriegsberichterstatter des Krimkriegs war *William Howard Russell* von der *Times*. Selbst der Zar soll gesagt haben, er brauche keine Spione, er habe ja die *Times*. Russell ist jedoch auch der Schöpfer der »Tatarenmeldung«, da er, nachdem sich ein Gerücht über den Fall Sewastopols als verfrüht herausgestellt hatte, kurzerhand einen tatarischen Kurier als Überbringer der Nachricht erfand.

✔ Leo Tolstoi, der als junger Offizier am Krimkrieg teilnimmt, wird in der Folge schnell mit seinen *Sewastopoler Erzählungen* bekannt.

✔ Sardinien gewinnt durch seine Kriegsteilnahme die französische Unterstützung für künftige Kriege gegen Österreich. Um die wird es im nächsten Abschnitt gehen.

Die Einigung Italiens

Italien war seit dem Ende des Römischen Reichs ein zersplittertes Land, das unter diversen Herrschaften stand und immer wieder zum Spielball ausländischer Mächte wurde. Die Abschaffung der alten feudalen Ordnung und die inneren Reformen durch Napoleon werden deshalb von großen Teilen des Bürgertums begrüßt. Doch der Wiener Kongress gibt das Land weitgehend den alten Herren zurück:

✔ Im Nordwesten sind im Lauf der Zeit die **Fürsten von Savoyen-Piemont** immer stärker geworden. Durch den Spanischen Erbfolgekrieg haben sie auch das Königreich Sardinien gewonnen.

✔ Lombardo-Venetien, Parma, Modena und das Großherzogtum Toskana gehören zu Österreich oder werden von Seitenlinien der **Habsburger** regiert.

✔ Mittelitalien wird weiterhin vom **Kirchenstaat** dominiert.

✔ Unteritalien und Sizilien sind zum »Königreich beider Sizilien« zusammengeschlossen. Es wird von einer Seitenlinie der **spanischen Bourbonen** regiert.

1848 treiben die Sizilianer ihren König Ferdinand II. in die Flucht. Auch in vielen Städten Italiens rebellieren die Bürger. In Venedig und der Lombardei nehmen die Aufstände solche Ausmaße an, dass sich die österreichischen Truppen zurückziehen, um auf Verstärkung zu warten. *Camillo Benso von Cavour*, der Gründer der Reformzeitung *Il Risorgimento* (Die Wiederauferstehung), fordert daraufhin vehement, dass der liberale König *Karl Albert von Sardinien* Österreich den Krieg erklärt. Dieser tut das, muss sich im Juli jedoch geschlagen geben und die Österreicher unterwerfen die Lombardei.

Im November brechen erneut Unruhen aus. Die Römer verjagen Papst Pius IX., halten Wahlen ab und rufen am 9. Februar 1849 eine Republik aus. Wenig später wird in der Toskana Herzog Leopold II. gestürzt. Gemeinsam mit Sardinien nehmen die revolutionären Staaten den Krieg wieder auf. König Karl Albert muss sich jedoch am 23. März den Österreichern ein zweites Mal geschlagen geben.

Sizilien wird am 15. Mai von seinem geflohenen König zurückerobert. Die römische Republik mit ihrem Anführer *Giuseppe Garibaldi* muss am 30. Juni vor spanischen und französischen Truppen kapitulieren und am 23. August erobern die Österreicher schließlich auch Venedig wieder.

Cavour, der im Jahr 1852 Ministerpräsident von Sardinien wird, ist nach dieser Erfahrung überzeugt, dass es unbedingt die Hilfe einer ausländischen Macht braucht, um gegen Österreich zu bestehen. Nur deshalb bewegt er den neuen König *Viktor Emanuel II.* dazu, England und Frankreich im Krimkrieg beizustehen. Im Juli 1858 kann Cavour mit dem französischen Kaiser *Napoleon III.* ein Bündnis schließen: Im Falle eines österreichischen Angriffs steht dieser Sardinien bei und bekommt dafür Nizza und Savoyen.

1. Im April 1859 gelingt es Cavour, Österreich zu einem Angriff zu provozieren.

2. Napoleon III. steht Sardinien wie verabredet bei, insistiert aber im Juli auf einem Friedensvertrag, der den Sarden nur die Lombardei einbringt.

3. Noch aber halten die sardischen Truppen die Toskana, Modena und Parma besetzt. Cavour initiiert dort im März 1860 Volksabstimmungen, die zugunsten eines Anschlusses an Sardinien ausfallen.

4. Am 11. Mai 1860 landet Giuseppe Garibaldi mit einer großen Freiwilligenarmee (Zug der Tausend) auf Sizilien. Dort schließen sich vor allem die Kleinbauern Garibaldis »Rothemden« an. Am 7. September flieht König Franz II., der ziemlich lebensuntüchtige Sohn des despotischen Ferdinands II.

5. Im September rücken die sardischen Armeen in den Kirchenstaat ein. Cavour geht es auch darum, Garibaldi zuvorzukommen.

6. Nachdem ein Plebiszit in Sizilien am 21. Oktober eine große Mehrheit für einen Anschluss an Sardinien ergibt, tritt Garibaldi von seinem Führungsanspruch zurück.

7. Am 17. März 1861 wird Viktor Emanuel II. in Turin zum **König Italiens** ausgerufen. Cavour wird Ministerpräsident. Der Kern des Kirchenstaats wird aber von französischen Truppen einem italienischen Zugriff entzogen.

8. Am Rande des deutsch-deutschen Kriegs von 1866 (mehr dazu im Abschnitt »Das deutsche Kaiserreich«) erobert Italien das österreichische Venetien.

9. Als sich Frankreich 1870 im Krieg mit Deutschland befindet und seine Schutztruppen aus dem Kirchenstaat abzieht, wird auch dieser bis auf den heutigen **Vatikanstaat** eingenommen.

Der neue Staat wird wie Sardinien eine *konstitutionelle Monarchie*, keine echte Demokratie. Wahlberechtigt ist nur eine kleine Kaste der Besitzenden. Die Hoffnungen vor allem der süditalienischen Mitstreiter Garibaldis auf eine Landreform und andere soziale Verbesserungen werden enttäuscht. Es kommt in der Folge zu einer massiven Abwanderung in den vermögenden Norden, aber auch in die USA.

Nach der Reichseinigung bleiben noch einige Regionen mit italienischsprachiger Bevölkerung, die nicht zu Italien gehören. Die italienischen Nationalisten prägen dafür den Begriff *terre irredente* (»unerlöste Länder«) und streben danach, das *Trentino*, das *Tessin* und *Triest*, aber auch *Istrien* und *Dalmatien*, wo mehr Kroaten als Italiener leben, ebenfalls dem italienischen Staat zuzuschlagen.

Der *Irredentismus* ist 1915 ein wesentliches Motiv für Italien, in den *Ersten Weltkrieg* einzutreten.

Das deutsche Kaiserreich

Im Gegensatz zu Italien gibt es nach den Kriegen gegen Napoleon in Deutschland eine breite Volksbewegung für eine Einheit, die jedoch mit der Ablehnung der Paulskirchen-Verfassung durch die Fürsten im Jahr 1849 zunächst scheitert.

Otto von Bismarck hält von der *Märzrevolution* und ihren Idealen rein gar nichts. Als preußischer Landtagsabgeordneter und Gutsherr in Pommern hat er der Regierung 1848 sogar angeboten, mit bewaffneten Bauern nach Berlin zu ziehen, um bei der Niederschlagung des Aufstands zu helfen. Ihm geht es um Preußen, immer nur um Preußen. 1862 steckt dieses in einer schweren innenpolitischen Krise. Die liberalen Abgeordneten verlangen Zugeständnisse dafür, dass sie Gelder für eine Heeresreform bewilligen. König Wilhelm jedoch hält es für unter seiner Würde, sich erpressen zu lassen. Als auch Neuwahlen nichts ändern, denkt er über Rücktritt nach. Kriegsminister *Albrecht von Roon* empfiehlt Bismarck als neuen Ministerpräsidenten. Der erklärt sich bereit, mit Rückendeckung des Königs und durch Sondervollmachten zu regieren. Das Parlament beruft er einfach nicht mehr ein und die Heeresreform setzt er ohne ordnungsgemäßen Haushalt durch. Das ist ein klarer *Verfassungsbruch*, der ihn jedoch nicht kümmert – und er kommt damit durch. Zwar gibt es jede Menge Proteste, aber keinen Widerstand, der ihm gefährlich wird.

Auch außenpolitisch hat der neue preußische Ministerpräsident klare Vorstellungen. Um als Großmacht bestehen zu können, braucht Preußen die übrigen deutschen Staaten. Also muss es zu einer *deutschen Einheit* kommen. Den alten Rivalen Österreich, der bisher die Führungsrolle im Deutschen Bund einnimmt, will Bismarck aber nicht dabeihaben. Nachdem er Österreich 1864 schon zu einem Krieg gegen Dänemark nach seinen Vorstellungen gedrängt hat (Kapitel 14), benutzt er nun die gemeinsame Verwaltung der Herzogtümer Schleswig und Holstein, um einen Konflikt herbeizuführen:

1. Als Österreich am 1. Juni 1866 den Deutschen Bund in die Schleswig-Holstein-Frage einbeziehen will, wertet Bismarck das als **Vertragsbruch** und lässt die preußische Armee in Holstein einmarschieren.

2. Der Deutsche Bund mobilisiert daraufhin am 14. Juni auf Antrag Österreichs das **Bundesheer**.

3. Bismarck erklärt den Deutschen Bund für aufgelöst und lässt am 16. Juni die **preußische Armee** in Sachsen, Hannover und Kurhessen einmarschieren. Am 3. Juli erringt das preußische Heer in der **Schlacht von Königgrätz** (Sadowa) in Böhmen einen entscheidenden Sieg über Österreich.

4. Gegen den Willen der preußischen Militärs und des preußischen Königs setzt Bismarck nun einen schnellen **Friedensschluss** durch: Österreich muss lediglich seinen Rückzug aus der deutschen Politik erklären.

5. Preußen annektiert neben Schleswig und Holstein auch die norddeutschen Länder, die sich gegen es gestellt haben (Hannover, Kurhessen, Nassau und Frankfurt) und gründet mit seinen Verbündeten den **Norddeutschen Bund**. Die Verfassung schreibt Bismarck selbst. Sie ist liberaler als die preußische, aber nicht wirklich demokratisch. Der gewählte Bundestag darf über Haushalt und Gesetze abstimmen, die Regierung ist aber allein von der Gunst des Königs abhängig, der den Bundestag auch jederzeit auflösen

kann. Mit Bayern, Württemberg, Baden und Hessen schließt Bismarck **geheime Schutz- und Trutzbündnisse**. Darüber hinaus sind die süddeutschen Staaten über den bereits 1834 gegründeten deutschen **Zollverein** wirtschaftlich mit dem enorm prosperierenden Norden verbunden.

Was steht einer deutschen Einheit nun noch entgegen? Zweierlei:

✔ Die **antipreußische Stimmung** in den süddeutschen Ländern (vor allem bei der Bevölkerung, weniger bei den Fürsten)

✔ **Frankreich**, das mit einiger Sicherheit einer solchen Machtverschiebung, wie sie eine deutsche Einigung darstellt, nicht tatenlos zusehen wird (Kaiser Napoleon III. ist schon sauer, weil er für seine Neutralität im deutsch-deutschen Krieg keine Kompensation erhalten hat)

1868 wird die reaktionäre und auch nicht besonders fähige spanische Königin Isabella II. gestürzt. Die neuen Machthaber bieten den Thron zwei Jahre später *Leopold von Hohenzollern-Sigmaringen* an (der nur sehr weitläufig mit den preußischen Hohenzollern verwandt ist). Frankreich erklärt öffentlich, dies nicht zu dulden, worauf der Prinz verzichtet. Zusätzlich aber passt der französische Botschafter auf Anweisung seines Außenministers den preußischen König Wilhelm auf der *Kurpromenade von Bad Ems* ab und drängt ihn zu einer Erklärung, dass er auch in Zukunft keine Kandidatur eines Hohenzollerns zulassen werde. Wilhelm lehnt ab und telegrafiert den Vorfall an Bismarck, der den Bericht so verkürzt, dass er für Frankreich noch peinlicher aussieht. Dann gibt er ihn an die Presse. Drei Tage später, am 19. Juli 1870, erklärt Frankreich Preußen den Krieg.

Hat Bismarck den *deutsch-französischen Krieg* durch seine Manipulationen bewusst herbeigeführt? Auf jeden Fall wusste er, was er tat, als er die verkürzte Depesche veröffentlichte, denn zuvor erkundigte er sich bei Generalstabschef *Helmuth von Moltke*, ob die Armee schnell genug kriegsbereit sei. Andererseits war es Frankreich, das nicht nur Prinz Leopold auf dem spanischen Thron verhindern, sondern dies auch mit einer diplomatischen Niederlage Preußens kombinieren wollte, und am Ende aus Prestigegründen keine andere Möglichkeit mehr als eine Kriegserklärung sah.

»Exportgut« deutsche Prinzen

Das spanische Thronangebot für Leopold von Hohenzollern-Sigmaringen war in keiner Weise außergewöhnlich. Ohne eigene Macht, aber aus dem europäischen Hochadel stammend, waren deutsche Prinzen im 19. Jahrhundert eine beliebte Wahl für neu geschaffene Throne oder als Prinzgemahle:

✔ **Leopold von Sachsen-Coburg-Saalfeld** wird 1830 König von Belgien, nachdem das Land sich von den Niederlanden losgesagt hat. Vorher war er bereits mit der britischen Thronanwärterin Charlotte (einer älteren Cousine Königin Victorias) verheiratet gewesen, die jedoch im Kindbett starb.

✔ **Otto von Bayern** wird 1832 König von Griechenland.

KAPITEL 15 Globale Verflechtungen: Die industrialisierte Welt 297

- ✔ **Ferdinand von Sachsen-Coburg und Gotha** wird 1836 durch Heirat mit Königin Maria II. König von Portugal.

- ✔ **Albert von Sachsen-Coburg und Gotha** wird 1857 durch eine (Liebes-)Heirat mit Königin Victoria Prinzgemahl von Großbritannien.

- ✔ **Karl von Hohenzollern-Sigmaringen** (der jüngere Bruder von Leopold) wird 1866 Fürst und 1881 König von Rumänien.

- ✔ **Alexander von Battenberg** wird 1878 Fürst von Bulgarien.

- ✔ **Ferdinand von Sachsen-Coburg-Koháry** wird 1887 Fürst und 1908 Zar von Bulgarien.

- ✔ **Heinrich zu Mecklenburg** wird 1901 durch Heirat mit Königin Wilhelmina Prinz der Niederlande.

- ✔ **Wilhelm von Wied** wird 1914 Fürst von Albanien.

- ✔ **Friedrich Karl von Hessen** wird 1918 zum König von Finnland gewählt, aber nach zwei Monaten wieder abgesetzt.

- ✔ **Wilhelm Karl von Urach** wird 1918 zum König von Litauen gewählt, was jedoch aus politischen Gründen widerrufen wird.

Auf beiden Seiten kochen die Emotionen über, aber schon mit dem deutschen *Sieg bei Sedan* am 1. September 1870 ist die Sache praktisch entschieden. Napoleon III. kapituliert. Er wird jedoch umgehend gestürzt und die Führung der am 4. September proklamierten Republik führt den Krieg fort. Die Deutschen verlegen sich nun vor allem auf eine Belagerung von Paris. Gleichzeitig verhandelt Bismarck mit den deutschen Fürsten in Versailles über die Gründung des deutschen Kaiserreichs. Im Kleinen macht er zwar Zugeständnisse, sodass ein starker *Föderalismus* erhalten bleibt, im Kern handelt es sich jedoch um einen *Anschluss der Südstaaten* an den Norddeutschen Bund.

Am 28. Januar 1871 wird ein *Waffenstillstand* geschlossen. Am 31. Januar erfolgt im *Spiegelsaal von Versailles* die Proklamation des preußischen Königs als deutscher Kaiser Wilhelm I. Von den Franzosen wird das später als ungeheuer provokativ empfunden, tatsächlich wollte Bismarck nur schnell Fakten schaffen und man war nun einmal in Versailles. Auch die Franzosen wählen am 8. Februar eine neue Regierung, die dann die Friedensverhandlungen führt. Am 26. Februar wird ein Vorfrieden unterzeichnet.

Unterdessen herrschen im belagerten Paris chaotische Zustände. Als die neue französische Regierung am 18. März versucht, die immer eigenmächtiger agierenden *Nationalgarden* zu entwaffnen, enden die Auseinandersetzungen damit, dass die Garden die Macht in der Stadt übernehmen und die *Pariser Kommune* gründen. Ihre Dekrete in Sachen Sozialreformen, Frauenrechte oder Trennung von Kirche und Staat machen sie in linken Kreisen bis heute legendär. Aber die Regierung der Kommune ist auch diktatorisch und zerstritten. Im Mai macht die französische Regierung dem Experiment durch die Eroberung von Paris ein Ende. Vermutlich werden über 10 000 Menschen durch die Kämpfe und anschließende Massenhinrichtungen getötet.

Am 10. Mai 1871 wird der Frieden zwischen Deutschland und Frankreich geschlossen. Er hat weitreichende Folgen:

✔ Das **Elsass** und Teile **Lothringens** fallen an Deutschland. In Frankreich sorgt das für große Empörung und viele der Bewohner – auch der deutschsprachigen – wünschen einen Verbleib bei Frankreich.

✔ Frankreich muss 5 Milliarden Franc **Reparationen** zahlen. Sie werden in Deutschland vor allem in Infrastrukturmaßnahmen investiert und lösen den **Gründerzeit-Boom** aus. Doch das deutsche Kapital führt auch zu einer europaweiten Überhitzung der Konjunktur und bereits 1873 zu einem **Börsencrash** in Wien, der dem ganzen Kontinent eine 20-jährige wirtschaftliche Stagnation beschert.

✔ Das vereinte Deutschland wird bis zum Ersten Weltkrieg zur **stärksten Wirtschaftsmacht Europas.**

✔ **Bismarcks Außenpolitik** orientiert sich in Zukunft vor allem daran, Frankreich zu isolieren und so eine Revanche unmöglich zu machen. Umgekehrt betrachten aber auch die anderen Mächte das starke Deutschland mit mehr Misstrauen.

✔ Der **Triumph von Sedan** führt in Deutschland zu heftigen, nationalen Aufwallungen und wird jährlich groß gefeiert. Der Schriftsteller Heinrich Mann bezeichnet den Sieg später als »unfassbares Unglück«, das das deutsche Volk mit der Zeit immer prahlerischer und machtgläubiger gemacht habe. Entsprechend gibt es auf französischer Seite ein tiefsitzendes Gefühl der Demütigung und Rachegelüste. Nach der Jahrhundertwende nehmen die deutschlandfeindlichen Gefühle bei großen Teilen der Bevölkerung ab. In Deutschland jedoch wird das zu wenig bemerkt. Dass Frankreich auf Revanche aus ist, gilt als feststehendes politisches Faktum.

Wie all das zum Ausbruch des Ersten Weltkriegs beiträgt, lesen Sie im nächsten Kapitel.

> **IN DIESEM KAPITEL**
>
> Umwälzungen in Japan und China
>
> Die Vorgeschichte des Ersten Weltkriegs
>
> Der Krieg und seine Folgen

Kapitel 16
Gefährliche Großmachtpolitik: Der Weg in den Ersten Weltkrieg

A ls der österreichische Thronfolger *Franz Ferdinand* am 28. Juni 1914 Sarajewo besucht, lauern ihm sieben junge Bosnier auf. Eine Bombe verfehlt ihr Ziel, doch die Schüsse des 19-jährigen Schülers *Gavrilo Princip* treffen. Sie fallen in einer Zeit, in der die Menschen oft das Gefühl haben, auf einem Pulverfass zu sitzen, und sich nicht fragen, ob, sondern wann der große Knall kommt. Sie fallen aber auch in einer Zeit, in der es der Bevölkerung in den westlichen Industrieländern ziemlich gut geht. Die Weltwirtschaft wächst, viele Unternehmer (jenseits der Waffenfabrikanten und Stahlmagnaten) fürchten nichts so sehr wie einen Krieg, und auch ein Großteil der Arbeiter vegetiert nicht mehr am Existenzminimum dahin, sondern kann sich kleinen Luxus leisten.

> **Reformzeit**
>
> Um die Jahrhundertwende gibt es eine Modernisierung des ganzen Lebens. In der *Architektur* und dem *Design* führt der Trend weg vom Überladenen und der Imitation historischer Stile. An seine Stelle treten das Arts and Crafts Movement, der Jugendstil, der Expressionismus und Vorläufer des Bauhaus-Stils. In der *Malerei* ist es die Zeit der Expressionisten, Fauvisten, Kubinisten und der russischen Avantgarde mit wilden Farben, verzerrten Formen, anstößigen Sujets und ersten total abstrakten Bildern. Auf der *Bühne* sorgen der Ausdruckstanz einer Isadora Duncan oder des Ballets Russes (Vaslav Nijinsky, Anna Pawlowa) für Furore. Es gibt die ersten *Kinos*. Sport gewinnt weit über

die Turnbewegung hinaus an Bedeutung – und wird auch von Frauen betrieben. Ab 1896 gibt es wieder *Olympische Spiele*, ab 1900 dürfen im Tennis und Golf auch Frauen teilnehmen.

In den meisten Ländern erhalten Frauen regulären Zugang zu Universitäten. In Neuseeland (1893), Finnland (1906) und Norwegen (1913) wird auch das *Frauenwahlrecht* eingeführt. In Großbritannien dagegen radikalisieren die *Suffragetten* den Kampf für mehr Frauenrechte. In der *Kindererziehung* sind Reformpädagogik und freie Schulen großes Thema. Mit dem Wandervogel gibt es die erste selbstorganisierte Jugendbewegung. In der *Mode* verschwinden die Korsetts, stattdessen halten lockere Reformkleider, knöchelfreie Röcke und die ersten Chanel-Entwürfe Einzug.

Die *Lebensreformbewegung* propagiert ökologisch angebaute, vegetarische, gesunde Nahrung, die in Reformhäusern erhältlich ist, Naturheilkunde, Freikörperkultur und alternative Lebensformen wie die Kommune auf dem Tessiner Monte Verità.

Neue Mächte in Asien

China musste nach der Niederlage im Ersten Opiumkrieg 1842 seinen Markt öffnen; in der japanischen Bucht von Edo (Tokio) erscheinen am 8. Juli 1853 vier amerikanische Kriegsschiffe. Kommandant Matthew C. Perry verlangt Verhandlungen über eine *Öffnung der japanischen Häfen*. Um zu zeigen, was den Japanern droht, wenn sie sich weigern, bombardiert er ein paar Hafengebäude. Die Regierung reagiert verwirrt, sieht letztlich jedoch keinen anderen Ausweg, als nachzugeben. Nach und nach dürfen die Amerikaner, später auch die anderen Westmächte, japanische Häfen anlaufen und sich im Land aufhalten.

Wie auch China bekommt Japan seine Ohnmacht gegenüber den Industrienationen brutal klargemacht. Die Wege der beiden Länder aus der Krise sind jedoch höchst unterschiedlich.

Restauration in Japan

Die erzwungene Öffnung Japans spaltet den Adel im Land. *Tokugawa Yoshinobu*, der im Jahr 1866 Regent (Shogun) wird, schlägt vorsichtige Reformen vor, die jedoch keine Unterstützung finden. Am 9. November 1867 gibt er deshalb die Macht, die seine Familie seit 1603 innehatte, an den Kaiser zurück. Der heißt *Mutsuhito* und ist gerade 15 Jahre alt geworden. Doch hinter ihm hat sich eine Gruppe von Fürsten zusammengefunden, die entschlossen sind, dem Shogunat ein Ende zu machen und Reformen einzuleiten. Da nominell die Macht des Kaisers restauriert wird, wird man die Reformen später nach dem Thronnamen des jungen Kaisers Meiji (»aufgeklärte Regierung«) *Meiji-Restauration* und die Drahtzieher *Meiji-Oligarchen* nennen.

Kernpunkt der Reformen ist die *Abschaffung des Feudalsystems*. Obwohl selbst im Besitz großer erblicher Lehen, geben die Meiji-Oligarchen diese an den Staat zurück und nötigen die

KAPITEL 16 Gefährliche Großmachtpolitik: Der Weg in den Ersten Weltkrieg 301

übrigen Fürsten, sich anzuschließen. Im Gegenzug werden sie Gouverneure der neu geschaffenen Provinzen, behalten also ihre Macht im Gefüge der neu geschaffenen staatlichen Strukturen, die jedoch weniger Willkür und Selbstbereicherung zulassen. Der *Stand der Samurai* wird zugunsten einer modernen *Wehrpflichtigenarmee* abgeschafft. Dagegen gibt es Widerstand, auch von Tokugawa Yoshinobu, der nicht mit seiner vollkommenen Ausbootung gerechnet hat. Bis 1877 sind die Reformen deshalb von Kriegen und Aufständen begleitet.

1871 begibt sich der japanische Außenminister Iwakura Tomomi auf zweijährige *Auslandsreise*. Das Hauptziel, die von den USA erzwungenen *unvorteilhaften Verträge* neu zu verhandeln, scheitert. Die Delegation studiert jedoch wie einst Peter der Große ausgiebig Wirtschaft, Verwaltung, Bildungssystem und Militär in den USA und zahlreichen europäischen Ländern. Wirtschaftlich sind die Japaner von *Großbritannien* am meisten beeindruckt. Was Politik, Militär und Verwaltung angeht, wird *Preußen* zum Vorbild für die weiteren Reformen. Außerdem wirbt Tomomi 5000 ausländische Experten an. Umgekehrt werden in der Folge gezielt japanische Studenten an europäische Hochschulen geschickt.

Im Streit zwischen liberalen und nationalistischen Modernisierern setzen sich schnell Letztere durch. Während die Reformen noch in vollem Gange sind, beginnt Japan eine *aggressive Außenpolitik*: 1874 wird Taiwan besetzt, 1876 die Öffnung der koreanischen Häfen erzwungen. Beide Gebiete standen bislang unter chinesischer Oberhoheit, sodass es 1894 zum *Krieg mit China* kommt, den Japan jedoch nach gut neun Monaten gewinnt. Danach erhält Japan Taiwan, einen Zugang zu den chinesischen Häfen und sehr hohe Reparationsleistungen. Korea wird offiziell zum unabhängigen Staat erklärt.

Doch auch Russland hat Interesse, seine Position in Korea und der Mandschurei zu stärken. 1898 pachtet das Zarenreich von China Land auf der mandschurischen Halbinsel Liadong und baut dort den eisfreien Marinestützpunkt *Port Arthur*. 1903 fordert Japan den Abzug der russischen Truppen und die Anerkennung der japanischen Oberhoheit über Korea. Als das Zarenreich dem nicht nachkommt, greifen japanische Truppen am 8. Februar 1904 Port Arthur an. Zur Überraschung aller Unbeteiligten und zur großen Demütigung Russlands behält Japan die Oberhand. Am 31. Juli 1905 muss die russische Armee kapitulieren. Korea gerät nun unter japanische Oberhoheit.

Während Russland Krieg gegen Japan führt, leidet die Masse des russischen Volks unter der schlechten wirtschaftlichen Lage und dem extrem unsozialen System. Als am 9. Januar (nach westlichem Kalender am 22. Januar) das Gerücht die Runde macht, dass die Regierung Brot hortet, während die Arbeiter hungern, marschieren etwa 150000 Menschen zum *Winterpalast des Zaren* und fordern neben Brot auch den *Achtstundentag*, das *Wahlrecht* und weitere *Bürgerrechte*. Die Armee feuert in die Menge, wobei mindestens 130 Menschen getötet und über 1000 verletzt werden. Dem *Petersburger Blutsonntag* folgen Unruhen im ganzen Land.

Revolution in China

In China wiegt der »Gesichtsverlust« nach dem verlorenen Krieg gegen Japan fast noch schwerer als die Demütigungen, die das Land von den westlichen Industriemächten hat hinnehmen müssen. In der Verbotenen Stadt in Peking sitzt ein sechsjähriger *Kindkaiser* auf dem Thron. Die in verschiedene Lager zerfallenen *Hofbeamten* können sich auf keinen Kurs einigen. Im Land herrschen Korruption, Misswirtschaft, Hunger und weitgehende Anarchie. Ein großer Aufstand liegt in der Luft.

Am 10. Oktober 1911 explodiert in der Stadt Wuchang, nicht »die«, sondern irgendeine Bombe. Doch oppositionelle Gruppen innerhalb der Armee fürchten, dass sie durch eine Untersuchung auffliegen würden. Also schlagen sie los. Der Aufstand breitet sich schnell in ganz Südchina aus. Die beiden zentralen Figuren sind:

✔ **Sun Yat-sen:** Als Sohn von einfachen Landarbeitern (Kulis) geboren, holt ihn sein Bruder mit 13 Jahren nach Hawaii, wo er das westliche Leben kennenlernt und Medizin studiert. Nach China zurückgekehrt, engagiert er sich gegen die Regierung, bis er 1895 nach einem missglückten Aufstand ins Exil gehen muss. Nach Beginn des Aufstands kehrt er nach China zurück. Er propagiert eine Einheit aller chinesischen Völker, die Volkssouveränität und die Sorgepflicht des Staates für die Grundbedürfnisse seiner Bürger. Als einziger Politiker wird er später sowohl in der Volksrepublik China wie auch in Taiwan verehrt.

✔ **Chiang Kai-shek:** Nach einer Militärausbildung in Japan kehrt auch er direkt nach dem Ausbruch des Aufstands nach China zurück und übernimmt die Führung der **Revolutionsarmee** in Shanghai.

Am 1. Januar 1912 ruft Sun Yat-sen, den ein Revolutionskomitee zum Übergangspräsidenten ernannt hat, die Republik aus. Doch zu diesem Zeitpunkt ist nur der Süden Chinas in der Hand der Rebellen. Sun verhandelt daraufhin mit *Yuan Shikai*, dem als korrupt bekannten kaiserlichen Premierminister, der die Macht im Norden hält und den Auftrag hat, die Rebellion niederzuschlagen. Gegen das Versprechen, Präsident der Republik zu werden, wechselt Yuan die Seiten und setzt Kaiser *Pu Yi* ab.

Der sechsjährige *Pu Yi* bekommt ein ewiges Wohnrecht im kaiserlichen Palast und darf weiter seinen Titel tragen. Auch das Hofzeremoniell geht weiter. Im Grunde ändert sich in der Verbotenen Stadt nichts, außer dass das, was dort geschieht, außerhalb der Mauern keine Relevanz mehr hat. Erst 1924 nötigt ein putschender General den Ex-Kaiser zum Auszug. Dieser begibt sich in den Schutz der japanischen Botschaft.

Bei den Nationalratswahlen 1913 erhält die von Sun Yat-sen, Chiang Kai-shek und anderen gegründete *Kuomintang* (Nationale Volkspartei) die meisten Stimmen. Yuan Shikai sieht sich bedroht und nutzt seine militärische Macht, die Partei zu verbieten. Sun Yat-sen geht ins Exil.

Am 12. Dezember 1915 macht sich Yuan Shikai zum neuen Kaiser, wird aber schnell gestürzt. Daraufhin bricht ein Bürgerkrieg aus. Zwei Jahre später kehrt Sun Yat-sen zurück und kann in Kanton eine Machtbasis errichten.

1921 initiiert der russische Kommunist Grigori Woitinski die Gründung einer *Kommunistischen Partei* in China, die sich 1924 mit der Kuomintang verbündet. Nach Sun Yats-sens Tod im Jahr 1925 übernimmt Chiang Kai-shek die Führung der Kuomintang. Bis 1928 kann er die Macht der Generäle in Nordchina brechen, doch gleichzeitig beginnt er die Kommunisten zu bekämpfen und lässt Arbeiteraufstände niederschlagen.

KAPITEL 16 Gefährliche Großmachtpolitik: Der Weg in den Ersten Weltkrieg 303

1934 sind die kommunistischen Truppen von Chiang Kai-sheks Armee eingekreist. Doch knapp 90 000 Männer können sich der Einkesselung entziehen. Der ein Jahr dauernde, über 12 500 Kilometer führende »*Lange Marsch*« nach Norden wird zum kommunistischen Mythos – auch wenn nur rund zehn Prozent der Menschen dort ankommen. Während des Marsches wird der 43-jährige *Mao Zedong*, der seit 1927 als Anführer einer Guerillagruppe tätig ist, zum neuen Anführer.

Der chinesische Bürgerkrieg erlaubt es den Japanern, 1932 in der *Mandschurei* einen *Marionettenstaat* einzurichten. Darüber erfahren Sie in Kapitel 17 mehr.

Viele Krisen und ein Krieg

Warum kam es 1914 zum Ersten Weltkrieg? Die Analysen der Vorgeschichte füllen mehr Bücher, als ein Mensch in seinem ganzen Leben lesen kann. Wenige politische Ereignisse sind so gut dokumentiert und doch so umstritten. Vielleicht liegt das daran, dass nicht unlösbare politische Probleme, sondern Angst und gegenseitiges Misstrauen, gepaart mit dem Bedürfnis, sich stets zu beweisen, die eigentliche Triebfeder für das Handeln der beteiligten Mächte waren. Politische Probleme gab es allerdings auch.

Der kranke Mann am Bosporus

Im Kern beschäftigt die europäischen Mächte im ausgehenden 19. Jahrhundert immer noch der Konflikt, der zum Krimkrieg (Kapitel 15) geführt hat. Die Kontrolle der osmanischen Sultane über ihr Reich schwindet weiter und droht ein Machtvakuum zu erzeugen. In Bewegung gebracht wird die Sache diesmal durch die Balkanvölker.

1876 wird ein *Aufstand der Bulgaren* von den osmanischen Machthabern blutig niedergeschlagen. Die Zeitungen Europas sind voll von Gräueltaten wie dem Niederbrennen von Kirchen, in die sich Frauen und Kinder geflüchtet haben. Die Öffentlichkeit, vor allem die russische, fordert vehement ein *Eingreifen der Großmächte*. Als Verhandlungen mit Sultan Abdul Hamid II. zu keinem Ergebnis führen, erklären Russland und Serbien ihm den Krieg. Mit Balkananrainer Österreich verständigen sich die Russen in einem *Geheimabkommen* auf die Leitlinien einer künftigen Balkanpolitik.

1878 ringt Russland dem Sultan einen sehr vorteilhaften Frieden ab – einen, der vor allem Österreich und Großbritannien zu weit geht. Während schon für eine Neuauflage des Krimkriegs gerüstet wird, schlägt der österreichisch-ungarische Außenminister *Gyula Andrássy* einen *Kongress* vor und die anderen Mächte stimmen zu. In Berlin wird dann unter der Leitung von Reichskanzler Bismarck als »ehrlichem Makler« ein Kompromiss ausgehandelt, der *Serbien, Rumänien* und *Montenegro* die Freiheit bringt, *Bulgarien* immerhin eine gewisse Autonomie. Im Gegenzug für russische Gebietsgewinne (Bessarabien/Moldau) darf Österreich-Ungarn *Bosnien und Herzegowina* besetzen und Großbritannien *Zypern* pachten. Damit hat Russland seine Position auf dem Ostbalkan gestärkt, Österreich-Ungarn seine auf dem Westbalkan und Großbritannien seine Präsenz im Mittelmeer. Auch wenn russische Nationalisten ob der Einmischung der Mächte schäumen, erscheint der Kompromiss tragfähig.

1885 jedoch unterstützen die Russen in Bulgarien einen *Militärputsch*, der scheitert und stattdessen eine österreichfreundliche Regierung an die Macht bringt. 1903 ermorden die Serben dann ihren despotischen, von Österreich unterstützten König und pro-russische Kräfte übernehmen das Ruder. Damit hat sich die 1878 ausgehandelte Konstellation gedreht. Plötzlich hat jede der beiden Großmächte ihren Verbündeten vor der »Haustür« des anderen sitzen. Außerdem befinden sich nicht nur die etablierten Länder im *Würgegriff des Nationalismus*. »Großserbische« Aktivisten fordern die »Erlösung« aller südslawischen Gebiete vom »österreichischen Joch«, was nicht nur auf Bosnien und Herzegowina, sondern auch auf das seit dem 16. Jahrhundert zum Habsburger Reich gehörende Kroatien zielt. Die Reaktion: Österreich tut alles, um einen weiteren Machtzuwachs Serbiens zu verhindern.

Welche Gefahr bedeutete die sehr aggressive *großserbische Propaganda* für Österreich-Ungarn? Auch das ist unter den Historikern extrem umstritten. Zweifellos hatte die *Doppelmonarchie* ein gewaltiges Problem mit ihren nichtdeutschen Teilen. Teils wurde dort die Unabhängigkeit gefordert, teils aber auch nur ein Ende der Diskriminierung gegenüber den Deutsch-Österreichern. Das Problem mit Ungarn wurde mit dem *Österreichisch-Ungarischen Ausgleich* im Jahr 1867 (der dem Land seinen Doppelnamen einbrachte) einigermaßen beigelegt. Die sogenannten *Trialisten* schlugen eine ähnliche Regelung für Böhmen vor. In Kroatien sorgte vor allem die ungarische *Magyarisierungspolitik* für eine explosive Stimmung, die auch zu Attentatsversuchen gegen die Statthalter führte. Doch die überwiegende Mehrheit der Kroaten sah in einem Anschluss an Serbien keineswegs eine Alternative. Anders war die Situation in Bosnien und Herzegowina, das Österreich 1878 besetzt hatte und 1908 eigenmächtig annektierte. Hier stützte sich die österreich-ungarische Verwaltung vor allem auf die *muslimische Oberschicht*, was für die serbischen Bauern eine Fortsetzung der diskriminierenden osmanischen Politik bedeutete. Durch die großserbische Propaganda wurde ein eigentlich sozialer Konflikt dann nationalistisch aufgeladen.

Im Osmanischen Reich setzen 1908 die *Jungtürken* unter Leitung von Ismail Enver, genannt *Enver Pascha*, den absolutistisch regierenden Sultan zugunsten seines – als Marionette fungierenden – Bruders ab. Sie bemühen sich um Reformen und versuchen anfangs auch, die Minderheitenvölker der Armenier, Albaner und Bulgaren in die Politik einzubinden. Doch sie haben mit gewaltigen inneren Schwierigkeiten zu kämpfen.

Säbelgerassel und Konferenzen

Die Situation auf dem Balkan führt dazu, dass das Verhältnis zwischen Russland und Österreich vollkommen in die Brüche geht. Das aber ist ein Problem für Deutschland: Bismarcks Politik, Frankreich durch den *Dreikaiserbund* mit Österreich und Russland sowie ein konstruktives Verhältnis zu Großbritannien zu isolieren, ist damit hinfällig. Bismarcks Nachfolger geben das Bündnis mit dem Zarenreich deshalb auf und setzen auf einen *Dreibund mit Österreich-Ungarn und Italien* (die sich aber auch nicht grün sind). Die Versuche, auch noch ein *Bündnis mit Großbritannien* zu schließen, bleiben Stückwerk. Mal mauern die Briten, mal werden auf deutscher Seite die Befürworter abgesägt oder das englische Angebot erscheint nicht attraktiv genug, mal funkt Kaiser *Wilhelm II.* persönlich dazwischen, der dem Geburtsland seiner Mutter in Hassliebe verbunden ist.

KAPITEL 16 Gefährliche Großmachtpolitik: Der Weg in den Ersten Weltkrieg

Wilhelm II. kann jeden Minister und auch seinen Kanzler jederzeit absetzen, und er macht ausgiebig davon Gebrauch – teils aus völlig nebensächlichen Gründen. Außerdem macht er Außenpolitik am liebsten selbst, im Tête-à-Tête mit den anderen Monarchen, deren begrenzte Entscheidungsgewalt aber völlig ignorierend. Überdies nimmt der deutsche Kaiser mal dieses, mal jenes Land als Bündnispartner oder Gegner ins Visier. Deutschlands Politik wird damit für die anderen Mächte völlig unberechenbar. Wilhelm II. nennt das »freie Hand«.

Viele der deutschen Politiker – und vor allem Wilhelm II. – fühlen sich relativ sicher und nicht zu Kompromissen verpflichtet, da sie der Überzeugung sind, dass England und Frankreich durch ihre kolonialen Streitigkeiten ebenso verlässlich Gegner sind wie England und Russland und überdies die französische Republik niemals mit dem wegen seiner reaktionären Politik übel beleumdeten Zarenreich paktieren wird. Das jedoch erweist sich als fulminanter Fehlschluss.

✔ 1894 schließen Frankreich und Russland ein zunächst geheimes Defensivbündnis, in dem sie einander Beistand garantieren, wenn der andere angegriffen wird.

✔ 1904 regeln Großbritannien und Frankreich ihre offenen Konflikte im Rahmen eines Abkommens, das sie *Entente Cordiale* (»Herzliches Einverständnis«) nennen.

✔ 1907 wird das Bündnis mit Russland zur *Triple Entente* erweitert. Konkrete Verpflichtungen sind damit nicht verbunden, wohl aber die Absicht, möglichst geschlossen zu agieren und Probleme untereinander friedlich zu regeln.

Die russisch-britische Einigung von 1907 hat auch Auswirkungen für *Persien*. Das Land, das seit 1794 von der *Dynastie der Kandscharen* regiert wird, verfügt über einen Rohstoff, der damals vor allem für die Schifffahrt immer wichtiger wird: *Öl*. Durch den Pakt bekommt Russland freie Hand im Norden (inklusive Aserbeidschan), Großbritannien im Süden (inklusive Afghanistan). Für den lukrativen Deal ist Großbritannien – trotz Protesten in der britischen Öffentlichkeit – auch bereit, darüber hinwegzusehen, dass die Russen Aserbeidschan »russifizieren« und das absolutistische Regime der Schahs stützen.

In Deutschland ist das Erwachen bitter. Man fühlt sich eingekreist. In Zukunft wird die »Sprengung der Entente« zu einem Hauptziel der deutschen Politik. Das Mittel der Wahl: Säbelrasseln. Der Kaiser, aber auch viele seiner Politiker sind der Meinung, dass militärische Drohung ein probates Mittel ist, um den Gegner verhandlungsbereit zu machen. Das erklärt so manche bizarre Rede des Kaisers, dafür betreibt Deutschland den exzessiven Aufbau einer Kriegsflotte, erklärt 1905 (*Erste Marokkokrise*), Marokkos Unabhängigkeit gegen Frankreich verteidigen zu wollen, und schickt 1911 (*Zweite Marokkokrise*) ein Kanonenboot namens Panther nach Agadir.

Aber auch in der französischen und russischen Regierung sitzen Leute, die eine militärische Machtdemonstration für probate Politik halten. Also beginnt auf beiden Seiten eine groß angelegte Aufrüstung, die wiederum die Spirale des Misstrauens immer weiter nach oben schraubt. Verschärft wird die Situation dadurch, dass es in allen Ländern eine sehr aggressive und starke Fraktion von *Ultranationalisten* gibt. In Deutschland ist das vor allem der *Alldeutsche Verband*, in Großbritannien das *Zeitungsimperium* von Alfred Harmsworth, Lord Northcliffe. Vor allem, wenn sich die politische Situation wieder einmal krisenhaft zuspitzt, werden Äußerungen nationalistischer Verbände und Zeitungen im gegnerischen Ausland von großen Teilen der Bevölkerung stellvertretend für das ganze Land und dessen Regierung gesehen.

Daneben gibt es seit Anfang des 19. Jahrhunderts aber auch eine *Friedensbewegung*. 1899 werden auf der *Haager Friedenskonferenz* Regeln für eine »zivilisierte« Kriegsführung aufgestellt, seit 1901 der *Friedensnobelpreis* vergeben. 1911 gibt es anlässlich der Zweiten Marokkokrise in den europäischen Hauptstädten große Kundgebungen, die größte am 3. September im Treptower Park in Berlin mit 200 000 Teilnehmern.

Da zwischen Großbritannien, Frankreich und Deutschland keine wirklich schwerwiegenden politischen Probleme bestanden, wäre vielleicht am Ende nichts passiert, wenn die beiden Lager nicht über ihre Verbündeten Russland und Österreich mit dem Konflikt auf dem Balkan verbunden gewesen wären. Doch auch das wäre lösbar gewesen, wie die letzte Krise vor dem Krieg beweist:

1. **Italien** (im Bündnis mit Österreich und Deutschland, aber auch von der Entente umworben und deshalb freie Hand habend) nutzt 1911 die Probleme der Jungtürken, um das osmanische **Libyen** zu annektieren.

2. Davon angestachelt, verbünden sich im Oktober 1912 die alten Feinde **Bulgarien** und **Serbien**, greifen im Verbund mit **Montenegro** und **Griechenland** das **Osmanische Reich** an und erobern dessen restlichen europäischen Besitz (Albanien, Mazedonien, Kosovo und Thrakien). Die serbisch-griechischen Pläne, Albanien untereinander zu teilen, rufen **Österreich** auf den Plan, das um jeden Preis verhindern will, dass Serbien über die albanische Küste Zugang zur Adria erhält.

3. Nach Monaten, in denen der Weltkrieg zu drohen scheint, einigen sich die Großmächte im Dezember 1912 auf die **Londoner Botschafterkonferenz**, wo die Gründung eines **unabhängigen Staates Albanien** beschlossen wird. Das aber verschärft den Kampf der Balkanvölker um die übrige Beute. Da es auf dem Balkan aber nie Grenzen nach modernen Maßstäben gegeben hat, sind viele Gebiete sehr heterogen besiedelt. So bricht im August 1913 ein zweiter Krieg zwischen Serbien (plus Verbündeten) und Bulgarien aus. **Österreich** möchte aufseiten der chancenlosen Bulgaren eingreifen, aber **Deutschland** verweigert seine Unterstützung.

Die Balkankriege und die Carnegie-Kommission

Die Balkankriege gehen mit ethnischen Säuberungen und vielen Kriegsgräueln einher. Erstmals werden die Vorwürfe von einer Kommission der amerikanischen *Carnegie Stiftung für Internationalen Frieden* untersucht. Deren Bericht, der im Mai 1914 veröffentlicht wird, stellt fest, dass sehr viele Ereignisse ganz anders gewesen sind, als in der Presse der beteiligten Länder dargestellt. So wurden von der Kommission griechische Bischöfe, deren Ermordung durch die Bulgaren in allen Einzelheiten geschildert worden war, unversehrt angetroffen. Insgesamt aber haben laut dem Bericht alle Parteien die »Gesetze der Menschlichkeit« verletzt – die Serben tendenziell am wenigsten, die Griechen am meisten. Nach dem *Attentat von Sarajewo* aber ergeht sich die deutsch-österreichische Presse nur an »furchtbaren Massenmorden der Serben an wehrlosen Albanern im Kosovo«.

KAPITEL 16 Gefährliche Großmachtpolitik: Der Weg in den Ersten Weltkrieg 307

Der Ausbruch des Ersten Weltkriegs

1914 scheint sich die Lage gegenüber dem Vorjahr wieder etwas entspannt zu haben. Auch als am frühen Abend des 28. Juni – eines schönen Sonntags mitten in der Urlaubszeit – die Nachricht vom *Attentat in Sarajewo* die Runde macht, glauben die wenigsten an Krieg. Schließlich geschieht der Mord auf österreichisch-ungarischem Territorium durch eigene Untertanen und wird sowohl von der Politik wie auch der Öffentlichkeit als zwar tragische, aber doch interne Angelegenheit der Donaumonarchie angesehen. Warum kommt es trotzdem zum Krieg?

✔ Das **Auswärtige Amt in Wien** ist sich sicher, dass die Attentäter serbische Hintermänner haben (was sich auch als richtig herausstellt). Deswegen soll die Gelegenheit genutzt und Serbien »als politischer Machtfaktor am Balkan ausgeschaltet« werden, wie Kaiser Franz Joseph I. an seinen deutschen Kollegen Wilhelm II. schreibt.

✔ **Wilhelm II.** verspricht am 5. Juli dem österreichischen Botschafter die volle deutsche Unterstützung für ein wie auch immer geartetes Vorgehen gegen Serbien (**Blankoscheck**). Danach fährt er in den Urlaub. Was er sich dabei gedacht hat, ist umstritten.

✔ Der **deutsche Außenamtschef** Gottlieb von Jagow (der im Urlaub war und den Kaiser nicht mehr gesprochen hat) sowie seine engsten Mitarbeiter Arthur Zimmermann und Wilhelm von Stumm sehen es in der Folge als ihre Aufgabe an, Österreich-Ungarn zu einem möglichst schnellen militärischen Schritt zu drängen. Wer genau diesen Kurs vorgegeben hat und wie aktiv **Kanzler** Theobald von Bethmann Hollweg involviert ist, ist unklar. Auf jeden Fall steht von Jagow mit dem starken Mann im Generalstab, Georg von Waldersee, in Kontakt.

✔ Der **deutsche Generalstab** wünscht seit Langem einen **Präventivkrieg gegen Russland und Frankreich**, da er eine ständige Verschlechterung des Kräftegleichgewichts zum Nachteil Deutschlands sieht. Schon 1905, während der Ersten Marokkokrise und dem zeitgleichen japanisch-russischen Krieg samt innerer Aufstände im Zarenreich, plädierte der damalige **Kriegsminister** Alfred von Schlieffen dafür, die günstige Situation zu nutzen. Und im Mai 1914 hatte Generalstabschef Helmut von Moltke noch einmal eindringlich versucht, Außenamtschef von Jagow von der Notwendigkeit eines Präventivschlags zu überzeugen.

✔ Für **Russland** würde ein Fallenlassen Serbiens bedeuten, dass es seinen letzten **Bündnispartner** auf dem strategisch so hoch eingeschätzten Balkan verlöre. Das Zarenreich warnt über indirekte Kanäle (Presse, Diplomaten dritter Länder) frühzeitig, dass es **keine Schwächung Serbiens** akzeptieren werde.

✔ Auf deutscher Seite bildet sich die Auffassung heraus: Wenn Russland Serbien beistehe, sei das ein Beweis, dass der Krieg über kurz oder lang auf jeden Fall kommen würde. Wenn es sich aber nicht traue, dann würde dies einen gewaltigen Prestigeverlust für das Zarenreich bedeuten. Folglich wäre es ratsam, **Russlands Kriegsbereitschaft** zu »testen«.

✔ Österreich-Ungarn möchte seine Pläne bis nach einem französischen Staatsbesuch in Russland (20. bis 23. Juli) geheim halten. Durch informelle Kanäle dringen jedoch unmittelbar vor dem Besuch die wichtigsten Fakten bis Russland durch. **Frankreichs Staatschef** Raymond Poincaré, ebenfalls ein großer Verfechter der Linie, dass

✔ Am 23. Juli übergibt **Österreich-Ungarn** in Serbien ein **Ultimatum**, das bewusst unannehmbar formuliert ist. Mit russischer Rückendeckung verweigert Serbien dann tatsächlich (nur) einer zentralen Forderung die Zustimmung (österreichische Untersuchung auf serbischem Boden), worauf Österreich-Ungarn die diplomatischen Beziehungen abbricht. Eine vollständige Annahme jedoch hätte mit ziemlicher Sicherheit zu einem Sturz der Regierung durch die »Großserben« geführt, was Österreich-Ungarn auch einen Einmarschgrund gegeben hätte.

✔ **Deutschland** wehrt alle Versuche, den Konflikt **diplomatisch** zu lösen, ab. Diese stammen vor allem vom **britischen Außenminister** Edward Grey, aber auch vom eigenen Kaiser. Die deutsche Regierung besteht darauf, dass Österreich-Ungarn freie Hand gegen Serbien haben müsse. Zusicherungen, die Mächte könnten einem begrenzten österreichisch-serbischen Krieg getrost zusehen, da keine territoriale Schwächung Serbiens geplant sei, werden auf der Gegenseite nicht geglaubt.

✔ **Russland** beginnt am 26. Juli mit vorbereitenden militärischen Maßnahmen. Da das Zarenreich sehr viel länger für eine **Mobilmachung** seiner Armee braucht, ist nicht zu sagen, ob die Rüstungen ein Zeichen von Kriegsentschlossenheit oder pure Vorsicht sind. Als sich die Krise zuspitzt, verkündet Russland am 29. Juli die **Teilmobilmachung**.

✔ Das **deutsche Militär** verfügt nur über einen einzigen Kriegsplan (**Schlieffen-Plan**). Dieser sieht vor, die mehrwöchige russische Mobilisierungsphase zu nutzen, um fast alle Kräfte gegen Frankreich einzusetzen und dieses zu besiegen, bevor Russland wirklich kriegsbereit ist. Die russische Teilmobilmachung stellt deswegen für die deutsche Seite den **Startschuss für den Krieg** dar. Ein Abwarten, ob Russland nur droht, ist nicht möglich. Der Versuch, Russland mit einem Ultimatum zur Rücknahme der Mobilmachung zu bewegen, scheitert.

Wie aber passt die Aussage, man wolle Russlands Kriegsbereitschaft prüfen, mit dem Zwang zusammen, einen *Zweifrontenkrieg* beginnen zu müssen, sobald Russland auch nur mobilmacht? Sie passt gar nicht und dieses Faktum verursacht einen Gutteil der Diskussionen um die Kriegsschuld 1914. Merkwürdige Telegramme des deutschen Außenamts in der Nacht vom 29. auf den 30. Juli, die Österreich-Ungarn drängen, doch noch auf Verhandlungen einzugehen, lassen allerdings den Verdacht aufkommen, dass von Jagow, Zimmermann und von Stumm die militärischen Zwänge während der vorangegangenen Wochen nicht wirklich im Bewusstsein hatten, vielleicht nicht einmal hinreichend darüber informiert waren, dass es nach der russische Mobilmachung keine militärische Alternative als einen sofortigen Krieg gegen Frankreich gibt.

Folglich erklärt Deutschland am 1. August Russland den Krieg. In der Nacht kommt es zu ersten Scharmützeln an der Grenze. Am 2. August besetzt Deutschland das neutrale Luxemburg. Am 3. August erfolgt die Kriegserklärung an Frankreich, am 4. August der deutsche Einmarsch ins neutrale Belgien. Daraufhin erklärt auch Großbritannien – wie angedroht – Deutschland den Krieg.

Kosakenangst und Bomben über Nürnberg

Wie aber erlebt die *europäische Öffentlichkeit* die Julikrise zwischen dem Attentat und dem Kriegsausbruch? Dem Attentat selbst folgt allgemeines Entsetzen, nur die großserbischen Zeitungen feiern den Doppelmord. Daraufhin entspinnt sich ein regelrechter *Pressekrieg* zwischen Österreich und Serbien und auch Teile der deutschen Presse urteilen alle Serben pauschal ab. Das Ganze flaut jedoch schnell ab und auch die Gerüchte über einen baldigen »Schritt« Österreichs in der Woche vor der Ultimatumsübergabe sind nicht allzu alarmiert.

Das Ultimatum schlägt dann aber wie eine Bombe ein und wird von rechten Kräften in Österreich und Deutschland mit *nationalen Kundgebungen* gefeiert. Die von den Regierungen vorgegebene Argumentation, dass das Ultimatum völlig gerechtfertigt sei und nur ein Wahren der österreichischen »Lebensinteressen«, aber keinen ungerechtfertigen Eingriff in die serbische Souveränität darstelle, wird bis in das liberale Lager hinein akzeptiert. Danach versteht es die deutsche Regierung, so zu tun, als würde sie mit allem Eifer nach einer diplomatischen Lösung suchen, während sie in Wahrheit alle Vermittlungsvorschläge ablehnt und Österreich-Ungarn zu einem schnellen Kriegsbeginn gegen Serbien drängt (der am 28. Juli erfolgt). Am 2. August erweckt sie den Anschein, als seien schon vor der deutschen Kriegserklärung russische Truppen in Ostpreußen einmarschiert, und am 3. August verbreitet sie (später widerlegte) wilde Gerüchte über französische Bombenabwürfe über Nürnberg und über französische Ärzte, die Brunnen vergiften, und rechtfertigt damit die Kriegserklärung gegen Frankreich.

Damit gelingt es ihr, bei der eigenen Bevölkerung die Vorstellung zu erzeugen, ein intensiv um Frieden ringendes Deutschland wäre von seinen Feinden hinterrücks angegriffen worden. Dies entfacht vor allem im bürgerlichen Deutschland eine extreme *nationale Begeisterung* (*August-Erlebnis*) und führt dazu, dass auch die SPD, die am 28. Juli noch mehr als eine halbe Million Menschen zu Antikriegsdemonstrationen auf die Straße gebracht hat, den deutschen Kriegskrediten zustimmt. Bis in die linke Presse hinein wird dazu aufgerufen, Vaterland, Frauen und Kinder gegen »blutdurstige Kosaken«, »heimtückische Franzosen« und »perfide Engländer« zu verteidigen.

Diese Überzeugung, unschuldig überfallen worden zu sein, hält sich auch nach dem Krieg hartnäckig und wird schließlich von Hitler instrumentalisiert.

Ein Krieg ergreift die Welt

Dass ein Konflikt zwischen Österreich und Serbien zu einem Krieg der europäischen Großmächte werden konnte, ist unfassbar genug. Aber über deren Kolonialreiche erfasst er tatsächlich große Teile der Welt. Am Ende sind 40 Länder involviert, etwa zehn Millionen Soldaten und sieben Millionen Zivilisten sterben, ganze Landstriche werden verwüstet und die politische Landkarte wird durcheinandergewirbelt.

Von der Ausbreitung des Ersten Weltkriegs

 Wenn von den Kriegsgegnern des Ersten Weltkriegs die Rede ist, dann steht meist die *Entente* (seltener auch die *Alliierten*) gegen die *Mittelmächte*. Die Mittelmächte sind Deutschland und Österreich-Ungarn, denen sich später das Osmanische Reich und Bulgarien anschließen. Aufseiten der ursprünglichen Entente aus Russland, Frankreich und Großbritannien treten im Lauf des Kriegs noch 30 weitere Länder in den Krieg ein, die Kolonien nicht mitgezählt. Viele davon beteiligen sich jedoch nicht militärisch, sondern halten es nur für sinnvoll, sich auf eine Seite zu stellen.

✔ Die Hauptkriegsschauplätze sind **Belgien** und **Nordfrankreich**. Belgien hat eigentlich mit dem ganzen Konflikt nichts zu tun. Sein Pech: Das ebene Land nördlich der Maas ist für deutsche Armeen das beste Einfallstor nach Frankreich. Indem es den Durchmarsch verweigert, macht sich Belgien Deutschland zum Feind. Anderenfalls wäre es Frankreich gewesen. Bereits in den ersten Tagen nach dem deutschen Einmarsch gibt es **Massaker an der Zivilbevölkerung**, weil die Eindringlinge überall feindliche Heckenschützen wittern. Am 25. August wird die Stadt Löwen samt ihrer Universitätsbibliothek voll unersetzlicher mittelalterlicher Bücher niedergebrannt. Nach den blutigen Kämpfen in Flandern (20. Oktober bis 18. November 1914) beginnt ein Wechsel zwischen **Grabenkrieg** und enorm verlustreichen **Materialschlachten**.

Am 22. April 1915 wird auf deutscher Seite erstmals **Giftgas** eingesetzt.

Zwischen dem 21. Februar und dem 19. Dezember 1916 sterben über 300 000 Soldaten im **Kampf um Verdun**, während parallel zwischen dem 1. Juli und dem 18. November an der **Somme** wohl mehr als eine Million umkommen. Am Ende des Kriegs bleibt eine mehrfach umgegrabene Mondlandschaft mit zerstörten Dörfern zurück.

✔ Im Osten gibt die **russische Armee** nach einem gescheiterten Vorstoß in das deutsche Ostpreußen im September 1914 (**Niederlage bei Tannenberg**/Allenstein) relativ schnell **Polen** und das **Baltikum** preis und bündelt ihre Kräfte in **Galizien** (heutige Nord-Ukraine) gegen die schwächeren Österreicher.

Der **Kriegseintritt Rumäniens** am 27. August 1916 aufseiten der Entente gerät allerdings zum Bumerang. Deutschland und Österreich können das Land schnell besetzen und damit die Frontlinie zu ihren Gunsten verändern.

✔ Die **deutschen Kolonien in Afrika** werden fast alle noch 1914 erobert und später als Völkerbundmandate unter Frankreich, Großbritannien und Belgien aufgeteilt. **Namibia** fällt an Südafrika und erlangt erst 1990, nach einem fast 30-jährigen Krieg, seine Unabhängigkeit.

✔ Die **deutschen Kolonien in der Südsee** werden größtenteils gewaltlos von Japan, Australien und Neuseeland in Besitz genommen. Japan erobert auch den **deutschen Pachtbesitz in China** und bekommt ihn nach dem Krieg zugesprochen – zur großen Erbitterung Chinas, das ebenfalls die Entente unterstützt hat.

✔ Das **Osmanische Reich**, das schon länger enge Beziehungen zu Deutschland unterhält, schließt im September 1914 ein Bündnis mit Deutschland und Österreich-Ungarn. Im Gegenzug

KAPITEL 16 Gefährliche Großmachtpolitik: Der Weg in den Ersten Weltkrieg 311

- landen britische Truppen in **Persien** (zum Schutz der Erdölfelder) und erobern bis Kriegsende ganz Mesopotamien mit Ausnahme der Provinz Mossul.

- unternehmen die Entente-Mächte im Februar 1915 einen Angriff auf die **Halbinsel Gallipoli (Gelibolu)** auf der europäischen Seite der Dardanellen, um die Kontrolle über die Meerenge zu gewinnen. Das Unternehmen scheitert nach knapp einem Jahr. Unter den über 100 000 Toten sind viele Soldaten aus Australien, Neuseeland, Indien und Französisch-Afrika, weshalb der Name »Gallipoli« dort eine ähnliche Bedeutung hat wie im Westen »Verdun«.

- erobern die Briten und ihre arabischen Verbündeten im Herbst 1917 **Syrien** und **Palästina** (mehr dazu im Abschnitt *Von den Folgen für die arabische Welt*).

- kommt es zu einer **russisch-osmanischen Front** im Kaukasus. Da einige armenische Freiwilligen-Bataillone aufseiten der Russen kämpfen, beginnen die Osmanen ab April 1915, die armenischen Einwohner, aber auch aramäische und assyrische Christen zu ermorden beziehungsweise mit Todesmärschen in die syrische Wüste zu deportieren. Dabei kommen wohl zwischen 900 000 und über eine Million Menschen um.

Für viele Türken ist die *Vernichtung und Vertreibung der Armenier* nur eine Reaktion auf deren Allianz mit dem russischen Kriegsgegner, für die internationale Wissenschaft dagegen *Völkermord*. Wie aber kam es dazu? Im 19. Jahrhundert galten die Armenier im Osmanischen Reich im Gegensatz zu den rebellierenden Balkanvölkern anfangs als die loyalen Christen. Doch im Lauf der Zeit mehrten sich auch bei ihnen die Forderungen, nicht länger als Menschen zweiter Klasse behandelt zu werden.

Auf dem *Berliner Kongress* 1878 verpflichteten die europäischen Mächte Abdul Hamid II., die Lage der Armenier zu verbessern. Der Sultan jedoch, der eigentlich als Reformer angetreten war, wandelte sich unter dem Druck der zahlreichen Probleme zum Autokraten, der Unterdrückung für ein probates Mittel der Politik hielt. Das traf vor allem die Armenier, die eine Einlösung der Versprechen forderten. Einzelne Armenier radikalisierten sich, was wiederum kollektive Vergeltungsmaßnahmen nach sich zog. In den Jahren 1894 bis 1896 wurden bei mehreren Massakern bereits rund 200 000 armenische, assyrische und aramäische Christen ermordet. Ob das auf Befehl des Sultans geschah oder er den vorwiegend kurdischen Milizen nur freie Hand gab, ist ungeklärt.

Die Machtübernahme durch die Jungtürken weckte kurzzeitig Hoffnung auf eine Verbesserung, die sich jedoch schnell zerschlug. Trotzdem war es eine verschwindende Minderheit der Armenier, die 1914 Russland unterstützte. Doch das stetige Vorrücken der Armeen des Zaren schürte auf osmanischer Seite die Angst vor einer *kollektiven Erhebung der Christen*, der man durch deren gezielte Vernichtung zuvorkommen wollte.

✓ **Italien** tritt am 23. Mai 1915 aufseiten der Entente in den Krieg ein. Damit entsteht eine **neue Frontlinie** in den Alpen von Bormio bis Triest. Vor allem die zwölf **Isonzo-Schlachten** an der italienisch-slowenischen Grenze zwischen dem 23. Juli 1915 und dem 17. Oktober 1917 sind extrem verlustreich. Große Gebietsverschiebungen gibt es jedoch nicht.

✔ Die Angriffe **Österreich-Ungarns** gegen Serbien sind zunächst wenig erfolgreich, gehen aber mit Exekutionen und dem Niederbrennen von Dörfern einher. Im Herbst 1915 beginnen die Mittelmächte, zu denen ab dem 14. Oktober auch *Bulgarien* gehört, eine neue Offensive, die im Dezember mit der Besetzung Serbiens endet. Die Reste der serbischen Armee ziehen sich in die Berge Albaniens und Montenegros zurück, worauf die Mittelmächte auch diese Länder besetzen. Die serbischen Soldaten aber schlagen sich an die Adriaküste durch, wo sie von Italienern und Franzosen gerettet werden.

Parallel greifen die **Franzosen** von Süden her an, sodass in Mazedonien und dem griechischen Makedonien eine weitere Front (**Saloniki-Front**) entsteht, die ab Mai 1916 auch durch die geretteten Serben und ab Juli 1917 – nach viel Druck durch die Entente und langem internen Ringen – von den Griechen verstärkt wird. Im September 1918 gelingt der Entente der Durchbruch.

✔ Zur See verhängt die Entente sowohl über **Deutschland** wie auch die österreichischen **Adriahäfen** eine Blockade, während die Mittelmächte Russland durch eine **Sperrung der Ostsee und der Dardanellen** den Nachschub abschneiden. Im **Pazifik** versuchen die Deutschen in den Jahren 1914 und 1915, mit kleinen Kreuzern Handelsschiffe der Gegenseite aufzubringen und Stützpunkte zu attackieren, in Europa verlegen sie sich zunehmend darauf, gegnerische Schiffe mit U-Booten zu versenken. Der **uneingeschränkte U-Boot-Krieg** (auch gegen zivile Schiffe) wird nach der Versenkung der Lusitania im Mai 1915 aufgrund amerikanischer Drohungen vorübergehend eingestellt, aber ein Jahr später wieder aufgenommen. Mit weit mehr als 5000 versenkten Schiffen setzen die deutschen U-Boote der Gegenseite erheblich zu, können aber die Blockade nicht brechen und haben selbst mehr prozentuale Verluste als jede andere Einheit.

Vom Problem, einen Krieg zu beenden

Am 12. September 1914 erleidet die deutsche Armee eine schwere *Niederlage an der Marne*. Als dann in den *Flandernschlachten* bei Ypern und Langemarck noch Zehntausende junge, unausgebildete Kriegsfreiwillige verbluten und der »Wettlauf zum Meer« scheitert, sieht der deutsche Generalstabschef Erich von Falkenhayn, ein extrem kaltblütiger, unsentimentaler Stratege, der keine Skrupel hat, Soldaten für realistische Ziele zu opfern, keinen Sinn mehr in einer Fortführung des Kriegs. Er empfiehlt seiner Regierung am 18. November, *Friedensverhandlungen* aufzunehmen. Warum dauert es dann noch mehr als vier Jahre, bis dies tatsächlich geschieht?

✔ Im November 1914 meint ein großer Teil der deutschen Bevölkerung noch immer, gegen blutrünstige, heimtückische, zu allem entschlossene Feinde um das nackte Überleben zu kämpfen. Außerdem wurde – gegen den Rat Falkenhayns – die Situation beschönigt. Das Volk glaubt an einen erfolgreichen Krieg und die **nationalistische Propaganda** ergeht sich in verstiegenen Beutefantasien. In dieser Situation wagt die Regierung nicht, Gespräche mit dem Feind aufzunehmen.

 Umgekehrt wäre es wohl auch den Entente-Regierungen schwergefallen, ihrer Bevölkerung Friedensverhandlungen zu erklären, denn die deutschen Kriegsverbrechen in Belgien wurden dort mit allerlei sexuellen und besonders perversen Details wie Babys mit abgehackten Händen, vergewaltigten Frauen mit abgeschnittenen Brüsten oder massakrierten Nonnen ausgeschmückt. Viele glaubten daraufhin, dass den deutschen »Hunnen« jede Unmenschlichkeit zuzutrauen wäre.

KAPITEL 16 Gefährliche Großmachtpolitik: Der Weg in den Ersten Weltkrieg 313

✔ Am 29. August 1916 setzt Wilhelm II. auf Druck seiner Berater **Paul von Hindenburg** und **Erich Ludendorff** als neue Oberste Heeresleitung (OHL) ein. Der entscheidende Mann ist Ludendorff und der setzt unbedingt auf Sieg, ein »Verhandlungsfrieden« kommt für ihn nicht infrage.

✔ Mitte Dezember 1916 drängt Österreich-Ungarn seine Verbündeten zu einem **gemeinsamen Friedensangebot**. US-Präsident **Woodrow Wilson** bietet sich als Vermittler an und fordert beide Seiten auf, ihre minimalen Kriegsziele zu benennen. Die Mittelmächte reagieren ausweichend, die Entente fordert unter anderem die Reduzierung Deutschlands und Österreichs auf ihre Kerngebiete, was jegliche Verhandlungen im Keim erstickt und in Deutschland zu einem neuen nationalen Schulterschluss führt. Die Regierung gibt dem Drängen der OHL nach, den **uneingeschränktem U-Boot-Krieg** wieder aufzunehmen, was am 6. April zum Kriegseintritt der USA führt.

✔ Im Juli 1917 verabschiedet die Mehrheit des deutschen Reichstags eine von Zentrums-Politiker Matthias Erzberger initiierte Resolution, die einen **Verständigungsfrieden** fordert. Daraufhin gründet OHL-Chef Ludendorff als Gegengewicht die nationalistische Deutsche Vaterlandspartei, die vehement für umfangreiche Annexionen auf Kosten der Kriegsgegner kämpft.

✔ Am 1. August 1917 appelliert Papst Benedikt XV., einen **Frieden mit Rückgabe aller besetzten Gebiete** zu schließen, abzurüsten und eine effektive internationale Schiedsgerichtsbarkeit zu installieren. Daraufhin werfen ihm Deutsche wie Franzosen jeweils Parteilichkeit für die andere Seite vor.

✔ Am 8. Januar 1918 stellt US-Präsident Woodrow Wilson in einer programmatischen Rede im US-Kongress ein **14-Punkte-Programm** für einen Frieden »ohne Sieger und Besiegte« auf. Es sieht unter anderem

- eine Neuordnung Europas auf Grundlage eines **Selbstbestimmungsrechts aller Völker**,
- **unbeschränkten Handel**
- und **Rüstungskontrollen** vor.

Für die deutsche OHL aber ist ein Verzicht auf das besetzte Belgien und die Gewinne von Brest-Litowsk (dazu mehr im Abschnitt *Von den Folgen für Russland*) inakzeptabel. Aber auch die Entente-Mächte, die sich bei den USA hoch verschuldet haben, haben ihre Bevölkerungen darauf eingeschworen, dass die Kosten für den Krieg der unterlegene Gegner tragen würde.

Das Kriegsende erfolgt schließlich durch den *militärischen Zusammenbruch der Mittelmächte*. Am 14. September ersucht Österreich-Ungarn um Frieden. Am 19. September bricht in Palästina die Osmanische Front zusammen. Am 26. September senden auch die Bulgaren ein Friedensgesuch ab. Zwei Tage später fordert der bislang eisern auf einen »Annexionsfrieden« eingeschworene OHL-Chef Ludendorff die deutsche Regierung auf, Friedensverhandlungen aufzunehmen.

Auf Anregung von Ludendorff wird in Deutschland eine »*unbelastete*« *Regierung* aus bisherigen Oppositionspolitikern (SPD, katholisches Zentrum, Linksliberale, Unabhängige) eingesetzt, die US-Präsident Wilson ersucht, einen *allgemeinen Waffenstillstand* herzustellen. Auf deutscher Seite geht man fest von einem Frieden auf Grundlage des 14-Punkte-Programms aus. Doch in einem Austausch von diplomatischen Noten, der sich über Wochen hinzieht, wird klar, dass die USA eine *bedingungslose Kapitulation* und die *Räumung der besetzten Gebiete* verlangen. Während die neue Regierung um Entgegenkommen ringt, kämpft das deutsche Militär weiter und versenkt immer noch zivile Schiffe. Als ruchbar wird, dass die Admiralität der deutschen Hochseeflotte auch noch zu einem »Gefecht um die Ehre« auslaufen will, kommt es am 29. Oktober zu *Matrosenaufständen*, die schnell zu einer allgemeinen Rebellion (*Novemberrevolution*) werden.

Am 9. November 1918 ruft der SPD-Politiker Philipp Scheidemann in Berlin die *Republik* aus. Zwei Tage später unterzeichnet der deutsche Verhandlungsführer Matthias Erzberger im französischen Compiègne die *Kapitulation*. Doch obwohl er das auf ausdrückliche Aufforderung von OHL-Führer Hindenburg tut, streut die OHL schon das Gerücht, das deutsche Heer wäre nicht militärisch, sondern durch einen »Dolchstoß aus der Heimat« besiegt worden.

Mit der *Dolchstoßlegende* macht die OHL anfangs die Opposition für die militärische Niederlage verantwortlich, da es in der Bevölkerung zunehmend Widerstand gegen eine Fortführung des Kriegs gegeben hat. Deutschland ist zwar nicht von den Kämpfen betroffen, doch die OHL hat alles der Produktion von Rüstungsgütern untergeordnet. Schüler, Studenten, Frauen und belgische Zwangsarbeiter müssen in der Rüstungsindustrie arbeiten. Wissenschaftler sprechen von einer Militärdiktatur. Gemeinsam mit der britischen Seeblockade sorgt das dafür, dass in zivilen Bereichen allerorten Mangel herrscht. Eine Missernte (Krautfäule) bringt dann im *Steckrübenwinter* 1916/17 eine Hungersnot. Das sorgt für immer mehr Unmut und 1918 auch für Massenstreiks und Desertionen an der Front.

Später erzeugen die Verfechter der Dolchstoßlegende dann den Eindruck, als sei erst die Novemberrevolution daran schuld gewesen, dass man die Kapitulation habe unterzeichnen müssen.

Unterdessen ringt Deutschland darum, wie weit der Umsturz gehen soll. Ein Kongress von Arbeiter- und Soldatenräten, die während der Revolution gewählt worden sind, einigt sich auf *demokratische Wahlen* für eine *verfassunggebende Nationalversammlung* am 19. Januar 1919. Den radikalen Linken geht das nicht weit genug. Der SPD-Politiker Friedrich Ebert, Chef der Übergangsregierung, fürchtet einen Bürgerkrieg, wie er parallel in Russland tobt, so sehr, dass er linke Aufstände letztlich sogar mithilfe rechter Freikorps niederschlagen lässt. Das bedeutet eine schwere Bürde für die Republik, deren Verfassung in Weimar erarbeitet wird und am 14. August 1919 in Kraft tritt (daher der Name *Weimarer Republik*).

Von den Folgen für Russland

Russland ist extrem belastet in den Krieg gegangen. Denn die Zaren Alexander III. und Nikolaus II. haben zuvor versucht, sich mit Abschottung und Unterdrückung gegen die zahlreichen sozialistischen, anarchistischen oder schlicht durch Hunger und materielle Not ausgelösten *Aufstände und Unruhen* zu wehren. Das politische System blieb undemokratisch, die Wirtschaft rückständig. Um den Krieg zu finanzieren, wird dann in großem Stil Geld gedruckt, was zu einer gewaltigen *Inflation* führt. Außerdem kommt es zu gravierenden *Versorgungsproblemen*.

KAPITEL 16 Gefährliche Großmachtpolitik: Der Weg in den Ersten Weltkrieg 315

✔ Im sehr kalten Winter 1916/17 bricht eine **Hungersnot** aus. Als die progressiven Parteien in der **Duma** (Parlament) Reformen fordern, lässt Zar Nikolaus II. das Gremium auflösen.

✔ Am 8. März 1917 treibt vor allem die katastrophale Lebensmittelversorgung in St. Petersburg viele Arbeiter und Arbeiterinnen auf die Straße. Dass es immer kritisch wird, wenn Frauen Brot fordern, hat schon die Französische Revolution gezeigt. Die Hungerrevolte weitet sich zu einem allgemeinen Aufstand aus. Der Zar will sie wie üblich militärisch bekämpfen lassen, doch die Soldaten verbrüdern sich mit den Aufständischen. Die Kommunisten initiieren die Bildung von Arbeiter- und Soldatenräten (**Sowjets**). Am 12. März erklären sich Abgeordnete der aufgelösten Duma zur provisorischen Regierung. Die amtierende Regierung wird verhaftet, am 15. März der Zar abgesetzt und am 21. März verhaftet.

✔ Sowjets und Duma-Abgeordnete einigen sich auf eine neue Regierung, die zwar Reformen durchführt, die wirtschaftlichen Probleme des Landes jedoch nicht in den Griff bekommt. In dieser Situation hilft die deutsche OHL Wladimir Uljanow, genannt **Lenin**, dem Führer der radikalen russischen Kommunisten (**Bolschewisten**), der in der Schweiz im Exil lebt, mit 18 Genossen in einem versiegelten Zug nach Russland zu gelangen.

✔ Die **Oktoberrevolution** ist dann im Grunde gar keine Revolution, sondern ein Putsch der bolschewistischen Partei. In der Nacht vom 7. November verhaften deren Kampftruppen die Mitglieder der Regierung und besetzen strategisch wichtige Stellen in St. Petersburg. Am nächsten Tag ist ein Kongress aller russischen Sowjets angesetzt, in dem die Bolschewisten die Mehrheit haben. Dieser setzt einen **Rat der Volkskommissare** mit Lenin an der Spitze als neue Regierung ein.

Nach russischem Kalender begann die Oktoberrevolution am 25. Oktober 1917, weshalb sie auch zu diesem Namen kam. Und der Umsturz im März heißt Februarrevolution, weil er nach russischem Kalender am 23. Februar begann. Hier finden Sie aber immer die »westlichen« Daten, damit sie mit den anderen, in diesem Kapitel genannten Daten übereinstimmen.

✔ Am 15. Dezember 1917 schließt die Sowjet-Regierung einen **Waffenstillstand mit Deutschland**, danach verschleppt der russische Delegationsleiter Leo Trotzki jedoch die Verhandlungen in der Hoffnung, dass militärische Erfolge der Entente oder sozialistische Erhebungen in Deutschland oder Österreich seine Position verbessern. Die Mittelmächte kontern, indem sie am 9. Februar 1918 einen separaten Frieden mit der neu gebildeten **Ukrainischen Volksrepublik** schließen. Als Trotzki die Verhandlungen abbricht, besetzen die Deutschen Estland, Livland und die Ukraine sowie einen weißrussischen Korridor dazwischen. Am 3. März schließt die bolschewistische russische Regierung den **Frieden von Brest-Litowsk**, der Deutschland alle besetzten Gebiete sowie sechs Milliarden Goldmark an Reparationen zuspricht.

Parallel dazu findet in Russland ein *Bürgerkrieg* zwischen Bolschewisten und Anti-Bolschewisten, beziehungsweise der *Roten Armee* und »weißen« Truppen statt. Er dauert bis zum November 1920 und fordert mindestens acht Millionen Todesopfer durch Kampfhandlungen, Hinrichtungen, antisemitische Pogrome, Seuchen und Hunger. Am 18. Juli 1918 wird auch die Zarenfamilie ermordet. Besonders heftig umkämpft sind Sibirien und die Ukraine. Die baltischen Staaten und Finnland dagegen erlangen ihre Unabhängigkeit.

Der russische Bürgerkrieg führt zu seltsamen Konstellationen zwischen den westlichen Entente-Mächten und ihrem deutschen Gegner. Zum einen unterstützen zwischen dem Frieden von Brest-Litowsk und der deutschen Kapitulation beide Seiten die weißen Truppen: die Deutschen im Rahmen der Besatzung, die Entente mit punktuellen Invasionen in Odessa, Murmansk, Archangelsk und Wladiwostok sowie Hilfslieferungen. Mit der Kapitulation in Compiègne werden die Deutschen dann einerseits entwaffnet, andererseits verpflichtet, das Baltikum gegen die Rote Armee zu verteidigen. Die Regierung hat daran wenig Interesse und überlässt das verschiedenen deutschen Freikorps, die nicht nur gegen die russischen Bolschewisten, sondern teils auch gegen verschiedene baltische Kräfte kämpfen.

Am 30. Dezember 1922 wird die *Sowjetunion* gegründet. Die Macht der eigentlichen Sowjets (Räte) ist allerdings schon zugunsten der Führungsrolle der *Kommunistischen Partei* radikal reduziert worden.

Die Sonderrolle der Kosaken

Vor allem die *Kosaken* leisteten den Bolschewisten erheblichen Widerstand. Deren Vorfahren hatten sich im 16. Jahrhundert der Leibeigenschaft, Strafverfolgung oder Armut entzogen und lebten autonom in den russischen Grenzgebieten, zunächst nördlich des Schwarzen Meeres, wo sie sich ständige Kämpfe mit den *Tataren* lieferten. Nach der Eroberung der tatarischen Khanate (Kapitel 13) begannen sie, als erste Russen in *Sibirien* zu siedeln, und stießen bis 1636 an den Pazifik vor. Dabei verstanden sie sich durchaus als loyale Untertanen des Zaren – solange der ihnen nichts zu sagen hatte. Im 19. Jahrhundert wurde ihr Sonderstatus bestätigt. Sie waren von Steuern und Abgaben befreit, leisteten im Gegenzug aber Kriegsdienst in der russischen Armee und erwarben sich einen Ruf als gefürchtete Elitetruppe.

Von den Folgen für Europa

Am 18. Januar 1919 beginnen die Siegermächte des Ersten Weltkriegs in Paris über die Friedensverträge zu beraten. Den Unterlegenen wird nur die Chance gegeben, die fertigen Verträge zu unterzeichnen oder eine Wiederaufnahme des Kriegs zu riskieren, was angesichts der Tatsache, dass sie bereits ihre schweren Waffen abgeben mussten, kaum möglich ist.

Der bekannte *Vertrag von Versailles* regelt die Friedensbedingungen für Deutschland. Die anderen Pariser Friedensverträge sind die von Saint-Germain (mit Österreich), Trianon (mit Ungarn), Neuilly-sur-Seine (mit Bulgarien) und Sèvres (mit dem Osmanischen Reich). Vor allem in Deutschland und Ungarn werden Parolen wie »Weg mit dem Schanddiktat von Versailles« oder »Rache für Trianon« zu einer zentralen Forderung der Faschisten und Nationalisten, die auch bei der Mitte der Bevölkerung ziehen.

KAPITEL 16 Gefährliche Großmachtpolitik: Der Weg in den Ersten Weltkrieg 317

✔ In den Verträgen wird den Mittelmächten die **alleinige Schuld** am Krieg zugewiesen, was für große Empörung sorgt, vor allem bei den Deutschen, die sich größtenteils noch immer unschuldig überfallen fühlen.

✔ Auf dieser Grundlage werden die Mittelmächte verpflichtet, **Reparationen** für die Wiedergutmachung der zivilen Schäden zu leisten. Österreich und Ungarn kommen wegen mangelnder Leistungsfähigkeit mit einigen Naturallieferungen davon. Deutschland jedoch gerät durch die hohen Forderungen in eine Dauerkrise. Die deutschen Regierungen werden in der Folge teilweise regelrecht zerrieben zwischen der Unerbittlichkeit, mit der Frankreich auf Zahlungsverzug reagiert, und der Hetze der rechte Kräfte gegen alle »Erfüllungspolitiker«. Finanzminister Matthias Erzberger wird sogar ermordet.

Für die harten Forderungen an Deutschland war vor allem Frankreich verantwortlich. Aber Frankreich war neben Belgien eben auch der Hauptleidtragende des Kriegs. Hunderttausende Häuser, Zehntausende Fabriken waren zerstört, viele Tausende Quadratkilometer Ackerland unbrauchbar geworden. Im September 1917 hatten deutsche Truppen bei ihrem Rückzug sogar ganz bewusst Kohlegruben geflutet, Fabrikanlagen gesprengt, Dörfer zerstört und Obstbäume gefällt. Außerdem hatte Frankreich gewaltige Kriegsschulden bei den USA – und die beharrten auf Rückzahlung.

✔ Den Verlierern werden **massive Rüstungsbeschränkungen** auferlegt.

✔ Das Habsburgerreich wird zerschlagen, Deutschland und Bulgarien müssen Gebiete abtreten. Die wichtigsten Änderungen:

- **Österreich** und **Ungarn** werden unabhängige Länder.
- **Elsass-Lothringen** fällt wieder an Frankreich.
- **Polen** wird wieder unabhängig und erhält von Deutschland große Teile Posens und Westpreußens sowie von Österreich-Ungarn Galizien.
- Böhmen, Mähren und die Slowakei schließen sich zur **Tschechoslowakei** zusammen.
- Aus Serbien, Montenegro, Mazedonien, Bosnien-Herzegowina, Kroatien und Slowenien entsteht das **Königreich der Serben, Kroaten und Slowenen**. Kroaten und Slowenen haben zunächst die Selbstständigkeit angestrebt, am Ende aber aus Angst vor den italienischen Ambitionen auf Dalmatien eine starke Allianz vorgezogen.

Die Verträge sorgen in allen Ländern für große Empörung, werden am Ende aber doch unterzeichnet.

Auch das Osmanische Reich unterzeichnet am 10. August 1920 den Vertrag von Sèvres, der Syrien und Mesopotamien zu Völkerbundsmandaten macht, einen unabhängigen armenischen Staat, kurdische Autonomiegebiete und griechische Territorien rund um Edirne und Izmir vorsieht. Allerdings gibt es zum Zeitpunkt der Vertragsunterzeichnung schon seit über einem halben Jahr einen bewaffneten Widerstand gegen die Besatzungsmächte, organisiert von dem Offizier Mustafa Kemal, später *Atatürk* (Vater der Türken) genannt.

Auch die Nationalversammlung akzeptiert die Unterschrift des Sultans unter den Vertrag nicht. So kommt es wieder zum Krieg, den am Ende die Türken gewinnen.

Am 24. Juli 1923 stimmen die Siegermächte des Ersten Weltkriegs einem neuen Vertrag zu. Leidtragende sind die Armenier und Kurden, die keinen eigenen Staat, beziehungsweise Autonomie erhalten, und über eine Million Griechen, die Opfer *ethnischer Umsiedlungen* werden. (Im Gegenzug müssen auch eine halbe Million Muslime Griechenland verlassen.) Am 23. Oktober 1923 wird die *Türkei* gegründet.

Von den Folgen für die arabische Welt

Der *Nahe Osten* ist seit 1518 Bestandteil des Osmanischen Reichs. Mit Ausbruch des Ersten Weltkriegs aber sehen auch die Araber ihre Chance auf einen eigenen Staat.

Im Jahr 1915 bietet Hussein ibn Ali, der **Scherif von Mekka**, den Briten ein **Bündnis** an. Ab Juni 1916 führen seine Söhne Abdullah und Faisal zusammen mit britischen Kräften rund um den berühmten Abenteurer Thomas Edward Lawrence, besser bekannt als Lawrence von Arabien, einen **Guerillakrieg** gegen die osmanischen Truppen. Allerdings schließt sich nur ein Bruchteil der Araber dem Aufstand an.

Die Scherifen von Mekka stammen von Hasan, einem der Enkel des islamischen Propheten Mohammed, ab und gehören damit wie dieser dem Clan der *Haschemiten* an. Spätestens seit dem 10. Jahrhundert fungierten sie als erbliche Verwalter von Mekka – ungeachtet dessen, welche islamische Macht gerade über die Arabische Halbinsel herrschte. Zu ihren Hauptaufgaben gehörte die Organisation der Pilgerfahrten.

Die Araber glauben, von den Briten die Zusage für einen Arabischen Staat bekommen zu haben. Diese vereinbaren jedoch im Mai 1916 mit den Franzosen eine **Aufteilung** der Interessensphären. Außerdem verspricht der britische Außenminister Arthur James Balfour den Juden, in Palästina eine **Heimstätte für das jüdische Volk** zu schaffen.

Das Versprechen Balfours wird später zum Problem zwischen Israel und seinen arabischen Nachbarn. Damals ist es noch keins. Denn am Rande der Pariser Friedensverhandlungen einigen sich am 3. Januar 1919 Faisal ibn Hussein und Chaim Weizmann, der Präsident der Zionistischen Weltorganisation, die für die Schaffung eines jüdischen Staates eintritt. Die Araber gestehen den Juden, die sie als semitisches Brudervolk sehen, ein Territorium für einen solchen Staat zu. Vereinbart wird, dass Religionsfreiheit herrscht und die Muslime Zugang zu allen heiligen Städten des Islam erhalten. Die Voraussetzung allerdings ist für Faisal der Arabische Staat – und den bekommt er nicht.

Die Franzosen bestehen nach dem Krieg auf ihrem Mandat über Syrien und den Libanon gemäß dem Vertrag von 1916 und die Briten lenken ein. Ein Argument ist die Kontrolle über den Ölreichtum der Region, ein anderes, dass Hussein und seine Söhne nicht von allen Arabern anerkannt werden.

KAPITEL 16 Gefährliche Großmachtpolitik: Der Weg in den Ersten Weltkrieg 319

Der *syrische Nationalkongress* proklamiert Faisal trotzdem am 7. März 1920 in Damaskus zum *König von Syrien*. Doch bereits am 23. Juli wird er von französischen Truppen gestürzt. Die Briten machen ihn ersatzweise zum *König des Irak*, der zu ihrem Mandatsgebiet gehört. Sein Bruder Abdullah wird *König von Jordanien*. 1951 wird er in Jerusalem in der al-Aqsa-Moschee von einem arabischen Nationalisten erschossen. Seine Nachkommen jedoch regieren Jordanien immer noch: König Abdullah II. ist sein Urenkel. Im Irak dagegen wird Faisals gleichnamiger Enkel 1958 wegen seiner britenfreundlichen Politik durch einen Militärputsch gestürzt und ermordet.

Der Vater von Faisal und Abdullah, Scherif Hussein, erhält 1921 von den Briten ein Angebot, als *König des Hedschas* (westliche Arabische Halbinsel) anerkannt zu werden, allerdings muss er sich im Gegenzug bereit erklären, auf Syrien, den Libanon und Palästina zu verzichten. Er weigert sich, worauf ihm die Briten ihre Unterstützung entziehen. 1924 erobert Abd al-Aziz ibn Saud, der *Herrscher des Nadschd* (Zentrum der Arabischen Halbinsel), den Hedschas und vertreibt die Haschemiten. 1932 proklamiert er sich zum *König von Saudi-Arabien*.

 Abd al-Aziz' Vorfahr *Muhammad ibn Saud* schloss bereits 1744 einen Vertrag mit dem Prediger *Muhammad ibn Abd-al-Wahhab*. Seitdem verstehen sich die Saudis als *Beschützer der Wahhabiten*. 1804 eroberte Saud I. schon einmal Mekka und Medina. Dort ließ er Grabmäler, Bücher und Gebetsketten und vieles andere vernichten, was nicht den wahhabitischen Vorstellungen entsprach. Auch die Bevölkerung wurde zur Einhaltung der wahhabitischen Vorschriften gezwungen. 1813 eroberte der ägyptische Statthalter *Mehmed Ali Pascha* Mekka und Medina im Auftrag der Osmanen zurück.

Die Juden in Palästina

Die *Haskala*, die *jüdische Aufklärung*, ging mit der Aufforderung einher, sich in die moderne europäische Gesellschaft zu integrieren. Doch im 19. Jahrhundert wurde den Juden vielerorts gerade ihr Erfolg zum Vorwurf gemacht und führte zu neuer *Diskriminierung*.

Als es in Russland zu Pogromen kam, begann der französische Baron *Edmond Rothschild* in Palästina Agrarland aufzukaufen und dort russischen und anderen Juden die Ansiedlung zu ermöglichen. Viele arabische Großgrundbesitzer, die inzwischen in den Städten oder auch in Europa lebten, verkauften nur zu gerne. Leidtragende waren Landarbeiterfamilien, die seit Jahrhunderten ohne Rechtstitel auf deren Grund gelebt hatten.

Mit der Vertreibung Faisals aus Damaskus kam es zu ersten *Feindseligkeiten* gegen die Juden, die von den Briten niedergeschlagen wurden – was die Feindschaft nur erhöhte. Eine treibende Rolle in der *antijüdischen Hetze* spielte der *Großmufti von Jerusalem*, Mohammed Amin Al-Husseini, der später mit Hitler paktierte.

IN DIESEM KAPITEL

Glanz und Elend der Zwischenkriegszeit

Der NS-Terror

Die globale Dimension von Hitlers Krieg

Kapitel 17
Gesteigertes Grauen und Zweiter Weltkrieg

Ein Ereignis wie den Ersten Weltkrieg sollte es nie wieder geben. Mit der Neuordnung der europäischen Landkarte gemäß einem *Selbstbestimmungsrecht der Völker* hoffen die verantwortlichen Politiker, territoriale Konflikte ein für alle Mal beseitigt zu haben. Zudem besteht insbesondere US-Präsident Woodrow Wilson auf der Gründung eines *Völkerbunds*. Im Rahmen dieses Gremiums sollen Konflikte in Zukunft diplomatisch oder auch durch *internationale Schiedsgerichte* beigelegt werden.

Der Völkerbund nimmt am 10. Januar 1920 seine Arbeit auf. Mit der Zeit steigt seine Mitgliederzahl auf 58. Ironischerweise gehören die USA nicht dazu, da der US-Senat den *Versailler Vertrag* nicht ratifizierte (gültig machte). Einige kleinere Konflikte können im Rahmen des Völkerbunds gelöst werden, auch werden erstmals Probleme wie die Bekämpfung des Hungers oder der Umgang mit Massenflucht als gemeinsame Aufgabe der Staatengemeinschaft thematisiert.

Bei allen großen Konflikten bleibt er jedoch wirkungslos. Auch die Vergabe der ehemaligen deutschen Kolonien und der osmanischen Gebiete im Nahen Osten als Mandatsgebiete des Völkerbunds an einzelne Staaten ist insgesamt gesehen nicht erfolgreich.

Natürlich ist der Zweite Weltkrieg – nur 25 Jahre nach dem Ersten – das Werk der deutschen Nationalsozialisten, aber er hat seine Wurzeln auch in den zahlreichen Problemen, die durch den Ersten Weltkrieg geschaffen wurden.

Wenig goldene Jahre

Welche Assoziationen haben Sie, wenn Sie an die Zeit zwischen den Weltkriegen denken? Hyperinflation und Massenarbeitslosigkeit? Glamouröse Partys und durchtanzte Nächte?

Bauhaus-Stil und künstlerische Avantgarde? All das gehört dazu. Die 1920er-Jahre sind tatsächlich eine unglaublich spannende, intensive und vielschichtige Zeit. Für die Mehrheit der Menschen sind es aber auch sehr harte Jahre. Und politisch ständig von neuem drohenden Unheil überschattet.

Die überdrehten Zwanziger

In den USA sind die *Roaring Twenties* jene Jahre, in denen die Wirtschaft so richtig brummt. Die Nachfrage nach *Konsumgütern* ist riesig. Immer mehr Menschen haben elektrischen Strom, Telefon, ein Radio, sogar ein Auto. Überall gibt es Kinos. *Hollywood* avanciert zum Nabel der Filmindustrie. Wolkenkratzer schießen in die Höhe.

Im Deutschland der Weimarer Republik schießen im Jahr 1923 erst einmal die Preise in die Höhe. Weil das Land mit seinen Reparationszahlungen in Verzug geraten ist, haben die Franzosen das Ruhrgebiet besetzt. Deutschland antwortet mit einem Generalstreik (Ruhrkampf) und wirft die Notenpresse an, um ihn zu finanzieren, was die sowieso schon hohe Inflation ins Absurde steigen lässt. Im November kostet ein Dollar 4,2 Billionen Mark. Der neue Reichskanzler *Gustav Stresemann* zieht die Notbremse, bricht den Ruhrkampf ab und reformiert die Währung. Für eine Billion Papiermark gibt es eine neue *Rentenmark*.

Nicht nur Bankkonten, auch Schuldforderungen lösen sich durch die *Hyperinflation* praktisch in nichts auf. Allerdings nicht die Reparationen an die Kriegsgegner, die in Dollar, Goldmark oder Sachwerten beglichen werden müssen. Leidtragende sind dagegen alle Bürger, die *Kriegsanleihen* gezeichnet haben. Sie verlieren Rückzahlungsansprüche an den Staat im Wert von insgesamt 98 Milliarden Mark. Das schürt natürlich gerade in eigentlich patriotischen Kreisen entsprechende Ressentiments.

Aber auch die Alliierten erkennen, dass ein finanzieller Bankrott Deutschlands nicht in ihrem Sinne ist. Mit dem *Dawes-Plan* wird 1924 ein erster Schritt zur Senkung der Reparationen gemacht. Außerdem erhält die deutsche Wirtschaft Kredite aus den USA. So können auch hier die »Goldenen Zwanziger« beginnen. Golden ist die wirtschaftliche Lage in Europa trotz allem nicht. Sie bleibt extrem angespannt.

Goldene Zeiten erleben hingegen Kunst und Wissenschaft, Emanzipation und Unterhaltungsindustrie: Unzählige Filme, Opern, Operetten, Musicals und Sportereignisse sorgen für Ablenkung. Jazz und später auch Swing sind die angesagte Musik. In den richtigen Kreisen sind weibliche Selbstverwirklichung, sexuelle Libertinage, offen gelebte Homosexualität und exotische Herkunft nicht nur geduldet, sondern ausgesprochen »in«. Zur Ikone der Zeit wird das *Flapper-Girl*: kurze Haare, kurzes Hängekleid, stark geschminkt, glamourös und selbstbewusst, tagsüber arbeitend, nachts in Bars und Kneipen unterwegs, ekstatisch tanzend, trinkend, rauchend, Affären habend.

Die in Paris lebende Literatin *Gertrude Stein* sieht in den abgebrühten, jungen, vom Krieg gezeichneten Männern – wie etwa ihrem Schützling *Ernest Hemingway* – aber auch eine »verlorene Generation« (*lost generation*). Und der 1896 geborene US-Schriftsteller *F. Scott Fitzgerald*, der mit dem *Großen Gatsby* ein Porträt der Roaring Twenties verfasst, konstatiert, seine Generation sei herangewachsen, um »alle Götter tot, alle Kriege ausgefochten und allen Glauben in die Menschheit zerstört« vorzufinden.

KAPITEL 17 Gesteigertes Grauen und Zweiter Weltkrieg 323

Gleichzeitig boomt auch die Kriminalität. Das Verbot von Alkohol und Glücksspiel (*Prohibition*) in den USA zwischen 1919 und 1933 führt zur Gründung der amerikanischen *Mafia*, und auch in Europa blühen Schwarzhandel und Schiebergeschäfte.

Doch es sind längst nicht alle, die den Rausch der goldenen Jahre genießen können. Die Mehrheit arbeitet hart, um die Familie durchzubringen. Viele lehnen den freizügigen, modernen Lebensstil auch dezidiert ab. Das gilt besonders für den rechten Rand. »Nationalsozialismus ist das Gegenteil von dem, was heute ist«, erklärt etwa NSDAP-Funktionär Gregor Strasser während der Weimarer Zeit.

Vielleicht nicht golden, aber doch hoffnungsvoll ist die politische Lage. Unter der Regentschaft von Gustav Stresemann vollzieht sich eine *Aussöhnungspolitik* zwischen Deutschland und seinen einstigen Kriegsgegnern. Deutschland wird wieder Teil der *Völkergemeinschaft*, etwa durch Aufnahme in den Völkerbund. Das bringt Stresemann und seinem französischen Kollegen Aristide Briand 1926 sogar den Friedensnobelpreis ein. Doch am 3. Oktober 1929 stirbt Stresemann an einem Schlaganfall.

Die kulturellen Schätze der 1920er-Jahre

- ✔ **Architektur und Design:** Art Deco, Bauhaus, De Stijl, Neue Sachlichkeit, Gartenstädte, Siedlungen der Berliner Moderne

- ✔ **Kunst:** Otto Dix, George Grosz, Paul Klee, Ernst Ludwig Kirchner, Emil Nolde, Ernst Barlach, Wassily Kandinsky, Henri Matisse, Marcel Duchamp, Pablo Picasso, Salvador Dalí, Joan Miró, Piet Mondrian, Man Ray, Lyonel Feininger, Frida Kahlo

- ✔ **Literatur:** Thomas und Heinrich Mann, Hermann Hesse, Alfred Döblin, Bert Brecht, Erich Maria Remarque, Franz Werfel, Vicki Baum, Franz Kafka, James Joyce, Aldous Huxley, Somerset Maugham, Ernest Hemingway, F. Scott Fitzgerald, William Faulkner, Thornton Wilder, Virginia Woolf, Marcel Proust

- ✔ **Musik:** Alban Berg, Arnold Schönberg, Paul Hindemith, Franz Lehár, Béla Bartok, Igor Stravinsky, Sergej Prokofjew, Jean Sibelius, Maurice Ravel, Giacomo Puccini, George Gershwin, Benjamin Britten, Louis Armstrong, Bing Crosby, Duke Ellington

- ✔ **Film:** *Das Cabinet des Dr. Caligari*, *Nosferatu – Eine Symphonie des Grauens* von Friedrich Wilhelm Murnau, *Metropolis* von Fritz Lang, *The Kid* von Charlie Chaplin, *Panzerkreuzer Potemkin* von Sergei Eisenstein, *Steamboat Willie* – Disneys erster Mickey-Mouse-Film, *Der blaue Engel* mit Marlene Dietrich und Emil Jannings

In den USA sorgt der wirtschaftliche Boom für ein Kursfeuerwerk an den Börsen. Millionen von Kleinanlegern nehmen Kredite auf, um daran teilzuhaben. Doch die Ressourcen des vom Krieg geschüttelten Europas sind endlich. 1929 ist der Markt für Konsumgüter gesättigt und die Börsenblase platzt. Im September beginnen die Kurse nachzugeben, am 24. Oktober (*Schwarzer Donnerstag*) kommt es zur Massenpanik. Am nächsten Tag (*Schwarzer Freitag*) erfasst der Crash die Börsen weltweit.

Die so freigiebig gewährten Kredite werden nun zurückgezogen, Firmen gehen reihenweise pleite, verzweifelte Kleinanleger bringen sich um und es kommt zu Massenarbeitslosigkeit. Viele Staaten – so auch die USA mit ihrem *New Deal* – reagieren mit Schutzzöllen, Investitionen der öffentlichen Hand und einem Ausbau der Sozialleistungen, um Wirtschaft und Gesellschaft wieder auf die Beine zu bringen. In Deutschland jedoch setzt Kanzler *Heinrich Brüning* auf eine strikte *Sparpolitik* und einen *Abbau von Sozialleistungen*.

Faschismus & Co.

In *Italien* ist von goldenen Zeiten nichts zu spüren. Dabei gehört das Land zu den Gewinnern des Ersten Weltkriegs. Mit Südtirol, dem Trentino, Istrien und dem Dodekanes (Ägäisinseln rund um Rhodos, Patmos und Kos) haben die Italiener weit mehr Gebiete erhalten, als ihre Truppen erobert haben. Doch viel schwerer wiegt, dass der ohnehin schwachen Wirtschaft mit Österreich-Ungarn und Deutschland die wichtigsten Absatzmärkte weggebrochen sind.

Die Gesellschaft ist tief gespalten. Linke Aktivisten legen mit Massenstreiks, Fabrik- und Landbesetzungen das Wirtschaftsleben lahm. *Rechte Kampfbünde*, die »Schwarzhemden«, terrorisieren mit Duldung der Unternehmer und Großgrundbesitzer jeden, der sich für Arbeiterrechte einzusetzen wagt. Führer der Schwarzhemden ist *Benito Mussolini*, ein ehemaliger Sozialist, der schon 1915 zu den Einpeitschern für einen Kriegseintritt Italiens gehört hat. Jetzt hetzt er gegen die schwache Regierung, die einen »verstümmelten Sieg« hingenommen habe, da Italien nicht alle Gebiete, die ihm der Entente versprochen hat, wie Dalmatien, Teile des Osmanischen Reichs und Gebiete in Afrika, bekommen hat. 1921 wird Mussolinis *Nationale Faschistische Partei* ins Parlament gewählt, ein Jahr später organisiert er einen Marsch von Tausenden von Faschisten nach Rom und bringt König Viktor Emmanuel II. dazu, ihn zum Ministerpräsidenten zu ernennen. Einmal im Amt, reißt er immer mehr *diktatorische Vollmachten* an sich.

Fasces sind Rutenbündel, die im alten Rom ein Machtsymbol der hohen Amtsträger waren. Im Italien des 19. Jahrhunderts wurden mit diesem Namen politische Bünde bezeichnet. *Fasci die combattimento* (Kampfbünde) nannte Mussolini seine 1919 gegründete Organisation. Das Wesen des Faschismus steckt also nicht im Wort. Was aber unterscheidet dann Faschismus von anderen militanten Strömungen? Faschismus ist totalitär, extrem nationalistisch und auf einen Führer ausgerichtet. Ideologie und pompöse Inszenierungen spielen eine große Rolle.

Doch Mussolini und Italien sind kein Einzelfall. In vielen Ländern Europas gibt es eine Sehnsucht nach »starken Männern«. Tiefgreifende *soziale Probleme* mischen sich mit *politischer Orientierungslosigkeit* und dem unverändert anhaltenden *Nationalismus* des 19. Jahrhunderts. Überall ist die Gesellschaft mehr oder weniger in jene gespalten, die Nationalismus und Machtpolitik für das Übel halten, das zum Ersten Weltkrieg geführt hat, und die nun einen gründlichen Bruch mit der Vergangenheit fordern, und jenen, die glauben, in einer prekären Situation wie der aktuellen seien erst recht militärische Stärke und nationale Geschlossenheit nötig. Die Revolution und der Bürgerkrieg in Russland spielen den alten Eliten in die Karten, die nach Kräften die Angst vor einem Sozialismus sowjetischer Prägung schüren und damit alle linken Ansätze – egal wie bieder und gemäßigt – diskreditieren.

KAPITEL 17 Gesteigertes Grauen und Zweiter Weltkrieg

Nach und nach setzen sich vielerorts autoritäre oder sogar diktatorische Regierungen durch:

✔ In **Polen** stürzt der populäre Kriegsheld **Józef Piłsudski** 1926 die zerstrittene Regierung und errichtet ein autokratisches System.

✔ Ähnliches ereignet sich keine drei Wochen später in **Portugal**. Das Regime wird erst 1974 durch die **Nelkenrevolution** beendet.

✔ In **Österreich** regiert Bundeskanzler Engelbert Dollfuß ab 1934 mit Notverordnungen. Dabei stützt er sich auf faschistoide Heimwehren.

✔ In **Spanien** putscht 1936 das Militär mit General **Francisco Franco** an der Spitze gegen die gewählte linke Regierung. Es kommt zum Bürgerkrieg, in dem die Putschisten von Italien und Deutschland, die Verteidiger der Regierung sowohl von internationalen Freiwilligen wie von der Sowjetunion unterstützt werden. Doch deren Hilfe ist vergiftet. Denn die Kommunisten bekämpfen auch innerhalb der eigenen Reihen alles, was nicht auf Sowjet-Linie ist. Bis 1939 kann Franco ganz Spanien erobern und eine Diktatur errichten, die bis zu seinem Tod im Jahr 1975 Bestand hat.

Einander sind die verschiedenen nationalen Führer nicht grün. Mussolini entschließt sich erst 1936 nach langem Zögern, mit Hitler zu paktieren, dem er misstraut. Österreichs Austrofaschisten kämpfen gegen einen Anschluss an Deutschland und werden 1938 entmachtet. Auch die Polen verweigern sich der Rolle als deutscher Juniorpartner im Kampf gegen die Sowjetunion, was schließlich dazu führt, dass sie erstes Kriegsopfer werden. Portugal und Spanien bleiben im Zweiten Weltkrieg neutral.

Krieg am Pazifik

Aus europäischer Sicht beginnt der Zweite Weltkrieg am 1. September 1939 mit Hitlers *Überfall auf Polen* und endet am 8. Mai 1945 mit der *deutschen Kapitulation*. Aus globaler Sicht stellt sich die Sache anders dar: Da beginnt der Krieg bereits am 7. Juli 1937 in der Nähe von *Peking* und endet am 9. September 1945 mit der *japanischen Kapitulation*. Denn eigentlich besteht der Zweite Weltkrieg aus zwei Kriegen:

✔ **Hitlers Krieg gegen Europa**

✔ **Pazifikkrieg zwischen Japan** und **China**

Faktisch haben die beiden Konflikte relativ wenig miteinander zu tun, weshalb der Pazifikkrieg leicht aus dem Fokus gerät.

Die Auseinandersetzungen zwischen Japan und China entzünden sich an der *Mandschurei*. Seit dem Sieg über Russland im Jahr 1905 (Kapitel 16) nehmen die Japaner immer mehr Einfluss auf die rohstoffreiche, nominell immer noch chinesische Region. Die *Weltwirtschaftskrise* von 1929, die auch Japan trifft, heizt diese Bestrebungen noch an.

✔ 1928 töten japanische Offiziere den regionalen Machthaber in der **Mandschurei**.

✔ Am 18. September 1931 verüben die Japaner einen **Sprengstoffanschlag** auf ihre eigene Bahnlinie, machen die Chinesen dafür verantwortlich, besetzen das Land und errichten den Staat **Mandschuko** mit dem 1912 abgesetzten chinesischen (Mandschu-) Kaiser Pu Yi als Marionettenherrscher.

✔ China reagiert mit einem **Handelsboykott**, der Japan hart trifft. Nach einem gut dreimonatigen **Flächenbombardement von Shanghai** durch Japan geben die Chinesen den Boykott im Mai 1932 auf.

✔ 1936 schließt Japan mit Hitler-Deutschland den **Antikominternpakt**, in dem sich beide Länder wohlwollende Neutralität im Falle eines Kriegs mit der Sowjetunion zusichern.

✔ 1937 haben die japanischen Übergriffe auf die chinesische Zivilbevölkerung ein solches Ausmaß angenommen, dass die chinesischen Bürgerkriegsparteien – **Maos Kommunisten** und **Chiang Kai-sheks Kuomintang** – ihren Konflikt vorübergehend beilegen und sich verbünden.

✔ Am 7. Juli 1937 kommt es dann an der **Marco-Polo-Brücke** bei Peking zu einem Feuergefecht zwischen japanischen und chinesischen Soldaten. Die japanische Armee reagiert mit einem **Angriff auf Shanghai**.

✔ Da die Kuomintang nicht bereit ist, sich auf die japanischen Bedingungen für einen Waffenstillstand einzulassen, die einer Unterwerfung gleichkommen, beginnen die Japaner damit, Ost-China zu erobern. Dabei kommt es zu zahlreichen **Massakern** an der Zivilbevölkerung. Das größte mit geschätzten 300 000 Toten ereignet sich im Dezember 1937 in Nanking. Im März 1940 installieren die Japaner ein **Besatzungsregime**.

✔ Auch angesichts der empörten Reaktionen der Öffentlichkeit verhängen die USA ein **Handelsembargo** gegen Japan. Dieses reagiert am 7. Dezember 1941 mit dem Angriff auf den US-Stützpunkt **Pearl Harbor** auf Hawaii. Einen Tag später erklären die USA Japan den Krieg. Am 11. Dezember reagieren Deutschland und Italien mit einer Kriegserklärung an die USA. Damit sind die beiden Kriege verzahnt.

✔ Die japanischen Truppen besetzen nun innerhalb weniger Monate Indochina, Thailand, Burma, die Malaiische Halbinsel, Indonesien, die Philippinen und zahlreiche Südseeinseln. Parallel zum Krieg in Europa kämpfen vor allem die Amerikaner um die Befreiung der einzelnen Territorien.

Bekannt ist vor allem die Eroberung der strategisch wichtigen, nur 21 Quadratkilometer großen *Vulkaninsel Iwojima* durch US-Truppen am 26. März 1945. Zum einen gibt es ein Bild des Fotografen Joe Rosenthal, *Raising the Flag on Iwojima*, das zu den berühmtesten Kriegsfotografien überhaupt zählt. Zum anderen wurde das Ereignis mehrmals verfilmt.

✔ Mit den **Atombombenabwürfen** auf Hiroshima und Nagasaki am 6. und 9. August 1945 zwingen die USA Japan zur Kapitulation.

Auf japanischer Seite wurden zahlreiche *Kriegsverbrechen* nicht nur in China, sondern auch in den anderen besetzten Ländern begangen: Massaker an der Zivilbevölkerung, Angriffe mit biologischen und chemischen Waffen, Menschenversuche, Folter, Zwangsprostitution und Zwangsarbeit. Kriegsgefangene hatten eine sehr geringe Überlebenschance. In Vietnam kam es unter japanischer Besatzung zu einer verheerenden Hungersnot. Im April 1946 begannen auch in Tokio *Kriegsverbrecherprozesse*, die mit sieben Todesurteilen und 16 lebenslänglichen Inhaftierungen endeten.

KAPITEL 17 Gesteigertes Grauen und Zweiter Weltkrieg **327**

Die *Kuomintang* aber hat während des Kriegs den Rückhalt in der chinesischen Bevölkerung größtenteils verloren. Ihr werden sowohl Zögerlichkeit gegen die Japaner wie auch massive Korruption, ein diktatorisches Regime und Rücksichtslosigkeiten gegenüber der Zivilbevölkerung vorgeworfen. Bei einem Versuch, die japanischen Truppen durch die Sprengung der Dämme des Gelben Flusses aufzuhalten, kamen 1937 wohl Hunderttausende von Chinesen um. *Maos Kommunisten* dagegen haben sich aus den Kämpfen größtenteils herausgehalten. Mit sowjetischer Hilfe gewinnen sie nun den wieder aufflammenden Bürgerkrieg. 1949 zieht sich Chiang Kai-shek nach Taiwan zurück, und Mao Zedong gründet am 1. Oktober die *Volksrepublik China*. Dass beide für sich reklamieren, der wahre Regierungschef von China zu sein und die Existenz von zwei chinesischen Staaten, der Republik China auf Taiwan und der Volksrepublik China auf dem chinesischen Festland, nicht anerkennen, stellt die internationale Diplomatie in der Folge vor erhebliche Probleme.

Hakenkreuze über Deutschland

Nach dem Ersten Weltkrieg ist die Mehrzahl der deutschen Soldaten kriegsmüde. Doch ein erheblicher Teil, vor allem unter den Offizieren, kann den Bedeutungsverlust nicht akzeptieren. Sie engagieren sich in *paramilitärischen Einheiten* und kämpfen in *Freikorps* gegen linke Kräfte – in Deutschland, aber auch im Baltikum. Von der offiziellen Reichswehr, die laut *Versailler Vertrag* nur noch 100 000 Mann stark sein darf, werden sie als stille Reserve gefördert. In diesem rechtsradikalen Sumpf macht der österreichische Gelegenheitsmaler und Weltkriegsgefreite *Adolf Hitler* Karriere. Am 12. September 1919 tritt er in München einer kleinen antisemitischen Partei bei (aus der später die NSDAP hervorgeht) und entdeckt seine Talente als »Bierkelleragitator«.

Die Machtergreifung

Am 16. Mai 1920 stellt Dietrich Eckart, ein Verfasser antisemitischer Traktate, mit dem Hitler befreundet ist, ihn dem ehemaligen OHL-Chef *Erich Ludendorff* vor. Am 9. November 1923 versuchen die beiden im Hitler-Ludendorff-Putsch – nach Mussolinis Vorbild – erst in München die Macht zu übernehmen und dann nach Berlin zu marschieren. Das scheitert, macht Hitler aber in rechtsradikalen Kreisen über Bayern hinaus bekannt.

Als 1929 die Weltwirtschaftskrise ausbricht, kommt der Industrielle *Alfred Hugenberg* auf Hitler zu. Er war im Kaiserreich Gründer des extrem nationalistischen *Alldeutschen Verbands* und hat inzwischen ein Medienimperium erworben, das in Fundamentalopposition zur *Weimarer Republik* steht, egal welche Regierungskonstellation gerade am Ruder ist. Er nimmt Hitler in seine »Rechte Allianz« auf, stellt ihm seine Medien als Plattform zur Verfügung und macht ihn mit einflussreichen Rechten bekannt. Derweil mischt den promovierte Literaturwissenschaftler *Dr. Joseph Goebbels* mit der parteieigenen Kampftruppe SA Berlin auf, lässt unliebsame Veranstaltungen und Filmaufführungen sprengen und inszeniert Straßenschlachten zwischen der SA und kommunistischen Kampfbünden.

Denn die Sparpolitik, mit der Kanzler Brüning der Weltwirtschaftskrise begegnet, lässt die Menschen zunehmend verelenden und treibt sie in die Arme der Radikalen. Die *Arbeitslosigkeit* steigt auf über 30 Prozent, gleichzeitig gibt es kaum noch *Sozialleistungen*. Schon Brüning hat keine Mehrheit im Parlament, sondern wird von Reichspräsident

Hindenburg per Notverordnung an der Regierung gehalten. Doch dann will Brüning auch die Subventionen für verschuldete Großgrundbesitzer – Freunde und Standesgenossen des Reichspräsidenten – einsparen, und Hindenburg lässt den Kanzler fallen. Bei den *Reichstagswahlen im Juli 1932* kommt die NSDAP (Nationalsozialistische Deutsche Arbeiterpartei) auf 37,3 Prozent der Wahlberechtigten, die KPD (Kommunistische Partei Deutschlands) auf 14,3 Prozent. Gemeinsam legen sie den Reichstag lahm. Hindenburg hebt erst einen windigen Ex-Diplomaten namens Franz von Papen ins Kanzleramt, danach seinen engen Freund General Kurt von Schleicher. Als der mit seinen Plänen, eine politische »Querfront« zu bilden, überall aneckt, lässt sich Hindenburg von seinen Vertrauten überreden, den ungeliebten Adolf Hitler zum Reichskanzler zu machen. Von Papen, der Vizekanzler wird, verspricht, dass Hitler – eingebunden in ein Kabinett der Barone – ungefährlich sein werde. Man werde ihn in zwei Monaten in die Ecke gedrückt haben, »dass er quietscht«.

Hitler wird am 30. Januar 1933 von Reichspräsident Paul von Hindenburg zum *Reichskanzler* ernannt. Seine Partei feiert das mit Fackelaufzügen durch das Brandenburger Tor. Bis hierher aber kann man nicht von einer Machtergreifung sprechen. Die Ernennung ist legal verlaufen. Danach jedoch verschafft Hitler sich sehr schnell mehr Macht, als ihm als Kanzler verfassungsgemäß zusteht.

✔ Am 4. Februar bringt Hitler Hindenburg dazu, mit einer Verordnung »zum Schutze des Deutschen Volkes« **Presse- und Versammlungsfreiheit** einzuschränken.

✔ Am 22. Februar werden 50 000 Mitglieder der Kampforganisationen SA und SS zu **bewaffneten Hilfspolizisten** ernannt. Da die Posten des deutschen und des preußischen Innenministers mit NSDAP-Leuten besetzt sind (Wilhelm Frick und Hermann Göring), haben die Nationalsozialisten die ganze Polizei unter sich. Damit können sie dafür sorgen, dass den parteieigenen »Hilfspolizisten« keine regulären Ordnungshüter in die Quere kommen.

✔ Am 27. Februar brennt der Reichstag. Wer auch immer ihn entzündet hat: Hitler hat bereits eine neue Verordnung in der Schublade, diesmal »zum Schutze von Volk und Staat«, die ihm erlaubt, alle **bürgerlichen Freiheitsrechte** auszusetzen sowie unbeschränkt **Hausdurchsuchungen** und **Beschlagnahmungen** durchzuführen. Opfer sind die Kommunisten, denen der **Reichstagsbrand** in die Schuhe geschoben wird. Bei Teilen der Bevölkerung stößt das auf Sympathie.

✔ Am 5. März finden wieder Wahlen statt, die schon vor der Machtübergabe beschlossen worden sind. Trotz großem propagandistischem Aufwand bekommen die Nationalsozialisten nur 43,9 Prozent der Stimmen. Hitler lässt die 12,3 Prozent der KPD, deren Abgeordnete größtenteils schon inhaftiert oder untergetaucht sind, streichen. Zwei Tage später legt er dem Reichstag das **Ermächtigungsgesetz** vor, das ihm für vier Jahre **diktatorische Vollmachten** einräumt. Er braucht eine Zweidrittelmehrheit, aber die Einzigen, die es wagen, in Gegenwart bewaffneter SA- und SS-Einheiten dagegen zu stimmen, sind die Abgeordneten der SPD.

✔ Am 31. März verfügt die NS-Regierung die **Gleichschaltung der Länder**. Die Landtage und kommunalen Parlamente werden aufgelöst und nach dem Proporz der Reichstagswahl neu besetzt – was dem Regime automatisch in jedem Gremium die absolute Mehrheit verschafft.

✔ Am 22. Juni wird die SPD verboten, am 14. Juli die NSDAP einzig legitime Partei.

Lockmittel Arbeitsplatzsicherheit

Die deutsche Bevölkerung ködert Hitler vor allem mit dem Versprechen, nach dem Weimarer Chaos für Sicherheit und Ordnung zu sorgen sowie Deutschland wieder internationale Bedeutung zu verschaffen. Dabei profitiert er davon, dass

- ✔ sich die Weltwirtschaft seit 1932 leicht zu erholen beginnt,
- ✔ Kanzler Brüning im Juli 1932 ein Ende der Reparationszahlungen erreicht hat,
- ✔ Kanzler Schleicher bei der Reichsbank Kredite von einer halben Milliarde Mark für Arbeitsbeschaffungsprogramme lockergemacht hat und die Pläne für den Autobahnbau in der Schublade liegen.

Aber auch die NS-Wirtschaftspolitik trägt zu einem Abbau der gewaltigen Arbeitslosigkeit bei durch

- ✔ gigantische staatliche Investitionen, vor allem in die Rüstungsindustrie, aber auch in den (propagandistisch viel höher gehängten) Autobahnbau,
- ✔ die Verpflichtung junger Leute und Arbeitsloser zum Reichsarbeitsdienst,
- ✔ das Hinausdrängen von Frauen aus dem Berufsleben.

Das Lohnniveau bleibt zwar die ganze NS-Zeit über sehr niedrig und liegt teilweise sogar unter dem der Weimarer Zeit. Im Gegenzug aber erhalten die Menschen Sicherheit, zumal auch die Steuerbelastung für die »kleinen Leute« nie signifikant erhöht wird.

Das Terrorregime

Viele derer, die in den ersten Wochen und Monaten der NS-Herrschaft festgenommen werden, landen nicht in normalen Gefängnissen, sondern werden in *illegale Lager* gebracht, die absolut rechtsfreier Raum sind. Das erste bekannte entsteht am 3. März 1933 im thüringischen Nohra. Am 22. März lässt SS-Chef Himmler auf dem Gelände einer alten Munitionsfabrik das *Konzentrationslager Dachau* einrichten. Schon einen Tag später werden dort drei jüdische Sozialisten erschossen. Die Existenz des Lagers ist ein offenes Geheimnis. Gerade dass man davon weiß, hat abschreckende Wirkung. Bis Mai verhaften die Nationalsozialisten rund 100 000 Menschen. Viele andere fliehen.

So wie die SA- und SS-Brigaden parallel zur regulären Polizei agieren, so werden am 21. März 1933 die ersten 26 *Sondergerichte* eingerichtet. Diese können jeden Prozess an sich ziehen und dann ohne die üblichen juristischen Hürden ein Urteil fällen. Voruntersuchungen oder Beweisaufnahme sind nicht nötig, Einspruch gegen die Entscheidungen nicht möglich. Im April 1934 kommt der *Volksgerichtshof* als Sondergericht für Fälle von Hoch- und Landesverrat hinzu, der vor allem unter dem Präsidenten *Roland Freisler* berüchtigt für seine *Schauprozesse* wird.

Das öffentliche Leben wird gleichgeschaltet, indem alle Verbände und Vereinigungen in neue Massen- oder Dachverbände gezwungen werden, die Gewerkschaften etwa in die *Deutsche Arbeitsfront*, die Jugendverbände dem »*Reichsjugendführer*« Baldur von Schirach unterstellt, alle Kulturschaffenden und Medienvertreter zur Mitgliedschaft in Goebbels *Reichskulturkammer* verpflichtet. Über die Nichtaufnahme können unliebsame Gruppen und Personen ausgeschaltet, die anderen durch die Aufnahme vollends auf Linie gebracht werden.

Zur effektiven *Überwachung der Gesellschaft* gibt es zu jeder politischen Ebene eine parallele Parteiinstanz der NSDAP, die für die Kontrolle zuständig ist: die Reichsleiter für die Minister, die Gauleiter der Parteigaue für die Reichsstatthalter der entsprechenden Reichsgaue, die Kreisleiter für die Verwalter der politischen Kreise, die Ortsgruppenleiter für die Bürgermeister. Die Zellenleiter schließlich haben Stadtviertel, die Blockwarte etwa 50 Haushalte zu überwachen. Grundsätzlich aber werden alle Bürger zu *Spitzeldiensten* verpflichtet und ein Nichtanzeigen verdächtiger Beobachtungen ist gefährlich.

Unterstützt wird die *Gleichschaltung des öffentlichen Lebens* von entsprechender Propaganda. Joseph Goebbels *Propagandaministerium* wird bereits am 13. März 1933 eingerichtet. Im Laufe des Jahres werden alle Rundfunksender verstaatlicht und ihm unterstellt. Die oppositionelle Presse wird vor allem durch ein *Berufsverbot* für unliebsame Journalisten in den Ruin getrieben, dann aufgekauft und dem parteieigenen Eher-Verlag zugeschlagen.

Zunehmend Probleme bereitet Hitler die SA. Denn sie verlangt, dass ihr die Reichswehr unterstellt wird – was deren Tolerierung des NS-Systems mit einiger Sicherheit ein Ende bereitet hätte. Also lässt Hitler in der Nacht vom 30. Juni auf den 1. Juli 1934 unter dem Vorwand, SA-Führer Röhm plane einen Putsch, die gesamte SA-Spitze festnehmen und liquidieren. Ebenfalls ermordet werden Anhänger von Vizekanzler Papen, die sich einen Teil der Macht zurückerobern wollen, einige unliebsame SS-Leute sowie Einzelpersonen, mit denen Hitler eine Rechnung offen hatte, wie etwa Gregor Strasser, der Führer des »linken« NSDAP-Flügels oder der ehemalige bayerische Ministerpräsident Gustav Ritter von Kahr, der 1923 beim Hitler-Ludendorff-Putsch nicht wie geplant mitgespielt hat.

Nach Ausschaltung der SA wird die SS, die ursprünglich die persönliche Leibgarde Hitlers gewesen ist, der Träger des Terrors. Unter Führung von *Heinrich Himmler* und *Reinhard Heydrich* ersetzt sie den Straßenterror durch ein besonders perfides, durchdachtes und umfassendes Schreckenssystem. Als *Reichsführung SS* gebietet sie auch über die normale *Polizei* sowie die *Gestapo* (Geheime Staatspolizei).

✔ Ab 1936 werden neben politischen Gegnern auch vermehrt Juden, Sinti und Roma, Homosexuelle, unbotmäßige Priester, Zeugen Jehovas, Mehrfachstraftäter, »Asoziale« und andere als »unerwünschte Elemente« eingestufte Personen in Konzentrationslager gebracht.

✔ Ab 1938 setzt die SS KZ-Häftlinge in großem Maßstab als Arbeitskräfte ein, etwa indem sie in der Nähe der Konzentrationslager Steinbrüche und Ziegelwerke betreiben lässt. Mit Errichtung des **SS-Wirtschafts- und Verwaltungshauptamts** unter Oswald Pohl 1942 erhält die SS die Konzentrationslager unterstellt und intensiviert deren wirtschaftliche Ausbeutung, teils in eigenen Firmen, teils durch Vermietung der Arbeiter an die Großindustrie. Kranke und Schwache werden zu Tode gearbeitet oder liquidiert.

KAPITEL 17 Gesteigertes Grauen und Zweiter Weltkrieg

✔ 1939 beginnt die Einweisung Behinderter und psychisch Kranker in Kliniken, wo sie durch bewusste Vernachlässigung oder falsche Medikamentierung umgebracht werden (**Euthanasie**).

Insgesamt sterben – jenseits der Kriegsopfer – ungefähr zehn Millionen Menschen durch den Naziterror. Rund sechs Millionen davon sind rassisch verfolgte Juden und Roma, vier Millionen werden aus politischen oder sonstigen Gründen ermordet oder kommen in Konzentrationslagern und durch Zwangsarbeit um.

Der Beginn der rassischen Verfolgungen

Neben gezielten *Aktionen gegen politische Gegner* gibt es von Anfang an auch *Gewalt gegen Juden*. Denn seit 1923 gibt *Julius Streicher* die Wochenzeitschrift *Der Stürmer* heraus, die mit ihren pornografisch ausgewalzten und möglichst abartig ausgeschmückten Schilderungen frei erfundener jüdischer Ritualmorde oder Schändungen »arischer« Frauen selbst Teilen der NSDAP zu unappetitlich ist. Das Blatt hat aber auch Scharen begeisterter Leser, die keinen Befehl von oben brauchen, um ihre neu gewonnene Macht zu beweisen. Aber auch der Staat beginnt sehr schnell mit einer *antijüdischen Gesetzgebung*.

✔ Bereits am 7. April 1933 wird die **Entlassung** von jüdischen und politisch missliebigen Beamten erlaubt und auch konsequent umgesetzt. Rechtsanwälten wird die Lizenz entzogen. Als jüdisch gilt, wer mindestens einen jüdischstämmigen Elternteil hat.

✔ Am 15. September 1935 wird den Juden mit den **Nürnberger Rassegesetzen** die deutsche Staatsbürgerschaft entzogen. Außerdem werden Ehe und Geschlechtsverkehr zwischen Juden und Nicht-Juden verboten.

✔ Im November wird das Gesetz auf »Neger« und »Zigeuner« ausgeweitet.

Bis 1935 hatte die antijüdische Gewalt durch Streicher und Konsorten massiv zugenommen. Die NS-Führung verbot daraufhin Gewalt gegen Einzelne und verkaufte die Nürnberger Gesetze als »Endlösung der Judenfrage«. Ob die Gesetze tatsächlich als Maßnahme gedacht waren, den unkontrollierten Terror zu unterbinden, der im Ausland sehr negativ registriert wurde, oder doch lang geplant, ist umstritten.

✔ Anlässlich der **Olympischen Spiele 1936** werden alle Berliner **Sinti** und **Roma** interniert. Gleichzeitig beginnt die Erfassung aller Menschen, die man als »Zigeuner« ansieht.

✔ Bis 1938 werden die Juden durch **Verbote** aus nahezu allen Berufen gedrängt. Jüdische Betriebe werden durch **Lieferboykotte** oder die **Verweigerung von Krediten und Importlizenzen** in den Ruin getrieben und dann unter Wert von Nicht-Juden übernommen.

✔ In der Nacht vom 9. auf den 10. November 1938 inszeniert die NSDAP die **Novemberpogrome**. Es werden jedoch nicht nur Geschäfte und Synagogen zerstört, sondern auch rund 30 000 wohlhabende Juden gezielt verhaftet und erst freigelassen, nachdem sie sich verpflichtet haben, all ihr Vermögen dem Staat zu überschreiben und auszuwandern. In der Folge wird durch Schulverbote für Kinder, das Verbot, Kulturveranstaltungen besuchen oder einen Führerschein haben zu dürfen, der Druck zur Ausreise erhöht. Gleichzeitig wird alles getan, das Vermögen der Juden abzuschöpfen.

Je brutaler die Verfolgung wird, desto schwieriger wird es für die deutschen Juden, ein Visum für ein anderes Land zu erhalten. Im Juli 1938 initiiert US-Präsident *Franklin Delano Roosevelt* (dessen Land pro Jahr etwas über 27 000 Flüchtlinge aufnimmt) eine internationale Konferenz, die jedoch zu keinem Ergebnis führt. Mangels Visa kann von den rund 500 000 deutschen Juden nur gut die Hälfte rechtzeitig entkommen.

Die Herausforderung Europas

Eines der Schlagworte, mit denen Hitler Anhänger und Wähler gefunden hat, war das Versprechen, das »Schanddiktat von Versailles«, also den Friedensvertrag des Ersten Weltkriegs mit seinen Auflagen, zu beseitigen. Dass er dazu Krieg führen möchte, hat er schon in seinem 1924 geschriebenem Buch *Mein Kampf* enthüllt.

Unmittelbar nach seiner Ernennung zum Reichskanzler, am 3. Februar 1933, erklärt Hitler den *Spitzen der Reichswehr* bei einem Treffen, dass es seine Absicht sei,

✔ die Demokratie abzuschaffen,

✔ den Bolschewismus zu besiegen und

✔ neue Territorien im Osten zu gewinnen.

Vorerst aber müsse die Aufrüstung geheim bleiben, um ein Einschreiten der Feinde zu verhindern. Die versammelten Herren nehmen Hitler wohl nicht so recht ernst. Aber im Prinzip haben viele von ihnen auch nichts gegen seine Pläne einzuwenden.

Der Hitler-kritische Reichswehrchef *Kurt von Hammerstein-Equord* reicht indes im Oktober 1933 seinen Abschied ein.

Auch Hitlers gesamte *Wirtschaftspolitik* ist von Anfang an auf Krieg ausgerichtet. Die vielen Arbeitsplätze in der Rüstungsindustrie sind über Schulden finanziert, die irgendwann durch Kriegsgewinne getilgt werden sollen. Ab 1935 fühlt sich Hitler stark genug, gezielt gegen den Versailler Vertrag zu verstoßen.

✔ **1. März 1935:** Gründung der deutschen Luftwaffe (laut Vertrag verboten)

✔ **16. März 1935:** Wiedereinführung der allgemeinen Wehrpflicht (verboten), Aufstockung auf 550 000 Mann geplant (nur 100 000 gestattet)

✔ **7. März 1936:** Einmarsch in das entmilitarisierte Rheinland (verboten)

✔ **Von Juli 1936 bis März 1939:** Unterstützung der Francisten im Spanischen Bürgerkrieg durch die geheime Legion Condor

✔ **15. März 1938:** Anschluss Österreichs (verboten)

Warum aber haben die Siegermächte des Ersten Weltkriegs diesen klaren Bruch der Vertragsbedingungen geduldet? Seit Stresemanns Aussöhnungspolitik herrscht in Großbritannien und Frankreich ein gewisses Verständnis dafür, dass die Deutschen sich nicht auf Dauer den harten Bedingungen beugen

KAPITEL 17 Gesteigertes Grauen und Zweiter Weltkrieg 333

wollen, sodass die kleineren Verstöße am Anfang hingenommen werden. Der Einmarsch ins Rheinland dagegen ist ein wirklicher »Dammbruch«, und Hitler sagt später, die 48 Stunden danach wären die aufregendsten seines Lebens gewesen. Doch die Regierungen in Frankreich und Großbritannien können sich nicht dazu durchringen, militärisch dagegenzuhalten und ihren Bevölkerungen einen neuen Krieg zuzumuten.

1938 macht sich Hitler daran, die *Tschechoslowakei* als potenziellen Kriegsgegner im Osten auszuschalten. Durch Konrad Henlein, den Führer der Sudetendeutschen Nationalisten, lässt er solche Spannungen erzeugen, dass die Tschechoslowakei einen Einmarsch befürchtet, vorsorglich mobilmacht und von Hitler der *Kriegstreiberei* und *Unterdrückung von Minderheiten* bezichtigt werden kann. Alarmiert beruft der britische Premier Neville Chamberlain in München eine Konferenz ein, die Hitler am Ende im *Münchner Abkommen* das deutschsprachige Sudetenland zuspricht, wenn er dafür den Bestand der übrigen Tschechoslowakei garantiert.

Doch im März 1939 greift Hitler in einen Konflikt zwischen Tschechen und Slowaken ein, nötigt den slowakischen Landeschef Jozef Tiso, sein Land für unabhängig zu erklären, und marschiert selbst am 14. März in Tschechien ein, das ohne den Gebirgsgürtel der Sudeten weitgehend wehrlos ist. Mit der Drohung, ein Blutbad anzurichten, bringt er den tschechischen Staatspräsidenten Emil Hácha dazu, sich zu unterwerfen.

Am 20. März zwingt Hitler *Litauen*, auf das Memelland zu verzichten.

Großbritannien und Frankreich sehen nun ein, dass ihre Politik des *Appeasements* (Besänftigung) gescheitert ist. Am 31. März 1939 geben sie eine Garantierklärung ab, Polen im Falle eines Angriffs beizustehen, und nach der italienischen Besetzung *Albaniens* im April auch eine für Rumänien und Griechenland.

Der gescheiterte Aufstand der Wehrmacht

Spätestens mit der *Sudetenkrise* wird Hitlers aggressive Außenpolitik auch vielen Offizieren unheimlich. Eine Gruppe um den neu eingesetzten Generalstabschef Franz Halder, seinen Vorgänger Ludwig Beck, den Chef der Spionageabwehr Wilhelm Canaris und dessen Mitarbeiter Hans Oster, vereinbart, *Hitler zu stürzen*, sobald dieser den Krieg gegen die Tschechoslowakei beginnt. Durch das *Münchner Abkommen* wird der Plan hinfällig.

Als Hitler dann für seinen Überfall auf Polen rüstet, schickt Oster mehrfach Diplomaten nach England, um dort ein *sofortiges militärisches Eingreifen* zu fordern. 1943 wird Oster unter Hausarrest gestellt. Nun versucht Oberst Henning von Tresckow Hitler durch ein *Attentat* auszuschalten. Doch obwohl er mehrere potenzielle Selbstmordattentäter anwerben kann, scheitern alle Versuche aus technischen oder organisatorischen Gründen – so wie auch das Attentat vom 20. Juli 1944 durch *Claus von Stauffenberg*. Zu dessen Unterstützern gehört ein Großteil der ursprünglichen Verschwörer von 1938, die nun entdeckt und hingerichtet werden.

Zweiter Weltkrieg und Holocaust

Hitlers anvisierter Kriegsgegner ist von Anfang an die *Sowjetunion*. Er will den Bolschewismus vernichten, deutschen »Lebensraum« im Osten gewinnen und die Ukraine mit ihren großen Getreidefeldern erobern, um Deutschland in Sachen Ernährung autark zu machen.

Doch im Juli 1939 bietet der neue sowjetische Außenminister Wjatscheslaw Molotow Deutschland überraschend ein Bündnis an. Der *Hitler-Stalin-Pakt* ändert jedoch nichts an Hitlers grundsätzlicher Intention, Krieg gegen die Sowjetunion führen zu wollen. Er führt nur dazu, dass erst einmal andere Länder Opfer dieses Kriegs werden.

Hitlers »Blitzkriege«

Im April 1939 befiehlt Hitler der Wehrmacht, Angriffspläne gegen Polen auszuarbeiten, im Laufe des Sommers werden Truppen in Stellung gebracht, ab August Grenzzwischenfälle durch verkleidete SS-Leute provoziert. Am 1. September fangen deutsche Truppen an, Polen zu bombardieren. Hitler spricht im Radio von einem »Zurückschießen«. Großbritannien und Frankreich stellen ihm ein Ultimatum. Als er seine Truppen nicht zurückzieht, erklären sie ihm am 3. September 1939 den Krieg.

✔ In völliger Verkennung der Kräfteverhältnisse wählt **Polen** eine offensive Kriegstaktik, die umgehend zu verheerenden Niederlagen führt. Den deutschen Truppen folgen Einsatzgruppen der SS, die **gezielte Morde** an potenziellen Widerständlern und Juden begehen. Der versprochene effektive Beistand von Großbritannien und Frankreich bleibt aus. Frankreich marschiert lediglich ein paar Kilometer weit ins Saarland ein. Dafür besetzt am 17. September die **Rote Armee** den ihr im Hitler-Stalin-Pakt zugesprochenen Osten Polens. Am 6. Oktober kapituliert das Land: Der Westen fällt an Deutschland, der Osten an die Sowjetunion und im Süden richten die Deutschen ein **Generalgouvernement** ein. Große Teile der polnischen »Intelligenz« werden getötet, andere Bürger als Zwangsarbeiter verschleppt oder vor Ort zur Arbeit gezwungen und dabei ausgehungert.

✔ Am 9. April 1940 fordert Hitler **Dänemark** und **Norwegen** auf, eine deutsche Besatzung zu dulden. Dänemark gibt nach kurzen Kämpfen nach. Gegen Ende des Monats ist auch Norwegen praktisch eingenommen, auch wenn es erst am 10. Juni kapituliert. Militärtaktisch gilt die »Unternehmung Weserübung« als brillant. Deutschland ist damit einer britischen Besetzung der **norwegischen Häfen** zuvorgekommen, die es von den für die Kriegsindustrie überlebenswichtigen Erzgruben in Nordschweden abgeschnitten hätte.

✔ Am 10. Mai 1940 greift Hitler **Frankreich** an, um dann gegen die Sowjetunion den Rücken frei zu haben. Die Franzosen haben ihre Grenze sehr stark befestigt (**Marginot-Linie**). Sie erwarten deshalb, dass die Deutschen wie im Ersten Weltkrieg nördlich der Maas einmarschieren. Doch stattdessen wählt Hitler den umstrittenen Plan von Generalleutnant Erich von Manstein, mit Panzern südlich der Maas über Luxemburg und die wenig befestigten, aber dicht bewaldeten Ardennen einzufallen, schnell zur Kanalküste vorzustoßen und die in Nordfrankreich und Belgien stehenden feindlichen Truppen einzukesseln.

KAPITEL 17 Gesteigertes Grauen und Zweiter Weltkrieg 335

Die riskante Strategie geht tatsächlich auf. Am 14. Juni marschiert die deutsche Armee in Paris ein. Die Mehrheit in der französischen Nationalversammlung entscheidet sich für eine Kapitulation. Nordfrankreich und die Atlantikküste werden ebenso wie die **Beneluxländer** von den Deutschen besetzt, in der Mitte und im Süden entsteht ein französischer Satellitenstaat mit **Vichy** als Hauptstadt.

Die NS-Besatzer entwickelten ein perfides System, die besetzten Länder auszuplündern. Offiziell wurde – außer in der Sowjetunion – alles bezahlt. Allerdings mit *Reichskreditscheinen*. Da diese Scheine aber von jeder Bank in Landeswährung eingewechselt werden mussten, wenn auch zu einem schlechten Kurs, war die Sache für die Empfänger erst einmal erträglich. Am Ende aber landeten die Scheine bei den Notenbanken der Länder – und die bekamen nichts dafür. Deutsche Privatpersonen aber konnten billig einkaufen. Sogar die Besatzungssoldaten wurden von der NS-Propaganda ermutigt, ihren Sold im Land auszugeben und dann Pakete heimzuschicken.

Die globale Ausweitung

Nach dem Sieg über Frankreich erwartet Hitler von Großbritannien Verhandlungsbereitschaft. Am 19. Juli macht er in einer Reichstagsrede sogar ein Friedensangebot. Doch der neue Premier, *Winston Churchill*, hat sich bereits festgelegt und sein Volk auf »Blut, Mühsal, Tränen und Schweiß« eingeschworen. Daraufhin versucht die deutsche Wehrmacht durch eine *Bombardierung Englands* entweder eine Kapitulation zu erzwingen oder eine Invasion vorzubereiten. Doch die *deutsche Luftwaffe*, das Steckenpferd Hermann Görings, ist nicht für einen Krieg gegen England geschaffen, während die *Royal Air Force* ein gutes Abwehrsystem hat. Außerdem lässt sich Großbritannien nicht durch die Bombardierung von London, Coventry und anderen Städten in die Knie zwingen. Doch das ist nicht Hitlers einziges Problem.

✔ Am 10. Juni 1940 ist **Mussolini** in den Krieg eingetreten, weil sich die günstige Gelegenheit bot, während der Kämpfe zwischen deutschen und französischen Truppen die französischen Alpen und Korsika zu besetzen. Allerdings verfolgt der italienische Diktator ganz andere Ziele als der deutsche. Im August 1940 greift er die Briten in Ägypten und im Sudan an, gerät jedoch bald in die Defensive und verliert im November seine Besitzungen in Ostafrika. Im Februar 1941 entschließt sich Hitler nach langem Zögern, ein **Afrikakorps** aufzustellen, damit wenigstens das italienische Libyen gehalten und eine komplette britische Dominanz im Mittelmeer verhindert wird. Obwohl er eigentlich nur Libyen verteidigen soll, führt Generalleutnant Erwin Rommel einen Angriffskrieg gegen die Briten. Die taktisch teils brillanten Kämpfe zwischen »Wüstenfuchs« Rommel und seinen Gegnern schreiben Militärgeschichte, sind aber für den Krieg insgesamt ziemlich bedeutungslos.

✔ Am 28. Oktober 1940 greift Mussolini **Griechenland** an, was eine britische Besetzung Kretas nach sich zieht. Am 6. April 1941 kommt Hitler dem Verbündeten zu Hilfe und erobert sowohl Griechenland wie auch **Jugoslawien**, um eine offene Flanke zu verhindern. Kroatien wird zum faschistischen Vasallenstaat.

✔ Am 22. Juli 1941 beginnt Hitler den Krieg, auf den er immer hingearbeitet hat: 3,6 Millionen Soldaten fallen in die **Sowjetunion** ein – wegen des Balkanfeldzugs sechs Wochen später als geplant und ohne den Rücken frei zu haben. Da Stalin damit gerechnet hat, dass Hitler erst versuchen würde, die Briten auszuschalten, können die deutschen Truppen anfangs mehrere Kesselschlachten gegen die Rote Armee gewinnen. Daraufhin veranlasst Stalin jedoch den Rückzug seiner Truppen und lässt die kriegswichtigen Fabriken hinter den Ural verlegen. Hitler, der im Gegensatz zu den »Blitzkriegen« nicht mehr seinem Offiziersstab vertraut, sondern zunehmend selbstherrlich agiert, lässt erst einmal die begehrte, rohstoffreiche **Ukraine** einnehmen. Danach scheitert der Angriff auf Moskau am Winter.

Hitler fordert im Kampf gegen die Sowjetunion äußerste Brutalität. Wie schon in Polen verüben SS-Einsatzkommandos Massenmorde. Doch auch die Wehrmacht beteiligt sich an diversen Massakern. Außerdem lassen die deutschen Truppen schätzungsweise sieben Millionen Kriegsgefangene und Zivilisten verhungern, während gleichzeitig Millionen Tonnen an Lebensmitteln für die Versorgung der deutschen Bevölkerung außer Landes geschafft werden.

✔ Am 14. Dezember 1941, eine Woche nach dem japanischen Überfall auf Pearl Harbor, erklärt Hitler den **USA** den Krieg, obwohl der Pakt mit Japan nur wohlwollende Neutralität verlangt.

✔ Im Frühjahr 1942 befiehlt Hitler seinen Armeen in der Sowjetunion, im Norden und in der Mitte die Front zu halten. Im Süden soll ein Teil der Truppen die **Ölfelder im Kaukasus** besetzen, ein anderer das strategisch wichtige **Stalingrad** einnehmen. Die Sache mit Stalingrad scheitert – auch weil Hitler zugunsten der eingeschlossenen 6. Armee nicht sein Gesamtkonzept aufgeben will. Deren Kapitulation am 2. Februar 1943 gilt als **Wendepunkt des Kriegs**.

Der Völkermord an den Juden

Mit Polen erobert Deutschland 1939 ein Land, in dem etwa 3,5 Millionen *Juden* leben. Himmler verfügt, dass alle, die im annektierten Teil leben, erst einmal in das neu geschaffene Generalgouvernement abgeschoben werden, wälzt aber auch Pläne, alle Juden nach Madagaskar deportieren zu lassen. Vermutlich ist es Himmlers »rechte Hand« Reinhard Heydrich, der im Sommer 1941 als Erster die *radikale Vernichtung* aller Juden plant. Nach dem Einmarsch in die Sowjetunion bringen die SS-Einsatzgruppen jedenfalls systematisch die jüdische Bevölkerung um. Teilweise wird auch die einheimische Bevölkerung zu Pogromen aufgestachelt, etwa in Kaunas, Riga oder Lwiw. Ab Herbst 1941 kommen *mobile Gaskammern* zum Einsatz, die in Polen bereits zur Ermordung psychisch Kranker verwendet wurden. Gleichzeitig wird im polnischen Kulmhof (Chełmno) das erste *Vernichtungslager* errichtet.

Um Wohnraum für Ausgebombte zu schaffen, befiehlt Hitler am 17. September 1941, alle verbliebenen rund 150 000 deutschen Juden in die *Ghettos* im Osten zu deportieren. Um dort Platz zu schaffen, werden die polnischen und baltischen Juden in Vernichtungslager gebracht.

KAPITEL 17 Gesteigertes Grauen und Zweiter Weltkrieg 337

Am 20. Januar 1942 wird auf der sogenannten *Wannseekonferenz* die Ermordung aller elf Millionen europäischen Juden geplant. In den folgenden Monaten entstehen die Vernichtungslager Belzec, Sobibor, Treblinka, Majdanek und Auschwitz-Birkenau. Im Sommer 1942 beginnen die Deportationen auch aus den besetzten Gebieten in Westeuropa und dem Balkan sowie aus Satellitenstaaten wie Vichy-Frankreich, der Slowakei und Kroatien. Ein Großteil der Menschen, vor allem Kinder, Alte und Kranke, werden sofort vergast, die Gesunden teils im Lager, etwa beim Bergen der Leichen aus den Gaskammern und ihrer Verbrennung in den Krematorien, teils zu anderer *Zwangsarbeit* eingesetzt. Das Vermögen der Ermordeten wird eingezogen.

- ✔ Die Juden im besetzten **Dänemark** können mithilfe der Bevölkerung, aber auch des deutschen Botschaftsangehörigen Georg Ferdinand von Duckwitz fast alle nach **Schweden** gebracht werden.

- ✔ Von den verbündeten Staaten liefert **Finnland** nur einige wenige kommunistische Juden aus.

- ✔ **Bulgarien** liefert nach Druck rund 11 000 griechische, nicht aber die bulgarischen Juden aus.

- ✔ **Ungarn** zieht seine Juden zur Zwangsarbeit heran. Nach einer Besetzung Ungarns durch die Deutschen im März 1944 werden sie größtenteils ermordet.

- ✔ **Rumänien** bringt seine jüdische Bevölkerung selbst um.

- ✔ **Italien** verweigert Deportationen. Nach der deutschen Besetzung Nord- und Mittelitaliens im September 1943 werden jedoch auch die italienischen Juden deportiert.

Einige Zehntausend Juden können durch *Visa* gerettet werden. Das gilt vor allem für Ungarn, wo nicht nur der Schwede *Raoul Wallenberg*, der später nach Moskau verschleppt wird und unter ungeklärten Umständen stirbt, mit Billigung seiner Regierung Schutzpässe ausstellt, sondern auch Diplomaten aus der Schweiz, Spanien, El Salvador und dem Vatikan. Andere Diplomaten handeln sogar gegen die Weisung ihrer Regierung, wie etwa *Aristides de Sousa Mendes*, der als portugiesischer Konsul in Vichy-Frankreich etwa 30 000 Visa vergibt. In kleinerem Stil tun das auch seine Kollegen aus Brasilien, Mexiko und der Türkei, der japanische Konsul in Litauen und der türkische Generalkonsul auf Rhodos.

Darüber hinaus hat die israelische Gedenkstätte *Yad Vashem* bisher über 25 000 Privatpersonen, die während der NS-Zeit geholfen haben, jüdische Leben zu retten, als *Gerechte unter den Völkern* registriert, darunter mehr als 6500 Polen, 5400 Niederländer und 3800 Franzosen. Einige, wie der Fabrikant *Oskar Schindler*, konnten fast alleine über 1000 Menschen retten, in anderen Fällen haben viele zusammengeholfen, um einen einzigen Menschen über Jahre zu verstecken und zu versorgen.

Was aber macht nun die viel beschworene »Einzigartigkeit« des Holocaust aus? Natürlich ist jedes Verbrechen einzigartig, aber wenn Sie dieses Buch bis hierher gelesen haben oder sich gar schon mit den tödlichsten Ereignissen der Geschichte in Kapitel 21 befasst haben, dann sind Ihnen ebenso scheußliche Verbrechen mit teils noch höheren Opferzahlen untergekommen. In der Regel liegt aber auch großen Verbrechen irgendeine Art von Konflikt zugrunde. Aber das ist beim Holocaust nicht der Fall. Es gab keine militanten jüdischen Bewegungen, die sich gegen die jahrhundertelange Diskriminierung zur Wehr zu setzen versuchten, und die Juden hatten auch kein Territorium inne, das für NS-Deutschland strategisch verlockend gewesen wäre – um mal zwei klassische Gründe aufzuführen, die in der Geschichte häufig Anlass für Völkermorde waren. Wenn aber völlig harmlose und normale Menschen zu Sündenböcken gemacht und ermordet wurden, dann geschah das meist im Zustand überkochender Emotionen, quasi in Raserei, die irgendwann auch wieder vorbei war. Dass aber eine so große Bevölkerungsgruppe ohne zugrunde liegenden Konflikt derart systematisch und kaltblütig ermordet wurde, ist wirklich ohne Parallele.

Der Zusammenbruch

Am 10. Juli 1943 landen die *Alliierten* auf *Sizilien* und nehmen die Insel ein. Daraufhin setzt König Viktor Emanuel III. Mussolini auf Empfehlung des Faschistischen Großrats hin ab und leitet Waffenstillstandsverhandlungen mit den Alliierten ein. Die Deutschen jedoch marschieren in Italien ein, befreien Mussolini und setzen ihn am 23. September als Chef der *Italienischen Sozialrepublik von Salò* ein, die den Norden und die Mitte Italiens umfasst. In extrem verlustreichen Kämpfen können die Alliierten die »Republik« bis zum 2. Mai 1945 einnehmen.

Der Widerstand

In allen besetzten Ländern gibt es eine mehr oder weniger starke Widerstandsbewegung. Im Süden und Osten liegt der Schwerpunkt auf dem *Partisanenkrieg*, im Westen mehr auf *zivilem Widerstand*, wie der Hilfe für Verfolgte, dem Übermitteln von kriegswichtigen Informationen an die Alliierten oder Sabotage. In Polen existiert sogar ein regelrechter *Untergrundstaat*: Der polnische *Aufstand der Heimatarmee* in Warschau vom 1. August bis 3. Oktober 1944 ist die größte Einzelerhebung gegen die deutsche Besatzung. Er scheitert aber, da die erhoffte Unterstützung durch die Rote Armee ausbleibt.

Die Widerstandsbewegungen retten einigen Zehntausend untergetauchten Menschen das Leben. In den letzten beiden Kriegsjahren tragen Partisanen auch nicht unerheblich zur deutschen Niederlage bei. Allerdings sind Erfolge teuer erkauft, da die Deutschen für jeden mutmaßlich von Partisanen getöteten Soldaten 30 bis 100 Zivilisten umbringen lassen. Jugoslawien und Albanien werden trotzdem vollständig von den eigenen Partisanen befreit.

Ab 1943 fliegen die *britische* und *amerikanische Luftwaffe* nächtliche Großoffensiven mit bis zu 1000 Bombern gegen deutsche Städte. Zu den Zielen gehören nicht nur militärische Anlagen, sondern auch Wohngebiete, um die Moral der Bevölkerung zu brechen. Die *deutsche Luftwaffe* wird dagegen bis April 1944 weitgehend ausgeschaltet.

KAPITEL 17 Gesteigertes Grauen und Zweiter Weltkrieg 339

Die *Bunker*, mit denen die Deutschen die Nordsee- und die Atlantikküste sicherten, haben Sie vielleicht schon gesehen. Damals kamen noch Gräben, Panzermauern und einfache, aber sehr wirksame, mit Minen bestückte Hindernisse wie Panzerigel oder Stacheldrahtverhaue dazu. Von alliierter Seite wird die Landung deshalb sehr intensiv vorbereitet.

Am 6. Juni 1944 ist schließlich *D-Day*. Obwohl die Alliierten die Deutschen über den Ort der Invasion täuschen können, sind die Kämpfe am Strand der Normandie sehr heftig. Im Abschnitt Omaha Beach denken die Amerikaner sogar über einen Rückzug nach. Auch nach dem Durchbruch geht der Vormarsch langsamer voran als gedacht, da die Deutschen wichtige Städte verbissen verteidigen. Letztendlich bremsen sie damit aber nur die Westalliierten in ihrem »Wettlauf« mit Stalin aus. Denn die *Rote Armee* beginnt am 22. Juni 1944 ebenfalls eine große Offensive:

- ✔ Am 29. Juni 1944 kapituliert im Osten die deutsche Heeresgruppe Mitte.

- ✔ Am 20. August marschiert die Rote Armee in **Rumänien** ein, das darauf die Seiten wechselt.

- ✔ Am 16. Oktober stößt die Rote Armee in **Ostpreußen** auf deutsches Territorium vor. Gauleiter Erich Koch verbietet trotzdem jegliche Evakuierung. Als im Januar 1945 Ostpreußen eingekreist ist, setzt eine panische Flucht von etwa 2,5 Millionen Menschen ein.

- ✔ Am 21. Oktober 1944 wird als erste deutsche Stadt **Aachen** durch die Westalliierten befreit.

- ✔ Im Januar 1945 erreicht die Rote Armee **Oder** und **Neiße**.

- ✔ Am 19. April gewinnt die Rote Armee die Schlacht um die **Seelower Höhen** und schließt zwei Tage später einen Belagerungsring um **Berlin**.

- ✔ Am 25. April treffen in **Torgau an der Elbe** Rote Armee und westalliierte Truppen aufeinander.

- ✔ In Berlin lässt Hitler eine Million Soldaten und Volkssturmleute, darunter auch Kinder, »bis zum letzten Mann und zur letzten Patrone« kämpfen. Wer versucht, sich dem zu entziehen, riskiert, standrechtlich erschossen zu werden. Am 30. April bringt er sich jedoch selbst um. Am 2. Mai ist die Stadt in der Hand der Roten Armee. Hitlers ernannter Nachfolger Admiral Karl Dönitz versucht einen Separatfrieden mit den Westalliierten zu schließen, kapituliert dann aber am **8. Mai 1945**.

IN DIESEM KAPITEL

Die Nachkriegsära

Die Welt, gespalten zwischen Kommunismus und Kapitalismus

Die schwierige Selbstständigkeit der ehemaligen Kolonien

Kapitel 18
Kalter Krieg: Die Dominanz der zwei Blöcke

Die beiden Weltkriege haben viele Länder rund um den Globus in Auseinandersetzungen hineingerissen, die eigentlich gar nichts mit ihnen zu tun hatten. Nach 1945 bestimmt dann der Kalte Krieg zwischen USA und Sowjetunion die Weltgeschichte. Der kommunistisch-kapitalistische Machtpoker spaltet Europa, reißt weltweit Länder in die Krise, die eigentlich gar nicht zu den beiden Blöcken gehören (wollen), führt zu mehreren Stellvertreterkriegen und ruft immer wieder das Schreckgespenst eines atomaren Dritten Weltkriegs auf den Plan.

Neuordnung nach 1945

Unter normalen Umständen wären die USA, Großbritannien, Frankreich und Stalins Sowjetunion nie Verbündete geworden. Nur die Bedrohung, die von Hitlers Deutschland ausging, hat sie für ein paar Jahre zusammengeschweißt. Doch nach dem Sieg zeigen sich schnell Risse. Aber nicht nur die »großen Vier« haben Probleme miteinander.

Zerstrittene Machthaber: Das Quartett der großen Vier

Auf der *Konferenz von Jalta* vom 4. bis 11. Februar 1945 planen die Regierungschefs der Sowjetunion, der USA und von Großbritannien (Frankreich kommt erst später dazu) die

Welt nach dem Krieg. Stalin fordert einen »Sicherheitsgürtel« aus kommunistischen Satellitenstaaten rund um sein Land. Winston Churchill und Franklin Delano Roosevelt akzeptieren das, weil sie befürchten, dass die Rote Armee in den kommenden Monaten diese Länder sowieso besetzen wird. Eine Aufteilung scheint das bessere Geschäft für den Westen. Nach dem Krieg bedeutet das:

- ✔ Die US-Truppen geben eroberte Gebiete in **Sachsen** und **Thüringen** an die Sowjetunion ab, die Rote Armee räumt dafür **Teile Berlins** für die drei Westalliierten.

- ✔ In **Österreich**, das vor allem von der Roten Armee erobert wurde, werden ebenfalls die vier vereinbarten **Besatzungszonen** gebildet. Auch danach funktioniert hier alles vertragsgemäß: Nach zehn Jahren wird Österreich ein unabhängiger, neutraler Staat.

- ✔ **Finnland**, das bereits am 19. September 1944 einen Separatfrieden mit der Sowjetunion geschlossen hat, muss **Ostkarelien** abgeben und hohe **Reparationen** zahlen, darf dann aber gleich ein unabhängiger, neutraler Staat werden.

- ✔ Die **baltischen Staaten** sowie den Osten **Polens** annektiert die Sowjetunion. Rund 1,5 Millionen Menschen werden nach Westpolen umgesiedelt.

- ✔ **Polen** erhält dafür von Deutschland die Gebiete **östlich der Neiße**. Ebenso wie in der Tschechoslowakei und Bulgarien setzt die Sowjetunion die Bildung einer kommunistischen Regierung durch.

- ✔ In **Rumänien**, **Ungarn** und **Griechenland** kommt es zu heftigen internen Kämpfen. In Rumänien und Ungarn setzen sich die Kommunisten, in Griechenland nach einem vierjährigen Bürgerkrieg die Antikommunisten durch. Die griechische Gesellschaft bleibt jedoch gespalten und 1967 kommt es zu einem Militärputsch, der eine siebenjährige Diktatur zur Folge hat. Kurz vor dem Zusammenbruch unterstützen die griechischen Generäle noch einen Putschversuch auf Zypern, der die Besetzung des Nordteils durch türkische Streitkräfte und damit die Spaltung der Insel nach sich zieht.

- ✔ Auch in **Jugoslawien** und **Albanien** kommen kommunistische Regierungen an die Macht. Da die beiden Länder aber von einheimischen Partisanen befreit worden sind, sind diese unabhängig von Moskau. Während der jugoslawische Ministerpräsident Josip Broz Tito 1955 gemeinsam mit dem Indiens, Jawaharlal Nehru, die **Blockfreien-Bewegung** initiiert, schottet Enver Hoxha Albanien immer mehr ab.

- ✔ Die deutschsprachige Bevölkerung aus den osteuropäischen Staaten soll human und geordnet nach Deutschland und Österreich umgesiedelt werden. Tatsächlich kommt es jedoch zu Gewalt und wilden Vertreibungen. Insgesamt sind etwa 12,5 Millionen Menschen betroffen, von denen rund zwei Millionen sterben. Um die Flüchtlinge unterzubringen, greift die deutsche Regierung zum Mittel der **Zwangseinquartierung**. In Mecklenburg leben nach dem Krieg über 40 Prozent Flüchtlinge, in Schleswig-Holstein stammt etwa ein Drittel der Bevölkerung aus Osteuropa.

Stalin

In Georgien als Sohn eines alkoholkranken, prügelnden Vaters geboren, war *Josef Dschugaschwili*, genannt *Stalin*, im Russischen Bürgerkrieg ein entschiedener Parteigänger Lenins und Befehlshaber der Roten Armee. 1922 wurde er *Generalsekretär der Kommunistischen Partei* und trieb ohne Rücksicht auf Verluste die Industrialisierung des Landes voran. Seine *Zwangskollektivierungen* in der Landwirtschaft lösten 1932 vor allem in der Ukraine und an der Wolga eine Hungersnot mit Millionen von Toten aus.

1934 begannen seine berüchtigten *Säuberungen*. Politische Gegner, die unter der Herrschaft des internationalen Proletariats nicht die nationale Herrschaft eines einzigen Mannes verstanden, wurden nach *Schauprozessen* hingerichtet, darunter fast alle Führungsfiguren der Oktoberrevolution. Nationale Minderheiten, Juden, Priester, Ärzte, Bauern und Angehörige der »Intelligenzija« wurden in *Arbeitslager* (*Gulags*) deportiert oder zur *Zwangsarbeit* bei großen Bauprojekten eingesetzt.

Während des Kriegs ließ Stalin Bevölkerungsgruppen, die er als potenzielle Kollaborateure ansah, wie Armenier, Balten, Krimtataren, Russlanddeutsche und Tschetschenen, nach Sibirien deportieren. Darüber hinaus ist er für zahlreiche *Kriegsverbrechen* verantwortlich, etwa das Massaker an Zehntausenden polnischen Offizieren in Katyn im April 1940 oder die Massenvergewaltigungen deutscher Frauen und Mädchen durch Angehörige der Roten Armee.

Am 5. Juni 1947 stellen die USA das *European Recovery Program* vor, das Außenminister George C. Marshall ausgearbeitet hat (auch als Marshallplan bekannt). Die europäischen Länder sollen vier Jahre lang mit Krediten, aber auch Rohstoffen, Lebensmitteln und anderen benötigten Dingen unterstützt werden, um wirtschaftlich auf die Beine zu kommen. Das geschieht nicht nur aus Mitleid. Die Amerikaner hoffen, so den Kommunisten das Wasser abzugraben. Deshalb sollen auch die osteuropäischen Länder mitmachen dürfen. Die bekommen das jedoch von der Sowjetunion verboten, während Jugoslawien partizipiert. Insgesamt funktioniert das Programm sehr gut. Die Wirtschaft in den teilnehmenden Ländern kommt in etwa auf Vorkriegsniveau und die USA profitieren durch steigende Exporte.

Für die Teilnahme braucht es jedoch eine *stabile Währung*. Während sich die Besatzungsmächte in Österreich auf eine Reform einigen können, gelingt dies in Deutschland nicht.

✔ Am 20. März 1948 verlassen die Sowjets den **Alliierten Kontrollrat für Deutschland**.

✔ Am 20. Juni führen die Westmächte in ihren Zonen eigenmächtig die **D-Mark** ein, was dort den Grundstein für das »Wirtschaftswunder« legt.

✔ Am 23. Juni gibt es eine eigene **Währungsreform in der Sowjetzone**.

- ✔ Da die Westalliierten die D-Mark auch in Berlin einführen wollen, beginnen die Sowjets am 24. Juni die **Blockade** der Stadt. Die Alliierten versorgen Berlin über eine **Luftbrücke**, bis die Sowjets am 12. Mai 1949 die Blockade aufheben. In fast 200 000 Flügen wurden rund 1,5 Millionen Tonnen Hilfsgüter eingeflogen.

- ✔ Am 24. Mai 1949 tritt im Westen das **Grundgesetz** in Kraft, am 7. Oktober im Osten die **Verfassung der DDR**. Damit sind **zwei deutsche Staaten** geschaffen. Im Jahr 1951 werden die Grenzen geschlossen, im August 1961 mit dem Bau der **Berliner Mauer** das letzte Schlupfloch geschlossen.

Noch nie wurde eine Nation nach einem verlorenen Angriffskrieg so schonend behandelt wie die BRD von den Westalliierten. Zum einen lag das natürlich daran, dass sie als Verbündeter im *Kalten Krieg* gebraucht wurde. Doch auch schon vor dem Bruch mit der Sowjetunion zeigt sich, dass man aus dem *missglückten Friedensschluss von 1919* gelernt hat:

- ✔ Obwohl die deutsche Kriegsschuld diesmal viel schwerer wiegt, gibt es keine Rachepolitik, die zwangsläufig Revanchegelüste schüren muss.

- ✔ Das Durchsetzen einer neuen Friedensordnung wird mittels Besatzung in die Wege geleitet und der Kampf gegen die alten Kräfte nicht der deutschen Opposition überlassen.

Der Coup von Jerusalem: Die Gründung des israelischen Staats

Wie umgehen mit *Palästina*? Das ist nach dem Zweiten Weltkrieg ein großes Thema. Denn obwohl die Briten 1937 die Einwanderung strikt begrenzt und abgefangene Flüchtlinge aus den von Nazitruppen beherrschten Gebieten zu Zehntausenden in Lagern auf Zypern interniert haben, konnten zahlreiche Juden illegal ins Gelobte Land gelangen, und ihre Überzeugung, unbedingt einen eigenen Staat haben zu müssen, ist nach Naziterror und Holocaust entschiedener denn je. Radikale Kampftruppen verüben sogar Sabotage- und Terrorakte gegen britische Einrichtungen, um die Mandatsmacht zum Rückzug zu bewegen.

Die Briten wollen die Verantwortung tatsächlich abgeben. Nach langen Diskussionen erarbeitet die UNO 1947 einen *Teilungsplan*: Das Westjordanland und der Gazastreifen sollen den muslimischen und christlichen Palästinensern gehören, der Rest den Juden. Letztere stimmen in der Mehrheit zu, die Palästinenser aber nicht. Auch die Regierungen der arabischen Nachbarstaaten kündigen Widerstand an. Doch weder die Briten noch die USA oder die UNO sind gewillt, die Umsetzung des Plans mit Waffengewalt zu erzwingen. Am 14. Mai 1948 ziehen daher die britischen Truppen ab, Juden und Palästinenser ihrem Schicksal überlassend.

Noch am gleichen Tag ruft *David Ben-Gurion*, der Gründer der Arbeiterpartei, den *Staat Israel* aus. In der Nacht greifen – wie erwartet – Ägypten, Syrien, Jordanien, der Libanon, Irak und Saudi-Arabien an. Doch die Juden verfügen nicht nur über schlagkräftige Kampftruppen, viele von ihnen haben während des Zweiten Weltkriegs auch in der britischen Armee gegen das von Vichy-Frankreich kontrollierte Syrien gekämpft. Sie gewinnen den Krieg – so wie auch alle folgenden.

KAPITEL 18 Kalter Krieg: Die Dominanz der zwei Blöcke 345

Im Rahmen des *Palästinakriegs* 1948/49 fliehen rund 750 000 Palästinenser in die arabischen Nachbarländer, wo sie, beziehungsweise ihre Nachkommen, meist noch heute mit Flüchtlingsstatus leben, rund 600 000 arabische Juden fliehen dagegen nach Israel. Im *Sechstagekrieg* im Juni 1967 erobert Israel den Sinai, den Gazastreifen, das Westjordanland und die Golanhöhen.

Der Konflikt um Israel und Palästina bleibt ein neuralgischer Punkt im Verhältnis zwischen der islamischen Welt und dem Westen. Nachdem die USA 1978 in Camp David ein *Friedensabkommen* zwischen Israel und Ägypten vermittelt haben (das dem Land am Nil den Sinai zurückbringt), wird der Konflikt jedoch vor allem zwischen der Besatzungsmacht Israel und den in den besetzten Gebieten lebenden Palästinensern mit Gewalt und Gegengewalt ausgetragen.

Radikale palästinensische Splittergruppen wie die linksradikale PFLP oder der »Schwarze September« versuchen in den späten 1960er- und 1970er-Jahren durch mehrere Flugzeugentführungen, Botschaftsbesetzungen oder die tödliche Geiselnahme von elf jüdischen Sportlern und Trainern bei den Olympischen Spielen 1972 in München Gesinnungsgenossen in israelischen Gefängnissen freizupressen. Dabei kooperieren sie mit anderen *Terrororganisationen* wie der deutschen RAF oder der Japanischen Roten Armee.

1993 beginnt in Oslo ein Friedensprozess, der dazu führt, dass am 4. Mai 1994 eine *Palästinensische Autonomiebehörde* die Souveränität über einige Städte zugesprochen bekommt. Zu dieser *A-Zone* gehört auch der Gazastreifen, der jedoch faktisch von der radikalen *Hamas* kontrolliert wird. In der *B-Zone* darf Israel überall dort, wo es eigene Sicherheitsinteressen tangiert sieht, eingreifen. Der überwiegende Teil steht als *C-Zone* noch immer voll unter Besatzungsrecht.

Doch die Ermordung des israelischen Ministerpräsidenten *Yitzhak Rabin* durch einen jüdischen Fanatiker am 4. November 1995 und die Wahl von *Benjamin Netanjahu* stoppen den Prozess. Seitdem werden in der C-Zone ständig neue jüdische Siedlungen und seit 2002 auch eine Sperranlage gebaut. Beides wird von den Vereinten Nationen als völkerrechtswidrig eingestuft und erschwert eine politische Lösung für Israel und Palästina weiter Auch die Taktik von Ministerpräsident Netanjahu, in innerpalästinensische Konflikte einzugreifen und eine Stärkung der Hamas durch Gelder aus Katar auf Kosten der Palästinensischen Autonomiebehörde zu dulden, hat sich spätestens mit dem Hamas-Massaker an israelischen Zivilisten am 7. Oktober 2023 als fataler Irrweg erwiesen.

Auf den Spuren Gandhis und der Mau-Mau: Die Entkolonialisierung

Der Großteil Afrikas, Indien, Indonesien und viele kleine Inselstaaten sind zum Ende des Zweiten Weltkriegs noch im Besitz der Kolonialmächte. Doch überall regt sich Widerstand.

Indien

In Indien wurde schon 1885 der *Indische Nationalkongress* gegründet, der für eine Unabhängigkeit des Landes eintrat. 1930 erregt *Mahatma Gandhi* die Aufmerksamkeit der Weltöffentlichkeit: Vor der versammelten internationalen Presse bricht er das britische

Salzmonopol. Seine Anhänger lassen sich widerstandslos von britischen Sicherheitskräften niederknüppeln.

Im Zweiten Weltkrieg verweigern die Inder dann jegliche Unterstützung, bis die Briten ein Nachgeben signalisieren. Allerdings können nicht einmal Gandhis Hungerstreiks die aufflammenden Konflikte zwischen Muslimen und Hindus beilegen. So werden im August 1947 zwei Staaten unabhängig: das muslimische *Pakistan* und das hinduistische *Indien*. Die Teilung führt zur Umsiedlung von über zehn Millionen Menschen. Um die 750000 verlieren dabei ihr Leben.

Bis 1971 gehört auch *Bangladesch* zu Pakistan. Hari Singh, der Maharadscha von *Kaschmir*, dagegen versucht, unabhängig zu bleiben, doch als zunehmend paschtunische Aktivisten aus Pakistan in sein Fürstentum kommen, bittet er Indien um Militärhilfe. 1949 kommt es zum ersten *Kaschmir-Krieg* zwischen Indien und Pakistan. Der endet mit einer Teilung der Region, die jedoch ein Konfliktherd bleibt.

Gandhi

Mohandas Gandhi, der später Mahatma (Große Seele) genannt wurde, lebt als Jurastudent drei Jahre in London. Dort befasst er sich einerseits eingehend mit allen politischen und gesellschaftlichen Strömungen, andererseits aber auch ganz bewusst mit dem Hinduismus. Die *Bhagavad Gita*, einer der bedeutendsten Texte der *Veden*, wird so wichtig für ihn, dass er ihn täglich liest. 1883 geht er als Anwalt nach Südafrika, wo auch die Inder Opfer der Apartheid sind. Er entwickelt sein *Konzept des gewaltlosen Widerstands* und wird auch in Indien populär.

Nach seiner Rückkehr im Jahr 1914 übernimmt er die Führung des Nationalkongresses. In Indien wird Gandhi, der zuvor sehr europäisch gelebt hat, immer mehr zum Asketen. Am 30. Januar 1948 wird er von einem radikalen Hindu-Nationalisten erschossen.

Indonesien

Indonesien erklärt am 17. August 1945, zwei Tage nach dem Abzug der japanischen Besatzer, seine Unabhängigkeit. Die niederländische Kolonialmacht bringt die Inseln bis 1947 wieder weitgehend unter ihre Kontrolle, scheitert aber völlig daran, für geordnete Verhältnisse zu sorgen. Außerdem geschehen immer wieder Menschenrechtsverletzungen, die in der westlichen Öffentlichkeit für Empörung sorgen. Unter dem Druck der UNO geben die Niederlande 1949 ihre Ansprüche auf. Interne Spannungen sorgen dafür, dass der ernannte Präsident *Sukarno* und ab 1965 sein Nachfolger *Suharto* zunehmend diktatorisch regieren. Der Westen jedoch schätzt Suharto lange Zeit als verlässlichen, antikommunistischen Partner.

Afrika

Im britischen *Kenia* verbreiten im Sommer 1952 die *Mau-Mau* Unruhe. Die Mitglieder dieser *Geheimgesellschaft* schwören den unerbittlichen Kampf sowohl gegen Weiße wie auch gegen Verräter aus den eigenen Reihen. Unter den britischen Siedlern auf ihren einsamen Farmen beginnen sich Angst und der Wille zur Selbstjustiz breitzumachen. Der neue

KAPITEL 18 Kalter Krieg: Die Dominanz der zwei Blöcke 347

Gouverneur lässt daraufhin die wichtigsten Köpfe der schwarzen Opposition festnehmen, darunter den späteren Staatspräsidenten *Jomo Kenyatta*. Doch die Maßnahmen gegen die Moderaten geben den Radikalen erst recht Auftrieb. Die Mau-Mau beginnen, weiße Siedler mit Macheten niederzumetzeln.

Obwohl es am Ende nur 33 Weiße (aber weit mehr schwarze Kenianer) trifft, ist die psychologische Wirkung ungeheuer. Die britische Regierung lässt Zehntausende Verdächtige in Lager einsperren, wo es dann zu beträchtlichen Grausamkeiten kommt. In der britischen Öffentlichkeit jedoch regt sich Protest. Sowohl gegen diese Menschenrechtsverletzungen als auch gegen die hohen Kosten des Kriegs. Zwischen 1956 und 1965 entlässt Großbritannien deshalb nach und nach fast alle seine Kolonien in die Unabhängigkeit.

Neben einigen Inseln bildet *Simbabwe* eine Ausnahme. 1965 erklären weiße Siedler den Staat unter dem alten Namen *Rhodesien* für unabhängig. Das Apartheid-Regime wird international nicht anerkannt und hat gegen zahlreiche Guerillabewegungen zu kämpfen. 1980 verabredet es deshalb mit moderaten Rebellen freie Wahlen, die *Robert Mugabe* gewinnt. Bis 1987 gilt das Land als Musterstaat, dann jedoch wird Mugabes Regierungsstil zunehmend autokratisch.

In *Algerien* beginnt 1954 ein Aufstand gegen Frankreich, der zu einem sehr grausam geführten und verlustreichen Krieg wird, der die französische Gesellschaft spaltet und in Frankreich zu Terroranschlägen sowohl algerischer Nationalisten wie rechtsextremer französischer Offiziere führt. Im März 1962 übergibt Frankreich die Macht der Rebellenorganisation *FLN (Front de Libération Nationale)*, die bis heute regiert, aber immer wieder in Kämpfe gegen interne, vornehmlich islamistische Konkurrenten verstrickt ist. 1992 weiten diese sich sogar zu einem zehnjährigen *Bürgerkrieg* aus.

Die meisten anderen französischen Kolonien wurden während des Algerienkriegs in die Unabhängigkeit entlassen, *Marokko* und *Tunesien* sogar schon 1956.

Am wenigsten von seinen Kolonien lassen will Portugal. Dabei ist das Land wegen seiner Diktatur international isoliert. Die verschiedenen Rebellengruppe in *Angola, Mosambik, Guinea-Bissau* und *Sao Tome & Principe* werden je nach Ausrichtung von den USA oder China und der Sowjetunion unterstützt, während sich Portugal wegen eines Embargos seine Waffen illegal beschaffen muss. Die teuren Kolonialkriege tragen erheblich dazu bei, dass am 25. April 1974 linksgerichtete Militärs das portugiesische Regime in einem nahezu unblutigen Putsch stürzen (*Nelkenrevolution*). Damit wird für Portugal der Weg in die Demokratie, für die Kolonien in die Unabhängigkeit frei. Allerdings brechen sowohl in Mosambik wie Angola Bürgerkriege aus, die bis 1992 beziehungsweise 2002 dauern.

Von der Entkolonialisierung ausgeschlossen bleibt eine Vielzahl kleiner Gebiete und Inselgruppen, die strategisch wichtig und nicht allzu schwer zu kontrollieren sind. Teilweise bringt das den Einwohnern Vorteile, teilweise werden sie mit der gleichen Rücksichtslosigkeit wie im 19. Jahrhundert behandelt. So werden zum Beispiel die Einwohner des *Bikini-Atolls*, auf dem die USA ihre Atomtests machen, auf Nachbarinseln umgesiedelt, die zu karg sind, als dass sie sich dort selbst ernähren könnten. Diejenigen, die später versuchen zurückzukehren, werden durch die Strahlung geschädigt. Die Exil-Inseln jedoch sind inzwischen durch steigende Meeresspiegel bedroht. Der Westen aber nennt 1946 ein »explosives« neues Badekostüm *Bikini*.

Versöhnung in Europa: Der Beginn der Europäischen Gemeinschaft

Die Anfänge der *Europäischen Gemeinschaft* sind sehr prosaisch und doch angesichts des Zweiten Weltkriegs kurz zuvor ein kleines Wunder. Direkt nach dem Krieg war das Ruhrgebiet mit seinen Ressourcen einer internationalen Kontrollbehörde unterstellt worden. Der französische Außenminister *Robert Schuman* schlägt 1950 vor, aus dieser Behörde eine Koordinationsinstanz für die gesamte deutsche und französische Montanindustrie, also die Kohle- und Stahlproduktion, zu machen. Der deutsche Bundeskanzler *Konrad Adenauer* stimmt sofort zu.

Um zu ermessen, wie revolutionär Schumans Vorschlag war, muss man wissen, dass Kohle und Stahl ein brisantes Thema zwischen Deutschland und Frankreich waren. Denn Deutschland hatte an Rhein und Ruhr die Kohlegruben, Frankreich das Erzbecken von Briey. Weil sich beides so gut ergänzt, stand Briey auf der Annexionsliste deutscher Politiker während des Ersten Weltkriegs ganz oben.

Die Idee der gemeinsamen Behörde entschärfte auch den Konflikt um die Montan-Industrie im *Saarland*, das nach dem Krieg zum französischen Protektorat geworden war. An den Olympischen Spielen 1952 nahm es mit eigener Mannschaft teil (die jedoch medaillenlos blieb). 1954 stimmte Adenauer – trotz heftiger Proteste in Deutschland – sogar zu, dass die Saarländer über ihre Zukunft abstimmen durften. Die entschieden sich 1955 jedoch mit 67,7 Prozent für eine Rückkehr zu Deutschland und dagegen, »europäisches Territorium« und künftiger Sitz der europäischen Institutionen zu werden.

Zwei Monate nach der Zustimmung zum *Schumann-Plan* wurde Deutschland in den 1949 gegründeten *Europarat* aufgenommen. Dieser Rat verwendet dieselbe Fahne und Hymne wie die *Europäische Union*, ist aber ein von der EU unabhängiges Gremium. Ihm gehören heute auch die europäischen Nicht-EU-Länder sowie die euroasiatischen Grenzländer Türkei, Russland, Armenien, Georgien und Aserbeidschan an. Der Europarat dient als Diskussionsforum, aber auch dazu, verbindliche Verträge wie die *Europäische Menschenrechtskonvention* zu vereinbaren.

✔ 1952 treten Italien und die Beneluxländer der Montan-Behörde bei, die daraufhin zur **Europäischen Gemeinschaft für Kohle und Stahl** wird.

✔ Der Versuch, eine Europäische Verteidigungsgemeinschaft und eine Europäische Politische Gemeinschaft zu gründen, scheitert 1954.

✔ 1958 werden durch die **Römischen Verträge** eine Wirtschaftsgemeinschaft und eine Atomgemeinschaft ins Leben gerufen, die zusammen mit der Montanunion die **Europäischen Gemeinschaften (EG)** bilden.

✔ 1973 treten Großbritannien, Irland und Dänemark bei.

✔ 1979 beschließen die Mitglieder das **Europäische Währungssystem,** das Bandbreiten für die Wechselkurse zwischen den einzelnen Währungen festlegt.

Mit der Europäischen Gemeinschaft haben die westeuropäischen Länder vor allem einen *starken Binnenmarkt* geschaffen, der ihnen gegenüber den USA und anderen Ländern Gewicht gibt. Nach dem Ende des Kalten Kriegs sollen durch die Gründung der *Europäischen Union* im *Vertrag von Maastricht* 1992 nicht nur der *Euro* eingeführt und eine Osterweiterung eingeleitet, sondern auch das Projekt einer politischen und Verteidigungsgemeinschaft wiederaufgenommen werden. Was gelingt, ist ein noch stärkerer Binnenmarkt.

Städtepartnerschaften und Schüleraustausch

Noch früher als auf staatlicher Ebene kommt es zwischen den Bürgern der eben noch verfeindeten Länder zu Kontakten. Bereits 1947 bieten Oxford, Reading und Bristol den deutschen Städten Bonn, Düsseldorf und Hannover eine *Städtepartnerschaft* an. In der Folge kommt es zu einer Flut von Partnerschaften, 1977 auch zur ersten deutsch-israelischen zwischen Wuppertal und Be'er Scheva und 1980 zur ersten west-osteuropäischen zwischen Wuppertal und Kosice/Slowakei.

Kernstück vieler Partnerschaften ist der regelmäßige *Schüleraustausch,* der es Schülergruppen ermöglicht, einige Zeit in den Partnerstädten zur Schule zu gehen und in Gastfamilien zu leben. Eine besonders enge Kooperation beschließen Charles de Gaulle und Konrad Adenauer 1963 mit dem *deutsch-französischen Freundschaftsvertrag.*

Die Welt der zwei Blöcke

Warum hat *Harry S. Truman,* der nach Roosevelts Tod im April 1945 US-Präsident wurde, entschieden, *Atombomben* auf Hiroshima und Nagasaki abzuwerfen? Der Hauptgrund war wohl der, dass er im Gegensatz zu Roosevelt der Überzeugung war, dass ein Bruch mit Stalin unausweichlich war. In dieser Situation glaubte er, es sich einerseits nicht leisten zu können, weiterhin Krieg gegen Japan zu führen, andererseits hielt er wohl auch eine drastische *Machtdemonstration* Richtung Kreml für angebracht.

1946, als die Sowjetunion im Iran sowohl kurdische wie auch aserbaidschanische Minderheiten in ihren Unabhängigkeitsbestrebungen unterstützt, droht Truman wieder mit Atomwaffen. Ein Jahr später verkündet er, die USA würden allen Staaten Beistand leisten, deren Freiheit durch militante Minderheiten oder äußeren Druck bedroht sei. Kurz danach taucht erstmals der Begriff »Kalter Krieg« in der politischen Diskussion auf.

Die Vereinten Nationen

Bereits während des Zweiten Weltkriegs stellten der britische Premier Churchill und US-Präsident Roosevelt eine Neuauflage des Völkerbunds vor. Am 1. Januar 1942 unterzeichneten 26 Staaten, darunter auch die Sowjetunion und China, eine »Erklärung der Vereinten Nationen«, in der sie sich zum Aufbau einer friedlichen Nachkriegsordnung verpflichteten. Am 26. Juni 1945 wurde die *UNO* (United Nations Organisation) aus der Taufe gehoben, am 10. Dezember die *Allgemeine Erklärung der Menschenrechte* verabschiedet.

Kern und Kernproblem der UNO ist der *Sicherheitsrat*. Damit die UNO stärker als der alte Völkerbund ist, darf dieser Beschlüsse fällen, die für alle Mitglieder bindend sind. Doch installiert werden konnte dieses Gremium nur, indem den USA, der Sowjetunion, China, Großbritannien und Frankreich ein ständiger Sitz eingeräumt wurde und zudem jede dieser Nationen – darauf bestand die Sowjetunion – Beschlüsse mit ihrem Veto verhindern kann. In der Praxis bedeutet das, dass der Sicherheitsrat bei allen Problemen, die eines der ständigen Mitglieder tangieren, eben *nicht* handlungsfähig ist. Während des Kalten Kriegs war eine solche Blockade die Regel, doch das Problem besteht bis heute.

Große praktische Bedeutung haben vor allem die vielen Unterorganisationen der UN gewonnen, wie

- IWF (Internationaler Währungsfond)
- Weltbank
- Internationaler Gerichtshof in Den Haag
- UNICEF (Kinderhilfswerk)
- UNESCO (Organisation für Bildung, Wissenschaft, Kultur und Kommunikation)
- FAO (Welternährungsprogramm)
- WHO (Weltgesundheitsorganisation)
- UNHCR (Hochkommissar für Flüchtlinge)
- IAEO (Internationale Atomenergiebehörde)
- bislang 79 UN-Missionen zur Friedenssicherung

NATO und Warschauer Pakt

Am 4. April 1949 schließen die USA mit Kanada und zehn europäischen Ländern ein Verteidigungsbündnis, die NATO (North Atlantic Treaty Organisation). Der *Nordatlantik-Pakt* verpflichtet alle Mitglieder zum Beistand, wenn eines von ihnen militärisch angegriffen wird. Der Vertrag soll im November des Jahres in Kraft treten. Am 29. August führt die Sowjetunion ihren ersten Atomtest durch.

KAPITEL 18 Kalter Krieg: Die Dominanz der zwei Blöcke

Damit stehen sich endgültig zwei verfeindete Blöcke gegenüber, die aber im Grunde keinen Krieg führen dürfen, weil ein Atomkrieg das Ende beider Seiten bedeutet.

Die Bombe

Der deutsche Chemiker *Otto Hahn* kann sich absolut nicht erklären, warum er bei seinen Arbeiten mit Urankernen im Winter 1938 plötzlich leichtes Barium findet. Ein Urankern kann doch nicht einfach unter Neutronenbeschuss zerplatzen, oder? Hahn schildert das Ganze in einem Brief seiner Kollegin *Lise Meitner*. Die jüdische Kernphysikerin, die einige Monate zuvor wegen der Nazis nach Schweden emigriert ist, kann sich aber sehr wohl eine Kernspaltung vorstellen und berechnet in einem Aufsatz, der am 11. Februar 1939 in der Zeitschrift *Nature* erscheint, auch, wie viel Energie dabei frei wird. Das führt bei so ziemlich jedem Kernforscher von Rang zu Überlegungen, wie diese Kräfte für eine Bombe nutzbar gemacht werden könnten.

Bereits im Herbst 1939 appelliert eine Gruppe von Wissenschaftlern, zu denen auch Albert Einstein gehört, eindringlich an US-Präsident Roosevelt, diese Bombe bauen zu lassen, bevor Hitler sie hat. 1941 startet dann das groß angelegte Bombenprojekt unter Leitung von *Robert Oppenheimer* in der Wüste von *Los Alamos*. Dass das Projekt »Atombombe« bei den Deutschen 1942 seine Priorität verliert, weil der damit betraute Physiker Werner Heisenberg erklärt, der Bau einer Bombe werde mindestens drei bis fünf Jahre in Anspruch nehmen, bekommt man nicht mit. Dass zwei der Wissenschaftler aus Los Alamos, Klaus Fuchs und Theodore Alvin Hall, Informationen an die Sowjetunion weitergeben, auch nicht.

Als Truman dann am 6. und 9. August 1945 Hiroshima und Nagasaki bombardieren lässt, soll Otto Hahn Selbstmordgedanken gehabt haben. Wie viele beteiligte Forscher wird er zum engagierten *Pazifisten*. Doch die Atombombe ist nun in der Welt.

Am 9. Mai 1955 nimmt die NATO – gegen den Preis der Wiederbewaffnung – auch die *Bundesrepublik Deutschland* auf. Fünf Tage später gründen die Führer der Ostblockstaaten in der polnischen Hauptstadt den *Warschauer Pakt*. Dieser ist jedoch kein reines Verteidigungsbündnis, sondern wird zum Beispiel auch aktiv, um Aufstände in Mitgliedstaaten niederzuschlagen.

Gegenüber dem Westen allerdings macht Kreml-Chef *Nikita Chruschtschow* ein *Friedensangebot*. Er erklärt die friedliche Koexistenz, auch zwischen Staaten mit unterschiedlicher sozialer Struktur, zur Leitlinie seiner Außenpolitik. Drei Jahre nach Stalins Tod leitet er 1956 die *Entstalinisierung* ein. Darauf verlangen auch die Polen und Ungarn mehr Freiheiten. In Polen kann *Władysław Gomułka* die Lage durch moderate Reformen unter Kontrolle bringen, Ungarns Ministerpräsident *Imre Nagy* erklärt sein Land jedoch zum neutralen Staat und tritt aus dem Warschauer Pakt aus. Drei Tage später schlagen sowjetische Truppen den Aufstand nieder. Dabei kommen etwa 2500 Menschen um. Imre Nagy wird verhaftet und gehängt.

Bekannter als die Reformversuche von *1956* ist jedoch der *Prager Frühling 1968*. Damals hob der tschechoslowakische Regierungschef *Alexander Dubček* die Pressezensur auf und kündigte eine weitere Liberalisierung des öffentlichen Lebens, aber auch der Wirtschaft an. Die Presse im Westen feierte dies begeistert als »Sozialismus mit menschlichem Antlitz«, »Dritten Weg« oder eben »Prager Frühling«. Die sozialistischen »Bruderstaaten« dagegen sahen den Kommunismus bedroht. Am 21. August marschieren Truppen des Warschauer Pakts ein – wie man heute weiß, mehr auf Druck der DDR und Bulgariens als der Sowjetunion – und übernehmen die Kontrolle. Dabei kommen rund 150 Menschen um, also deutlich weniger als 1956. Auch die politischen Führer kommen glimpflicher weg als zwölf Jahre zuvor in Ungarn. Dubček wird zum Forstinspektor degradiert. Am 24. November 1989 fordert er dann auf dem Prager Wenzelsplatz gemeinsam mit *Vaclav Havel* den Rücktritt des tschechoslowakischen Politbüros, das fünf Tage später gewaltlos entmachtet wird. Er wird noch einmal Parlamentspräsident, bevor er 1992 bei einem Autounfall stirbt.

Stellvertreterkriege und Kubakrise

Untereinander können die beiden Supermächte USA und Sowjetunion keinen Krieg führen. Doch beide sind darauf bedacht, ihren jeweiligen Block zu stärken. Das führt zu einer Vielzahl von *Einmischungen* in die inneren Machtkämpfe anderer Länder bis hin zu *Stellvertreterkriegen* und einer Krise, die die Welt an den Rand des Abgrunds bringt.

Indochina

✔ Nach dem Abzug der Japaner versuchen die französischen Kolonialherren wieder die Macht zu übernehmen, was vor allem auf den Widerstand des Kommunistenführers **Ho Chi Minh** trifft, der schon gegen die Japaner kämpfte.

✔ Der **Kolonialkrieg** eskaliert, als 1949 die neu gegründete Volksrepublik China und die Sowjetunion die von Ho Chi Minh geführte Bewegung Viet Minh, die USA aber Frankreich unterstützen.

✔ 1954 einigen sich die Konfliktparteien auf einer Konferenz in Genf. Frankreich gibt seine Ansprüche auf. **Laos** und **Kambodscha** werden unabhängig, **Vietnam** aber wird in einen kommunistischen Norden und einen prowestlichen Süden geteilt.

✔ In Südvietnam errichtet **Ngo Dinh Diem** eine Diktatur, die von den USA lange gestützt wird. Sein Sturz 1963 mündet in einen Bürgerkrieg und schließlich in den **Vietnamkrieg**. (Dazu mehr im Abschnitt *Vietnamkrieg und Studentenproteste*.)

Korea

✔ Das Land wird nach der Befreiung von Japan in eine nördliche (russische) und eine südliche (amerikanische) **Besatzungszone** aufgeteilt. Doch die beiden Mächte können sich hier genauso wenig auf eine gemeinsame Politik einigen wie in Deutschland, sodass 1948 zwei Staaten entstehen.

KAPITEL 18 Kalter Krieg: Die Dominanz der zwei Blöcke 353

✔ 1950 versucht der stalinistische nordkoreanische Staatschef **Kim Il-Sung** die Wiedervereinigung zu erzwingen und marschiert im Süden ein. Die Vereinten Nationen springen mit einer US-geführten Armee dem Süden bei, China und die Sowjetunion dem Norden.

✔ Es kommt zu einem dreijährigen Krieg mit vier bis fünf Millionen Toten, großen Zerstörungen und Kriegsverbrechen auf beiden Seiten, der am Ende die Teilung nur vertieft.

Kuba

✔ 1959 stürzt eine Gruppe von **Revolutionären** rund um **Fidel Castro** und **Che Guevara** den Diktator Fulgencio Batista.

✔ Als entschädigungslose Verstaatlichungen durchgesetzt werden, reagieren die USA mit einem **Handelsembargo** und unterstützen kubanische Oppositionelle. Im Gegenzug bietet die Sowjetunion Castro ein Bündnis an.

✔ 1962 kommt es dann zur **Kubakrise**: Am 10. Juli beginnt die Sowjetunion, auf Kuba Atomwaffen zu stationieren, die innerhalb von fünf Minuten die USA erreichen können.

✔ Am 15. Oktober bestätigen US-Aufklärungsflugzeuge die Stationierung. US-Präsident **John F. Kennedy** ruft eine Krisensitzung ein. Die Spitzen des Militärs drängen auf eine **Invasion**.

✔ Am 22. Oktober informiert Kennedy die Öffentlichkeit und kündigt eine **Seeblockade Kubas** für den 24. Oktober an. Kreml-Chef Chruschtschow fordert er zum **Abzug der Raketen** auf.

✔ Am 26. Oktober bietet Chruschtschow Verhandlungen über die Raketen an.

✔ Am 27. Oktober überschlagen sich die Ereignisse:

- Über Kuba wird ein US-Aufklärungsflugzeug abgeschossen. Kennedy verbietet aber jeden Gegenangriff.

- Ein sowjetisches Atom-U-Boot wird noch in internationalen Gewässern von der US-Marine beschossen. Von den drei Kommandanten wollen zwei das Feuer erwidern, der dritte jedoch, Wassili Archipow, verweigert seine Zustimmung und bringt seine Kollegen dazu, aufzutauchen und Anweisungen aus Moskau abzuwarten.

- Chruschtschow bietet an, die Raketen auf Kuba wieder abzubauen, wenn die USA ihre in der Türkei abziehen.

✔ Am 28. Oktober stimmen beide Seiten dem **Kuba-Türkei-Deal** zu.

Vietnamkrieg und Studentenproteste

Die Bürgerrechtsbewegung in den Vereinigten Staaten beginnt am 1. Dezember 1955 in Montgomery/Alabama mit *Rosa Parks*. Die schwarze Aktivistin weigert sich, ihren Sitz im Bus für einen Weißen zu räumen, wird verhaftet und zu einer Strafe von 14 Dollar verurteilt. Daraufhin ruft das Women's Political Council, eine örtliche Vereinigung schwarzer Frauen, zu einem *Bus-Boykott* auf. Es erhält Unterstützung von dem noch recht unbekannten

Baptistenprediger *Martin Luther King*. Die Stadt Montgomery versucht, den Streik mit allen Mitteln zu beenden. Schwarze Taxifahrer werden gezwungen, unerschwingliche Preise zu nehmen, Versicherungen bedrängt, schwarzen Autofahrern die Police zu entziehen. Die Aktivisten halten jedoch durch, bis nach einem Jahr der Oberste Gerichtshof die *Rassentrennung im Bus* für verfassungswidrig erklärt.

Ihren Höhepunkt erreicht die schwarze Bürgerrechtsbewegung am 28. August 1963, als rund 250 000 Menschen nach Washington marschieren und Martin Luther King seine berühmte Rede »I have a dream...« hält. Am 2. Juli 1964 unterzeichnet US-Präsident *Lyndon B. Johnson* das Gesetz, das die Rassentrennung aufhebt. Am 11. Dezember erhält King den Friedensnobelpreis.

Auch viele junge Weiße begeistern sich für den politischen Kampf der Schwarzen. 1964 helfen über 1000 Freiwillige der kalifornischen Universität Berkeley in einem »Freedom Summer Project« der armen, schwarzen, oft ungebildeten Bevölkerung von Mississippi, sich in *Wählerverzeichnisse* eintragen zu lassen – gegen erheblichen Widerstand der weißen Bevölkerung. Drei Aktivisten und drei einheimische Schwarze werden vom *Ku-Klux-Klan* ermordet. Wieder zurück in Berkeley, wenden die Studenten die Protestformen der schwarzen Bürgerrechtsbewegung an, um gegen Repressionen der Universitätsleitung wie Redeverbote zu protestieren.

Die 1950er- und frühen 1960er-Jahre sind in den USA als *McCarthy-Ära* bekannt. Senator Joseph McCarthy, der überall kommunistische Umtriebe sah, war aber nur von 1952 bis 1955 Vorsitzender eines ständigen Untersuchungsausschusses des Senats. Daneben gab es jedoch noch das *Komitee für unamerikanische Umtriebe*, das während des Zweiten Weltkriegs faschistische Infiltration aufspüren sollte, sich nach dem Krieg aber der Kommunistenjagd widmete und auch nach McCarthys Tod noch höchst aktiv war. Linke Studenten wurden in den 1960er-Jahren zur besonderen Zielscheibe.

1965 gewinnen in *Vietnam* die kommunistischen Kämpfer (*Vietcong*) aus dem Norden im Süden zunehmend an Boden. Die US-Regierung entscheidet sich, mit Luftangriffen aufseiten der antikommunistischen Kräfte in den Konflikt einzugreifen. Das zeigt jedoch wenig Wirkung, weshalb im März 1965 die ersten Bodentruppen zum Einsatz kommen. Die USA machen jedoch dieselbe Erfahrung, die auch die Kolonialmächte schon machen mussten: Kriege gegen Guerillatruppen werden schnell viel aufwendiger, viel grausamer und viel fragwürdiger als ursprünglich gedacht.

Dank einer anfangs recht offenen Informationspolitik ist das, was in Ostasien geschieht, kein Geheimnis. Ausgehend von den Universitäten formiert sich *Widerstand*, der sich in seinen Formen an die schwarze Bürgerrechtsbewegung anlehnt. Am 15. April 1967 protestieren 400 000 Menschen in New York und 100 000 in San Francisco gegen den Vietnamkrieg.

Die USA ziehen sich im Frühjahr 1973 aus dem Krieg zurück, der mit einer Teilung des Landes ebenfalls enden soll, dann aber weitergeführt wird und erst zwei Jahre später, mit der Eroberung des Südens durch den Vietcong, vorbei ist. Der Krieg hat knapp 60 000 US-Soldaten, 600 000 bis 1,5 Millionen vietnamesische

KAPITEL 18 Kalter Krieg: Die Dominanz der zwei Blöcke 355

Soldaten (vor allem aus dem Norden) und 2,5 bis 5 Millionen Zivilisten (vor allem aus dem Süden) das Leben gekostet. Vietnam und das Nachbarland Laos sind völlig verwüstet. Unter den Spätfolgen der Giftgase *Napalm* und *Agent Orange* leiden die Betroffenen noch heute.

Im Nachbarland *Kambodscha* aber können während des Kriegs die maoistischen *Roten Khmer* die Bevölkerung auf ihre Seite ziehen. Das führt zu einem Bürgerkrieg und ab 1975 zu einem Terrorregime, das ebenfalls Millionen Opfer fordert. 1979 drängen vietnamesische Truppen die Roten Khmer in den Untergrund, beendet aber wird der Krieg erst 1992 unter UN-Aufsicht.

Im Rahmen der Anti-Vietnam-Proteste ruft die im Universitätsmilieu starke *Hippiebewegung* 1967 einen *Summer of Love* aus. Je mehr der politische Protest die Massen erreicht, desto mehr werden auch Konsumkritik und sexuelle Freizügigkeit, Marihuana und asiatische Religionen Mode. Ein Jahr später ergreift die Verbindung von politischem Engagement und neuem Lebensstil Europa, am stärksten Paris, wo es im Mai 1968 Barrikadenkämpfe gibt.

In Deutschland protestieren die Jugendlichen vor allem gegen reaktionäre Studieninhalte und die unaufgearbeitete NS-Vergangenheit ihrer Eltern und Lehrer. Der Tod des Studenten *Benno Ohnesorg* im Juni 1967 am Rande einer Demonstration gegen den Besuch des Schahs und ein Attentat auf den Studentenführer *Rudi Dutschke* im April 1968, an dessen Spätfolgen er 1979 stirbt, radikalisieren viele. Aus besonders militanten Splittergruppen geht die *RAF (Rote Armee Fraktion)* hervor, die in den 1970er-Jahren zahlreiche Politiker und Wirtschaftsführer ermordet.

Die *68er-Bewegung* ändert das gesellschaftliche Klima. So wird 1969 in Deutschland die Strafverfolgung von Homosexualität, Ehebruch und Kuppelei aufgehoben. Blinder Gehorsam, kritikloser Patriotismus, religiöse Dogmatik, autoritäre Erziehung, Konsumhaltung und das kapitalistische System werden infrage gestellt. Für die einen gehen damit traditionelle Werte in die Brüche, für die anderen nur wertlos gewordene Strukturen. Doch mit der Zeit schließen sich die Gräben und ein Großteil der Veränderungen kommt in der Mitte der Gesellschaft an. Das Ganze ist jedoch ein *Phänomen des Westens*. Nach dem Ende des Kalten Kriegs tritt die Frage auf, inwiefern eine fundamentale Kluft zu Ländern besteht, in denen diese *Liberalisierung* so nicht stattgefunden hat.

Die Welt im Zeichen des Wettrüstens

Die *Kubakrise* hat der Welt klargemacht, wie schnell aus dem Kalten Krieg ein heißer werden kann. Als direkte Konsequenz wird eine *Fernschreiberverbindung* – auch »Heißer Draht« oder »Rotes Telefon« genannt –zwischen Weißem Haus und Kreml eingerichtet. Trotzdem wird weiter aufgerüstet. Wie US-Verteidigungsminister Robert McNamara 1965 ausführt, komme es darauf an, so viele Atomwaffen zu haben, dass nach einem Erstschlag der angegriffenen Seite noch genügend Waffen verbleiben, um den Angreifer völlig zu zerstören. Der Öffentlichkeit sind diese Überlegungen als »Gleichgewicht des Schreckens« geläufig. Jede Veränderung auf der einen Seite löst damit Nachrüstung auf der anderen aus.

In dem am 1. Juli 1968 abgeschlossenen *Atomwaffensperrvertrag* erklären die fünf Atommächte – USA, Sowjetunion, Großbritannien, Frankreich und China –, immerhin Verhandlungen über eine *Abrüstung unter internationaler Kontrolle* führen zu wollen.

2024 haben 190 Länder den Atomwaffensperrvertrag unterzeichnet. Sie verpflichten sich damit, auf den *Erwerb von Atomwaffen* zu verzichten. Doch kein Land ist zur Teilnahme gezwungen. Nie beigetreten und Atommächte geworden sind Israel (inoffiziell, wohl 1967), Indien (1974) und Pakistan (1979, wohl mit saudi-arabischer Finanzhilfe). Nordkorea ist 2003 ausgetreten und hat begonnen, Atomwaffen zu entwickeln. Der Iran sorgt seit der Jahrtausendwende für internationale Krisen, da ihm die internationale Gemeinschaft nicht glaubt, dass sein Atomprogramm nur zivilen Zwecken dienen soll. Eine *friedliche Nutzung der Kernenergie* ist im Atomwaffensperrvertrag ausdrücklich erlaubt und soll sogar gefördert werden.

Tatsächlich gibt es ab 1972 ständige Abrüstungsverhandlungen, gleichzeitig aber auch faktische Auf- und Umrüstung. 1973 findet in Helsinki auf Initiative des Warschauer Pakts die *Konferenz für Sicherheit und Zusammenarbeit in Europa (KSZE)* statt, die prinzipiell den Status quo anerkennt und eine Kooperation in Sachen Wirtschaft, Wissenschaft, Umweltschutz und auf humanitärem Gebiet beschließt. Die Bundesrepublik Deutschland erkennt unter *Willy Brandt* in den *Ostverträgen* (1970–1973) ebenfalls die nach dem Zweiten Weltkrieg geschaffenen Realitäten an und sorgt damit für Entspannung und humanitäre Verbesserungen für die Menschen in der DDR und ihre Verwandten im Westen.

Wie aber lebt es sich mit dem Wissen, dass das atomare Vernichtungspotenzial weltweit für den Tod von 100 Milliarden Menschen reicht? Einerseits erscheint es irreal, andererseits nährt jede Krise, jeder Machtwechsel die Furcht, diesmal könne die Situation eskalieren. Ab 1976 tauscht die Sowjetunion ihre gegen Westeuropa gerichteten Atomraketen durch wesentlich wirkungsvollere Modelle aus. Daraufhin reagiert die NATO mit dem *Doppelbeschluss*: Einerseits sollen ebenfalls neue Raketen (Pershings) in Europa stationiert, andererseits der Sowjetunion Verhandlungen über ihre Begrenzung angeboten werden. Doch in Europa nimmt der Widerstand gegen den »atomaren Irrsinn« zu. Es formiert sich eine breite *Friedensbewegung*, die Millionen von Teilnehmern auf die Beine bringt.

Wie nah war die Welt am Atomkrieg? 1964 dreht US-Regisseur Stanley Kubrick die böse Satire *Dr. Seltsam oder: Wie ich lernte, die Bombe zu lieben*. Darin startet ein geistesgestörter US-General einen atomaren Angriff, und auch gemeinsam gelingt es Amerikanern und Russen nicht, den einmal gestarteten Mechanismus aufzuhalten. Dieses Szenario blieb zum Glück reine Fiktion.

Im wahren Leben jedoch sind bislang über 20 sehr kritische Situationen bekannt geworden: So erhielt beispielsweise der russische Offizier Stanislaw Petrow am 26. September 1983 über sein Computersystem die Nachricht, dass US-Atomraketen im Anflug seien. Er stufte sie als Fehlalarm ein (was sie tatsächlich war) und verhinderte damit einen sofortigen atomaren Gegenschlag.

Die grüne Bewegung

Der Atomkrieg war nicht der einzige Schrecken der 1970er-Jahre. Der 1972 veröffentlichte Bericht des *Club of Rome*, einer gemeinnützigen Organisation zur Förderung einer nachhaltigen Zukunft, mit dem Titel *Die Grenzen des Wachstums* machte klar, dass die Menschheit dabei ist, die Ressourcen zu zerstören, von denen sie lebt. Bereits ein Jahr zuvor war im kanadischen Vancouver die *Umweltschutzorganisation Greenpeace* gegründet worden, 1972 zog in Neuseeland das erste Mal eine *Umweltpartei* in ein Parlament ein.

Aber auch mehrere große Umweltkatastrophen rütteln die Menschen wach. Zu den schwersten zählen:

- ✔ **Das Chemieunglück von Bhopal 1984**: Bei der bisher schlimmsten Chemiekatastrophe der Menschheit entweicht durch Nachlässigkeit in einer indischen Pestizidfabrik ätzendes Methylisocyanat. Mehrere Tausend Anwohner sterben sofort, Hunderttausende leiden teils bis heute unter den Spätfolgen.
- ✔ **Der Super-GAU von Tschernobyl 1986**: Am 26. April explodiert ein Reaktor des Atomkraftwerks Tschernobyl. Witterungsbedingt breitet sich die Strahlung von der Ukraine Richtung Nordwesten aus, was in Europa für Panik und bei vielen auch zu einem Umdenken in puncto »friedliche Nutzung der Kernenergie« sorgt.

Neue Mächte, neue Konflikte

Die Staaten im geteilten Europa sind zwischen 1945 und 1990 die engsten Verbündeten der beiden Supermächte. Doch die Welt des Kalten Kriegs ist weit mehr. Aus europäischer Sicht geraten dabei leicht zwei Dinge aus dem Fokus, nämlich

1. wie sehr der Konflikt zwischen USA und Sowjetunion auch die Entwicklung vieler anderer Staaten beeinflusst hat;
2. welche Entwicklungen, die nach 1990 relevant werden, schon im Schatten des Kalten Kriegs begonnen haben.

Roter Riese China

Wie Stalin betreibt auch der chinesische Staatschef Mao Zedong eine äußerst totalitäre und nationalistische Politik. Wahrscheinlich ist gerade deswegen ihr Verhältnis stets schwierig. Zum *Bruch zwischen China und der Sowjetunion* kommt es jedoch erst nach Stalins Tod: Für Mao ist Chruschtschows Doktrin einer friedlichen Koexistenz ein Verrat am Kommunismus. Der Kreml-Chef dagegen hält Mao zunehmend für einen gefährlichen Irren. 1959 stellt er die noch unter Stalin begonnene Hilfe der Sowjetunion bei der Entwicklung chinesischer Atomwaffen ein, weil er Mao nicht mehr traut.

Mao seinerseits möchte Chinas *wirtschaftliche Abhängigkeit* von der Sowjetunion beenden. 1958 ruft er deshalb zum »Großen Sprung« auf. Sein Plan: Innerhalb von 15 Jahren soll die chinesische Stahlproduktion die von Großbritannien übertreffen. Das Ganze gerät zum vollkommenen Desaster. Um das Programm zu finanzieren, exportiert China riesige Mengen an Getreide in die sozialistischen Bruderländer. Im Land verhungern Millionen Menschen, die Stahlproduktion aber bleibt unter den Erwartungen und die Qualität ist schlecht.

1956 hat Mao unter dem Motto »Lasst hundert Blumen blühen, lasst hundert Schulen miteinander wetteifern« zu konstruktiver Kritik aufgerufen. Als dies dann geschieht, werden jedoch viele Kritiker in Arbeitslager gesteckt. Ob er das von Anfang an plante oder nur wütend über das Ausmaß der Kritik war, ist umstritten. Auf jeden Fall fehlten ihm danach Fachleute.

So dilettantisch der Große Sprung auch war, die Entwicklung einer eigenen *Atombombe* gelingt China 1964. Drei Jahre später wird sogar eine *Wasserstoffbombe* entwickelt. Damit ist das Land zur unantastbaren *Weltmacht* geworden. 1975 gestehen die Vereinten Nationen der Volksrepublik China den ständigen Sitz im *UN-Sicherheitsrat* zu, den bis dato die taiwanesische Republik China innehatte.

Die Spannungen mit Russland werden jedoch so stark, dass der Westen zeitweise einen rot-roten Atomkrieg befürchtet. Letztlich aber heizen die beiden Mächte »nur« einige afrikanische Bürgerkriege an, indem sie verschiedene Seiten unterstützen.

Nach dem missglückten »Sprung« gewinnen in der chinesischen Führung zunehmend Pragmatiker die Oberhand. Mao, dessen Nimbus in der Öffentlichkeit unangetastet ist, schlägt zurück, indem er 1966 die Jugendorganisation der *Roten Garden* zum Kampf gegen alte Bräuche und Denkmuster aufruft. Im Rahmen dieser *Kulturrevolution* werden Kunstwerke und Kulturgüter aus vorrevolutionären Zeiten vernichtet, örtliche Honoratioren oder auch die eigenen Eltern öffentlichkeitswirksam gequält. Mao kann dabei seine internen Feinde beseitigen. Die Sache läuft jedoch aus dem Ruder und 1968 werden auch die Roten Garden zur »Umerziehung« aufs Land geschickt.

In *Tibet* zerstören die Roten Garden während der Kulturrevolution Tausende von Klöstern. Das Land, das während seiner Geschichte gelegentlich zu China gehört hatte, war 1950 besetzt worden. In den ersten Jahren brachten die Chinesen tatsächlich eine gewisse Modernisierung. Ab 1956 jedoch häuften sich die Zusammenstöße zwischen den Besatzern und der von den USA unterstützen Befreiungsbewegung. 1959 kam es zu einem Aufstand, bei dem Zehntausende getötet wurden. Der *Dalai Lama*, das religiöse und politische Oberhaupt Tibets, floh nach Indien. Danach – und nicht erst mit der Kulturrevolution – begann die systematische Unterdrückung der tibetischen Kultur.

Während Mao den ideologischen Kampf weitertreibt, kümmert sich der pragmatische *Deng Xiaoping* um die Wirtschaft. Nach Maos Tod 1976 wird er stellvertretender Parteisekretär und macht als »graue Eminenz« im Hintergrund Chinas ökonomisches System immer kapitalistischer – während gleichzeitig die politische Macht in den Händen der Partei bleibt. Er legt damit die Grundlage für den enormen Aufschwung des Landes, doch als im Jahr 1989 Studenten auf dem *Platz des Himmlischen Friedens* in Peking auch politische Reformen fordern, lässt er sie brutal niederkämpfen.

Verwerfungen in Lateinamerika

Die meisten Länder Süd- und Mittelamerikas erkämpften früh ihre Unabhängigkeit. Im 20. Jahrhundert geraten sie jedoch immer mehr in den Schatten der Vereinigten Staaten. Warum? Die meisten wurden vom Militär befreit und fochten danach mehrere Grenzkriege aus. Auch im 20. Jahrhundert bleibt die Bedeutung des Militärs meist hoch. Viele sind politisch sehr instabil, da sich einflussreiche Clans und Generäle befehden. Die wirtschaftliche Macht liegt weitgehend in den Händen der Großgrundbesitzer. Die ökonomischen Verhältnisse sind damit einerseits stabil, andererseits so ziemlich das Gegenteil von innovativ.

Der Zweite Weltkrieg macht die lateinamerikanischen Länder wirtschaftlich dann vollends von den USA abhängig. Zwar können sie ihre Rohstoffe an den großen Nachbarn verkaufen, und das oft auch zu guten Preisen, aber es sind eben nur Rohstoffe. Für die einfache Bevölkerung bleiben somit meist nur Jobs als Landarbeiter und im Bergbau. Droht irgendwo eine linke Regierung an die Macht zu kommen, die das ändern will – und es muss gar kein kommunistisches System stalinistischer oder maoistischer Prägung sein, die Ankündigung, ausländische Firmen enteignen zu wollen, reicht völlig aus –, dann können ihre Gegner mit ziemlicher Sicherheit auf amerikanische Unterstützung zählen.

Wissen Sie, woher der Begriff »Bananenrepublik« kommt? Zu Beginn des 20. Jahrhunderts wurden Bananen in den USA extrem populär. Große US-Firmen legten daraufhin in den kleinen mittelamerikanischen Ländern riesige Plantagen an und bekamen eine solche Wirtschaftsmacht, dass sie die dortigen Regierungen nach Belieben manipulieren konnten. In den USA wurden Bananen viel billiger als einheimisches Obst, in den Anbauländern aber ließen die Importfirmen Arbeiter ausbeuten und entstehende Unruhen gewaltsam niederschlagen. In Honduras und Guatemala wurden auf ihr Betreiben sogar Regierungen gestürzt.

Heute versteht man unter Bananenrepubliken Länder, die grotesk schlecht regiert werden, ursprünglich meinte man damit aber solche, in denen die Politiker nur *Marionetten ausländischer Firmen* waren.

Als 1954 in Guatemala eine sozialistische Regierung, die Landreformen ankündigt, durch den amerikanischen Geheimdienst CIA gestürzt wird (was einen Bürgerkrieg nach sich zieht, der bis 1996 dauert), macht das den argentinischen Arztsohn Ernesto Guevara so wütend, dass der zum linken Befreiungskämpfer wird. »Che« *Guevara* wird nach der Revolution auf Kuba Industrieminister, ruiniert aber durch seine missglückte Planwirtschaft fast die Zuckerindustrie. 1965 unterstützt er Rebellen im Kongo, 1967 kämpft er in Bolivien und wird dabei erschossen.

Einer der lateinamerikanischen Staaten wird im Jahr 1903 sogar von den USA proklamiert: **Panama**. Die Vereinigten Staaten haben von einer glücklosen französischen Firma das Projekt »Panama-Kanal« übernommen und von Kolumbien verlangt, ihnen dafür das umliegende Land zu überlassen, was die kolumbianische Regierung verweigert. Daraufhin schaffen die Amerikaner Tatsachen – und einen neuen Staat. Allerdings wird das von vielen Einwohnern begrüßt, hat Panama sich doch 1841 schon einmal kurzzeitig die Unabhängigkeit erkämpft. Allerdings mischen sich die USA in der Folge auch besonders stark in die inneren Belange des Landes ein.

Nica-Kaffee und der selige Oscar Romero

Einige Opfer der USA werden im Gegenzug zu Ikonen der Linken. So stürzen 1979 die *Sandinisten* in Nicaragua die *Diktatorenfamilie Somoza*, die das Land seit 50 Jahren ausgebeutet hat. Die USA verhängen eine Wirtschaftsblockade. Dafür gehen junge Aktivisten aus dem Westen als Aufbauhelfer nach Nicaragua oder trinken wenigstens Kaffee aus kleinen Kooperativen, auch wenn dieser »Nica-Kaffee« anfangs so stümperhaft produziert wird, dass er das Image von fair gehandelten Produkten auf lange Zeit belastet. Die USA dagegen finanzieren die Contra-Rebellen mit Geldern aus geheimen Waffenverkäufen an den Iran (*Iran-Contra-Affäre*), wofür sie 1982 sogar der internationale Gerichtshof in Den Haag verurteilt. 1990 werden die Sandinisten dann wegen der schlechten wirtschaftlichen Lage abgewählt.

Eine andere Ikone ist *Oscar Romero*, der Erzbischof von *El Salvador*, der sich gegen die von den USA gestützte Militärdiktatur stellte und am 24. März 1980 ermordet wurde. Sein Tod war Auftakt eines elfjährigen Bürgerkriegs.

Besonders lange und grausame Diktaturen gibt es in

- ✔ **Paraguay:** Dort regiert von 1954 bis 1989 Alfredo Stroessner.

- ✔ **Argentinien:** Dort putschen 1955 Großgrundbesitzer gegen den populistischen Reformer Juan Perón. Erst nach dem verlorenen Falkland-Krieg gegen Großbritannien im Jahr 1982 kommt es wieder zu einer Demokratisierung.

- ✔ **Chile:** Hier wird 1970 der sozialistische Präsident Salvador Allende von dem Militärführer Augusto Pinochet gestürzt. Allende hat zuvor angekündigt, die amerikanischen Kupferbetriebe zu verstaatlichen. Darauf reagieren die USA mit Wirtschaftssanktionen, die das Land in den Ruin treiben. Pinochet, der 1988 nach einer verlorenen Volksabstimmung abtritt, wird dagegen von den Vereinigten Staaten mit Wirtschaftshilfen unterstützt.

Alle drei Diktaturen führen zu einer nicht unbeträchtlichen *Modernisierung der Länder* (und sind für die westlichen Demokratien bequeme Partner). Oppositionelle werden jedoch zu Hunderttausenden inhaftiert und gefoltert, Zehntausende werden ermordet oder »verschwinden«.

Ab den 1980er-Jahren kann eine Reihe der politischen Konflikte beigelegt werden und in vielen Ländern kommen linke Regierungen an die Macht. Doch die gesellschaftlichen Gräben sind in den meisten Ländern tief, die wirtschaftlichen Verhältnisse angespannt bis dramatisch schlecht. Außerdem hat sich ein weiterer Konfliktherd aufgetan: *organisierte Kriminalität* – vor allem, aber nicht nur im Drogenhandel. Besonders betroffen sind alle Länder, die zwischen den Anbaugebieten in Kolumbien und dem Abnehmerland USA liegen. Honduras, Venezuela, Belize, El Salvador und Guatemala gehören zu den Ländern mit der höchsten Mordrate weltweit.

Afrika und sein schweres Erbe

Den Ländern Afrikas machen auch nach ihrer Unabhängigkeit die gesellschaftlichen, politischen, territorialen und wirtschaftlichen Verwerfungen aus der Kolonialzeit zu schaffen.

Einseitige Wirtschaft: Die gesamte Wirtschaft wurde meist bewusst auf *wenige Weltmarktprodukte* wie Kaffee und Kakao ausgerichtet. Die Konsequenz ist, dass ein Schwanken dieses Preises zu ungeheuren Verwerfungen in den produzierenden Ländern führen kann. Geldgeber wie IWF und Weltbank aber machen Hilfen teilweise von einer noch stärkeren Orientierung am Weltmarkt abhängig. So gerät zum Beispiel *Liberia* in die Krise, als die Erlöse für Kaffee und Kakao es nicht mehr erlauben, genügend Reis für die Grundversorgung der Bürger zu kaufen. 1980 kommt es erst zur Revolution, dann zum Bürgerkrieg. Um sich zu finanzieren, erobert Warlord *Charles Taylor* die Diamantengebiete im Nachbarland *Sierra Leone*. Dabei werden besonders viele Kindersoldaten eingesetzt. Erst 2002 kann der Krieg in Sierra Leone durch die UNO und afrikanische Friedenstruppen beendet, 2003 Taylor auch aus Liberia vertrieben werden.

Unterstützung für Diktatoren: Die ehemaligen Kolonialherren überließen die Macht oft *Militärführern* oder *Diktatoren*, die Stabilität versprachen. So sind zum Beispiel zwei der berüchtigtsten und bizarrsten Herrscher, *Idi Amin*, der 1971 bis 1979 in *Uganda* regiert, und *Jean-Bédel Bokassa*, der von 1966 bis 1979 erst Präsident, dann Kaiser der *Zentralafrikanischen Republik* ist, ehemalige Offiziere der Kolonialarmeen, die zunächst vom Westen protegiert werden.

Aktionen gegen Links: Linke Regierungen werden gestürzt oder destabilisiert, aus Angst, sie könnten mit der Sowjetunion paktierten. Das gilt vor allem für *Patrice Lumumba*, der 1958 die Wahlen im *Kongo* gewinnt. Der charismatische Premier möchte sich eigentlich aus dem Ost-West-Konflikt heraushalten, wagt es aber, die belgischen Kolonialverbrechen sehr direkt anzusprechen. Dafür wird er in Belgien mit einer Hasskampagne überzogen. Als er auch noch westliche Wirtschaftsinteressen zu gefährden droht, wird er 1961 mit belgischer und amerikanischer Hilfe ermordet.

Der Kongo wird in der Folge von 1965 bis 1997 von Diktator *Joseph Mobutu* beherrscht. Dessen Sturz führt dann zu einem *Bürgerkrieg*, der wohl vier Millionen Menschen das Leben kostet. Vor allem im rohstoffreichen Osten übernehmen *Warlords* die Macht.

Der Kongo zählt zu den *rohstoffreichsten Ländern der Welt*. Vor allem besitzt er große Mengen an dem Erz *Coltan*, das in der Elektrotechnik für moderne Kondensatoren gebraucht wird. Im *Weltentwicklungsindex* nimmt das Land allerdings vor Niger den vorletzten Platz ein. Ein Widerspruch? Ganz und gar nicht!

Untersuchungen haben ergeben, dass Rohstoffe oft mehr ein Fluch als ein Segen sind, weil sie Ausbeutung, Korruption und Gewalt fördern. Die breite Masse ist in rohstoffreichen Ländern ärmer, die Wahrscheinlichkeit für einen Bürgerkrieg ist höher und Investitionen in Bildung und Entwicklung werden vernachlässigt, weil die Machthaber nicht auf die Steuern gutverdienender Bürger angewiesen sind, um reich zu werden.

Als positives Gegenbeispiel gilt *Botswana*, wo der Erlös aus dem Diamantenhandel tatsächlich der Allgemeinheit zugutekommt.

Problematische Grenzziehungen: Viele Grenzen wurden in Afrika von den Kolonialherren willkürlich gezogen. In den *Staaten der Sahelzone* – Mali, Niger, Tschad und Sudan – wurden beispielsweise muslimische Nomaden im Norden und traditionell lebende Bauern im Süden zusammengefasst. Im Sudan herrscht deswegen von 1955 bis 1972 und dann wieder ab 1983 Bürgerkrieg, der auch den Tschad ergreift. Auch die Unabhängigkeit des Südsudan 2011 bringt keinen Frieden. In Mali verbünden sich 2012 einheimische Tuareg und libysche Islamisten. Seit 1975 schwelt auch der Streit um die *Westsahara*, die nach dem Abzug der Spanier von Marokko besetzt und beansprucht wurde.

Importierter Rassismus: Gesellschaftliche Spaltungen aus der Kolonialzeit wirken weiter. So eskaliert 1994 in *Ruanda* der Konflikt zwischen der Hutu-Mehrheit und der von den deutschen Kolonialherren bevorzugten Tutsi-Oberschicht, und mündet in ein Massaker radikaler Hutus an Tutsis und gemäßigten Hutu.

Nicht in der Kolonialzeit begründet, sondern ein neues Problem ist der *Einfluss von Islamisten*. So schüren zum Beispiel in *Somalia*, das traditionell einem gemäßigten Sufi-Islam angehört, seit 1980 radikal-wahhabitische Gruppen die inneren Konflikte. Seit ein UN-Einsatz 1995 missglückt ist, gilt Somalia als »gescheiterter Staat«, in dem es keine funktionierende Regierung mehr gibt.

Einen Sonderfall stellt *Südafrika* dar. Weil sich so viele Weiße – erst Niederländer, dann Briten – ansiedeln, sehen die Briten das Land – wie Kanada, Australien und Neuseeland – nicht als Kolonie und entlassen es bereits 1931 in die Unabhängigkeit. Während des Zweiten Weltkriegs spielen die schwarzen Arbeiter eine große Rolle und gewinnen an Selbstbewusstsein. Als Reaktion entzieht ihnen die weiße Regierung 1948 die Staatsangehörigkeit und setzte eine radikale *Apartheid*, also eine Rassentrennung, durch. Doch das ist zu dieser Zeit nicht mehr zu machen. Das Land wird international geächtet. Trotzdem dauert es 42 Jahre, bis Präsident Frederik Willem de Klerk 1990 ein Ende der Apartheid einleitet.

Der Coup des Ayatollah Chomeini

Am 12. Februar 1951 heiratet die schöne Deutsch-Perserin *Soraya Esfandiary Bakhtiary* in einer unglaublich luxuriösen Feier den iranischen Schah *Mohammad Reza Pahlavi*. Die europäische Regenbogenpresse steht Kopf.

Der Vater des Schahs, *Reza Pahlavi*, war ein Offizier aus einfachen Verhältnissen, der erst Verteidigungsminister, dann Premierminister und 1925 auf Parlamentsbeschluss Nachfolger des in Paris lebenden Kandscharen-Schahs Ahmad wurde. Er benannte Persien in *Iran* um und verpasste dem Land eine rasante *Zwangsverwestlichung*, zu der auch ein *Verbot der Verschleierung* gehörte.

Im Zweiten Weltkrieg besetzten die alten Hegemonialmächte Großbritannien und Russland den Iran, weil sie um ihr Erdölgeschäft fürchteten, und zwangen den Schah, zugunsten seines Sohns Mohammad Reza abzudanken.

Zweieinhalb Monate nach der Hochzeit des Schahs wird *Mohammad Mossadegh* neuer Premierminister des Iran. Damit setzen sich diejenigen durch, die die Anglo-Iranian Oil

KAPITEL 18 Kalter Krieg: Die Dominanz der zwei Blöcke 363

Company, von deren riesigen Profiten der Iran wenig hat, verstaatlichen wollen. Die Briten reagieren mit einem Embargo, das den Iran in eine Wirtschaftskrise stürzt. Dies führt zu heftigen innenpolitischen Auseinandersetzungen um den weiteren Kurs. Die USA befürchten eine Hinwendung zur Sowjetunion und helfen am 19. August 1953, Mossadegh zu stürzen.

Die Vereinigten Staaten sorgen aber auch dafür, dass der Iran künftig die Hälfte der Einnahmen aus dem Ölgeschäft erhält. Das führt zu einer rasanten Modernisierung. Dazu gehören auch Landreformen, eine verbesserte Schulbildung und das Wahlrecht für Frauen. Damit verprellt der Schah jedoch sowohl die konservativ-religiösen Kreise wie auch die Großgrundbesitzer. *Ruhollah Chomeini* ist beides und außerdem noch ein fanatischer Gegner Israels und der USA, mit denen der Schah diplomatische Beziehungen pflegt. 1964 wird er ins Exil geschickt. Zum Märtyrer möchte man ihn bewusst nicht machen.

Die Reformen gehen aber nicht weit genug, um das einfache Volk zu gewinnen, zumal der Schah parallel sein exzessives Luxusleben zur Schau stellt. Daneben lässt er Oppositionelle durch seinen Geheimdienst verfolgen und setzt 1975 ein Einparteiensystem durch, was die intellektuelle Elite gegen ihn aufbringt.

✔ Im Herbst 1978 kommt es zu Massendemonstrationen. Neben den Religiösen, die schon länger im Ausstand sind, demonstrieren nun auch die Bürgerlichen gegen den Geheimdienst SAVAK, der beschuldigt wird, für einen Kinobrand mit über 400 Toten verantwortlich zu sein. Der Schah ruft das Kriegsrecht aus und lässt die Demonstrationen niederschlagen, was sie aber nur weiter anheizt.

✔ Am 16. Januar 1979 geht der krebskranke Schah ins Exil.

✔ Am 1. Februar kehrt Chomeini aus dem Exil zurück und wird von seinen Anhängern en-thusiastisch empfangen. Er sucht den Dialog mit den anderen Gruppen und setzt am 5. Februar einen moderat islamischen Übergangspremier ein.

✔ Am 9. Februar brechen Kämpfe zwischen Chomeinis Revolutionsgarden und den Garden des Schahs aus. Die lange verbotenen Kommunisten unterstützen die Revolution. Die Armee beschließt, sich herauszuhalten. Zwei Tage später besetzen die Revolutionsgarden alle öffentlichen Gebäude und Medien in Teheran. Danach kommt es zu den ersten Verhaftungen und Hinrichtungen.

Am 31. März stimmen bei einem Volksentscheid angeblich 97 Prozent der Wahlberechtigten für eine *Islamische Republik*, die am 1. April ausgerufen wird. Die nicht-islamische Opposition ist völlig überrumpelt von den Vorgängen. Damit, dass Chomeini als Geistlicher selbst die Regierungsgewalt übernehmen, also eine *Theokratie* errichten würde, hat niemand gerechnet. Im Laufe des Jahres werden sowohl die intellektuellen wie auch die linken Oppositionsgruppen eliminiert und das ganze öffentliche Leben Chomeinis Vorstellungen von Islam unterworfen.

Ins Bewusstsein der internationalen Öffentlichkeit bringt sich das neue iranische Regime, als radikale Studenten am 4. November 1979 die *US-Botschaft* in Teheran besetzen und 52 Diplomaten als *Geiseln* nehmen. Diese kommen erst am 20. Januar 1981 frei, nachdem die USA blockierte iranische Gelder freigeben und versprechen, sich nicht in iranische Angelegenheiten einzumischen.

Die Suche nach der arabischen Einheit

Die arabische Welt gerät durch den gescheiterten Palästinakrieg von 1948 in eine existenzielle Krise.

In *Ägypten* stürzen Offiziere 1952 die (1805 vom osmanischen Statthalter Mehmed Ali Pascha begründete) Herrschersippe. Der neue Staatspräsident Gamal Abdel Nasser ist ein Anhänger der Idee, dass alle Araber politisch eine Einheit bilden sollen (*Panarabismus*). 1958 gründet er mit Syrien und dem Nordjemen die *Vereinigte Arabische Republik*, doch nach drei Jahren wird die Union von den Syrern wegen der ägyptischen Dominanz aufgekündigt. 1963 soll eine Föderation aus Ägypten, Syrien und dem Irak entstehen. In den beiden letzteren Ländern hatte sich die panarabische, säkulare, sozialistische Baath-Partei an die Macht geputscht. Die Vereinigung scheitert jedoch an einem neuen Putsch in Syrien.

Im *Irak* kommt im Jahr 1979 *Saddam Hussein* an die Macht, der sofort mit *internen Säuberungen* beginnt. Ein bereits eingeleitetes Vereinigungsprojekt mit Syrien wird dadurch hinfällig. 1980 greift er den Iran an, um das ölreiche Tiefland (das historische Elam) zu erobern. Im Laufe des achtjährigen Kriegs, der ergebnislos endet, setzt er sowohl gegen den Kriegsgegner wie auch die eigene Bevölkerung Giftgas ein. Da es gegen Chomeinis Iran geht, wird er von vielen westlichen Ländern mit Waffen unterstützt. Zum Skandal wird jedoch, dass einige, darunter auch die USA, auch den Iran beliefern.

Alle Konflikte des Nahen Ostens finden Eingang in den *Libanonkrieg*, der das vormals reiche Land zwischen 1975 und 1990 beutelt. Zu einem Konflikt zwischen den herrschenden (zuvor von den französischen Besatzern privilegierten) Clans und benachteiligten Gruppen kommen christlich-muslimische und sunnitisch-schiitische Auseinandersetzungen sowie Kämpfe zwischen der gemäßigt schiitischen *Amal-Miliz* und der radikalen *Hisbollah*. Außerdem mischen die Palästinenser-Organisation PLO, Israel, syrische Truppen und kurzzeitig auch Amerikaner, Franzosen und Italiener mit. Saddam Hussein und Chomeini fungieren als Unterstützer. Finanziert wird das Ganze auch durch den Drogenhandel und alle Konsumenten der Hasch-Sorte »Roter Libanese«.

In *Libyen* führen steigende Erdöleinnahmen zu einer Modernisierung des Landes. Dazu werden zahlreiche Lehrer aus Ägypten angeworben, die panarabische Ideen mitbringen. Als der von den Briten eingesetzte König *Idris* sich 1967 dem Sechstagekrieg gegen Israel verweigert, kommt es zu Pogromen gegen die jüdische Minderheit. Wenig später wird der König durch den Offizier *Muammar al-Gaddafi* gestürzt. Unter den arabischen Herrschern ist er mit seinem Personenkult und seiner eigenwillig islamistisch-sozialistischen Heilslehre ein Außenseiter, aber er verfügt über reiche Öleinnahmen. Auch er plant mehrere *Vereinigungsprojekte*: mit Ägypten, Tunesien, Algerien, Marokko, Syrien, Palästina, dem Tschad, dem Sudan und sogar mit Malta. Dabei schwenkt er mit der Zeit vom Panarabismus zum Panafrikanismus um.

Außen vor bleiben die Ölländer. Das Interesse der *saudischen Scheichs* ist vor allem die Absicherung der eigenen Herrschaft, was zu einem Lavieren gegenüber den arabischen Nachbarn führt. König *Faisal* setzt 1964 auch erstmals auf eine Kooperation mit den USA. Außenpolitisch propagiert Saudi-Arabien keinen panarabischen, sondern einen panislamischen Anspruch und fördert religiöse und kulturelle Einrichtungen auch in nicht-arabischen islamischen Ländern.

Gemeinsam mit Venezuela besitzt Saudi-Arabien die *weltweit größten Ölreserven*. Die Arabian-American Oil Company konnte zwischen 1972 und 1980 verstaatlicht werden, was zusammen mit der steigenden Fördermenge die Gewinne in die Höhe trieb. Die Einnahmen werden auch eingesetzt, um innenpolitische Konflikte zu entschärfen. Die Einwohner profitieren von einer extrem hohen staatlichen Wohlfahrt – müssen sich aber den strengen Regeln des wahhabitischen Islam (siehe Kapitel 16) unterwerfen.

Öl-Embargo und leere Autobahnen

Im November 1973 verbietet die deutsche Bundesregierung am Sonntag das Autofahren. Auf diese Weise soll Benzin gespart werden. Denn parallel zum ägyptisch-syrischen *Angriff auf Israel* am jüdischen Feiertag Jom Kippur (9. Oktober) wird Israels Unterstützern der Ölhahn zugedreht. 1967 hatten die arabischen Länder mit einer ähnlichen Aktion nur sich selbst geschadet. Doch nun ziehen auch die anderen Staaten der 1960 gegründeten Organisation erdölexportierender Länder (*OPEC*) – Iran, Nigeria, Indonesien, Venezuela und Ecuador – mit, um höhere Preise durchzusetzen. Der Ölpreis vervierfacht sich, es kommt zu Inflation, Firmenpleiten und Massenentlassungen.

Auch als das Öl-Embargo nach einem knappen halben Jahr endet, ist *Energiesparen* in den westlichen Industrieländern plötzlich ein Thema. Kleine Autos, vornehmlich aus Japan, machen den traditionellen Marken Konkurrenz.

Kuwait wird 1961 von der ehemaligen Mandatsmacht Großbritannien in die Unabhängigkeit entlassen, der *Südjemen*, *Bahrain*, der *Oman*, *Katar* und die *Vereinigten Arabischen Emirate* 1971. Für die Herrscher der Golfstaaten bedeutete die lange britische Protektion einen Schutz gegen die Vereinnahmung durch größere Nachbarstaaten.

Der *Jemen* war seit 1839 zwischen Briten und Osmanen geteilt. Der osmanische Norden wird 1918 unabhängig. 1962 kommt es zu einem Bürgerkrieg. Saudi-Arabien und die Briten mischen aufseiten des gestürzten Königshauses mit, Ägypten auf der Seite der Republikaner. Im Süden führt der Rückzug Großbritanniens im Jahr 1967 zu Auseinandersetzungen zwischen panarabischen Sozialisten und dem Militär.

Im Jahr 1990 schließen sich die beiden extrem unterschiedlichen Staaten zusammen. Doch 1994 kommt es erneut zu einem *Bürgerkrieg*, der nach drei Monaten vom Norden gewonnen wird – was aber nicht wirklich für Frieden sorgt. In den 1990er-Jahren kommen zusätzlich *religiöse Konflikte* zwischen Schiiten und Sunniten, radikalen und gemäßigten Muslimen hinzu.

> IN DIESEM KAPITEL
>
> Die Wende in den Ostblockstaaten
>
> Heiße Konflikte nach dem Ende des Kalten Kriegs
>
> Krieg gegen den Terror und andere nichtklassische Bedrohungen

Kapitel 19
Globalisiert: Die moderne Welt

Menschen, die ausgelassen auf der geöffneten Berliner Mauer feiern, sind DAS Bild für das Ende der kommunistischen Ära im Osten. Aber begonnen hat »die Wende« damit nicht und sie betraf noch weit mehr Staaten. Überall aber erweckt sie Hoffnung, doch die erfüllt sich nur teilweise. Zwar scheint das Gespenst eines Dritten Weltkriegs mit atomaren Waffen vorerst einigermaßen gebannt, doch dafür treten neue Probleme zu Tage. Es zeigt sich auch, dass die Blockbildung für eine gewisse, wenn auch bedrohliche Ordnung gesorgt hat. Die Welt nach dem Zusammenbruch ist vernetzter denn je – ob sie das will oder nicht.

Die Welt nach dem Kalten Krieg

Im Jahr 1985 wird *Michail Gorbatschow* neuer Regierungschef der *Sowjetunion*. Er sieht sich mit einer katastrophalen wirtschaftlichen Lage konfrontiert. Auf der einen Seite verursachen das Militär und die Stützung der sozialistischen »Bruderstaaten« enorme Kosten, auf der anderen Seite stehen eine nicht funktionierende Planwirtschaft und veraltete Technologien. Um daran etwas ändern zu können, beginnt er mit einer Umgestaltung der Strukturen (*Perestroika*) und verspricht Transparenz (*Glasnost*). 1988 erklärt er, dass sich die Sowjetunion nicht mehr in die inneren Angelegenheiten der Warschauer-Pakt-Staaten einmischen werde. Das erscheint als Hoffnungssignal, dass der Kalte Krieg allmählich überwunden werden kann. Doch die Dinge entwickeln sich ungeahnt rasant.

Die Wiedervereinigung Europas

In *Polen* wagt man, den neuen Kurs auf die Probe zu stellen. Dort hat sich die Masse der Menschen 1980 hinter die *unabhängige Gewerkschaft Solidarność* gestellt und trotz zeitweiliger Verhängung des Kriegszustands nicht davon abbringen lassen. Noch 1988 vereinbaren

Regierung und Opposition Gespräche am Runden Tisch. Diese führen am 4. Juni 1989 zu Wahlen, bei denen jedoch 65 Prozent der Sitze für die Kommunistische Partei und die bisherigen Blockparteien reserviert sind. Die frei wählbaren 35 Prozent gewinnt die Solidarność genauso wie 99 von 100 Sitzen im Senat. Zusammen mit den Blockparteien kann sie die Regierung übernehmen. Im Dezember wird Solidarność-Führer *Lech Wałesa* zum Staatspräsidenten gewählt.

In *Ungarn* leitet die Regierung um Ministerpräsident Miklós Németh und Außenminister Gyula Horn Reformen ein. Dazu gehört ab Mai 1989 ein Abbau der Überwachungsanlagen an der Grenze zu Österreich.

Die *DDR-Führung* um *Erich Honecker* reagiert auf den neuen Kurs mit Abwehr. Die Bürger setzen deshalb zunächst auf Flucht – an die ungarische Grenze, aber auch in die bundesdeutschen Botschaften in Prag, Warschau und Budapest. Am 19. August 1989 können die Ersten im Rahmen einer dreistündigen ungarischen Grenzöffnung in den Westen fliehen. Am 4. September beginnen in Leipzig nach einem Friedensgebet in der Nikolaikirche die *Montagsdemonstrationen*, am 30. September wird den Botschaftsflüchtlingen die Ausreise in den Westen gestattet und die Montagsdemonstrationen wachsen sich zur Massenbewegung aus. Als am 7. Oktober Michail Gorbatschow zum 40. Jahrestag der DDR anreist und den Kurs Honeckers rügt, tauscht die Partei Honecker gegen Egon Krenz aus, der Reformen verspricht. Die im Fernsehen für »sofort« angekündigte Reisefreiheit führt am 9. November endgültig dazu, dass die Regierung von den Ereignissen überrollt wird: Die Ostberliner bestürmen die Grenzübergänge, bis diese geöffnet werden.

Die meisten der *Bürgerrechtsbewegungen*, die sich im Rahmen der Proteste gebildet haben, wünschen eine *Reform der DDR*. Doch bei den freien Wahlen am 18. März 1990 erringen die *Befürworter einer Wiedervereinigung* eine deutliche Mehrheit. Um eine rasante Abwanderung in den Westen zu verhindern, wird am 1. Juli im Osten die D-Mark eingeführt. Das aber führt dazu, dass auch die Löhne in D-Mark bezahlt werden müssen, was reihenweise Unternehmen bankrottgehen lässt. Die *Wiedervereinigung* soll deshalb beschleunigt werden. Nachdem in der Nacht vom 11. auf den 12. September die vier Siegermächte des Zweiten Weltkriegs in den Zwei-plus-Vier-Gesprächen ihre Zustimmung gegeben haben, wird sie am 3. Oktober vollzogen.

Was aber tun mit dem »volkseigenen« Vermögen der DDR? Schon die Übergangsregierung unter Hans Modrow beschließt die Einrichtung einer *Treuhandanstalt*, die die Betriebe im Interesse der Allgemeinheit verwaltet und verkauft. Im Besitz der Treuhand sind zeitweilig 14 600 Betriebe. Doch die »Filetstücke« gehen an kapitalkräftige Interessenten aus dem Westen, viele andere Betriebe werden zerschlagen. Was unvermeidlich war, was ein Fehler, ist immer noch wenig aufgearbeitet und entsprechend hoch umstritten.

In der *Tschechoslowakei* und *Bulgarien* wird im November 1989 durch Massendemonstrationen ebenfalls ein unblutiger Systemwechsel erzwungen. *Rumäniens* Regierungschef Nicolae Ceaușescu dagegen bekämpft seine Opposition umso härter. Als er am 17. Dezember Demonstranten niederschießen lässt, brechen im ganzen Land Unruhen aus. Daraufhin fällt auch das Militär von ihm ab. Am 25. Dezember werden der Diktator und seine Frau von Soldaten erschossen. Anschließend gibt auch die gefürchtete Geheimpolizei Securitate den Kampf auf.

Die Auflösung der Sowjetunion

Aus der Sowjetunion möchte Michail Gorbatschow einen Bund innenpolitisch unabhängiger Staaten mit einer gemeinsamen Außenpolitik machen. Doch das funktioniert nicht.

✔ 1990 führen die **baltischen Länder** freie Wahlen durch und erklären sich für unabhängig. Moskau erkennt dies zunächst weder an noch geht es energisch dagegen vor.

✔ Am 19. August 1991 kommt es in der Sowjetunion zu einem **Putsch konservativer Kräfte**. Gorbatschow wird auf der Krim in Hausarrest gehalten. Doch Präsident Boris Jelzin organisiert den Widerstand der Massen. Auch das Militär stellt sich nicht hinter die Putschisten, sodass der Spuk nach drei Tagen vorbei ist.

✔ Angesichts der immer schlechter werdenden wirtschaftlichen Lage schließen sich Russland, Weißrussland und die Ukraine am 8. Dezember zur **Gemeinschaft unabhängiger Staaten (GUS)** zusammen.

✔ Am 21. Dezember treten Armenien, Aserbeidschan, Kasachstan, Kirgisistan, Moldawien, Tadschikistan, Turkmenistan und Usbekistan der GUS bei.

Vier Tage später wird die Sowjetunion aufgelöst und Gorbatschow tritt zurück. Die GUS gewinnt jedoch keine große Bedeutung. Die politische Macht liegt in den Händen der Präsidenten der ehemaligen Sowjetrepubliken, die zumeist entweder stark autoritäre präsidiale Systeme oder regelrechte Diktaturen errichten.

Mit der Unabhängigkeit kommt es aber auch zu territorialen Konflikten, die größtenteils derzeit eingefroren sind.

✔ **Armenien** und **Aserbeidschan** liefern sich einen Konflikt um die von Armeniern bewohnte Region Bergkarabach im Osten Aserbeidschans. Nachdem 1994 zunächst Armenien siegreich ist, erobert Aserbeidschan 2023 das Gebiet, was zur Flucht der armenischen Einwohner führt.

✔ **Abchasien** und **Südossetien** sind de facto unabhängig von Georgien. 2008 flammt der Konflikt für eine Woche wieder auf.

✔ **Transnistrien** ist de facto unabhängig von Moldau.

✔ **Tschetschenien**, das keine Sowjetrepublik, sondern ein »autonomer« Teil Russlands war, wird nach zwei sehr grausam geführten Kriegen, bei denen die Rebellen auch von radikalen internationalen Islamisten unterstützt wurden, von **Ramsan Kadyrow** verwaltet, einem Moskau-treuen Tschetschenenführer, dem zahlreiche Menschenrechtsverletzungen vorgeworfen werden.

Die Rückkehr des Kriegs

Wer geglaubt hat, dass nach dem Ende des Kalten Kriegs friedlichere Zeiten anbrechen würden, der sieht sich schnell getäuscht.

Der Zweite Golfkrieg

Am 28. August 1990 besetzt der *Irak* seinen kleinen Nachbarn *Kuwait*, bei dem er seit dem Ersten Golfkrieg gegen den Iran hoch verschuldet ist. Während die internationale Gemeinschaft noch über eine Lösung diskutiert, lanciert eine PR-Firma im Auftrag der kuwaitischen Regierung falsche Berichte, irakische Soldaten hätten nach der Invasion Babys aus ihren Brutkästen gerissen und sterben lassen.

Am 17. Januar 1991 beginnt dann ein US-geführtes *Militärbündnis*, an dem sich 34 Staaten beteiligen (darunter auch mehrere arabische), den *Zweiten Golfkrieg*. Die Öffentlichkeit bekommt durch computerspielgleiche Fernsehbilder vorgeführt, wie amerikanische Präzisionswaffen die feindlichen Raketen, vor allem die auf Israel abgefeuerten Scuds, schon in der Luft unschädlich machen. Nach knapp zwei Wochen ist der Spuk vorbei. Dank moderner Technik scheinen begrenzte, relativ unblutige Kriege wieder eine politische Option zu sein.

Die Verluste aufseiten der Allianz sind tatsächlich mit 237 Gefallenen sehr niedrig. Auf irakischer Seite gab es aber wohl Zehntausende ziviler und militärischer Opfer. Außerdem war der Krieg immens teuer, es wurden 300 Tonnen mit Uran angereicherter Munition verschossen, die wohl auch die Gesundheit der US-Soldaten nachhaltig schädigte. Irakische Schiiten und Kurden, die einen Aufstand begonnen hatten, weil sie darauf vertrauten, der Westen werde Saddam Hussein stürzen, fielen dessen Rache zum Opfer und 450 000 Palästinenser wurden aus Kuwait vertrieben, da die PLO Saddam Hussein unterstützt hatte.

Der Balkankonflikt

Für den größten Teil der Europäer genauso überraschend kommt der nächste Krieg. Im Sommer 1991 führen die ersten freien Wahlen in *Jugoslawien* zu Streitigkeiten zwischen den Teilstaaten. Am 25. Juni erklären sich Slowenien und Kroatien für unabhängig.

Vom Westen eher unbemerkt, gibt es auch während der gemeinsamen Jahre in Jugoslawien immer wieder Probleme. Doch die Persönlichkeit von Staatschef Tito und die gemeinsame Angst vor der Sowjetunion schweißen die Föderation zusammen. Seit 1985 jedoch bricht sich ein *aggressiver Nationalismus* Bahn und der nicht aufgearbeitete Bürgerkrieg zwischen *serbischen Partisanen* und der *faschistischen kroatischen Ustascha* während des Zweiten Weltkriegs sorgt für neue Verwerfungen. Dazu sind sowohl der serbische Staatschef *Slobodan Milošević* wie der kroatische Präsident *Franjo Tudman* ausgemachte Nationalisten, die den Konflikt schüren. Bereits im Februar 1991 rufen serbische Freischärler in Kroatien die *Autonome Provinz Krajina* aus. Aber auch eine schwere Wirtschaftskrise spielt eine Rolle: Die finanzstarken Länder Kroatien und Slowenien wollen mehr Autonomie, die Serben, die die Bevölkerungsmehrheit stellen, einen stärkeren Zentralismus.

✔ Im **Zehn-Tage-Krieg** vom 26. Juni bis 7. Juli 1991 schlägt Slowenien den Angriff der jugoslawischen Armee zurück. Milošević lässt es darauf beruhen, um sich Kroatien widmen zu können.

KAPITEL 19 Globalisiert: Die moderne Welt 371

✔ Der **Kroatienkrieg** ist eigentlich schon am 31. März 1991 ausgebrochen. Umkämpft ist vor allem die Krajina, in der einst die Habsburger Herrscher Serben als »Schutzwall« gegen osmanische Angriffe angesiedelt hatten. Der Krieg endet am 7. August 1995 mit einem kroatischen Sieg.

✔ In Bosnien brechen die Kämpfe zwischen den verschiedenen Volksgruppen im April 1992 aus. Im Juli 1995 greift die NATO ein und bombardiert serbische Stellungen. Im November stimmen die Kriegsparteien dem **Vertrag von Dayton** zu, der **Bosnien** die Unabhängigkeit bringt, allerdings geteilt in eine kroatisch-muslimische Föderation und die **Republika Srpska**.

✔ Die vornehmlich von Albanern bewohnte serbische Teilrepublik **Kosovo** strebt ebenfalls nach Unabhängigkeit, was die Serben jedoch verweigern. Ab 1996 beginnt die Untergrundorganisation UÇK Anschläge durchzuführen. Am 28. Februar 1998 rückt die serbische Armee in den Kosovo ein. Am 24. März 1999 greift die NATO mit Luftangriffen zugunsten der Albaner ein. Am 10. Juli 1999 werden die Kämpfe eingestellt und der Kosovo unter **UN-Verwaltung** gestellt.

Die sehr grausam geführten Kriege »direkt vor der eigenen Haustür«, die immer weiter eskalieren und zu Massakern, Massenvergewaltigungen und ethnischen Säuberungen führen, schockieren Europa und führen zu einer heftigen Debatte, wie man damit umgehen soll. So versucht der UN-Sicherheitsrat den Bosnienkrieg zunächst durch eine Flugverbotszone und Schutzzonen einzudämmen. Dann aber werden im Juli 1995 ausgerechnet in der nur unzureichend verteidigten Schutzzone von *Srebrenica* mehr als 8000 muslimische Bosnier von serbischen Freischärlern ermordet. Das führt dazu, dass die NATO mit einem UN-Mandat in den Krieg eingreift. Trotzdem ist die Teilnahme, gerade auch in Deutschland, das erst mit der Wiedervereinigung auch seine volle Souveränität erhalten hat, sehr umstritten.

Noch kontroverser gerät die Diskussion 1999 im Fall des Kosovo, da es hier (aufgrund des russischen Vetos) kein UN-Mandat gibt. Die Befürworter halten ein Eingreifen trotzdem für gerechtfertigt, weil nur so eine humanitäre Katastrophe hätte verhindert werden können. Die Gegner sehen einen rechtlichen Dammbruch. Zudem stellt sich die Lage im Kosovo hinterher ambivalenter heraus, als die Befürworter eines Eingreifens sie dargestellt haben.

Die Welt im Zeitalter neuer Bedrohungen

Bereits nach der Jahrtausendwende, noch vor Coronapandemie, Ukrainekrieg, Hamasterror und Gazakrieg samt ihrer Folgen, hatten viele Menschen das Gefühl, dass die Welt zunehmend bedrohlicher wird. Tatsächlich hat es innerhalb von nicht einmal zweieinhalb Jahrzehnten eine Vielzahl von Entwicklungen gegeben, die die Menschheit vor gewaltige Herausforderungen stellen. Diese sind auch noch höchst unterschiedlich und teilweise so neu, dass es keinerlei Erfahrungen gibt, wie man damit am besten umgeht.

Der Schock, der alles veränderte: Nine Eleven

Am 11. September 2001 entführt eine Gruppe von 19 jungen Männern in den USA vier Flugzeuge. Zwei davon steuern sie in die Türme des *World Trade Centers* in New York, die daraufhin in Brand geraten und zusammenbrechen, eines in das US-Verteidigungsministerium *Pentagon*, ein viertes stürzt ab, als die Passagiere, die über Handy von den anderen Anschlägen erfahren haben, versuchen, die Entführer zu überwältigen. Über 3000 Menschen kommen ums Leben. Die Terroristen auch.

Al-Kaida

1984 eröffnen der saudische Unternehmer *Osama bin Laden* und der palästinensische Prediger *Abdallah Azzam* in Pakistan ein Trainingslager für junge Islamisten, die in Afghanistan gegen die Kommunisten kämpfen wollen. Dies gilt als die *Gründung von al-Kaida*.

Nach dem Zweiten Golfkrieg zur Befreiung Kuwaits und der damit verbundenen Stationierung von US-Truppen in Saudi-Arabien richtet sich die Propaganda zunehmend gegen den Westen: Ausgehend von der Situation der Palästinenser wird eine jüdisch-amerikanisch-sündige Kreuzritter-Weltverschwörung behauptet, die alle Muslime unterdrückt und den Islam ausrotten will. Legitimes Terrorziel ist jeder »Ungläubige« – dazu zählen im Übrigen auch alle Muslime, die Al-Kaida nicht unterstützen.

Bereits 1993 initiiert die Gruppe einen Bombenanschlag in der Tiefgarage des World Trade Center, 1995 scheitert der Plan, im Rahmen des Weltjugendtags auf den Philippinen Papst Johannes Paul II. und möglichst viele jugendliche Besucher umzubringen sowie Flugzeuge zu entführen und in der Luft zu sprengen, an Fehlern im Vorfeld. 1998 sterben bei Al-Kaida-Anschlägen auf die US-Botschaften in Kenia und Tansania 224 Menschen.

Als Drahtzieher wird das Terrornetzwerk *Al-Kaida* ausgemacht. Wie aber begegnet man den Hintermännern solcher Anschläge? Wie kann man einen »Krieg gegen den Terror« führen, den US-Präsident *George W. Bush* ankündigt?

✔ Nachdem die afghanischen Taliban die Auslieferung des Drahtziehers Osama bin Laden verweigern, werten die USA den Anschlag als einen Angriff auf ein Mitgliedsland der NATO. Diese ruft zum ersten Mal in ihrer Geschichte den **Bündnisfall** aus.

✔ Am 7. Oktober 2001 greift eine US-geführte Koalition aus 70 Ländern, darunter auch islamischen, **Afghanistan** an. Am 12. November wird Kabul eingenommen und eine Übergangsregierung installiert, die 2004 in freien Wahlen bestätigt wird.

✔ Ab 2009 setzt der neue US-Präsident Barack Obama darauf, Terror-Chefs gezielt durch **Drohnenangriffe** auszuschalten. 2011 lässt er Osama bin Laden in Pakistan töten. Die völkerrechtlich äußerst umstrittenen Drohnenangriffe werden jedoch, obwohl sie weniger Opfer als ein konventioneller Krieg fordern, als besonders heimtückisch empfunden und tragen dazu bei, dass auch die Zivilbevölkerung vor Ort die westlichen Mächte als Feinde sieht.

Afghanistan gilt 2001 als gescheiterter Staat, der größtenteils von den radikalislamischen *Taliban* beherrscht wird, aber keine Regierung hat. Wie kam es dazu? 1978 stürzten kommunistische Kräfte den Diktator Mohammed Daoud Khan. Als sie danach gegenüber islamischen Gruppen und der alten Großgrundbesitzer-Kaste in die Defensive gerieten, marschierten am 25. Dezember 1979 sowjetische Truppen ein. Zehn Jahre lang tobte ein *Stellvertreterkrieg* zwischen den *Sowjets* und den sowohl von den USA wie auch China, Pakistan und Saudi-Arabien unterstützten islamischen *Mudschaheddin*. Am 15. Februar 1989 zogen die Russen wieder ab und Afghanistan wurde einem *Bürgerkrieg* zwischen verschiedenen *Warlords* überlassen.

Die Taliban sind ursprünglich junge afghanische Flüchtlinge, die in den Lagern in Pakistan von radikalen Islamisten umsorgt und indoktriniert wurden. 1996 übernahmen sie mit pakistanischer Hilfe zum ersten Mal die Macht.

✔ Die US-Regierung inhaftiert und foltert Terrorverdächtige in Geheimgefängnissen und einem Lager auf dem Marinestützpunkt Guantanamo Bay auf Kuba. Damit wird ein **rechtsfreier Raum** geschaffen, der wie auch die Anwendung der Folter gegen geltendes Kriegsrecht, jegliches Völkerrecht und auch die Verfassung der USA verstößt.

✔ Nahezu alle westlichen Länder verschärfen ihre **Sicherheitsgesetze** drastisch.

Trotzdem geht der Al-Kaida-Terror weiter. Europa wird vor allem durch die *Bombenanschläge* in öffentlichen Verkehrsmitteln in *Madrid* (11. März 2004, 191 Tote) und *London* (7. Juli 2005, 56 Tote) erschüttert. Daneben gibt es zahlreiche Attacken auf Kirchen, Synagogen, Moscheen, Hotels, Märkte und öffentliche Verkehrsmittel in den USA, Indien, Pakistan, Afghanistan, Indonesien, Singapur, auf den Philippinen, im Irak, in Jordanien, Saudi-Arabien, im Jemen, in der Türkei, in Ägypten, Tunesien, Marokko, Kenia, Tansania, Uganda und Somalia. Außerdem haben sich seit Beginn des »Kriegs gegen den Terror« die Anhänger islamistischer Terrororganisationen vervielfacht. Alle Maßnahmen gegen islamische Staaten, aber auch die wachsenden Vorbehalte gegen den Islam und das steigende Misstrauen der westlichen Gesellschaft sind Wasser auf die Mühlen der Islamisten.

Als besonders fatal gilt der *Dritte Golfkrieg*. Im Verlauf des Jahres 2002 beschuldigt US-Präsident Bush den Irak, Al-Kaida zu unterstützen und Massenvernichtungswaffen herzustellen. Es gibt zahlreiche internationale Proteste. Auch die vermeintlichen »Beweise«, die Bush vorlegt, sind schon damals nicht glaubwürdig. Experten warnen vielmehr vor einem Bürgerkrieg und der Destabilisierung der ganzen Region, welche dann Al-Kaida und anderen Islamisten tatsächlich einen Betätigungsraum eröffnen würde. Trotzdem beginnen die USA und Großbritannien mit einer »Koalition der Willigen« am 20. März 2003 einen Krieg, der schnell zum Sturz des irakischen Diktators *Saddam Hussein* führt, ansonsten aber noch schlimmere Konsequenzen hat als prognostiziert.

Kein Frühling: Die große Krise der arabischen Welt

Die Besetzung des Iraks durch US-Truppen im Jahr 2003 führt dazu, dass sich eine Vielzahl von *Widerstandsgruppen* bildet, die meisten mit islamistischer Ausrichtung. Der jordanische Terrorist *Abu Musab az-Zarqawi* kooperiert mit Al-Kaida. Zu seinem Kampfrepertoire gehört neben Bombenanschlägen vor allem die öffentlichkeitswirksame Ermordung westlicher Geiseln. Ziel des Terrors sind neben den US-Besatzern auch alle anderen Ausländer, gerade auch Angehörige von Hilfsorganisationen, und die irakischen Schiiten. Im Oktober 2006 benennt er seine Gruppe dann in »*Islamischer Staat im Irak*« (IS) um.

Im Mai 2004 veröffentlicht die Gruppe um az-Zarqawi ein Video von der Enthauptung des amerikanischen Geschäftsmanns Nicholas Berg, der im Irak Sendeanlagen repariert hatte. Im Video wird der Mord als Rache für die Folterung und Demütigung irakischer Gefangener im Gefängnis *Abu Ghuraib* durch US-Soldaten bezeichnet. Bilder dieser Vorfälle waren unmittelbar zuvor publik geworden.

Am 30. Januar 2005 finden im Irak freie Wahlen statt, die jedoch von großen Teilen der arabisch-sunnitischen Bevölkerung boykottiert werden. Entsprechend hoch fällt der Anteil der Schiiten und Kurden im Parlament aus. Auch wenn sunnitische Minister in die Regierung aufgenommen werden, betrachten viele arabische Sunniten sich durch diese nicht repräsentiert.

Der *schiitisch-sunnitische Konflikt* eskaliert nach dem Abzug der US-Truppen im Dezember 2011. Im Januar 2014 beginnt der *IS*, dem sich inzwischen viele hohe Militärs und Sicherheitsbeamte des gestürzten Diktators Saddam Hussein angeschlossen haben, große Teile des Iraks zu erobern. Durch den illegalen Verkauf von Erdöl und Kunstschätzen, Sklavenhandel mit Gefangenen, Steuererhebung in den besetzten Gebieten und Spenden von Sympathisanten aus dem Ausland wird die Terrorgruppe enorm reich. Außerdem benutzt sie in extrem professioneller Weise die konventionellen und neuen sozialen Medien. Als es im August 2014 zu einer Serie von Massakern an der nordirakischen Bevölkerungsgruppe der *Jesiden* sowie zur massenhaften Entführung jesidischer Frauen und Mädchen kommt, schaltet sich wieder eine US-geführte internationale Koalition in den Kampf gegen den IS ein.

In anderen Teilen der arabischen Welt scheint sich dagegen eine *Demokratisierung* anzubahnen:

- ✔ Am 14. Januar 2011 flieht der tunesische Präsident **Zine el-Abidine Ben Ali** angesichts von Massenprotesten aus dem Land, das er seit 24 Jahren autokratisch regiert hat.

- ✔ Am 25. Januar beginnen in Ägypten die Demonstrationen gegen die Regierung. Tausende von Demonstranten, darunter viele moderne junge Leute, die sich über Twitter und Facebook verabredet haben, versammeln sich Tag für Tag auf dem **Tahrir-Platz** in Kairo. Am 11. Februar tritt Präsident **Hosni Mubarak** zurück.

- ✔ In anderen Ländern regt sich ebenfalls Widerstand gegen die mehr oder weniger autokratisch und teils schon seit Jahrzehnten regierenden Machthaber. Die Presse im Westen spricht von einem »**Arabischen Frühling**«.

Zwei Jahre später sind jedoch alle Hoffnungen verflogen. In *Ägypten* kommen erst die Islamisten, dann wieder ein Autokrat alten Schlags an die Macht, anderswo werden die Proteste niedergeschlagen. In *Syrien* wird aus den Protesten im Frühjahr 2011 gegen Präsident *Baschar al-Assad* ein Krieg von ungeahnten Ausmaßen, in dem die Opposition schnell von verschiedenen, teils untereinander verfeindeten islamistischen Gruppen dominiert wird. 2014 greift auch der IS ein, der sich in diesem Zusammenhang mit Al-Kaida überwirft. Der Westen unterstützt »moderate Rebellen« mit Geld und Waffen, wobei umstritten ist, wie demokratisch gesinnt diese wirklich sind, und fliegt Angriffe gegen IS-Stellungen. Russland greift im September 2015 militärisch aufseiten der syrischen Regierung ein. In *Libyen* unterstützt eine internationale Koalition westlicher Mächte die Rebellen gegen Machthaber Gaddafi mit Luftangriffen. Doch nach seinem Sturz bekämpfen sich mehrere Parteien, darunter ebenfalls islamistische Gruppen und der IS. Ab 2017 kommt es zu einer Annäherung zwischen Israel und den Arabischen Staaten. Friedensverträge mit Bahrain und den Vereinigten Arabischen Emiraten (Abraham-Abkommen) sowie ein erster Besuch Netanjahus in Saudi-Arabien wecken Hoffnung auf ein Ende des Nahostkonflikts. Doch am tief sitzenden Hass auf Israel in weiten Teilen der arabischen Bevölkerung ändert sich nichts, und 2023 stürzen das Massaker der Hamas an israelischen Zivilisten und der folgende Kriegs Israels gegen die Hamas und die Hisbollah im Libanon den Nahen Osten in die nächste Krise.

Woher aber kommt der plötzliche Islamismus im 3. Jahrtausend? Zum Teil war er seit Langem vorhanden. Die Wurzeln reichen bis in die Kolonialzeit zurück. Im Widerstand gegen die Besatzungsmächte entstanden Bewegungen, die aggressiv die eigene Identität betonten – ethnisch, aber auch religiös. Viele der jahrzehntelang regierenden, vom Westen gestützten Herrscher in den arabischen, aber auch anderen islamischen Ländern sind im Kampf gegen radikal islamistische Gruppen im eigenen Land immer autokratischer geworden. Aus einer Politik der »harten Hand« entwickelten sich Diktaturen mit Personenkult und Selbstbereicherung, was dann erneuten massiven, meist islamistisch gefärbten Widerstand nach sich zog.

Gespenst aus der Vergangenheit: Die Rückkehr von Nationalismus und Geopolitik

Ob Nicolas Chauvin je gelebt hat, ist mehr als fraglich. In den französischen Boulevard-Theatern der 1830er-Jahre ist der Soldat, der angeblich in den Napoleonischen Kriegen diente und unbändig stolz auf sich und sein Land ist, jedenfalls eine beliebte Witzfigur. So sehr, dass nach ihm der *Chauvinismus* benannt wird. (Erst später wird der Begriff vom übersteigerten Stolz auf die eigene Nationalität auf den männlichen Dünkel bezüglich des eigenen Geschlechts übertragen.) Auch in den demokratischen Gesellschaften des späten 20. und beginnenden 21. Jahrhunderts schien *nationaler Chauvinismus* nur in den Randbereichen der Gesellschaft und in der Satire beheimatet. Doch nach 2010 kommt es zu einem »*Neuen Nationalismus*«.

✔ In vielen westlichen Demokratien erhalten Parteien oder Bewegungen, die einen Abbau der internationalen Verflechtungen propagieren und gegen eine Politik jenseits der nationalen Egoismen polemisieren, an Zulauf oder entstehen neu.

✔ Politiker, die offen einen Abbau demokratischer Strukturen propagieren, werden gewählt oder in ihrer Macht bestätigt. Unterstützt werden sie von den Teilen der Bevölkerung, die Globalisierung als Bedrohung und sich selbst als Verlierer der internationalen Verflechtung sehen.

✔ Westlicher Chauvinismus und chauvinistischer Islamismus befeuern und radikalisieren sich gegenseitig. Vor allem in anonymen Internetforen finden sich Unmengen von Hassparolen, die sich in ihrer Radikalität in nichts von dem Klima vor den beiden Weltkriegen unterscheiden. Auch konkrete rechtsradikale und islamistische Straftaten nehmen zu.

✔ Der Krieg in Syrien, die Verwerfungen im Irak, Afghanistan, Libyen und Somalia sowie die Armut in Afrika treiben so viele Menschen in die Flucht, dass in potenziellen Zufluchtsländern Ängste und massive Abwehrreaktionen auftreten und den aggressiven Chauvinismus zusätzlich anschüren.

✔ Politische Auseinandersetzungen in der Ukraine im Winter 2013/14 zwischen pro-westlichen und pro-russischen Kräften führen dazu, dass Russland im März 2014 die Krim annektiert und im Osten einen Bürgerkrieg zwischen separatistischen Gruppen und pro-ukrainischen Kräften unterstützt. Eine Einmischung der Groß- und Regionalmächte in Konflikte, so schädlich sie oft ist, ist mal mehr, mal weniger normale Realität gewesen. Eine Rückkehr zur Geopolitik jedoch, also zur tatsächlichen Eroberung und Annexion von Territorien, wird schon damals von vielen als Dammbruch gesehen. Spätestens mit dem russischen Angriff auf die gesamte Ukraine am 24. Februar 2022 sind Eroberungskriege tatsächlich wieder zur politischen Bedrohung der globalen Weltordnung geworden, gegen die es sich zu wappnen gilt.

All diese Entwicklungen erschweren sowohl in den einzelnen Ländern als auch international das Lösen anderer drängender Probleme, da sie Konsens und friedliche Kompromisse als Mittel der Politik diskreditieren, Lagerbildung fördern, massive Unsicherheit auch bei Unbeteiligten schüren, extremen Positionen und Politikern weiter Auftrieb geben, bestehende Gesprächskanäle zwischen »verfeindeten« Nationen zerstören und nicht zuletzt massive Mittel binden, die anderswo dringend benötigt würden. Das treibt auch internationale Organisationen wie die EU in die Krise.

Nicht gelöst: Die Verwerfungen der globalisierten Wirtschaft

Globalisierung gibt es genau genommen, seit die Urmenschen begannen, sich auf dem Erdball zu verteilen, und *Wirtschaftspolitik* startete mit den ersten Tauschgeschäften. Die Wirtschaft war oft der Motor, immer aber der Profiteur von Expansion und stärkerer globaler Vernetzung. Der Kommunismus sollte das Problem der ungleichen Verteilung der Profite lösen, hat dies aber nicht getan.

Gleicher Lohn für alle

Ein möglichst gleichmäßig verteiltes Einkommen innerhalb eines Landes gilt als ein wichtiger Garant für sozialen Frieden. Musterbeispiele sind etwa die Slowakei und Slowenien, die einen *Gini-Index* (dessen Wert möglichst niedrig sein sollte, wenn Gleichverteilung angestrebt wird) von 24,1 bzw. 24,3 Prozent erreichen, während Namibia auf 59,1 kommt. Doch es ist nicht so, dass generell reiche Länder besser stehen. Vor Deutschland (31,7 Prozent) liegen zum Beispiel Staaten wie Weißrussland (24,4 Prozent), Moldau (25,7 Prozent) oder Kirgistan (28,8 Prozent, alle Zahlen aus 2021 und 2020). Generell weisen neben afrikanischen vor allem lateinamerikanische Länder hohe Werte auf und auch die USA stehen mit 39,7 Prozent ziemlich schlecht da.

KAPITEL 19 Globalisiert: Die moderne Welt

Nach dem Ende des Kalten Kriegs gilt der Kapitalismus als »Sieger« im Wettstreit der Wirtschaftssysteme und quasi »alternativlos«. 1994 wird in Marrakesch auf Grundlage bereits bestehender internationaler Abkommen die *Welthandelsorganisation WTO* gegründet, der 164 Länder angehören. Sie soll den globalen Handel noch weiter liberalisieren. Tatsächlich steigen die weltweiten Exporte von 1838 Milliarden Dollar im Jahr 1983 auf 24 904 Milliarden im Jahr 2022. Doch die Erlöse sind extrem ungleich verteilt. Die 50 ärmsten Länder der Welt haben nur einen Anteil von 0,5 Prozent am Gesamtvolumen. Während sie vor allem unverarbeitete Rohstoffe zu extrem schwankenden Weltmarktpreisen verkaufen, müssen sie ihre Märkte für subventionierte Waren aus den Industrieländern öffnen, die dann die heimische Produktion kaputt machen, wie Hühnerteile, die in den reichen Ländern nicht verkäuflich sind, oder Milchpulver aus Überschussproduktion. Trotzdem ziehen es die meisten armen Länder vor, Mitglied der WTO zu sein als ganz außen vor zu bleiben.

In den 1990er-Jahren beginnen jedoch auch die Menschen in den Industrieländern am eigenen Leib zu erfahren, dass *Kapitalismus* nicht dasselbe ist wie *soziale Marktwirtschaft*, sondern Arbeitsplätze dort entstehen, wo sie am günstigsten sind. Selbst Callcenter werden nach Indien ausgelagert, wo bestens ausgebildete Mitarbeiter mit falschen Namen vorgeben, sich im Land des Anrufers um dessen Probleme zu kümmern. Vor allem China mit seinen endlosen Massen günstiger Arbeiter wird ab 1995 zur »Werkbank der Welt« und beginnt große Handelsüberschüsse zu erzielen. Doch nach nur wenigen Jahren werden die Produktionen teilweise in noch günstigere Länder wie Vietnam, Bangladesch, Nigeria oder Äthiopien verlegt.

Trotz der Hungerlöhne und unzumutbaren Arbeitsbedingungen, denen die Menschen in den ärmsten Ländern meist ausgesetzt sind, bringt die Produktion einen gewissen, wenn auch nicht fairen Aufschwung. Von 1990 bis 2021 ist der Anteil der Menschen, die in extremer Armut (weniger als 2,15 Dollar pro Tag, in lokale Kaufkraft umgerechnet) am Tag leben müssen, von 37,8 auf 9 Prozent der Weltbevölkerung gesunken.

Am Ende zählt aber nicht der Preis, sondern die *Wettbewerbsfähigkeit*. Nach einer Erhebung des Weltwirtschaftsforums waren im Jahr 2019 die wettbewerbsfähigsten Länder: Singapur, USA, Hongkong, Niederlande, Schweiz, Japan, Deutschland, Schweden, Großbritannien und Dänemark. Ganz am Ende rangieren die meisten afrikanischen Länder und Haiti.

Besonders fatal für die allerärmsten Länder wirken sich *Börsenspekulationen mit Nahrungsmitteln* aus. So sorgt zum Beispiel 2007/2008 ein spekulationsbedingter Preisanstieg bei Grundnahrungsmitteln dafür, dass die Zahl der Menschen, die Hunger leiden, um etwa 30 Millionen steigt. Ebenfalls eine bedrohliche Entwicklung ist das *Land-Grabbing*: Vor allem China und die Golfstaaten kaufen in großem Stil fruchtbares Land in Afrika auf und legen dort Plantagen für die eigene Versorgung an, während einheimische Kleinbauern ihre Existenz verlieren.

Wenn aber schon die internationale *Realwirtschaft* fast undurchschaubar verflochten ist und für Verwerfungen sorgt, so gilt das für die *Geldwirtschaft* noch mehr. Als im Herbst 2008 in den USA eine Immobilienblase platzt und die Investmentbank *Lehman Brothers* Insolvenz anmeldet, wird daraus eine weltweite Krise. Das hat Gründe.

✔ In den 1990er-Jahren wurde der **Kapitalmarkt** gründlich **dereguliert**. Fast alle Industrieländer bauten die Barrieren zwischen dem nationalen und dem internationalen Kapitalmarkt ab. Geld floss damit ungehindert dorthin, wo am meisten Rendite winkte. Nach der Jahrtausendwende aber wurden sehr großzügig Kredite vergeben. Doch das Geld floss zu einem Großteil nicht in die Realwirtschaft, sondern in reine »Finanzprodukte«. 2008 sind solche Derivate im Wert von 500 Billionen Dollar im Umlauf. Keine Bank weiß auf Anhieb, wie viele »faule Kredite« sie im Portfolio hat, deren Rückzahlung nach den Ereignissen in den USA so gut wie ausgeschlossen ist.

✔ Die Probleme der Banken führen dazu, dass sie für den Augenblick weder einander noch Unternehmen etwas leihen. Das führt zu einer **Rezession**.

✔ Generell geben die Banken mehr Kredite, als sie Geld haben. Das bedeutet: Wenn zu viele Gläubiger ihr Geld auf einmal wiederhaben wollen, geht zwangsläufig jede Bank pleite – womit nicht nur das Geld irgendwelcher »Zocker«, sondern auch die Spareinlagen von Privatleuten und Versicherungen vernichtet wären. Damit es keinen »Run« auf diese Einlagen gibt, muss die Politik die angeschlagenen **Banken** finanziell **retten**.

Doch auch viele Staaten haben sich in der Phase billigen Geldes hoch verschuldet. Nun müssen sie einerseits ihre Banken retten, andererseits werden sie selbst plötzlich als Risiko-Gläubiger eingestuft und bekommen nur noch gegen extrem hohe Zinsen neues Geld. So wird aus der Bankenkrise die *Eurokrise* Als diese einigermaßen überwunden scheint, sorgen 2020 die Coronapandemie und 2022 der russische Krieg gegen die Ukraine für neue, unerwartete Verwerfungen.

Die lautlose Gefahr: Digitale Bedrohungen

Die Älteren werden sich erinnern: Mitte der 1990er-Jahre waren Handys etwas für Angeber, Computer bessere Schreibmaschinen mit angeschlossener Spielkonsole und der Nutzen des Internets für die meisten noch nicht so recht ersichtlich. Inzwischen beruhen große Teile des modernen Lebens auf digitaler Informationstechnik, weshalb die IT-Entwicklung der letzten zwei bis drei Jahrzehnte auch als *digitale Revolution* bezeichnet wird. Und ein Ende der Möglichkeiten ist noch nicht absehbar. 2022 bekommt die Öffentlichkeit durch die Markteinführung von Programmen wie ChatGBT eine Vorstellung von den Möglichkeiten »Künstlicher Intelligenz« (KI), also selbstlernender Maschinen, an denen hinter den Kulissen schon lange getüftelt wird.

Es zeigt sich jedoch auch zunehmend, dass die allgemeine Digitalisierung größere Risiken birgt, als dass ein Computer abstürzt und die Daten eines Einzelnen von Viren verseucht werden.

✔ **Überwachung:** Im Sommer 2013 enthüllt der amerikanische Geheimdienstmitarbeiter Edward Snowden, welch umfassende Überwachung von Bürgern, Firmen und anderen Regierungen die NSA (National Security Agency) durchführt. Datenschützer befürchten den »Gläsernen Bürger«, auf dessen persönliche Daten und selbst privateste Kommunikation Staat, Geheimdienste, Arbeitgeber oder Versicherungen zugreifen können. Doch mit der gleichen Technik können auch Staaten, Firmen und Banken für Konkurrenten und die organisierte Kriminalität »gläsern« werden.

✔ **Sabotage:** Im November 2016 legen **Hacker** die medizinischen Geräte in einem deutschen Krankenhaus lahm. Mithilfe von IT-Experten lässt sich die Sache in den Griff bekommen. Der Schaden liegt bei etwa einer Million Euro, gestorben ist zum Glück niemand. Potenziell jedoch ist eine Sabotage und Fernsteuerung aller elektronischen Geräte denkbar, wenn die **Sicherheitstechnik** nicht besser als die Fähigkeiten der Angreifer ist. Das gilt in Fabriken, Banken, Krankenhäusern, Wasser- und Elektrizitätswerken, Atomkraftanlagen, militärischen Einrichtungen, bei der Verkehrsleitung, aber auch in der Steuerung von Flugzeugen, Autos, Drohnen, Herzschrittmachern und vielem mehr bis hin zum Cyberwar, dem digitalen Krieg zwischen Staaten.

✔ **Fake News:** Am 4. Dezember 2016 greift ein Mann mit einem Sturmgewehr eine Pizzeria in Washington an. Er hat im Internet gelesen, es gebe Hinweise, dass im Keller der bei Demokraten beliebten Pizzeria ein Kinderpornoring sein Unwesen treibe. In Wahrheit wollte nur jemand Präsidentschaftskandidatin Hillary Clinton mit diesem **Gerücht** schaden. Insgesamt tauchen im US-Wahlkampf 2016 so viele **Falschmeldungen** und **Verleumdungen** auf, dass der Begriff »Fake News« die Runde macht. Nun sind Presseenten und Tatarenmeldungen keine Erfindung des Internetzeitalters, doch noch nie gab es einen so großen öffentlichen Raum, noch nie waren Fälschungen so leicht wie mit digitaler Technik. Vor allem durch den Einsatz von KI könnten schon bald absolut perfekte Täuschungen möglich sein.

Die Flut der Fake News im Internet führt zu einem *Vertrauensverlust* gegenüber den Medien insgesamt. Davon profitieren aber die klassischen Medien nicht, im Gegenteil: Viele Menschen messen die Glaubwürdigkeit einer Nachricht daran, ob sie ihr Weltbild bestätigt, nicht daran, wie transparent das Medium arbeitet, das sie verbreitet. In der Sozialpsychologie ist dieses Verhalten seit Langem als *kognitive Dissonanz* bekannt: Weil Widersprüche (Dissonanzen) verstörend sind, werden Strategien entwickelt, diese zu meiden.

✔ **Kontrollverlust:** Was KI lernt, kann sich der Kontrolle ihrer Schöpfer entziehen. So sind Systeme denkbar, die am Ende immensen Schaden anrichten, etwa Waffen, die »auf eigene Faust« Angriffe starten oder Programme, die Chaos in der Infrastruktur anrichten und nicht mehr gestoppt werden können.

Horrorszenario im Hintergrund: Der Klimawandel

Der *Atomunfall von Tschernobyl* im Jahr 1986 war nicht in erster Linie wegen der tatsächlichen Schäden, die er anrichtete, ein Schock, sondern weil er drastisch vor Augen führte, dass es Gefahren gibt, die sich durch Grenzziehungen und nationale Maßnahmen nicht aufhalten lassen.

Inzwischen droht jedoch etwas, was noch sehr viel schwerer beherrschbar ist als ein Kernkraftwerk. Mit ziemlicher Sicherheit hat es während der gesamten Erdgeschichte noch nie eine so schnelle Erwärmung gegeben, wie sie seit etwa 50 Jahren zu beobachten ist. Die Wissenschaftler haben inzwischen keinen Zweifel mehr, dass der *massive Ausstoß* von *Kohlendioxid*, *Lachgas* und *Methan* – vor allem durch die Verbrennung fossiler Treibstoffe, aber auch durch Viehhaltung, Trockenlegung von Mooren und Entwaldung – für diesen Effekt verantwortlich ist. Denn die Gase lassen zwar die Sonnenstrahlung zur Erde durch, behindern jedoch das Entweichen infraroter Wärmestrahlung in den Weltraum.

Langfristige Folgen der Erderwärmung sind

- ✔ das Schmelzen der Gletscher und Polkappen, steigende Meeresspiegel und damit eine Vernichtung von Inseln und Küstenregionen,
- ✔ extreme, zerstörerische Wetterereignisse,
- ✔ ein Verschieben der Klimazonen, was alle Lebewesen unter einen ständigen Anpassungsdruck bringt.

Dies kann zum Aussterben vieler Pflanzen- und Tierarten, zur Ausbreitung von Krankheiten und zur Massenflucht von Menschen aus nicht mehr bewohnbaren Regionen der Erde führen. Mit hoher Wahrscheinlichkeit gibt es zudem heute noch nicht absehbare Folgen des Klimawandels.

Völlig unkontrollierbar werden die Auswirkungen der Erwärmung ab dem Zeitpunkt, an dem schlagartig riesige Mengen an Treibhausgasen frei werden, zum Beispiel durch ein *Auftauen des sibirischen Permafrostbodens* oder die *Freisetzung der Manganhydrate auf dem Meeresboden*. Auch eine *Änderung der Meeresströmungen* hätte vermutlich dramatische Auswirkungen und könnte vor allem in Europa durch das Versiegen des Golfstroms auf einen Hitze- einen Kälteschock folgen lassen, der die Anpassungsfähigkeit von Mensch und Natur heillos überfordert.

Damit die Folgen der Erwärmung noch einigermaßen beherrschbar bleiben, haben Wissenschaftler die Devise ausgegeben, dass die durchschnittliche Temperatur um nicht mehr als 1,5 bis 2 Grad gegenüber dem Jahr 1850 steigen darf. Dazu hätten die globalen Emissionen spätestens 2020 anfangen müssen zu sinken. Doch nach einer »Corona-Delle« erreichen sie – trotz anhaltender wirtschaftlicher Flaute – schnell wieder das Vorkrisenniveau. Um die *Klimaschutzziele* zu erreichen, müssten alle Länder der Erde umgehend an einem Strang ziehen.

Als ein gewisser Durchbruch gilt das *Kyoto-Protokoll* von 1997. Es ist der erste völkerrechtlich bindende Vertrag, in dem Zielwerte für eine *Verringerung der Treibhausgas-Emissionen* festgelegt worden sind. Es nimmt die Industrieländer stärker in die Pflicht als Entwicklungsländer. Außerdem wurde der *Handel mit Emissionsrechten* eingeführt, das bedeutet: Wer seine Auflagen nicht einhalten kann, muss sich zusätzliche Rechte kaufen, was denjenigen, die sich umweltverträglich verhalten, Geld bringt. Kritiker monieren aber, dass viel zu viele Rechte ausgegeben wurden. Mittlerweile haben die meisten Länder der Welt das Protokoll unterzeichnet, nicht jedoch die USA und Kanada, zwei der größten Klimasünder. Außerdem steht noch keineswegs fest, ob die zugesagten Vorgaben eingehalten werden, zumal zahlreiche brisantere Probleme die Klimapolitik in den Hintergrund drängen. Auch das Aufflammen nationaler Egoismen lässt es fraglich erscheinen, dass die gewaltigen gemeinsamen Anstrengungen, die für die Erreichung des Zwei-Grad-Ziels nötig sind, tatsächlich in Angriff genommen werden.

... und ein Schlusswort

Nachdem ich nun auf weit über 300 Seiten Fakten zur Weltgeschichte für Sie zusammengetragen habe, liebe Leserinnen und Leser, gestatten Sie mir noch ein paar persönliche Worte.

Dieses Buch handelt mehr von Kriegen und Krisen, als ich das ursprünglich geplant habe. Eigentlich wäre ich gerne mehr auf Kunst und Kultur und all das Schöne eingegangen, das die Menschheit hervorgebracht hat, und hätte auch gerne noch mehr unterhaltsame Anekdoten eingeflochten. Manch einer mag nun meinen, ich hätte doch ein paar Kriege aus entfernten Winkeln der Erde weglassen können. Doch wie ich Ihnen zu Beginn versprochen hatte, habe ich die Weltgeschichte ernst genommen und nicht (zu) ethnozentrisch auf das Geschehen rund um den Globus geblickt. Schon früher hatten Geschehnisse an einem Ende der Welt, wie ich Ihnen hoffentlich zeigen konnte, mehr Auswirkungen auf andere Regionen, als man gemeinhin wahrhaben möchte. Heute aber ist die Welt so vernetzt, dass ein Abschotten schlichtweg nicht mehr möglich ist, so überfordert man sich von den globalen Problemen auch fühlen mag.

Kunst und Kultur und all die anderen schönen Dinge haben jedoch nur eine Chance, wenn es gelingt, Krisen zu bewältigen und Kriege erst gar nicht entstehen zu lassen. Denn dass Kriege mit einem strahlenden Sieger enden, der fortan sein Leben in Frieden genießen kann, ist ein Märchen aus Mythen, Filmen und Computerspielen. In der Realität produzieren Siege meist nur neuen Hass, neue Ängste und neue Probleme. Für tragfähige Friedensschlüsse aber bedarf es den Willen zu schmerzhaften Kompromissen auf beiden Seiten, und der stellt sich oft erst nach Jahren der Zerstörung und immensem Leid ein.

Teil V
Der Top-Ten-Teil

 Besuchen Sie uns unter https://www.instagram.com/furdummies/

IN DIESEM TEIL ...

✔ Hier finden Sie fünf höchst unterschiedliche Listen: tatsächlich Messbares wie die schlimmsten Katastrophen und die größten Reiche, Nützliches wie einen Überblick über leicht zu merkende Jahreszahlen und wichtige Regierungsformen sowie Subjektives wie eine Aufstellung großer Herrscherinnen.

✔ Die Top-Ten-Listen sind keine stark komprimierte Zusammenfassung der wichtigsten Informationen aus dem Hauptteil, sondern eine Ergänzung.

✔ Jede Liste ist aber auch für sich genommen aussagekräftig, sodass Sie sie gerne als Einstieg in dieses Buch lesen können, wenn Sie mit etwas Kurzem, Knackigem beginnen möchten.

IN DIESEM KAPITEL

Zehn Frauen, die sich zu kennen lohnt

Starke Persönlichkeiten aus Frühgeschichte, Mittelalter und Neuzeit

Verschiedene, weibliche Machtstrategien

Kapitel 20
Die zehn fähigsten Herrscherinnen

Zugegeben, die Auswahl, welche Frauen wirklich die erfolgreichsten Herrscherinnen der Geschichte waren, ist mehr als subjektiv. Außerdem ist natürlich die Frage berechtigt, warum sie teilweise nicht im Hauptteil auftauchen, wenn sie doch so bedeutend waren. Aber politisches Talent kann eben auch zur Folge haben, dass wenig Aufregendes passiert, sondern stattdessen Frieden und Stabilität herrschen. Es muss auch nicht zwangsläufig in einem großen und weltgeschichtlich bedeutenden Land zur Anwendung kommen. Eines aber haben die hier aufgeführten Frauen gemeinsam: Sie haben wirklich selbst regiert, statt die Regierungsgeschäfte in erster Linie ihren Ministern zu überlassen, wie etwa die britische Königin Victoria (reg. 1837–1901).

Hatschepsut, Königin von Ägypten

(reg. um 1479–1458 v. Chr.)

Hatschepsut ist nicht die einzige Königin am Nil, aber die bedeutendste, ja sogar eine der bedeutendsten Herrscherpersönlichkeiten des Alten Ägyptens überhaupt. Sie legt die *Grundlage für den Reichtum*, mit dem ihre Nachfolger Kriegszüge und Bauprojekte finanzieren. In ihren späteren Jahren lässt sie sich in *männlicher Königstracht mit Knebelbart* abbilden – ein deutliches Statement, dass sie sich nicht nur als königliche Gemahlin ihres Halbbruders Thutmosis II. und nach dessen frühem Tod als Regentin für ihren Stiefsohn Thutmosis III. sieht, sondern als eigentlichen Herrscher des Reichs.

Zenobia, Königin von Palmyra

(um 240–274 n. Chr.)

Eine *sehr expansive Politik* findet man bei Frauen an der Macht selten. Zenobia ist eine Ausnahme. Die sehr gebildete Adelige ist die Ehefrau von *Odaenathus*, dem Fürsten der reichen *Handelsstadt Palmyra*. Eigentlich ist diese Stadt Rom unterstellt, doch nachdem Kaiser Valerian anno 260 in die Gefangenschaft des persischen Königs Schapur I. gerät, nimmt Zenobias Mann die Zügel selbst in die Hand und dehnt seinen Machtbereich aus. Nach seinem Tod bringt Zenobia den gesamten Nahen Osten unter ihre Kontrolle. Im Nordwesten erstreckt sich ihr Reich bis zum heutigen Ankara, im Süden schließt es Ägypten mit ein. Vermutlich erwartet sie, von Rom als Statthalterin toleriert zu werden. Doch Kaiser Aurelian geht mit aller Macht gegen sie vor und kann sie schließlich besiegen.

Suiko, Kaiserin von Japan

(554–628 n. Chr.)

Suiko ist der *erste weibliche japanische Tenno*. Sie kommt als Witwe ihres Halbbruders, Kaiser Bidatsu, auf den Thron und regiert dann 35 Jahre lang. Unter ihrer Herrschaft fasst der *Buddhismus* in Japan Fuß. Außerdem werden regelmäßig Studenten und Mönche zur Fortbildung nach China geschickt. Mit ihrem Schwiegersohn Shotoku Taishi hat sie einen fähigen Regenten, der ihre Politik erfolgreich umsetzt. Vielleicht Suikos größtes Verdienst ist, dass es ihr gelingt, zwischen Shotoku Taishi und ihrem Onkel Soga no Umako zu vermitteln, der als Oberhaupt des mächtigsten Clans ebenfalls Anteil an der Regierungsgewalt beansprucht. Denn solche Konstellationen haben in anderen Epochen der japanischen Geschichte für viel Unruhe gesorgt. Außerdem wird ihr großer *Gerechtigkeitssinn* gepriesen.

Olga, Regentin von Kiew

(um 890–969 n. Chr.)

Olga übernimmt im Jahr 965 in einer sehr prekären Situation für ihren kleinen Sohn Swjatoslaw I. die Leitung des noch sehr unstabilen *Kiewer Reichs* und bekommt auch nach dessen Volljährigkeit immer wieder die Regierungsgeschäfte übertragen, wenn Swjatoslaw I. auf Feldzügen unterwegs ist. Olga führt nicht nur das *Christentum* bei den Rus ein – wofür sie später heiliggesprochen wird –, sondern legt auch das Fundament für eine stabile *Territorialherrschaft*, indem sie ein System aus befestigten Plätzen anlegen lässt, von denen aus unter anderem Steuereintreiber agieren. 968 verteidigt sie Kiew gegen eine *Belagerung der Petschenegen*, die ihr Khanat östlich des Reichs der Rus haben.

Offenbar hat Olga aber auch eine grausame Seele. Jedenfalls berichten die Chroniken ausführlich über die *Rache*, die sie am Stamm der *Drewljanen* genommen hat, die ihren Mann

Igor töteten. Demnach ließ Olga die Hauptstadt der Drewljanen von Hunderten brennender Tauben und Spatzen zerstören, ermordete 5000 Drewljanen am Grabhügel ihres Mannes und ließ eine drewljanische Delegation im Badehaus verbrennen, eine andere lebendig begraben.

Blanka von Kastilien, Regentin von Frankreich

(1188–1252)

Blanka von Kastilien ist eine Enkelin von Eleonore von Aquitanien (siehe Kapitel 10) und wird aus Gründen der Aussöhnung mit dem Enkel von deren Ex-Mann, Ludwig VIII. von Frankreich, verheiratet. Nach dessen frühem Tod sieht sie sich als *erste Regentin Frankreichs* jedoch nicht nur mit einer starken inneren Opposition konfrontiert, sondern hat mit ihrem Cousin *Heinrich III. von England* auch einen Gegner, der bestrebt ist, den einstigen englischen Besitz in Frankreich zurückzuerobern. Blanka taktiert extrem geschickt und scheut dabei auch vor Feldzügen nicht zurück. Den Invasionsversuch ihres Cousins kann sie im Keim ersticken. Außerdem sabotiert sie zweimal dessen Versuch, über die Heirat mit einer französischen Fürstentochter Macht auf dem Kontinent zu bekommen. Ihrem Sohn Ludwig dem Heiligen übergibt sie erst mit 21 Jahren, nicht wie üblich mit 14 Jahren, die Regierungsgewalt. Auch während dessen erstem Kreuzzug – den sie vehement ablehnt – führt sie noch einmal die Regierungsgeschäfte. Solange es nicht um Religion geht, ist auch Ludwig wie seine Mutter ein sehr fähiger Innenpolitiker. Mit ihrer Schwiegertochter Margarethe von der Provence allerdings kommt Blanka nicht klar, obwohl (oder gerade weil?) diese ebenfalls eine Frau von großem Format ist.

Margarethe I., Königin von Skandinavien

(1353–1412)

Margarethe I., die die *Kalmarer Union* aus Dänemark, Norwegen und Schweden schmiedet, ist einer der fähigsten Politiker des Mittelalters. Warum aber taucht sie dann im Hauptteil dieses Buchs nicht auf? Nun, sie versteht es perfekt, sich aus den Konflikten ihrer Zeit herauszuhalten. Ihre Herrschaft ist daher weitgehend friedlich. Wenn sie aber mal Krieg führt, kommt der oft überraschend und ist kurz und erfolgreich. Sie weiß viele Dinge sehr geräuschlos zu erledigen, anderes dagegen durch Verhandlungen, Taktieren und Unverbindlichkeit zu verschleppen, bis die Lage für sie günstiger ist. Deswegen gilt sie als geradezu furchterregend schlau.

Als Tochter des dänischen und Witwe des norwegischen Königs regiert sie diese Länder zunächst im Namen ihres Sohnes. Schweden erobert sie nach einer Einladung des dortigen Adels. Als ihr Sohn stirbt, wird ihr vom Adel erlaubt, sich einen Nachfolger auszusuchen, Hauptsache, sie regiert weiter. Allerdings taugt der Erwählte, ihr Großneffe Erik von Pommern, nichts, sodass der Union keine lange Lebenszeit beschieden ist.

Maria von Ungarn, Statthalterin der Niederlande

(1505–1558)

Maria von Ungarn steht zusammen mit ihrer Vorgängerin Margarethe für die Ära, in der das Verhältnis zwischen den Habsburgern und ihren niederländischen Untertanen (siehe Kapitel 12) noch kein Problem war. Als Schwester von Kaiser Karl V. wächst sie zusammen mit diesem in der Obhut ihrer Tante Margarethe, der damaligen Statthalterin der Niederlande, auf. Danach erlebt Maria, die als ziemlich unattraktiv, aber sehr klug und rhetorisch begabt geschildert wird, eine kurze, glückliche Ehe mit Ludwig II. von Ungarn, der jedoch – von ihren Brüdern Karl V. und Ferdinand I. im Stich gelassen – 1526 im Kampf gegen Süleyman den Prächtigen stirbt. Wie zuvor ihre Tante verweigert auch Maria weitere dynastische Heiraten, und übernimmt 1531 deren *Nachfolge in den Niederlanden*. Sie regiert äußerst geschickt, kann die Wirtschaft stärken und viele Künstler und Gelehrte an ihrem Hof sammeln, etwa den Maler Tizian. Auf diese Weise bereitet sie die spätere *Goldene Ära der Niederlande* mit vor. Sie versteht es aber auch, das Land gegen die Begehrlichkeiten König Franz I. von Frankreich zu verteidigen und überrascht diesen 1542 mit einem erfolgreichen Feldzug.

Elisabeth I., Königin von England

(1533–1603)

Elisabeth I. steht in England für eine Ära, die im Nachhinein als *Goldenes Zeitalter*, »*Merry old England*« (Fröhliches altes England) oder die Herrschaft der »*Good Queen Bess*« verklärt wird. Das überrascht, weil Elisabeth alles andere als eine mitreißende Charismatikerin ist. Sie hat eine misstrauische Natur und ist eine vorsichtige, zurückhaltende und taktierende Regentin. *Außenpolitisch* hat sie Glück, dass ihre Kaperkapitäne reiche Beute machen und den Angriff der Spanischen Armada abwehren können. *Innenpolitisch* verschafft sie dem Land, das ihr Vater Heinrich VIII. gespalten und bankrott hinterlassen hat, während ihrer langen Regierungszeit relativ viel Frieden und Wohlstand. Kunst und Kultur erleben eine Blüte – nicht nur durch William Shakespeare.

Maria Theresia, Erzherzogin von Österreich

(1717–1780)

Maria Theresia führt zwar den Titel Kaiserin, streng genommen ist der Kaiser ihr Mann Franz I. Stephan und ihr Titel nur eine Ehrenbezeichnung. Regieren tut dennoch sie. Als Erbin der Habsburger Lande ist Maria Theresia zu *Großmachtpolitik* gezwungen und sie nimmt diese Rolle an, obwohl ihr Vater sie in keiner Weise praktisch darauf vorbereitet hat. Auch die Berater, die er ihr hinterlässt, serviert sie ziemlich schnell wegen mangelnder

Tauglichkeit ab. Am Ende verliert sie zwar *Schlesien* an Friedrich II., kann aber die »Erbfeindschaft« mit Frankreich beenden. Innenpolitisch setzt sie gründliche *Reformen* auf den Gebieten der Verwaltung, der Finanzen, der Justiz und vor allem der Bildung durch. In Sachen Religion jedoch ist sie altmodisch und lässt nur den *Katholizismus* gelten.

So wie Maria Theresia einerseits eine fürsorgliche Mutter ist, ihre Kinder aber rigoros nach Staatsräson verheiratet, so mischt sich auch echte Fürsorge für die Untertanen mit absolutistischen Ansprüchen. Ihren Mann liebt sie innig, beteiligt ihn aber nicht an der Regierung. Er widmet sich jedoch erfolgreich den Finanzen und einer Förderung der Wissenschaften.

Katharina die Große, Zarin von Russland

(1729–1796)

Die geborene Prinzessin Sophie Friederike von Anhalt-Zerbst ist die *einzige Herrscherin, die den Beinamen »die Große«* bekam, und tatsächlich ist sie eine unverfälschte, unsentimentale *Großmachtpolitikerin* von dem Schlag, wie auch ihre männlichen Kollegen mit diesem Attribut. Dazu gehört auch, dass sie vermutlich in die *Ermordung* ihres verhassten Gatten, Zar Peter III., involviert ist. Und dass ihre groß angelegten Reformen der Verwaltung, Gesetzgebung, Bildung und Wohlfahrtspflege zwar Züge des aufgeklärten Absolutismus tragen, sie aber gegen ihre eigentlichen Überzeugungen die Leibeigenschaft verschärft, um den Adel bei Projekten, die ihr wichtiger sind, auf ihrer Seite zu haben. Auch ihre zahlreichen *Liebhaber* dürfen nur eine Rolle spielen, solange sie nützlich sind, wie etwa Fürst *Grigori Potjomkin,* der für sie von den Türken die Krim und damit den *Schwarzmeerzugang* erobert, von dem schon Peter der Große träumte. Ihr Versuch, die Oberherrschaft über das von inneren Wirren zerrissene *Polen* zu bekommen, führt schließlich zu der Aufteilung des Landes zwischen Russland, Preußen und Österreich, die Russland relativ kampflos das ganze heutige Litauen, Weißrussland und die West-Ukraine einbringt – und damit mehr territorialen Gewinn, als irgendein anderer russischer Herrscher je erworben hat.

IN DIESEM KAPITEL

Die grausamsten Kriege

Die schlimmsten Unruhen

Die verheerendsten Seuchen

Kapitel 21
Die zehn tödlichsten Ereignisse

Was hat die Menschheit im Laufe der Geschichte eigentlich stärker heimgesucht: Kriege, Krankheiten oder Katastrophen? Die Antwort ist nicht leicht zu geben, denn selbst über Ereignisse der Moderne wie den Zweiten Weltkrieg gehen die Schätzung der Opferzahlen weit auseinander. Je weiter man in die Vergangenheit zurückgeht, desto dünner wird die Datenlage. Die Wissenschaftler sind also auf Hochrechnungen angewiesen, und lange kursierende Zahlen werden oftmals durch neuere Forschung sehr drastisch nach oben oder unten korrigiert. Auch die folgende Top-Ten-Liste ist also unter Vorbehalt zu sehen. Berücksichtigt werden zudem nur einzelne Ereignisse, also zum Beispiel nicht alle Opfer des Sklavenhandels, des Kolonialismus, des Kommunismus et cetera.

Der Schwarze Tod

Kein Wunder, dass die *Pest* im mittelalterlichen Europa für hysterische Reaktionen sorgt: Innerhalb von nur sechs Jahren sterben etwa 25 Millionen Menschen – das ist rund ein Drittel der damaligen dortigen Bevölkerung! Doch bevor der Erreger Europa erreicht, treffen bereits Meldungen ein, die Länder entlang der Seidenstraße seien mit Leichen bedeckt. Vermutlich sterben auch hier schon rund 25 Millionen Menschen. Während die Seuche dann Europa heimsucht, greift sie auch im Nahen Osten und Ägypten um sich. Insgesamt, so die Schätzungen, sterben in den betroffenen Gebieten 75 bis 100 Millionen Menschen an der Krankheit.

Mehr dazu in Kapitel 11.

Die Spanische Grippe

Ende Mai 1918 berichten spanische Zeitungen über eine verheerende *Grippeepidemie*. Diese Offenheit wird ihnen schlecht gedankt: Die Seuche wird nach Spanien benannt, obwohl der Erreger vermutlich von US-Soldaten nach Europa eingeschleppt wurde. Doch das Virus rafft nicht nur die von Krieg und Mangelernährung geschwächte Bevölkerung Europas dahin, sondern verbreitet sich – größtenteils durch weitere Truppenbewegungen – in Südamerika, Asien, Afrika und Ozeanien. Besonders viele Tote gibt es in Indien, aber auch unter der indigenen Bevölkerung Nordamerikas, Neuseelands, in Tahiti und Samoa. Die Schätzungen über die Gesamtopferzahl reichen von 25 bis 100 Millionen Menschen.

Mehr dazu in Kapitel 16.

Der Zweite Weltkrieg

Der Zweite Weltkrieg kostet 55 bis 85 Millionen Menschen das Leben. Die Zahlen variieren einerseits so stark, weil die Opfer des Pazifikkriegs weniger gut erfasst sind als die von Hitlers Krieg, andererseits weil die meisten Toten Zivilisten sind, die nicht nur durch direkte Gewalt, sondern auch durch Hunger und vom Krieg verursachte Krankheiten umkommen. Soldaten sterben wohl zwischen 21 und 29 Millionen, davon allein fünf Millionen in Kriegsgefangenschaft. Die prozentual am schlimmsten betroffenen Länder sind Polen, die Sowjetunion, Litauen, Lettland, Griechenland, Jugoslawien, Nauru und Osttimor. Was die Gesamtzahlen angeht, ist die Sowjetunion mit rund 27 Millionen weitaus das größte Opfer.

Mehr dazu in Kapitel 17.

Die mongolischen Eroberungen

Zwischen 1206 und 1294 unterwerfen *Dschingis Khan* und seine Nachkommen große Teile Asiens und Osteuropas. Sie schaffen damit das größte Reich, das vor Errichtung des British Empire existiert hat. Dementsprechend hoch sind die Opferzahlen. Außerdem betreiben die Mongolen *psychologische Kriegsführung*, indem sie bewusst Massaker begehen. Insgesamt kosten ihre Eroberungen wohl mehr als 50 Millionen Menschen das Leben.

Mehr dazu in Kapitel 10.

Die Herrschaft von Mao

Die Ära des chinesischen Diktators Mao Zedong ist durch viele Experimente geprägt. Experimente, die einen furchtbaren Preis fordern. Experten schätzen, dass mindestens 15 Millionen Menschen verhungern und ebenso viele in Arbeitslagern umkommen. Dazu kommen mindestens 2 Millionen Menschen, die im Rahmen der Kulturrevolution sterben, als Konterrevolutionäre ermordet oder Opfer der Landreformen werden. Es gibt aber auch Schätzungen, die von mehr als doppelt so vielen Opfern ausgehen. Die durchschnittliche Schätzung liegt bei etwa 47 Millionen.

Mehr dazu in Kapitel 18.

Die Kolonialisierung Lateinamerikas

Wie dicht waren Süd- und Mittelamerika besiedelt, bevor Christoph Kolumbus 1492 auf den Bahamas landete? Das ist ziemlich schwer zu schätzen. Ende des 17. Jahrhundert leben noch etwa 9 Millionen Ureinwohner im spanisch- und portugiesischsprachigen Teil Amerikas. Die Vermutungen, wie viele zuvor durch eingeschleppte Seuchen, Krieg, Mord, Misshandlungen und Zwangsarbeit getötet wurden, variieren von 28 Millionen bis fast 140 Millionen. Im Schnitt werden knapp 40 Millionen Opfer angenommen.

Mehr dazu in Kapitel 12.

Die Taiping-Rebellion

Nach dem *Ersten Opiumkrieg* mit Großbritannien herrscht in weiten Teilen Chinas Anarchie. Die Landbevölkerung leidet unter dem Terror von organisierten Kriminellen (Triaden) und demobilisierten Söldnern. In dieser Situation tritt 1847 in der besonders betroffenen Provinz *Guangdong* ein Prediger namens *Hong Xiuquan* auf, der sich als jüngerer Bruder von Jesus sieht und zum Sturz der herrschenden »teuflischen« Mandschu-Dynastie aufruft. Er kann vor allem die Angehörigen der diskriminierten, nicht-chinesischen Minderheiten zu Hunderttausenden gewinnen. 1853 wird von seinen Anhängern die Stadt Nanjing eingenommen, dann scheitert ein Feldzug gegen Peking. Trotzdem schicken die militärischen Führer der Bewegung immer neue Heere in die Schlacht. Die Wende kommt 1860, als die Rebellen auch Shanghai angreifen und von den Briten und Franzosen zurückgeschlagen werden. In der Folge paktieren die Kolonialmächte verstärkt mit der Regierung. 1864 können die kaiserlichen Kräfte den Rebellen dann eine entscheidende Niederlage beibringen und sie 1872 schließlich besiegen.

Die Opferzahlen dieser Kämpfe werden auf etwa 45 Millionen geschätzt. Manche Forscher gehen aber auch von nur 20 Millionen, andere dagegen von 100 Millionen aus.

Mehr dazu in Kapitel 16.

Die Kriege der drei Königreiche

Die *Zeit der Drei Reiche* nach dem Abdanken der Han-Dynastie in China gilt als heroische Ära. Doch die ständigen Kriege fordern ihren Preis. In den knapp 100 Jahren ab dem Jahr 184, als die Unruhen ausbrechen, bis zur Machtergreifung der Jin-Dynastie im Jahr 280, sterben wohl 36 bis 40 Millionen Menschen. Ausgelöst wurde die Rebellion gegen die Han durch den *Geheimbund der Gelben Turbane*, der eine gerechtere Sozialordnung forderte.

Mehr dazu in Kapitel 8.

Die Justinianische Pest

Die Berichte über die Pestwelle, die zu Zeiten des byzantinischen Kaisers Justinian ab 542 den ganzen Mittelmeerraum, Vorderasien inklusive des Perserreichs sowie Teile West- und Nordeuropas heimsucht, sind dramatisch. Vermutlich sind die Menschen besonders anfällig für die Seuche, weil in den Jahren 535 und 536 Vulkanausbrüche und/oder Kometeneinschläge für extrem niedrige Temperaturen und Ernteausfälle gesorgt haben. Die geschätzten Opferzahlen reichen von 25 bis 50 Millionen Menschen. Die neuere Forschung tendiert aber zu eher niedrigeren Zahlen. Die antiken Berichte seien in der Vergangenheit zu gutgläubig hochgerechnet worden, heißt es.

Mehr dazu in Kapitel 9.

Die Eroberung des Mingreichs

Allein weil China so groß und dicht bevölkert ist, fordern dort Ereignisse wie Dynastiewechsel immer besonders viele Opfer. Das ist auch 1644 der Fall, als die Ming-Dynastie erst durch innere Unruhen gestürzt und das Reich dann von den Mandschu übernommen wird. Vor allem im Süden gibt es noch bis 1683 heftige Kämpfe – gegen die neuen Herrscher, aber auch unter diversen Aspiranten auf die Macht. Insgesamt kosten diese Kämpfe wohl rund 25 Millionen Menschen das Leben.

Mehr dazu in Kapitel 12.

IN DIESEM KAPITEL

Megastaaten und ihre Ausdehnung

Flüchtige Eroberungen und stabile Herrschaften

Ein Vergleich mit den »Großen« von heute

Kapitel 22
Die zehn größten Reiche

Mit 17 Millionen Quadratkilometern ist Russland heute das größte Land der Erde. Es folgen Kanada, die USA und China mit je knapp 10 Millionen, Brasilien mit 8,5 Millionen und Australien mit 7,7 Millionen Quadratkilometern. In welcher Relation aber steht das zu den großen Reichen der Geschichte?.

Das British Empire

Nach dem Ersten Weltkrieg fallen Teile des Osmanischen Reichs und die ehemals deutschen Kolonien in Afrika an Großbritannien. Die britische Krone beherrscht nun etwa *ein Viertel der gesamten Landmasse der Erde*, rund 35 Millionen Quadratkilometer. Auf dieser Fläche leben zu jener Zeit etwa 458 Millionen Menschen (von nicht ganz 2 Milliarden weltweit).

Mehr dazu in Kapitel 16.

Das russische Kaiserreich

Seine größte Ausdehnung hat Russland im Jahr 1866 mit 24,5 Millionen Quadratkilometern. Ein Jahr später verkauft Zar Alexander II. Alaska für 7,2 Millionen Dollar an die USA. Dagegen ist die Sowjetunion nur knapp 22,5 Millionen Quadratkilometer groß, hat aber mit zuletzt fast 300 Millionen Einwohnern deutlich mehr als das Zarenreich, das im Ersten Weltkrieg auf etwa 180 Millionen kam.

Mehr dazu in Kapitel 15.

Das Mongolenreich

Im Jahr 1279 erobert Dschingis Khans Enkel Kublai den Süden Chinas. Damit bekommt das Mongolenreich seine größte Ausdehnung. Es reicht nun von Osteuropa bis ans chinesische Meer und umfasst rund 24 Millionen Quadratkilometer.

Mehr dazu in Kapitel 10.

Das chinesische Kaiserreich

China erreicht seine größte Ausdehnung im Jahr 1760, als Kaiser Qianlong, ein Enkel von Kangxi, Tibet und das Tarimbecken unter seine Kontrolle bekommen kann. Außerdem gehören auch die Mongolei und die Altai-Region (heute Kirgistan, Tadschikistan, Teile Kasachstans) zu China. Insgesamt sind das 14,7 Millionen Quadratkilometer mit gut 300 Millionen Einwohnern.

Mehr dazu in Kapitel 13.

Das spanische Kolonialreich

Das Reich, »in dem die Sonne nie untergeht«, erreicht seine größte Ausdehnung von 13,7 Millionen Quadratmetern im Jahr 1790. Damals erhob die spanische Krone Anspruch auf die Philippinen, fast ganz Südamerika (mit Ausnahme Brasiliens), Mittelamerika und auch einen großen Teil der heutigen USA und Kanadas – ohne allerdings wirklich darüber zu herrschen.

Mehr dazu in Kapitel 13.

Das französische Kolonialreich

Wie das British Empire erlangt auch Frankreich seine größte Ausdehnung nach dem Ersten Weltkrieg. Mit allen Kolonien ist es 11,5 Millionen Quadratkilometer groß.

Mehr dazu in Kapitel 16.

Das Kalifat der Abbasiden

Das islamische Kalifat erreicht seine größte Ausdehnung mit 11,1 Millionen Quadratkilometern mit der Machtübernahme der Abbasiden im Jahr 750. Es erstreckt sich von der Iberischen Halbinsel bis ins Industal und hat etwa 34 Millionen Einwohner.

Mehr dazu in Kapitel 6.

KAPITEL 22 Die zehn größten Reiche   397

Das portugiesische Empire

Brasilien macht hier den entscheidenden Unterschied: Vor dessen Unabhängigkeit im Jahr 1815 ist das portugiesische Kolonialreich 10,4 Millionen Quadratkilometer groß – davon entfallen nahezu 8,8 auf Brasilien.

Mehr dazu in Kapitel 15.

Das Kök-Türken-Reich

Das erste türkische Reich ist eine Konföderation nomadischer Stämme in Zentralasien. Wie weit die Macht seiner Khane wirklich reicht, ist schwer zu sagen. Im 6. Jahrhundert erstreckt es sich über etwa 6 Millionen Quadratkilometer zwischen dem Kaspischem Meer und der Mandschurei. Kurz vor seinem Zusammenbruch im 8. Jahrhundert ist es möglicherweise sogar noch größer.

Mehr dazu in Kapitel 9.

Das altpersische Achämenidenreich

Zur Zeit seiner größten Ausdehnung unter Dareios I. ist das Perserreich rund 5,5 Millionen Quadratkilometer groß. Es reicht von Libyen beziehungsweise Makedonien bis an den Indus. Auf dieser Fläche leben schätzungsweise 10 Millionen Menschen.

Mehr dazu in Kapitel 7.

> **IN DIESEM KAPITEL**
>
> Arten des Zusammenlebens und ihre Tücken
>
> Theorie und Wirklichkeit verschiedener Regierungsformen
>
> Von der Gottesherrschaft bis zur Volkssouveränität

Kapitel 23
Die zehn wichtigsten politischen Systeme

Schwirrt Ihnen manchmal der Kopf, wenn die verschiedensten Regierungssysteme oft in schneller Folge wechseln und dabei für Probleme von weltgeschichtlichen Ausmaßen sorgen? Hier finden Sie die wichtigsten noch einmal knapp auf den Punkt gebracht.

Theokratie

... heißt übersetzt »Gottesherrschaft«. Aber natürlich herrscht kein Gott, sondern ein religiöser Führer oder ein religiöses Gremium im Namen Gottes (oder der Götter). Wie absolut eine Theokratie ist, hängt davon ab, welche Beschränkungen den Führern bei ihrer Interpretation von Gottes Willen auferlegt sind.

Erbmonarchie

... ist die Herrschaft eines Einzelnen, die nach bestimmten Regeln auf seinen Nachfolger übertragen wird. Manchmal kann der Herrscher seinen Erben selbst bestimmen, meist steht die Erbfolge aber fest. Eine streng geregelte Erbmonarchie führt natürlich dazu, dass auch komplett ungeeignete Herrscher inthronisiert werden müssen; eine nicht sauber geregelte kann indes Erbfolgekämpfe nach sich ziehen.

Wahlmonarchie

... ist eine Alternative zur Erbmonarchie, die es einem Wahlgremium – etwa einem Adelsrat – erlaubt, den besten Bewerber auszusuchen. Theoretisch. In der Praxis gewinnt oft derjenige, der am meisten zahlt. Oder ein schwacher Kandidat, der nicht imstande ist, die Macht des Adels zu beschneiden.

Konstitutionelle Monarchie

... bedeutet, dass die Macht des Herrschers durch eine Verfassung eingeschränkt ist. Es kann sich um eine echte Demokratie handeln, aber auch um eine Teilung der Macht, etwa indem der Herrscher regiert und ein Parlament über die Gesetze entscheidet.

Autoritäre/autokratische Herrschaft

... ist keine klar umrissene Herrschaftsform, sondern wird für verschiedene Regentschaften mit diktatorischen Zügen gebraucht. Oft handelt es sich formal um Demokratien, in denen jedoch wichtige demokratische Grundelemente missachtet oder außer Kraft gesetzt werden beziehungsweise nie vorhanden waren.

Oligarchie

... ist die Herrschaft von wenigen. Zu den Regierungsämtern hat nur eine kleine Schicht Zugang. Häufig ist diese Beschränkung jedoch nicht offiziell. Theoretisch stehen die Ämter jedem offen, faktisch sind sie aber in der Hand einer Machtelite. Die Bezeichnung »Oligarch« für superreiche Wirtschaftsführer mit politischem Einfluss ist nur eine Facette.

Räterepublik

... bedeutet, dass Kleingruppen ihre Abgeordneten (Räte) direkt wählen. Gemeinsam entscheiden die Räte dann über alles. Gewaltenteilung gibt es nicht, Parteien sind nicht vorgesehen. Räte, die gegen den Willen ihrer Wähler agieren, können jederzeit abberufen werden. Ob das Modell dauerhaft funktionieren kann und dem Volk mehr Einfluss gibt, wie die Befürworter glauben, ist in der Praxis noch nicht getestet.

Einparteiensystem

... bedeutet, dass die Parteigremien die Vorauswahl über Kandidaten für die Regierungsämter treffen. Die Herrschaft bewegt sich damit innerhalb der Spanne, die die Partei absegnet.

Parlamentarische Demokratie

... heißt, dass die Regierungsgewalt zwar vom Volk (Demos) ausgeht, aber von einem gewählten Parlament ausgeübt wird. Die Abgeordneten wählen dann die Regierung und verabschieden die Gesetze. Das Wahlvolk aber hat jenseits der Abgeordnetenwahl kaum Chancen, auf die Regierung Einfluss zu nehmen.

Präsidialdemokratie

... herrscht, wenn das Volk das gesetzgebende Parlament und das regierende Staatsoberhaupt getrennt wählen darf. Das hat zur Folge, dass diese sich auch blockieren können. Damit es nicht zum vollkommenen Patt kommt, muss der Präsident mehr Vollmachten haben als ein Regierungschef einer parlamentarischen Demokratie.

IN DIESEM KAPITEL

Zahlen, die sich gut merken lassen

Das Wichtigste rund um besondere Daten

Von 333 v. Chr. bis zum 9. November

Kapitel 24
Die zehn markantesten Daten

Wie geht es Ihnen mit Jahreszahlen, können Sie sich historische Daten gut merken? Manchen Menschen fällt das verblüffend leicht, aber für die Mehrheit sind Zahlen und Daten eher ein Graus. Aber ist es wirklich so wichtig, genau zu wissen, wann welches Ereignis stattgefunden hat und wann wer geboren wurde oder starb? Das lässt sich doch alles schnell nachschlagen. Stimmt! Dennoch sollte man wichtige Ereignisse grob einordnen können. Oft ist es auch möglich, anhand bekannter Zahlen ungefähr die Datierung anderer Geschehnisse zu erschließen. Die folgenden Daten können Ihnen dabei helfen.

333 v. Chr. – Die Schlacht bei Issos

»Drei, drei, drei – bei Issos Keilerei« ist ein Schulkalauer, der bei den meisten hängen bleibt. Aber war die Schlacht wirklich so bedeutsam? Ja, das war sie! Der Sieg bei Issos stellt zum einen den Auftakt für den Eroberungsfeldzug Alexanders des Großen dar. Zum anderen markiert er auch eine Zeitenwende. Ganz grob: Die Ära der klassischen griechischen Antike war vorher, die Zeit des Hellenismus, des ptolemäischen Ägyptens und der Aufstieg Roms kommen danach. Gestorben ist Alexander der Große 323 v. Chr., zehn Jahre nach dem Sieg bei Issos.

Mehr dazu in Kapitel 7.

0 – Zeitenwende

Und in diesem Jahr wurde Jesus geboren? Ganz sicher nicht! Denn das Jahr 0 hat es nie gegeben. Das Jahr, von dem die Menschen des frühen Mittelalters annahmen, dass es das Geburtsjahr Jesu ist, nannten sie 1 AD (erstes Jahr des Herrn, lat. »Anno Domini«). Die heute übliche Ersetzung von AD durch n. Chr. ist also im Grunde falsch – ganz ungeachtet dessen, dass Jesus von Nazareth wahrscheinlich ein paar Jahre »v. Chr.« geboren worden ist und manche Menschen sowieso lieber »vor/nach unserer Zeit« sagen. Trotzdem beruht die moderne Zeitrechnung auf der alten christlichen Zählweise. Andere Kalender – wie etwa der islamische, der jüdische, der buddhistische oder chinesische – spielen allenfalls eine regionale Rolle. Aber markiert der Wechsel von 1 v. Chr./v. u. Z. zu 1 n. Chr./n. u. Z auch jenseits der ungefähren Geburt Jesu eine Zäsur?

Im Römischen Reich ist es Kaiser Augustus, in dessen Regierungszeit (31 v. Chr.–14 n. Chr.) die Zeitenwende fällt. Und Augustus steht durchaus für eine Zäsur. Unter seiner Herrschaft vollzog sich der Wandel von der Römischen Republik (auch wenn diese formal nie aufgegeben wurde) zu dem, was wir »Römische Kaiserzeit« nennen. Caesar (geboren 100 v. Chr.) & Co. bestimmten das Jahrhundert zuvor, die Kaiser von Tiberius bis Trajan das Jahrhundert danach. Das genaue Datum für die »kaiserliche« Machtübernahme des Augustus ist jedoch nicht 0, sondern 27 v. Chr.

Mehr dazu in Kapitel 8.

800 – Die Kaiserkrönung Karls des Großen

1. Weihnachtstag 800. Man könnte meinen, Karl der Große habe es der Nachwelt bewusst leicht machen wollen, sich das Datum seiner Kaiserkrönung zu merken. Da er ein ziemlich aktiver Herrscher war, lässt sich anhand dieses Datums so einiges einsortieren. Im Nahen Osten stand zu jener Zeit das Abbasiden-Kalifat schon in voller Blüte. Es regierte Harun al-Raschid, der Karl einen Elefanten schenkte. Der Überfall auf Lindisfarne (793) war kurz zuvor, die Wikinger wurden aber eigentlich erst für Karls Nachfolger ein Problem. In Spanien regierten schon seit fast 100 Jahren (711) die Mauren, die ja bereits von Karls Großvater im Jahr 732 bei Tours und Poitiers besiegt worden waren.

Mehr dazu in Kapitel 9.

1250 – Der Tod Kaiser Friedrichs II.

Vor allem für die deutsche Geschichte ist der Tod Friedrichs II. eine große Zäsur. Die Zeit der Herrscherdynastien, deren Namen man doch irgendwie im Kopf hat – Ottonen, Salier, Staufer – ist vorbei. Danach stehen die Auseinandersetzungen zwischen Kaiser und Päpsten nicht mehr im Mittelpunkt. Nach dem Mittelalter der Herrscher beginnt die Ära der Städte. Auch die Zeit der Kreuzzüge ist praktisch vorbei, obwohl Ludwig der Heilige just in diesem Jahr noch einmal einen Versuch unternimmt.

Mehr dazu in Kapitel 11.

1500 – Die Geburt Karls V.

Karl V. steht für den Wechsel vom Mittelalter zur Neuzeit. Amerika wurde von Kolumbus im Auftrag von Karls Großeltern ein paar Jahre vor dessen Geburt entdeckt (1492). Wenige

KAPITEL 24 Die zehn markantesten Daten 405

Monate, nachdem er das Licht der Welt erblickt hat, landen die Portugiesen in Brasilien. Als der künftige Kaiser zarte 17 ist, veröffentlicht der 17 Jahre ältere Martin Luther seine Thesen in Wittenberg. Das Ringen der beiden endet mit dem Augsburger Religionsfrieden, dessen Datum mit den drei markanten Fünfen auch recht leicht zu merken ist: 1555. Ein Jahr später dankt Karl V. ab. Nun beginnt die Ära seines Sohns Philipp II., der sich mit Elisabeth I. von England, Katharina Medici, der Regentin von Frankreich, und den Niederländern herumschlägt. Sultan Süleyman der Prächtige dagegen, der fünf Jahre älter ist als Karl V. und während dessen Jugend Ungarn erobert und Wien belagert hat, regiert noch zehn Jahre länger als der Kaiser. In Indien ist Großmogul Akbar ein Zeitgenosse von Philipp II. & Co.

Mehr dazu in Kapitel 12.

1717 – Die Geburt von Erzherzogin Maria Theresia

Als Maria Theresia geboren wurde, war Ludwig XIV., der französische Sonnenkönig, seit zwei Jahren tot. Die erste Ära absolutistischer Fürsten war vorüber, es begann die der aufgeklärten Absolutisten. Maria Theresias Gegenspieler, Friedrich der Große von Preußen, war fünf Jahre älter, kam aber im selben Jahr wie sie an die Macht, nämlich anno 1740. Ein Jahr später wird Elisabeth, eine Tochter Peters des Großen, Zarin von Russland. Sie stirbt aber bereits 1762, sodass es Friedrich und Maria Theresia – nach einem halbjährigen Intermezzo durch Peter III. – auch noch mit Katharina der Großen zu tun bekommen. In Frankreich regiert zur gleichen Zeit Ludwig XV. beziehungsweise dessen Mätresse Madame Pompadour, in England der zweite und der dritte Georg. In China ist Kaiser Quianlong, unter dem das Land seine größte Ausdehnung erlebt, ihr Zeitgenosse.

Maria Theresia stirbt nach 40 Jahren an der Macht im Jahr 1780. In ihrem letzten Jahrzehnt passiert noch viel Bedeutendes: Erste Polnische Teilung (1772, daran ist sie beteiligt), Amerikanische Unabhängigkeitserklärung (1776), James Watts erste Dampfmaschine (ebenfalls 1776), James Cooks Expeditionen (1768–1780), Goethe in Weimar (ab 1775), Mozart in Salzburg (ab 1772). Lediglich das Jahr 1777 ist einigermaßen ereignisarm.

Mehr dazu in Kapitel 13.

1799 – Der Staatsstreich Napoleons

Der Beginn der Französischen Revolution 1789 ist ein Datum, das Sie vermutlich kennen. (Und falls nicht: 7, 8, 9!) Aber wann kam dann Napoleon Bonaparte an die Macht? Genau 10 Jahre (und ein paar Monate) später stürzte dieser am 18. Brumaire (9. November) das übel beleumdete »Direktorium« und machte sich zum Ersten Konsul. All die Umwälzungen, die er bewirkte, geschahen innerhalb von nur 16 Jahren. Die legendäre Schlacht von Waterloo fand am 18. Juni 1815 statt. Für viele Menschen war die Napoleonische Zeit nur eine Episode in ihrem Leben – für Goethe etwa, der 1832 starb.

Mehr dazu in Kapitel 14.

1888 – Das Dreikaiserjahr in Deutschland

Hätte Bismarck den Ersten Weltkrieg verhindern können? Man weiß es nicht. Doch mit seiner Entlassung geriet das Mächtegleichgewicht in Europa durcheinander. Der Tag, an dem »der Lotse von Bord« ging, war der 15. März 1890. Tatsächlich geändert haben sich die Dinge jedoch schon im Jahr 1888, als nach den schnell hintereinander folgenden Toden von Wilhelm I. (9. März) und Friedrich III. (15. Juni) Wilhelm II. den Thron bestieg. Von Letzterem sagte selbst einer seiner engsten Vertrauten, Generalstabschef Alfred von Waldersee, der Kaiser glaube »alles zu verstehen, alles am besten zu wissen, während er sich über kein Ziel völlig klar ist, nichts wirklich gründlich versteht«. Die irrlichternde Politik von Wilhelm II. bewegt Russland, Frankreich und Großbritannien, sich zusammenzuschließen, und ändert die Machtkonstellationen in Europa gründlich.

Mehr dazu in Kapitel 16.

xx48

Mit der Ziffernfolge 48 enden einige sehr zentrale Daten in der Geschichte. Sie gemeinsam als »48er« abzuspeichern, hilft, sie sich zu merken:

- ✔ **1348:** Zweites Jahr der Pest mit der größten Ausbreitung in Europa. Papst Clemens VI. protestiert von Avignon aus gegen die Judenverfolgungen. In Prag wird die älteste Universität Mitteleuropas gegründet. Kaiser Karl IV. und Kasimir von Polen einigen sich, dass Schlesien an Böhmen fällt.

- ✔ **1648:** Am 15. Mai endet der Dreißigjährige Krieg mit dem Westfälischen Frieden (und er dauerte wirklich bis auf wenige Tage genau 30 Jahre).

- ✔ **1848:** In vielen europäischen Ländern ist es ein Jahr der Revolution. In Frankreich beginnt sie im Februar, anderswo meist im März. In Deutschland münden sie im Paulskirchenparlament, dessen Verfassungsentwurf ein Jahr später vom preußischen König Friedrich Wilhelm IV. abgelehnt wird.

- ✔ **1948:** US-Präsident Truman unterzeichnet am 3. April den Marshallplan. Der Streit zwischen den Besatzungsmächten um eine Währungsunion in Deutschland führt dann zum Bruch zwischen Sowjets und Westalliierten, am 24. Juni zur Blockade Berlins und am 26. Juni zum Beginn der Luftbrücke. Die Gründung von BRD und DDR folgt ein Jahr später. Am 14. Mai 1948 wird Israel gegründet, noch in der Nacht beginnt mit dem Einmarsch einer arabischen Armee der Palästinakrieg. Am 17. September wird UN-Vermittler Folke Bernadotte von jüdischen Nationalisten ermordet. In Indien wird Mahatma Gandhi am 30. Januar von einem Hindu-Nationalisten erschossen. Myanmar, Sri Lanka und Südkorea erlangen ihre Unabhängigkeit. In der Tschechoslowakei übernehmen im Februar die Kommunisten die totale Macht. Wenig später wird der nicht-kommunistische Außenminister Jan Masaryk aus einem Fenster gestoßen und stirbt (Dritter Prager Fenstersturz). Am 10. Dezember erfolgt in Paris die *Allgemeine Erklärung der Menschenrechte*.

9. November

Der 9. November gilt wegen der vielen bedeutsamen Ereignisse an diesem Datum als »deutscher Schicksalstag«. Aber auch anderswo ist an diesem Tag Wichtiges passiert.

- ✔ **1799:** In Frankreich führt Napoleon mit Sièyes und Ducos seinen Staatsstreich gegen das Direktorium durch (nach dem Revolutionskalender am 18. Brumaire).
- ✔ **1918:** Philipp Scheidemann ruft in Berlin die Deutsche Republik aus.
- ✔ **1923:** In München wird der Hitler-Ludendorff-Putsch niedergeschlagen.
- ✔ **1938:** Die Nationalsozialisten inszenieren in Deutschland Pogrome gegen jüdische Geschäfte und Einrichtungen.
- ✔ **1953:** Kambodscha erlangt seine Unabhängigkeit von Frankreich.
- ✔ **1970:** Charles de Gaulle stirbt.
- ✔ **1985:** Gari Kasparow besiegt in 24 Partien Anatoli Karpow und wird bis dato jüngster Schachweltmeister.
- ✔ **1989:** Öffnung der Berliner Mauer

Stichwortverzeichnis

A

Abbasiden 153, 157, 173, 176, 185–186, 219, 396, 404
Abolitionisten 215
Aborigines 57, 247
Absolutismus 40, 171, 235, 238, 248, 250, 278, 389, 405
Ackerbau und Viehzucht 31, 51
Afghanistan 103, 127, 305, 372–373, 376
Afrika 54, 87, 112, 119, 130, 134, 150, 176, 188–189, 203, 210, 214, 236, 282, 310, 311, 324, 358, 361, 376–377, 392, 395
Ägypten 125, 151–152, 180, 197, 209, 219, 260, 282–283, 290, 335, 344, 364–365, 373–374, 391
Ägyptisches Reich 25, 37, 45, 55, 63, 82–83, 85–86, 94, 96, 118, 385
Albanien 178, 192, 219–220, 297, 306, 312, 333, 342
Alexander der Große 44, 101, 104, 126, 403
Alexander von Humboldt 242
Algerien 116, 282–283, 347, 364
al-Kaida 372–374
Altai-Region 79, 107, 396
Amerika 162, 189, 203, 211–212, 229, 404
Amerikanischer Bürgerkrieg 41
Amerikanischer Unabhängigkeitskrieg 46, 255
Amerikanische Unabhängigkeitserklärung 405
Anatolien 53, 59–60, 73, 79, 82, 97, 102, 104, 109, 152, 178–179, 219
Angelsachsen 135
Angkor Wat 187
Angola 264, 283, 347
Antike 25, 37–38
Apartheid 347, 354, 362
Araber 60, 104, 123, 130, 154, 174–176, 203, 208, 282, 311, 318, 344, 364, 373, 406
Arabische Expansion 39
Arabische Halbinsel 148, 151, 163, 188, 319
Aramäer 38, 311
Arbeiterbewegung 271, 275
Arbeiterrechte 324
Archimedes 99, 112, 173
Argentinien 278, 360
Aristoteles 99, 102, 172–173
Armenien 104, 122–123, 126, 147, 210, 220, 348, 369
Armenier 304, 311, 318
Aserbeidschan 104, 305, 348–349, 369
Ashoka 38
Assyrer 44
Assyrische Christen 311
Assyrisches Reich 25, 38, 84, 93, 108
Atatürk 317
Äthiopien 84, 130, 283, 377
Atombombe 326, 347, 349, 351, 353, 355–356, 358
Attila 135
Aufklärung 33, 35, 247, 256, 266, 279, 319, 405
Augsburger Religionsfrieden 228, 231, 405
August der Starke 237–238
Augustus 119, 121, 128, 404
Australien 242, 245, 247, 280, 311, 395
Austronesier 54, 57, 245
Avicenna 174
Azteken 25, 206–207, 213

B

Babylon 25, 38, 84, 88, 93, 103, 108
Bacon, Francis 247
Bahrain 62, 365
Balkan 59, 82, 94, 119, 134–135, 148, 176, 219, 290, 303, 306–307, 336
Balten 176
Baltikum 171, 238, 310, 315, 327, 342, 369
Bandkeramik 53
Bandkeramiker 79
Bangladesch 346, 377
Bankenkrise 378
Barock 33, 235
Bauernkrieg 198
Bayern 154, 156, 166, 169, 200, 250, 262, 265, 267, 274, 290, 295
Belgien 117, 139, 260, 265, 283, 296, 308, 310, 313, 334, 348, 361
Berber 87, 175–176, 194, 208–209
Berlin-Blockade 344
Berliner Mauer 368
Besatzungsmächte 406
Bismarck, Otto von 45, 269, 276, 283, 295, 298, 303–304, 406
Böhmen 165, 176, 184, 190, 192, 229, 231, 249, 251, 304, 317
Bolivien 213, 359
Borgia 196
Bosnien 218, 220, 303, 317, 371
Botswana 361
Bourbonen 25, 46, 265, 293
Brandenburg 214, 226, 239, 251
Brasilien 209, 211, 214, 263, 279, 337, 395, 397, 405
BRD 351, 356, 365, 406
Britannien 121–123, 134–135
Britische Inseln 108, 144, 159
Britische Ostindien-Kompanie (BEIC) 280
Britisches Empire 279

410 Stichwortverzeichnis

British Empire 392, 395
Bronze 59, 71, 106, 108, 129
Buddhismus 38, 104–105, 127, 129, 187, 223
Bulgaren 147, 303
Bulgarien 148, 163, 165, 192, 218, 297, 306, 312, 337, 342, 368
Burgund 142
Burundi 283
Byzanz 39, 97, 101, 132, 139, 145, 147, 149, 151, 163, 167, 173, 176–177, 180, 192, 195, 218, 386, 394

C

Caesar, Gaius Julius 32, 38, 44, 117, 126, 404
Calvinismus 230
Canossa 169
Çatalhöyük 53
Che Guevara 353, 359
Cheops 64
Chiang Kai-shek 302
Chile 278, 360
China 52, 56, 70, 79, 106, 108, 126–128, 145, 184–187, 202, 211, 216, 222, 224, 281, 288, 300–301, 325, 326, 347, 350, 352, 356–357, 377, 386, 392–393, 395–396, 405
Chinesische Mauer 224
Chinesisches Kaiserreich 25, 45
Chlodwig 39, 140, 142–143, 146, 183
Chomeini 362–364
Christen 179
Christentum 95, 122, 125, 130–131, 140, 144–145, 149, 213, 223, 227, 280–281, 291, 311, 364
Christina von Schweden 238
Cicero 117–118
Cluny 168–169
Cromwell, Oliver 237

D

Dampfmaschine 255, 272–273, 405
Dänemark 144, 160–161, 165, 214, 231, 237–238, 250, 266, 269, 295, 349, 334, 337, 387
Dänen 158, 160, 180
Dante Alighieri 196
Daoguang 45–46, 281
DDR 44, 356, 368, 406
Demokratie 93, 97, 100, 184, 249, 267, 295, 314, 332, 360, 375
Descartes, René 217, 238, 247
Deutsche Einigung 1871 41
Deutscher Bund 265, 269, 295
Deutscher Orden 191
Deutschland 158, 226, 283, 287, 294, 310, 313, 322, 324, 327, 341, 348, 355, 371, 377
Digitale Revolution 378
Domestizierung 52, 54
Dreißigjährige Krieg 406
Dreißigjähriger Krieg 40, 193, 217, 224, 231–232, 239
Dschingis Khan 189, 202, 392
Dschingis-Khan 164, 185

E

Echnaton 34, 69
Ecuador 365
Edison, Thomas Alva 277
Eisen 73, 84, 106, 108, 110, 129, 273, 277, 348, 358
Eiszeit 51–52
Elam 364
Eleonore von Aquitanien 183, 387
Elfenbeinküste 283
Elisabeth I. von England 215, 229, 243, 388, 405
El Salvador 337, 360
Elsass 167, 232, 236, 298
Elsass-Lothringen 317
Engels, Friedrich 275
England 160–161, 180, 183, 199, 214, 219, 225, 228, 231, 242, 244, 248, 255, 263, 387, 405
Entdeckung Amerikas 40
Entente 305, 313
Erasmus von Rotterdam 247

Erdöl 305, 318, 362, 364–365, 374
Eritrea 66, 130, 214, 283
Erster Weltkrieg 41, 192, 283, 299, 303, 307, 310, 321, 324, 327, 332, 348, 395, 406
Erzberger, Matthias 313–314, 317
Estland 315
Etrusker 109
EU 349, 376
Europa 321, 325, 332, 348, 355–356, 367

F

Färöer 162
Faschismus 33, 324
Finnland 266, 297, 300, 315, 337, 342, 377
Folter 373–374
Franken 139, 147, 154, 158–159, 166
Frankenreich 45
Frankreich 108, 117, 134, 158, 164, 167, 180, 190, 193, 196–197, 199, 214, 219, 227, 229–230, 232, 235, 242, 244, 250–251, 265, 267, 281, 283–284, 291, 294, 296, 307, 310, 317–318, 332, 334, 337, 341, 344, 347–348, 350, 356, 387–389, 396, 406
Franz Joseph I. von Österreich 268, 285
Französische Revolution 25, 40, 255–256, 265, 405
Frauen 61, 73, 92–93, 98, 104, 108, 110, 148, 159, 181, 186, 223, 259, 273, 292, 297, 300, 322, 329, 343, 363, 385
Frieden 350–351, 354, 356, 361
Friedensbewegung 306
Friedrich Barbarossa 170, 194
Friedrich der Große 249–251, 256, 389, 405
Fruchtbarer Halbmond 51

G

Galilei, Galileo 248
Gallien 140

Gambia 209, 251
Garibaldi, Giuseppe 293–294
Gegenreformation 235
Georgien 348
Germanen 34, 108, 116, 119, 124–125, 132, 134, 136, 141, 146–147
Germanien 121, 123
Ghana 209, 214–215, 239, 283
Gilgamesch 61
Glorious Revolution 248
Göbekli Tepe 52
Goethe, Johann Wolfgang von 405
Gorbatschow, Michail 367, 369
Goten 39
Gotik 182, 190, 209
Gregor VII. 168, 170
Griechenland 75, 134, 290, 296, 306, 312, 333, 335, 342, 392
Griechische Antike 25, 37, 45, 82, 91, 95, 112, 403
Großbritannien 250–251, 258, 262, 275, 279, 282–284, 290–291, 297, 300, 308, 333–334, 338, 341, 344, 347, 349–350, 356, 358, 360, 362, 365, 373, 377, 393, 406
Großmogul-Reich 25, 40
Guantanamo Bay 373
Guatemala 205, 359–360
Gustav II. Adolf von Schweden 232, 237
Gutenberg, Johannes 40, 247

H

Habsburger 192, 220, 227, 231, 236, 249, 251, 293, 317
Haiti 214, 262, 278, 377
Hammurabi 63, 88
Han-Dynastie 128, 393
Hannibal 112, 115
Hatschepsut 385
Haus der Weisheit 173
Hellenismus 104, 113, 127, 129, 403
Herero 283
Herodot 87, 95

Herzog von Alba 230
Hethiter 25, 63, 73, 79, 81–82
Hexenverfolgungen 172, 198
Hieroglyphen 31, 56, 261
Hindenburg, Paul von 313, 327
Hinduismus 80, 127, 152, 187, 222, 281, 346, 406
Hippokrates 99, 173
Hitler, Adolf 309, 319, 321, 325, 327, 333, 336, 339, 341, 351, 392, 407
Hochkultur 31–32, 37, 45, 59
Holocaust 48, 334, 336, 344
Homer 81, 92
Homo rudolfensis 30
Honduras 359–360
Hugenotten 230, 235, 239
Hundertjähriger Krieg 33, 140, 190, 219
Hunnen 133–134, 145, 147–148, 185, 282
Hussiten 193, 226
Hyksos 67

I

Iberische Halbinsel 108, 119, 153, 174, 396
Indianer 40
Karibik 212, 214
Nordamerika 212, 243, 284, 286, 392
nordamerikanisch 47
Südamerika 213, 279, 393
Indien 38, 71, 77, 79–80, 103–104, 109, 128–130, 145, 173, 176, 187–188, 209–210, 215–216, 221, 223, 236, 280–281, 290, 311, 342, 345, 356, 358, 373, 377, 392, 405
Indochina 187, 326, 352
Indoeuropäer 25, 38, 77, 107, 110, 128, 148
Indonesien 52, 57, 187–188, 209, 216, 326, 346, 365, 373
Industal 60, 71, 79–80, 203, 396
Industrielle Revolution 33, 271–272, 274, 276
Inka 25, 203–204
Ionische Inseln 266

Irak 151, 319, 344, 364, 370, 373, 376
Iran 59, 79, 173, 349, 356, 360, 362, 365
Iranisches Hochland 60, 104, 178, 202
Iranisches Volk 93, 107–108, 126
Irland 144, 159, 162, 176, 287, 349
Irokesen 242
IS 86, 374
Islam 149, 174, 178–179, 187, 194, 201, 209, 222, 282, 304, 318–319, 345–346, 362, 364–365, 372–373
Islamismus 347, 362, 372–373, 375
Island 159, 162, 210
Israel 83–85, 88, 119, 132, 337, 344, 349, 356, 363–365, 370, 406
Italien 111, 135, 147, 154–155, 166–167, 171, 177, 195, 227, 229, 260, 265, 269, 283, 293, 304, 306, 311, 317, 324, 333, 337, 338, 348
Iwan IV. der Schreckliche 240

J

Jäger und Sammler 51
Japan 107, 209, 211, 216, 222, 282, 300, 307, 325, 326, 336–337, 346, 349, 352, 365, 377, 386
Japanisches Kaiserreich 25
Jeanne d'Arc 200
Jemen 84, 130, 148, 197, 365, 373
Jericho 53
Jerusalem 152, 155, 157, 172, 179, 291, 319, 344
Jesus von Nazareth 85, 120, 393, 403
Jordanien 152, 319, 344, 373
Juden 88, 89, 93, 95, 104, 120, 122, 123, 124, 130, 149, 152, 153, 171, 174, 178, 179, 180, 193, 195, 198, 239, 266, 287, 319, 329–330, 331, 334,

336, 343, 344, 351, 364, 406, 407
Jugoslawien 335, 338, 342–343, 370, 392
Jungtürken 304
Jupiter 79
Justinian I. 145, 394

K

Kalif 131, 150–153, 174–176, 178, 194, 219, 396, 404
Kalmarer Union 387
Kalter Krieg 349, 355, 357, 367, 376
Kambodscha 352, 355, 407
Kamerun 283
Kanaan 83, 88
Kanada 280, 380, 395–396
Kangxi 45–46, 225, 396
Kant, Immanuel 174, 247, 249–250
Kapetinger 182
Kapitalismus 271
Karibik 209, 211, 214, 229, 236, 251, 262, 279
Karl der Große 46, 154–155, 166, 176, 181, 194, 264, 404
Karl V. 388, 404
Karthago 38, 87, 110–112, 153
Kasachstan 369
Katar 365
Katharina die Große 44, 250, 265, 389, 405
Katholische Könige 194, 210–211, 404
Kaukasus 133, 176, 186, 311, 336
Keilschrift 31, 55, 59–60
Kelten 108, 159, 162, 231
Kenia 283, 346, 372–373
Ketzer 170, 172, 180, 201, 210, 225
Khmer 187
King, Martin Luther 354
Kirgisistan 369
Kleopatra 37, 118–119, 121
Klima 62, 72, 116, 132, 165, 197, 204, 224, 267, 314–315, 347, 379, 394
Klimawandel 52
Kök-Türken 397

Kolonialismus 41, 354, 375, 391, 393
Kolonien 193, 213, 229, 235–236, 241, 244, 278–279, 282–283, 309, 345, 352, 361, 395
antik 87, 93, 110
Kolumbien 212
Kolumbus, Christoph 211, 393, 404
Kommunismus 269, 276, 315–316, 325–328, 342–343, 352, 354, 357, 359, 363, 372–373, 391, 406
Konfuzianismus 107, 187
Kongo 209, 283, 359, 361
König Artus 135
Konstantin der Große 130
Konstantinopel 40, 134, 153–155, 163, 178, 180, 192, 195, 214, 219
Konzentrationslager 329–330
Kopernikus, Nikolaus 247
Korea 107, 186, 282, 301, 352
Kosovo 219, 306, 371
Kreta 74
Kreuzzug 33, 172, 178, 183, 192, 195, 210, 218–219, 372, 387, 404
Krimkrieg 34, 303
Kroatien 192, 229, 268, 294, 304, 317, 335, 370
Kuba 213, 274, 352–353, 355, 373
Kublai Khan 185–187, 223, 396
Kulturrevolution 392
Kuomintang 326, 327
Kupferzeit 55
Kurden 311, 318, 349, 370, 374
Kusch 67
Kuwait 365, 370

L

Laos 187, 352, 354
Lateinamerika 359, 376, 393
Lenin 315
Leonardo da Vinci 196, 247
Lettland 392
Liangzhu-Kultur 57

Libanon 60, 318, 344, 364
Liberia 283, 361
Libyen 65, 82, 87, 94, 111–112, 152, 220, 283, 306, 335, 362, 364, 376, 397
Lincoln, Abraham 287, 289
Litauen 191, 221, 240–241, 297, 333, 337, 389, 392
Locke, John 248–249
Lothringen 167–168, 250
Ludendorff, Erich 313, 327
Ludwig XIV von Frankreich 236, 239, 248, 250, 255, 405
Luther, Martin 39, 226, 247, 405
Luxemburg 260, 265, 308, 334, 348
Lyder 79, 81, 93, 95, 109

M

Madagaskar 54, 57, 283, 336
Magna Charta 184
Mahatma Gandhi 345–346, 406
Makedonen 94, 100, 108, 112, 119
Makedonien 145, 192, 218, 306
Malaysia 187, 326
Mali 208–209, 283, 362
Malta 177, 266, 364
Mandschu 40, 147, 224, 325, 393
Mandschurei 303
Mao Zedong 303, 326, 327, 357, 392
Marco Polo 186, 210–211
Maria Stuart 229
Maria Theresia von Österreich 44, 250, 388, 405
Marokko 116, 151, 210, 283, 305, 347, 362, 364, 373
Marx, Karl 276
März 1848 266, 269, 276, 287, 295, 406
Mathematik 61
Mauren 195, 210, 404
Mauretanien 87, 208, 210, 283
Mauritius 266
Maya 25, 205, 208, 212
Mazedonien 312, 317, 397

Stichwortverzeichnis 413

Medici 195–196, 230, 236, 405
Medizin 67, 72, 173–174, 224, 300
Meiji-Restauration 300
Mekka 148, 152, 197, 209, 219, 318–319
Menschenrechte 245, 249, 257, 268, 346, 348, 350, 353, 368
Merowinger 25, 144, 154–155
Mesopotamien 54, 59–60, 73, 84, 86, 104, 123, 126, 129, 152, 178, 220
Metternich, Klemens von 264, 268
Mexiko 52, 205–208, 213, 285, 337
Ming-Dynastie 186–188, 224, 394
Mittelalter 37, 403
Mittelamerika 214
Mitteleuropa 59
Mittelmeer 303
Mohammed 318
Moldau 107, 220, 290–292, 303, 369
Mongolei 79, 129, 147, 396
Mongolen 40, 166, 184, 186, 192, 197, 201, 209–210, 223, 392, 396
Montenegro 219, 303, 306, 312, 317
Mosambik 283, 347
Mussolini, Benito 324–325, 327, 335, 338
Myanmar 187, 282, 326, 406
Mykene 79, 81–82

N

Naher Osten 51, 197, 386, 391
Nahost-Konflikt 406
Namibia 283, 310, 376
Napoleon 260–261, 264, 278–280, 284, 290, 295, 375, 405, 407
Naquada-Kultur 56
Nationalsozialismus 48, 321, 323, 326, 328, 329, 335, 351, 407

NATO 350, 356, 371–372
Naturvölker 32
Nebukadnezar II 88, 93
Neolithikum 32
Neolithische Revolution 32
Neuguinea 52, 57
Neuseeland 242, 245–246, 280, 300, 311, 392
Newton, Isaac 247
Nicaragua 360
Niederlande 193, 214–215, 229, 231, 237, 239, 241–242, 244, 250, 258, 265, 280, 296, 335, 346, 348, 362, 377, 388, 405
Niger 209, 283, 362
Nigeria 215, 283, 365, 377
Ninive 38, 86
Nofretete 69
Nomaden 82, 106–107, 127–128, 159, 164, 167, 362
Nordafrika 153, 282
Nordamerika 214, 242, 251, 255
Normannen 162, 170, 177, 179, 181, 228
Norwegen 161–162, 164–165, 181, 237, 266, 300, 334, 387
Novemberpogrome 1938 48
Nubien 65, 67, 85, 152

O

Öffentliche Meinung 254, 271, 275, 284, 288, 291–292, 296, 309, 312, 372, 379
Oktoberrevolution 41
Olmeken 205–206, 208
Olympische Spiele 92, 101, 134, 300, 331, 345, 348
Oman 62, 148, 150, 365
Opiumkrieg 393
Orakel von Delphi 81, 92
Osama bin Laden 372
Osmanen 147, 202, 209, 218, 228, 239–240
Osmanisches Reich 25, 40, 260, 262, 268, 282, 290–292, 303, 306, 310, 318–319, 324, 364–365
Osterinseln 245–246

Österreich 156, 184, 193, 226, 250–251, 257, 260, 262, 264, 266, 269, 291–293, 295, 299, 303–304, 307, 310, 312, 313, 317, 324, 325, 332, 342
Osteuropa 108, 392
Otto der Große 163, 166, 169
Ottomotor 274
Ötzi 54–55, 79, 108
Ozeanien 54, 57, 245, 310, 326, 392

P

Pakistan 127, 346, 356, 372–373
Palästina 152, 178, 291, 311, 344, 364, 370
Panama 213
Papst 135, 141, 154, 156–158, 166–168, 170, 172, 178, 182, 189, 193, 198, 210, 221, 228, 262, 293–294, 313, 372, 406
Paraguay 213, 278, 360
Pariser Kommune 297
Parther 104, 108, 119, 122, 124–127, 129
Paulskirche 267
Perikles 98
Perser 44, 93–97, 100–101, 104, 125–128, 145–146, 149–150, 153, 386, 394
Perserkriege 37
Perserreich 25, 397
Persien 81, 151, 185–186, 210, 221, 305, 311, 362
Persisches Reich 38
Peru 203, 213, 278
Pest 124, 146, 186, 197, 391, 394, 406
Peter der Große 214, 238, 240, 301, 405
Philipp II. von Spanien 215, 228–230, 405
Philippinen 57, 326, 372–373
Philister 83
Phönizier 25, 38, 86, 92, 103, 175
Pippin 142, 154
Piraterie 48, 82, 113, 159, 195, 210, 229, 282

Platon 99, 145
Polen 165, 167, 191, 198, 221, 226, 237–240, 260, 263, 265, 268, 310, 317, 325, 334, 336, 338, 342, 351, 367, 389, 392, 405
Polynesier 57, 245
Pompeius, Gnaeus 117–118, 120, 126
Portugal 194, 209, 214–215, 223, 229, 248, 263, 279, 283, 297, 325, 337, 347, 397, 404
Prähistorie 31
Preußen 171, 239, 241, 251, 257, 263, 265, 267, 291, 295, 301, 310, 339, 389, 405
Ptolemäer 104, 118, 403
Pu Yi 45–46, 302, 325
Pyramiden 64, 68, 204–205, 207, 261

R

Rajasthan 221
Rames II 69
Reconquista 175, 194
Reformation 39, 226
Reich von Akkad 25, 62
Reich von Aksum 127, 130, 149
Rembrandt 217
Renaissance 39, 195, 209
Richard Löwenherz 179, 183
Richelieu 231, 236
Robespierre, Maximilien 259
Rom 108–110, 115, 126–127, 130, 134–135, 154, 168, 175, 177, 196, 226, 228, 235, 238, 324
Roma 80, 330–331
Romanik 169
Römisch-deutsches Kaiserreich 158, 166, 180, 190, 249, 263
Römisches Reich 25, 34, 44–45, 47, 293, 403
Ruanda 283, 362
Rubens, Peter Paul 231
Rumänien 123, 192, 218, 290, 292, 297, 303, 310, 333, 337, 339, 342, 368
Russen 163, 185–186, 192, 202, 386

Russland 214, 221, 225, 238–239, 250–251, 260, 262–263, 265, 281, 287, 290–292, 299, 301, 303–304, 307, 311, 314, 319, 324–325, 348, 369, 374, 376, 389, 395, 405–406

S

Saba 84, 152
Sachsen 237, 240, 250–251, 265, 267, 295, 342
Sachsen (Stamm) 154, 156, 166, 176
Saddam Hussein 364, 370, 373–374
Sahara 54, 283
Sahelzone 52, 54
Saladin 179
Sarajewo 299, 306–307
Sarazenen 167, 171, 175, 177, 195
Sassaniden 145, 147, 151, 153
Saudi-Arabien 319, 344, 356, 364–365, 372–373
Schiiten 151, 179
Schiller, Friedrich 230, 250
Schlacht auf dem Lechfeld 167
Schlesien 165, 184, 191, 226, 249–250, 268, 271, 389, 406
Schlieffen-Plan 308
Schliemann, Heinrich 75, 81
Schnurkeramiker 79
Schottland 160, 199, 229, 249
Schrift 59, 87, 105, 110, 206
Schwarzer Freitag 323
Schwarzmeer-Region 76, 78, 81, 93, 95, 107, 116, 126, 135, 186, 240, 290–291, 376, 389
Schweden 161, 163, 165, 214, 239, 241, 250–251, 262, 266, 287, 291, 334, 337, 351, 377, 387
Schweiz 167, 177, 232, 266, 294, 337, 377
Seeweg nach Indien 40
Seidenstraße 127, 129, 153, 391
Seldschuken 178, 185, 218

Seleukiden 44, 104–105, 108–109, 112, 117, 126
Senegal 87, 209, 251, 283
Serbien 59, 192, 218, 290, 303, 306–307, 312, 317, 370
Sesshaftigkeit 31, 51
Shakespeare 201
Shakespeare, William 388
Shihuangdi 45–46
Shogun 300
Sibirien 52, 108, 315–316, 380
Siebenjähriger Krieg 244, 251, 255, 280
Sierra Leone 87, 215, 283, 361
Simbabwe 283, 347
Singapur 107, 373, 377
Sioux 243
Sizilien 171–172, 177–178, 293–294, 338
Skandinavien 159, 161–163, 241, 387
Sklaverei 40–41, 61, 73, 98, 113, 115, 117, 130, 152, 159, 163, 176, 178–179, 208, 210, 213–214, 229, 239, 245, 262, 266, 279, 283, 285, 288, 374, 391
Skythen 25, 107, 124–125, 129, 133, 147
Slawen 144, 146, 148, 156, 165, 171, 176
Slowakei 268, 317, 333, 349
Slowenien 193, 311, 317, 370
Sokrates 97, 99
Somalia 66, 283, 362, 373, 376
Sowjetunion 316, 326–327, 334, 336, 341, 343, 347, 349–353, 356–357, 367, 369–370, 373, 392, 395
Spanien 155–156, 176, 193–194, 199, 207, 214, 221, 223, 229, 231, 236, 239, 244, 250, 258, 263, 278, 283–285, 296, 325, 337, 362, 391, 396, 404
Spanische Armada 229
Spanischer Erbfolgekrieg 236
SPD 276–277, 284, 314, 328
Spinning Jenny 255, 272

Stichwortverzeichnis 415

Sri Lanka 188, 216, 266, 406
Stalin 334, 341, 343, 349, 351, 357
Stalingrad 336
Staufer 166, 170, 192, 404
Stauffenberg, Claus von 333
Steinzeit
  Altsteinzeit 30-31
  Jungsteinzeit 25, 51, 56
Stephenson, George 274
Stresemann, Gustav 322-323
Südafrika 282-284, 310, 346, 362
Südamerika 52, 278, 391, 396
Sudan 282-283, 335, 362, 364
Südkorea 406
Süleyman der Prächtige 219-220, 388, 405
Sumerer 25, 60
Surinam 242
Syrien 62, 82, 151, 178, 219, 291, 311, 318, 344, 364, 374, 376

T

Tadschikistan 103, 127, 369
Taiwan 57, 107, 282, 301
Taliban 372-373
Tang-Dynastie 130
Tansania 283, 372-373
Teotihuacán 206
Thailand 57, 187, 326
Theoderich der Große 39, 140, 146
Tibet 358, 396
Timur Leng 40, 189, 201, 219, 221
Togo 283
Troja 81, 109
Tschad 208, 283, 362, 364
Tschechien 268
Tschechoslowakei 317, 333, 342, 368, 406
Tschernobyl 357, 379
Tschetschenien 369

Tunesien 282-283, 347, 364, 373-374
Türkei 318, 337, 342, 348, 353, 373
Türken 153, 179-180, 195, 218, 250
Turkmenen 79
Turkmenistan 127, 153, 369
Tutanchamun 68-69

U

Uganda 283, 361, 373
Ukraine 163, 185, 191, 310, 315, 334, 336, 343, 357, 369, 376, 389
Umweltschutz 357
Ungarn 133, 164-165, 167, 177, 184, 191, 218-219, 226, 229, 268, 304, 307, 312, 317, 324, 337, 342, 351, 368, 388, 405
Universität 104, 129, 172, 191, 202, 216, 239, 301, 310, 354-355, 406
UNO 74, 146, 202, 204, 209, 272, 344, 346, 350, 353, 358, 361, 371
Ur 60
Urknall 29
Uruk 38, 60
USA 245, 275, 280-281, 283-284, 292, 294, 300, 313, 321-322, 326, 338, 341, 343, 347, 350, 352, 354, 356-357, 359-360, 362-364, 372-373, 376-377, 379-380, 395-396
Usbekistan 201, 369

V

Vaso da Gama 211
Vatikan 337
Venedig 147, 180, 195, 221, 293
Venezuela 212, 278, 360, 365
Vereinigte Arabische Emirate 365

Victoria 297, 385
Vietnam 107, 187, 282, 326, 352-354, 377
Völkerbund 321
Völkerkunde 32
Völkerschlacht bei Leipzig 263
Völkerwanderung 39
Vorgeschichte 31-32

W

Wallenstein 232
Wandervogel 300
Washington, George 244
Wasserbaukultur 54
Waterloo 264
Weimarer Republik 407
Weißrussland 163, 241, 369, 376, 389
Weltwirtschaftskrise 33, 325, 327
Westeuropa 75
Westfälischer Friede 232
Wiener Kongress 215, 264, 267, 290
Wikinger 158-159, 162, 166, 176, 181, 404
Wilhelm der Eroberer 180
Wilhelm II. 44, 282, 304, 307, 313
Wudi 45-46

Z

Zentralafrikanische Republik 361
Zentralasien 60, 93, 104, 152, 186, 197, 202, 212, 292
Zhou-Dynastie 106
Zimbabwe 209
Zorastrier 152
Zoroastrismus 88, 95, 127, 152
Zweiter Weltkrieg 46, 321, 325, 345, 354, 359, 362, 368, 380, 389-390
Zypern 82, 85, 303, 342, 344